2022—2023中国连锁经营年鉴

CHINA CHAIN STORE ALMANAC 2022-2023

中国连锁经营协会　编

中国商业出版社

图书在版编目（CIP）数据

2022—2023中国连锁经营年鉴 / 中国连锁经营协会编. -- 北京 : 中国商业出版社, 2024. 12. -- ISBN 978-7-5208-3271-7

Ⅰ. F721.7-54

中国国家版本馆CIP数据核字第2024EB4298号

责任编辑：王　静

中国商业出版社出版发行

（www.zgsycb.com　100053　北京广安门内报国寺 1 号）

总编室：010-63180647　编辑室：010-83114579

发行部：010-83120835/8286

新华书店经销

三河市天润建兴印务有限公司印刷

*

787 毫米 × 1092 毫米　16 开　40.75 印张　950 千字

2024 年 12 月第 1 版　2024 年 12 月第 1 次印刷

定价：360.00 元

*　*　*　*

（如有印装质量问题可更换）

编辑委员会名单

前　言

连锁零售行业是国民经济的先导产业和基础产业，是消费拉动经济增长的着力点。推动连锁零售行业的高质量发展，不仅能满足消费者对安全、健康、时尚和高性价比的产品与服务的需求，对拉动经济增长、稳定就业也具有重要作用。

过去几年，是连锁零售行业经历剧变的阶段，也是孕育未来新发展格局的关键时期。虽然经营环境存在诸多不确定性，但消费需求的总量以及消费者对价值的追求是稳定可期的；竞争格局虽然错综复杂，但回归商业根本的大趋势不可逆转。我们相信：有定力，有长远眼光又不断强化自己能力的企业，一定可以实现韧性发展！

2022—2023 年，中国连锁零售行业发展遇到诸多变化和挑战。《2022—2023 中国连锁经营年鉴》坚持以调研内容为主体，记叙严谨、数据翔实、论述客观，力求反映 2022—2023 年中国连锁经营市场的发展状况，直观描述行业的运营环境，为业内人士经营、管理及决策提供高价值的参考和帮助。

在此，谨向参加本书编写的专家、学者、业内人士和编委会工作人员表示衷心的感谢！

中国连锁经营协会理事会主席　曹和平

中国连锁经营协会会长　彭建真

目　录

第一部分　数据统计篇

第二部分 专题报告篇

第三部分 法律法规篇

第四部分　附　录

第一部分

数据统计篇

2022年中国连锁Top100基本情况

根据“2022年行业基本情况调查”结果，中国连锁经营协会（China Chain Store & Franchise Association，CCFA）于2023年6月14日发布“2022年中国连锁Top100”。

附表：

2022 年中国连锁 Top100

（CCFA 2023 年 6 月 14 日发布）

序号	企业名称	2022 年销售规模总计（含税万元）	2022 年门店总数（个）	备注		
1	苏宁易购集团股份有限公司	11130000	11419		★	
2	沃尔玛（中国）投资有限公司	10931033	365	*	★	①
3	居然之家新零售集团股份有限公司	10541828	578		★	
4	永辉超市股份有限公司	9798667	1045		★	
5	康成投资（中国）有限公司	9201248	592		★	
6	物美科技集团有限公司	6991818	1578		★	
7	华润万家（控股）有限公司	6923500	3130		★	
8	上海盒马网络科技有限公司（盒马鲜生）	6100000	300	*	★	
9	联华超市股份有限公司	5747902	3352		★	
10	王府井集团股份有限公司	4432100	92		★	
11	美宜佳控股有限公司	3918374	30008		★	
12	中石化易捷销售有限公司	3810000	28606		★	
13	天虹数科商业股份有限公司	3351200	221		★	
14	家家悦控股集团股份有限公司	3312708	1012		★	
15	重庆百货大楼股份有限公司	3254823	291		★	②
16	长春欧亚集团股份有限公司	3196503	144		★	
17	银座集团股份有限公司	3189002	375		★	
18	银泰商业（集团）有限公司	3151598	59		★	
19	武商集团股份有限公司	2978370	119		★	
20	江苏华地国际控投集团有限公司	2926688	91		★	
21	利群集团股份有限公司	2866776	528		★	
22	中石油昆仑好客有限公司	2800000	20600		★	
23	中百控股集团股份有限公司	2623496	1683		★	
24	世纪华联超市连锁（江苏）有限公司	2570876	5800		★	
25	永旺（中国）投资有限公司	2512130	93		★	
26	国药控股国大药房有限公司	2410627	9313		★	
27	大参林医药集团股份有限公司	2341097	10045		★	

续表

序号	企业名称	2022 年销售规模总计（含税万元）	2022 年门店总数（个）	备注		
28	京东五星电器集团有限公司	2324182	1197		★	
29	石家庄北国人百集团有限责任公司	2289697	75		☆	
30	烟台振华商业集团有限公司	2254959	160		△	
31	金鹰国际商贸集团（中国）有限公司	2089605	30		★	
32	信誉楼百货集团有限公司	2000757	43		★	
33	山东潍坊百货集团股份有限公司	1928000	764		★	
34	成都红旗连锁股份有限公司	1754118	3561		★	③
35	屈臣氏中国	1726000	3836	*	☆	④
36	北京迪信通商贸股份有限公司	1523960	860	*	★	⑤
37	广州市钱大妈农产品有限公司	1519639	3000		★	
38	广州易初莲花连锁超市有限公司	1519395	142		★	
39	孩子王儿童用品股份有限公司	1514881	508		★	
40	深圳百果园实业（集团）股份有限公司	1450000	5650		★	
41	广州市广百股份有限公司	1376262	31		△	
42	文峰大世界连锁发展股份有限公司	1311582	469		★	
43	罗森（中国）投资有限公司	1151781	5641		★	
44	锅圈食品（上海）股份有限公司	1134591	9512		★	
45	北京京客隆商业集团股份有限公司	1127645	142		★	
46	合肥百货大楼集团股份有限公司	983490	262		★	
47	百盛商业集团有限公司	921880	44	※		⑥
48	茂业国际控股有限公司	898939	48	※		⑦
49	深圳市酷动数码有限公司	893419	147		★	
50	河南大张实业有限公司	868256	94		★	
51	来酷科技有限公司	866048	1037		★	⑧
52	山东全福元商业集团	839885	248		★	
53	唐山百货大楼集团有限责任公司	814585	28		★	
54	山西美特好连锁超市股份有限公司	809257	142		★	
55	广东嘉荣超市有限公司	806406	156		★	
56	柒一拾壹（中国）投资有限公司	801788	3319		★	⑨
57	健之佳医药连锁集团股份有限公司	777250	4055		★	
58	山东新星集团有限公司	752989	484		★	
59	山东德州百货大楼（集团）有限责任公司	751095	25		★	
60	湖南佳惠百货有限责任公司	731045	143		★	
61	大商股份有限公司	727664	120	※		
62	中国大陆全家	725625	2666		★	

续表

序号	企业名称	2022 年销售规模总计（含税万元）	2022 年门店总数（个）	备注		
63	青岛利客来集团股份有限公司	656000	51		★	
64	广东天福连锁商业集团有限公司	622448	6970		★	
65	浙江万凤商业集团有限公司	621855	108			
66	十足集团有限公司	610380	3345		★	
67	湖北黄商集团股份有限公司	596349	237		★	
68	鲜丰水果股份有限公司	595919	2264		★	⑩
69	阜阳华联集团股份有限公司	591708	618		★	
70	河北叁陆伍网络科技集团有限公司	557971	1873		☆	
71	新世界百货中国有限公司	534578	26	※	★	⑪
72	哈尔滨新世纪家得乐商贸有限公司	531241	73		★	
73	湖北寿康永乐商贸集团有限公司	516764	288		★	
74	北京超市发连锁股份有限公司	508941	170		★	
75	江苏新合作常客隆数科商业有限公司	500800	1004		★	
76	辽宁地利生鲜农副产品有限公司	493431	283		★	
77	山西省太原唐久超市有限公司	476000	2200		★	
78	济南华联商厦集团股份有限公司	475628	98		☆	
79	湖南友谊阿波罗商业股份有限公司	473155	73		★	
80	黑龙江比优特商业集团有限公司	464869	55		★	
81	济宁九龙商贸集团有限公司	462959	33		★	
82	明康汇生态农业集团有限公司	462604	427		★	
83	邯郸阳光百货有限责任公司	445301	188		★	
84	成都伊藤洋华堂有限公司	429000	11		★	
85	三江购物俱乐部股份有限公司	426650	214		★	
86	河北惠友商业连锁发展有限公司	421954	69		★	
87	联盛商业连锁股份有限公司	398871	102		★	
88	人人乐连锁商业集团股份有限公司	397054	113		★	
89	福建新华都企业管理有限公司	380053	77		★	
90	十堰市新合作商贸有限公司	378313	356		△	
91	贵阳星力百货集团	364400	34		★	
92	安徽商之都股份有限公司	339391	147		★	
93	兴盛社区网络服务股份有限公司	338814	5398		★	⑫
94	深圳市顺电连锁股份有限公司	337888	58			
95	吉林省新天地超市连锁经营有限公司	326134	1653		★	
96	哈尔滨中央红集团股份有限公司	305053	385		★	
97	浙江凯虹集团有限公司	301388	23		★	

续表

序号	企业名称	2022 年销售规模总计（含税万元）	2022 年门店总数（个）	备注		
98	开市客中国（Costco）	300000	2	*		
99	长沙通程控股股份有限公司	290118	67		★	
100	肇庆市昌大昌超级购物广场有限公司	271918	41		★	

注：

1. ★表示该企业为中国连锁经营协会会员企业，☆表示其下属公司为中国连锁经营协会会员企业，△表示其母公司为中国连锁经营协会会员企业。

2. * 为估计值。※为年报披露的营业收入数据或销售所得款项及租赁收入总额。

3. 百强统计采用销售规模（或营业收入）口径，包括线下及线上（仅限自营）含税销售额，即门店含税销售额（或营业收入）、企业批发含税销售额（或营业收入）和商品网络销售额（或营业收入，含自营渠道和在第三方平台的销售额）。其中，门店范围包括直营店、加盟店、以公司品牌输出管理的连锁店。销售规模统计不包括内部交易、企业的批发市场交易额以及汽车、加油站、农资等生产资料销售额。

4. 榜单说明：

（1）在上述名单中，只有 3 家企业销售额达到千亿元级。千亿元以下、百亿元以上企业 42 家，比上一年减少 1 家。百亿元以下、50 亿元以上企业 30 家，比上一年减少 3 家。

（2）销售额同比增长的企业有 48 家，比上一年减少 20 家；门店数实现增长的企业有 46 家，比上一年减少 14 家。有 33 家企业实现销售额、门店数双增长，其中，有 9 家企业实现双位数双增长，分别是：美宜佳、大参林、锅圈、酷动、来酷、健之佳、湖北黄商、明康汇、吉林新天地。

5. 部分企业数据说明：

① 沃尔玛门店数为估计值。

② 重庆百货大楼口径调整，增加了物业服务等非零售营业收入。

③ 成都红旗连锁销售数据含关联销售。

④ 屈臣氏中国保健及美容产品收益总额为 175.79 亿港元，按当时汇率换算成人民币。

⑤ 北京迪信通门店数为估计值。

⑥ 百盛集团销售数据为销售所得款项总额，含增值税。

⑦ 茂业国际销售数据为销售所得款项及租赁收入总额。

⑧ 来酷门店中包含 688 家赋能授权店。

⑨ 柒一拾壹（中国）的销售额及门店数不含澳门、香港特别行政区及台湾地区，未包含部分地区的香烟及特殊商品等收入。

⑩ 鲜丰水果销售统计口径调整。

⑪ 新世界百货 2022 财年销售所得款项总额 59.843 亿港元，按当时汇率折算成人民币。

⑫ 芙蓉兴盛门店数为紧密加盟门店数，总门店数为 17618 个。

2023 年中国连锁 Top100 基本情况

根据“2023 年行业基本情况调查”结果，中国连锁经营协会（CCFA）于 2024 年 6 月 6 日发布“2023 年中国连锁 Top100”。

2023 年，连锁 Top100 企业销售规模为 2.03 万亿元，门店总数 22.66 万个，分别比上年的连锁 Top100 增长 4.6%和 8.3%。

在 2023 年中国连锁 Top100 企业中，有综合零售 46 家、超市 23 家、便利店 15 家、专业店 16 家。其中，综合零售和超市增长压力较大，销售额和门店数同比实现增长的企业占比不到三成。便利店、专业店经营状况较好，2/3 的企业销售、门店数比上年均有所增长。在 2023 年中国连锁 Top100 企业新增门店中，便利店、专业店合计占比超过 97%。

沃尔玛（中国）2023 年实现销售额 1202.17 亿元，居 2023 年中国连锁 Top100 首位。销售额和门店数实现双位数增长的有 13 家企业，分别是美宜佳、武商、大参林、鸣鸣很忙（含零食很忙、赵一鸣）、罗森、壹玖壹玖、柒一拾壹、健之佳、黄商、开市客、比优特、芯果科技（好特卖）、壹度。

2023 年对比 2019 年的销售数据，在可对比的 75 家企业中，有 40 家企业销售额超过 2019 年，35 家销售额依然低于 2019 年。从门店数量来看，有 42 家企业门店数超过 2019 年，2 家企业门店数不变，31 家门店数下降。

前行中的连锁零售企业面临着诸多挑战。40 家年销售规模超过 2019 年的企业中，仅有 18 家企业 2023 年的销售额和门店数较 2022 年实现双增长，分别是沃尔玛（中国）、居然之家、美宜佳、银座、银泰、集百控股（原世纪华联）、京东五星电器、大参林、孩子王、罗森、柒一拾壹、大张、德百、新星、十足、黄商、鲜丰水果、唐久。

附表：

2023年中国连锁Top100

（CCFA 2024年6月6日发布）

序号	企业名称	2023年销售规模总计（含税万元）	销售同比增长（%）	2023年门店总数（个）	门店数同比增长（%）	备注		
1	沃尔玛（中国）投资有限公司	12021700	10.0	365	3.7		★	
2	居然之家新零售集团股份有限公司	11760000	11.6	595	2.9		★	
3	苏宁易购集团股份有限公司	9409000	−15.5	12027	5.3		★	
4	永辉超市股份有限公司	8555149	−12.7	1009	−3.4		★	
5	康成投资（中国）有限公司	7720746	−13.8	528	−9.3		★	①
6	物美科技集团有限公司	6489090	−7.2	1758	11.4		★	②
7	华润万家（控股）有限公司	6253300	−9.7	2694	−13.9		★	
8	上海盒马网络科技有限公司（盒马鲜生）	5900000	−3.3	360	20.0	※	★	③
9	王府井集团股份有限公司	5680000	28.2	90	−2.2		★	
10	美宜佳控股有限公司	5419352	20.1	33848	12.8		★	
11	联华超市股份有限公司	5256936	−8.5	3356	0.1		★	
12	中石化易捷销售有限公司	5105000	16.4	28633	0.1		★	④
13	长春欧亚集团股份有限公司	3949157	23.5	146	1.4		★	
14	天虹数科商业股份有限公司	3648786	8.9	216	−2.3		★	
15	武商集团股份有限公司	3611302	21.3	131	10.1		★	
16	银座集团	3429196	7.5	379	1.1		★	
17	重庆百货大楼股份有限公司	3405850	4.6	281	−3.4		★	
18	中石油昆仑好客有限公司	3300000	17.9	19780	−4.0		★	
19	家家悦控股集团股份有限公司	3206114	−3.2	1056	4.3		★	
20	银泰商业（集团）有限公司	3168347	0.5	61	3.4		★	
21	江苏华地国际控股集团有限公司	3095168	4.7	88	−3.3		★	
22	永旺（中国）投资有限公司	2917670	16.1	91	−2.2		★	
23	利群集团股份有限公司	2909777	1.5	520	−1.5		★	
24	集百控股商业连锁（江苏）有限公司（原世纪华联）	2905090	13.0	5869	1.2		★	
25	京东五星电器集团有限公司	2896759	24.6	1298	8.0		★	
26	郑州丹尼斯百货有限公司	2680000	3.1	552	−3.0			

续表

序号	企业名称	2023 年销售规模总计（含税万元）	销售同比增长（%）	2023 年门店总数（个）	门店数同比增长（%）	备注		
27	大参林医药集团股份有限公司	2656750	13.5	14074	40.1		★	
28	石家庄北国人百集团有限责任公司	2652340	15.8	79	5.3		★	
29	中百控股集团股份有限公司	2520148	-3.9	1714	1.8		★	
30	湖南鸣鸣很忙商业连锁有限公司（零食很忙、赵一鸣）	2386500	196.1	7000	159.3		★	⑤
31	信誉楼百货集团有限公司	2362749	18.1	43	0.0		★	
32	金鹰国际商贸集团（中国）有限公司	2308079	10.5	30	0.0		★	
33	烟台振华商业集团有限公司	2282021	1.2	159	-0.6		★	
34	山东潍坊百货集团股份有限公司	1936000	0.4	737	-3.5		★	
35	北京迪信通商贸股份有限公司	1857474	21.9	600	-30.2		★	
36	成都红旗连锁股份有限公司	1733814	-1.2	3639	2.2		★	⑥
37	孩子王儿童用品股份有限公司	1633156	7.8	1160	128.3		★	⑦
38	广州市广百股份有限公司	1503428	9.2	28	-9.7		★	
39	屈臣氏中国	1490000	1.0	3840	0.1	※	★	⑧
40	罗森投资有限公司	1425017	23.7	6330	12.2		★	
41	深圳百果园实业（集团）股份有限公司	1420000	-2.1	6093	7.8		★	⑨
42	广州市钱大妈农产品有限公司	1372760	-9.7	2936	-2.1		★	
43	广州易初莲花连锁超市有限公司	1203126	-20.8	119	-14.4		★	
44	文峰大世界连锁发展股份有限公司	1187167	-9.5	469	0.0		★	
45	壹玖壹玖酒类平台科技股份有限公司	1081000	34.3	5068	77.6		★	
46	许昌市胖东来商贸集团有限公司	1070000	/	13	0.0	*		
47	柒一拾壹（中国）投资有限公司	1041994	30.0	3906	17.7		★	⑩
48	北京京客隆商业集团股份有限公司	1029674	-8.7	133	-6.3		★	
49	百盛商业集团有限公司	1009390	9.5	45	2.3	※		⑪
50	合肥百货大楼集团股份有限公司	991687	2.0	262	0.0		★	
51	河南大张实业有限公司	960600	10.6	95	1.1		★	
52	健之佳医药连锁集团股份有限公司	951976	22.5	5116	26.2		★	
53	山东全福元商业集团	878920	4.7	211	-14.9		★	
54	唐山百货大楼集团有限责任公司	865225	6.2	28	0.0		★	
55	山西美特好连锁超市股份有限公司	859165	6.2	139	-2.1		★	
56	茂业国际控股有限公司	852694	-5.1	49	2.1	※		⑫
57	山东德州百货大楼（集团）有限责任公司	851126	13.3	27	8.0		★	
58	山东新星集团有限公司	798168	6.0	488	0.8		★	
59	广东嘉荣超市有限公司	780036	-3.5	139	-10.9		★	
60	中国大陆全家	756993	4.3	2707	1.5		★	

续表

序号	企业名称	2023年销售规模总计（含税万元）	销售同比增长（%）	2023年门店总数（个）	门店数同比增长（%）	备注		
61	来酷科技有限公司	753283	-13.0	216	-79.2		★	
62	锅圈食品（上海）股份有限公司	744699	-34.4	10307	8.4		★	
63	大商股份有限公司	733096	0.7	107	-10.8	※		⑬
64	湖南佳惠百货有限责任公司	712159	-2.6	143	0.0		★	
65	广东天福连锁商业集团有限公司	672281	8.0	7208	3.4		★	
66	十足集团有限公司	660565	8.2	3891	16.3		★	
67	湖北黄商集团股份有限公司	656570	10.1	263	11.0		★	
68	浙江万凤商业集团有限公司	632085	1.6	108	0.0			
69	青岛利客来集团股份有限公司	608000	-7.3	49	-3.9		★	
70	鲜丰水果股份有限公司	598511	0.4	2290	1.1		★	
71	湖北寿康永乐商贸集团有限公司	566270	9.6	304	5.6		★	
72	开市客中国（Costco）	550000	83.3	5	150.0	*		
73	黑龙江比优特商业集团有限公司	546067	17.5	68	23.6		★	
74	哈尔滨新世纪家得乐商贸有限公司	533897	0.5	78	6.8		★	
75	深圳市酷动数码有限公司	532991	-40.3	174	18.4		★	
76	惠友集团有限公司	496835	17.7	67	-2.9		★	
77	阜阳华联集团股份有限公司	491118	-17.0	479	-22.5		★	
78	北京超市发连锁股份有限公司	490160	-3.7	171	0.6		★	
79	江苏新合作常客隆数科商业有限公司	489600	-2.2	1008	0.4		★	
80	山西省太原唐久超市有限公司	480760	1.0	2258	2.6		★	
81	友阿集团	479298	1.3	86	19.4		★	⑭
82	济宁九龙商贸集团有限公司	459664	0.7	33	0.0		★	
83	成都伊藤洋华堂有限公司	457000	6.5	9	-18.2		★	
84	新世界百货中国有限公司	445362	-16.7	23	-11.5	※	★	⑮
85	成都联合一百超市有限公司	427012	1.4	2085	3.1		★	
86	济南华联商厦集团股份有限公司	419004	-11.9	95	-3.1		★	
87	三江购物俱乐部股份有限公司	415783	-2.5	209	-2.3		★	
88	联盛商业连锁股份有限公司	409880	2.8	101	-1.0		★	
89	江苏瑞祥科技集团有限公司	401721	91.7	93	2.2		★	
90	四季优选信息技术有限公司（京东七鲜）	400000	-11.1	69	15.0	*		
91	湖北供销商贸流通有限公司	368963	-2.5	351	-1.4			
92	安徽商之都股份有限公司	366281	7.9	125	-15.0		★	
93	上海芯果科技有限公司（好特卖）	363690	51.5	815	63.0		★	
94	贵阳星力百货集团有限公司	362260	-0.6	29	0.0		★	
95	辽宁新隆嘉现代农业有限公司	358790	-7.2	140	0.0		★	

续表

序号	企业名称	2023 年销售规模总计（含税万元）	销售同比增长（%）	2023 年门店总数（个）	门店数同比增长（%）	备注	
96	吉林省新天地超市连锁经营有限公司	332011	5.9	1866	17.3	★	
97	安徽壹度品牌运营股份有限公司	327619	13.5	1898	25.2	★	
98	兴盛社区网络服务股份有限公司	323449	(4.5)	5718	5.9	★	⑯
99	人人乐连锁商业集团股份有限公司	323040	(28.9)	91	(19.5)	★	
100	哈尔滨中央红集团股份有限公司	320296	5.0	393	2.1	★	
合计		203112735	3.5	226630	9.4		

注：

1. ★代表该企业为中国连锁经营协会会员企业或其关联公司为中国连锁经营协会会员企业。

2. * 为估计值。※为年报披露的营业收入数据或销售所得款项及租赁收入总额。

3. 百强统计采用销售规模（或营业收入）口径，包括线下及线上（仅限自营）含税销售额，即门店含税销售额（或营业收入）、企业批发含税销售额（或营业收入）和商品网络销售额（或营业收入，含自营渠道和在第三方平台的销售额）。其中，门店范围包括直营店、加盟店、以公司品牌输出管理的连锁店。销售规模统计不包括内部交易、企业的批发市场交易额以及汽车、加油站及农资等生产资料销售额。

4. 部分企业数据说明：

① 康成投资的统计以财年为周期，从 2023 年 4 月到 2024 年 3 月。

② 物美科技集团销售中包含新华百货和麦德龙，不包含重百。

③ 盒马网络科技的销售规模为 2024 财年商品交易总额（Gross Merchandise Volume，GMV）口径。

④ 易捷便利为非油品销售额。

⑤ 湖南鸣鸣很忙含零食很忙、赵一鸣零食。

⑥ 成都红旗连锁销售数据包含关联销售。

⑦ 孩子王销售中包含商品销售及服务收入，包含乐友的销售收入。

⑧ 屈臣氏中国保健及美容产品收益总额为 164.53 亿港元，同比增长-6%，按当时汇率折算成人民币。

⑨ 深圳百果园销售口径为门店终端销售额。

⑩ 柒一拾壹（中国）的销售额及门店数不含澳门、香港特别行政区及台湾地区，未包含部分地区的香烟及特殊商品等收入。

⑪ 百盛集团销售数据为销售所得款项总额，含增值税。

⑫ 茂业国际销售数据为销售所得款项及租赁收入总额。

⑬ 大商销售口径为营收数据，超市、电器在百货店内且无独立对外店招的，不作为独立店铺统计。

⑭ 友阿集团销售口径为营收数据。

⑮ 新世界百货 2023 财年销售所得款项总额 49.145 亿港元，按当时汇率折算成人民币。

⑯ 兴盛社区门店数为紧密加盟门店数，其总门店数为 18066 个。

2022年商业特许经营Top300基本情况

为推动特许经营高质量发展，发挥领先企业的引领和带动作用，中国连锁经营协会以会员企业为主体，首次推出商业特许经营Top300名单。该名单涵盖了餐饮、零售和生活服务业特许经营头部企业，为社会各界全面直观了解中国商业特许经营现状提供便利。

经过20多年的辛勤耕耘，依托国家经济高质量发展和社会持续健康稳定发展的有利条件，特许经营的商业模式已经渗透到消费服务行业的众多领域和业态，企业的规模化和规范化程度不断提高。此次统计的Top300加盟品牌，其门店总数达到57万个，其中拥有万家以上门店的加盟品牌有7家，万店企业的数量和门店规模全球领先。2022年商业特许经营Top300企业的发展有以下几个突出特点。

一、数字化技术助力特许经营品牌快速成长

中国连锁经营协会提出以数字化为核心特征的第三代特许经营，以区别于产品品牌特许（第一代）和经营模式特许（第二代）。数字化技术在很多基础层面改变了传统特许经营的底层逻辑，第三代特许经营利用互联网平台和数字化工具，开展品牌营销，为加盟店提供流量支持，实现直营化管理，使加盟体系的运行质量和加盟商的投资收益得到显著提升，也为品牌持续高速开店创造了有利条件。

二、下沉市场为连锁门店的持续扩张提供了巨大的发展空间

纵观Top300企业的门店分布可以发现，很多实现门店快速增长的业态和品牌，包括新茶饮、快餐、零食、非食品专卖、便利店等，在县域市场的开店速度和密度显著提高。中国连锁经营协会调查统计显示，与三、四线城市市场的投资者相比，一、二线城市的加盟意愿更强，构成品牌下沉市场的重要支撑。遍布全国各地中小城市的加盟店，在促消费中扮演着重要角色，也是低线城市实现品质消费的主力军。

三、直营连锁企业和线上品牌纷纷导入特许经营模式

特许经营的一大优势是充分释放加盟商的动能和资源优势，包括企业家精神、财务投资、其他各种经营资源。很多以直营方式开发连锁网络的企业以及在互联网平台形成品牌认知和流量的企业，一方面立足于日益成熟的管理能力和管理体系，另一方面基于对特许

经营模式的深入理解，开始加盟商招募，为商业特许经营市场注入新活力。

四、特许企业在布局海外市场方面初见成效

在 2022 年商业特许经营 Top300 企业中，部分品牌布局海外市场进展顺利，蜜雪冰城、名创优品、绝味、福奈特等在海外市场的表现更是引人注目。未来，将会有更多品牌通过特许加盟进入海外市场，成为国家发展服务贸易的有生力量。

附表：

2022 年商业特许经营 Top300

（CCFA 2023 年 11 月 1 日发布）

序号	企业名称	品牌名称	2022 年门店总数（个）
1	美宜佳控股有限公司	美宜佳	30008
2	德佑（天津）房地产经纪服务有限公司	德佑	21886
3	蜜雪冰城股份有限公司	蜜雪冰城	21619
4	上海正新食品有限公司	正新鸡排	18000
5	绝味食品股份有限公司	绝味鸭脖	15208
6	百胜中国控股有限公司 ①	肯德基、小肥羊等	13602
7	上海锦江国际酒店股份有限公司	锦江之星、锦江都城等	11560
8	北京埃菲特国际特许经营咨询服务有限公司	21 世纪不动产	9093
9	上海晨光文具股份有限公司	晨光文具	8524
10	华住集团有限公司	汉庭、全季等	8411
11	瑞幸咖啡（厦门）有限公司	瑞幸咖啡	8214
12	上海驾捷乐商贸有限公司	佳通轮胎	8200
13	四川书亦餐饮管理有限公司	书亦烧仙草	7070
14	陕西郑远元专业修脚保健服务集团有限公司	郑远元	7000
15	广东天福连锁商业集团有限公司	天福	6970
16	浙江古茗科技有限公司	古茗	6820
17	成都茶百道餐饮管理有限公司	茶百道	6806
18	北京派多格科技发展有限公司	派多格	6382
19	容客科技集团股份有限公司	儒房地产	6002
20	上海如家酒店管理有限公司	如家	5983
21	鑫绪（上海）信息技术服务有限公司	杨国福麻辣烫	5783
22	武汉熠汇饮科技有限公司	益禾堂	5700
23	深圳百果园实业（集团）股份有限公司	百果园	5650
24	罗森（中国）投资有限公司	罗森	5641
25	上海紫燕食品股份有限公司	紫燕百味鸡	5618
26	黑龙江盛世千秋餐饮管理有限公司	张亮麻辣烫	5600
27	金拱门（中国）有限公司 ②	麦当劳	5500
28	特百惠（中国）有限公司	特百惠	5500

续表

序号	企业名称	品牌名称	2022 年门店总数（个）
29	名创优品（广州）有限责任公司	名创优品	5440
30	兴盛社区网络服务股份有限公司	芙蓉兴盛	5398
31	安徽汇旺餐饮管理有限公司	甜啦啦鲜果茶	5142
32	上海臻敬实业有限公司	沪上阿姨鲜果茶	5068
33	广州樊文花化妆品有限公司	樊文花	5013
34	克丽缇娜（中国）贸易有限公司	克丽缇娜	4695
35	上海阑途信息技术有限公司	途虎养车	4653
36	北京植物医生生物科技有限公司	植物医生	4426
37	中饮巴比餐饮管理（上海）有限公司	巴比馒头	4383
38	万辰集团	好想来	4100
39	歌曼丽（苏州）大健康产业有限公司	歌曼丽	4100
40	湖南零食很忙商业连锁有限公司	零食很忙	4000
41	江西煌上煌集团食品股份有限公司	煌上煌	3925
42	成都司马餐饮投资管理有限公司	三顾冒菜	3811
43	广东三头六臂信息科技有限公司	三头六臂	3600
44	成都红旗连锁股份有限公司	红旗连锁	3561
45	杭州天猫车站科技有限公司	新康众、天猫养车等	3516
46	上海来伊份股份有限公司	来伊份	3487
47	湖北周黑鸭食品有限公司	周黑鸭	3429
48	柒一拾壹（中国）投资有限公司	7-ELEVEN	3319
49	十足集团有限公司	十足、之上	3316
50	福州塔斯汀餐饮管理有限公司	塔斯汀中国汉堡	3260
51	良品铺子股份有限公司	良品铺子	3226
52	天津顶巧餐饮服务咨询有限公司	德克士	3092
53	无锡爱多餐饮管理有限公司	N 多寿司	3005
54	八马茶业股份有限公司	八马茶业	2931
55	壹玖壹玖酒类平台科技股份有限公司	1919	2854
56	中国大陆全家	全家 FamilyMart	2666
57	上海顶誉食品有限公司	久久丫、留夫鸭、玩儿串、e 铺多	2549
58	深圳市易站连锁股份有限公司	易站	2500
59	悸动（上海）餐饮管理有限公司	悸动烧仙草	2460
60	广州尚品宅配家居股份有限公司	尚品宅配	2431
61	厦门见福连锁管理有限公司	见福	2413
62	河南幸运咖餐饮管理有限公司	幸运咖	2317
63	北京心有炸念餐饮管理有限公司	夸父炸串	2307

续表

序号	企业名称	品牌名称	2022 年门店总数（个）
64	珠海市丝域连锁企业管理有限公司	丝域养发	2307
65	上海世好食品有限公司	吉祥馄饨	2305
66	宜春市赵一鸣商贸有限公司	赵一鸣	2300
67	武汉吾饮良品餐饮管理有限公司	吾饮良品水果茶	2293
68	鲜丰水果股份有限公司	鲜丰水果	2264
69	深圳尊宝餐饮管理有限公司	尊宝比萨	2200
70	山西省太原唐久超市有限公司	唐久	2200
71	北京旺时代宠物用品有限公司	圣宠	2200
72	北京翰皇伟业品牌管理有限公司	翰皇	2127
73	浙江快准车服网络科技有限公司	快准车服	2100
74	广东省袁亮宏餐饮管理有限公司	袁记云饺	2050
75	武汉派乐餐饮管理有限公司	派乐汉堡·炸鸡	2044
76	长沙伍爱美食食品科技有限公司	黑色经典	2032
77	山西金虎商业集团股份有限公司	金虎、早早	2025
78	南京无边界餐饮管理有限公司	喜姐炸串	2018
79	江苏如意菜饭餐饮管理有限公司	如意馄饨	2006
80	成都零食有鸣商业管理有限公司	零食有鸣	2000
81	旅悦（天津）酒店管理有限公司	花筑、蔚徕等	1978
82	西安每一天便利超市连锁有限公司	每一天	1935
83	上海万物新生环保科技集团有限公司	爱回收	1920
84	北京福奈特洗衣服务有限公司	福奈特	1889
85	河北叁陆伍网络科技集团有限公司	365	1873
86	长沙果缤纷商业管理有限责任公司	果缤纷	1854
87	苏州力策餐饮管理有限公司	挪瓦咖啡 NOWWA	1803
88	浙江一鸣食品股份有限公司	一鸣真鲜奶吧	1800
89	厦门快乐番薯股份有限公司	快乐番薯	1760
90	浙江忠梦昌健康科技有限公司	全民优生活羊乳品牌	1760
91	汕头市琪雅化妆品连锁有限公司	琪雅	1754
92	广州百援精养汽车信息技术有限公司	百援精养	1718
93	壳牌（中国）有限公司	壳牌优选	1715
94	广东合家欢便利店有限公司	粤合家欢	1660
95	吉林省新天地超市连锁经营有限公司	新天地	1653
96	世纪华联超市连锁（江苏）有限公司	华联盈创、繁花优选	1633
97	北京东道联盟品牌管理有限责任公司	鱼你在一起	1602
98	驰加（上海）汽车用品贸易有限公司	驰加	1600

续表

序号	企业名称	品牌名称	2022 年门店总数（个）
99	长沙上果家农业发展有限公司	上果家	1523
100	安徽壹度品牌运营股份有限公司	壹度便利	1516
101	汉堡王（上海）餐饮有限公司	汉堡王	1400
102	苏州七分甜餐饮管理有限公司	7 分甜	1400
103	深圳市中业爱民控股有限公司	中业爱民	1350
104	深圳市家乐通连锁便利店有限公司	家乐通	1328
105	北京普世安生物科技有限公司	黑奥秘	1308
106	德阳蜀馨利餐饮管理有限公司	兵立王鲜果茶·奶茶	1305
107	福建百年万嘉超市管理有限公司	万嘉便利、便利客	1268
108	四川省老邻居商贸连锁有限责任公司	老邻居	1254
109	杭州小拇指汽车科技服务有限公司	小拇指	1233
110	湖南佳宜企业管理有限公司	新佳宜	1220
111	山东台联企业管理咨询有限公司	阿水大杯茶	1207
112	河南九豫全食品有限公司	九多肉多	1187
113	北京启今科技集团有限公司	红黄蓝	1171
114	昆明霸王茶姬餐饮管理有限公司	霸王茶姬	1160
115	广东维客佳便利店有限公司	维客佳	1158
116	湖南绿叶水果有限公司	绿叶水果	1155
117	河北木聪餐饮管理有限公司	熊家无二·韩式炸鸡	1143
118	成都老街称盘麻辣烫餐饮管理有限公司	老街称盘麻辣烫	1136
119	成都马路边餐饮管理有限公司	马路边边	1133
120	速伯艾特（北京）国际酒店管理有限公司	速 8 酒店	1092
121	上海喜士多便利连锁有限公司	喜士多	1075
122	东莞市蒙自源饮食有限公司	蒙自源米线	1052
123	大连春天物业管理有限公司	金叶春天	1041
124	安徽邻几便利店有限公司	邻几、巷邻	1035
125	广州粒上皇食品有限公司	粒上皇	1033
126	上海适达餐饮管理有限公司	DQ·蛋糕·冰淇淋	1031
127	湖南贝尔安亲云教育有限公司	贝尔安亲	1016
128	内蒙古九田家餐饮管理股份有限公司	九田家黑牛烤肉	1010
129	天津小谷顿餐饮管理服务有限公司	小谷姐姐麻辣拌·麻辣烫	1008
130	有家实业有限公司	有家	991
131	深圳市幸福商城科技股份有限公司	幸福西饼生日蛋糕	929
132	华润苏果超市有限公司	苏果、好的	915
133	重庆可购商贸有限公司	可购	876

续表

序号	企业名称	品牌名称	2022年门店总数（个）
134	湖南柠友餐饮管理有限公司	柠季·手打柠檬茶	808
135	成都小龙坎餐饮管理有限公司	小龙坎火锅	800
136	重庆刘一手餐饮管理有限公司	刘一手火锅	781
137	长沙市香他她餐饮管理有限公司	香他她	771
138	上海联华快客便利有限公司	联华快客	756
139	贵州凯辉商业管理有限公司	凯辉	756
140	厦门山国饮艺茶业有限公司	山国工夫茶	750
141	上海美噪餐饮管理有限公司	阿香米线	748
142	上海启宠网络科技服务有限公司	小佩宠物	748
143	元祖企业管理咨询（上海）有限公司	元祖	741
144	北京小猪查理餐饮管理有限公司	小猪查理	739
145	湖南有茶有趣餐饮管理有限公司	ARTEASG	724
146	上海佑欣餐饮管理有限公司	牛约堡	702
147	青岛可好便利店管理有限公司	可好	702
148	北京麦颂文化传播有限公司	唱吧麦颂	700
149	菠萝树（深圳）科教有限公司	菠萝树	700
150	成都市袁缘实业有限公司	袁记串串香	688
151	北京市东方爱婴咨询有限公司	东方爱婴	687
152	武汉今天梦想商贸有限公司	Today	681
153	上海象王洗衣有限公司	象王	680
154	湖南卜食记餐饮管理有限公司	酒拾烤肉	650
155	视立美视光科技集团（西安）有限公司	视立美	648
156	青岛友客便利连锁管理有限公司	友客	646
157	四川至膳品牌管理有限公司	谭鸭血老火锅	640
158	新疆八点半贸易有限公司	八点半	638
159	诺美瑞丽（深圳）生物科技有限公司	洗脸猫·洗脸吧	636
160	邯郸市时刻便利连锁有限公司	时刻便利	633
161	京都薇薇生物科技有限公司	京都薇薇	626
162	山东潍坊百货集团股份有限公司	中百便利	625
163	上海爱君家庭服务有限公司	爱君家政	622
164	河南悦来悦喜商贸有限公司	悦来悦喜	612
165	成都屋头餐饮管理有限公司	屋头串串	608
166	成都蜀大侠餐饮管理有限公司	蜀大侠	604
167	湖南省戴永红商业连锁有限公司	戴永红	600
168	内蒙古一团火商业管理有限公司	一团火	598

续表

序号	企业名称	品牌名称	2022 年门店总数（个）
169	廖记食品连锁股份有限公司	廖记棒棒鸡	597
170	江西省晋利嘉实业有限责任公司	乐豆家、马刻	597
171	北京黄记煌餐饮管理有限责任公司	黄记煌三汁焖锅	590
172	博世汽车技术服务（北京）有限公司	博世车联	587
173	重庆德庄饮食连锁有限公司	德庄火锅	585
174	三只松鼠股份有限公司	三只松鼠	561
175	深圳永和大王餐饮有限公司	永和大王	560
176	贵州二十四客企业管理咨询有限公司	24 客	546
177	重庆守柴炉餐饮管理有限公司	守柴炉烤鸭	543
178	北京吴裕泰茶业股份有限公司	吴裕泰	539
179	赛百味餐饮管理（上海）有限公司	赛百味	535
180	广东想家便利店连锁有限公司	想家	532
181	富世餐饮管理（上海）有限公司	鲜芋仙	530
182	东莞市广隆食品有限公司	广隆蛋挞王	527
183	杭州中策车空间汽车服务有限公司	中策车空间	523
184	郑州贝体文化传播有限公司	卓跃儿童	520
185	山东优同便利店集团有限公司	优同	513
186	重庆优客家商贸有限公司	优客家	508
187	长沙优资商业管理有限公司	零食奶爸	508
188	河南萌吃餐饮管理有限公司	至尊比萨	506
189	上海汇岗企业管理有限公司	HOT MAXX	503
190	仁德立品牌管理（湖北）有限公司	可多、喜顾	501
191	上海多串餐饮管理有限公司	阿甘锅盔	500
192	上海卡哇伊实业有限公司	一扫光零食家	500
193	河北天天智慧商业连锁股份有限公司	天天便利	489
194	天津七惑和他的朋友餐饮管理有限公司	犟骨头排骨饭	480
195	北京罗兰盛世音乐教育科技有限公司	罗兰盛世	480
196	许叔叔（重庆）餐饮管理有限公司	楠火锅	475
197	美克国际家居用品股份有限公司	美克家居 A. R. T.	471
198	重庆市莱得快美食文化有限公司	莱得快 · 酸辣粉	468
199	内蒙古利客企业管理有限公司	利客	460
200	江苏爸爸糖餐饮管理有限公司	爸爸糖手工吐司	450
201	新疆每日集团有限公司	每日每夜	448
202	北京伊尔萨洗染有限公司	伊尔萨	448
203	湖南金领伟业职业技能鉴定有限公司	金领玮业	437

续表

序号	企业名称	品牌名称	2022年门店总数（个）
204	嘉兴盐商餐饮管理有限公司	胖哥俩肉蟹煲	432
205	北京乐客灵境科技有限公司	乐客VR	432
206	好想你枣业股份有限公司	好想你、枣博士	429
207	福建汇宁商业管理有限公司	汇宁	429
208	居然之家新零售集团股份有限公司	居然之家	428
209	兔悠连锁企业管理（沈阳）有限公司	兔悠便利	422
210	福建省易太商业运营管理有限公司	易太	416
211	北京欧美雅洁美容科技有限公司	果草之本	416
212	福州六意企业管理有限公司	六意	407
213	上海良友金伴便利连锁有限公司	良友BUDDIES、BK24、光明里	403
214	浙江五芳斋实业股份有限公司	五芳斋	401
215	福州玛格利塔餐饮管理有限公司	玛格利塔	400
216	长沙市拿云餐饮管理有限公司	盛香亭热卤	400
217	桂缘（上海）餐饮管理有限公司	桂桂茶	390
218	万达宝贝王集团有限公司	万达宝贝王	385
219	成都安德鲁森食品有限公司	安德鲁森	382
220	长沙味之翼湘餐饮有限公司	蛙来哒	382
221	云南万逸之家连锁股份有限公司	万逸之家	358
222	福州舞爪食品有限公司	舞爪	350
223	哈尔滨中央红小月亮超市有限责任公司	小月亮	343
224	上海好德便利有限公司	好德	340
225	莆田市文献便民服务有限公司	文献、便利巢、快巢	332
226	湖南千惠商贸连锁有限公司	千惠	330
227	黑龙江叁壹叁羊庄餐饮管理有限公司	313羊庄	328
228	湖南汇米巴商业管理有限公司	汇米巴	328
229	云南之佳便利店有限公司	之佳	318
230	上海车享家汽车科技服务有限公司	车享家	313
231	转森科技（武汉）有限责任公司	转森	312
232	上海艾丝碧西食品有限公司	巴黎贝甜	310
233	广东世纪及时便利店连锁有限公司	及时便利	310
234	重庆市一站商贸有限公司	一站	308
235	厦门纪里捞面餐饮管理有限公司	猪角闽南猪脚饭	302
236	上海新语面包食品有限公司	面包新语	290
237	上海藕塘餐饮管理有限公司	先启半步颠	288
238	漳州新南丰商业连锁有限公司	新南丰	286

续表

序号	企业名称	品牌名称	2022 年门店总数（个）
239	浙伍爷企业管理（杭州）有限公司	蛙喔	281
240	晋城市神利便利连锁有限公司	神利	281
241	广西湘范儿餐饮管理有限公司	蛙小侠	273
242	河南省易事多便利店连锁有限公司	易事多	273
243	江苏新合作常客隆连锁超市有限公司	常客隆	273
244	广州华胜企业管理服务有限公司	华胜	272
245	北京港佳好邻居连锁便利店有限责任公司	好邻居	270
246	大连好月嫂家庭服务有限公司	好月嫂	270
247	吉林市统泰一网超市有限公司	一网超市	265
248	哈尔滨市融惠微利连锁超市有限责任公司	微利	264
249	上海棒约翰餐饮管理有限公司	棒约翰比萨・汉堡・意面	263
250	山东橙子便利生活有限公司	橙子便利	262
251	广西三品王餐饮管理有限公司	三品王	259
252	宜宾万家福商贸有限责任公司	万家福	248
253	内蒙古悦生活商贸有限公司	安达	248
254	山东华夏良子健康管理有限公司	华夏良子	246
255	惠州市快迪商业有限公司	快迪	243
256	江西爱魅文化科技有限公司	魅 KTV	242
257	深圳市甘棠明善餐饮有限公司	探鱼	238
258	北京木北企业管理有限公司	木北	236
259	贵州勇惠鑫润企业管理咨询有限公司	勇惠	235
260	广东便宅家投资有限公司	便宅家	230
261	上海迷你椰餐饮文化有限公司	迷你椰	228
262	广州市富隆酒窖酒业有限公司	富隆酒业	224
263	上海盘古餐饮管理有限公司	新石器烤肉	218
264	上海善护念健康管理有限公司	大桶大足浴	216
265	青岛利群便利连锁发展有限公司	利群便利	211
266	长春市吉优客超市连锁管理服务有限公司	吉优客	210
267	杭州有个美业科技有限公司	UGIRL	209
268	北京和合谷餐饮管理有限公司	和合谷	205
269	重庆亚特餐饮发展有限公司	卤校长老火锅	205
270	广东伊丽汇美容科技有限公司	伊丽汇	204
271	上海果正信息技术有限公司	果速达	200
272	贵州省喜逢源连锁便利店有限公司	喜逢源	185
273	北京爱义行汽车服务有限责任公司	爱义行	184

续表

序号	企业名称	品牌名称	2022年门店总数（个）
274	多乐之日（北京）食品有限公司	多乐之日	181
275	阜阳市满好超市有限公司	满好	180
276	山东品记连锁超市有限公司	卖可	178
277	北京邻鲜连锁便利店有限公司	多点、物美	175
278	吉林隆玛特集团有限公司	每日隆	171
279	无锡大渝餐饮管理有限公司	大渝火锅	168
280	上海逸刻新零售网络科技有限公司	逸刻	161
281	湖南珊珊便利有限公司	珊珊	161
282	大连三寰商业管理有限公司	会有	161
283	青岛英派斯健康管理有限公司	英派斯	158
284	北京青鸟职业教育科技发展有限公司	北大青鸟	156
285	北京月儿湾文化发展有限公司	月儿湾	156
286	北京东来顺集团有限责任公司	东来顺	147
287	大连快乐爱斯米餐饮管理有限公司	快乐爱斯米牛排自助	140
288	恒晟图文（杭州）有限公司	恒晟图文	127
289	湖南来点餐饮管理有限公司	来点烤肉	120
290	辽宁华府餐饮管理有限公司	椒爱水煮鱼川菜	118
291	北京东方童文化艺术股份有限公司	东方童	113
292	苏州银吉姆投资发展有限公司	银吉姆健身	107
293	北京嘉乐会家政服务有限公司	阿姨来了、嘉乐会	105
294	大庄园肉业集团股份有限公司	大庄园	102
295	北京业之峰装饰连锁有限公司	业之峰	100
296	上海好仔细摄影服务有限公司	天真蓝	100
297	青岛植秀堂养生养颜连锁有限公司	植秀堂	86
298	上海爱哆哆实业有限公司	爱哆哆	70
299	东易日盛家居装饰集团股份有限公司	东易日盛	65
300	北京瑞品惠众商贸有限公司	CHEERS	55

注：

① 百胜中国控股有限公司的数据截止到2023年6月底。

② 金拱门（中国）有限公司的数据截止到2023年6月底。

2023 年商业特许经营 Top280 基本情况

根据 2023 年商业特许经营调查结果，中国连锁经营协会（CCFA）于 2024 年 5 月 30 日发布“2023 年商业特许经营 Top280”。

调查发现，2023 年商业特许经营 Top280 呈现如下特点。

一、行业集中度高

2023 年商业特许经营 Top280 涵盖了餐饮、便利店、生活服务、专业专卖店等业态。其中，餐饮 98 家，占比 35%；便利店 80 家，占比 29%；生活服务 60 家，占比 21%；专业专卖店 42 家，占比 15%。Top280 门店总数达到了 631003 家，同比增长了 10.29%。其中拥有万家以上门店的加盟品牌有 9 家，行业集中度进一步提升。Top280 榜单显示，门店在 5000 个以上的品牌 35 家，占比 12.5%，这 35 家品牌门店总数占 Top280 门店总数的 54.32%。门店在 1000 ~ 5000 个的品牌 99 家，占比 35.36%，这 99 家品牌门店总数占 Top280 门店总数的 34.63%。在 280 家企业中，排名前 56 家的品牌的门店数占 Top280 门店总数的 66.98%。

二、加盟热点聚焦在新茶饮、零食折扣、咖啡等业态

近几年来，随着服务行业的发展，加盟领域也发生了结构性变化。新茶饮，咖啡、零食折扣和食品专卖业态表现亮眼，很多企业短短几年的时间就发展到了很大的规模。例如，零食折扣业态的赵一鸣和零食很忙门店总数已超过 7000 家，新茶饮业态的霸王茶姬门店总数超过 3700 家，咖啡业态的瑞幸咖啡门店总数达到 16000 多家等。这些企业发展都非常迅速。

三、快速发展的企业的特征

快速发展的企业具备如下几个特点。

（一）市场下沉。大部分发展迅速的新兴品牌，不仅在一、二线市场有竞争力，同时在下沉市场，尤其是三、四、五线市场也都有良好的表现。

（二）产品性价比和质价比高。除高收入的那部分人之外，绝大多数消费者普遍看中性价比和质价比。同时现在有很多渠道选择同质类产品，消费者不愿为产品支付溢价，因

此这些企业普遍适应消费者的消费习惯变化，生产具备较高性价比的产品。

（三）消费场景适应性高。在一、二线城市，消费者追求便利性，对外卖和即时零售的需求较高；在三、四、五线城市，消费者闲暇时间相对较多，逛街的意愿更强。这些扩张迅速的品牌，在不同区域、不同场景，满足消费者需求的能力都很强。此外，茶饮企业作为中式轻餐饮的代表，模式便于复制，产品可携带，便于就餐，有很强的扩张属性，可以适应不同的消费场景，也有利于企业的快速发展和扩张。

（四）这些发展迅速的企业，主要都以年轻人作为目标客户主体，并大多偏重企业自己制造和普遍集中在小业态（企业研发、制造并销售产品，便于掌控产品品质，管理各环节生产和运营效率）；同时都采用数字化手段，拓宽管理边界，提高管理效率。未来企业要关注老龄少子化趋势，以及文化消费和体育消费的快速发展的趋势。

四、优秀加盟体系的特征

排名靠前的企业，主要依靠一套成熟的加盟体系，支撑企业的快速发展。这些优秀企业构建的加盟体系有以下特征：企业自身具备有竞争力的商品和服务，能赢得消费者信任；让加盟商可以盈利，能赢得加盟商信任。特许加盟的本质是企业和加盟商之间的合作与利润分享：企业和加盟商各自投入一定的资源，通过合作，创造价值，共同获利。在好的加盟体系中，加盟商通过正常经营就可以挣钱，这是合作的基本条件。优秀的加盟体系要能够建立良好的生态。随着行业竞争越来越激烈，特许经营企业通过上下游企业的密切合作，赢得上下游供应链伙伴的信任和支持，优化每个环节的成本结构，共创高效的供应链协同，是企业高效运营和健康发展的重要保证。

附表：

2023 年商业特许经营 Top280

（CCFA 2024 年 5 月 30 日发布）

序列	企业名称	品牌名称	2023 年门店总数（个）	2023 年加盟店总数（个）	行业业态
1	美宜佳控股有限公司	美宜佳	33848	33814	便利店
2	蜜雪冰城股份有限公司	蜜雪冰城	32291	32266	休闲饮品
3	德佑（天津）房地产经纪服务有限公司	德佑	24208	24208	房屋中介
4	瑞幸咖啡（厦门）有限公司	瑞幸咖啡	16248	5620	休闲饮品
5	绝味食品股份有限公司	绝味	15950	15846	食品专卖
6	大参林医药集团股份有限公司	大参林	14074	4165	非食品专卖
7	锦江国际（集团）有限公司	锦江之星、白玉兰等	12448	11627※	酒店住宿
8	锅圈食品（上海）股份有限公司	锅圈食汇	10307	10307	食品专卖
9	北京埃菲特国际特许经营咨询服务有限公司	21 世纪不动产	10040	9540	房屋中介
10	华住集团有限公司	全季、海友等	9394	8703※	酒店住宿
11	浙江古茗科技有限公司	古茗	9010	9000	休闲饮品
12	上海晨光文具股份有限公司	晨光文具	8315	7656	非食品专卖
13	上海臻敬实业有限公司	沪上阿姨	8001	7950	休闲饮品
14	成都茶百道餐饮管理有限公司	茶百道	7874	7795	休闲饮品
15	广东天福连锁商业集团有限公司	天福	7208	6966	便利店
16	四川书亦餐饮管理有限公司	书亦烧仙草	7080	7000	休闲饮品
17	武汉熠汇饮科技有限公司	益禾堂	7020	7000	休闲饮品
18	北京派多格科技发展有限公司	派多格	7000	6993 *	宠物服务
19	湖南零食很忙商业连锁有限公司	零食很忙、赵一鸣	7000	6950	食品专卖
20	鑫绪（上海）信息技术服务有限公司	杨国福	6703	6700	快餐
21	安徽汇旺餐饮管理有限公司	甜啦啦	6580	6500	休闲饮品
22	名创优品（广州）有限责任公司	名创优品	6413	6378	非食品专卖
23	上海紫燕食品股份有限公司	紫燕	6331	6176※	食品专卖
24	罗森投资有限公司	罗森	6330	5066	便利店
25	上海如家酒店管理有限公司	如家、和颐、璞隐等	6263	5622	酒店住宿
26	深圳百果园实业（集团）股份有限公司	百果园	6093	6081	食品专卖
27	唯美爱科技（中国）有限公司	唯美度、召香等	6069	6067	美容美体

续表

序列	企业名称	品牌名称	2023年门店总数（个）	2023年加盟店总数（个）	行业业态
28	广州樊文花化妆品有限公司	樊文花	6001	4862	美容美体
29	福州塔斯汀餐饮管理有限公司	塔斯汀 tastien	6001	5997	快餐
30	上海阑途信息技术有限公司	途虎	5909	5757	汽车后市场
31	黑龙江盛世千秋餐饮管理有限公司	张亮麻辣烫	5900	5800	快餐
32	兴盛社区网络服务股份有限公司	芙蓉兴盛	5718	5398	便利店
33	壹玖壹玖酒类平台科技股份有限公司	1919	5068	5038	食品专卖
34	中饮巴比餐饮管理（上海）有限公司	巴比	5030	5000	快餐
35	特百惠（中国）有限公司	特百惠	5016	5012	非食品专卖
36	克丽缇娜（中国）贸易有限公司	克丽缇娜	4827	4825	美容美体
37	福建万辰生物科技集团股份有限公司	好想来、老婆大人，来优品等	4726	☆	食品专卖
38	北京植物医生生物科技有限公司	植物医生	4698	4388	美容美体
39	江西煌上煌集团食品股份有限公司	煌上煌	4497	4235※	食品专卖
40	芳香世家（广州）有限公司	芳香世家	4350	4350 *	美容美体
41	格林酒店集团	格林东方、格林豪泰等	4238	☆	酒店住宿
42	歌曼丽（苏州）大健康产业发展有限公司	歌曼丽	4100	4100	美容美体
43	柒一拾壹（中国）投资有限公司	7-ELEVEN	3906	2361	便利店
44	十足集团有限公司	十足、之上	3879	1529	便利店
45	周黑鸭国际控股有限公司	周黑鸭	3816	2096※	食品专卖
46	杭州天猫车站科技有限公司	新康众、天猫养车等	3728	2400	汽车后市场
47	昆明霸王茶姬餐饮管理有限公司	霸王茶姬	3701	3243	休闲饮品
48	上海来伊份股份有限公司	来伊份	3685	1775	食品专卖
49	八马茶叶股份有限公司	八马茶叶	3371	3055	食品专卖
50	广东三头六臂信息科技有限公司	三头六臂 Mancando	3300	3298 *	汽车后市场
51	天津顶巧餐饮服务咨询有限公司	德克士	3293	3258	快餐
52	喜茶（深圳）企业管理有限责任公司	喜茶	3292	2457	休闲饮品
53	良品铺子股份有限公司	良品铺子	3292	2037	食品专卖
54	广东省袁亮宏餐饮管理有限公司	袁记云饺	3133	3115	快餐
55	上海世好食品有限公司	吉祥馄饨	3031	2911	快餐
56	河南幸运咖餐饮管理有限公司	幸运咖	3021	3000	休闲饮品
57	深圳尊宝餐饮管理有限公司	尊宝比萨	3002	2992	快餐
58	广州市钱大妈农产品有限公司	钱大妈	2936	2861	食品专卖
59	深圳市易站连锁股份有限公司	易站 EYZN	2800	2770	便利店
60	中国大陆全家	FamilyMart	2707	2546	便利店
61	厦门见福连锁管理有限公司	见福	2521	2215	便利店

续表

序列	企业名称	品牌名称	2023 年门店总数（个）	2023 年加盟店总数（个）	行业业态
62	北京旺时代宠物用品有限公司	圣宠宠物	2502	2502	宠物服务
63	广州尚品宅配家居股份有限公司	尚品宅配	2431	2005	房屋装修
64	旅悦集团	花筑	2401	2401	酒店住宿
65	长沙伍爱美食食品科技有限公司	黑色经典	2314	2237	风味小吃
66	珠海市丝域连锁企业管理有限公司	HAIROLOGY 丝域	2307	2254	美发与养发
67	北京东道联盟品牌管理有限责任公司	鱼你在一起	2304	2300	快餐
68	浙江快准车服网络科技有限公司	快准车服	2300	2300 *	汽车后市场
69	鲜丰水果股份有限公司	鲜丰水果	2290	2283	食品专卖
70	长沙果缤纷商业管理有限责任公司	果缤纷	2285	2255	食品专卖
71	浙江一鸣食品股份有限公司	一鸣	2273	1562	休闲饮品
72	山西省太原唐久超市有限公司	唐久	2258	2253	便利店
73	湖南柠友餐饮管理有限公司	柠季	2255	2243	休闲饮品
74	重庆享哆味餐饮管理有限公司	享哆味	2243	2148	快餐
75	北京翰皇伟业品牌管理有限公司	翰皇	2228	2221	洗染服务
76	山西金虎商业集团股份有限公司	金虎便利、早早	2213	2203	便利店
77	厦门快乐番薯股份有限公司	快乐番薯	2119	2110	休闲饮品
78	南京无边界餐饮管理有限公司	喜姐	2064	2000	风味小吃
79	西安每一天便利超市连锁有限公司	每一天便利店	2011	1371	便利店
80	悸动（上海）餐饮管理有限公司	悸动	2010	2000	休闲饮品
81	成都联合一百超市有限公司	联合一百	2007	1814	便利店
82	北京心有炸念餐饮管理有限公司	夸父	2000	1987	风味小吃
83	北京章光 101 科技股份有限公司	章光 101	2000	1119 *	美发与养发
84	广州百援精养汽车信息技术有限公司	百援精养	2000	189 *	汽车后市场
85	成都零食有鸣商业管理有限公司	零食有鸣	2000	☆	食品专卖
86	武汉派乐餐饮管理有限公司	派乐汉堡	1988	1984	快餐
87	北京福奈特洗衣服务有限公司	福奈特	1962	1611	洗染服务
88	浙江忠梦昌健康科技有限公司	优生活	1961	1961	食品专卖
89	安徽壹度品牌运营股份有限公司	壹度便利 便利生活每一天	1898	1817	便利店
90	河北叁陆伍网络科技集团有限公司	36524	1891	1369	便利店
91	吉林省新天地超市连锁经营有限公司	新天地	1866	1489	便利店
92	上海万物新生环保科技集团有限公司	爱回收	1819	1121	回收与维修
93	长沙上果家农业发展有限公司	上果家	1782	1762	食品专卖
94	广东合家欢便利店有限公司	合家欢	1746	1727	便利店
95	上海奈雪餐饮管理有限公司	奈雪的茶	1743	146	休闲饮品
96	汕头市琪雅连锁运营有限公司	琪雅	1742	1729	美容美体

续表

序列	企业名称	品牌名称	2023 年门店总数（个）	2023 年加盟店总数（个）	行业业态
97	东莞市蒙自源饮食有限公司	蒙自源	1723	1700	快餐
98	上海伯邑餐饮管理有限公司	茉酸奶 MORE YOGURT	1701	1680	休闲饮品
99	驰加（上海）汽车用品贸易有限公司	驰加	1653	1650*	汽车后市场
100	深圳市窑鸡王餐饮服务有限公司	窑鸡王 &KILN CHICKEN KING	1632	1620	风味小吃
101	四川省老邻居商贸连锁有限责任公司	老邻居	1622	1192	便利店
102	河南九豫全食品有限公司	九多肉多	1600	1600*	食品专卖
103	福建白大师茶业有限公司	白大师	1600	1598	食品专卖
104	北京汽广行信息技术有限公司	京东养车	1600	1518*	汽车后市场
105	汉堡王（上海）餐饮有限公司	汉堡王	1589	338	快餐
106	江苏如意菜饭餐饮管理有限公司	如意馄饨、如意菜饭	1549	1530	快餐
107	广东维客佳便利店有限公司	维客佳	1545	1541	便利店
108	成都冒大仙餐饮管理有限公司	冒大仙	1524	1500	风味小吃
109	深圳市致远创想科技有限公司	优剪	1500	1500*	美发与养发
110	北京普世安生物科技有限公司	黑奥秘	1468	1466*	美发与养发
111	广州昌邻餐饮管理有限公司	LINLEE	1466	1436	休闲饮品
112	湖南佳宜企业管理有限公司	新佳宜	1451	1393	便利店
113	杭州乐刻网络技术有限公司	乐刻	1400	980*	休闲娱乐
114	福建百年万嘉超市管理有限公司	麦多万嘉、便利客	1369	69	便利店
115	山东台联企业管理咨询有限公司	阿水大杯茶	1308	1300	休闲饮品
116	北京筷客乐园餐饮管理有限公司	虾吃虾涮	1307	1301	火锅烧烤
117	杭州小拇指汽车科技服务有限公司	小拇指	1306	1303	汽车后市场
118	杭州鑫牛餐饮管理有限公司	融柳大铁牛	1302	1223	快餐
119	苏州七分甜餐饮管理有限公司	7 分甜	1288	1177	休闲饮品
120	安徽邻几便利店有限公司	邻几、巷邻	1280	935	便利店
121	广州粒上皇食品有限公司	粒上皇	1271	1194	食品专卖
122	天津小谷顿餐饮管理服务有限公司	小谷姐姐	1230	1200	快餐
123	安徽老乡鸡餐饮股份有限公司	老乡鸡	1217	257	快餐
124	上海亚朵商业管理（集团）有限公司	亚朵酒店	1210	617※	酒店住宿
125	湖南贝尔安亲云教育有限公司	贝尔安亲	1186	1173	教育培训
126	上海适达餐饮管理有限公司	DQ	1145	675	面包甜点
127	成都老街称盘麻辣烫餐饮管理有限公司	老街称盘	1140	1100	快餐
128	河北木聪餐饮管理有限公司	熊家无二	1108	1100	风味小吃
129	速伯艾特（北京）国际酒店管理有限公司	速 8 酒店	1085	1084	酒店住宿
130	上海喜士多便利连锁有限公司	喜士多	1027	960	便利店

续表

序列	企业名称	品牌名称	2023 年门店总数（个）	2023 年加盟店总数（个）	行业业态
131	扬州平益餐饮管理有限公司	曾三仙	1023	1020	快餐
132	济南慕雅食品有限公司	慕巴夫	1020	1000	面包甜点
133	天津联拓餐饮管理有限公司	熊大爷	1006	992	快餐
134	江苏卤江南食品有限公司	卤江南	1000	☆	食品专卖
135	有家便利店有限公司	有家	998	625	便利店
136	深圳市幸福商城科技股份有限公司	幸福西饼	997	731	面包甜点
137	湖南省戴永红商业连锁有限公司	戴永红	976	927	食品专卖
138	内蒙古九田家餐饮管理股份有限公司	九田家	970	700	火锅烧烤
139	重庆可购商贸有限公司	可购	928	760	便利店
140	贵州凯辉商业集团有限公司	凯辉	921	850	便利店
141	重庆德庄饮食连锁有限公司	德庄	909	867	火锅烧烤
142	新疆早晚八点半贸易有限公司	早晚八点半	906	651	便利店
143	西安八亩田餐饮管理有限公司	茶话弄	850	779	休闲饮品
144	上海芯果科技有限公司	HOT MAXX	850	400	折扣店
145	上海联华快客便利有限公司	联华快客	843	508	便利店
146	厦门山国饮艺茶业有限公司	山国饮艺	840	815	食品专卖
147	启今集团	红黄蓝	837	745	教育培训
148	青岛可好便利店管理有限公司	可好	822	647	便利店
149	成都小龙坎餐饮管理有限公司	小龙坎	821	800	火锅烧烤
150	引领（天津）餐饮有限公司	维尔纳斯	811	786	面包甜点
151	北京麦颂文化传播有限公司	唱吧麦颂	805	680	休闲娱乐
152	华润万家（控股）有限公司	苏果、好的、Vango	805	386	便利店
153	青岛友客便利连锁管理有限公司	友客	766	319	便利店
154	元祖企业管理咨询（上海）有限公司	元祖	756	153	食品专卖
155	厦门燕之屋燕窝产业股份有限公司	燕之屋	743	686※	食品专卖
156	武汉今天梦想商贸有限公司	Today	729	636	便利店
157	视立美视光科技集团（西安）有限公司	视立美	712	677	医疗服务
158	廖记食品有限责任公司	廖记棒棒鸡、廖记夫妻肺片	701	565	食品专卖
159	长沙优资商业管理有限公司	零食奶爸	695	680	食品专卖
160	成都市袁缘实业有限公司	袁记串串香	675	666	火锅烧烤
161	内蒙古一团火商业管理有限公司	一团火	664	598	便利店
162	上海爱君家庭服务有限公司	爱君	660	660	家政服务
163	杭州将太餐饮管理有限公司	鲜目录	660	650	风味小吃
164	福建树人托管服务股份有限公司	树人托管教育连锁机构	658	609	教育培训

续表

序列	企业名称	品牌名称	2023 年门店总数（个）	2023 年加盟店总数（个）	行业业态
165	上海象王洗衣有限公司	象王	651	628	洗染服务
166	仁德立品牌管理（湖北）有限公司	可多、喜顾	650	612	便利店
167	上海悦照影像创意有限公司	方快	650	600	图文摄影
168	江西省晋利嘉实业有限责任公司	乐豆家便利店、马刻	635	530	便利店
169	邯郸市时刻便利连锁有限公司	时刻便利	630	620	便利店
170	北京黄记煌餐饮管理有限责任公司	黄记煌三汁焖锅	626	620	火锅烧烤
171	吉林市统泰一网超市有限公司	一网超市	617	235	便利店
172	中茶（北京）连锁商业有限公司	中茶	610	605	食品专卖
173	成都屋头餐饮管理有限公司	屋头串串香	607	600	火锅烧烤
174	山东潍坊百货集团股份有限公司中百连锁超市	中百便利	607	548	便利店
175	山东优同便利店集团有限公司	优同	607	203	便利店
176	河南悦来悦喜商贸有限公司	悦来悦喜	605	61	便利店
177	许叔叔（重庆）餐饮管理有限公司	楠楠火锅 NANHOTPOT	602	600	火锅烧烤
178	新疆每日集团有限公司	每日每夜	602	418	便利店
179	重庆刘一手餐饮管理有限公司	刘一手	601	586	火锅烧烤
180	贵州叮咚餐饮有限公司	熊猫叮咚	601	70	面包甜点
181	博世汽车技术服务（北京）有限公司	Bosch	600	598 *	汽车后市场
182	成都马路边餐饮管理有限公司	马路边边	586	570	火锅烧烤
183	东莞市广隆食品有限公司	广隆	582	526	面包甜点
184	重庆守柴炉餐饮管理有限公司	守柴炉	565	492	正餐
185	广东想家便利店连锁有限公司	想家	541	537	便利店
186	杭州中策车空间汽车服务有限公司	中策车空间	540	534	汽车后市场
187	兔悠连锁企业管理（沈阳）有限公司	兔悠	536	498	便利店
188	河南萌吃餐饮管理有限公司	至尊比萨	530	512	快餐
189	重庆优客家商贸有限公司	优客家	528	478	便利店
190	天津七惑和他的朋友餐饮管理有限公司	犟骨头	512	497	快餐
191	河北天天智慧商业连锁股份有限公司	天天	506	309	便利店
192	长沙味之翼湘餐饮有限公司	蛙来哒	504	452	正餐
193	北京优品酷卖科技有限公司	嗨特购	503	416	折扣店
194	上海果正信息技术有限公司	果速达	500	490	食品专卖
195	重庆麻爪爪餐饮管理有限公司	麻爪爪	500	393 *	食品专卖
196	东方爱婴咨询有限公司	东方爱婴	497	495	教育培训
197	湖南卜食记餐饮管理有限公司	酒拾湘	485	450	火锅烧烤
198	内蒙古利客企业管理有限公司	利客	480	384	便利店
199	厦门纪里捞面餐饮管理有限公司	猪角	471	441	快餐

续表

序列	企业名称	品牌名称	2023 年门店总数（个）	2023 年加盟店总数（个）	行业业态
200	成都蜀大侠餐饮管理有限公司	蜀大侠	463	403	火锅烧烤
201	文峰大世界连锁发展股份有限公司	文峰	458	420	便利店
202	郑州贝体体育科技有限公司	卓跃儿童、卓跃星	457	154	教育培训
203	北京伊尔萨洗染有限公司	伊尔萨	451	439	洗染服务
204	万达宝贝王集团有限公司	宝贝王	450	312	休闲娱乐
205	四川至膳品牌管理有限公司	谭鸭血老火锅	441	438	火锅烧烤
206	湖南金领伟业职业技能鉴定有限公司	金拇指、金领伟业等	439	439	教育培训
207	成都北木南餐饮管理有限公司	北木南烤肉和酒	439	437	火锅烧烤
208	深圳永和大王餐饮有限公司	永和大王	437	179	快餐
209	上海好德可的便利有限公司	好德、可的	436	379	便利店
210	美克国际家居用品股份有限公司	A. R. T.	434	293	非食品专卖
211	重庆市莱得快美食文化有限公司	莱得快	429	385	快餐
212	福建省易太商业运营管理有限公司	易太	428	219	便利店
213	浙伍爷企业管理（杭州）有限公司	蛙喔	426	367	正餐
214	浙江五芳斋实业股份有限公司	五芳斋	425	30※	食品专卖
215	福州六意企业管理有限公司	六意连锁	421	48	便利店
216	云南万逸之家连锁股份有限公司	万逸之家	419	62	便利店
217	江苏爸爸糖餐饮管理有限公司	爸爸糖手工吐司	416	401	面包甜点
218	三只松鼠股份有限公司	三只松鼠	415	410	食品专卖
219	好想你健康食品股份有限公司	好想你	405	253	食品专卖
220	上海多串餐饮管理有限公司	阿甘锅盔	403	339	风味小吃
221	江西爱魅文化科技有限公司	魅	400	350	休闲娱乐
222	上海美丽田园医疗健康产业有限公司	美丽田园	400	199	美容美体
223	君亭酒店集团股份有限公司	君亭、君澜等	393	☆	酒店住宿
224	湖南霸王餐饮管理有限公司	霸碗	386	367	快餐
225	上海良友金伴便利连锁有限公司	良友、BK24、光明里	384	55	便利店
226	云南之佳便利店有限公司	之佳便利店	358	18＊	便利店
227	黑龙江叁壹叁羊庄餐饮管理有限公司	313 羊庄	353	313	火锅烧烤
228	哈尔滨中央红小月亮超市有限责任公司	中央红小月亮	350	310	便利店
229	转森科技（武汉）有限责任公司	转森	334	314	便利店
230	莆田市文献便民服务有限公司	快巢 KUAI CHAO、文献、便利巢	333	86	便利店
231	贵州勇惠鑫润企业管理咨询有限公司	勇惠	332	182	便利店
232	上海艾丝碧西食品有限公司	巴黎贝甜	331	293	面包甜点
233	长沙市拿云餐饮管理有限公司	盛香亭	330	304	快餐

续表

序列	企业名称	品牌名称	2023年门店总数（个）	2023年加盟店总数（个）	行业业态
234	星聚会投资管理有限公司	星聚会 不仅仅是 KTV	330	280 *	休闲娱乐
235	上海棒约翰餐饮管理有限公司	棒约翰	330	100	快餐
236	晋城市神利便利连锁有限公司	神利便利	328	285	便利店
237	深圳市甘棠明善餐饮有限公司	探鱼	327	187	正餐
238	哈尔滨融惠微利连锁超市有限责任公司	融惠微利	323	320	便利店
239	广西湘范儿餐饮管理有限公司	蛙小侠	306	262	正餐
240	郑州樱桃里餐饮管理有限公司	虎丫炒鸡	303	189	正餐
241	山东橙子便利生活有限公司	orange chain	303	100	便利店
242	宜宾万家福商贸有限责任公司	爱在万家福	301	188	便利店
243	湖南汇米巴商业管理有限公司	汇米巴	301	139	便利店
244	重庆市一站商贸有限公司	一站	300	273	便利店
245	内蒙古安哒便利管理有限公司	安哒	300	120	便利店
246	上海车享家汽车科技服务有限公司	车享家	300	50 *	汽车后市场
247	漳州新南丰商业连锁有限公司	便利栈、新南丰	297	133	便利店
248	江苏新合作常客隆数科商业有限公司	常客隆	295	16	便利店
249	上海迷你椰餐饮文化有限公司	迷你椰	288	281	正餐
250	北京小悦科技有限公司	Mr. JUDY DRESS MY HAIR	287	6	美发与养发
251	贵州省喜逢源连锁便利店有限公司	喜逢源	285	248	便利店
252	广东便宅家投资有限公司	便宅家	278	253	便利店
253	大连好月嫂家庭服务有限公司	好月嫂	273	268	家政服务
254	重庆淑芬餐饮管理有限公司	九街淑芬	271	261	火锅烧烤
255	广州华胜企业管理服务有限公司	华胜	270	37	汽车后市场
256	广西三品王餐饮管理有限公司	三品王	266	227	快餐
257	惠州市快迪商业有限公司	快迪	245	240	便利店
258	四川千桃万李企业管理咨询有限公司	沙胆彪炭炉牛杂煲	244	231	正餐
259	重庆亚特餐饮发展有限公司	卤校长	242	238	火锅烧烤
260	重庆朱光玉餐饮管理有限公司	朱光玉	241	227	火锅烧烤
261	青岛利群便利连锁发展有限公司	利群	239	169	便利店
262	沈阳太阳花开餐饮企业管理有限公司	熊喵来了萌	234	206	火锅烧烤
263	上海藕塘餐饮管理有限公司	先启半步颠	233	221	正餐
264	浙江新宇商业集团有限公司	启真	232	16	便利店
265	湖南珊珊便利有限公司	珊珊	221	89	便利店
266	北京和合谷餐饮管理有限公司	和合谷	219	126	快餐
267	多乐之日（北京）食品有限公司	多乐之日	215	160	面包甜点

续表

序列	企业名称	品牌名称	2023 年门店总数（个）	2023 年加盟店总数（个）	行业业态
268	广州市富隆酒窖酒业有限公司	富隆	214	112	食品专卖
269	深圳市乐凯撒比萨餐饮管理有限公司	乐凯撒	202	9	正餐
270	上海逸刻新零售网络科技有限公司	逸刻	201	8	便利店
271	吉林每日隆便利店管理有限公司	每日隆	200	105	便利店
272	广东伊丽汇美容科技有限公司	伊丽汇	198	196	美容美体
273	山东卖可便利店有限公司	卖可	186	41	便利店
274	北京邻鲜连锁便利店有限公司	多点、物美	184	114	便利店
275	河南省易事多便利店连锁有限公司	易事多	175	87	便利店
276	北京港佳好邻居连锁便利店有限责任公司	HAOLINJU	170	90	便利店
277	大连三寰商业管理有限公司	ANYWIDE 会有便利	165	80	便利店
278	湖南好相惠连锁超市管理有限公司	好相惠	165	6	便利店
279	内蒙古小肥羊餐饮连锁有限公司	小肥羊	160	150	火锅烧烤
280	东易日盛家居装饰集团股份有限公司	东易日盛	150	32	房屋装修

注：

1. 标注为※的数据来源于上市公司年报，标注为＊的数据为估计值，标注为☆表示企业未提供数据。

2. 本表数据基于“2023 年中国餐饮加盟品牌 Top100”“2023 年中国便利店 Top100”“2023 年生活服务业连锁企业 Top100 公示”“2023 年商业特许经营 Top280（食品专卖专业店部分）公示”等形成，个别企业数据统计口径略有差异。

2022 年中国便利店 Top100 基本情况

根据“2022 年中国便利店行业基本情况调查”结果，中国连锁经营协会（CCFA）于 2023 年 5 月 15 日发布“2022 年中国便利店 Top100”。

2022 年，Top100 便利店企业的店铺数量与销售总额实现了较为稳定的增长。调查显示，Top100 便利店企业门店总数量超过 17 万个，同比增长 7.20%；其中，67%的企业门店数比上年实现正增长，而 29%的企业门店数比上年有所减少，其余保持不变。此外，拥有 1000 个以上门店的便利店企业达 32 家，比上年增加 5 家；拥有门店 500~1000 个的企业为 20 家，比上年减少 2 家。头部及腰部企业的增长带动了整个行业的稳定发展。

附表：

2022 年中国便利店 Top100

（CCFA 2023 年 5 月 15 日发布）

序号	企业名称	品牌名称	2022 年门店总数（个）	备注
1	美宜佳控股有限公司	美宜佳	30008	★
2	中石化易捷销售有限公司	易捷	28606	★
3	中石油昆仑好客有限公司	昆仑好客	20600	★
4	广东天福连锁商业集团有限公司	天福	6970	★
5	罗森（中国）投资有限公司	罗森	5641	★
6	兴盛社区网络服务股份有限公司	芙蓉兴盛	5398	★
7	成都红旗连锁股份有限公司	红旗连锁	3561	★
8	柒一拾壹（中国）投资有限公司	7-ELEVEN	3319	★
9	十足集团有限公司	十足、之上	3316	★
10	中国大陆全家	全家 FamilyMart	2666	★
11	深圳市易站连锁股份有限公司	易站	2500	★
12	厦门见福连锁管理有限公司	见福	2413	★
13	山西省太原唐久超市有限公司	唐久	2200	★
14	山西金虎商业集团股份有限公司	金虎、早早	2025	★
15	北京便利蜂连锁商业有限公司	便利蜂	2005	★
16	西安每一天便利超市连锁有限公司	每一天	1935	★
17	河北叁陆伍网络科技集团有限公司	36524	1873	★
18	壳牌（中国）有限公司	壳牌优选	1715	★
19	广东合家欢便利店有限公司	粤合家欢	1660	★
20	吉林省新天地超市连锁经营有限公司	新天地	1653	★
21	世纪华联超市连锁（江苏）有限公司	华联盈创、繁花优选	1633	★
22	安徽壹度品牌运营股份有限公司	壹度便利	1516	★
23	深圳市中业爱民控股有限公司	中业爱民	1350	★
24	深圳市家乐通连锁便利店有限公司	家乐通	1328	★
25	福建百年万嘉超市管理有限公司	万嘉便利、便利客	1268	★
26	四川省老邻居商贸连锁有限责任公司	老邻居	1254	★
27	湖南佳宜企业管理有限公司	新佳宜	1220	★
28	广东维客佳便利店有限公司	维客佳	1158	

续表

序号	企业名称	品牌名称	2022年门店总数（个）	备注
29	四川舞东风超市连锁股份有限公司	舞东风	1096	★
30	上海喜士多便利连锁有限公司	喜士多	1075	
31	大连春天物业管理有限公司	金叶春天	1041	★
32	安徽邻几便利店有限公司	邻几、巷邻	1035	★
33	有家实业有限公司	有家	991	★
34	华润苏果超市有限公司	苏果、好的	915	★
35	重庆可购商贸有限公司	可购	876	★
36	上海联华快客便利有限公司	联华快客	756	★
37	贵州凯辉商业管理有限公司	凯辉	756	★
38	青岛可好便利店管理有限公司	可好	702	★
39	武汉今天梦想商贸有限公司	Today	681	★
40	文峰大世界连锁发展股份有限公司	文峰	668	★
41	青岛友客便利连锁管理有限公司	友客	646	★
42	新疆八点半贸易有限公司	八点半	638	★
43	邯郸市时刻便利连锁有限公司	时刻便利	633	★
44	山东潍坊百货集团股份有限公司	中百便利	625	★
45	河南悦来悦喜商贸有限公司	悦来悦喜	612	★
46	内蒙古一团火商业管理有限公司	一团火	598	★
47	江西省晋利嘉实业有限责任公司	乐豆家、马刻	597	★
48	贵州二十四客企业管理咨询有限公司	24客	546	★
49	广东想家便利店连锁有限公司	想家	532	★
50	山东优同便利店集团有限公司	优同	513	★
51	重庆优客家商贸有限公司	优客家	508	★
52	仁德立品牌管理（湖北）有限公司	可多、喜顾	501	★
53	河北天天智慧商业连锁股份有限公司	天天便利	489	★
54	山东新星集团有限公司	新星	475	★
55	内蒙古利客企业管理有限公司	利客	460	★
56	新疆每日集团有限公司	每日每夜	448	★
57	福建汇宁商业管理有限公司	汇宁	429	★
58	兔悠连锁企业管理（沈阳）有限公司	兔悠便利	422	★
59	福建省易太商业运营管理有限公司	易太	416	★
60	福州六意企业管理有限公司	六意	407	★
61	上海良友金伴便利连锁有限公司	良友 BUDDIES、BK24、光明里	403	★
62	云南万逸之家连锁股份有限公司	万逸之家	358	★

续表

序号	企业名称	品牌名称	2022 年门店总数（个）	备注
63	哈尔滨中央红小月亮超市有限责任公司	小月亮	343	★
64	上海好德便利有限公司	好德	340	★
65	莆田市文献便民服务有限公司	文献、便利巢、快巢	332	★
66	湖南千惠商贸连锁有限公司	千惠	330	★
67	湖南汇米巴商业管理有限公司	汇米巴	328	★
68	云南之佳便利店有限公司	之佳	318	★
69	转森科技（武汉）有限责任公司	转森	312	★
70	广东世纪及时便利店连锁有限公司	及时便利	310	★
71	重庆市一站商贸有限公司	一站	308	
72	广东都市邻居便利店有限公司	都市邻居	300	★
73	漳州新南丰商业连锁有限公司	新南丰	286	★
74	晋城市神利便利连锁有限公司	神利	281	★
75	河南省易事多便利店连锁有限公司	易事多	273	★
76	江苏新合作常客隆连锁超市有限公司	常客隆	273	★
77	北京港佳好邻居连锁便利店有限责任公司	好邻居	270	★
78	吉林市统泰一网超市有限公司	一网超市	265	★
79	哈尔滨市融惠微利连锁超市有限责任公司	微利	264	★
80	山东橙子便利生活有限公司	橙子便利	262	★
81	宜宾万家福商贸有限责任公司	万家福	248	★
82	内蒙古悦生活商贸有限公司	安达	248	★
83	惠州市快迪商业有限公司	快迪	243	★
84	贵州勇惠鑫润企业管理咨询有限公司	勇惠	235	★
85	广东便宅家投资有限公司	便宅家	230	★
86	青岛利群便利连锁发展有限公司	利群便利	211	★
87	长春市吉优客超市连锁管理服务有限公司	吉优客	210	★
88	徐州悦客企业管理有限公司	悦客	208	
89	广西旅岛高速公路服务区经营有限公司	旅岛	203	★
90	辽宁和乐金凯达超市管理有限公司	金凯达	193	
91	湖北黄商众益商业运营管理有限公司	黄商超市	190	★
92	贵州省喜逢源连锁便利店有限公司	喜逢源	185	★
93	阜阳市满好超市有限公司	满好	180	★
94	山东品记连锁超市有限公司	卖可	178	★
95	北京邻鲜连锁便利店有限公司	多点、物美	175	★
96	十堰市新合作超市有限公司	新合作	173	★
97	吉林隆玛特集团有限公司	每日隆	171	★

续表

序号	企业名称	品牌名称	2022 年门店总数（个）	备注
98	邢台市福美多商贸有限责任公司	福美多	165	★
99	寿光市润达供应链有限公司	全福元	162	★
100	上海逸刻新零售网络科技有限公司	逸刻	161	★
	大连三寰商业管理有限公司	会有	161	★
	湖南珊珊便利有限公司	珊珊	161	★

注：

1. ★表示企业为中国连锁经营协会会员企业，其他为非会员企业。

2. 数据说明：

① 罗森中国的门店数包括中百、超市发等区域合作企业的门店，区域企业不再另行排列。

② 本年度便利店统计增加了老邻居、转森、都市邻居、吉优客等品牌。

3. 计入本调查统计汇总的企业门店数量符合如下基本要求：

① 所属门店与企业总部关系为紧密型加盟。

② 所属门店营收为企业总部统一收银结算。

③ 所属门店销售商品的总量中须有 80%及以上的商品为从企业总部进货。

4. 本表数据源自企业自报及公开资料整理。

2023 年中国便利店 Top100 基本情况

根据“2023 年中国便利店行业基本情况调查”结果以及便利店企业截至 2023 年 12 月 31 日的门店总数量统计汇总，中国连锁经营协会（CCFA）于 2024 年 5 月 16 日发布“2023 年中国便利店 Top100”。

附表：

2023年中国便利店Top100

（CCFA 2024年5月16日发布）

序号	企业名称	品牌名称	2023年门店总数（个）	备注
1	美宜佳控股有限公司	美宜佳	33848	★
2	中石化易捷销售有限公司	易捷	28633	★
3	中石油昆仑好客有限公司	昆仑好客	19780	★
4	广东天福连锁商业集团有限公司	天福	7208	★
5	罗森投资有限公司	罗森	6330	①★
6	兴盛社区网络服务股份有限公司	芙蓉兴盛	5718	★
7	柒一拾壹（中国）投资有限公司	7-ELEVEN	3906	★
8	十足集团有限公司	十足、之上	3879	★
9	成都红旗连锁股份有限公司	红旗连锁	3639	★
10	深圳市易站连锁股份有限公司	易站	2800	★
11	中国大陆全家	全家 FamilyMart	2707	★
12	厦门见福连锁管理有限公司	见福	2521	★
13	山西省太原唐久超市有限公司	唐久	2258	★
14	山西金虎商业集团股份有限公司	金虎、早早	2213	★
15	西安每一天便利超市连锁有限公司	每一天	2011	★
16	成都联合一百超市有限公司	联合一百	2007	★
17	安徽壹度品牌运营股份有限公司	壹度便利	1898	★
18	河北叁陆伍网络科技集团有限公司	36524	1891	★
19	吉林省新天地超市连锁经营有限公司	新天地	1866	★
20	广东合家欢便利店有限公司	粤合家欢	1746	★
21	壳牌（中国）有限公司	壳牌优选	1715	★
22	集百控股商业连锁（江苏）有限公司	华联盈创、繁花优选	1670	★
23	四川省老邻居商贸连锁有限责任公司	老邻居	1622	★
24	广东维客佳便利店有限公司	维客佳	1545	
25	北京便利蜂连锁商业有限公司	便利蜂	1510	★
26	湖南佳宜企业管理有限公司	新佳宜	1451	★
27	深圳市中业爱民便利店管理有限公司	中业爱民	1400	★
28	福建百年万嘉超市管理有限公司	万嘉便利、便利客	1369	★

续表

序号	企业名称	品牌名称	2023 年门店总数（个）	备注
29	安徽邻几便利店有限公司	邻几、巷邻	1280	★
30	四川舞东风超市连锁股份有限公司	舞东风	1034	★
31	上海喜士多便利连锁有限公司	喜士多	1027	
32	有家便利店有限公司	有家	998	★
33	贵州凯辉商业集团有限公司	凯辉	921	★
34	重庆可购商贸有限公司	可购	928	
35	新疆早晚八点半贸易有限公司	八点半	906	★
36	上海联华快客便利有限公司	联华快客	843	★
37	青岛可好便利店管理有限公司	可好	822	★
38	华润万家（控股）有限公司	苏果、好的、Vango	805	★
39	青岛友客便利连锁管理有限公司	友客	766	★
40	武汉今天梦想商贸有限公司	Today	729	★
41	内蒙古一团火商业管理有限公司	一团火	664	★
42	贵州二十四客企业管理咨询有限公司	24 客	657	★
43	仁德立品牌管理（湖北）有限公司	可多、喜顾	650	★
44	江西省晋利嘉实业有限责任公司	乐豆家、马刻	635	★
45	邯郸市时刻便利连锁有限公司	时刻便利	630	★
46	吉林市统泰一网超市有限公司	一网超市	617	★
47	山东潍坊百货集团股份有限公司中百连锁超市	中百便利	607	★
	山东优同便利店集团有限公司	优同	607	★
49	河南悦来悦喜商贸有限公司	悦来悦喜	605	★
50	新疆每日集团有限公司	每日每夜	602	★
51	广东想家便利店连锁有限公司	想家	541	★
52	兔悠连锁企业管理（沈阳）有限公司	兔悠便利	536	★
53	重庆优客家商贸有限公司	优客家	528	★
54	河北天天智慧商业连锁股份有限公司	天天便利	506	★
55	内蒙古利客企业管理有限公司	利客	480	★
56	山东新星集团有限公司	新星	475	★
57	文峰大世界连锁发展股份有限公司	文峰	458	★
58	福建省汇宁商业管理有限公司	汇宁	449	★
59	上海好德可的便利有限公司	好德/可的	436	★
60	福建省易太商业运营管理有限公司	易太	428	★
61	福州六意企业管理有限公司	六意	421	★
62	云南万逸之家连锁股份有限公司	万逸之家	419	★

续表

序号	企业名称	品牌名称	2023年门店总数（个）	备注
63	上海良友金伴便利连锁有限公司	良友 BUDDIES、BK24、光明里	384	★
64	云南之佳便利店有限公司	之佳	358	★
65	哈尔滨中央红小月亮超市有限责任公司	小月亮	350	★
66	转森科技（武汉）有限责任公司	转森	334	★
67	莆田市文献便民服务有限公司	文献、便利巢、快巢	333	★
68	贵州勇惠鑫润企业管理咨询有限公司	勇惠	332	★
69	晋城市神利便利连锁有限公司	神利	328	★
70	哈尔滨融惠微利连锁超市有限责任公司	微利	323	★
71	广东世纪及时便利店连锁有限公司	及时便利	312	★
72	山东橙子便利生活有限公司	橙子便利	303	★
73	宜宾万家福商贸有限责任公司	万家福	301	★
	湖南汇米巴商业管理有限公司	汇米巴	301	★
75	湖南千惠商贸连锁有限公司	千惠	300	★
	长春市吉优客超市连锁管理有限公司	吉优客	300	★
	内蒙古安哒便利管理有限公司	安达	300	★
	广东都市邻居便利店有限公司	都市邻居	300	★
	重庆市一站商贸有限公司	一站	300	
80	漳州新南丰商业连锁有限公司	新南丰	297	★
81	江苏新合作常客隆数科商业有限公司	常客隆	295	★
82	贵州省喜逢源连锁便利店有限公司	喜逢源	285	★
83	广东便宅家投资有限公司	便宅家	278	★
84	广西旅岛高速公路服务区经营有限公司	旅岛	254	★
85	惠州市快迪商业有限公司	快迪	245	★
86	浙江物联电子商务有限公司	窝里快购	240	
87	青岛利群便利连锁发展有限公司	利群便利	239	★
88	浙江新宇商业集团有限公司	启真	232	★
89	湖南珊珊便利有限公司	珊珊	221	★
90	湖北黄商众益商业运营管理有限公司	黄商超市	220	★
91	上海逸刻新零售网络科技有限公司	逸刻	201	★
92	吉林每日隆便利店管理有限公司	每日隆	200	★
	徐州悦客企业管理有限公司	悦客	200	
94	山东卖可便利店有限公司	卖可	186	★
95	北京邻鲜连锁便利店有限公司	多点、物美	184	★
96	辽宁和乐金凯达超市管理有限公司	金凯达	180	★

续表

序号	企业名称	品牌名称	2023 年门店总数（个）	备注
97	河南省易事多便利店连锁有限公司	易事多	175	★
98	北京港佳好邻居连锁便利店有限责任公司	好邻居	170	★
	邢台市福美多商贸有限责任公司	福美多	170	★
100	湖南好相惠连锁超市管理有限公司	好相惠	165	★
	大连三寰商业管理有限公司	会有	165	

注：

1. ★表示该企业为中国连锁经营协会会员企业，其他为非会员企业。

2. 数据说明：

① 罗森中国的门店数包括中百、超市发等区域合作企业的门店，区域合作企业不再另行排列。

② 本年度便利店统计增加了联合一百、窝里快购、启真、好相惠 4 个便利店品牌。

3. 计入本调查统计汇总的企业门店数量符合如下基本要求：

① 所属门店与企业总部关系为紧密型加盟。

② 所属门店营收为企业总部统一收银结算。

③ 所属门店销售商品的总量中须有 80%及以上的商品为从企业总部进货。

4. 本表数据源自企业自报及公开资料整理。

2022年中国超市Top100基本情况

根据“2022年度超市行业经营情况调查”结果，中国连锁经营协会（CCFA）于2023年6月21日发布“2022年中国超市Top100”。2022年中国连锁超市Top100数据显示，100家超市企业合计销售9368.8695亿元，门店总数28413个。

附表：

2022 年中国超市 Top100

（CCFA 2023 年 6 月 21 日发布）

序号	企业名称	品牌名称	2022 年销售规模总计（含税万元）	2022 年门店总数（个）	备注		
1	沃尔玛（中国）投资有限公司	沃尔玛	10931033	365		★	①
2	永辉超市股份有限公司	永辉	9798667	1045		★	
3	康成投资（中国）有限公司	大润发	9201248	592		★	
4	华润万家（控股）有限公司	华润万家、Ole、华润苏果	6923500	3130		★	
5	物美科技集团有限公司	物美、麦德龙	6189204	1057		★	
6	上海盒马网络科技有限公司	盒马鲜生等	6100000	300	*	★	
7	联华超市股份有限公司	联华、世纪联华、华联	5747902	3352		★	
8	家家悦控股集团股份有限公司	家家悦、世伴	3114223	933		★	
9	中百仓储超市有限公司	中百仓储/中百超市	2210104	883		★	
10	世纪华联超市连锁（江苏）有限公司	华联盈创	1786902	4158		★	
11	广州市钱大妈农产品有限公司	钱大妈	1519639	3000		★	
12	广州易初莲花连锁超市有限公司	卜蜂莲花	1519395	142		★	
13	利群集团股份有限公司	利群	1102769	528		★	
14	永旺（中国）投资有限公司	永旺	1041838	71		★	
15	郑州丹尼斯百货有限公司	丹尼斯	1000000	73	*		
16	长春欧亚集团股份有限公司	欧亚	942510	144		★	
17	重庆百货大楼股份有限公司	重百、新世纪	925062	162		★	
18	天虹数科商业股份有限公司	SP@CE 天虹超市	920430	119		★	
19	河南大张实业有限公司	大张、盛德美、长申	868256	94		★	
20	江苏吉麦隆商业管理有限公司	吉麦隆	800000	105	*	★	
21	北国商城股份有限公司	北国超市	741159	59		★	
22	山东潍坊百货集团股份有限公司	佳乐家、中百超市	700199	92		★	
23	银座集团股份有限公司	银座超市	655922	116		★	
24	信誉楼百货集团有限公司	信誉楼	636980	43		★	
25	步步高商业连锁股份有限公司	步步高	627678	205	※	★	②
26	湖南佳惠百货有限责任公司	佳惠	612104	133		★	
27	广东嘉荣超市有限公司	嘉荣 SPAR	590231	111		★	

续表

序号	企业名称	品牌名称	2022 年销售规模总计（含税万元）	2022 年门店总数（个）	备注		
28	山西美特好连锁超市股份有限公司	美特好 Meetall	574047	142		★	
29	武汉武商超市管理有限公司	武商超市	552718	106		★	
30	哈尔滨新世纪家得乐商贸有限公司	家得乐、城集生活 City-Bazzar	528760	70		★	
31	北京超市发连锁股份有限公司	超市发	498785	137		★	
32	辽宁地利生鲜农副产品有限公司	地利生鲜	493431	283		★	
33	江苏新合作常客隆数科商业有限公司	新合作常客隆	459643	751		★	
34	黑龙江比优特商业集团有限公司	比优特	456205	53		★	
35	四季优选信息技术有限公司（京东七鲜）	7FRESH 七鲜	450000	60	*	★	
36	三江购物俱乐部股份有限公司	三江购物、安鲜生活	426650	214		★	
37	人人乐连锁商业集团股份有限公司	人人乐	397054	113		★	
38	烟台振华量贩超市有限公司	振华量贩	376210	120		★	
39	湖北黄商集团股份有限公司	黄商、黄商生活、黄商社区惠民店	371186	158		★	
40	安徽百大合家福连锁超市股份有限公司	合家福	368247	192		△	
41	青岛利客来集团股份有限公司	利客来	368016	47		★	
42	北京京客隆商业集团股份有限公司	京客隆	364355	142		★	
43	济南华联超市有限公司	济南华联	347816	22		★	
44	明康汇生态农业集团有限公司	明康汇	347472	427		★	
45	江苏华地国际控股集团有限公司	大统华	319834	61		★	
46	阜阳华联集团股份有限公司	阜阳华联生活超市	312760	487		★	
47	福建新华都企业管理有限公司	新华都	307136	73		★	③
48	开市客中国（Costco）	COSTCO WHOLESALE	300000	2	*		
49	山东全福元商业集团	全福元	285586	83		★	
50	武汉中商超市连锁有限公司	中商超市	282639	148			
51	肇庆市昌大昌超级购物广场有限公司	昌大昌	262007	35		★	
52	山东新星集团有限公司	新星	260439	9		★	
53	厦门元初食品股份有限公司	元初食品	255157	207		★	
54	浙江华之友商贸有限公司	华之友	249025	19			
55	河北惠友商业连锁发展有限公司	惠友	241560	53		★	
56	大商股份有限公司	新玛特、大商	240368	38	※		
57	上海芯果科技有限公司（Hotmaxx）	好特卖 HotMaxx	240000	503		★	
58	广东壹加壹商业连锁有限公司	壹加壹	231329	77		★	
59	北京尧地农业科技发展有限公司	fudi、菜鲜果美	230000	14	*		

续表

序号	企业名称	品牌名称	2022 年销售规模总计（含税万元）	2022 年门店总数（个）	备注		
60	十堰市新合作商贸有限公司	新合作	228621	182		△	
61	江西省绿滋肴实业有限公司	绿滋肴	227488	107		★	
62	江西国光商业连锁股份有限公司	国光	224995	63	※	★	
63	九江联盛超市连锁股份有限公司	联盛	219472	67		△	
64	江苏家得福投资集团股份有限公司	家得福	205741	57		☆	
65	北京沃谷农业发展有限公司	GSH 果蔬好	190000	13	*		
66	福建冠业投资发展有限公司	冠超市	187607	45		★	
67	哈尔滨哈尔信连锁超市有限责任公司	中央红哈尔信	185298	39		△	
68	广东省美宜多控股有限公司	美宜多	170687	150		★	
69	安徽生鲜传奇商业有限公司	生鲜传奇	170030	185		★	
70	北京首航国力商贸有限公司	首航超市	164876	48		★	
71	包头市永盛成百货有限责任公司	永盛成	164400	39		★	
72	湖北寿康永乐商贸集团有限公司	寿康永乐	163996	106		★	
73	秦皇岛兴龙广缘商业连锁有限公司	兴龙广缘	139146	51		★	
74	山东省胜利油田胜大超市有限公司	胜大	129124	80		★	
75	成都邻你生活股份有限公司	邻你	127400	25		★	
76	安徽省徽商红府连锁超市有限责任公司	红府	126800	115		★	
77	新疆汇嘉时代百货股份有限公司	汇嘉时代、好家乡	112749	21	※		④
78	辽宁新隆嘉现代农业有限公司	新隆嘉	107939	140		★	
79	台州市三和连锁超市有限公司	三和超市、邻大嫂、村村达	107341	77		★	
80	唐山家万佳超市有限公司	家万佳	106200	20		★	
81	唐山百货大楼集团八方购物广场有限责任公司	八方购物广场超市	105335	7		★	
82	湖州浙北大厦超市有限公司	浙北大厦	104938	11		★	
83	浙江万客隆商贸有限公司	万客隆	104172	58		★	
84	安徽绿篮子超市有限责任公司	绿篮子	100170	33		★	
85	浙江万风超市有限公司	万风超市	98553	104			
86	邯郸市阳光超市有限公司	阳光	95212	21		△	
87	山东德百集团超市有限公司	德百超市	88868	16		△	
88	甘肃东方百佳商贸有限公司	东方百佳	85760	35		★	
89	甘肃新乐连锁超市有限责任公司	新乐超市	84131	50		★	
90	广东天和商贸集团有限公司	天和超市、顶之选	80372	23		★	
91	山东龙贵超市有限公司	龙贵超市	77300	17			
92	奥乐齐（中国）投资有限公司	奥乐齐 ALDI	75000	32	*		

续表

序号	企业名称	品牌名称	2022年销售规模总计（含税万元）	2022年门店总数（个）	备注		
93	无锡天惠超市股份有限公司	天惠	72508	59		★	
94	天津劝宝超市有限责任公司	劝宝超市	72088	340		★	
95	新疆友好（集团）股份有限公司	友好	66262	9	※		
96	四川吉选实业集团有限责任公司	吉选	65716	11		★	
97	江苏欢乐买商贸股份有限公司	欢乐买	64270	14		★	
98	中国顺客隆控股有限公司	顺客隆	63876	67	※	☆	
99	文峰大世界连锁发展股份有限公司	文峰千家惠、文峰超市	62839	13		★	
100	天津迎宾超市商贸有限公司	迎宾	56027	5		★	

注：

1. ★表示该企业为中国连锁经营协会会员企业，☆表示其下属公司为协会会员企业，△表示其母公司为协会会员企业。

2. ＊为估计值，※为年报披露的营业收入数据。

3. 百强统计采用销售规模（或营业收入）口径，包括线下及线上（仅限自营）含税销售额，即门店含税销售额（或营业收入）、企业批发含税销售额（或营业收入）和商品网络销售额（或营业收入，含自营渠道和在第三方平台的销售额）。其中，门店范围包括直营店、加盟店、以公司品牌输出管理的连锁店。销售规模统计不包括内部交易、企业的批发市场交易额以及汽车、加油站、农资等生产资料销售额。

4. 部分企业数据说明：

① 沃尔玛门店数为估计值。

② 步步高销售数据为超市+家电的主营业务收入。

③ 福建新华都采用含税销售额口径。

④ 汇嘉时代独立超市11个。

2023 年中国超市 Top100 基本情况

根据“2023 年行业基本情况调查”结果，中国连锁经营协会（CCFA）于 2024 年 7 月 22 日发布“2023 年中国超市 Top100”。

2023 年，超市 Top100 企业销售规模为 8680 亿元，门店总数 2. 38 万个，分别比上年的超市 Top100 下降 7. 3%和 16. 2%。

在超市 Top100 企业中，销售额 100 亿元以上的企业有 13 家，其中 500 亿元以上的企业有 7 家。沃尔玛（中国）2023 年实现销售 1202 亿元，居超市 Top100 首位。

从 2023 年超市 Top100 企业的经营状况变化可以看出以下特征。

1. 在一、二线城市，会员店、折扣店的销售额以及门店数增长显著。代表性企业包括沃尔玛、开市客、尧地、好特卖、奥乐齐、嗨特购等。

2. 近半超市经营发展稳健，部分来自低线区域。在 2023 年中国超市 Top100 企业中，有 44 家销售同比增长，其中有 27 家企业来自低线城市，代表性企业有大张、信誉楼、比优特、黄商、寿康永乐等。

3. 在 2023 年中国超市 Top100 企业中，有 33 家企业的门店数增加、20 家企业的门店数持平，但也有 47 家企业的门店数减少。

附表：

2023年中国超市Top100

（CCFA 2024年7月22日发布）

序号	企业名称	品牌名称	2023年销售规模总计（含税万元）	销售额同比增长（%）	2023年门店总数（个）	门店数同比增长（%）	备注		
1	沃尔玛（中国）投资有限公司	沃尔玛、山姆	12021700	10.0	365	3.7		★	
2	永辉超市股份有限公司	永辉	8555149	-12.7	1009	-3.4		★	
3	康成投资（中国）有限公司	大润发、大润发Super、大润发Mini、M会员店	7720746	-13.8	528	-9.3		★	①
4	华润万家（控股）有限公司	华润万家、Ole、华润苏果	6253300	-9.7	2694	-13.9		★	
5	盒马（中国）有限公司	盒马鲜生等	5900000	-3.3	360	20.0	※	★	②
6	物美科技集团有限公司	物美、麦德龙	5656290	-8.6	1122	6.1		★	
7	联华超市股份有限公司	联华、华联	5256936	-8.5	3356	0.1		★	
8	家家悦控股集团股份有限公司	家家悦、世伴	2983833	-4.2	917	-1.7		★	
9	中百仓储超市有限公司	中百仓储、中百超市	2045365	-7.5	881	-0.2		★	
10	广州市钱大妈农产品有限公司	钱大妈	1372760	-9.7	2936	-2.1		★	
11	广州易初莲花连锁超市有限公司	卜蜂莲花	1203126	-20.8	119	-14.4		★	
12	利群集团股份有限公司	利群	1120744	1.6	520	-1.5		★	
13	永旺（中国）投资有限公司	永旺	1012839	-2.8	70	-1.4		★	
14	河南大张实业有限公司	大张、长申、盛德美	960600	10.6	95	1.1		★	
15	重庆百货大楼股份有限公司	重百超市、新世纪超市	886802	-4.1	152	-6.2		★	
16	天虹数科商业股份有限公司	SP@CE 天虹超市	878123	-4.6	116	-2.5		★	
17	江苏吉麦隆商业管理有限公司	吉麦隆	800000	0.0	105	0.0		★	
18	长春欧亚集团股份有限公司	欧亚	797365	-15.4	146	1.4		★	
19	北国商城股份有限公司	北国超市	786219	6.1	60	1.7		★	
20	信誉楼百货集团有限公司	信誉楼	700740	10.0	43	0.0		★	
21	山东潍坊百货集团股份有限公司	佳乐家、中百	693562	-0.9	89	-3.3		★	
22	银座集团股份有限公司	银座	648784	-1.1	129	11.2		★	
23	山西美特好连锁超市股份有限公司	美特好 Meetall	623862	8.7	139	-2.1		★	
24	湖南佳惠百货有限责任公司	佳惠	601165	-1.8	133	0.0		★	

续表

序号	企业名称	品牌名称	2023 年销售规模总计（含税万元）	销售额同比增长（%）	2023 年门店总数（个）	门店数同比增长（%）	备注		
25	广东嘉荣超市有限公司	嘉荣 SPAR	570935	-3.3	105	-5.4		★	
26	开市客中国（Costco）	COSTCO WHOLE-SALE	550000	83.3	5	150.0	*		
27	黑龙江比优特商业集团有限公司	比优特	539548	18.3	66	24.5		★	
28	哈尔滨新世纪家得乐商贸有限公司	家得乐、城集生活 CityBazzar	531404	0.5	75	7.1		★	
29	武汉武商超市管理有限公司	武商超市	522090	-5.5	118	11.3		★	
30	北京超市发连锁股份有限公司	超市发	478629	-4.0	138	0.7		★	
31	许昌市胖东来商贸集团有限公司	胖东来	460000		12		*		
32	江苏新合作常客隆数科商业有限公司	常客隆	441848	-3.9	713	-5.1		★	
33	三江购物俱乐部股份有限公司	三江购物	415783	-2.5	209	-2.3		★	
34	湖北黄商综超事业部	黄商（生活）、黄商社会惠民店	400236	7.8	187	18.4		★	
35	四季优选信息技术有限公司	7FRESH 七鲜	400000	-11.1	69	15.0	*	★	
36	贵州合力超市集团	合力	394517	-14.1	84	-6.7		★	
37	湖北寿康永乐商贸集团有限公司	寿康永乐	386270	8.3	304	5.6		★	③
38	烟台振华量贩超市有限公司	振华超市	381269	1.3	130	8.3		★	
39	上海芯果科技有限公司（好特卖）	好特卖	363690	51.5	815	63.0		★	
40	安徽百大合家福连锁超市股份有限公司	合家福	358928	-2.5	192	0.0		★	
41	辽宁新隆嘉现代农业有限公司	新隆嘉	358790	-7.2	140	0.0		★	④
42	青岛利客来集团股份有限公司	利客来	341886	-7.1	45	-4.3		★	
43	人人乐连锁商业集团股份有限公司	人人乐	323040	-28.9	91	-19.5		★	
44	北京京客隆商业集团股份有限公司	京客隆	303032	-16.8	132	-6.4		★	
45	武汉中商超市连锁有限公司	中商超市	299963	6.1	160	8.1		★	
46	山东全福元商业集团有限责任公司	全福元	296987	4.0	78	-6.0		★	
47	济南华联超市有限公司	济南华联	295834	-14.9	22	0.0		★	
48	山东新星集团有限公司	新星	289087	11.0	13	44.4		★	
49	江苏华地国际控股集团有限公司	大统华	289043	-9.6	58	-4.9		★	
50	福建新华都企业管理有限公司	新华都	271765	-11.5	57	-21.9		★	
51	肇庆市昌大昌超级购物广场有限公司	昌大昌	271224	3.5	35	0.0		★	
52	阜阳华联集团股份有限公司	阜阳华联生活超市	261467	-16.4	402	-17.5		★	
53	北京尧地农业科技发展有限公司	fudi、莱鲜果美	260000	13.0	17	21.4	*		
54	厦门元初食品股份有限公司	元初食品	255192	0.0	201	-2.9		★	
55	浙江华之友商贸有限公司	华之友超市、城市超市	249750	0.3	19	0.0		★	

续表

序号	企业名称	品牌名称	2023年销售规模总计（含税万元）	销售额同比增长（%）	2023年门店总数（个）	门店数同比增长（%）	备注		
56	惠友集团有限公司	惠友	249706	3.4	51	-3.8		★	
57	江西国光商业连锁股份有限公司	国光	241194	7.2	55	-12.7	※	★	
58	江西省绿滋肴实业有限公司	绿滋肴	236236	3.8	107	0.0		★	
59	广东壹加壹商业连锁有限公司	壹加壹	235313	1.7	72	-6.5		★	
60	湖北供销商贸流通有限公司	新合作	219756	-3.9	178	-2.2		★	
61	大商股份有限公司	新玛特、大商	209755	-12.7	27	-28.9	※		⑤
62	九江联盛超市连锁股份有限公司	联盛	198330	-9.6	69	0.0		★	
63	哈尔滨哈尔信连锁超市有限责任公司	哈尔信	194239	4.8	40	2.6		★	
64	江苏家得福投资集团股份有限公司	家得福	193396	-6.0	60	3.4		★	
65	北京沃谷农业发展有限公司	GSH 果蔬好	190000	0.0	13	0.0	*		⑥
66	安徽生鲜传奇商业有限公司	生鲜传奇	170000	0.0	190	2.7		★	
67	广东省美宜多控股有限公司	美宜多	156112	-8.5	145	-3.3		★	
68	北京首航国力商贸有限公司	首航超市	150559	-8.7	46	-4.2		★	
69	福建冠业投资发展有限公司	冠超市	147010	-21.6	53	17.8		★	
70	包头市永盛成百货有限责任公司	永盛成超市	144800	-11.9	37	-5.1		★	
71	秦皇岛兴龙广缘商业连锁有限公司	兴龙广缘	138030	4.7	41	-4.7		★	
72	新疆汇嘉时代百货股份有限公司	汇嘉时代、好家乡	137527	22.0	10	-9.1	※		⑦
73	湖州浙北大厦超市有限公司	浙北优致	134936	28.6	14	27.3		★	
74	成都邻你生活股份有限公司	邻你超市	127145	-0.2	24	-4.0		★	
75	山东胜利油田胜大超市有限公司	胜大	124297	-3.7	86	7.5		★	
76	步步高商业连锁股份有限公司	步步高	120084	-80.9	96	-53.2	※	★	⑧
77	台州市三和连锁超市有限公司	三和、邻大嫂、村村达	109450	2.0	78	1.3		★	
78	安徽省徽商红府连锁超市有限责任公司	红府 Homeful、红之品	108981	-14.1	110	-4.3		★	
79	浙江万客隆商贸有限公司	万客缘	108300	4.0	56	-3.4		★	
80	唐山百货大楼集团八方购物广场有限责任公司	八方购物广场超市	105825	0.5	7	0.0		★	
81	唐山家万佳超市有限公司	家万佳	101260	-4.7	20	0.0		★	
82	奥乐齐（中国）投资有限公司	奥乐齐 ALDI	100000	33.3	50	56.3	*	★	
	北京优品酷卖科技有限公司	嗨特购 Hitgoo	100000	66.7	386	227.1		★	
84	浙江万风超市有限公司	万风	98966	0.4	104	0.0			
85	邯郸市阳光超市有限公司	阳光	95302	0.1	20	-4.8		★	
86	甘肃新乐连锁超市有限责任公司	新乐超市	91067	12.5	48	-11.1		★	
87	衢州东方商厦有限公司	东方商厦	90200	-8.2	54	-5.3			
88	山东德百集团超市有限公司	德百超市	85000	2.1	16	0.0		★	

续表

序号	企业名称	品牌名称	2023 年销售规模总计（含税万元）	销售额同比增长（%）	2023 年门店总数（个）	门店数同比增长（%）	备注		
89	安徽绿篮子超市有限责任公司	绿篮子	82600	-17.5	25	-24.2		★	
90	甘肃东方百佳商贸有限公司	东方百佳	76657	1.3	31	0.0		★	⑨
91	新疆友好（集团）股份有限公司	友好	76088	14.8	57	-1.7	※		⑩
92	广州市广百股份有限公司	广百超市、广州友谊超市	74046	74.1	17	13.3		★	⑪
93	山东龙贵超市有限公司	济宁龙贵	73099	-5.4	18	5.9		★	
94	贵州星力乐品鲜活商贸有限公司	星力	71773	-5.2	16	0.0		★	
95	天津劝宝超市有限责任公司	劝宝	69949	-3.0	350	2.9		★	
96	无锡天惠超市股份有限公司	天惠	69003	-4.8	60	-1.6		★	
97	江苏欢乐买商贸股份有限公司	欢乐买	68460	11.3	16	0.0		★	
98	中国顺客隆控股有限公司	顺客隆	66741	4.5	61	-9.0	※	★	⑫
99	上海文峰千家惠超市发展有限公司	文峰千家惠、文峰超市	62885	0.1	11	-15.4		★	
100	天津迎宾超市商贸有限公司	迎宾	54445	-2.8	5	0.0		★	
合计			86800736	-4.2	23806	-0.3			

备注：

1. ★代表该企业为中国连锁经营协会会员企业或其关联公司为中国连锁经营协会会员企业。

2. ＊为估计值，※为年报披露的营业收入数据。

3. 此表销售额为企业的超市业态销售额。采用销售规模（或营业收入）口径，包括线下及线上（仅限自营）含税销售额，即门店含税销售额（或营业收入）、企业批发含税销售额（或营业收入）和商品网络销售额（或营业收入，含自营渠道和在第三方平台的销售额）。其中，门店范围包括直营店、加盟店、以公司品牌输出管理的连锁店。销售规模统计不包括内部交易。

4. 部分企业数据说明：

① 康成投资的统计以财年为周期，从 2023 年 4 月至 2024 年 3 月。

② 盒马（中国）的销售规模为 2024 财年 GMV 口径。

③ 湖北寿康永乐调整销售口径，增加酒类销售。

④ 辽宁新隆嘉销售口径调整，含加盟店销售额。

⑤ 大商销售口径为营收数据，超市、电器在百货店内且无独立对外店招的，不作为独立店铺统计。

⑥ 北京沃谷农业门店数为会员门店数。

⑦ 汇嘉时代门店数仅为独立超市门店数。

⑧ 步步高超市销售口径为超市+家电的营业收入。

⑨ 东方百佳公司拆分，统计口径发生变化。

⑩ 新疆友好销售口径为超市零售营业收入，有 9 家大型超市及标准超市，YO+友好生活便利店 48 家。

⑪ 广百股份的超市包含广百超市及友谊超市。

⑫ 顺客隆销售口径为营业收入。在广东省有 60 家零售店，中国澳门特别行政区有 1 家零售店。

2022 年中国网络零售 Top100 基本情况

中国连锁经营协会联合德勤于 2023 年 5 月 25 日共同发布“2023 中国网络零售 Top100”榜单。

2022 年，中国网络零售额达 13.79 万亿元（人民币，下同），同比增长 4%。实物商品网络零售额达到 11.96 万亿元，同比增长 6.2%，占社会消费品零售总额的比重为 27.2%。在实物商品网络零售额中，吃类、穿类、用类商品分别增长 16.1%、3.5%、5.7%。

2022 年中国网络零售 Top100 企业总销售额超 2 万亿元，同比增长 13.19%；其中，来自前 20 强企业的网络销售额占比超过 90%，Top100 企业的网络销售额门槛上涨到了 5 亿元。从企业类型来看，消费品企业达 50 家，其销售额占 Top100 网络销售总额的 18.6%；非电商零售企业 43 家，其销售额占比 15%。从地域来看，华东地区以 47 家企业数量领先全国，网络销售额占比达 33.6%；华北地区企业的网络销售额占比最高，达 52.8%。值得一提的是，此次新进入榜单的企业大部分为零售新业态、新模式类型的企业。

未来随着数字经济与实体经济的深度融合，线上消费需求进一步增长，网络零售将进一步推动消费。

附表：

2022 年中国网络零售 Top100

（CCFA 2023 年 5 月 25 日发布）

序号	企业名称	2022 年网络销售额（万元，人民币）	备注	
1	北京京东世纪贸易有限公司	86506200	①	
2	阿里巴巴集团控股有限公司	26095500	②	
3	广州唯品会信息科技有限公司	9725008	③	
4	苏宁易购集团股份有限公司	8904000		*
5	汇通达网络股份有限公司	7943624		
6	海尔智家股份有限公司	7795200		*
7	北京小米科技有限责任公司	7620667	④	*
8	美的集团股份有限公司	6801236		
9	沃尔玛（中国）投资有限公司	4427877		*
10	居然之家新零售集团股份有限公司	4300000		
11	康成投资（中国）有限公司	3031100		
12	内蒙古伊利实业集团股份有限公司	2632100		
13	叮咚买菜（开曼）有限公司	2393948	⑤	
14	物美科技集团有限公司	1887790		
15	安踏体育用品有限公司	1840229		
16	永辉超市股份有限公司	1593600		
17	孩子王儿童用品股份有限公司	1025801		
18	北京快手科技有限公司	975302	⑥	*
19	维达国际控股有限公司	749558		
20	李宁有限公司	748298		
21	浙江森马服饰股份有限公司	645436		
22	银泰商业（集团）有限公司	614707		
23	恒安国际集团有限公司	608367		
24	珀莱雅化妆品股份有限公司	578803		
25	来酷科技有限公司	573207		
26	联华超市股份有限公司	562853		
27	三只松鼠股份有限公司	478846		
28	良品铺子股份有限公司	469800		

续表

序号	企业名称	2022年网络销售额（万元，人民币）	备注
29	安琪酵母股份有限公司	444429	
30	天虹数科商业股份有限公司	419739	
31	波司登国际控股有限公司	402480	
32	壹玖壹玖酒类平台科技股份有限公司	389381	
33	特步国际控股有限公司	387912	*
34	兴盛社区网络服务股份有限公司	338814	
35	蓝月亮集团控股有限公司	329409	*
36	云南贝泰妮生物科技集团股份有限公司	315692	
37	上海丽人丽妆化妆品股份有限公司	299335	
38	海澜之家股份有限公司	285647	
39	上海家化联合股份有限公司	278600	
40	重庆百货大楼股份有限公司	277515	
41	京东五星电器集团有限公司	274654	
42	宁波太平鸟时尚服饰股份有限公司	273180	
43	认养一头牛控股集团股份有限公司	258000	
44	周生生集团国际有限公司	253734	*
45	新华都购物广场股份有限公司	221048	
46	华帝股份有限公司	177370	
47	中百控股集团股份有限公司	172407	
48	361度国际有限公司	168540	
49	广州尚品宅配家居股份有限公司	167278	
50	深圳市酷动数码有限公司	167126	
51	美宜佳控股有限公司	164572	
52	北京迪信通商贸股份有限公司	155540	
53	锦泓时装集团股份有限公司	151032	
54	喜临门家具股份有限公司	147849	
55	福建七匹狼实业股份有限公司	141366	
56	罗森（中国）投资有限公司	138475	
57	银座集团股份有限公司	134377	
58	广东丸美生物技术股份有限公司	124424	
59	上海元祖梦果子股份有限公司	115000	
60	北京三元食品股份有限公司	104815	
61	慕尚集团控股有限公司	103620	
62	永旺（中国）投资有限公司	101718	
63	河北叁陆伍网络科技集团有限公司	100684	

续表

序号	企业名称	2022 年网络销售额（万元，人民币）	备注
64	湖南友谊阿波罗商业股份有限公司	100312	
65	佛山市海天调味食品股份有限公司	98864	
66	上海易初莲花连锁超市有限公司	94756	
67	广州酒家集团股份有限公司	93152	
68	王府井集团股份有限公司	91384	
69	赢家时尚控股有限公司	89323	
70	浙江万风商业集团有限公司	82552	
71	雅戈尔集团股份有限公司	81262	
72	浙江红蜻蜓鞋业股份有限公司	80530	
73	江苏新合作常客隆连锁超市有限公司	78659	
74	石家庄北国人百集团有限责任公司	76945	
75	五谷磨房食品国际控股有限公司	72560	
76	洽洽食品股份有限公司	72430	
77	世纪华联超市连锁（江苏）有限公司	69692	
78	广东嘉荣超市有限公司	69031	
79	江南布衣有限公司	68425	
80	都市丽人（中国）控股有限公司	67574	
81	卡宾服饰有限公司	66505	
82	名创优品集团控股有限责任公司	65104	
83	广州市钱大妈农产品有限公司	64682	
84	千禾味业食品股份有限公司	63025	
85	利群集团股份有限公司	62311	
86	辽宁地利生鲜农副产品有限公司	61882	
87	山东潍坊百货集团股份有限公司	59789	
88	北京首航国力商贸有限公司	59036	
89	三江购物俱乐部股份有限公司	58055	
90	上海妙可蓝多食品科技股份有限公司	57100	
91	浙江奥康鞋业股份有限公司	55775	
92	信誉楼百货集团有限公司	54884	
93	长春欧亚集团股份有限公司	54038	
94	上海百润投资控股集团股份有限公司	53925	
95	银川新华百货商业集团股份有限公司	53900	
96	金健米业股份有限公司	53214	
97	江西省绿滋肴实业有限公司	52939	
98	好想你健康食品股份有限公司	52420	

续表

序号	企业名称	2022 年网络销售额 （万元，人民币）	备注	
99	阜阳华联集团股份有限公司	50661		
100	上海来伊份股份有限公司	50204		

备注：

1. 榜单中零售企业的网络销售额，仅计算线上渠道自营商品的销售额（含企业在第三方平台上自营旗舰店的销售额）。

2. 备注标“*”，表示数据为通过二手信息估算数值，海外企业数据按照企业年报中国内地或大中华区销售数据估算。如有较大出入，请联系我们：sms@ ccfa. org. cn。

3. 部分企业数据说明：

① 京东数据来源于财报“Net Product Revenue”。

② 阿里巴巴数据来源于财报“其他中国零售商业的收入：主要来自新零售和直营商品销售业务，大部分来自天猫超市、盒马、进口直营和银泰等”。

③ 唯品会数据来源于财报“Product Revenue”。

④ 小米数据来源于 Wind 披露的线上销售数据。

⑤ 叮咚买菜数据来源于财报“营业收入—产品销售收入”。

⑥ 快手数据来源于财报“产品—其他服务（包括电商）”。

2023 年中国网络零售 Top100 基本情况

根据中国连锁经营协会开展的 2023 年中国网络零售行业发展情况调查结果，参考相关上市公司年报数据，并与德勤合作进行专业估算，按照 2023 年网络自营零售的线上销售收入，统计整理得出“2023 年中国网络零售 Top100”榜单并于 2024 年 8 月 6 日予以公布（见附件）。

2023 年中国网络零售 Top100 企业网络销售总体规模为 1.91 万亿元，较上年的网络零售 Top100 增长 2.7%。本次榜单上榜企业包括电商企业 8 家、实体零售企业 47 家、消费品企业 45 家；排名前三的企业依次为京东、阿里巴巴和唯品会，3 家企业网络销售规模均超千亿元，较上年分别增长 0.7%、6.4%和 8.6%。

从增速和增长来看，Top100 企业中实现网络销售正增长的企业 65 家，其中实现两位数及以上增长的企业达到 38 家（电商企业 2 家、实体零售企业 19 家、消费品企业 17 家）。同时，电商企业、实体零售企业和消费品企业的网络销售增长相对平衡。

从网络销售规模来看，Top100 企业中，网络销售规模达到千亿元级别的企业 3 家、百亿元级别的 16 家、十亿元级别的 45 家、亿元级别的 36 家。

调查发现，零售消费市场线上线下渠道的加速融合和业态模式的持续创新已成为促进消费增长的关键动力。

附表：

2023 年中国网络零售 Top100

（CCFA 2024 年 8 月 6 日发布）

序号	企业名称	2023 年网络销售额（万元）	备注	
1	北京京东世纪贸易有限公司	87122400	①	
2	阿里巴巴集团控股有限公司	11040500	②	*
3	广州唯品会信息科技有限公司	10561349	③	
4	苏宁易购集团股份有限公司	8468000		
5	汇通达网络股份有限公司	8161810		
6	美的集团股份有限公司	7733084		
7	北京小米科技有限责任公司	6944114	④	*
8	海尔智家股份有限公司	7142562	⑤	*
9	沃尔玛（中国）投资有限公司	5386400		
10	上海盒马网络科技有限公司	3717000	⑥	*
11	珠海格力电器股份有限公司	2710033	⑦	*
12	内蒙古伊利实业集团股份有限公司	2247700		
13	康成投资（中国）有限公司	2182286		
14	安踏体育用品有限公司	2045277		
15	叮咚买菜（开曼）有限公司	1989673		
16	物美科技集团有限公司	1752053		
17	永辉超市股份有限公司	1607538		
18	北京快手科技有限公司	1411262	⑧	*
19	孩子王儿童用品股份有限公司	1053553		
20	维达国际控股有限公司	834351		
21	珀莱雅化妆品股份有限公司	827400		
22	居然之家新零售集团股份有限公司	762400		
23	李宁有限公司	753439		
24	恒安国际集团有限公司	715415		
25	浙江森马服饰股份有限公司	622766		
26	壹玖壹玖酒类平台科技股份有限公司	612500		
27	来酷科技有限公司	509909		
28	三只松鼠股份有限公司	495100		

续表

序号	企业名称	2023 年网络销售额（万元）	备注	
29	波司登国际控股有限公司	492930		
30	天虹数科商业股份有限公司	442744		
31	安琪酵母股份有限公司	439837		
32	京东五星电器集团有限公司	432986		
33	深圳百果园实业（集团）股份有限公司	391129		
34	江苏瑞祥科技集团有限公司	370341		
35	云南贝泰妮生物科技集团股份有限公司	355219		
36	蓝月亮集团控股有限公司	346564	⑨	*
37	认养一头牛控股集团股份有限公司	333178		
38	海澜之家股份有限公司	325813		
39	兴盛社区网络服务股份有限公司	323449		
40	良品铺子股份有限公司	316739		
41	新华都购物广场股份有限公司	282392		
42	上海家化联合股份有限公司	281000		
43	重庆百货大楼股份有限公司	272700		
44	周生生集团国际有限公司	269825	⑩	*
45	深圳市酷动数码有限公司	260990		
46	上海丽人丽妆化妆品股份有限公司	256421		
47	北京迪信通商贸股份有限公司	246200		
48	361 度国际有限公司	232550		
49	华帝股份有限公司	218940		
50	银座集团股份有限公司	218403		
51	联华超市股份有限公司	212468		
52	美宜佳控股有限公司	210592		
53	宁波太平鸟时尚服饰股份有限公司	209000		
54	锅圈食品（上海）股份有限公司	201069		
55	广东丸美生物技术股份有限公司	187128		
56	喜临门家具股份有限公司	180369		
57	锦泓时装集团股份有限公司	173712		
58	罗森（中国）投资有限公司	162894		
59	中百控股集团股份有限公司	152704		
60	王府井集团股份有限公司	144000		
61	福建七匹狼实业股份有限公司	138563		
62	上海元祖梦果子股份有限公司	127365		
63	河北叁陆伍网络科技集团有限公司	118835		

续表

序号	企业名称	2023年网络销售额（万元）	备注
64	广州酒家集团股份有限公司	113341	
65	嬴家时尚控股有限公司	96878	
66	永旺（中国）投资有限公司	95713	
67	北京三元食品股份有限公司	94178	
68	家家悦控股集团股份有限公司	93500	
69	江苏华地国际控股集团有限公司	89450	
70	佛山市海天调味食品股份有限公司	88915	
71	广州易初莲花连锁超市有限公司	87750	
72	浙江万风商业集团有限公司	86857	
73	五谷磨房食品国际控股有限公司	84510	
74	雅戈尔集团股份有限公司	83671	
75	集百控股商业连锁（江苏）有限公司	83630	
76	慕尚集团控股有限公司	83429	
77	江苏新合作常客隆数科商业有限公司	83250	
78	烟台振华商业集团有限公司	82153	
79	广东嘉荣超市有限公司	73517	
80	合肥百货大楼集团股份有限公司	72271	
81	洽洽食品股份有限公司	71524	
82	山东潍坊百货集团股份有限公司	69754	
83	健之佳医药连锁集团股份有限公司	69448	
84	浙江红蜻蜓鞋业股份有限公司	68312	
85	名创优品集团控股有限责任公司	67000	
86	三江购物俱乐部股份有限公司	63605	
87	千禾味业食品股份有限公司	63120	
88	卡宾服饰有限公司	62303	
89	浙江奥康鞋业股份有限公司	60618	
90	好想你健康食品股份有限公司	56777	
91	利群集团股份有限公司	54717	
92	广州市钱大妈农产品有限公司	53283	
93	江西省绿滋肴实业有限公司	53160	
94	都市丽人（中国）控股有限公司	52412	
95	广州市广百股份有限公司	47108	
96	长春欧亚集团股份有限公司	41655	
97	北国商城股份有限公司	40403	
98	武商集团股份有限公司	39549	

续表

序号	企业名称	2023 年网络销售额（万元）	备注
99	上海百润投资控股集团股份有限公司	38466	
100	成都伊藤洋华堂有限公司	36560	

备注：

1. 榜单中零售企业的网络销售额，仅计算线上渠道自营商品的销售额（含企业在第三方平台上自营旗舰店的销售额）。

2. 备注标“＊”，表示数据为通过二手信息估算数值。海外企业数据按照企业年报中国内地或大中华区销售数据估算。如有较大出入，请联系我们：sms@ ccfa. org. cn。

3. 企业数据说明：

① 京东数据来自京东年报披露的“2023 年自营业务的商品收入 87122400 万元人民币”。

② 阿里巴巴数据来自淘天集团“直营及其他”收入，包括天猫超市、天猫国际和其他直营业务；不包括高鑫零售、盒马、银泰收入。2024 财年，阿里巴巴首次披露了淘天集团电商直营业务数据，口径因此根据企业更加细致的业务披露做了以上调整。

③ 唯品会数据来自年报中的“产品收入”。

④ 小米数据来自 Wind 数据库。年度数据由 2023 年 1—12 月的线上销量月度数据汇总所得，Wind 线上销量数据直接来自各家上市公司在天猫、京东等线上电商平台开设的旗舰店、直营店的每日销售情况。

⑤ 海尔智家数据来自 Wind 数据库。年度数据由 2023 年 1—12 月的线上销量月度数据汇总所得，Wind 线上销量数据直接来自各家上市公司在天猫、京东等线上电商平台开设的旗舰店、直营店的每日销售情况。

⑥ 格力数据来自 Wind 数据库。年度数据由 2023 年 1—12 月的线上销量月度数据汇总所得，Wind 线上销量数据直接来自各家上市公司在天猫、京东等线上电商平台开设的旗舰店、直营店的每日销售情况。

⑦ 盒马数据来自阿里巴巴 2024 财年年报。“在 2024 财年，盒马整体 GMV 超过人民币 590 亿元”，线上交易对盒马 GMV 的贡献超过 63%。

⑧ 快手数据来自年报“其他服务”，主要来自电商业务的增长。

⑨ 蓝月亮数据根据其年报披露数据结合人民币港币汇率估算。

⑩ 周生生数据根据其年报披露数据结合人民币港币汇率估算。

2022 年中国餐饮加盟 Top100 基本情况

2022 年中国餐饮加盟 Top100 由中国连锁经营协会联合美团共同推出，覆盖小吃快餐、休闲饮品、火锅烧烤等六大餐饮品类。在经营消费大数据的基础上，从品牌成长力、加盟门店经营状况、消费者认可度三大维度对餐饮加盟品牌进行客观、公正、综合评估，旨在为餐饮创业者和投资者提供科学的决策辅助。

评选规则

1. 评选范围

本期 Top100 以美团收录品牌作为初筛池，以正在向社会开放加盟、满足门槛指标的品牌作为 Top100 评选范围。

基本要求：至少有 2 家直营门店，经营时间超过 1 年，2022 年 1 月 31 日至 2023 年 1 月 31 日无特许经营法律纠纷败诉或其他重大事故的负面消息，已取得商务部商业特许经营备案，门店持有餐饮类食品服务许可证。

2. 评估体系

通过对品牌商、加盟者以及行业专家进行深度访谈，并结合指标相关性分析结果，美团联合 CCFA 设置出一套定量评估指标体系，涉及如下项目：

（1）品牌成长力（加盟店数量、门店增长数、美团订单增长率）；

（2）加盟门店经营情况（店均美团订单量、店均美团订单增长率、店均存活时长）；

（3）消费者认可度（店均浏览人数、店均好评率）。

3. 计算方法

（1）数据处理：为保证指标可比性和结果的稳定性，将品牌按照品类划分，然后利用多种标准化方法对数据进行处理。为客观评估品牌商实力，本年度数据抓取截至 2023 年 1 月 31 日。

（2）计算方法：对处理后的指标数据加权求和，按数值高低排列。

（3）入围名单：数值最高的 100 个品牌成功入围。

4. 入围品牌公示和名单的确认

Top100 最终入围品牌名单在美团 App、CCFA 官网上进行公示，排名不分先后，品牌名单按品牌首字母排列顺序呈现。公示期为北京时间 2023 年 3 月 20 日至 2023 年 4 月 3 日）。

公示期内，公众可通过邮箱：canyinjiamengbang@meituan.com 或邮箱：nicole@ccfa.org.cn 对入围品牌进行投诉，投诉须给出详细的文字理由和必要的法律文件进行佐证。投诉反馈接受的截止时间为 2023 年 4 月 3 日 23 时 59 分 59 秒。

所有入围品牌接受公众及监管部门监督。一旦被投诉在 2023 年 3 月 20 日至 2023 年 4 月 3 日内存在特许经营纠纷败诉等问题或重大事故，则通过投诉人身份核实、品牌商实地造访、第三方电话沟通等多种方式核实情况。如情况属实，则取消该品牌入围资格。

公示期后即形成最终的 Top100。

附表：

2022年中国餐饮加盟Top100

（排名按品牌门店数量）

（CCFA 2023年4月12日发布）

序号	品牌名称	品类	特许商名称	客单价（元）	投资额（万元）
1	313羊庄	火锅烧烤	黑龙江叁壹叁羊庄餐饮管理有限公司	95	20~50
2	7分甜	休闲饮品	苏州七分甜餐饮管理有限公司	38	200~300
3	ARTEASG	休闲饮品	湖南有茶有趣餐饮管理有限公司	35	20~50
4	DQ·蛋糕·冰淇淋	面包甜点	上海适达餐饮管理有限公司	38	20~50
5	N多寿司	风味小吃	无锡爱多餐饮管理有限公司	15	100~200
6	阿甘锅盔	风味小吃	上海多串餐饮管理有限公司	15~21	20~50
7	阿水大杯茶	休闲饮品	山东台联企业管理咨询有限公司	15	20~50
8	阿香米线	快餐	上海美哚餐饮管理有限公司	40~45	10~20
9	安德鲁森	面包甜点	成都安德鲁森食品有限公司	17.5	20~50
10	巴比馒头	快餐	中饮巴比餐饮管理（上海）有限公司	8	10~20
11	巴黎贝甜	面包甜点	上海艾丝碧西食品有限公司	50	10~20
12	爸爸糖手工吐司	面包甜点	江苏爸爸糖餐饮管理有限公司	35	10~20
13	霸王茶姬	休闲饮品	昆明霸王茶姬餐饮管理有限公司	35以上	10~20
14	棒约翰比萨·汉堡·意面	快餐	上海棒约翰餐饮管理有限公司	80	20~50
15	兵立王鲜果茶·奶茶	休闲饮品	德阳蜀馨利餐饮管理有限公司	20	50~100
16	茶百道	休闲饮品	成都茶百道餐饮管理有限公司	18	10~20
17	大渝火锅	火锅烧烤	无锡大渝餐饮管理有限公司	110~125	100~200
18	德克士	快餐	天津顶巧餐饮服务咨询有限公司	25	10~20
19	德庄火锅	火锅烧烤	重庆德庄饮食连锁有限公司	300~400	20~50
20	东来顺	火锅烧烤	北京东来顺集团有限责任公司	120~300	10~20
21	多乐之日	面包甜点	多乐之日（北京）食品有限公司	40	20~50
22	古茗	休闲饮品	浙江古茗科技有限公司	15.35	20~50
23	广隆蛋挞王	面包甜点	东莞市广隆食品有限公司	25	20~50
24	桂桂茶	休闲饮品	桂缘（上海）餐饮管理有限公司	24	50~100
25	汉堡王	快餐	汉堡王（上海）餐饮有限公司	45	100~200
26	和合谷	快餐	北京和合谷餐饮管理有限公司	30	20~50
27	黑色经典	风味小吃	长沙伍爱美食食品科技有限公司	20	10以下
28	沪上阿姨鲜果茶	休闲饮品	上海臻敬实业有限公司	20	10~20

续表

序号	品牌名称	品类	特许商名称	客单价（元）	投资额（万元）
29	黄记煌三汁焖锅	火锅烧烤	北京黄记煌餐饮管理有限责任公司	75	50~100
30	吉祥馄饨	快餐	上海世好食品有限公司	20	10~20
31	悸动烧仙草	休闲饮品	悸动（上海）餐饮管理有限公司	16	20~50
32	犟骨头排骨饭	快餐	天津七惑和他的朋友餐饮管理有限公司	32	20~50
33	椒爱水煮鱼川菜	正餐	辽宁华府餐饮管理有限公司	100	100~200
34	九田家黑牛烤肉	火锅烧烤	内蒙古九田家餐饮管理股份有限公司	170	100~200
35	酒拾烤肉	火锅烧烤	湖南卜食记餐饮管理有限公司	180	50~100
36	绝味鸭脖	风味小吃	绝味食品股份有限公司	35~60	10~20
37	夸父炸串	风味小吃	北京心有炸念餐饮管理有限公司	30	10~20
38	快乐爱斯米牛排自助	正餐	大连快乐爱斯米餐饮管理有限公司	80	10~20
39	快乐番薯	休闲饮品	厦门快乐番薯股份有限公司	15	20~50
40	来点烤肉	火锅烧烤	湖南来点餐饮管理有限公司	180	50~100
41	莱得快·酸辣粉	快餐	重庆市莱得快美食文化有限公司	18.5	10~20
42	老街称盘麻辣烫	快餐	成都老街称盘麻辣烫餐饮管理有限公司	25~30	20~50
43	廖记棒棒鸡	风味小吃	廖记食品连锁股份有限公司	42	20~50
44	刘一手火锅	火锅烧烤	重庆刘一手餐饮管理有限公司	280	200~300
45	卤校长老火锅	火锅烧烤	重庆亚特餐饮发展有限公司	90	20~50
46	马路边边	火锅烧烤	成都马路边餐饮管理有限公司	130	20~50
47	玛格利塔	快餐	福州玛格利塔餐饮管理有限公司	25	10~20
48	蒙自源米线	快餐	东莞市蒙自源饮食有限公司	34	20~50
49	迷你椰	正餐	上海迷你椰餐饮文化有限公司	180~200	50~100
50	蜜雪冰城	休闲饮品	蜜雪冰城股份有限公司	10~12	20~50
51	面包新语	面包甜点	上海新语面包食品有限公司	38	100~200
52	楠火锅	火锅烧烤	许叔叔（重庆）餐饮管理有限公司	118	20~50
53	柠季·手打柠檬茶	休闲饮品	湖南柠友餐饮管理有限公司	24	20~50
54	牛约堡	快餐	上海佑欣餐饮管理有限公司	20	20~50
55	挪瓦咖啡 NOWWA	休闲饮品	苏州力策餐饮管理有限公司	15	20~50
56	派乐汉堡·炸鸡	快餐	武汉派乐餐饮管理有限公司	22~25	20~50
57	胖哥俩肉蟹煲	正餐	嘉兴盐商餐饮管理有限公司	200	100~200
58	如意馄饨	快餐	江苏如意菜饭餐饮管理有限公司	25	20~50
59	瑞幸咖啡	休闲饮品	瑞幸咖啡（厦门）有限公司	26	20~50
60	赛百味	快餐	赛百味餐饮管理（上海）有限公司	45	50~100
61	三顾冒菜	风味小吃	成都司马餐饮投资管理有限公司	46	20~50
62	三品王	快餐	广西三品王餐饮管理有限公司	19	20~50
63	盛香亭热卤	快餐	长沙市拿云餐饮管理有限公司	20~30	20~50

续表

序号	品牌名称	品类	特许商名称	客单价（元）	投资额（万元）
64	守柴炉烤鸭	正餐	重庆守柴炉餐饮管理有限公司	68	50~100
65	书亦烧仙草	休闲饮品	四川书亦餐饮管理有限公司	16.1	20~50
66	蜀大侠	火锅烧烤	成都蜀大侠餐饮管理有限公司	200 以上	100~200
67	塔斯汀中国汉堡	快餐	福州塔斯汀餐饮管理有限公司	21	50~100
68	谭鸭血老火锅	火锅烧烤	四川至膳品牌管理有限公司	350	100~200
69	探鱼	正餐	深圳市甘棠明善餐饮有限公司	90	100~200
70	甜啦啦鲜果茶	休闲饮品	安徽汇旺餐饮管理有限公司	13	10~20
71	蛙来哒	正餐	长沙味之翼湘餐饮有限公司	210	100~200
72	蛙喔	正餐	浙伍爷企业管理（杭州）有限公司	215	100~200
73	蛙小侠	正餐	广西湘范儿餐饮管理有限公司	180~190	100~200
74	屋头串串	火锅烧烤	成都屋头餐饮管理有限公司	210	50~100
75	吾饮良品水果茶	休闲饮品	武汉吾饮良品餐饮管理有限公司	21.5	20~50
76	喜姐炸串	风味小吃	南京无边界餐饮管理有限公司	35	10 以下
77	先启半步颠	正餐	上海藕塘餐饮管理有限公司	100	50~100
78	鲜芋仙	面包甜点	富世餐饮管理（上海）有限公司	28~35	100~200
79	香他她	快餐	长沙市香他她餐饮管理有限公司	24	10~20
80	小肥羊火锅餐厅	火锅烧烤	内蒙古小肥羊餐饮连锁有限公司	110	100~200
81	小谷姐姐麻辣拌·麻辣烫	快餐	天津小谷顿餐饮管理服务有限公司	18~25	10~20
82	小龙坎火锅	火锅烧烤	成都小龙坎餐饮管理有限公司	100	200~300
83	小猪查理	火锅烧烤	北京小猪查理餐饮管理有限公司	79	50~100
84	新石器烤肉	火锅烧烤	上海盘古餐饮管理有限公司	190	100~200
85	幸福西饼生日蛋糕	面包甜点	深圳市幸福商城科技股份有限公司	100	10~20
86	幸运咖	休闲饮品	河南幸运咖餐饮管理有限公司	10~12	10~20
87	熊家无二·韩式炸鸡	快餐	河北木聪餐饮管理有限公司	35	10~20
88	杨国福麻辣烫	快餐	鑫绪（上海）信息技术服务有限公司	30~35	20~50
89	一鸣真鲜奶吧	面包甜点	浙江一鸣食品股份有限公司	16	10~20
90	益禾堂	休闲饮品	武汉熠汇饮科技有限公司	10	20~50
91	永和大王	快餐	深圳永和大王餐饮有限公司	27	50~100
92	鱼你在一起	快餐	北京东道联盟品牌管理有限责任公司	33	20~50
93	袁记串串香	火锅烧烤	成都市袁缘实业有限公司	58	50~100
94	袁记云饺	快餐	广东省袁亮宏餐饮管理有限公司	26	20~50
95	张亮麻辣烫	快餐	黑龙江盛世千秋餐饮管理有限公司	25	10~20
96	正新鸡排	风味小吃	上海正新食品有限公司	20	10~20
97	至尊比萨	快餐	河南萌吃餐饮管理有限公司	45	10~20
98	猪角闽南猪脚饭	快餐	厦门纪里捞面餐饮管理有限公司	25	20~50

续表

序号	品牌名称	品类	特许商名称	客单价（元）	投资额（万元）
99	紫燕百味鸡	风味小吃	上海紫燕食品股份有限公司	25～45	10～20
100	尊宝比萨	快餐	深圳尊宝餐饮管理有限公司	38	10～20

2023年中国餐饮加盟Top100基本情况

2023年中国餐饮加盟Top100由中国连锁经营协会联合美团发布，榜单覆盖小吃快餐、休闲饮品、火锅烧烤等六大餐饮品类。既有蜜雪冰城、杨国福和鱼你在一起等8家品牌连续6年入选，也有喜茶、朱光玉和虎丫炒鸡等21家加盟品牌首次入选，较上年增长超30%。“餐饮加盟Top100”在经营消费大数据的基础上，从品牌成长力、加盟门店经营状况、消费者认可度三大维度对餐饮加盟品牌进行客观、公正、综合评估，为大众盘点出值得加盟的餐饮品牌。从地域分布看，上海本地上榜的品牌数已连续5年领跑全国，美食之都成都位居第二。

评选规则：

1. 评选范围

本期Top100以美团收录品牌作为初筛池，以正在向社会开放加盟、满足门槛指标的品牌作为Top100评选范围。

基本要求：至少有2家直营门店，经营时间超过1年，2023年1月31日至2024年1月31日无特许经营法律纠纷败诉或其他重大事故的负面消息，已取得商务部商业特许经营备案，门店持有餐饮类食品服务许可证。

2. 评估体系

通过对品牌商、加盟者以及行业专家进行深度访谈，并结合指标相关性分析结果，美团联合CCFA设置出一套定量评估指标体系，涉及如下项目：

（1）品牌成长力（加盟店数量、门店增长数、美团订单增长率）；

（2）加盟门店经营情况（店均美团订单量、店均美团订单增长率、店均存活时长）；

（3）消费者认可度（店均浏览人数、店均好评率）。

3. 计算方法

数据处理：为保证指标可比性和结果的稳定性，将品牌按照品类划分，然后利用多种标准化方法对数据进行处理。为客观评估品牌商实力，本年度数据抓取截至2024年1月31日。

计算方法：对处理后的指标数据加权求和，按数值高低排列。

入围名单：数值最高的100个品牌成功入围。

4. 入围品牌公示和名单的确认

Top100最终入围品牌名单在美团App、CCFA官网上进行公示，排名不分先后，品牌名单按品牌门店数量排列顺序呈现。公示期为北京时间2024年3月18日至2024年3月

31 日）。

公示期内，公众可通过邮箱：canyinjiamengbang@meituan.com 或邮箱：nicole@ccfa.org.cn 对入围品牌进行投诉，投诉须给出详细的文字理由和必要法律文件进行佐证。投诉反馈接受的截止时间为 2024 年 3 月 31 日 23 时 59 分 59 秒。

所有入围品牌接受公众及监管部门监督。一旦被投诉在 2024 年 3 月 18 日至 2024 年 3 月 31 日内存在特许经营纠纷败诉等问题或重大事故，则通过投诉人身份核实、品牌商实地造访、第三方电话沟通等多种方式核实情况。如情况属实，则取消该品牌入围资格。

公示期后即形成最终的 Top100。

附表：

2023年中国餐饮加盟Top100

（排名按品牌门店数量）

（CCFA 2024年4月8日发布）

序号	品牌名称	品类	特许商名称	客单价（元）	投资额（万元）
1	蜜雪冰城	休闲饮品	蜜雪冰城股份有限公司	6	20~50
2	瑞幸咖啡	休闲饮品	瑞幸咖啡（厦门）有限公司	18	20~50
3	绝味鸭脖	风味小吃	绝味食品股份有限公司	30~45	10~20
4	古茗	休闲饮品	浙江古茗科技有限公司	16.25	20~50
5	沪上阿姨鲜果茶	休闲饮品	上海臻敬实业有限公司	17	20~50
6	茶百道	休闲饮品	成都茶百道餐饮管理有限公司	27.4	20~50
7	书亦烧仙草	休闲饮品	四川书亦餐饮管理有限公司	14	10~20
8	益禾堂	休闲饮品	武汉熠汇饮科技有限公司	9	20~50
9	杨国福麻辣烫	快餐	鑫绪（上海）信息技术服务有限公司	35~40	20~50
10	甜啦啦鲜果茶	休闲饮品	安徽汇旺餐饮管理有限公司	12	20~50
11	紫燕百味鸡	风味小吃	上海紫燕食品股份有限公司	36	10~20
12	塔斯汀中国汉堡	快餐	福州塔斯汀餐饮管理有限公司	30	50~100
13	张亮麻辣烫	快餐	黑龙江盛世千秋餐饮管理有限公司	25	10~20
14	巴比馒头	快餐	中饮巴比餐饮管理（上海）有限公司	7.5	10~20
15	霸王茶姬	休闲饮品	昆明霸王茶姬餐饮管理有限公司	30以上	50~100
16	德克士	快餐	天津顶巧餐饮服务咨询有限公司	35	50~100
17	喜茶	休闲饮品	喜茶（深圳）企业管理有限责任公司	22	20~50
18	袁记云饺	快餐	广东省袁亮宏餐饮管理有限公司	28	20~50
19	吉祥馄饨	快餐	上海世好食品有限公司	21	10~20
20	幸运咖	休闲饮品	河南幸运咖餐饮管理有限公司	6	10~20
21	尊宝比萨	快餐	深圳尊宝餐饮管理有限公司	50	10~20
22	黑色经典	风味小吃	长沙伍爱美食食品科技有限公司	20	10以下
23	鱼你在一起	快餐	北京东道联盟品牌管理有限责任公司	33	20~50
24	一鸣真鲜奶吧	面包甜点	浙江一鸣食品股份有限公司	25	20~50
25	柠季·手打柠檬茶	休闲饮品	湖南柠友餐饮管理有限公司	16	10~20
26	享哆味	快餐	重庆享哆味餐饮管理有限公司	25	20~50
27	快乐番薯	休闲饮品	厦门快乐番薯股份有限公司	9	10~20
28	喜姐炸串	风味小吃	南京无边界餐饮管理有限公司	25	10~20

续表

序号	品牌名称	品类	特许商名称	客单价（元）	投资额（万元）
29	悸动烧仙草	休闲饮品	悸动（上海）餐饮管理有限公司	14	10~20
30	夸父炸串	风味小吃	北京心有炸念餐饮管理有限公司	35	10~20
31	派乐汉堡·炸鸡	快餐	武汉派乐餐饮管理有限公司	20	20~50
32	奈雪的茶	休闲饮品	上海奈雪餐饮管理有限公司	32.4	50~100
33	蒙自源米线	快餐	东莞市蒙自源饮食有限公司	26.7	20~50
34	茉酸奶	休闲饮品	上海伯邑餐饮管理有限公司	43	20~50
35	窑鸡王	风味小吃	深圳市窑鸡王餐饮服务有限公司	68	10 以下
36	汉堡王	快餐	汉堡王（上海）餐饮有限公司	34.48	100~200
37	如意馄饨	快餐	江苏如意菜饭餐饮管理有限公司	15~25	10~20
38	冒大仙	风味小吃	成都冒大仙餐饮管理有限公司	20	10~20
39	LINLEE 林里·手打柠檬茶	休闲饮品	广州昌邻餐饮管理有限公司	35	10~20
40	阿水大杯茶	休闲饮品	山东台联企业管理咨询有限公司	20~23	20~50
41	虾吃虾涮	火锅烧烤	北京筷客乐园餐饮管理有限公司	150	20~50
42	融柳大铁牛螺蛳粉	快餐	杭州鑫牛餐饮管理有限公司	15~25	20~50
43	7 分甜	休闲饮品	苏州七分甜餐饮管理有限公司	38~40	10~20
44	小谷姐姐麻辣拌·麻辣烫	快餐	天津小谷顿餐饮管理服务有限公司	25	10~20
45	老乡鸡	快餐	安徽老乡鸡餐饮股份有限公司	28	100~200
46	DQ·蛋糕·冰淇淋	面包甜点	上海适达餐饮管理有限公司	35	100~200
47	老街称盘麻辣烫	快餐	成都老街称盘麻辣烫餐饮管理有限公司	25~35	10~20
48	熊家无二·韩式炸鸡	风味小吃	河北木聪餐饮管理有限公司	21	10~20
49	曾三仙米线	快餐	扬州平益餐饮管理有限公司	26	20~50
50	慕巴夫鲜花主题蛋糕	面包甜点	济南慕雅食品有限公司	90	10~20
51	熊大爷	快餐	天津联拓餐饮管理有限公司	24	10~20
52	幸福西饼生日蛋糕	面包甜点	深圳市幸福商城科技股份有限公司	110	10 以下
53	九田家黑牛烤肉	火锅烧烤	内蒙古九田家餐饮管理股份有限公司	180~210	100~200
54	德庄火锅	火锅烧烤	重庆德庄饮食连锁有限公司	75	100~200
55	茶话弄	休闲饮品	西安八亩田餐饮管理有限公司	16	20~50
56	小龙坎火锅	火锅烧烤	成都小龙坎餐饮管理有限公司	85	200~300
57	维尔纳斯	面包甜点	引领（天津）餐饮有限公司	107	10~20
58	袁记串串香	火锅烧烤	成都市袁缘实业有限公司	100 以上	50~100
59	鲜目录·中国寿司	风味小吃	杭州将太餐饮管理有限公司	20~25	10~20
60	黄记煌三汁焖锅	火锅烧烤	北京黄记煌餐饮管理有限责任公司	100~150	50~100
61	屋头串串	火锅烧烤	成都屋头餐饮管理有限公司	50~70	20~50
62	楠火锅	火锅烧烤	许叔叔（重庆）餐饮管理有限公司	95~125	100~200
63	熊猫叮咚	面包甜点	贵州叮咚餐饮有限公司	230 以上	10~20

续表

序号	品牌名称	品类	特许商名称	客单价（元）	投资额（万元）
64	刘一手重庆火锅	火锅烧烤	重庆刘一手餐饮管理有限公司	300	100~200
65	马路边边	火锅烧烤	成都马路边餐饮管理有限公司	200 左右	50~100
66	广隆蛋挞王	面包甜点	东莞市广隆食品有限公司	25	20~50
67	守柴炉烤鸭	正餐	重庆守柴炉餐饮管理有限公司	198	50~100
68	至尊比萨	快餐	河南萌吃餐饮管理有限公司	31~45	20~50
69	犟骨头排骨饭	快餐	天津七惑和他的朋友餐饮管理有限公司	38	20~50
70	蛙来哒	正餐	长沙味之翼湘餐饮有限公司	180~240	100~200
71	酒拾烤肉	火锅烧烤	湖南卜食记餐饮管理有限公司	200	50~100
72	猪角闽南猪脚饭	快餐	厦门纪里捞面餐饮管理有限公司	25~35	20~50
73	蜀大侠	火锅烧烤	成都蜀大侠餐饮管理有限公司	420	100~200
74	谭鸭血老火锅	火锅烧烤	四川至膳品牌管理有限公司	100	100~200
75	北木南烤肉和酒	火锅烧烤	成都北木南餐饮管理有限公司	50~60	20~50
76	永和大王	快餐	深圳永和大王餐饮有限公司	28	50~100
77	莱得快酸辣粉	快餐	重庆市莱得快美食文化有限公司	18 左右	10~20
78	蛙喔	正餐	浙伍爷企业管理（杭州）有限公司	160	100~200
79	爸爸糖手工吐司	面包甜点	江苏爸爸糖餐饮管理有限公司	36	50~100
80	阿甘锅盔	风味小吃	上海多串餐饮管理有限公司	15	10~20
81	霸碗盖码饭	快餐	湖南霸王餐饮管理有限公司	20 左右	20~50
82	313 羊庄	火锅烧烤	黑龙江叁壹叁羊庄餐饮管理有限公司	120	100~200
83	巴黎贝甜	面包甜点	上海艾丝碧西食品有限公司	45	100~200
84	盛香亭热卤	快餐	长沙市拿云餐饮管理有限公司	25	10~20
85	棒约翰比萨	快餐	上海棒约翰餐饮管理有限公司	60	50~100
86	探鱼	正餐	深圳市甘棠明善餐饮有限公司	220	100~200
87	蛙小侠	正餐	广西湘范儿餐饮管理有限公司	80~90	100~200
88	虎丫炒鸡	正餐	郑州樱桃里餐饮管理有限公司	50	100~200
89	迷你椰	正餐	上海迷你椰餐饮文化有限公司	73	50~100
90	九街淑芬	火锅烧烤	重庆淑芬餐饮管理有限公司	75~95	100~200
91	三品王	快餐	广西三品王餐饮管理有限公司	22~23	20~50
92	沙胆彪炭炉牛杂煲	正餐	四川千桃万李企业管理咨询有限公司	150	50~100
93	卤校长老火锅	火锅烧烤	重庆亚特餐饮发展有限公司	80	100~200
94	朱光玉火锅馆	火锅烧烤	重庆朱光玉餐饮管理有限公司	100~120	200~300
95	熊喵来了火锅	火锅烧烤	沈阳太阳花开餐饮企业管理有限公司	75	200~300
96	先启半步颠	正餐	上海藕塘餐饮管理有限公司	65	50~100
97	和合谷	快餐	北京和合谷餐饮管理有限公司	26	20~50
98	多乐之日	面包甜点	多乐之日（北京）食品有限公司	40	20~50

续表

序号	品牌名称	品类	特许商名称	客单价（元）	投资额（万元）
99	乐凯撒	正餐	深圳市乐凯撒比萨餐饮管理有限公司	65~75	50~100
100	小肥羊	火锅烧烤	内蒙古小肥羊餐饮连锁有限公司	60	100~200

2022 年中国购物中心企业 Top100 基本情况

根据“2022 年度购物中心企业经营等情况调查”结果，中国连锁经营协会（CCFA）于 2023 年 6 月 29 日发布“2022 年中国购物中心企业 Top100”。

附表：

2022 年中国购物中心企业 Top100

（CCFA 2023 年 6 月 29 日发布）

序号	企业名称	在营购物中心数（个）	总建筑面积（万平方米）	主要购物中心名称	数据来源	备注
1	万达商业管理集团	473	6556	万达广场	○	★
2	万科集团（不含印力）	207	368	万科广场，万科里	○	
3	印力集团	160 以上	1200	印象城 MEGA、印象城、印象汇、印象里	○	★
4	新城商业管理集团	145	1323	吾悦广场	○	★
5	碧桂园文商旅集团	130	800	碧乐城、碧乐汇、碧乐时光	○	★
6	宝龙商业管理控股有限公司	90	1023	宝龙一城、宝龙城、宝龙广场、宝龙天地	○	★
7	华润万象生活有限公司	86	920	万象城、万象汇、万象天地	○	
8	龙湖集团	76	722	天街、星悦荟	○	★
9	世纪金源商业管理集团	58	746	世纪金源购物中心、方圆荟、方圆 LIVE	○	★
10	恒太商业管理集团有限公司	50	400	恒太城 、恒太太平洋	○	★
11	茂业国际控股有限公司	48	310	茂业天地、维多利等		
12	凯德集团	44	250	凯德广场、凯德 Mall、来福士	○	★
13	天虹数科商业股份有限公司	42	446	天虹购物中心、君尚	○	★
14	步步高商业连锁股份有限公司	41	274	步步高新天地、步步高广场	○	★
15	上海爱琴海商业集团股份有限公司	40	482	爱琴海购物公园	○	★
16	长春欧亚集团股份有限公司	40	236	欧亚购物中心、欧亚购物广场	○	★
17	王府井集团股份有限公司	39	505	王府井购物中心、王府井奥莱、赛特奥莱、燕莎奥莱	○	★
18	上海中骏商业管理有限公司	39	491	中骏世界城	○	★
19	禹洲集团	39	152	禹悦汇、禹悦天地、禹悦里	○	
20	银座集团股份有限公司	36	281	银座商城、和谐广场	○	★
21	深圳招商商置投资有限公司	35	318	海上世界、招商花园天地、招商花园城、招商花园里	○	★

续表

序号	企业名称	在营购物中心数（个）	总建筑面积（万平方米）	主要购物中心名称	数据来源	备注
22	上海百联集团股份有限公司	33	303	百联购物中心、百联生活中心、百联奥特莱斯广场	○	★
23	保利商业地产投资管理有限公司	33	217	保利广场、时光里等		★
24	苏宁置业集团	32	600	苏宁广场	○	★
25	金鹰国际商贸集团	30	250	金鹰购物中心、金鹰世界	○	★
26	大悦城控股商业	28	315	大悦城、大悦汇	○	★
27	星盛商业管理股份有限公司	26	370	COCO Park、COCO City、iCO、COCO Garden	○	★
28	一元股份（北京槿立商业管理有限公司）	26	214	大有境、新漾里、橙光里	○	★
29	中海商业发展有限公司	25	220	环宇城、环宇荟、环宇坊	○	★
30	融创服务集团商业管理公司	24	411	融创茂、后海、ins park	○	★
31	厦门建发商业管理有限公司	24	88	湾悦城、JFC 品尚中心、悦享中心等	○	★
32	金地商置集团	23	220	金地广场、喜悦荟、金地 MALL	○	
33	北京华联商厦股份有限公司	23	175	BHG Mall	○	
34	复星商业管理集团	23	145	BFC、豫园、复悦荟、复悦里、复悦城	○	★
35	永旺梦乐城（中国）投资有限公司	22	401	永旺梦乐城	○	★
36	深圳市益田旅游商业集团股份有限公司	21	155	益田假日广场、益田假日世界、益田假日天地等	○	★
37	奥园健康生活集团	21	102	奥园广场、奥园城市天地、奥园国际中心	○	★
38	南国置业股份有限公司	20	111	泛悦 MALL、泛悦汇、泛悦坊	○	★
39	东原致新（上海天同商业管理有限公司）	19	91	一奥天地等	○	
40	云泰商业管理（天津）有限公司	18	400	云泰 park	○	★
41	富力集团商业运营管理公司	18	219	富力广场、富力星光	○	★
42	八佰伴商业管理有限公司	16	315	八佰伴	○	★
43	砂之船商业管理集团有限公司	16	300	砂之船奥莱	○	★
44	深圳华侨城商业管理有限公司	16	213	欢乐海岸、欢乐港湾、欢乐时光等	○	
45	旭辉集团	16	110	旭辉 Cmall、旭辉里	○	★
46	佳兆业商业	16	85	佳兆业广场、佳纷天地、佳纷广场	○	
47	光大安石投资管理有限公司	15	175	大融城、大融汇	○	
48	首创钜大有限公司	15	175	首创奥特莱斯	○	★
49	杉杉商业集团有限公司	14	162	杉杉奥特莱斯		

续表

序号	企业名称	在营购物中心数（个）	总建筑面积（万平方米）	主要购物中心名称	数据来源	备注
50	山东全福元商业集团	14	81	全福元	○	★
51	合生商业集团	13	258	合生汇、超极合生汇、MOHO 等	○	★
52	绿地全球贸易港集团	13	98	绿地缤纷城	○	★
53	月星集团有限公司	12	386	环球港	○	★
54	武汉武商集团股份有限公司	11	207	武商 MALL、武商梦时代、武商城市奥莱		★
55	瑞安新天地（上海）商业管理有限公司	11	138	天地系列		
56	山东德州百货大楼（集团）有限责任公司	11	127	德百广场、德百奥莱广场等		★
57	青岛利客来集团股份有限公司	11	47	利客来购物中心、利客来购物广场	○	★
58	深圳市卓越商业运营有限公司	11	37	卓悦汇、卓悦 INTOWN、卓悦时光	○	★
59	恒隆地产有限公司	10	140	恒隆广场		
60	金茂商业房地产（上海）有限公司	10	118	览秀城、金茂汇	○	★
61	新鸿基地产发展有限公司	10	91	APM、环贸广场、天环、天汇广场		
62	上海协信星光商业管理有限公司	10	68	星光 68 广场、星光时代广场、协信星光天地等	○	
63	新疆友好（集团）股份有限公司	10	62	友好时尚购物中心、天百国际购物中心		
64	广东粤海天河城商业有限公司	9	108	天河城、天河城奥莱		
65	河南郑州国贸商业有限公司	9	99	新田 360 广场	○	
66	合景泰富商业资管	9	93	悠方、摩方、悠方天地	○	★
67	九龙仓集团有限公司	9	90	国金中心、时代广场		
68	美的置业集团有限公司	9	70	悦然里、悦然时光、悦然广场		
69	远洋服务控股有限公司	9	62	远洋未来广场、远洋未来汇		
70	佛山市金铂商业有限公司	8	130	金铂天地	○	
71	广州越秀商业地产投资管理有限公司	8	94	IFC、ICC、悦汇城		
72	文峰大世界连锁发展股份有限公司	8	21	文峰城市广场	○	★
73	SM 购物中心（中国）	7	162	SM 广场	○	★
74	正大商业地产	7	104	正大广场、正大乐城	○	★
75	崇邦集团	7	81	大宁国际、金桥国际等	○	★
76	福建东百集团股份有限公司	7	77	东百中心、兰州中心、东百城	○	★
77	英格卡购物中心（中国）管理有限公司	7	68	Livat 荟聚	○	★
78	联盛商业连锁股份有限公司	7	53	联盛快乐城、联盛奥特莱斯、联盛九龙广场	○	★

续表

序号	企业名称	在营购物中心数（个）	总建筑面积（万平方米）	主要购物中心名称	数据来源	备注
79	RDM 集团	7	50	佛罗伦萨小镇	○	★
80	上海陆家嘴金融贸易区开发股份有限公司	7	47	陆家嘴 L+MALL、陆家嘴 96 广场等		
81	汉博商业管理集团股份有限公司	7	40	之心城、漫乐城、美里天地等	○	★
82	嘉里建设有限公司	7	36	嘉里中心		
83	中国绿发投资集团	6	95	鲁能城、鲁能美丽汇		
84	太古地产有限公司	6	86	太古里、太古汇、颐堤港		
85	弘阳集团有限公司	6	81	弘阳广场		★
86	上海鹏都健康科技发展有限公司	6	70	水游城	○	★
87	海伦堡商业集团	6	68	海乐城、海乐荟、海乐世界		
88	湖南友谊阿波罗商业股份有限公司	6	65	友阿奥特莱斯、友阿国际广场	○	★
89	新世界发展有限公司	6	55	K11、K11 Select		
90	领展资产管理有限公司	6	53	领展购物广场	○	★
91	国芳集团	6	33	国芳 G99		
92	山西华宇集团	6	30	华宇购物中心等	○	
93	广州市广百股份有限公司	5	65	广百广场	○	★
94	宝能商业有限公司	5	49	宝能 allcity、宝能环球汇	○	★
95	龙光商业集团	5	40	蓝鲸世界、蓝鲸天地	○	
96	上海徐家汇商城股份有限公司	5	16	汇金百货、汇金奥莱		
97	鸿荣源集团	4	126	壹方城、壹方天地、壹方里		
98	泰禾集团股份有限公司	4	87	泰禾广场	○	★
99	香港置地控股有限公司	4	57	中环、光环		
100	深圳市京基百纳商业管理有限公司	4	48	KK MALL、KK ONE		

说明：

1. 表内统计数据截止时间为 2022 年 12 月 31 日。
2. “数据来源”为“○”指企业自报数据，未标注则为财报或二手数据整理。
3. 备注标“★”指该企业为中国连锁经营协会会员企业。
4. 万达商业管理集团“总建筑面积”为商业管理面积。

2023 年中国购物中心企业 Top100 基本情况

根据“2023 年度购物中心企业经营等情况调查”结果，中国连锁经营协会（CCFA）于 2024 年 6 月 4 日发布“2023 年中国购物中心企业 Top100”。

附表：

2023年中国购物中心企业Top100

（CCFA 2024年6月4日发布）

序号	企业名称	在营购物中心数（个）	总建筑面积（万平方米）	主要购物中心名称	数据来源	备注
1	万达商业管理集团	497	6898	万达广场		★
2	万科企业股份有限公司	203	1158	万科广场、印象城等		★
3	新城商业管理集团	161	1499	吾悦广场		★
4	华润万象生活有限公司	101	1097	万象城、万象天地、万象汇		
5	宝龙商业管理控股有限公司	95	1077	宝龙一城、宝龙城、宝龙广场、宝龙天地		★
6	龙湖集团	88	797	天街、星悦荟		★
7	银泰商业（集团）有限公司	61	475	银泰百货		★
8	恒太商业管理集团股份有限公司	51	400	超级恒太城、恒太城、恒太太平洋		★
9	世纪金源商业管理集团	49	680	世纪金源购物中心、方圆荟、方圆 LIVE		★
10	茂业国际控股有限公司	49	310	茂业天地、维多利等	○	
11	王府井集团股份有限公司	46	519	王府井购物中心、王府井奥莱		★
12	爱琴海集团	45	513	爱琴海购物中心		★
13	凯德集团	42	500	凯德广场、凯德 Mall、来福士		★
14	天虹数科商业股份有限公司	41	457	天虹购物中心、君尚		★
15	长春欧亚集团股份有限公司	41	243	欧亚购物中心、欧亚购物广场		★
16	苏宁置业集团有限公司	40	500	苏宁广场		★
17	中骏商管智慧服务控股有限公司	39	530	中骏世界城		★
18	禹洲商业	39	300	禹悦汇、禹悦天地、禹悦里		
19	招商商管	38	216	海上世界、招商花园天地、招商花园城等		★
20	碧桂园文商旅集团	36	371	碧乐城、碧乐汇、碧乐时光		★
21	银座集团股份有限公司	36	281	银座商城、和谐广场		★
22	保利商旅产业发展有限公司	35	2300	时光里、时光汇、时光故事		★
23	大悦城控股集团股份有限公司	34	374	大悦城、大悦汇		★
24	上海百联集团股份有限公司	33	305	百联购物中心、百联奥特莱斯广场		★
25	中海商业发展有限公司	31	317	环宇城 MAX、环宇城、环宇荟、环宇坊		★
26	金鹰国际商贸集团（中国）有限公司	30	257	金鹰购物中心、金鹰世界		★
27	厦门建发商业管理有限公司	28	200	湾悦系列		★

续表

序号	企业名称	在营购物中心数（个）	总建筑面积（万平方米）	主要购物中心名称	数据来源	备注
28	星盛商业	27	165	星河 COCO Park、星河 COCO City 等		★
29	一元股份（北京槿立商业管理有限公司）	26	214	大有境、大有界、彩虹漾、橙光里		★
30	北京华联商厦股份有限公司	24	160 以上	BHG Mall	○	
31	永旺梦乐城（中国）投资有限公司	22	461	永旺梦乐城		★
32	融创商业	21	380	融创茂、融创 ins park、融创精彩天地等		★
33	步步高商业连锁股份有限公司	21	280	步步高新天地、步步高广场		★
34	深圳市益彩生活商业运营有限公司	21	155	益田假日广场、益田假日世界、益田假日天地		★
35	复悦商管	20	206	复悦城、复悦里、复悦荟		★
36	南国置业股份有限公司	20	120	泛悦 Mall、泛悦汇、泛悦坊		★
37	山东德州百货大楼（集团）有限责任公司	18	139	德百广场、德百奥莱广场等		★
38	富力集团商业运营管理公司	18	97	富力广场系、富力星光		★
39	奥园健康生活集团	18	63	奥园广场、奥园城市天地、奥园国际中心	○	
40	八佰伴商业管理有限公司	17	315	八佰伴		★
41	砂之船集团	17	310	砂之船奥特莱斯		★
42	华侨城商管公司	17	226	欢乐海岸、欢乐时光		★
43	合生商业集团	17	200	合生汇、超极合生汇、合生广场、合生新天地		★
44	旭辉商业	17	148	旭辉 Cmall、旭辉里		★
45	杉杉商业集团有限公司	16	190 以上	杉杉奥特莱斯	○	
46	首创钜大有限公司	16	180	首创奥特莱斯、首创奥莱钜潮荟		★
47	光大安石（北京）资产管理有限公司	16	177	IMIX PARK 大融城、ART PARK 大融城		★
48	深圳市佳兆业商业发展有限公司	15	73	佳兆业广场、佳纷天地、佳纷广场		
49	金地商置商业管理公司	14	250	金地广场		
50	云泰商业管理（天津）有限公司	14	200	云泰 park		★
51	月星集团有限公司	12	386	环球港		★
52	瑞安新天地（上海）商业管理有限公司	12	125 以上	天地系列	○	
53	绿城资产管理集团有限公司	12	103	GT PLAZA、青悦城、青悦里		
54	东原致新（上海天同商业管理有限公司）	12	62	The Oval 一奥天地		★
55	青岛利客来集团股份有限公司	12	52	利客来购物中心、利客来购物广场		★
56	武汉武商集团股份有限公司	11	227	武商 MALL	○	★

续表

序号	企业名称	在营购物中心数（个）	总建筑面积（万平方米）	主要购物中心名称	数据来源	备注
57	新鸿基地产发展有限公司	11	80 以上	APM、环贸广场、天环、天汇广场	○	
58	绿地贸易港集团	11	70	绿地缤纷城		★
59	金茂酒店商业	10	191	览秀城、金茂汇、Jlife		★
60	恒隆地产有限公司	10	140	恒隆广场	○	★
61	河南郑州国贸商业有限公司	10	109	新田 360 广场		
62	上海协信星光商业管理有限公司	10	68	星光 68 广场、星光时代广场、协信星光天地		
63	金科产商投资发展集团	9	120	乐方、美邻汇		★
64	合景泰富商业资管	9	93	悠方、摩方、悠方天地		★
65	九龙仓集团有限公司	9	90 以上	国金中心、时代广场	○	
66	美的置业集团有限公司	9	70	悦然里、悦然时光、悦然广场	○	
67	SM 购物中心（中国）	8	203	SM 城市广场		★
68	英格卡购物中心（中国）管理有限公司	8	160	荟聚 Livat		★
69	广州华发商业经营管理有限公司	8	100 以上	华发商都		
70	弘阳集团有限公司	8	100 以上	弘阳广场	○	
71	悦容匯资管	8	84	悦容匯购物公园、容匯城、容匯里		★
72	福建东百集团股份有限公司	8	77	东百中心、兰州中心		★
73	联盛商业连锁股份有限公司	8	69	联盛快乐城、联盛奥特莱斯、联盛九龙广场		★
74	广州金铂商业运营有限公司	8	61	金铂广场、金铂天地、金铂中心		
75	海伦堡商业集团	8	60 以上	海乐城、海乐荟、海乐世界	○	
76	正大商业房地产管理有限公司	7	104	正大广场、正大乐城	○	
77	崇邦新基（上海）企业管理咨询有限公司	7	81	大宁国际、金桥国际	○	★
78	广州市广百股份有限公司	7	72	广百广场		★
79	山东潍坊百货集团股份有限公司	7	65	中百奥莱、谷德广场、谷德茂		★
80	领展资产管理有限公司	7	57	领展广场、领展中心城		★
81	广州越秀商业地产投资管理有限公司	7	54	国金系列、环贸系列、悦汇系列		
82	深圳华盛商业发展有限公司	7	53	华盛奥特莱斯		★
83	RDM 集团	7	50	佛罗伦萨小镇		★
84	卓越商业运营有限公司	7	40	卓悦汇、卓悦 INTOWN、卓悦时光		★
85	嘉里建设有限公司	7	36	嘉里中心	○	
86	文峰大世界连锁发展股份有限公司	7	33	文峰广场		★
87	中国绿发投资集团	6	95	鲁能城、鲁能美丽汇	○	

续表

序号	企业名称	在营购物中心数（个）	总建筑面积（万平方米）	主要购物中心名称	数据来源	备注
88	太古地产有限公司	6	86	太古里、太古汇	○	
89	湖南友谊阿波罗商业股份有限公司	6	63	友阿奥特莱斯、友阿国际广场		★
90	新世界发展有限公司	6	55	K11、K11 Select	○	★
91	鸿荣源集团	5	130 以上	壹方城、壹方天地、壹方里	○	
92	新疆汇嘉时代百货股份有限公司	5	60 以上	汇嘉时代购物中心	○	
93	家家悦控股集团股份有限公司	5	60	九龙城购物中心		★
94	上海嵩霖商业管理有限公司	5	60	AFA、融侨外滩壹号、融侨中心		
95	深圳市京基百纳商业管理有限公司	5	50 以上	KK TIME、KK MALL	○	
96	上海鹏都健康科技发展有限公司	5	50	水游城、金游城、星游城		★
97	龙光集团有限公司	5	39	蓝鲸世界 & 蓝鲸天地		
98	汉博商业管理集团股份有限公司	5	31	之心城、漫乐城、美里天地		★
99	济宁九龙商贸集团有限公司	5	31	龙贵购物广场		★
100	北京市上品商业发展有限责任公司	5	17	上品+城市奥莱		★

说明：

1. 以上统计口径为截止 2023 年 12 月 31 日，已开业建筑面积 3 万平方米以上的购物中心。
2. “数据来源”为“○”为结合财报、二手数据整理，未标注为企业自报数据。
3. 备注标“★”代表该企业为中国连锁经营协会会员企业或其关联公司为中国连锁经营协会会员企业。
4. 万科数据包含印力。
5. 保利商旅建筑面积含酒店、景区部分。

2022 年中国时尚零售与时尚消费 Top100 基本情况

根据“2022 年度时尚零售与时尚消费企业经营等情况调查”结果，中国连锁经营协会（CCFA）于 2023 年 8 月 18 日发布“2022 年中国时尚零售与时尚消费 Top100”榜单。

调查显示，2022 年中国时尚零售与时尚消费 Top100 企业总营业收入达到 8307.73 亿元。

在本次调查中，Top100 榜单数据主要源自时尚零售与时尚消费企业的自报数据、年度财报，以及对相关企业公开数据的梳理与整合，按照企业 2022 年度旗下主营品牌、营业收入总额和店铺总数汇总统计并整理形成本榜单。

附表：

2022 年中国时尚零售与时尚消费 Top100

（CCFA 2023 年 8 月 18 日发布）

序号	企业名称	旗下主营品牌	2022 年度营业收入总额（含税，人民币万元）	2022 年度店铺总数（个）	备注		
1	周大福珠宝集团	周大福珠宝，HEARTS ON FIRESOINLOVE，MONOLOGUE，ENZO	8288732	7404	★	*	
2	老凤祥股份有限公司	老凤祥，老凤祥银楼	6301014	5609			
3	安踏体育用品有限公司	安踏，FILA，DESCENTE，KOLON SPORT，Amer Sports，Salomon，Arc'teryx，Peak Performance，Atomic 和 Wilson	5365100	11939		*	
4	耐克 Nike	Nike，Nike kids，Nike Kl，Air Jordan，Cole Haan，匡威，Bauer Nike Hockey，Umbro	5159205	1048		*	
5	中国黄金集团黄金珠宝股份有限公司	中国黄金	4712427	3642	★		
6	上海豫园珠宝时尚集团有限公司	老庙，亚一，DJULA，露璨	3243254	4584	★	○	
7	迅销（中国）商贸有限公司	UNIQLO，GU，Theory，Comptoir des Cotonniers，Princesse tam tam，PLST	2783564	3747			
8	滔搏国际控股有限公司	滔搏国际是耐克，阿迪达斯，彪马，匡威，威富集团的品牌（即范斯，The North Face 及添柏岚），锐步，阿瑟士，鬼冢虎及斯凯奇品牌在中国的零售合作伙伴	2707320	6565			
9	李宁有限公司	李宁，李宁 YOUNG，凯胜 Kason，DANSKIN，红双喜，艾高 AIGLE	2534759	7603	★		
10	阿迪达斯（中国）	三大系列：Adidas Performance，Adidas Originals，Adidas Neo；三大子品牌：Y-3，SLVR，NEO LABEL	2359740	—			①

续表

序号	企业名称	旗下主营品牌	2022 年度营业收入总额（含税，人民币万元）	2022 年度店铺总数（个）	备注	
11	百丽时尚集团	自有品牌：BELLE，STACCATO，TATA，73Hours，TEENMIX，BASTO，SENDA，Joy&Peace，Millie's，TooManyShoes，SKAP，OGR，INITIAL 合作品牌：Bata，hush puppies，CHAMPION，CAT，MOUSSY，SLY	2170000	约 10000	★	○
12	斯凯奇（SKECHERS）	SKECHERS，SKECHERS KIDS	2080000	3000	★	
13	宝胜国际（控股）有限公司	YYsports 胜道体育	1863802	4093		
14	名创优品（广州）有限责任公司	MINISO，TOPTOY，WOW COLOUR	1854288	5440	★	○
15	周生生集团国际有限公司	周生生，周生生（生生・活宇），EMPHASIS，PROMESSA，MARCO BICEGO，MINTYGREEN，劳力士/帝陀，点睛品	1836314	905		
16	海澜之家集团股份有限公司	海澜之家，黑鲸，OVV，男生女生，英式，圣凯诺，海澜优选，海德	1768611	8219	★	
17	屈臣氏（Watson）	屈臣氏	1726000	3836	★	*
18	波司登国际控股有限公司	波司登，雪中飞，冰洁，飒美特，杰西，邦宝，柯利亚诺，柯罗芭	1677422	3423	★	
19	浙江森马服饰股份有限公司	自有品牌：Smir，巴拉巴拉 balabala，马卡乐 MarColor，Mini Bala，Hey junior 合作品牌：JASON WU 被授权品牌：Juicy Couture，Marc'O Polo，Asics Kids	1329425	8140	★	
20	特步国际控股有限公司	特步，特步儿童，Saucony，MERRELL，Palladium，K-Swiss	1293040	8034		*
21	六福集团（国际）有限公司	六福珠宝 Lukfook，Goldstyle，Dear Q，3D GOLD	1197800	3090	★	
22	周大生珠宝股份有限公司	周大生，今生今世，BLOVE	1111808	4616	★	
23	宁波太平鸟时尚服饰股份有限公司	太平鸟女装 PEACEBIRD WOMEN，太平鸟男装 PEACEBIRD MEN，乐町，MATERIAL GIRL 女装，太平鸟童装 Mini Peace，MATERIAL GIRL MG 物质女孩女装，COPPOLELLA	860164	4671	★	

续表

序号	企业名称	旗下主营品牌	2022 年度营业收入总额（含税，人民币万元）	2022 年度店铺总数（个）	备注		
24	上海家化联合股份有限公司	佰草集，玉泽，双妹，典萃，高夫，六神，美加净，家安，启初，汤美星	710631	656			
25	361 度国际有限公司	361°，361°童装	696083	7768			
26	珀莱雅化妆品股份有限公司	珀莱雅，彩棠，Off&Relax，悦芙媞，CORRECTORS，优资莱，韩雅	638545	—			②
27	赢家时尚控股有限公司	Koradior，La Koradior，Koradior elsewhere，FUUNNY FEELLN，CADIDL，NAERSI，NAERSILING，NEXY. CO	566343	2006			
28	雅戈尔集团股份有限公司	YOUNGOR，MAYOR，HART MARX，HANP，UNDEFEATED，HELLY HANSEN	541031	2166	★		
29	云南贝泰妮生物科技集团股份有限公司	WINONA 薇诺娜，WINONA BABY，BeautyAnswers，AOXMED，痘痘康，资润	501387	77			
30	水羊集团股份有限公司	御泥坊，小迷糊，大水滴，御 MEN，花瑶花，VAA，HPH	472239	—			③
31	内蒙古鄂尔多斯资源股份有限公司	ERDOS，鄂尔多斯 1980，BLUE ERDOS，erdos KIDS	470000	1700	★	○	
32	北京泡泡玛特文化创意有限公司	POP MART	461700	329	★	○	
33	华熙生物科技股份有限公司	润百颜，夸迪，米蓓尔，BM 肌活	460721	203			
34	广东潮宏基实业股份有限公司	CHJ 潮宏基，VENTI 梵迪，FION 菲安妮	441741	1158			
35	报喜鸟控股股份有限公司	报喜鸟，HAZZYS（哈吉斯），宝鸟，所罗，Camicissima（恺米切），lafuma（乐飞叶），东博利尼，亨利·格兰	431276	1684			
36	沈阳萃华金银珠宝股份有限公司	萃华珠宝	420584	509			
37	江南布衣有限公司	JNBY，CROQUIS（速写），jnby by JNBY，less，POMME DE TERRE（蓬马），JNBYHOME	408587	1956		*	
38	深圳影儿时尚集团有限公司	音儿 YINER，恩裳 INSUN，诗篇 PSALTER，歌中歌 Song of Song，奥丽嘉朵 OBLIGATO，十二篮Ⅻ BASKET	403150	约 1500			

续表

序号	企业名称	旗下主营品牌	2022 年度营业收入总额（含税，人民币万元）	2022 年度店铺总数（个）	备注		
39	北京植物医生生物科技有限公司	植物医生	400000	约 4500	★		
40	华歌尔（中国）时装有限公司	Wacoal 华歌尔，Salute，珀尔西，AMPHI，Remamma	393596	—			④
41	星期六股份有限公司	ST&SAT（星期六），D：FUSE（迪芙斯），SAFIYA（索菲娅），SATURDAY MODE，FONDBERYL（菲伯丽尔）	390058	725			
42	锦泓时装集团股份有限公司	TEENIE WEENIE，VGRASS，元先	389950	1430			
43	上海水星家用纺织品股份有限公司	水星，百丽丝，水星家纺婚庆馆，水星宝贝，水星 KIDS	364974	—			⑤
44	浙江明牌珠宝股份有限公司	明牌珠宝	347358	约 1000			
45	佐丹奴国际有限公司	Giordano，Giordano Junior ，Giordano Ladies ，BSX	339365	1874			
46	爱慕股份有限公司	爱慕，爱慕先生，爱慕儿童，兰卡文，爱美丽，乎兮，彳亍，皇锦，BODY WILD，爱慕健康，爱慕女人会，纽格芙	316324	1915	★	○	
47	中国利郎有限公司	LILANZ，LESS IS MORE	308620	2644	★		
48	福建七匹狼实业股份有限公司	七匹狼，Karl Lagerfeld	308116	1819	★		
49	深圳市富安娜家居用品股份有限公司	富安娜，VERSAI 维莎，馨而乐，酷智奇	307959	1470			
50	都市丽人（中国）控股有限公司	都市丽人，纯棉居物，Ordifen 欧迪芬	300876	约 4000	★		
51	朗姿股份有限公司	LANCY，liaa lancy，LANCY FROM 25，LANCY PINK，MOJO S. PHINE，LIME FLARE，JIGOTT，m. tsubomi，Agabang 阿卡邦，Ettoi 爱多娃，Putto 贝嘟嘟，2ya2yaO，Next Mom，Agabang Gallery，Design skin	299971	745			
52	罗莱生活科技股份有限公司	廊湾，莱克星顿，内野，罗莱，罗莱儿童，LOVO 乐蜗，恐龙	290530	2662			
53	比音勒芬服饰股份有限公司	比音勒芬，威尼斯狂欢节	288484	1191			

续表

序号	企业名称	旗下主营品牌	2022年度营业收入总额（含税，人民币万元）	2022年度店铺总数（个）	备注		
54	浙江奥康鞋业股份有限公司	奥康，康龙	275414	2479	★		
55	九牧王股份有限公司	九牧王，ZIOZIA，FUN	262009	2444			
56	深圳汇洁集团股份有限公司	曼妮芬，伊维斯，兰卓丽，桑扶兰，乔百仕，加一尚品，秘密武器，土豆先生，UNDERSTANCE	245518	2509			
57	深圳歌力思服饰股份有限公司	ELLASSAY，Laurèl，Ed Hardy，IRO Paris，self-portrait，Ed Hardy X	239474	613			
58	地素时尚股份有限公司	DAZZLE，DIAMOND DAZZLE，d' zzit，RAZZLE	238976	1123			
59	江苏红豆实业股份有限公司	红豆	234138	922	★		
60	慕尚集团控股有限公司	GXG，gxg jeans，gxg. kids，Yatlas，Mode Commuter，2XU	232628	1122			
61	谢瑞麟珠宝（国际）有限公司	TSL 谢瑞麟，TSLTOSI，DUO by TSL	231454	495			
62	浙江红蜻蜓鞋业股份有限公司	红蜻蜓，红蜻蜓 KIDS	225133	2988			
63	湖南梦洁家纺股份有限公司	梦洁，寐，梦洁宝贝，梦洁家居	203280	1718			
64	康奈集团有限公司	康奈，康奈世家	203060	2632	★	○	
65	北京金一文化发展股份有限公司	金一，越王珠宝，越王古法金，捷夫珠宝，捷夫美钻，KINGEE	182335	127			
66	广东丸美生物技术股份有限公司	丸美，春纪，恋火	173172	—			⑥
67	希努尔男装股份有限公司	希努尔，普兰尼奥，皇家新郎，润尔	170680	—			⑦
68	安正时尚集团股份有限公司	JZ 玖姿，IMM 尹默，MOISSAC 摩萨克，ANZHENG 安正，FROG PRINCE 青蛙王子，Coloured Beetle 可拉·比特	165180	1973			
69	九兴控股有限公司	Stella Luna ，What For	150500	—			⑧
70	南京行狐集团有限公司	妖精的口袋	150000	17	★	○	
71	广州宾务商贸有限公司	HONGU（红谷）	148000	785	★	○	
72	上海美特斯邦威服饰股份有限公司	Metersbonwe，ME&CITY，Moomoo，ME&CITY KIDS	143936	1026	★		

续表

序号	企业名称	旗下主营品牌	2022 年度营业收入总额（含税，人民币万元）	2022 年度店铺总数（个）	备注		
73	千百度国际控股有限公司	千百度，伊伴，太阳舞，米奥，natursun，百吉利·米西卡	138174	1089			
74	浙江乔治白服饰股份有限公司	giuseppe，G73，JZZ	127928	70			
75	天创时尚股份有限公司	KISSCAT，ZSAZSAZSU，tigrisso，KissKitty，KASMASE，Patricia，O BAG，United Nude（UN）	127280	1252			
76	金利来集团有限公司	金利来	126465	809		*	
77	安莉芳控股有限公司	安莉芳，芬狄诗，COMFIT，E－BRA，IVU，安朵，LIZA CHENG	119190	1084			
78	卡宾服饰有限公司	Cabbeen，Cabbeen Urban，2AM，Cabbeen Love	118505	436			
79	探路者控股集团股份有限公司	探路者 TOREAD，Discovery Expedition，小探 Toreadkids，Toread. X	113895	796			
80	广州逸仙电子商务有限公司	完美日记 Perfect Diary，小奥汀 Little Ondine，完子心选 Abbys Choice，法国科兰黎 Galenic，达尔肤 DR. WU，EVE LOM，皮可熊 Pink Bear	100549	—			⑨
81	博士眼镜连锁股份有限公司	博士眼镜，President（总统眼镜），Zèle，砼眼镜	96224	513			
82	日播时尚集团股份有限公司	播 broadcast，broadcute	95246	703	★		
83	深圳市安奈儿股份有限公司	Annil 安奈儿	93269	1012			
84	莱绅通灵珠宝股份有限公司	莱绅通灵	91246	507			
85	青岛金王应用化学股份有限公司	新蓝秀，LANCHEN，LE COLOR	90046	—			⑩
86	拉芳家化股份有限公司	拉芳，雨洁，美多丝，曼丝娜	88712	—			⑪
87	杉杉品牌运营股份有限公司	SHANSHAN，FIRS	88120	766			
88	足力健老龄产业发展有限公司	足力健老人鞋	80082	2223	★	○	

续表

序号	企业名称	旗下主营品牌	2022 年度营业收入总额（含税，人民币万元）	2022 年度店铺总数（个）	备注		
89	古马众物（上海）品牌管理有限公司	阿吉豆，艾特里里，拉如达薇亚，包小姐与鞋先生，花在花园里	79000	585	★	○	
90	贵人鸟股份有限公司	贵人鸟	75664	1613			
91	哈森商贸（中国）股份有限公司	哈森 HARSON，卡迪娜 KADINA，哈森男鞋 HARSON BUSSINESS，诺贝达 ROBERTA，麦鞋趣 MYXIEQU	72358	1144			
92	北京市千叶珠宝股份有限公司	KEER 千叶	71440	293			
93	上海林清轩生物科技有限公司	林清轩	70000	363	★	○	
94	江苏本涩商贸有限公司	BSiEE 本涩	70000	300	★	○	
95	广东万里马实业股份有限公司	万里马，SAINT JACK，COOME	47560	44			
96	福建省爱迪尔珠宝实业股份有限公司	IDEAL，CEMNI 千年珠宝，克拉美	36649	510			
97	起步股份有限公司	ABC KIDS，EXR ，QIBU KIDS，miniABC	35148	1310			
98	新疆拉夏贝尔服饰股份有限公司	La Chapelle ，Puella，7 Modifier，La Babité	19784	218	★		
99	嘉兴柠檬时装有限公司	ZETdesZET 己也，PLANETE BLANCHE 白色行星	18000	72	★	○	
100	达芙妮国际控股有限公司	达芙妮	17845	734			

说明：

1. 数据收集周期为 2022 年度，具体以企业财年周期为主。
2. “★”表示该企业为中国连锁经营协会会员企业。
3. “○”表示数据由企业提报，未标注数据为企业年度财报和二手公开数据整理；“＊”表示数据统计包含海外部分营收。
4. 营业收入总额汇率说明：港币、欧元、美元、日元等结算货币以财报周期内最后一天汇率计算。
5. 店铺总数统计口径：包含直营店、加盟店（授权店）等线下门店，不含线上门店。
6. 部分企业数据说明：备注①~⑪企业的店铺总数缺失或未公布。
7. 未入 2022 年中国时尚零售与时尚消费 Top100 榜单的企业如计划参与，请联系：18668239707。

2023 年中国时尚零售与时尚消费 Top100 基本情况

根据“2023 年度时尚零售与时尚消费企业经营等情况调查”结果及相关数据汇总统计，并于 2024 年 9 月 4—10 日在中国连锁经营协会（CCFA）官网及公众号向社会公示，现将“2023 年中国时尚零售与时尚消费 Top100”榜单予以公布（见附表）。在本次调查中，Top100 榜单数据主要来自时尚零售与时尚消费企业的自报数据、年度财报，以及对相关企业公开数据的梳理与整合，按照企业 2023 年度主营品牌、营业收入总额和店铺总数汇总统计并整理形成本榜单。

附表：

2023 年中国时尚零售与时尚消费 Top100

（CCFA 2024 年 9 月 12 日发布）

序号	企业名称	2023 年营业总收入（含税，人民币万元）	2023 年度店铺总数（个）	备注
1	周大福珠宝集团	9885817	7748	
2	欧莱雅集团	8377907	—	①
3	老凤祥股份有限公司	7143564	5994	
4	安踏体育用品有限公司	6235600	12154	
5	中国黄金集团黄金珠宝股份有限公司	5636400	4257	
6	耐克（中国）	5133541	1032	
7	上海豫园珠宝时尚集团有限公司	3642678	4994	
8	迅销（中国）商贸有限公司	3094798	1000+	*
9	内蒙古鄂尔多斯资源股份有限公司	3055363	1022	
10	滔搏国际控股有限公司	2893000	6000+	*
11	李宁有限公司	2759800	7668	
12	名创优品（广州）有限责任公司	2580000	6900	
13	阿迪达斯（中国）	2505139	1860	
14	百丽时尚集团	2390000	8000+	*
15	周生生集团国际有限公司	2274588	1032	
16	海澜之家集团股份有限公司	2152755	5976	
17	梦金园黄金珠宝集团	2020900	2800+	*
18	宝胜国际（控股）有限公司	2006450	6723	
19	波司登国际控股有限公司	1677400	3217	
20	周大生珠宝股份有限公司	1629006	5106	
21	屈臣氏（中国）	1490000	3840	
22	特步国际控股有限公司	1434550	8583	
23	六福集团（国际）有限公司	1393670	3583	
24	雅戈尔集团股份有限公司	1374946	1990	
25	浙江森马服饰股份有限公司	1366053	7937	
26	资生堂集团	1200000	—	②
27	威富集团（VF Corporation）	1114700	2000+	*

续表

序号	企业名称	2023 年营业总收入（含税，人民币万元）	2023 年度店铺总数（个）	备注
28	九兴控股有限公司	1057200	—	③
29	珀莱雅化妆品股份有限公司	890457	497	
30	斯凯奇（中国）	873300	3500+	*
31	361 度国际有限公司	842326	9539	
32	宁波太平鸟时尚服饰股份有限公司	779212	3731	
33	露露乐蒙（Lululemon）	693500	127	
34	赢家时尚控股有限公司	691230	1964	
35	欧舒丹集团	683300	—	④
36	上海家化联合股份有限公司	659760	574	
37	北京泡泡玛特文化创意有限公司	630100	363	
38	华熙生物科技股份有限公司	607592	—	⑤
39	广东潮宏基实业股份有限公司	589985	1399	
40	云南贝泰妮生物科技集团股份有限公司	552217	300+	*
41	罗莱生活科技股份有限公司	531529	2730	
42	报喜鸟控股股份有限公司	525363	1761	
43	周六福珠宝股份有限公司	514960	4383	
44	朗姿股份有限公司	514546	963	
45	深圳市飞亚达（集团）股份有限公司	457000	3000+	*
46	沈阳萃华金银珠宝股份有限公司	456489	497	
47	锦泓时装集团股份有限公司	454493	1296	
48	水羊集团股份有限公司	449311	—	⑥
49	江南布衣有限公司	446512	1990	
50	上海水星家用纺织品股份有限公司	421091	2000+	*
51	浙江明牌珠宝股份有限公司	393737	1000+	*
52	亚瑟士（中国）商贸有限公司	390500	—	⑦
53	无锡红豆居家服饰销售有限公司	380000	1611	
54	比音勒芬服饰股份有限公司	353613	1255	
55	中国利郎有限公司	353480	2695	
56	西安巨子生物基因技术股份有限公司	352400	4000+	*
57	佐丹奴国际有限公司	352191	1822	
58	上海上美化妆品股份有限公司	350200	—	⑧
59	福建七匹狼实业股份有限公司	344474	1831	
60	广州逸仙电子商务有限公司	341000	—	⑨
61	爱慕股份有限公司	328745	1830	

续表

序号	企业名称	2023 年营业总收入（含税，人民币万元）	2023 年度店铺总数（个）	备注
62	浙江奥康鞋业股份有限公司	308606	2446	
63	九牧王股份有限公司	305500	2386	
64	深圳市富安娜家居用品股份有限公司	302957	1494	
65	深圳汇洁集团股份有限公司	292911	2615	
66	深圳歌力思服饰股份有限公司	291518	652	
67	上海丽人丽妆化妆品股份有限公司	276239	185	
68	都市丽人（中国）控股有限公司	275708	800+	*
69	地素时尚股份有限公司	264882	1037	
70	青岛金王应用化学股份有限公司	250896	—	⑩
71	浙江红蜻蜓鞋业股份有限公司	246856	2962	
72	谢瑞麟珠宝（国际）有限公司	241432	391	
73	慕尚集团控股有限公司	232905	1022	
74	广东丸美生物技术股份有限公司	222559	—	⑪
75	安正时尚集团股份有限公司	216965	740	
76	湖南梦洁家纺股份有限公司	215641	1585	
77	千百度国际控股有限公司	153994	1061	
78	北京金一文化发展股份有限公司	150619	67	
79	浙江乔治白服饰股份有限公司	149202	70	
80	探路者控股集团股份有限公司	139071	893	
81	上海美特斯邦威服饰股份有限公司	135573	813	
82	天创时尚股份有限公司	127360	1151	
83	金利来集团有限公司	133146	3000+	*
84	卡宾服饰有限公司	118865	574	
85	博士眼镜连锁股份有限公司	117587	515	
86	安莉芳控股有限公司	116556	1007	
87	凯知乐国际控股有限公司	115574	877	
88	On 昂跑	115000	—	⑫
89	杉杉品牌运营股份有限公司	106005	709	
90	日播时尚集团股份有限公司	102695	658	
91	哈森商贸（中国）股份有限公司	81189	1040	
92	深圳市安奈儿股份有限公司	80573	793	
93	希努尔男装股份有限公司	75818	—	⑬
94	莱绅通灵珠宝股份有限公司	73282	438	
95	北京市千叶珠宝股份有限公司	67738	4257	

续表

序号	企业名称	2023 年营业总收入（含税，人民币万元）	2023 年度店铺总数（个）	备注
96	广东万里马实业股份有限公司	61789	—	⑭
97	莎莎国际控股有限公司	47200	37	
98	摩登大道时尚集团股份有限公司	28954	—	⑮
99	起步股份有限公司	26770	1121	
100	达芙妮国际控股有限公司	26260	87	

说明：

1. 数据采集周期为 2023 年度，部分企业以本企业财年周期为主。
2. 备注中“ * ”表示此数据为估计值。
3. 备注中①~⑮表示企业店铺总数统计缺失或未予公布。
4. 营业收入总额汇率说明：港币、美元、欧元、日元等结算货币，以财年周期内最后一天汇率核算。
5. 店铺总数统计口径中不包含线上门店。
6. 未纳入本榜单，计划下一年参与的企业，请联系：马先生，18668239707（微信号同步）。

2022 年生活服务业连锁企业 Top100 基本情况

2023 年，中国连锁经营协会（CCFA）联合美团、阿里本地生活、抖音生活服务等机构首次共同开展了“2022 年生活服务业连锁 Top100”统计调查工作，旨在了解生活服务业年度经营状况，挖掘行业连锁化发展潜力，助力中国生活服务业高质量发展。根据“2022 年度生活服务业连锁企业基本情况调查”结果，中国连锁经营协会于 2023 年 6 月 15 日发布“2022 年生活服务业连锁企业 Top100”榜单。

统计显示，生活服务业连锁 Top100 企业 2022 年销售规模为 1781.9 亿元，门店总数为 20.8 万个。参与 2022 年度行业统计调查的企业主要包括：酒店住宿、汽车养护维修、宠物服务、回收与维修、家政服务、洗染服务、房屋中介、房屋装修、美容美体、美发与养发、保健与养生、洗浴服务、休闲娱乐、休闲健身、职业培训、儿童娱乐、儿童教育以及图文摄影 18 个生活服务业细分行业。

附表：

2022 年生活服务业连锁企业 Top100

（CCFA 2023 年 6 月 15 日发布）

业态	企业名称	旗下主要品牌	2022 年销售规模总计（万元）	2022 年门店总数（个）	备注
酒店住宿	华住集团有限公司	汉庭、全季等	1390000	8411	※
	上海锦江国际酒店股份有限公司	锦江之星、锦江都城等	1100762	11560	※
	上海如家酒店管理有限公司	如家	508938	5983	
	速伯艾特（北京）国际酒店管理有限公司	速 8 酒店	163587	1092	
	旅悦（天津）酒店管理有限公司	花筑、蔚徕等	65322	1978	
汽车养护维修	上海阑途信息技术有限公司	途虎养车	1154700	4653	
	杭州天猫车站科技有限公司	天猫养车	869201	3516	
	驰加（上海）汽车用品贸易有限公司	驰加	480000	1600	*
	浙江快准车服网络科技有限公司	快准车服	438000	2100	
	广东三头六臂信息科技有限公司	三头六臂	250000	3600	*
	杭州小拇指汽车科技服务有限公司	小拇指	244138	1233	
	中石化易捷销售有限公司	易捷养车	220000	9313	*
	博世汽车技术服务（北京）有限公司	博世车联	170000	587	*
	山东玲珑轮胎股份有限公司	玲珑养车驿站	120000	203	*
	杭州中策车空间汽车服务有限公司	中策车空间	111100	523	*
	广州华胜企业管理服务有限公司	华胜	96751	272	
	苏州汽车人汽修管理有限公司	大师钣喷	52500	132	
	知轮（杭州）科技有限公司	知轮车服	48000	15000	*
	上海车享家汽车科技服务有限公司	车享家	38500	313	
	北京爱义行汽车服务有限责任公司	爱义行	30000	184	*
	优玖（苏州）信息科技有限公司	悠耐	20000	15000	*
	上汽通用汽车有限公司	车工坊	16700	1134	
	斯泰兰蒂斯（武汉）经营管理有限公司	欧洲维修	16500	1100	
宠物服务	北京派多格科技发展有限公司	派多格	276993	6382	
	北京旺时代宠物用品有限公司	圣宠	56179	2200	
	上海启宠网络科技服务有限公司	小佩宠物	47400	748	
	北京星昊宠物服务有限公司	宠物家	25000	180	*
	北京宠爱国际动物医疗机构有限公司	宠爱	25000	70	*

续表

业态	企业名称	旗下主要品牌	2022 年销售规模总计（万元）	2022 年门店总数（个）	备注
宠物服务	启晟（天津）宠物医院管理有限公司	萌兽医馆	20000	98	*
	天津市乖乖宠物医院有限公司	乖乖宠物医院	20000	60	*
回收与维修	上海万物新生环保科技集团有限公司	爱回收	987000	1920	
	重庆啄木鸟网络科技有限公司	啄木鸟	150000	43	*
家政服务	上海爱君家庭服务有限公司	爱君家政	14140	622	
	大连好月嫂家庭服务有限公司	好月嫂	8340	270	
	北京嘉乐会家政服务有限公司	阿姨来了、嘉乐会	8105	105	
洗染服务	北京福奈特洗衣服务有限公司	福奈特	110500	1889	
	北京翰皇伟业品牌管理有限公司	翰皇	43226	2127	
	上海象王洗衣有限公司	象王	28821	680	
	北京伊尔萨洗染有限公司	伊尔萨	23744	448	
房屋中介	北京链家置地房地产经纪有限公司	链家	835477	1406	
	北京埃菲特国际特许经营咨询服务有限公司	21 世纪不动产	173913	9093	
	容客科技集团股份有限公司	儒房地产	150050	6002	
	德佑（天津）房地产经纪服务有限公司	德佑	90000	21886	*
房屋装修	北京业之峰装饰连锁有限公司	业之峰	600000	100	*
	广州尚品宅配家居股份有限公司	尚品宅配	531434	2431	
	东易日盛家居装饰集团股份有限公司	东易日盛	252401	65	
	居然之家新零售集团股份有限公司	居然之家	68800	79	
美容美体	克丽缇娜（中国）贸易有限公司	克丽缇娜	755816	4695	
	北京植物医生生物科技有限公司	植物医生	387818	4426	
	芳香世家化妆品（广州）有限公司	芳香世家	280000	3900	*
	广州樊文花化妆品有限公司	樊文花	184150	5013	
	上海欧邦医疗美容门诊部有限公司	针美汇	124808	30	
	深圳唯美度生物科技有限公司	唯美度	121313	9905	
	奈瑞儿健康科技有限公司	奈瑞儿	89280	186	
	广东伊丽汇美容科技有限公司	伊丽汇	60781	204	
	诺美瑞丽（深圳）生物科技有限公司	洗脸猫・洗脸吧	26000	636	*
	歌曼丽（苏州）大健康产业有限公司	歌曼丽	18000	4100	*
	汕头市琪雅化妆品连锁有限公司	琪雅	15672	1754	
	杭州有个美业科技有限公司	UGIRL	9500	209	*
	京都薇薇生物科技有限公司	京都薇薇	8679	626	
美发与养发	珠海市丝域连锁企业管理有限公司	丝域养发	50656	2307	
	深圳市诗碧曼科技有限公司	诗碧曼	49372	1595	
	北京普世安生物科技有限公司	黑奥秘	35600	1308	

续表

业态	企业名称	旗下主要品牌	2022 年销售规模总计（万元）	2022 年门店总数（个）	备注
美发与养发	上海潘多拉美发有限公司	潘多拉 Hairsalon	35000	110	*
	北京木北企业管理有限公司	木北	8500	236	*
	上海桦澜企业管理有限公司	东瀛造型	6500	23	*
保健与养生	陕西郑远元专业修脚保健服务集团有限公司	郑远元	902000	7000	*
	山东华夏良子健康管理有限公司	华夏良子	170000	246	*
	颐而康健康产业集团股份有限公司	颐而康	100000	100	*
	上海足蝶投资管理有限公司	富侨、怡泰 SPA	80000	240	*
	上海善护念健康管理有限公司	大桶大足浴	80000	216	*
	视立美视光科技集团（西安）有限公司	视立美	60000	648	*
	武汉合和大唐亚健康管理咨询有限公司	合和大唐	60000	98	*
	重庆金色印象大健康管理有限公司	金色印象	40000	25	*
洗浴服务	象上汇酒店集团有限公司	曲水兰亭、水裹汤泉、水裹+	28000	9	*
	北京汤悦酒店管理有限公司	汤悦温泉汗蒸	14000	6	*
休闲娱乐	北京麦颂文化传播有限公司	唱吧麦颂 KTV	180000	700	*
	江西爱魅文化科技有限公司	魅 KTV	80000	242	*
	星聚会投资管理有限公司	星聚会 KTV	80000	142	*
	东方体娱科技有限公司	东方高尔夫	29214	8	
	北京乐客灵境科技有限公司	乐客 VR	12896	432	
休闲健身	上海驿家健身服务有限公司	中田健身工作室	80000	1200	*
	苏州银吉姆投资发展有限公司	银吉姆健身	60000	107	*
	青岛英派斯健康管理有限公司	英派斯	6235	158	
职业培训	湖南金领伟业职业技能鉴定有限公司	金领玮业	142875	437	
	北京青鸟职业教育科技发展有限公司	北大青鸟	98238	156	
	武汉荣昌仁和会计咨询服务有限公司	仁和会计	20000	251	*
儿童娱乐	上海奈尔宝企业管理有限公司	奈尔宝	388000	25	*
	万达宝贝王集团有限公司	万达宝贝王	160000	385	*
	上海新城多奇妙企业管理咨询有限公司	多奇妙	20000	85	*
儿童教育	北京启今科技集团有限公司	红黄蓝	88041	1171	
	湖南贝尔安亲云教育有限公司	贝尔安亲	73163	1016	
	北京市东方爱婴咨询有限公司	东方爱婴	50200	687	
	郑州贝体文化传播有限公司	卓跃儿童	15000	520	*
	北京罗兰盛世音乐教育科技有限公司	罗兰盛世	8000	480	*
	菠萝树（深圳）科教有限公司	菠萝树	5000	700	*
图文摄影	杭州缦图摄影有限公司	海马体	170000	570	*
	江西米兰婚纱摄影有限责任公司	米兰	50000	108	*

续表

业态	企业名称	旗下主要品牌	2022 年销售规模总计（万元）	2022 年门店总数（个）	备注
图文摄影	上海好仔细摄影服务有限公司	天真蓝	35000	100	*
	恒晟图文（杭州）有限公司	恒晟图文	14564	127	

注：

1. 备注为“※”的企业，指数据来源为上市公司年报。
2. 备注为“*”的企业，指销售额为估计值。

2023 年生活服务业连锁企业 Top100 基本情况

2024 年，中国连锁经营协会（CCFA）联合美团丽人、58 同城、高德地图等机构共同开展了“2023 年生活服务业连锁企业 Top100”统计调查工作，旨在了解生活服务业年度经营变化状况，挖掘行业连锁化发展潜力，助力生活服务业高质量发展。根据“2023 年度生活服务业连锁企业基本情况调查”结果，中国连锁经营协会于 2024 年 5 月 30 日发布“2023 年生活服务业连锁企业 Top100”榜单。

参与 2023 年度行业统计调查的企业主要涵盖酒店住宿、汽车养护维修、家庭服务、房屋服务、美容美体、美发与养发、健康服务、休闲娱乐、教育服务 9 个生活服务业领域的 19 个细分小行业。

统计显示，2023 年生活服务业连锁 Top100 企业年营收规模达 2970.6 亿元，比 2022 年上榜企业营收规模增长 67%，门店总数为 19.7 万个，比 2022 年上榜企业门店总数下降了 5%。

分析调查数据有效样本可以归纳出 2023 年生活服务业的发展呈现以下三个变化特征。

一、顾客逐渐回归，企业预期向好

从消费者到店情况看，66%的企业到店客流数比上年增长，与上年基本持平的企业为 16%，也有 3%的企业为下降。从成本和利润变化情况看，2023 年企业房租较上年平均下降了 6%，而 69%的上榜企业净利润增长。同时，预期 2024 年，94%的企业将实现营收增长；97%的企业将持续开店，其中开店率超过 10%的企业占比过半数。

二、线上销售占比进一步提升，超八成企业数字化投入持续加大

调查显示，企业线上销售占比从 2022 年的 19%增长到 2023 年的 22%。从企业在数字化和新技术上的投入情况看，投入上升的企业占比 83%，17%的企业与 2022 年持平。

三、Top100 企业吸纳就业能力进一步增强

上榜企业就业人数 2023 年比 2022 年增长 8%。其中，灵活用工人数占比与 2022 年基本持平，维持在平均 14%的水平。

附表：

2023 年生活服务业连锁企业 Top100

（CCFA 2024 年 5 月 30 日发布）

行业	业态	企业名称	旗下主要品牌	2023 年营收规模总计（万元）	2023 年门店总数（个）	备注
酒店住宿及其他	酒店住宿	华住集团有限公司	全季、海友等	2188200	9394	※
		锦江国际（集团）有限公司	锦江之星、锦江白玉兰等	1464900	12448	※
		上海如家酒店管理有限公司	如家、和颐、璞隐等	779292	6263	
		上海亚朵商业管理（集团）有限公司	亚朵酒店	466600	1210	※
		速伯艾特（北京）国际酒店管理有限公司	速 8 酒店	283700	1085	
		格林酒店集团	格林东方、格林豪泰等	162700	4238	※
		旅悦集团	花筑民宿	131800	2401	
		君亭酒店集团股份有限公司	君亭酒店、君澜酒店等	53397	393	※
	图文摄影	杭州海马体摄影有限公司	海马体照相馆	200300	580	
		江西米兰婚纱摄影有限责任公司	米兰	51260	120	
		上海好仔细摄影服务有限公司	天真蓝	43000	130	*
		上海悦照影像创意有限公司	方快照相馆	32800	650	
		恒晟图文（杭州）有限公司	恒晟图文	13831	117	
汽车养护维修	汽车养护维修	上海阑途信息技术有限公司	途虎养车	1360000	5909	
		杭州天猫车站科技有限公司	新康众、天猫养车等	912600	3728	
		浙江快准车服网络科技有限公司	快准车服	570000	2300	*
		驰加（上海）汽车用品贸易有限公司	驰加	540000	1653	*
		广州百援精养汽车信息技术有限公司	百援精养	510331	2000	*
		广东三头六臂信息科技有限公司	三头六臂	350000	3300	*
		北京汽广行信息技术有限公司	京东养车	300000	1518	*
		杭州小拇指汽车科技服务有限公司	小拇指	265118	1306	
		中石化易捷销售有限公司	易捷养车	220000	9500	*
		广州华胜企业管理服务有限公司	华胜	212273	270	
		广东好美特信息科技有限公司	好美特	200000	1800	*
		博世汽车技术服务（北京）有限公司	博世车联	190000	600	*
		四川精典汽车服务连锁股份有限公司	精典汽车	157093	101	
		杭州中策车空间汽车服务有限公司	中策车空间	114711	540	
		上海车享家汽车科技服务有限公司	车享家	50000	300	*

续表

行业	业态	企业名称	旗下主要品牌	2023 年营收规模总计（万元）	2023 年门店总数（个）	备注
汽车养护维修	汽车养护维修	北京爱义行汽车服务有限责任公司	爱义行	40000	147	*
		优玖（苏州）信息科技有限公司	吾行养车	30000	2500	*
家庭服务	宠物服务	北京派多格科技发展有限公司	派多格	200000	7000	*
		北京旺时代宠物用品有限公司	圣宠宠物	67414	2502	
		北京宠爱国际动物医疗机构有限公司	宠爱国际	30000	60	*
		启晟（天津）宠物医院管理有限公司	萌兽医馆	20783	80	
	回收与维修	上海万物新生环保科技集团有限公司	爱回收	1297000	1819	
		重庆啄木鸟网络科技有限公司	啄木鸟家庭维修	230000	53	*
		郑州英奢企业管理咨询有限公司	奢二网	175457	30	
	家政服务	上海爱君家庭服务有限公司	爱君	15150	660	
		大连好月嫂家庭服务有限公司	好月嫂	9828	273	
		北京嘉乐会家政服务有限公司	阿姨来了	9044	110	
	洗染服务	北京福奈特洗衣服务有限公司	FORNET 福奈特	153600	1962	
		北京翰皇伟业品牌管理有限公司	翰皇	46876	2228	
		上海象王洗衣有限公司	象王	28375	651	
		北京伊尔萨洗染有限公司	伊尔萨	23903	451	
房屋服务	房屋中介	北京链家置地房地产经纪有限公司	北京链家	785038	1377	
		北京埃菲特国际特许经营咨询服务有限公司	21 世纪不动产	166274	10040	
		德佑（天津）房地产经纪服务有限公司	德佑	138096	24208	
	房屋装修	北京业之峰装饰连锁有限公司	业之峰装饰	510000	100	*
		广州尚品宅配家居股份有限公司	尚品宅配	489982	2431	
		东易日盛家居装饰集团股份有限公司	东易日盛	293441	150	
	物业管理服务	万物云空间科技服务股份有限公司	第五空间	3310000	4200	
		龙湖物业服务集团有限公司	珑珠优选	1194000	300	
		融创物业服务集团有限公司	融创服务	701000	1713	
美容美体	美容美体	克丽缇娜（中国）贸易有限公司	克丽缇娜	857744	4827	
		北京植物医生生物科技有限公司	植物医生	399396	4698	
		广州娇美庄园生物科技有限公司	轻奢世家	380000	3000	*
		芳香世家（广州）有限公司	芳香世家	300000	4350	*
		广州樊文花化妆品有限公司	樊文花	250100	6001	
		上海美丽田园医疗健康产业有限公司	美丽田园	215000	400	
		唯美爱科技（中国）有限公司	唯美度、召香等	73718	6069	
		广东伊丽汇美容科技有限公司	伊丽汇	69486	200	
		奈瑞儿健康科技有限公司	奈瑞儿	51400	200	
		歌曼丽（苏州）大健康产业发展有限公司	歌曼丽	22000	4100	

续表

行业	业态	企业名称	旗下主要品牌	2023 年营收规模总计（万元）	2023 年门店总数（个）	备注
美容美体	美容美体	上海艾维庭美容有限公司	艾维庭	18000	50	*
		广东蕾特恩科技发展有限公司	蕾特恩专业祛痘	15000	1700	*
		广州佳然至美生物科技有限公司	启然 QIRAN	15000	120	*
		汕头市琪雅连锁运营有限公司	琪雅	14855	1742	
美发与养发	美发与养发	北京雍禾医疗科技集团有限公司	雍禾植发	177700	75	
		深圳市致远创想科技有限公司	优剪	100000	1500	*
		北京博士园科技发展有限公司	博士园	60000	1600	*
		珠海市丝域连锁企业管理有限公司	丝域养发	52070	2307	
		深圳诗碧曼科技有限公司	诗碧曼	47588	1406	
		北京普世安生物科技有限公司	黑奥秘	41000	1468	*
		北京小悦科技有限公司	Mr. JUDY 洗个头发	26372	287	
		广州章光有限公司	章光 101	10000	200	*
健康服务	医疗服务	爱尔眼科医院集团股份有限公司	爱尔眼科	2037000	600	
		辽宁何氏眼科医院集团股份有限公司	何氏眼科	118523	121	
		视立美视光科技集团（西安）有限公司	视立美	73090	712	
		上海润尔健康管理有限公司	未来视界	10000	15	*
	保健与养生	颐而康健康产业集团股份有限公司	颐而康	85570	89	
		重庆金色印象大健康管理有限公司	金色印象	43200	33	
		上海怡泰企业管理有限公司	怡泰 SPA	43000	148	*
休闲娱乐	休闲娱乐	北京麦颂文化传播有限公司	麦颂 KTV	219767	805	
		江西爱魅文化科技有限公司	魅 KTV	201584	400	
		星聚会投资管理有限公司	星聚会 KTV	120000	330	*
	休闲健身	杭州乐刻网络技术有限公司	乐刻运动	100000	1400	*
		上海驿家健身服务有限公司	中田健身工作室	80000	1300	*
	儿童娱乐	上海奈尔宝企业管理有限公司	奈尔宝	200000	40	*
		万达宝贝王集团有限公司	宝贝王	178036	450	
教育服务	职业培训	北京中公教育科技有限公司	中公教育	266600	525	
		东方时尚驾驶学校股份有限公司	东方时尚	221972	23	
		湖南金领伟业职业技能鉴定有限公司	金拇指、金领玮业	143192	439	
		北京万学教育科技有限公司	海文考研	95714	257	
		浙江新通教育科技股份有限公司	新通教育	85366	33	
		北京青鸟职业教育科技发展有限公司	北大青鸟	78590	109	
	儿童教育	启今集团	红黄蓝幼儿园、红黄蓝成长中心	99078	837	
		湖南贝尔安亲云教育有限公司	贝尔安亲	93604	1186	

续表

行业	业态	企业名称	旗下主要品牌	2023 年营收规模总计（万元）	2023 年门店总数（个）	备注
教育服务	儿童教育	福建树人托管服务股份有限公司	树人托管	85290	658	
		东方爱婴咨询有限公司	东方爱婴	20874	497	
		郑州贝体体育科技有限公司	卓跃儿童、卓跃星	20300	457	

说明：

1. 备注为“※”的企业，数据来源为上市公司年报。
2. 备注为“*”的企业，营收规模为估算值。

2022 年中国汽车后市场连锁企业 Top50 基本情况

根据“2022 年中国汽车后市场连锁企业基本情况调查”结果，中国连锁经营协会（CCFA）于 2023 年 10 月 9 日发布“2022 年中国汽车后市场连锁企业 Top50”榜单。

2022 年，汽车后市场连锁 Top50 企业拥有门店总数 16.7 万个，其中拥有 1000 个以上门店的企业有 25 家。

汽车后市场连锁 Top50 企业分布的省、直辖市有上海（12 家）、浙江（11 家）、北京（10 家）、广东（3 家）、江苏（3 家）、山东（2 家）、河北（2 家）以及天津、福建、安徽、湖南、湖北、河南、四川（各 1 家）。

参与 2022 年度汽车后市场调查的样本企业中，成立时间在 10 年以上的有 28 家，成立时间在 20 年以上的有 16 家，成立时间在 5~10 年的有 19 家。

附表：

2022年中国汽车后市场连锁企业Top50

（CCFA 2023年10月9日发布）

细分行业	企业名称	上榜品牌	成立时间（年份）	2022年门店总数（个）	备注
维修保养	中石化易捷销售有限公司	易捷养车	2013	9313	★
	上海阑途信息技术有限公司	途虎养车	2011	4653	★
	上海孚创实业发展有限公司	美孚1号车养护	2020	2800	
	杭州天猫车站科技有限公司	天猫养车	2018	1800	★
	广州百援精养汽车信息技术有限公司	百援精养	2016	1718	★
	驰加（上海）汽车用品贸易有限公司	驰加	2008	1600	★
	北京汽广行信息技术有限公司	京东养车	2017	1510	
	杭州小拇指汽车科技服务有限公司	小拇指	2004	1233	★
	上汽通用汽车有限公司	车工坊	2016	1134	
	斯泰兰蒂斯（武汉）经营管理有限公司	欧洲维修	2016	1100	
	中石化易捷澳托猫有限公司	易捷澳托猫	2016	1040	★
	邓禄普轮胎销售有限公司	邓禄普D驾族	2004	840	
	新查里科技（杭州）有限公司	车将领	2019	736	★
	德师傅（北京）汽车销售服务有限公司	德师傅	2015	630	
	杭州车奇士汽车维修有限公司	车奇士	2006	596	
	博世汽车技术服务（北京）有限公司	博世车联	2009	587	★
	芜湖金桔科技有限公司	车贝健	2018	485	
	上海车享家汽车科技服务有限公司	车享家	2014	313	★
	广州华胜企业管理服务有限公司	华胜	1998	272	★
	四川精典汽车服务连锁股份有限公司	精典汽车	2003	254	★
	安途生（天津）汽车维修服务有限公司	安途生车养护	2011	220	★
	山东玲珑轮胎股份有限公司	玲珑养车驿站	1975	203	★
	北京爱义行汽车服务有限责任公司	爱义行	1995	184	★
	苏州汽车人汽修管理有限公司	大师钣喷	2014	132	
	河北百顺汽车科技服务有限公司	百顺养车	1998	111	★
	北京兔师傅汽车科技有限公司	兔师傅	2015	102	★
	河南小李补胎服务有限公司	小李补胎	2000	86	★

续表

细分行业	企业名称	上榜品牌	成立时间（年份）	2022年门店总数（个）	备注
维修保养	苏州名骏百盛汽车维修服务有限公司	名骏车业	2004	35	
	湖南国合汽车服务管理有限公司	国合汽车	1999	24	
洗车与美容	北京车爵仕汽车科技有限公司	车爵仕	2003	1368	★
	上海比邻美车堂汽车美容有限公司	美车堂	2005	238	★
汽配供应链	采埃孚销售服务（中国）有限公司	采埃孚、天合等	2021	7000	
	广东三头六臂信息科技有限公司	三头六臂	2015	3600	★
	浙江快准车服网络科技有限公司	快准车服	2015	2100	★
	北京好修养科技有限公司	好修养	2015	2500	★
	江苏康众汽配有限公司	康众	2022	1239	
	好快全汽配（杭州）有限公司	好快全	2018	350	
	山东优配车联电子商务有限公司	优配车联	1991	313	
	石家庄市华利经贸有限公司	华利汽配	1992	136	
	甲乙丙丁（北京）电子商务股份有限公司	甲乙丙丁	2017	130	
产品品牌特许	统一石油化工有限公司	统一润滑油	1993	30000	★
	浦林成山（上海）轮胎销售有限公司	浦林成山	1976	27885	★
	优玖（苏州）信息科技有限公司	悠耐	2016	15000	
	佳通轮胎（中国）投资有限公司	佳通轮胎	1993	8200	★
	厦门正新橡胶有限公司	正新轮胎	1967	4300	
	杭州中策车空间汽车服务有限公司	中策车空间	2012	523	★
	胜牌化学（上海）有限责任公司	胜牌	2000	30	
新能源	公牛集团股份有限公司	公牛	1995	15000	
	北京小桔新能源汽车科技有限公司	小桔充电	2018	2292	
二手车及租赁	上海一嗨汽车租赁有限公司	一嗨	2006	11000	★

注：备注“★”表示该企业为中国连锁经营协会会员企业。

2023 年中国汽车后市场连锁企业 Top50 基本情况

根据“2023 年中国汽车后市场连锁企业基本情况调查”结果，中国连锁经营协会（CCFA）于 2024 年 8 月 1 日发布“2023 年中国汽车后市场连锁企业 Top50”榜单。

2023 年，汽车后市场连锁 Top50 企业拥有门店总数 8.48 万个，其中拥有 1000 个以上门店的企业有 9 家。

汽车后市场连锁 Top50 企业分布的省、直辖市有上海（12 家）、北京（10 家）、浙江（8 家）、江苏（5 家）、广东（4 家）、安徽（2 家）、山东（2 家）、湖北（2 家）、天津（2 家）以及河北、福建、四川（各 1 家）。

参与 2023 年度汽车后市场调查的样本企业中，成立时间在 10 年以上的有 28 家，成立时间在 20 年以上的有 17 家，成立时间在 5~10 年的有 21 家。

附表：

2023 年中国汽车后市场连锁企业 Top50

（CCFA 2024 年 8 月 1 日发布）

细分行业	企业名称	上榜品牌	成立时间（年份）	2023 年门店总数（个）	备注
维修保养	中石化易捷销售有限公司	易捷养车	2013	9500	★
	上海阑途信息技术有限公司	途虎养车	2011	5909	★
	杭州天猫车站科技有限公司	新康众、天猫养车等	2018	3728	★
	广州百援精养汽车信息技术有限公司	百援精养	2016	2000	★
	驰加（上海）汽车用品贸易有限公司	驰加	2008	1653	★
	北京汽广行信息技术有限公司	京东养车	2018	1518	★
	杭州小拇指汽车科技服务有限公司	小拇指	2004	1306	★
	中石化易捷澳托猫有限公司	易捷澳托猫	2015	1046	★
	上海孚创实业发展有限公司	美孚 1 号车养护	2020	1000	
	邓禄普轮胎销售有限公司	邓禄普 D 驾族	2004	900	
	斯泰兰蒂斯（武汉）经营管理有限公司	欧洲维修	2002	845	
	上汽通用汽车销售有限公司	车工坊	1997	700	
	德师傅（中国）汽车服务有限公司	德师傅	2015	630	
	博世汽车技术服务（北京）有限公司	博世车联	2009	600	★
	杭州中策车空间汽车服务有限公司	中策车空间	2012	540	★
	山东玲珑轮胎股份有限公司	玲珑养车驿站	1994	473	★
	芜湖车贝健汽车科技有限公司	车贝健	2019	460	
	壳牌（中国）有限公司	壳牌养护	1996	396	★
	上海车享家汽车科技服务有限公司	车享家	2015	300	★
	广州华胜企业管理服务有限公司	华胜	1998	270	★
	安途生（天津）汽车维修服务有限公司	安途生车养护	2015	202	★
	领航石油化工（天津）有限公司	领航车养护	2014	185	
	北京爱义行汽车服务有限责任公司	爱义行	1995	147	★
	河北百顺汽车科技服务有限公司	百顺养车	1998	120	★
	苏州汽车人有限公司	大师钣喷	2014	114	
	北京兔师傅汽车科技有限公司	兔师傅	2015	102	
	四川精典汽车服务连锁股份有限公司	精典汽车	2003	101	★
	浙江悦腾信息科技有限公司	悦腾养车	2019	100	★

续表

细分行业	企业名称	上榜品牌	成立时间（年份）	2023年门店总数（个）	备注
洗车与美容	优玖（苏州）信息科技有限公司	吾行养车	2016	2500	
	南京易自助网络科技有限公司	易自助	2017	2047	
	南通纳尔材料科技有限公司	NARPPF	2020	1500	
	安徽精一门科技发展有限公司	吉膜	2019	1200	
	江苏驰美汽车服务有限公司	马耐卡	2008	1092	
	北京车爵仕汽车科技有限公司	车爵仕	2003	1036	★
	上海魁拔网络科技有限公司	膜小二	2018	650	
	鑫立德（湖北）机电设备工程有限公司	嗨卡	2014	369	★
	上海中威智投商贸有限公司	UPPF	2012	300	
	上海比邻美车堂汽车美容有限公司	美车堂	2004	250	★
汽配供应链	统一石油化工有限公司	统一润滑油	1993	10000	★
	上海驾捷乐商贸有限公司	佳通轮胎	1993	8291	★
	采埃孚销售服务（中国）有限公司	采埃孚、天合等	2021	5000	
	厦门正新橡胶有限公司	正新轮胎	1967	3788	
	广东三头六臂信息科技有限公司	三头六臂	2015	3300	★
	浙江快准车服网络科技有限公司	快准车服	2015	2300	★
	北汽融创汽车用品（北京）有限公司	好修养	2012	2000	★
	广东好美特信息科技有限公司	好美特	2003	1800	
	江苏康众汽配有限公司	康众	2022	1300	★
	好快全汽配（杭州）有限公司	好快全	2018	402	★
	甲乙丙丁（北京）电子商务股份有限公司	甲乙丙丁	2016	400	
	山东优配车联电子商务有限公司	优配车联	1991	300	

注：备注“★”表示该企业为中国连锁经营协会会员企业。

2023 年中国城市便利店指数报告

为了推动中国便利店行业进一步发展，了解目前便利店行业在国内各区域市场发展的程度，中国连锁经营协会自 2014 年起连续 10 年调查并发布“中国城市便利店发展指数”。

中国城市便利店指数的核心数据为各城市便利店的饱和度、门店总量的增速、24 小时便利店的比例及营商环境等情况。在此基础上，计算出了各城市的便利店发展指数。其中，厦门、太原、东莞、长沙、广州的便利店发展指数名列前五位。

调查发现，中国各城市便利店的发展呈现出以下几个特点。

一、全国各城市的便利店发展整体保持稳定

从本次调查结果来看，各城市间便利店的发展差异性较大。不过大多数城市的便利店同比 2022 年实现了不同程度的增长，但整体发展速度同 2022 年相比有所减缓。另外，便利店下沉市场发展趋势仍然在持续，目前已经下沉到四、五线城市及县域级市场。

调查发现，2023 年城市便利店门店数量实现正增长的城市占所调查城市总数的 64. 1%；门店数减少的城市占所调查城市总数的 35. 9%。大部分城市便利店保持了稳定的发展。其中合肥市的便利店数量增长率达到了 11. 76%，是所有城市中增长最高的，其次是贵阳和昆明。

二、多数城市便利店的发展还未达到成熟市场程度

调查发现，在城市便利店饱和度方面，我国仅有少数几个城市的饱和度低于 2500 人/店，达到了成熟市场标准。多数城市便利店的饱和度处在 3000~9000 人/店，距离成熟市场阶段还有较大的提升空间。由于中国幅员辽阔，受地理、气候、经济、生活习惯等多种因素影响，各城市间的便利店发展差距较大。通过调查发现，东南区域的城市便利店发展明显要优于西北区域。

三、各城市便利店品牌以区域深耕为主，跨区域整合成为趋势

从全国范围来看，各城市中的便利店仍以深耕区域市场为主。受地理距离、供应链、管理效率等各种因素的影响，跨区域发展的连锁便利店品牌仍然较少，处在刚刚起步阶段。随着一些连锁便利店品牌供应链能力、数字化技术的不断增强，部分城市的便利店市

场竞争逐渐加剧。各个连锁品牌间的区域整合也成为未来发展趋势。

四、运营成本高仍然是各城市便利店发展亟待解决的问题

目前，无论是一、二线城市还是低线城市，房租、人力成本仍然是便利店发展面临的最大挑战。随着房租和人力成本的不断提高，大多数城市便利店发展都面临着巨大的经营压力。在企业毛利和净利空间都压缩到很低的情况下，便利店企业面临的经营风险也在不断加大。从本次调查来看，随着各城市便利店的进一步发展，以及其他小店经济对于实体门店资源的竞争，许多城市便利店的发展面临着巨大的挑战。

五、各城市 24 小时便利店的比例保持原有水平

从本次调查来看，各个城市 24 小时便利店的比例与 2022 年基本保持不变，且各城市间的差距明显，呈现出南高北低的特点。这与城市的气候条件、经济水平、当地居民的消费习惯有着很大的关系。从投入产出比的角度来看，24 小时便利店的运营成本要比一般的便利店高，因此也在很大程度上限制了 24 小时便利店的发展。但从服务民生的角度来看，24 小时便利店除了保障供应、满足消费的基本功能之外，还可以更多地承担满足消费者日常应急需求的责任。所以提高 24 小时便利店的比例可以有效提升城市居民服务的质量。

六、各城市便利店的发展亟需政策引导与支持

便利店是服务保障民生、促进便利消费的重要商业设施，是便民、惠民的重要零售业态。2006 年以来，商务部印发《国内贸易发展“十一五”规划》《“十四五”国内贸易发展规划》等多部重要文件，对我国便利店的发展作出了重要指示。

近几年，实体经济的发展面临着巨大的挑战。作为零售业态之一的便利店，营商环境的持续改善是便利店能够保持健康发展的有力保证。自 2021 年商务部等 11 个部门联合印发《城市一刻钟便民生活圈建设指南》以来，各城市商务主管部门也相继出台了配套政策以支持连锁便利店的发展。从全国范围来看，各城市针对便利店的政策支持差异较大，便利店的健康可持续发展需要更多政策的引导和支持。

总体发展指数

城市	指数
厦门市	92.6
太原市	91.4
东莞市	90.2
长沙市	88.6
广州市	88.4
武汉市	88.1
深圳市	87.7
西安市	87.7
成都市	87.5
北京市	86.4
上海市	86.3
福州市	85.9
杭州市	85.9
呼和浩特市	83.2
南昌市	83.1
贵阳市	83.0
合肥市	82.7
郑州市	82.4
中山市	82.1
海口市	81.6
惠州市	81.0
乌鲁木齐市	78.9
莆田市	78.8
重庆市	78.6
昆明市	78.2
南宁市	76.8
南京市	76.5
大连市	76.3
石家庄市	75.7
长春市	75.5
温州市	74.2
济南市	74.0
沈阳市	73.3
天津市	72.7
哈尔滨市	72.6
青岛市	72.0
银川市	70.3
西宁市	68.9
兰州市	66.9

增长率

城市	增长率（%）
合肥市	11.76
贵阳市	9.09
昆明市	4.84
郑州市	4.55
重庆市	3.64
厦门市	3.13
武汉市	3.13
北京市	2.60
西安市	2.50
太原市	2.44
东莞市	2.10
福州市	2.07
成都市	2.00
杭州市	2.00
南昌市	1.54
济南市	1.54
呼和浩特市	1.52
海口市	1.49
南宁市	1.43
乌鲁木齐市	1.00
莆田市	0.95
上海市	0.78
深圳市	0.66
哈尔滨市	0.26
长沙市	0.21
大连市	-0.71
长春市	-0.77
中山市	-0.83
广州市	-0.98
温州市	-1.09
兰州市	-1.67
南京市	-2.04
西宁市	-2.38
青岛市	-2.54
惠州市	-2.70
银川市	-2.94
石家庄市	-3.85
沈阳市	-4.76
天津市	-5.33

单店覆盖人口

城市	人/店
东莞市	2050
长沙市	2072
太原市	2526
厦门市	3130
惠州市	3357
中山市	3682
广州市	3698
深圳市	3809
上海市	3856
南京市	3881
乌鲁木齐市	4014
成都市	4105
海口市	4226
杭州市	4681
呼和浩特市	5143
福州市	5416
郑州市	5479
沈阳市	5642
莆田市	6058
贵阳市	6236
西安市	6318
长春市	7029
武汉市	7471
天津市	8404
石家庄市	8512
银川市	8664
青岛市	8758
北京市	9238
南昌市	9477
温州市	10520
大连市	10721
重庆市	11247
西宁市	12039
南宁市	12312
合肥市	12329
昆明市	13016
哈尔滨市	13136
济南市	13943
兰州市	14778

24H 比例

城市	24H 比例（%）
广州市	79.21
成都市	78.43
上海市	77.52
温州市	76.92
厦门市	75.76
莆田市	75.47
海口市	73.53
南宁市	70.42
北京市	65.40
福州市	65.32
深圳市	65.08
大连市	64.75
贵阳市	62.50
南昌市	60.61
杭州市	58.82
南京市	58.33
天津市	57.58
西安市	53.66
武汉市	53.33
合肥市	52.63
长沙市	51.55
惠州市	50.00
太原市	42.86
郑州市	39.13
呼和浩特市	37.31
青岛市	34.78
中山市	33.33
石家庄市	32.00
东莞市	31.34
济南市	30.30
长春市	23.26
昆明市	23.08
兰州市	20.34
乌鲁木齐市	19.80
西宁市	19.51
沈阳市	18.75
哈尔滨市	15.50
重庆市	14.04
银川市	12.12

营商环境

城市	业者评价
厦门市	好
南昌市	好
西安市	好
武汉市	好
太原市	好
北京市	好
石家庄市	好
成都市	良好
深圳市	良好
大连市	良好
合肥市	良好
长沙市	良好
东莞市	良好
哈尔滨市	良好
广州市	一般
上海市	一般
温州市	一般
南宁市	一般
福州市	一般
杭州市	一般
天津市	一般
惠州市	一般
呼和浩特市	一般
青岛市	一般
中山市	一般
济南市	一般
长春市	一般
昆明市	一般
兰州市	一般
西宁市	一般
沈阳市	一般
重庆市	一般
银川市	一般
莆田市	没有
乌鲁木齐市	没有
贵阳市	没有
南京市	没有
郑州市	没有
海口市	没有

附录：各城市人口基本情况

城市	人口（人）	城市	人口（人）
上海市	24870895	昆明市	8460088
北京市	21893095	长春市	9066906
深圳市	17560061	沈阳市	9027781
广州市	18676605	厦门市	5163970
重庆市	32054159	石家庄市	10640458
成都市	20937757	南昌市	6255007
杭州市	11936010	哈尔滨市	10009854
武汉市	12326518	南宁市	8741584
南京市	9314685	贵阳市	5987018
天津市	13866009	惠州市	6042852
青岛市	10071722	太原市	5304061
长沙市	10047914	乌鲁木齐市	4054369
郑州市	12600574	中山市	4418060
济南市	9202432	兰州市	4359446
合肥市	9369881	呼和浩特市	3446100
西安市	12952907	莆田市	3210714
福州市	8291268	银川市	2859074
东莞市	10466625	海口市	2873358
大连市	7450785	西宁市	2467965
温州市	9572903		

备注：

1. 调查范围

本次调查的城市共计 39 个，其中包括 26 个省会及首府城市、4 个直辖市、4 个计划单列市和 5 个其他城市。

2. 调查方法

2023 年度在对各城市便利店门店总量的调查时采用了与 2022 年相同的方法，采用企业反馈的调查问卷与百度地图搜索相结合双向验证的方式。另外，城市人口数量采用了国家统计局公布的第七次人口普查最新数据。因此，各城市的便利店门店总量与城市门店饱和度会有一定程度的修正和调整。

3. 计算方法

总体发展指数=增长率指数×30%+饱和度指数×40%+24H 指数×10%+营商环境指数×20%

增长率=（门店总量/上年门店总量-1）×100%

单店覆盖人口=该城市总人口数/该城市门店总量

24H 比例=该城市 24H 总量/该城市门店总量

4. 赋值方法

增长率：按照调查计算出的增长率从高到低排序，降序赋值 100~50。

单店覆盖人口：按照调查计算出的单店覆盖人口从高到低排序，降序赋值 100~50。

24H 比例：按照调查计算出的占比从高到低排序，降序赋值 100~50。

营商环境：按照调查出的好、较好、良好、一般、较差、差，降序赋值 100~50。

第二部分

专题报告篇

2022年中国便利店发展报告

2022年，便利店销售额达到3834亿元，保持了显著的增长态势。由此可见，便利店行业整体发展向好，拥有广阔的发展前景。

最近几年，便利店依托自身的即时便利优势，逐步向下沉市场扩张，实现跨区域渗透，并进行产业转型和供应链升级，进一步促进行业发展。同时，不少便利店建立会员体系，实现用户关怀和提升营销效果。根据用户的爱好和需求，便利店拓展更碎片化、更精选、广度更宽的品类，以此提升客户的黏性和忠诚度。

2022年年底，便利店呈现新的发展趋势。连锁加盟是未来便利店发展的重要渠道，相比国外成熟的便利店市场，国内的连锁品牌便利店数量仍有显著的发展空间，借助其他成熟便利店的运营、商品开发和组织经验，有利于提升便利店的发展效率，带动行业的消费增长。

中国连锁经营协会联合毕马威（中国）发布《2022年中国便利店发展报告》。本报告通过分析便利店行业的全球趋势、国内现状、经营手段、未来发展等方面的变化，挖掘便利店行业蕴含的潜在价值，希望能帮助行业更好地抓住市场机遇，走上平稳发展的道路。

一、现状综述

本报告的调查数据是基于中国连锁经营协会对62家便利店企业（含石油系）的调查问卷分析得出，对市场规模、利润率、商品结构、加盟体系以及数字化等方面做了定量分析（见图1）。

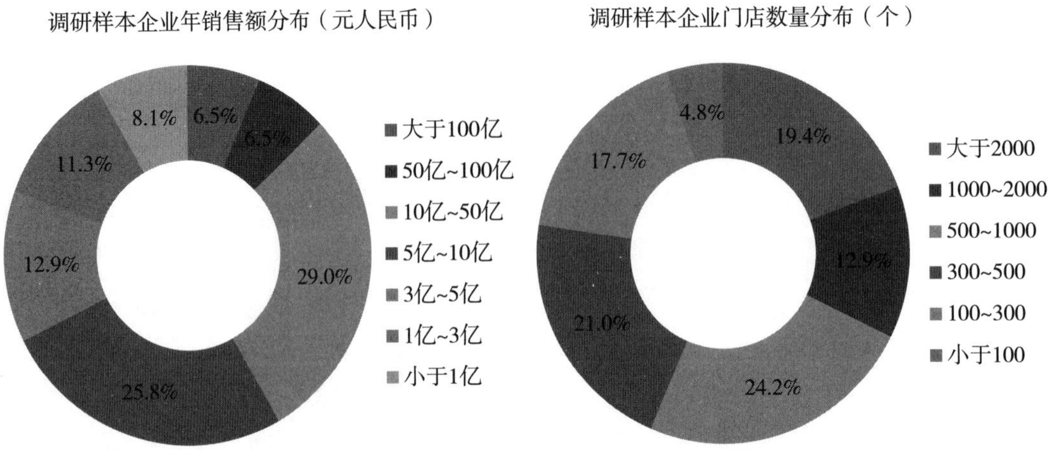

图 1　调研样本企业分布（按年销售额和门店数量）

数据来源：2022 年 CCFA 便利店调研，毕马威（中国）分析。

（一）便利店行业发展现状

1. 便利店销售规模

2022 年，全国便利店销售额为 3834 亿元，其中，品牌连锁便利店为 3264 亿元，增速达到 9.8%，便利店行业整体发展向好（见图 2）。

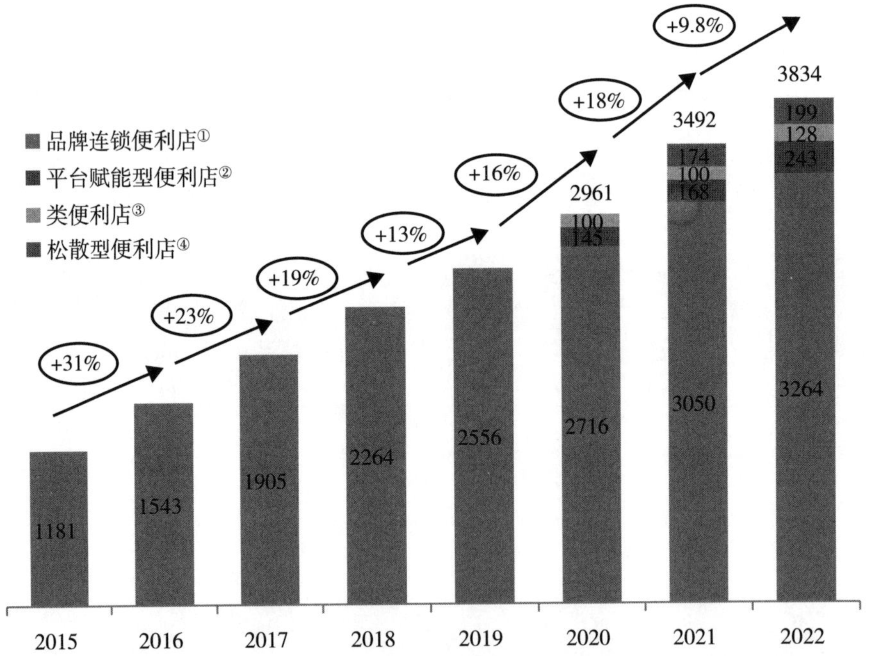

图 2　全国便利店销售额（亿元人民币）

注：①品牌连锁便利店企业包括加油站型便利店、社区型便利店、商务型便利店、特定场所型便利店，包含直营和特许模式；②平台赋能型便利店指受到互联网企业或其搭建平台赋能的非传统连锁型便利店企业；③类便利店指销售品类和服务与便利店相似的小型零售店、生鲜店、水果店、药妆店等；④松散型便利店是指总部对加盟店仅提供不做供货率要求的部分货品的供应服务，无其他深度服务的简单供货合作模式。

数据来源：2015—2022 年 CCFA 便利店调研，毕马威（中国）分析。

2. 便利店门店规模

从门店规模看，2022 年全国便利店门店规模达到 30 万家，年增速约 19%。其中，品牌连锁便利店 18.7 万家，便利店数量持续快速增长（见图 3）。

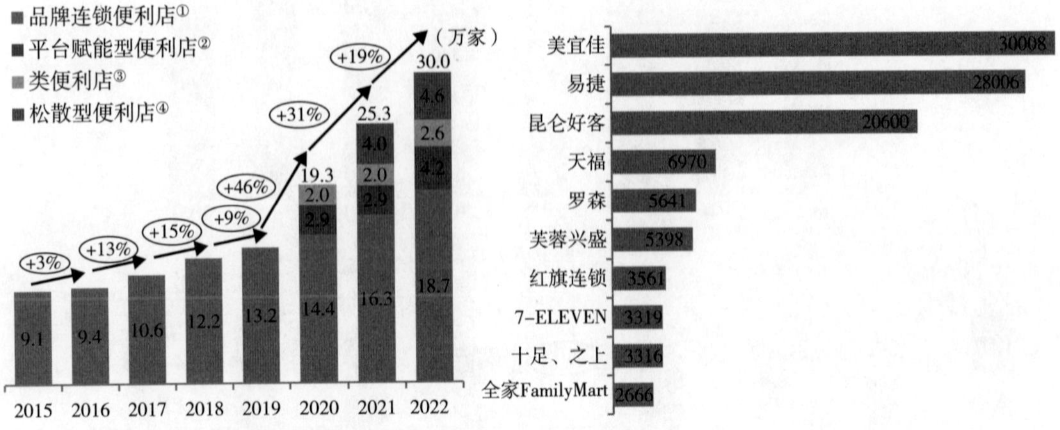

图 3　全国品牌连锁便利店门店数量与 2022 年全国便利店企业门店数量前十（家）

注：①品牌连锁便利店企业包括加油站型便利店、社区型便利店、商务型便利店、特定场所型便利店，包含直营和特许模式；②平台赋能型便利店指受到互联网企业或其搭建平台赋能的非传统连锁型便利店企业；③类便利店指销售品类和服务与便利店相似的小型零售店、生鲜店、水果店、药妆店等；④松散型便利店是指总部对加盟店仅提供不做供货率要求的部分货品的供应服务，无其他深度服务的简单供货合作模式。

信息来源：2015—2022 年 CCFA 便利店调研，毕马威（中国）分析。

3. 便利店营业表现

2022 年销售额统计中，受样本企业来客数减少的影响，便利店单店单日营收同比小幅下降 6%，销售额为 4794 元，但客单价逆势上升，涨幅达 13%（见图 4）。

2022 年样本便利店企业平均坪效为 67 元/平方米/天，与 2021 年相比坪效持平。头部企业与其他企业的坪效仍存在较大差距。

4. 便利店收入贡献表现

从商品品类销售贡献看，咖啡、生鲜商品及其他品类销售占比较 2021 年小幅提升，但鲜食及香烟销售占比同比小幅下降（见图 5）。

从营业时间内的销售贡献看，上午 10 点至夜间 22 点仍旧为便利店消费的最主要时段，占比与 2021 年持平。借助即时零售优势，便利店早间与晚间订单量提升，销售占比也相对提高（见图 6）。

5. 便利店盈利表现

2022 年，样本企业毛利率、净利率分别下跌 1.4%和 0.1%，头部企业的毛利率和净利率均高于样本企业平均水平（见图 7）。

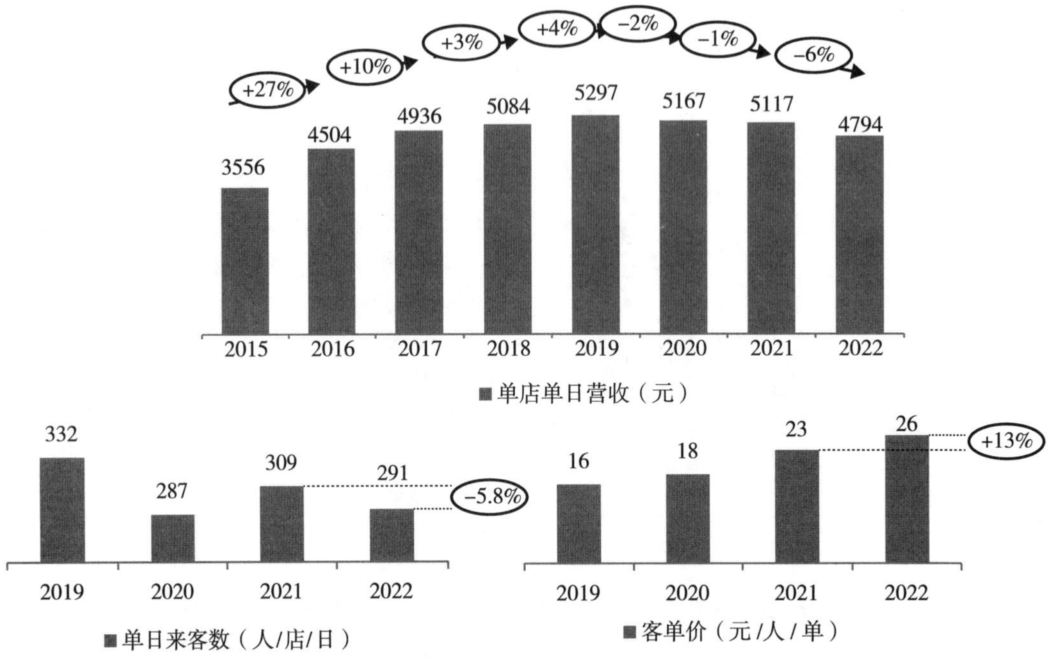

图 4　全国品牌连锁便利店单店日营收

数据来源：2015—2022 年 CCFA 便利店调研，毕马威（中国）分析。

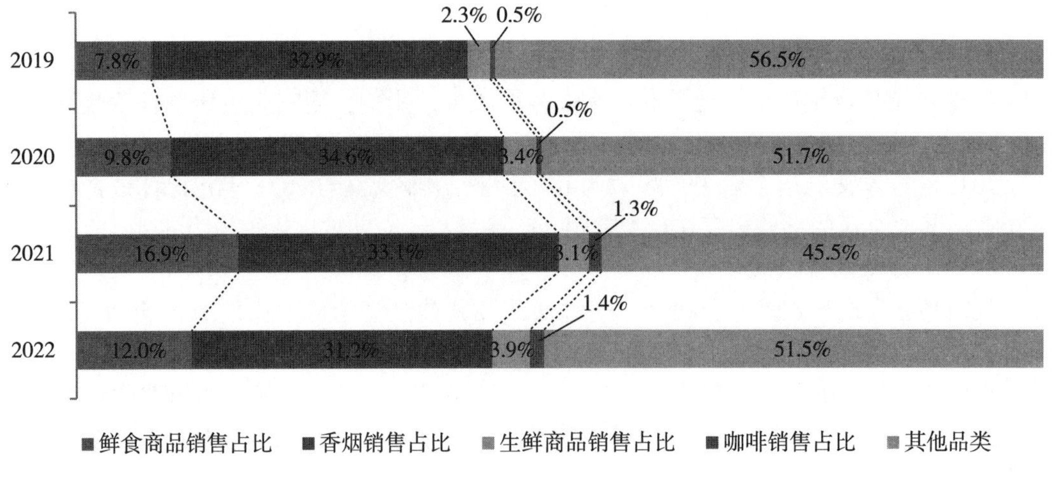

图 5　样本企业各品类销售占比

数据来源：2019—2022 年 CCFA 便利店调研，毕马威（中国）分析。

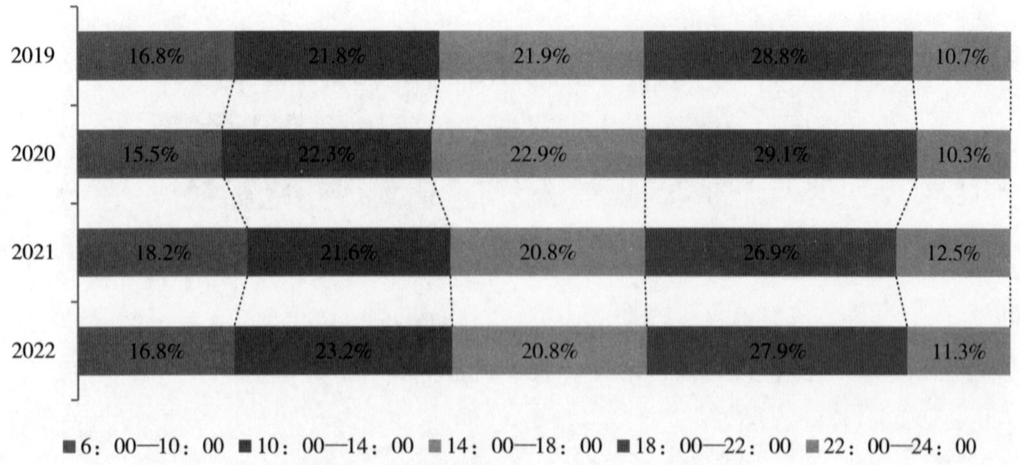

图 6　样本企业不同时间段的收入贡献

数据来源：2019—2022 年 CCFA 便利店调研，毕马威（中国）分析。

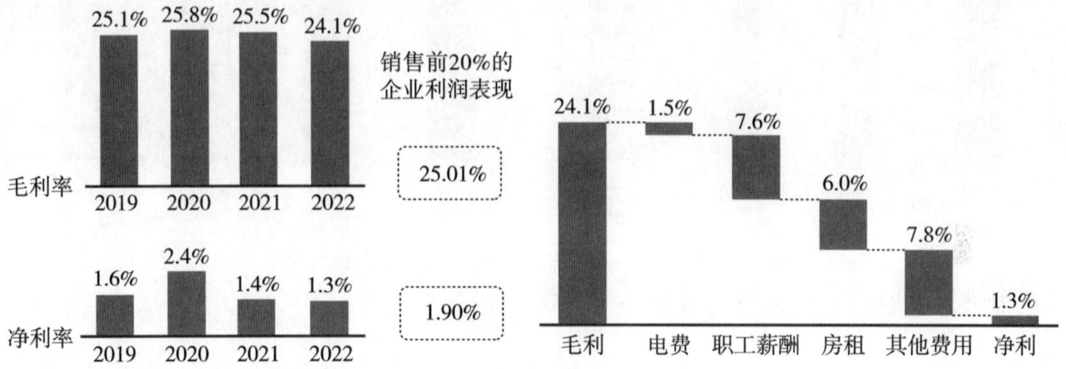

图 7　样本企业利润水平及主要费用构成

数据来源：2019—2022 年 CCFA 便利店调研，毕马威（中国）分析。

6. 便利店区域分布和门店类型概况

2022 年，便利店企业开店及地理扩张趋势有所减缓，净新开门店与覆盖省份数量均有约 20%的跌幅（见图 8、图 9）；从门店类型占比来看，与 2021 年相比，商务办公区型门店与社区型门店呈现一增一减的态势（见图 10）。此外，超六成便利店开通了即时零售业务（见图 11）。

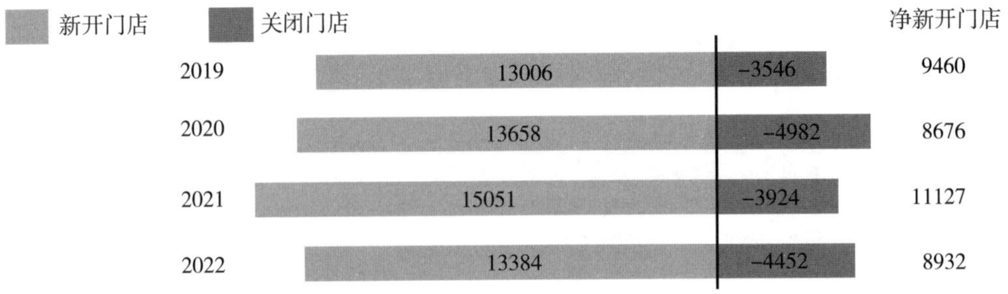

图 8　样本企业开店闭店情况

数据来源：2019—2022 年 CCFA 便利店调研，毕马威（中国）分析。

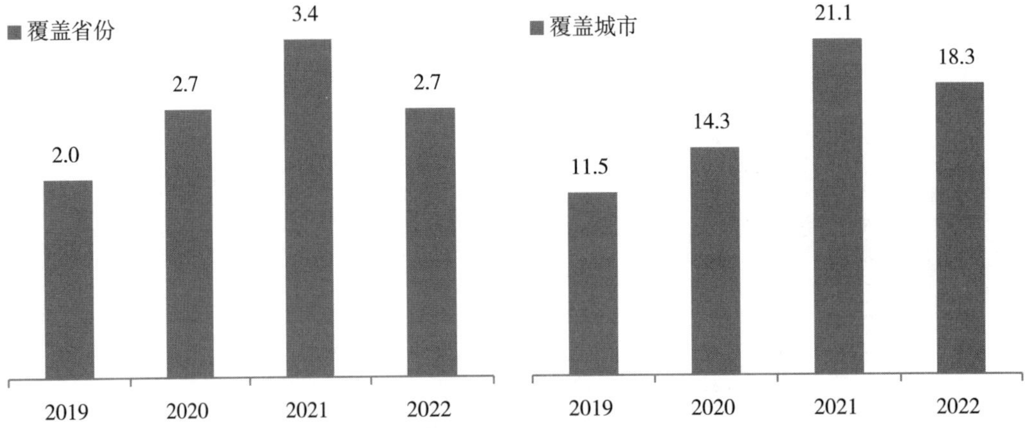

图 9　单个企业平均覆盖省份和覆盖城市数量（个）

数据来源：2019—2022 年 CCFA 便利店调研，毕马威（中国）分析。

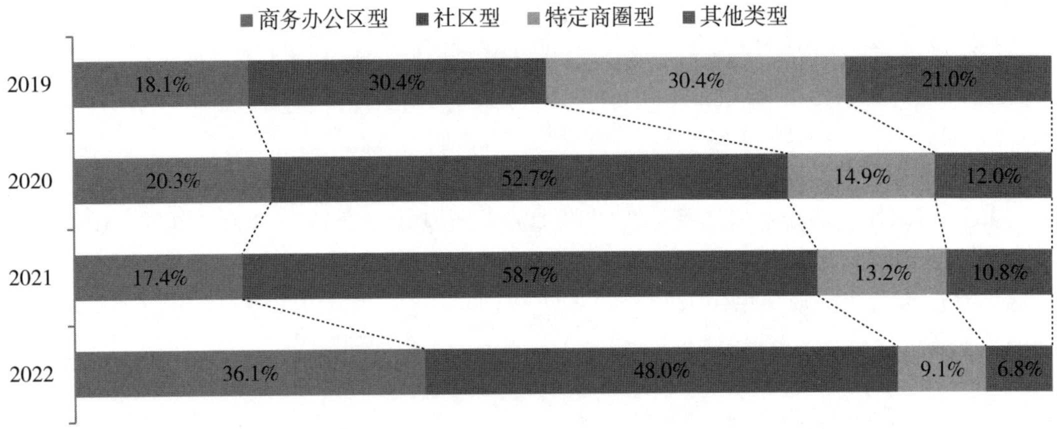

图 10　样本企业不同门店类型分布

数据来源：2019—2022 年 CCFA 便利店调研，毕马威（中国）分析。

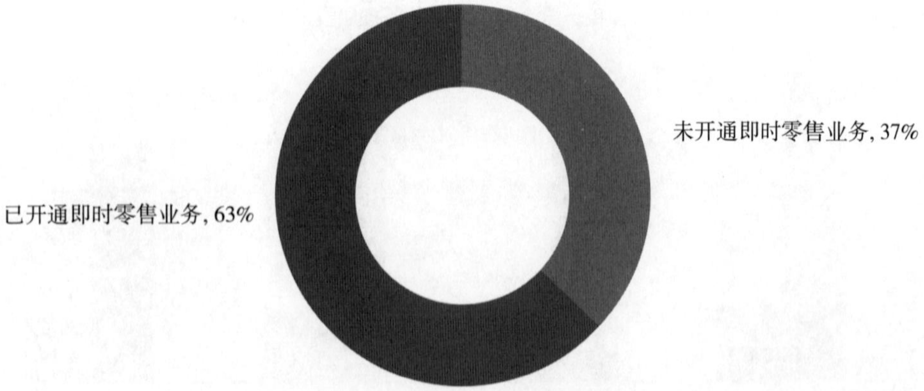

图 11　样本企业开展即时零售业务占比

数据来源：2019—2022 年 CCFA 便利店调研，毕马威（中国）分析。

7. 便利店人员管理概况

2022 年，便利店企业人事费用率整体下降 4.4%，其中，管理层薪酬增长率略高于基层员工（见图 12）；基层员工年流失率远高于管理层，但已呈现逐年下降的趋势（见图 13）；灵活用工占比较 2021 年下降 3 个百分点（见图 14）。

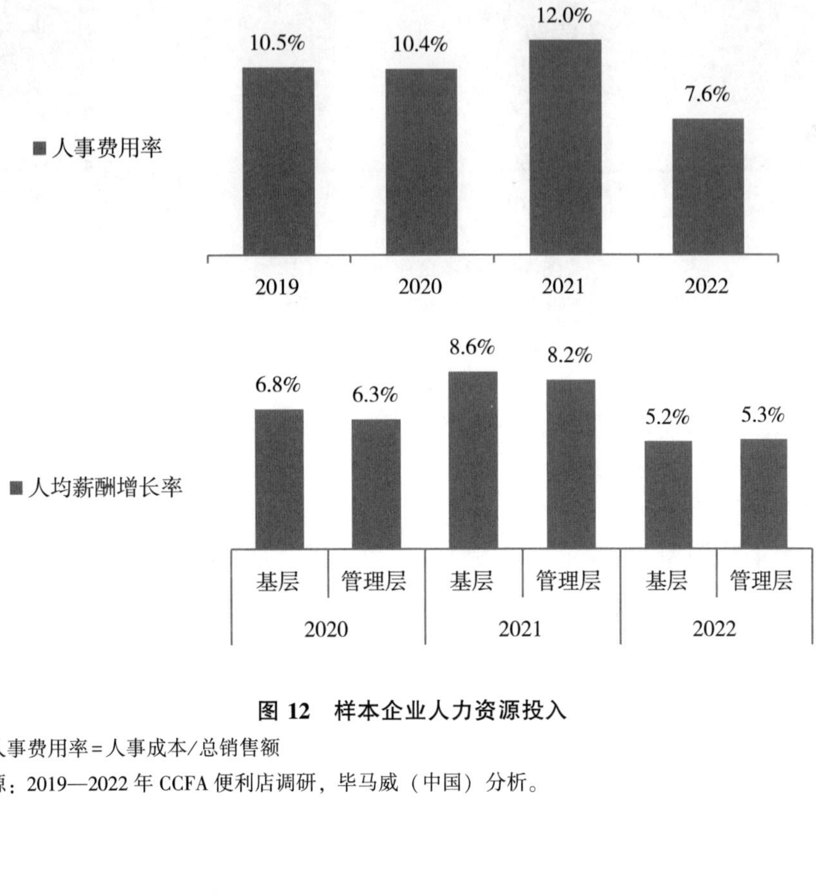

图 12　样本企业人力资源投入

注：①人事费用率 = 人事成本/总销售额

数据来源：2019—2022 年 CCFA 便利店调研，毕马威（中国）分析。

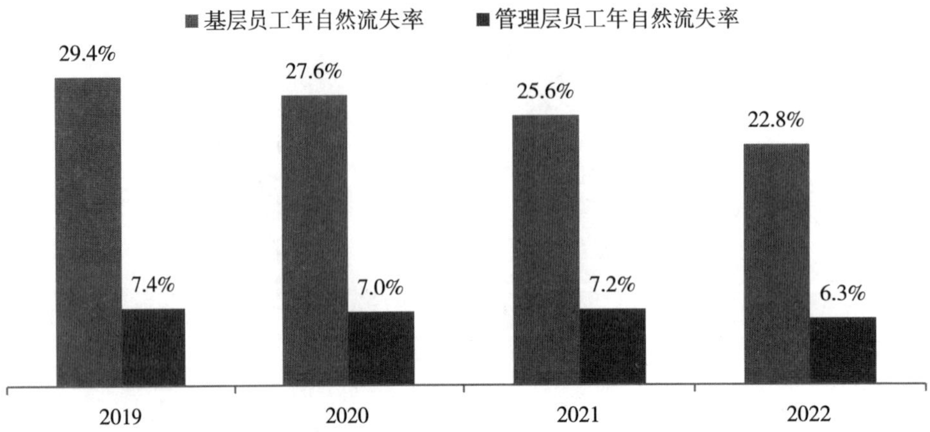

图 13　样本企业员工流失率

数据来源：2019—2022 年 CCFA 便利店调研，毕马威（中国）分析。

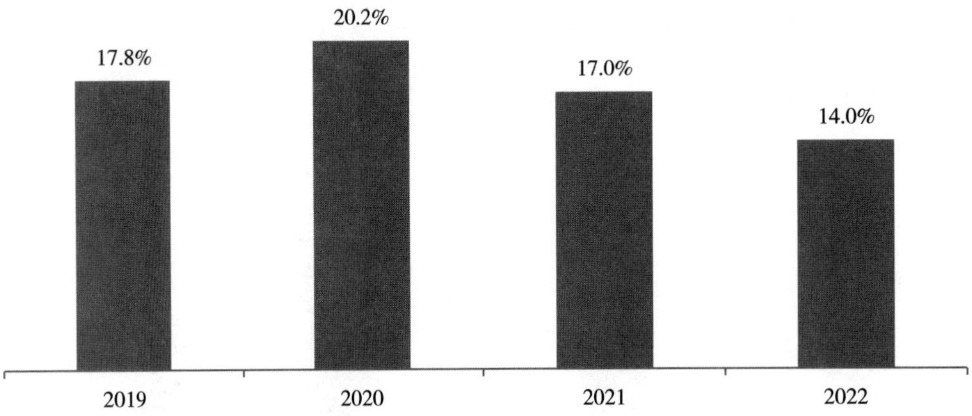

图 14　样本企业灵活用工比例

数据来源：2019—2022 年 CCFA 便利店调研，毕马威（中国）分析。

8. 便利店会员营销概况

调研显示，已有超 80%便利店企业搭建会员体系，借用会员体系转化使销售占比及会员客单价稳步提升（见图 15）。

9. 便利店线上业务情况

便利店企业积极应对形势变化和消费者行为变化，着力提升线上业务布局。2022 年已有超九成企业开通线上业务，其中线上业务销售占比为 2021 年的 2 倍（见图 16）。

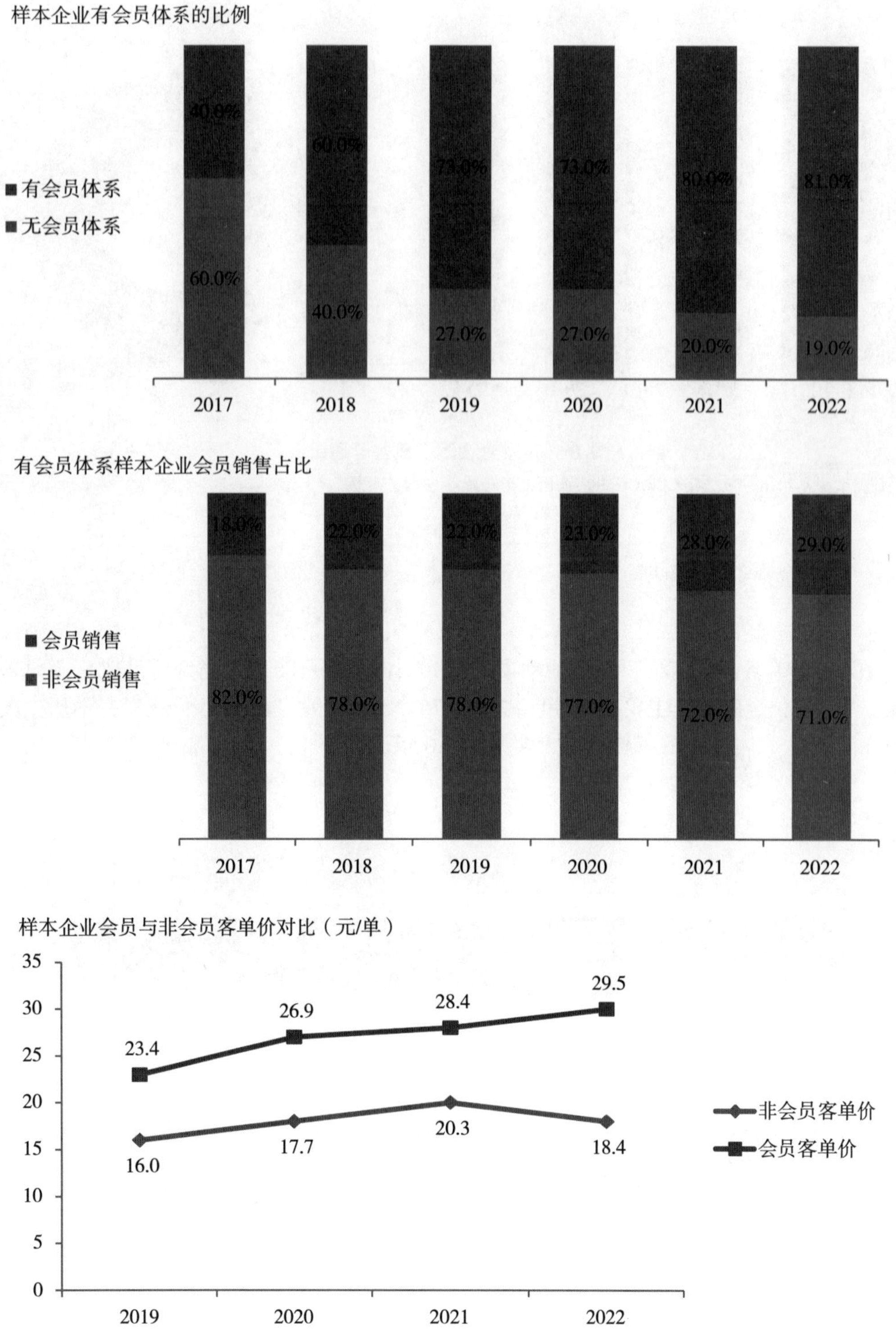

图 15　样本企业有会员体系的比例、有会员体系样本企业会员销售占比、样本企业会员与非会员客单价对比

数据来源：2017—2022 年 CCFA 便利店调研，毕马威（中国）分析。

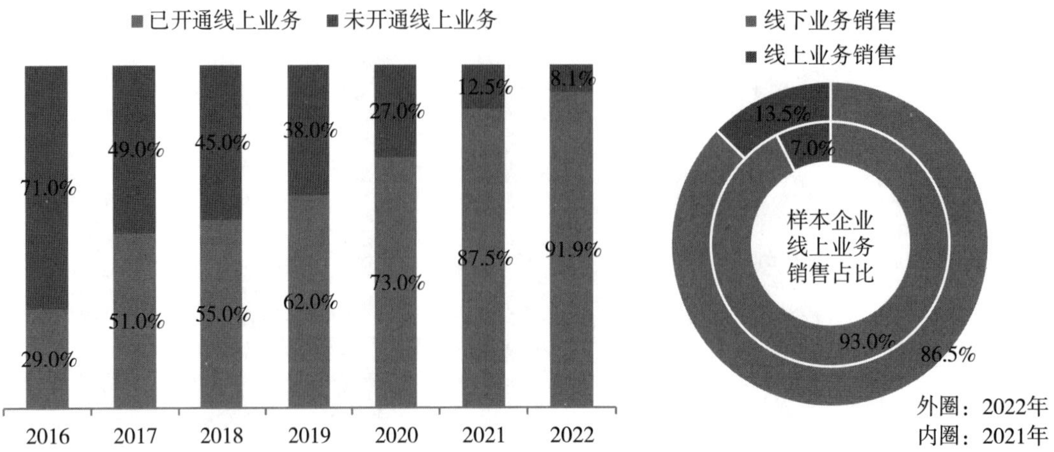

图 16 样本企业线上业务开通比例

数据来源：2016—2022 年 CCFA 便利店调研，毕马威（中国）分析。

（二）金牌门店调研

1. 金牌店长主要特点

在 2022 年“金牌店长”评选活动中，CCFA 评选出了 86 位“金牌店长”。调研数据显示，这 86 位金牌店长主要为女性，占比为 76.7%；年龄主要在 31~50 岁；学历主要为高中和大专；在本企业的工作时间大多为 1~10 年（见图 17）。

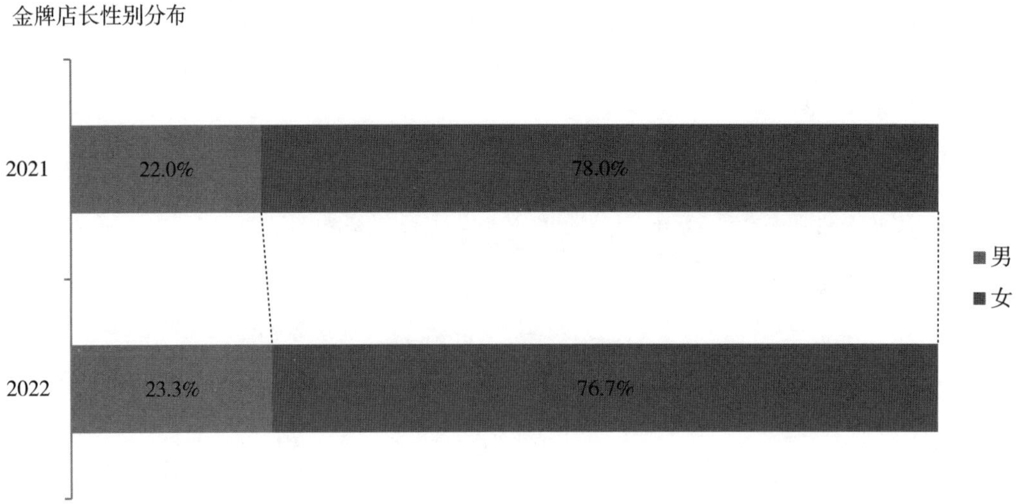

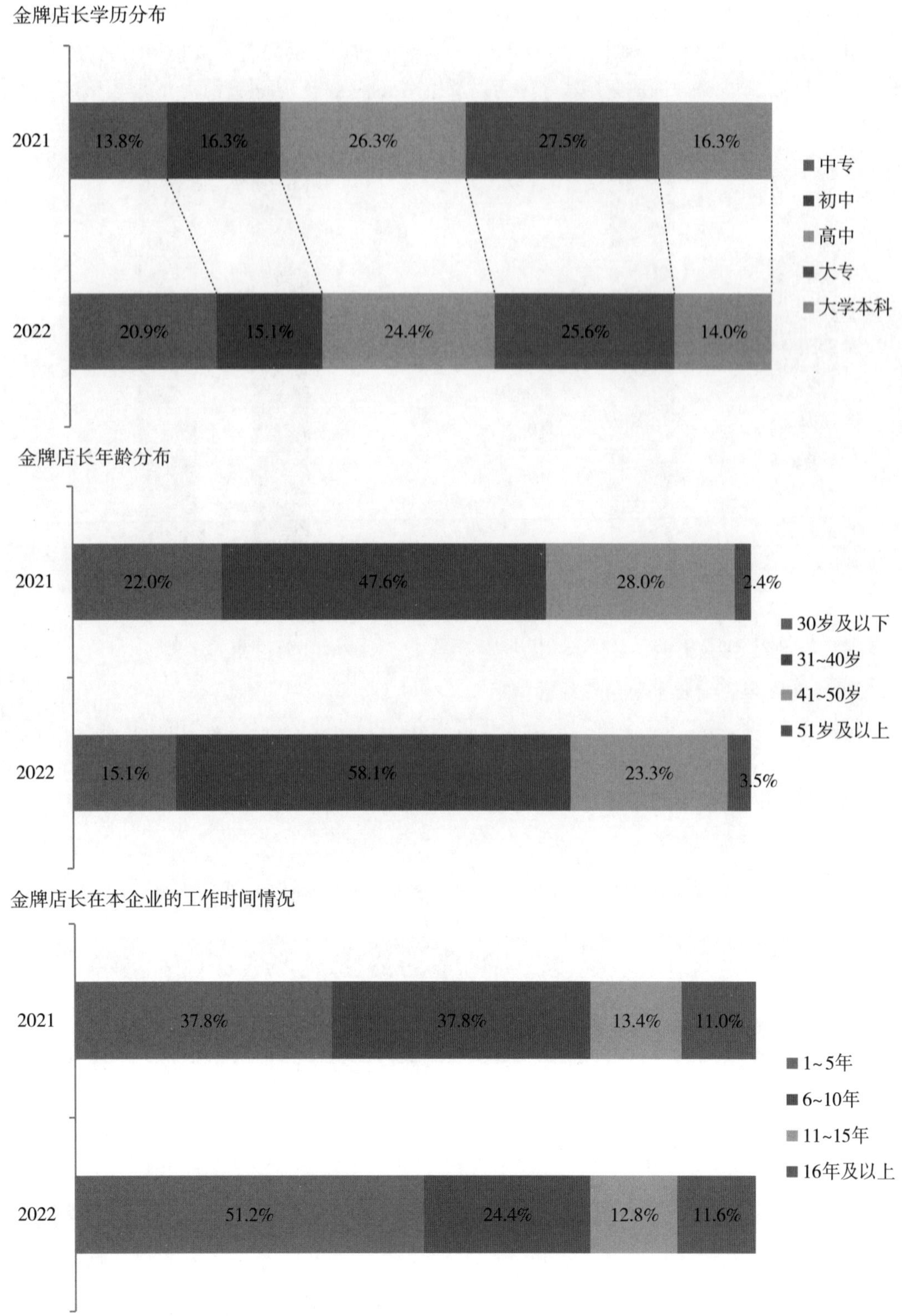

图 17　金牌店长主要特点

数据来源：2021—2022 年 CCFA 便利店金牌店长及门店调研，毕马威（中国）分析。

2. 金牌门店开业时间和性质

相比 2021 年，2022 年金牌门店中开业 0~5 年及 16 年以上的门店与加盟店的占比均有所提升，消费者越发倾向到较新的门店或老门店以及品控水平强的门店进行消费（见图 18）。

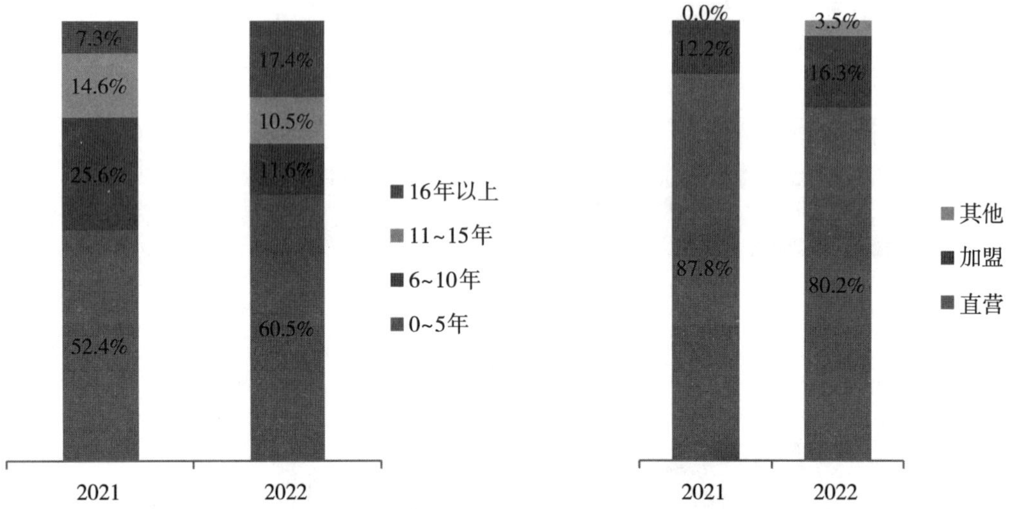

图 18　金牌门店开业时间和性质

数据来源：2021—2022 年 CCFA 便利店金牌店长及门店调研，毕马威（中国）分析。

3. 金牌门店区域分布和门店经营概况

相较 2021 年，2022 年金牌门店分布于商务楼宇、商业区等区域的占比提高，经营面积在 200~300 平方米的门店比例小幅提高，营业时间 15 小时及以上的门店占比提高，单品数量在 1000~5000 个的门店占比提高（见图 19）。

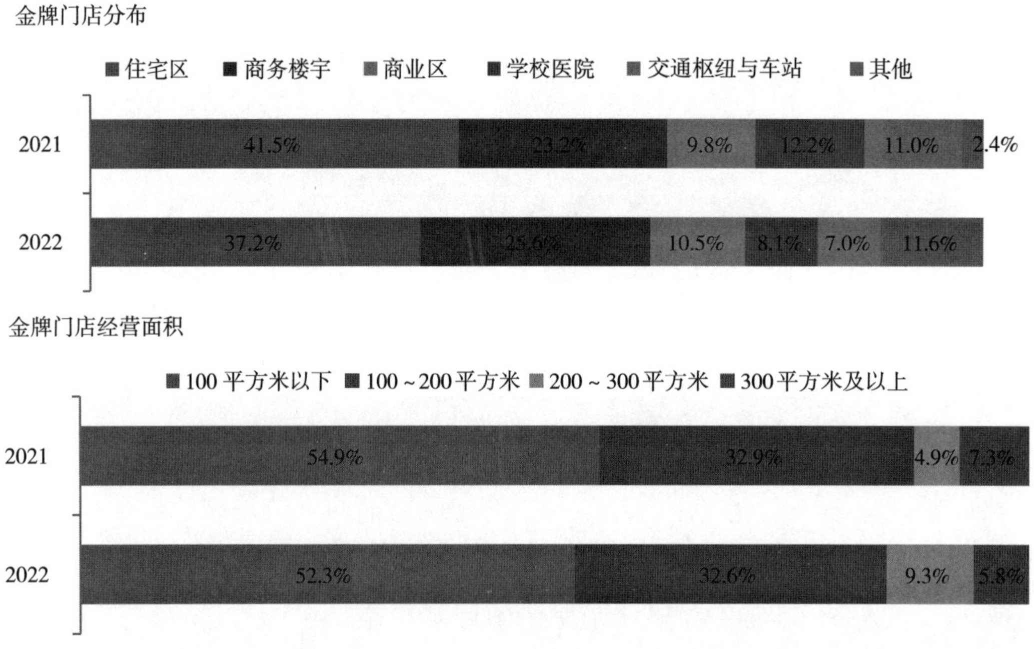

金牌门店单品数量

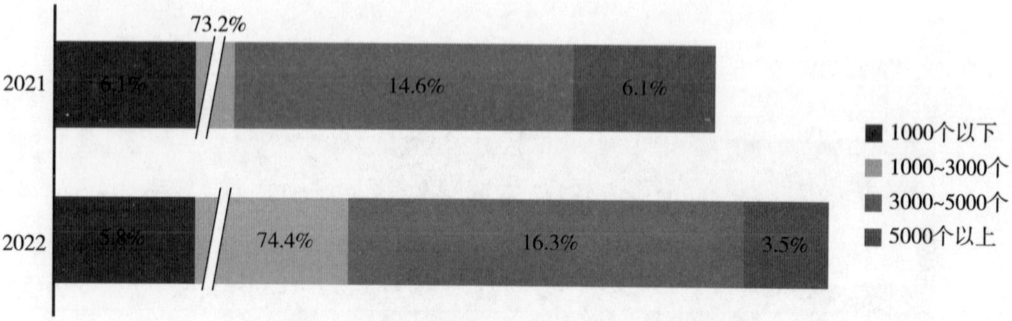

图 19　金牌门店区域分布和门店经营主要概况

数据来源：2021—2022 年 CCFA 便利店金牌店长及门店调研，毕马威（中国）分析。

4. 金牌门店销售与收入贡献表现

相比 2021 年，2022 年金牌门店单日收入介于 5000~7500 元和介于 10000~15000 元的门店占比均有所提高，接近五成门店日收入超过 10000 元，香烟与鲜食合计贡献率与 2021 年基本持平，客单价主要集中在 15~25 元区间（见图 20）。

金牌门店销售收入及构成（元/天）

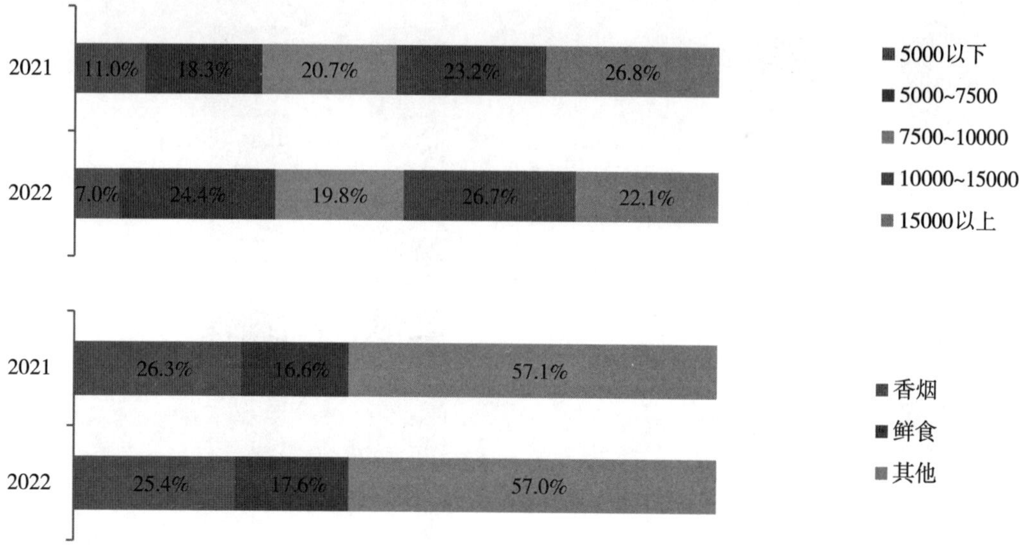

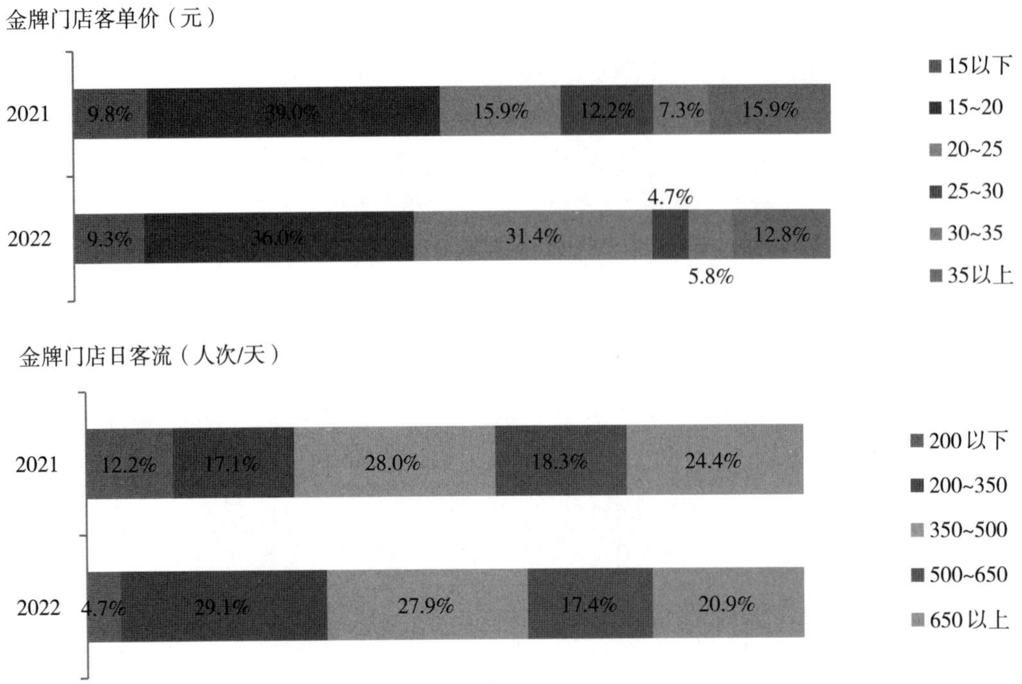

图 20　金牌门店销售与收入贡献表现

数据来源：2021—2022 年 CCFA 便利店金牌店长及门店调研，毕马威（中国）分析。

5. 金牌门店盈利表现

相比 2021 年，2022 年金牌门店毛利率在 30%～40%区间的占比显著提高，增幅达 7.5%，毛利率在 25%～30%的比例有所下降，净利率主要集中在 5%～15%（见图 21）。

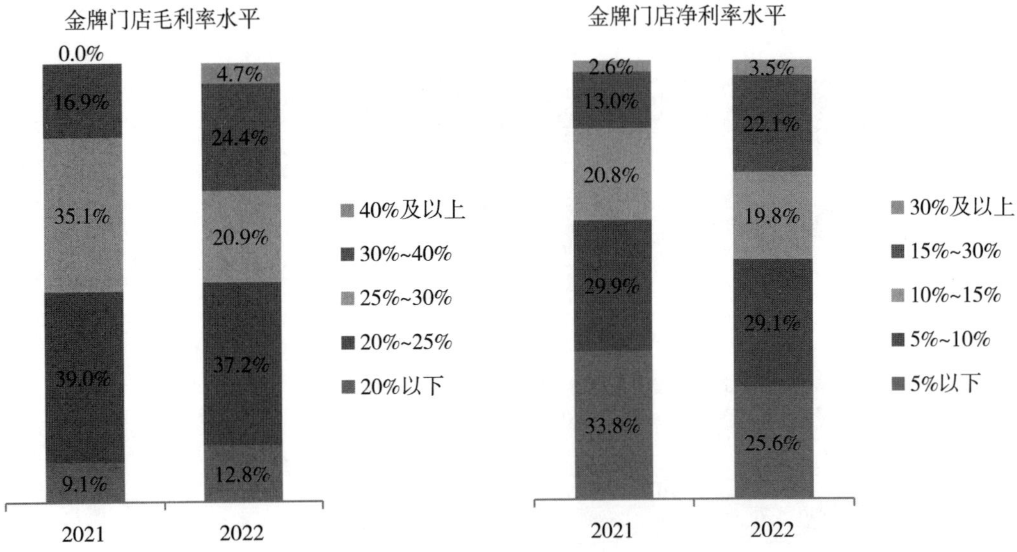

图 21　金牌门店毛利率和净利率水平

数据来源：2021—2022 年 CCFA 便利店金牌店长及门店调研，毕马威（中国）分析。

6. 金牌门店用工情况

相比 2021 年，2022 年正式员工数量介于 7～10 人的金牌门店比例有所提高，正式员工成本及用时较上一年均小幅提升，灵活用工比例进一步压缩（见图 22）。

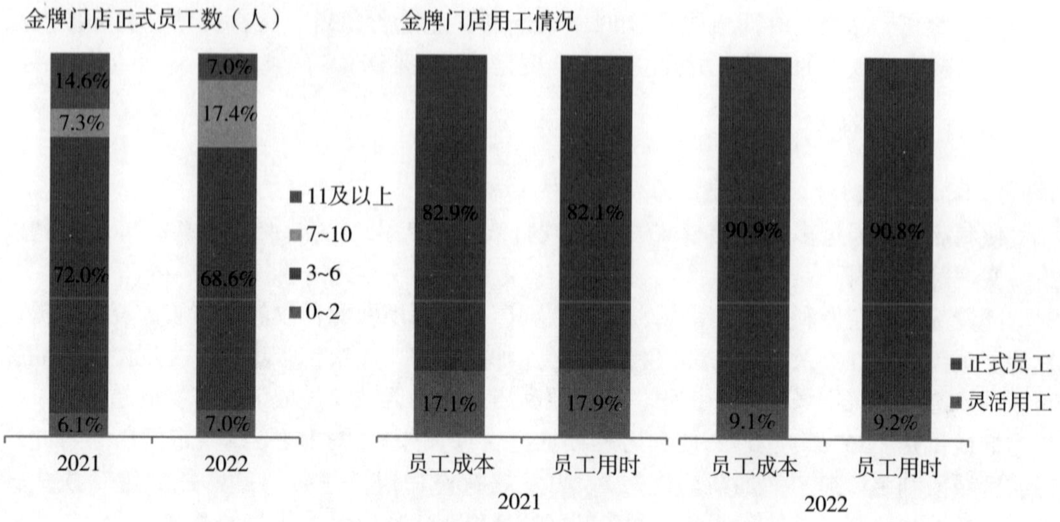

图 22　金牌门店正式员工数及用工情况

数据来源：2021—2022 年 CCFA 便利店金牌店长及门店调研，毕马威（中国）分析。

7. 金牌门店特点

从金牌门店的经营实践来看，2022 年金牌门店的画像概括为以下两点。①门店整体指标：经营面积 128.4 平方米，单店 SKU 为 2756 个，门店正式员工数量 6 人，单店单日营业收入 13456 元，客单价 30 元。②门店销售/成本结构：鲜食收入占比 17.6%，毛利率 26.7%，净利率 9.7%，线上销售占比 7.1%，正式员工平均工资 51853 元/人/年（见图 23）。

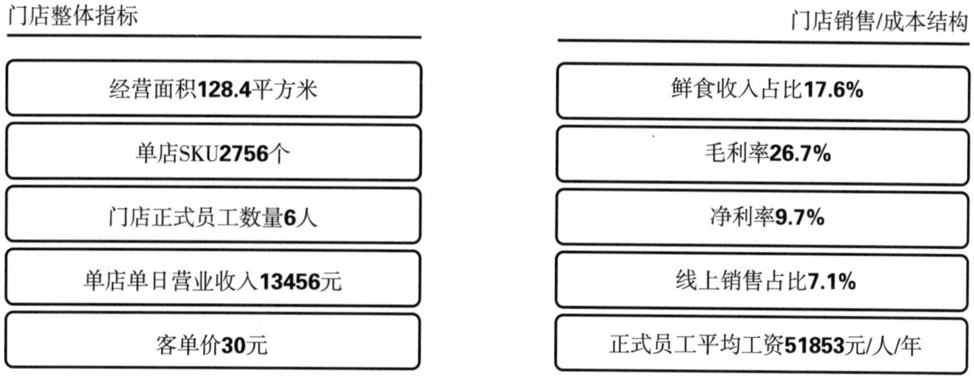

图 23　金牌门店特点

数据来源：2022 年度 CCFA 便利店金牌店长及门店调研，毕马威（中国）分析。

二、便利店行业发展趋势

基于对领先便利店企业深度调研与交流，我们总结出便利店行业未来发展趋势：企业将围绕“距离、品类、时间、服务”四大“便利”塑造价值链，提供更精、更深的产品供应，构建距离更近的场域，并建立更广、更宽的增值服务。

（一）距离便利

1. 低线扩张，跨区域渗透成为发展趋势

便利店企业通过多种加盟模式并举实现低线城市扩张，区域便利店复制单店盈利模式，实现跨省发展。

随着部分小型便利店退出市场，主流便利店企业利用由此释放的优质店铺资源，提速发展下沉市场。外资及区域头部便利店通过多种加盟方式加快扩张步伐，实现便利店品牌跨区域渗透。下沉市场进一步扩张、区域便利店品牌跨区域渗透成为未来发展趋势。

低线扩张：2022 年，外资便利店继续推进特许加盟模式拓展低线城市门店。与此同时，区域便利店清退“散加盟门店”，大力发展特许加盟，并向“紧密强加盟”模式转型。灵活的加盟制度是外资便利店和头部区域性便利店形成领跑优势的关键。

跨区域渗透：区域便利店品牌通过优化单店模型，将单店盈利能力复制到其他区域发展中，国内出现部分头部品牌跨区域扩张，互相渗透。例如，以东莞市、浙江省及安徽省为根据地的区域性便利店实现跨省发展。

2. 探索丰富“便利店+”模式，拓宽经营及供应链边界

便利店行业从传统零售型向柔性制造零售型企业转型升级，支撑业界进一步探索丰富“便利店+”模式，拓宽经营边界。

便利店行业以消费需求为向导，探索在社区、写字楼及商业综合体周边，推出“便利店+”多样创新店型，全面满足居民“一刻钟生活圈”近场消费需求，实现一站便捷购买（见图 24）。

主流便利店从传统零售型向柔性制造零售型企业转型升级。以日系便利店为例：配送特点为高频度、多品种、小单位配送；供应链建设为内部以百个店铺、一个供应链为基础；物流体系（冷冻、冷藏、常温）所覆盖的距离为 150~200 千米，极限不超过 300 千米；聚合式供应链基地模式为面包工厂、烘焙工厂、甜品工厂、沙拉工厂、米饭工厂；配套设施为冷链库、冷冻库、常温库；实施成果为大幅度节省运输时间，提高供应链效率，减少因为运输而损耗的质保时间。

主流便利店从传统零售型向柔性制造零售型企业转型升级，中小型便利店与头部便利店共用供应链体系成为未来趋势。头部便利店品牌通过成立自身子品牌，收编城市边缘地带的“夫妻店”，与小型便利店共用一套供应链，使供应链适应市场需求变化。

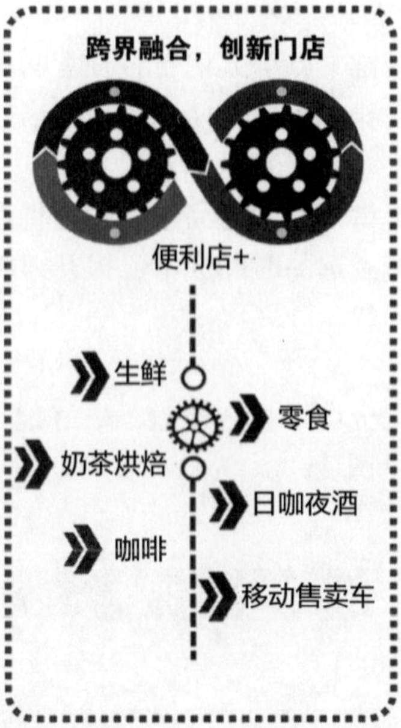

图 24　探索丰富“便利店+”模式

信息来源：公开渠道信息整理，毕马威（中国）分析。

（二）品类便利

便利店围绕消费者日常消费场景，拓展更多元、更精选、广度更宽的品类，培养全客群的黏性和忠诚度，增强单店盈利能力。随着各大便利店品牌切入即时零售平台，通过优化品类结构，便利店企业谋求商品由“小而美”向“智而全”“强而优”转型。

鲜食品类、自有品牌商品、引流品类、定制品类、生鲜品类、商品组合成为强化单店盈利的核心动力。

1. 鲜食品类

便利店持续加大高毛利率、高复购率、高销售占比的鲜食品类产品开发和销售，满足消费者“早餐、午餐、下午茶、晚餐、夜宵”一日五餐消费场景。鲜食已成为便利店提升盈利能力的重要抓手。

2. 自有品牌商品

便利店加注研发、生产、集中陈列销售具有功能和性价比的自有品牌产品，是便利店供应链优化、差异化经营、提高毛利率的重要利器。

3. 引流品类

便利店捕捉年轻人爱尝新、尝鲜的消费心理，结合产品本身的功能属性，推出季节限定、特殊节日主题商品、IP 联名产品等带有文化属性的网红产品，拓展产品属性边界。

4. 定制品类

随着一人户、少子化、老龄化和家庭小型化的家庭发展趋势和消费者对自身健康关注日益加强，便利店精准定制针对不同消费群体的商品，如“一人食”小份餐品、健康减脂餐、老龄友好助餐等。

5. 生鲜品类

在出售便利店标准品类的基础上，引入消费者日常购买频率较高且整体耐储性较强的生鲜品类，如新鲜蔬果、冷冻食材等，扩大便利店适配场景。

6. 商品组合

便利店围绕场景的叠加，提供不同的商品组合，如将泡面和火腿肠、牛奶和面包等多件商品进行捆绑售卖，降低消费者选品时间成本，提升门店销量。

（三）时间便利

便利店打通线上线下一体化全场景、全渠道，更好地发挥24小时营业优势，满足消费者全天候、多场景的需求（见图25）。

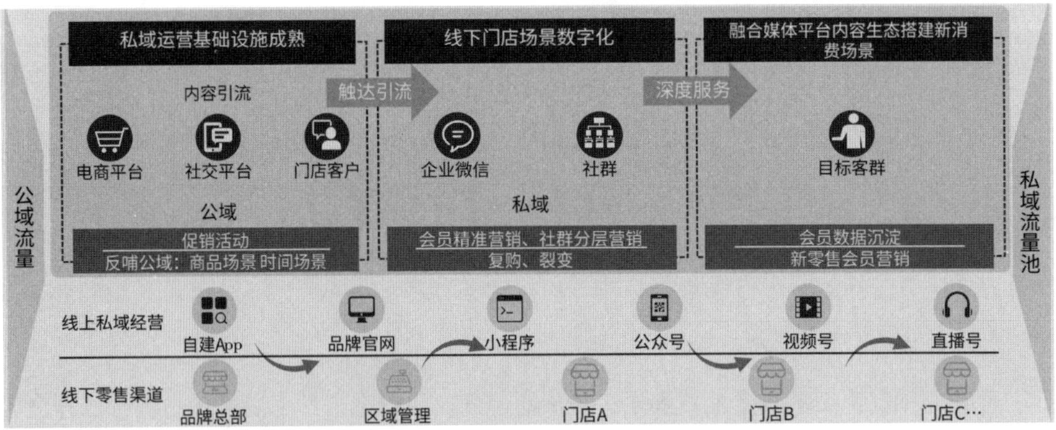

图25　线上线下一体化全场景、全渠道交易转化运营

信息来源：公开渠道信息整理，毕马威（中国）分析。

便利店行业即时零售业态的竞争维度由“时效”走向“时长”，营业时间的延伸有效补偿购物需求时长。

24小时外卖便利店围绕商品、配送及营销，打造夜间供给差异化，使消费者全时段的购物需求得以满足，夜间消费力显著释放。

1. 商品方面

洞察用户消费需求，精准选品提升销量。通过用户搜索词及销售数据的分析，某闪购即时零售平台确定夜间场景下的畅销需求，结合所在区域商品的覆盖度，与门店协作完成商品上线、品类优化和库存维护，精准满足消费者需求。

2. 配送方面

帮助延长营业时间，扩大门店配送范围。在用户需求较高的地方，某闪购即时零售平台鼓励当地便利店门店提升营业率，并扩大配送范围，同时优化需求和运力匹配度，提升运力响应的及时性，以保障全时段配送的顺利履约。

3. 营销方面

打破“夜间下单贵”的固有观念，线上线下配合透传用户心智。突出配送费减免等活动，用户夜间在24小时便利店合作门店下单可享多重优惠。线上进行定向流量加持，打造“夜间便利店”营销场域；线下联合门店点亮24小时灯箱以宣示“领地”，使其成为全时段购物的心智标识。

（四）服务便利

便利店企业提供贴心便民、暖心惠民、走心利民的服务，能够满足消费者多样化、个性化的需求，彰显竞争优势。

1. 贴心便民

便利店为满足顾客约会、会友、游戏等不同需求，提供了免费上网、手机充电、物品存放、快递邮寄等多种便民服务。

2. 暖心惠民

老龄化需求渐长，便利店为老年客户提供绿色服务通道，完善爱心座椅、纸杯、老花镜等服务，营造出关心、关爱老年客户的浓厚氛围。

3. 走心利民

便利店不断探索新商业模式，积极拓展汽车服务、广告、餐饮、保险、中国体育彩票等新业务，既为消费者提供了便利，也能拉动业绩增长。

（五）趋势总结

便利店行业逐渐从“营销型”“批发型”向“效率型”“柔性制造型”转型，挖掘其品牌价值、供应链价值、商品价值和服务价值。

1. 品牌价值

低线扩张，跨区域渗透，助力品牌抢占下沉市场。通过推进特许加盟模式拓展低线城市门店，大力发展特许加盟，并向“紧密强加盟”模式转型。复制单店盈利能力应用至其他区域，形成区域扩张，互相渗透。

“便利店+”模式拓展边界，使经营多元化。探索在社区、写字楼及商业综合体周边，推出“便利店+”多样创新店型。

2. 供应链价值

打通线上线下一体化，实现强供应链赋能。通过即时零售打通线上线下一体化全场景、全渠道，通过对线下资源的整合，使平台和线下零售商的合作产生“1+1>2”的效果。

向柔性制造零售型企业转型升级。加大物流、鲜食工厂等供应链保障体系的投入，提升区域商品整体的辐射范围并缩短商品运输物流半径。

3. 商品价值

品类多样化，驱动盈利能力。拓展更多元、更精选、广度更宽的品类，培养全客群的黏性和忠诚度，增强单店盈利能力。

4. 服务价值

服务场景化，挖掘便利店的经营附加值。便利店针对各类客群提供多样化便民及增值服务，以挖掘便利店的经营附加值。服务场景化成为进一步提升额外衍生服务价值、增强客户黏性的重要手段。

2023 年中国便利店发展报告

2023 年，在推动经济增长的诸多动力中，消费零售领域表现尤为亮眼。数据显示，2023 年我国社会消费品零售总额高达 47.1 万亿元，创下历史新高，最终消费支出对经济增长的贡献率更是高达 82.5%。在这一背景下，中国便利店行业也展现出蓬勃发展的良好态势，全年销售额达到 4248 亿元，同比增速达 10.8%、门店规模突破 32.1 万家，同比增长 6.9%。随着更多促消费政策的持续发力，市场潜力不断释放，中国便利店市场规模前景可期。

面对行业形势和消费者行为的不断变化，便利店行业在 2023 年呈现出诸多新的发展趋势。便利店企业正积极拥抱全场景、本土化、差异化、健康及 IP 联动等多元化战略，通过提供具有情绪价值的商品和服务，入驻社交电商平台，丰富全渠道运营，利用 AI 技术赋能供应链管理，并通过数字化转型提升组织效能和运营效率。

中国连锁经营协会联合毕马威（中国）发布《2023 年中国便利店发展报告》。本报告依托前瞻的行业洞察和丰富的专业服务经验，全面分析了当前宏观经济和消费趋势、便利店行业全球发展概况以及未来发展趋势等关键议题。我们期望通过这份报告为企业管理者提供有价值的参考和启示，助力他们更好地应对内外部环境变化，推动便利店行业实现高质量发展。

一、现状综述

本报告的调查数据是基于中国连锁经营协会对 84 家便利店企业（含石油系）的调查问卷分析得出，对市场规模、利润率、商品结构、加盟体系以及数字化等方面做了定量分析（见图 1）。

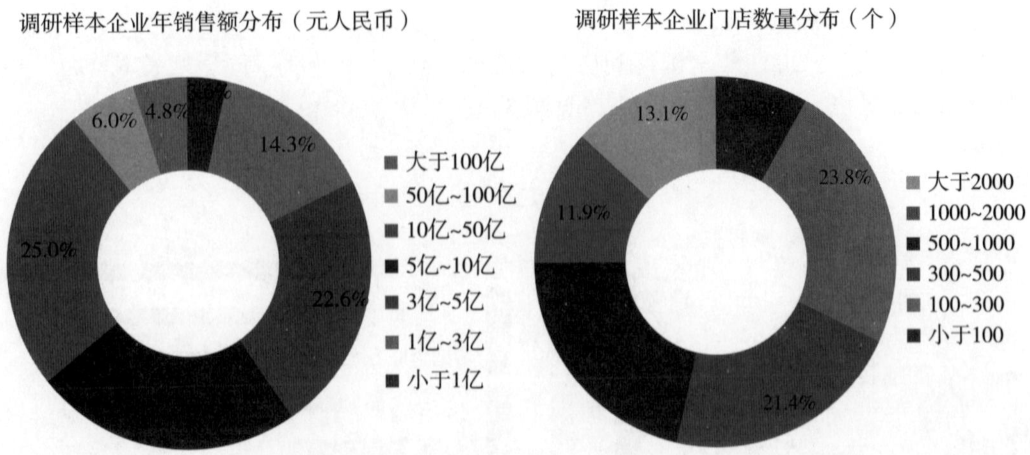

图 1　调研样本企业分布（按年销售额和门店数量）

数据来源：2023 年 CCFA 便利店调研，毕马威（中国）分析。

（一）便利店行业发展现状

1. 便利店销售规模

2023 年全国便利店销售额 4248.0 亿元，同比增速为 10.8%，2015—2023 年便利店销售规模复合年均增长率高达 17.4%（见图 2）。

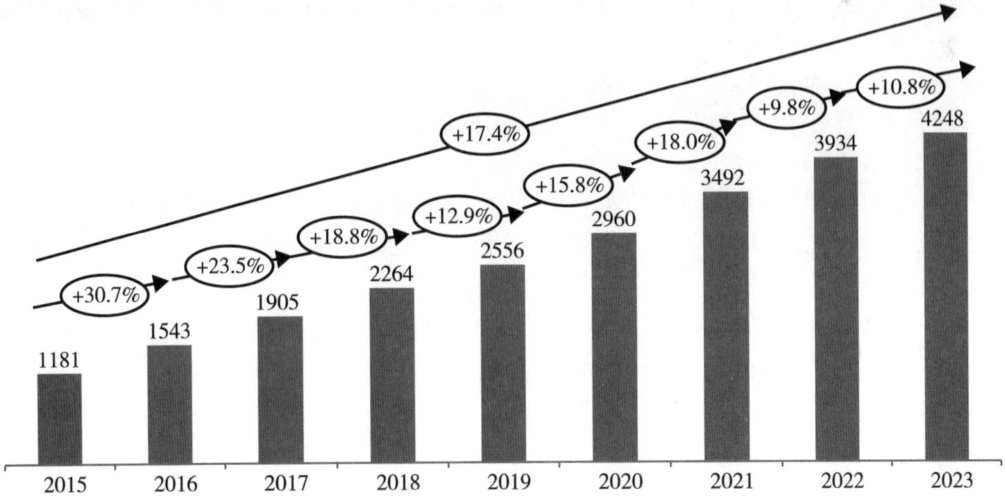

图 2　全国便利店销售额（亿元人民币）

数据来源：2015—2023 年 CCFA 便利店调研，毕马威（中国）分析。

2. 便利店门店规模

从门店规模看，2023 年全国便利店门店规模达到 32. 1 万家，同比增长 6. 9%，其中类便利店增速最快，同比增长 43. 1%（见图 3）。

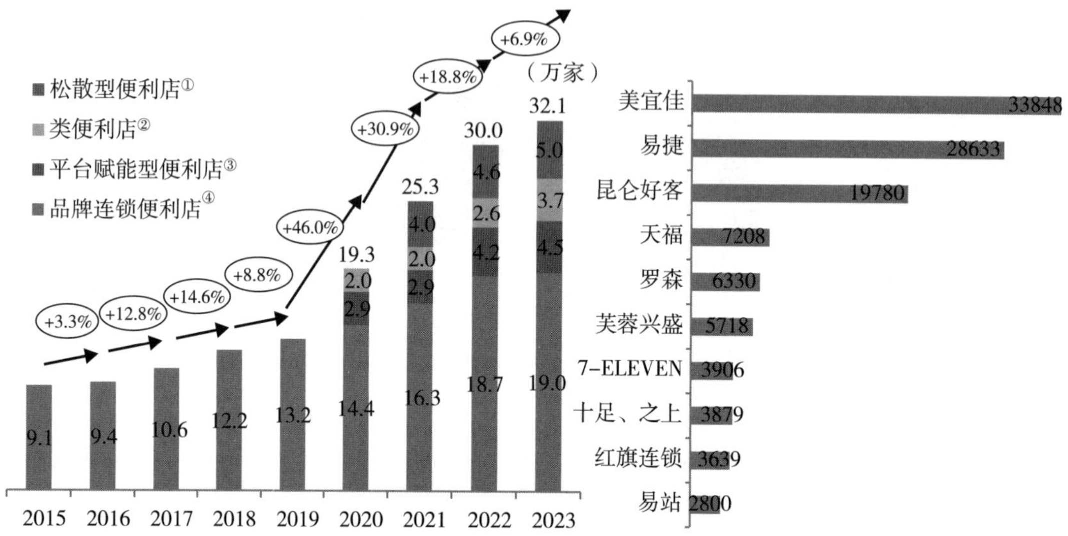

图 3　全国品牌连锁便利店门店数量与 2023 年全国便利店企业门店数量前十（家）

注：①松散型便利店是指总部对加盟店仅提供不做供货率要求的部分货品的供应服务，无其他深度服务的简单供货合作模式；②类便利店指销售品类和服务与便利店相似的小型零售店、生鲜店、水果店、药妆店等；③平台赋能型便利店指受到互联网企业或其搭建平台赋能的非传统连锁型便利店企业；④品牌连锁便利店企业包括加油站型便利店、社区型便利店、商务型便利店、特定场所型便利店，包含直营和特许模式。

数据来源：2015—2023 年 CCFA 便利店调研，毕马威（中国）分析。

3. 便利店营业表现

2023 年销售额统计中，在样本企业来客数恢复稳定下，便利店单店单日营收为 5232. 5 元，同比 2022 年增长 9. 1%。受线下消费“量增价减”的影响，客单价总体有所回落（见图 4）。

2023 年样本便利店企业平均坪效为 59. 2 元/平方米/天，与 2022 年相比，日均坪效有所下降，主要由门店数量大幅增加与业绩贡献较少的新店所导致。同时，中小型企业加快追赶脚步，日均坪效与大型企业差距缩小。

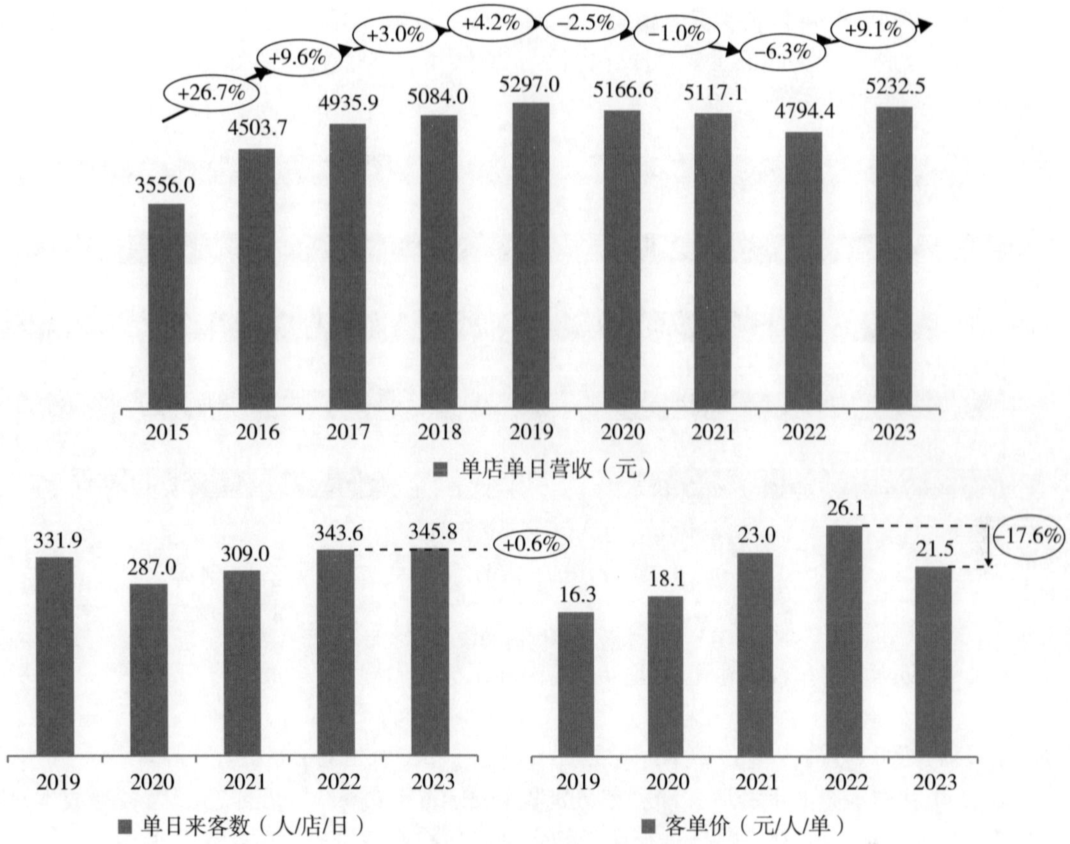

图 4　全国品牌连锁便利店单店日营收

数据来源：2015—2023 年 CCFA 便利店调研，毕马威（中国）分析。

4. 便利店收入贡献表现

从商品品类销售贡献看，相较于 2022 年，生鲜商品销售占比显著提高，提升 6.5 个百分点；自有品牌销售占比为 6.3%；鲜食商品、香烟及咖啡销售占比则基本保持平稳（见图 5）。

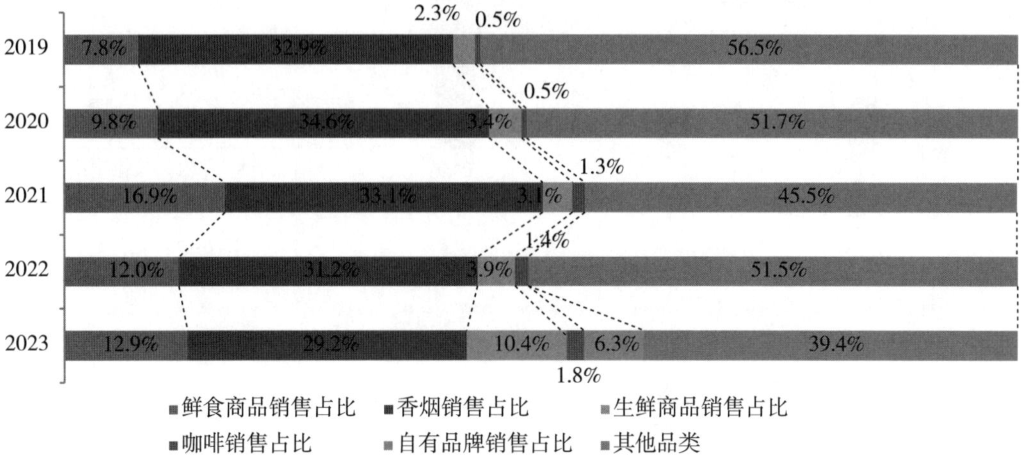

图 5　样本企业各品类销售占比

数据来源：2019—2023 年 CCFA 便利店调研，毕马威（中国）分析。

从营业时间内的销售贡献看，借助“一日五餐”全场景消费模式，上午 10 点至夜间 22 点仍旧为便利店消费的最主要时段，占比与 2022 年基本持平（见图 6）。

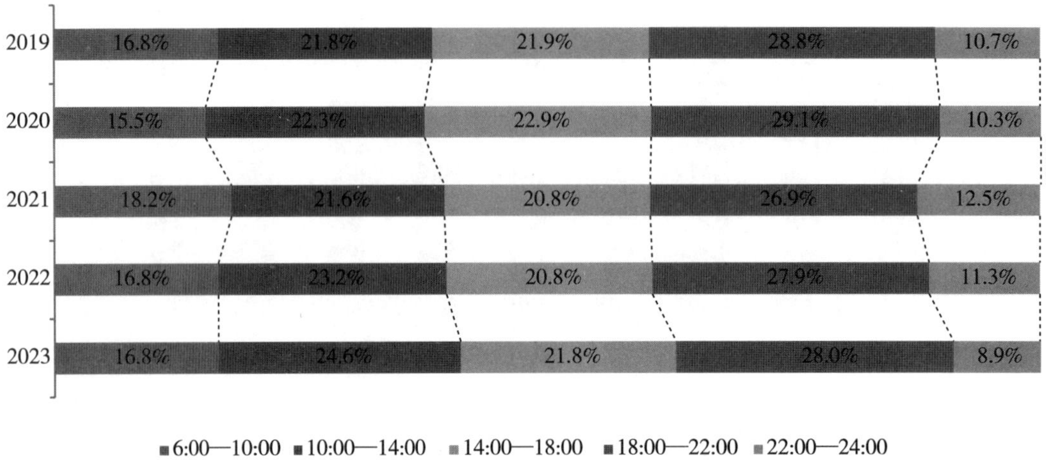

图 6　样本企业不同时间段的收入贡献

数据来源：2019—2023 年 CCFA 便利店调研，毕马威（中国）分析。

5. 便利店盈利表现

2023 年，样本企业毛利率、净利率分别提升 2.0%和 0.6%（见图 7）。因各类成本承压较重，大型企业的毛利率略低于行业平均水平，但净利率则高于样本企业平均水平。

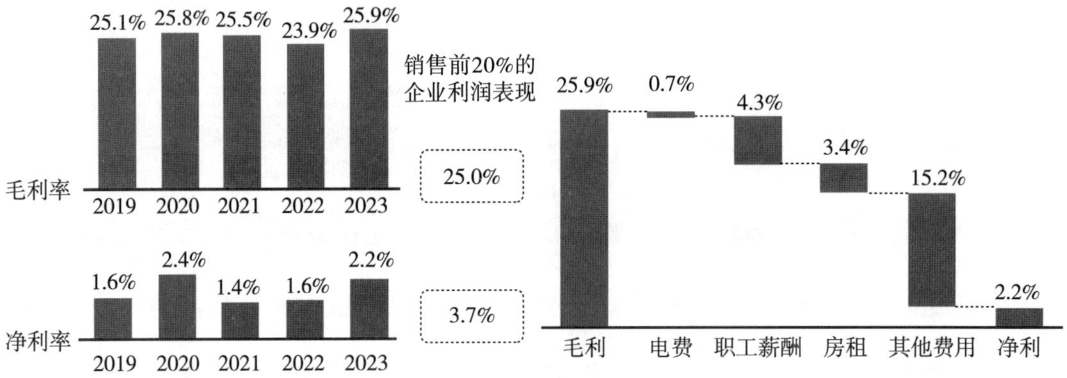

图 7　样本企业利润水平及主要费用构成

数据来源：2019—2023 年 CCFA 便利店调研，毕马威（中国）分析。

6. 便利店区域分布和门店类型概况

2023 年，便利店企业加速开店及跨区域扩张（见图 8、图 9），直击消费者生活“刚需”的社区型门店的发展前景被普遍看好（见图 10），门店规模逐步扩大。

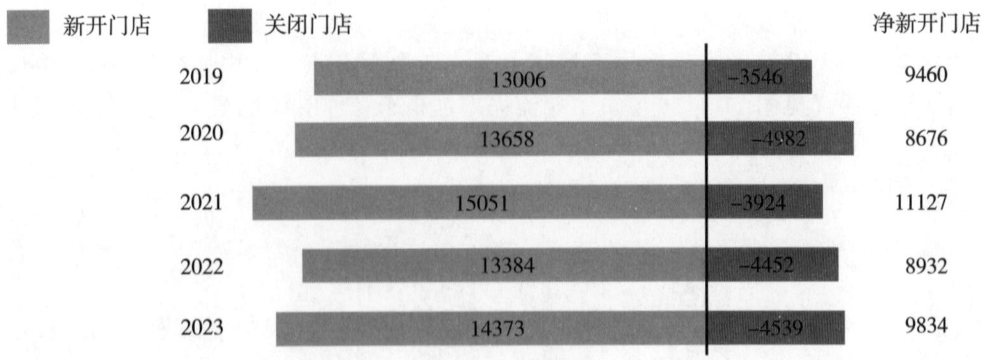

图 8　样本企业开店闭店情况

数据来源：2019—2023 年 CCFA 便利店调研，毕马威（中国）分析。

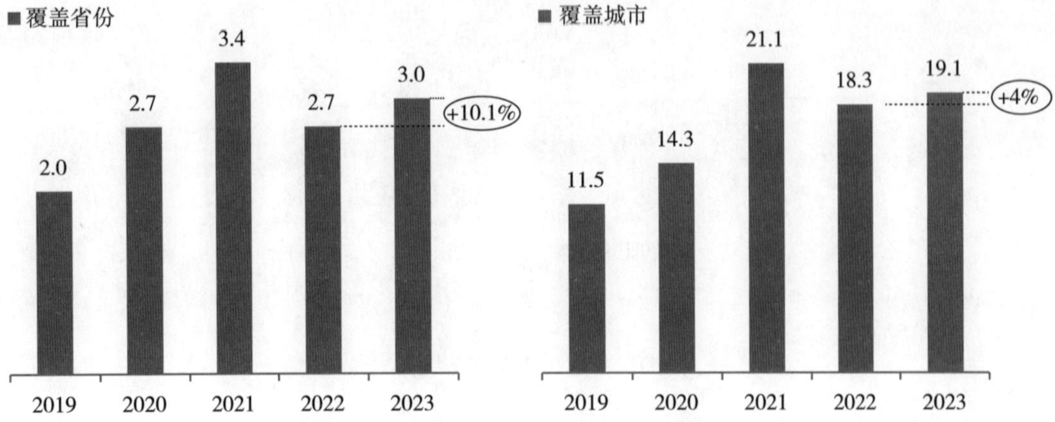

图 9　单个企业平均覆盖省份和城市数量（个）

数据来源：2019—2023 年 CCFA 便利店调研，毕马威（中国）分析。

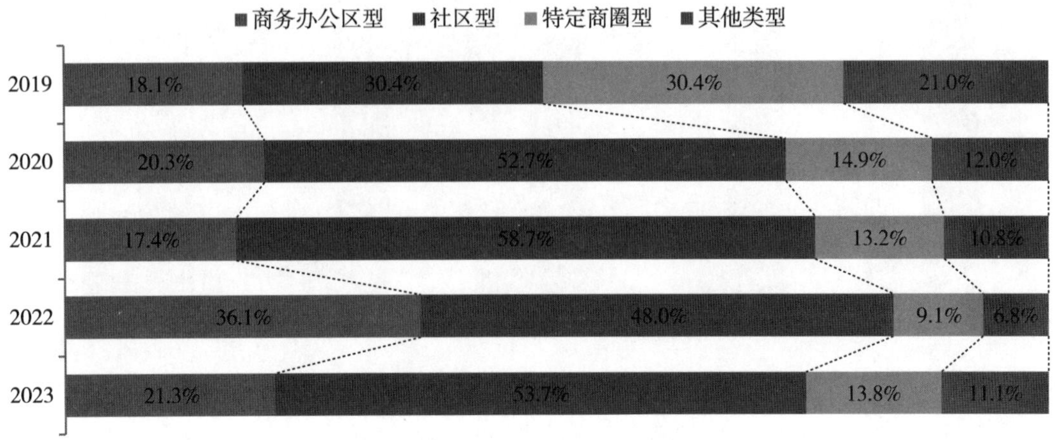

图 10　样本企业不同门店类型分布

数据来源：2019—2023 年 CCFA 便利店调研，毕马威（中国）分析。

7. 便利店人员管理概况

2023 年，便利店企业人事费用率整体上升 1.7 个百分点，其中，基层员工薪酬增长率略高于管理层（见图 11）；基层员工年流失率远高于管理层（见图 12）；灵活用工比例上升 5.4 个百分点（见图 13）。

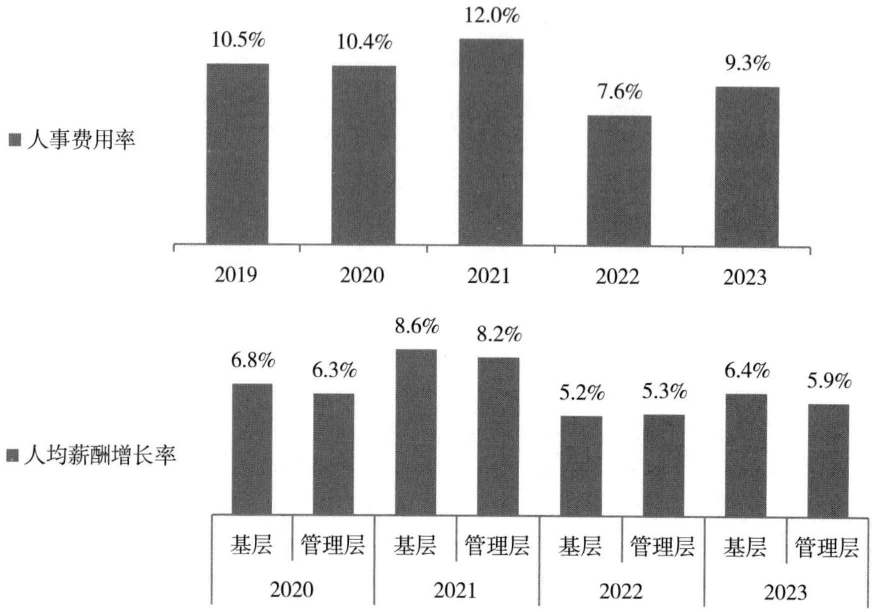

图 11　样本企业人力资源投入

注：①人事费用率=人事成本/总销售额

数据来源：2019—2023 年 CCFA 便利店调研，毕马威（中国）分析。

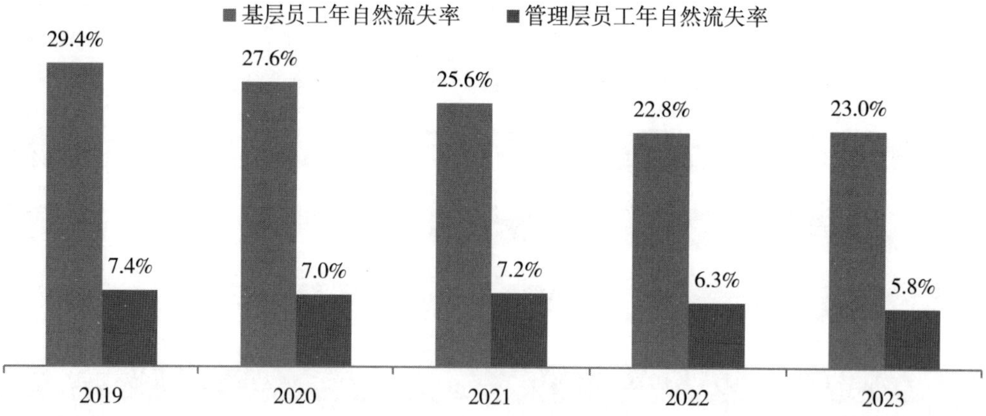

图 12　样本企业员工流失率

数据来源：2019—2023 年 CCFA 便利店调研，毕马威（中国）分析。

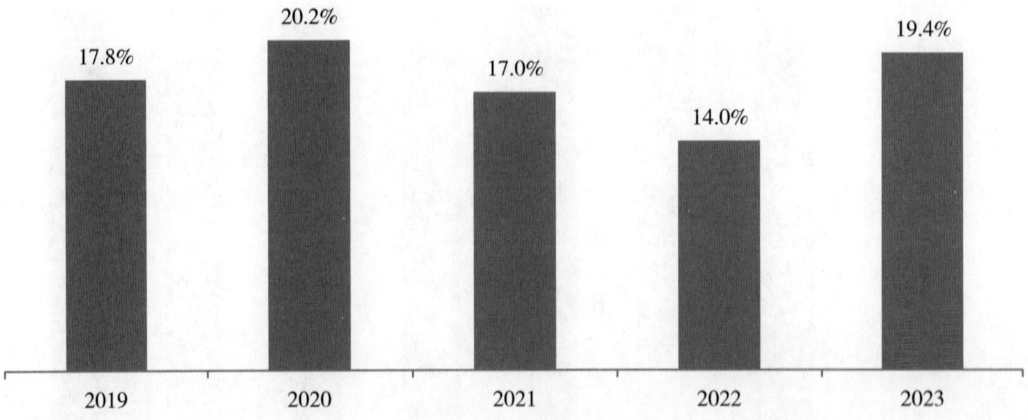

图 13　样本企业灵活用工比例

数据来源：2019—2023 年 CCFA 便利店调研，毕马威（中国）分析。

8. 便利店会员营销概况

非会员对销售额的贡献度略有提升，企业应高度重视会员经营，提升非会员向会员转化的速度（见图 14）。

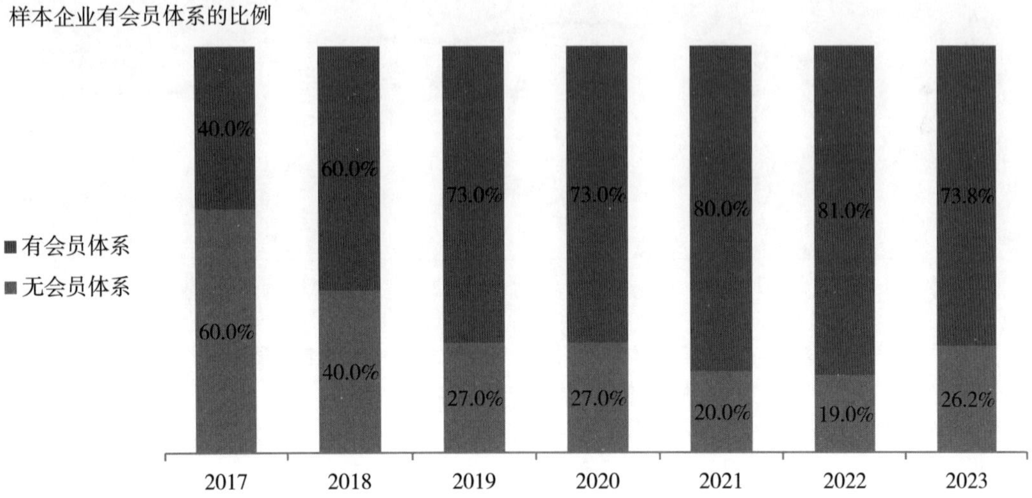

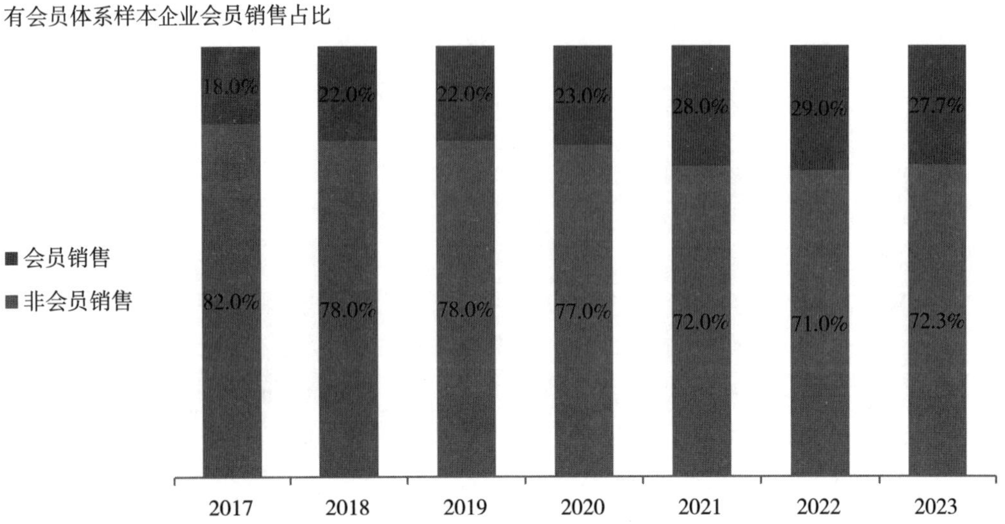

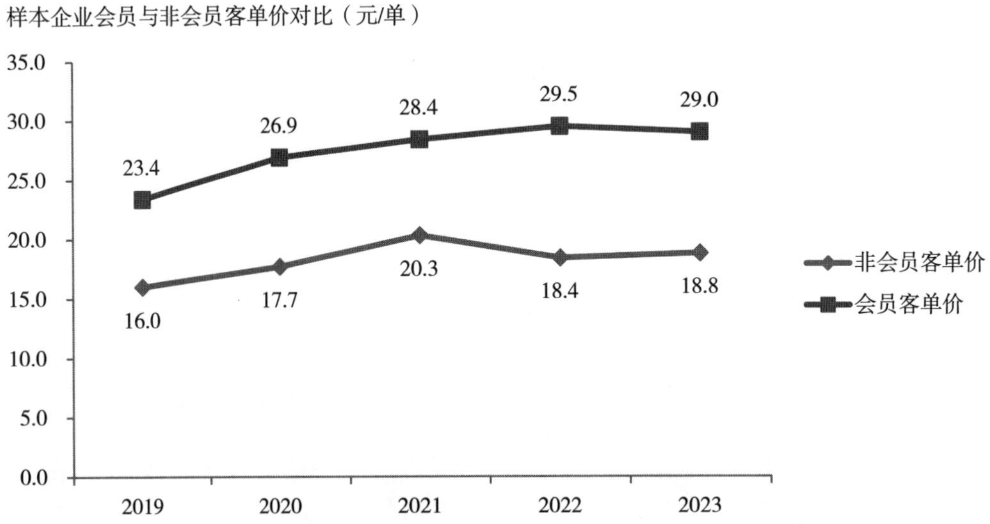

图 14　样本企业有会员体系的比例、有会员体系样本企业会员销售占比、样本企业会员与非会员客单价对比

数据来源：2017—2023 年 CCFA 便利店调研，毕马威（中国）分析。

9. 便利店线上业务情况

从线上业务布局来看，2023 年已有近九成企业开通线上业务。面对零食折扣店的价格优势对便利店门店产生的冲击，超四成便利店品牌表示会加大力度开发自有品牌（见图 15）。

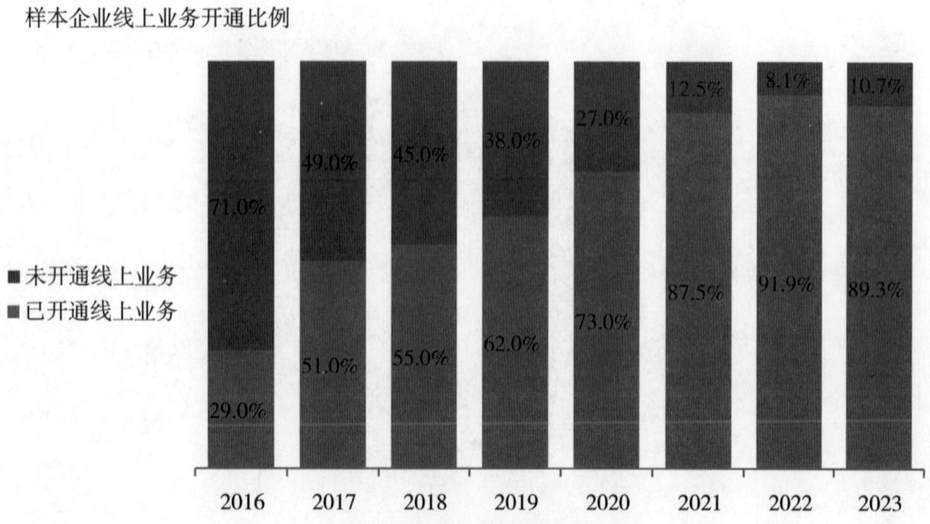

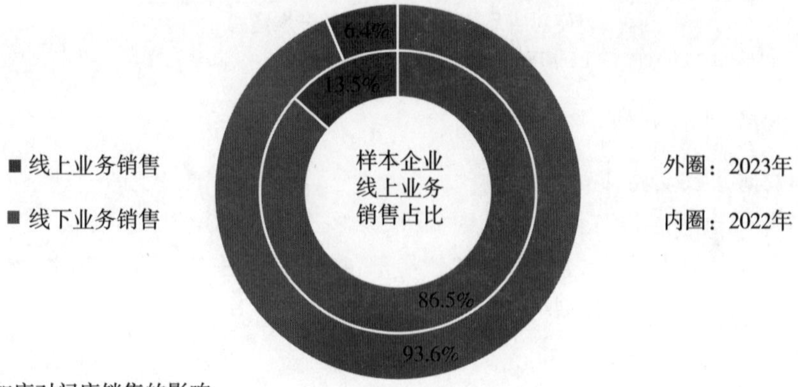

零食折扣店对门店销售的影响

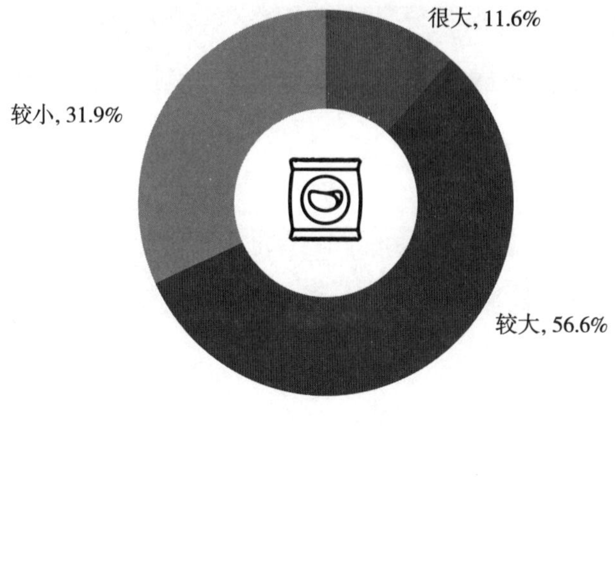

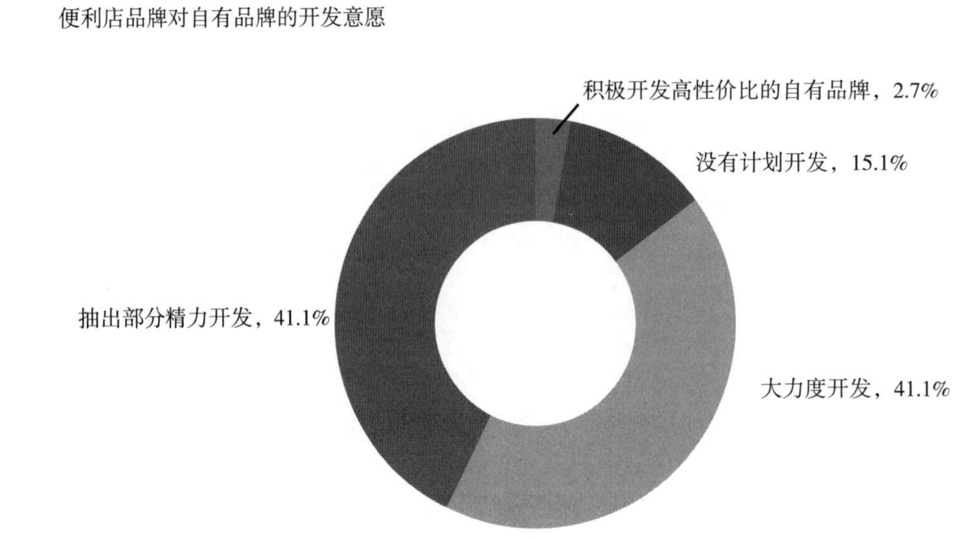

图 15 样本企业线上业务开通比例、零食折扣店对门店销售的影响及便利店品牌对自有品牌的开发意愿

数据来源：2016—2023 年 CCFA 便利店调研，毕马威（中国）分析。

（二）金牌门店调研

1. 金牌门店店长主要特点

在 2023 年“金牌店长”评选活动中，CCFA 评选出了 90 位“金牌店长”。调研数据显示，这 90 位金牌店长主要为女性，占比为 73.4%；年龄主要在 31~50 岁；学历主要为高中和大专；在本企业的工作时间大多为 1~10 年（见图 16）。

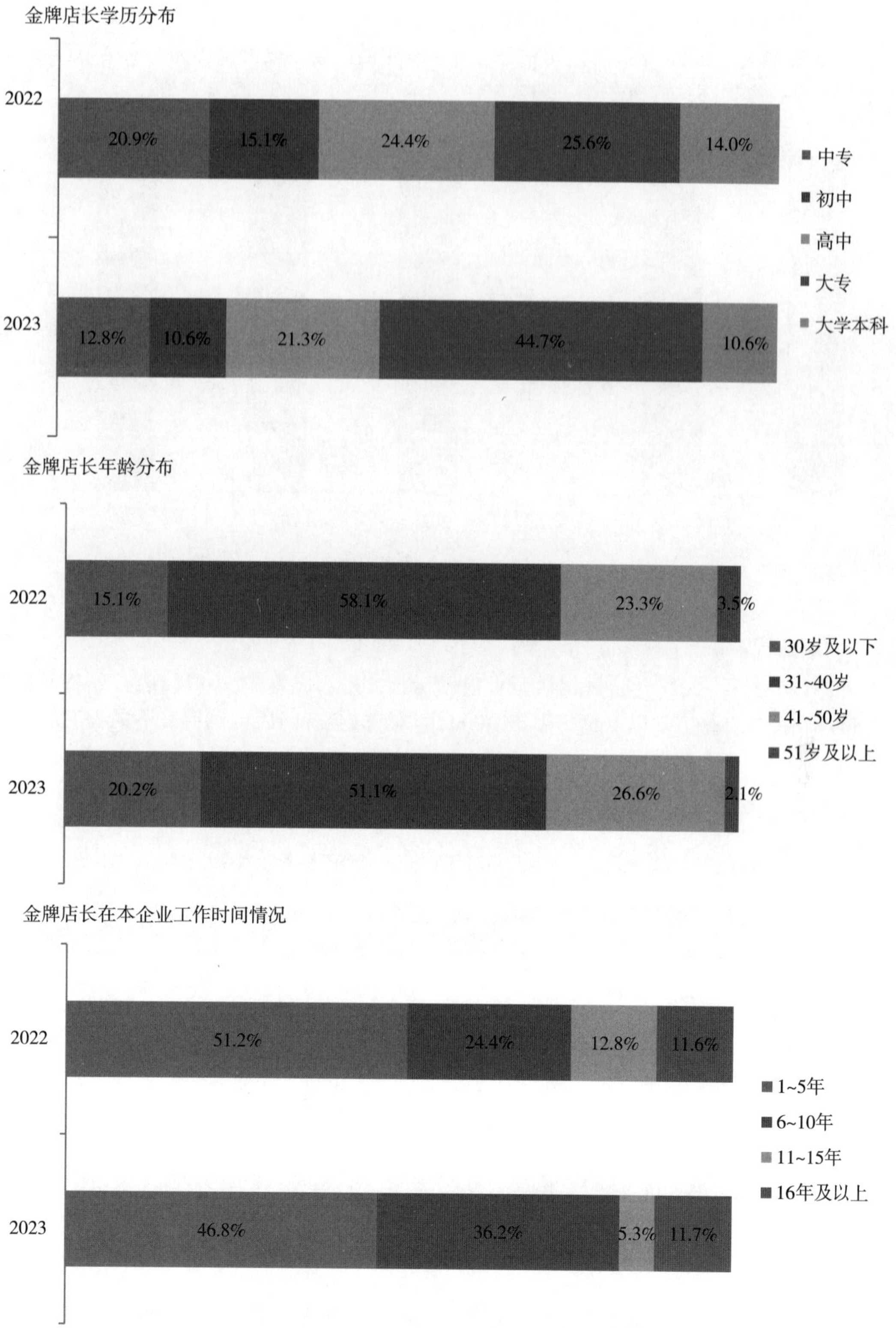

图 16　金牌店长主要特点

数据来源：2022—2023 年 CCFA 便利店金牌店长及门店调研，毕马威（中国）分析。

2. 金牌门店开业时间和性质

相比 2022 年，2023 年金牌门店中开业 6—10 年的门店占比大幅提高了 9.7 个百分点，加盟店占比持续提高，从 2021 年的 12.2%提高至 2023 年的 22.3%（见图 17）。

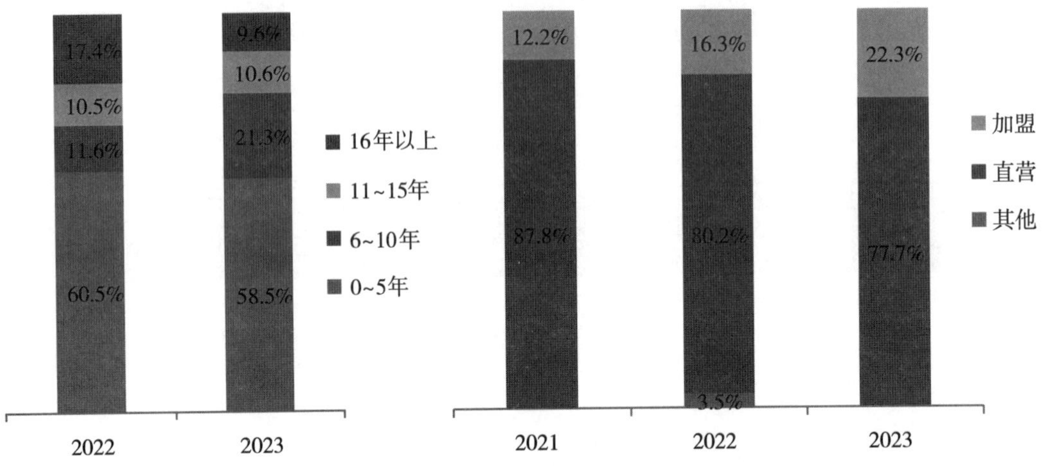

图 17　金牌门店开业时间和性质

3. 金牌门店分布和经营情况

相比 2022 年，2023 年金牌门店营业时间延长，超八成为 24 小时门店；分布于交通枢纽与车站、100 平方米以下及 SKU 在 1000 个以下的金牌门店比例均有不同程度的提高（见图 18）。

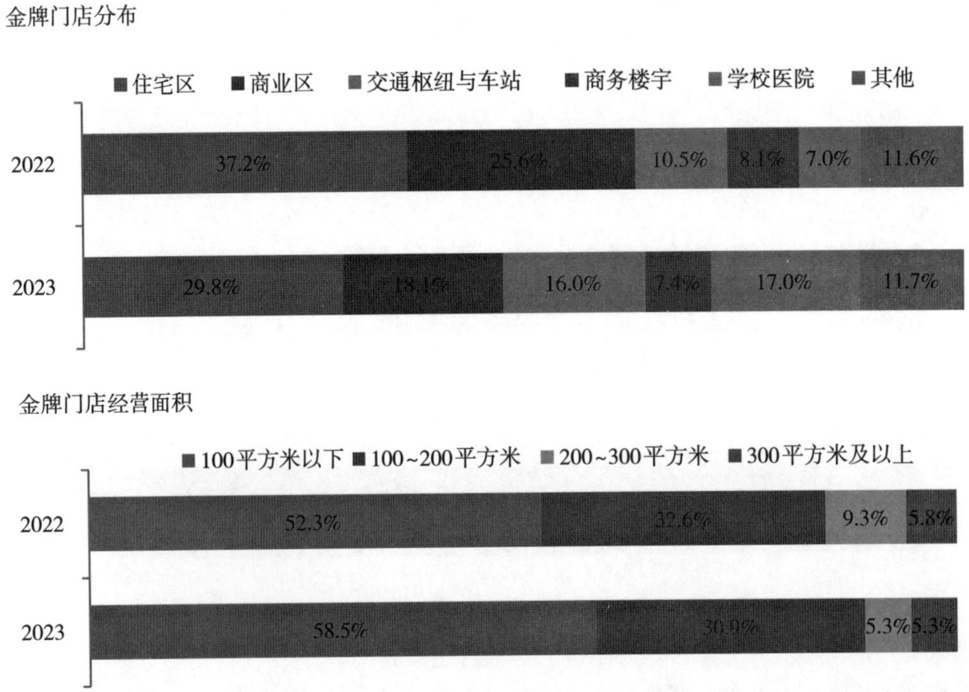

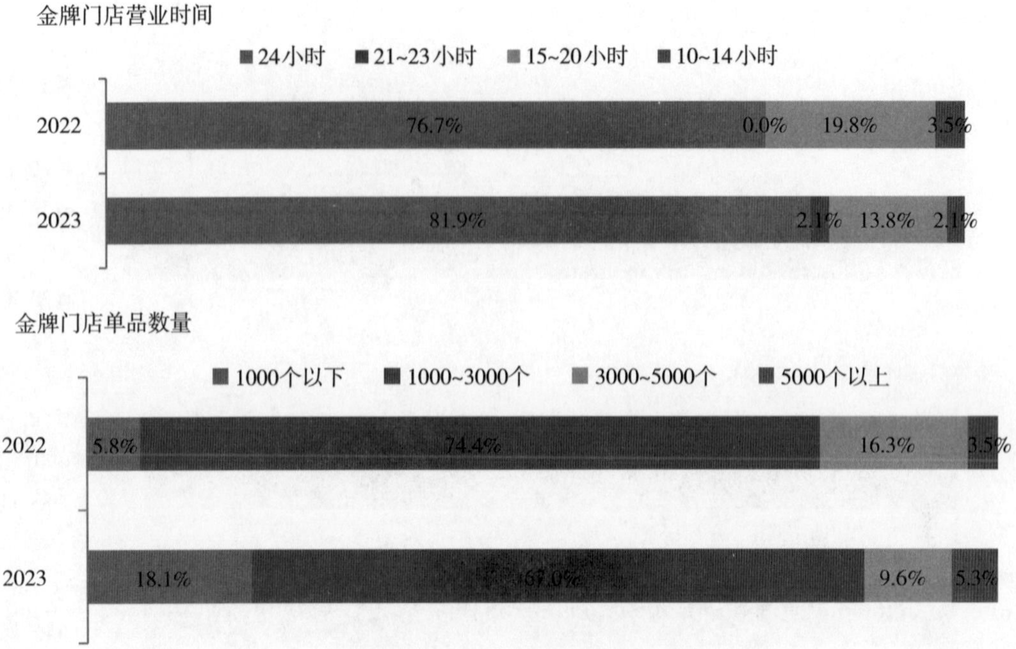

图 18　金牌门店分布和经营情况

数据来源：2022—2023 年 CCFA 便利店金牌店长及门店调研，毕马威（中国）分析。

4. 金牌门店销售与收入贡献表现

相比 2022 年，2023 年单日收入在 5000 元以下门店占比有所提升，超四成门店日收入超过 10000 元，鲜食贡献率出现下滑，客单价主要集中在 15～20 元，客单价在 35 元以上的占比提升 10.6 个百分点（见图 19）。

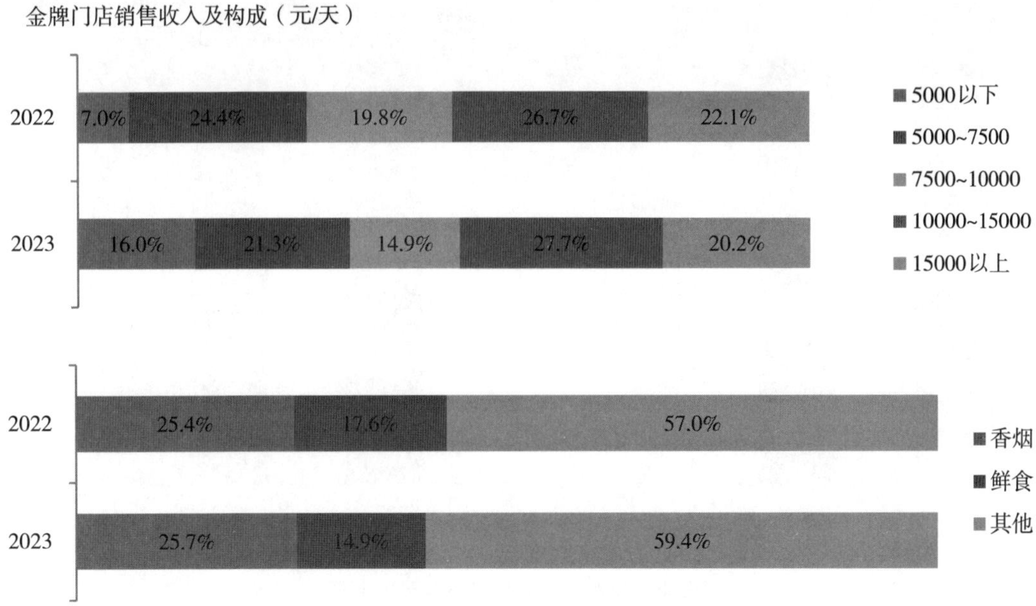

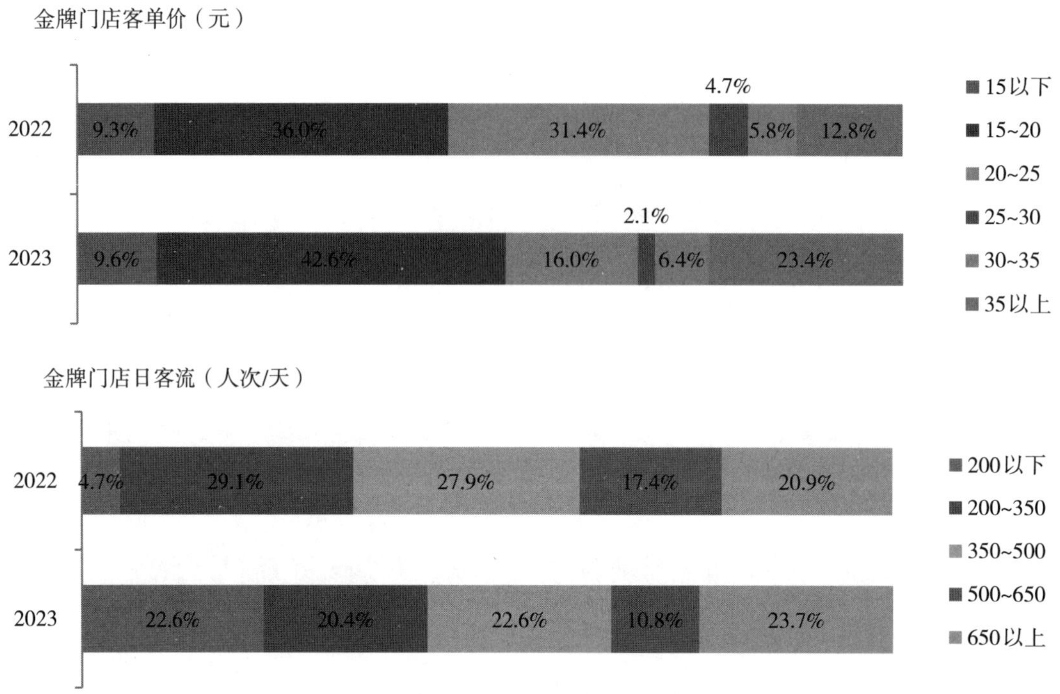

图 19　金牌门店销售与收入贡献表现

数据来源：2022—2023 年 CCFA 便利店金牌店长及门店调研，毕马威（中国）分析。

5. 金牌门店盈利表现

2023 年，金牌门店毛利率集中在 20%～25%，与行业整体水平接近，净利率集中在 5%～15%（见图 20）。

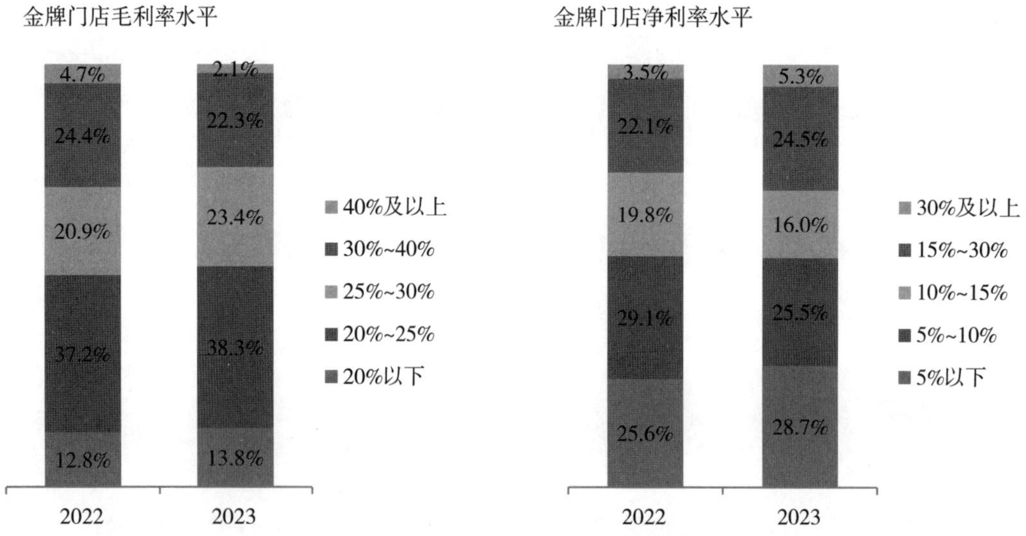

图 20　金牌门店毛利率和净利率水平

数据来源：2022—2023 年 CCFA 便利店金牌店长及门店调研，毕马威（中国）分析。

6. 金牌门店用工情况

相比2022年，2023年正式员工数量介于0~2人的金牌门店比例大幅提高15.3个百分点，正式员工和灵活用工成本基本与上年持平，便利店的灵活用工用时较上一年出现跃升，企业更倾向采用灵活用工降本增效（见图21）。

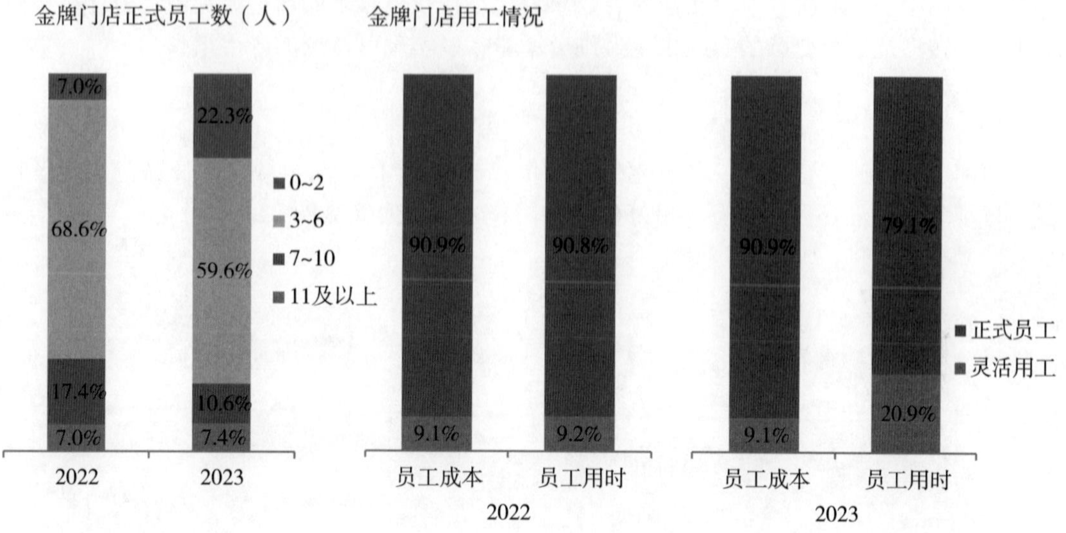

图21　金牌门店正式员工数及用工情况

数据来源：2022—2023年CCFA便利店金牌店长及门店调研，毕马威（中国）分析。

7. 金牌门店特点

从金牌门店的经营实践来看，2023年金牌门店的画像概括为以下两点。①门店整体指标：经营面积125.7平方米，单店SKU为2205.2个，门店正式员工数量5人，单店单日营业收入12530.5元，客单价34.7元。②门店销售/成本结构：鲜食收入占比14.9%，毛利率26.0%，净利率11.0%，线上销售占比6.8%，正式员工平均工资101583.9元/人/年（见图22）。

门店整体指标

- 经营面积**125.7**平方米
- 单店SKU**2205.2**个
- 门店正式员工数量**5**人
- 单店单日营业收入**12530.5**元
- 客单价**34.7**元

门店销售/成本结构

- 鲜食收入占比**14.9%**
- 毛利率**26.0%**
- 净利率**11.0%**
- 线上销售占比**6.8%**
- 正式员工平均工资**101583.9**元/人/年

图22　金牌门店特点

数据来源：2023年度CCFA便利店金牌店长及门店调研，毕马威（中国）分析。

二、便利店行业发展趋势

基于对领先便利店企业深度调研与交流，我们总结出便利店行业未来发展趋势：在优化存量市场中，企业将敏锐洞察消费者需求分化，在积极寻求渠道边界突破、智能决策赋能供应链转型及组织变革的升级中挖掘细分增量，以实现可持续的内生增长。

（一）直击消费者心智

便利店企业通过全场景、本土化、差异化、健康及 IP 联动全域化的商品为消费者提供“既要、又要、还要、更要、最好要”的陪伴情绪价值（见图 23）。

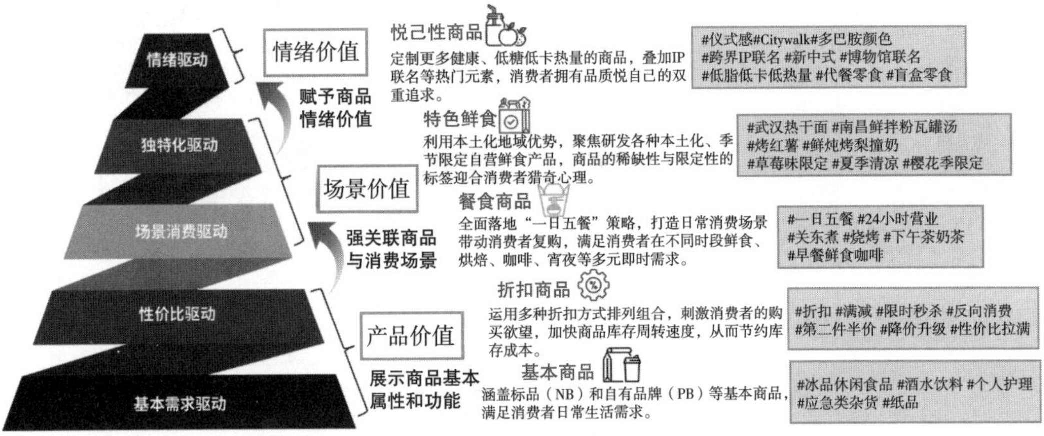

图 23　五大心智消费驱动因素

信息来源：公开信息整理，毕马威（中国）分析。

1. 高性价比和品类差异化成为便利店企业制胜关键

在“审慎精明”的消费趋势下，人们的消费结构及理念日渐成熟化、理性化、克制化，“性价比”以及“质价比”商品逐渐受到消费者青睐。同时，折扣零售店的出现促使便利店企业转向高性价比自有品牌商品研发，通过拓展消费场景增加与消费者的连接点。

（1）高性价比品类叠加全场景消费，满足消费者多元化、即时需求

便利店已经成为消费者的高频购物场所。早餐、午餐、下午茶、晚餐和宵夜，“一日五餐”是连接便利店与消费者的重要触点，以早餐为例，通过推出高性价比产品组合，“蒸包子+茶叶蛋+豆浆”等多种优惠套餐的丰富选择，满足客户多元化和即时消费需求。

引入时令热餐新品、应季菜及应季水果等选择，为居民全天候消费提供更多新鲜、健康的品类选择。同时，在鲜食商品价格上严格控制，确保消费者在附近便利店就能买到更具性价比的食品。

（2）打造优质、高价值的自有品牌商品

积极开发自有品牌的 FF 商品和日常用品，打造优质、高价值的自有品牌商品，以提高产品的差异化和竞争力，成为行业企业发力的重点。

自有品牌以特色商品、独一无二、自成系统供应链的优势，打造更具质价比品类，增强消费者对品牌的黏性。

2. 精神满足商品进一步刺激消费

情绪经济趋势愈加明显，消费者逐渐从注重“性价比”走向“心价比”。这一转变促使便利店企业通过各类 IP 联动构建新场景、提供高情绪价值美食等，探索“破圈”新方式，在提升顾客门店购物全新体验的同时，拉近便利店企业与消费者的关系（见图 24）。

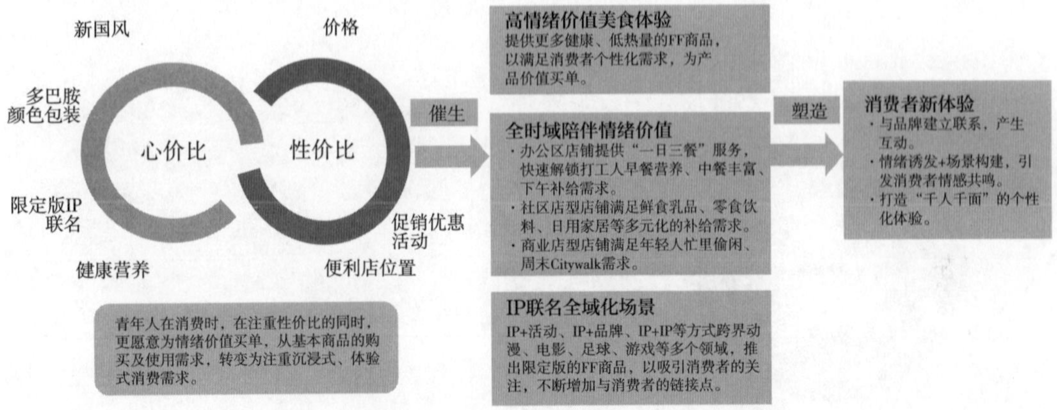

图 24　精神满足商品催生消费新场景和客户新体验

信息来源：公开信息整理，毕马威（中国）分析。

（二）全渠道运营

便利店入驻具有庞大用户数量和较高转化率的社交电商平台，进一步丰富全渠道运营。当前，社交电商虽仍在起步发展阶段，但便利店可以依托平台自身庞大的流量优势，为品牌商提供更高的曝光率和转化率。在便利店行业中，全渠道运营仍然是行业共识。随着即时零售、私域流量运营模式逐渐成型以及社交电商的向好发展，社交电商已成为便利店运营的崭新渠道，为便利店获得更多的流量和活力（见图 25）。

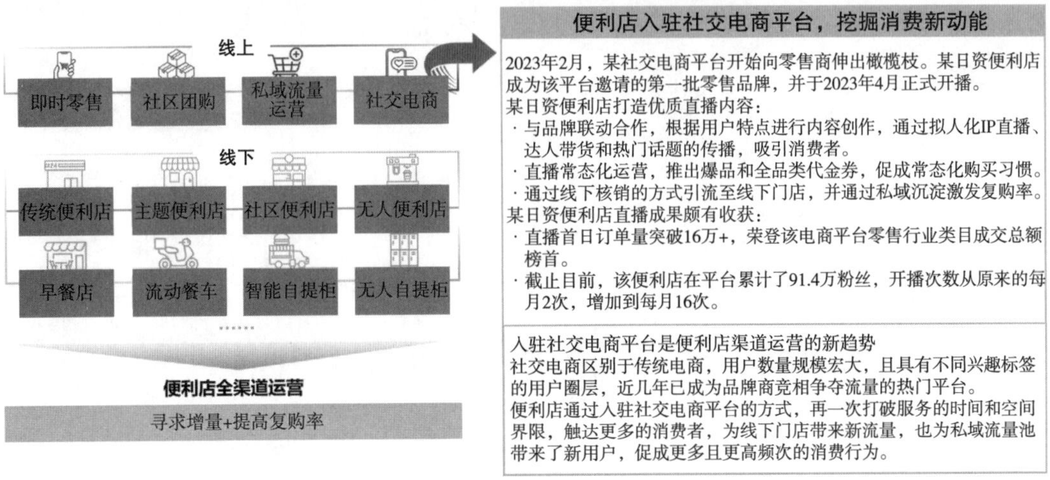

图 25　线上线下全渠道运营（1）

信息来源：公开信息整理，毕马威（中国）分析。

便利店的渠道运营战略目标是获取新流量及持续复购，核心运营能力则包括渠道开发能力、渠道运营能力、渠道整合能力以及数据赋能能力。上述案例的某日资便利店通过积极开发新渠道，自建专业团队，并在运营过程中不断调整直播内容以符合消费者的娱乐需求，不断积累粉丝，增加曝光度。同时，便利店推出爆品和到店优惠券，促成了购买行为和线下引流效果。在整个过程中，线上线下获得的用户数据、购买数据等将进一步赋能消费者复购、跨品类购买以及会员体系的完善，并最终持续获得新流量和达成复购行为（见图 26）。

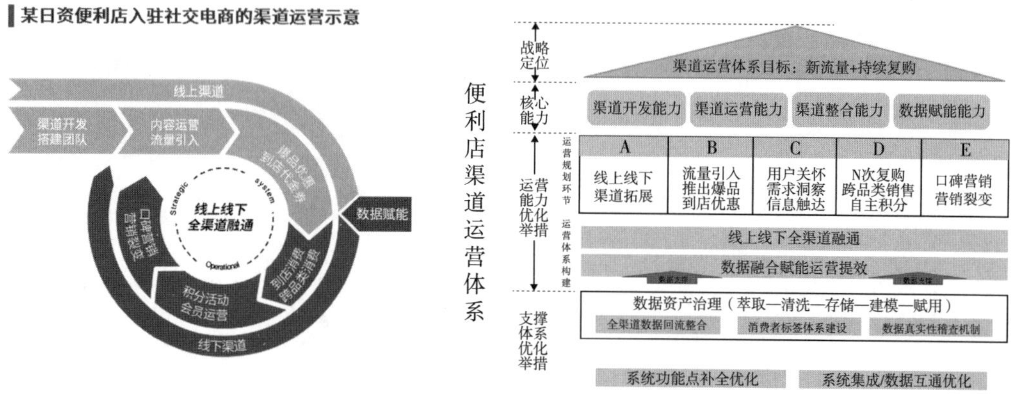

图 26　线上线下全渠道运营（2）

信息来源：公开信息整理，毕马威（中国）分析。

（三）供应链高效

人工智能（AI）正在以其卓越的深度学习技术、智能预警和处理等特点受到各行各业的追捧，便利店行业也不例外。在门店方面，除了之前出现的无人便利店、智能门店，便利店传统门店也开始运用 AI 技术进行智能补货和陈列分析，大大减少了重复性的人力工作，优化了门店服务水平。在供应链方面，AI 技术与供应链的融合发展已成为行业的热门话题，越来越多以 AI 技术为基础的供应商涌现，促进了便利店行业供应链创新（见图 27）。

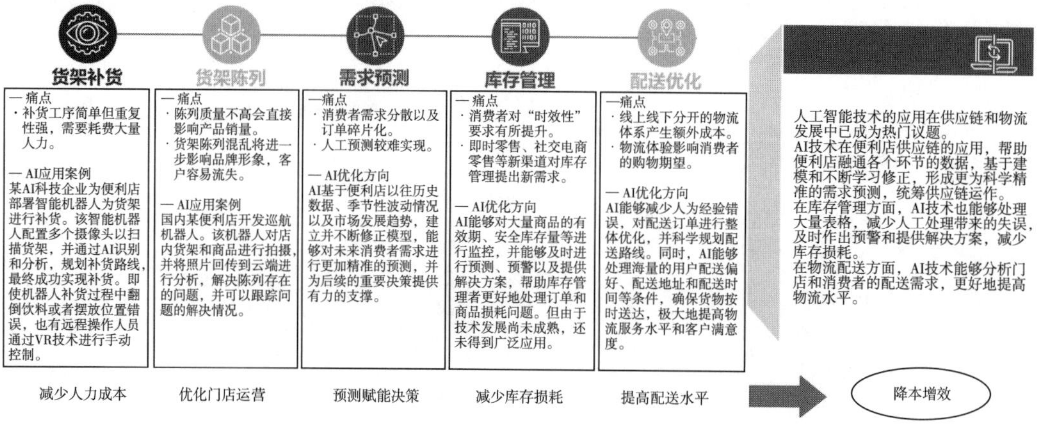

图 27　AI 技术助力企业供应链运营降本增效

信息来源：公开信息整理，毕马威（中国）分析。

（四）组织提效

在数字化转型的过程中，便利店企业实施扁平化管理、跨部门协同、数字生态构建、文化建设加强等策略，助力企业实现组织架构的重构与优化（见图 28）。

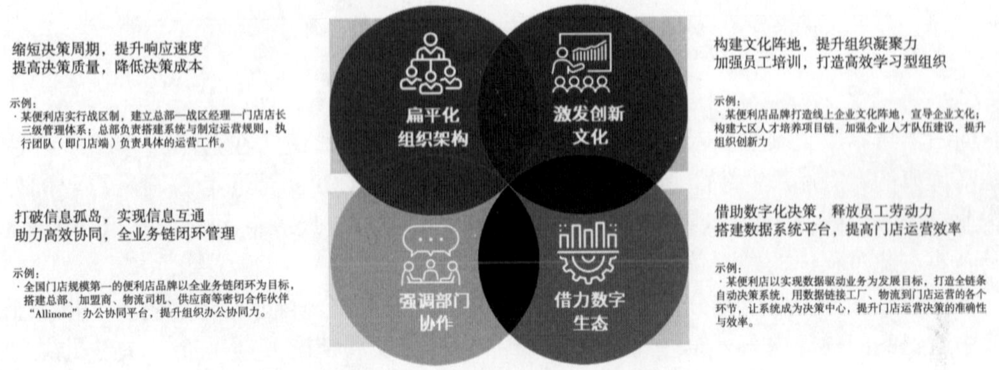

图 28　为组织能力的建设提质增效

信息来源：公开信息整理，毕马威（中国）分析。

2023 年中国商超自有品牌案例报告

回归零售本质，聚焦商品力，已成为当前行业企业的共识。在这个过程中，打造优质、高价值的自有品牌①商品，是不少企业发力的重点。CCFA 通过走访调研行业优秀代表企业，深入了解各企业的自有品牌开发，特别是如何打造爆款商品、明星商品的案例，以及企业在此过程中的经验总结和思考，供行业参考。

本报告正文分为两个部分，涵盖企业自有品牌开发案例，行业趋势和特点，以及企业实践中遇到的问题等内容。第一部分为自有品牌市场发展情况和行业企业关注的共性问题，供大家探讨。第二部分为明星商品开发案例，列举了开市客（Costco）、盒马、罗森中国、山姆会员商店、唐久便利、天虹、永辉超市、伊藤洋华堂、元初食品、永旺中国10 个行业代表企业的自有品牌商品开发案例，涵盖生鲜、熟食、包装食品、酒类、服装等品类。希望能为零售企业自有品牌商品的探索和实践提供有益参考。

一、自有品牌市场发展情况和行业企业关注问题

（一）零售企业自有品牌市场发展情况

近年来，受经济环境和生活成本支出的影响，消费者越发谨慎理性，购买高性价比的产品意愿增强，不少国家和地区的自有品牌市场占有率得到提升。

由于通货膨胀导致商品价格上升，2023 年，英国超市自有品牌产品的销售速度是品牌产品的两倍②。

2022 年，自有品牌在欧洲依然保持增长态势，包括德国、法国、西班牙、意大利在内的欧洲十七国自有品牌的市场占有率（销量占比）、销售额占有率均值都超过前两年，其中 2022 年市场占有率同比 2021 年增长 0. 8 个百分点、销售额占有率同比增长 1. 4 个百分点③。

2022 年全年，美国自有品牌的销售额增长了 11. 3%，几乎是知名品牌增长的两倍（知名品牌全年增长了 6. 1%），自有品牌的年销售额增加了 232 亿美元，助力美国零售渠

---

① SB/T 10619 — 2011《零售业自有品牌开发与经营管理规范》中定义的自有品牌（Private Brand）是指“以零售企业的商标、企业名称、零售企业另外独立注册或转授权的商标，作为产品商标或品牌的形式；并根据零售企业所订立的产品规格及质量要求，或根据零售企业许可使用的其他具有知识产权的配方、工艺、设计等技术手段，由生产加工厂商所生产的产品。”

② ESM-European Supermarket Magazine：Private-Label Sales In UK Growing Twice As Fast As Branded Goods：NIQ。

③ 尼尔森 2022 年欧洲自有品牌数据。

道销售总额达到2286亿美元，创下历史新高①。

目前，自有品牌开发作为零售企业寻求经营突破、创造自身价值的重要途径，为越来越多的中国零售企业所重视。中国连锁经营协会发布的2018年、2019年、2020年、2021年以及2022年的中国超市Top100数据显示，Top100企业的自有品牌销售占比呈逐年上升趋势（见图1）。

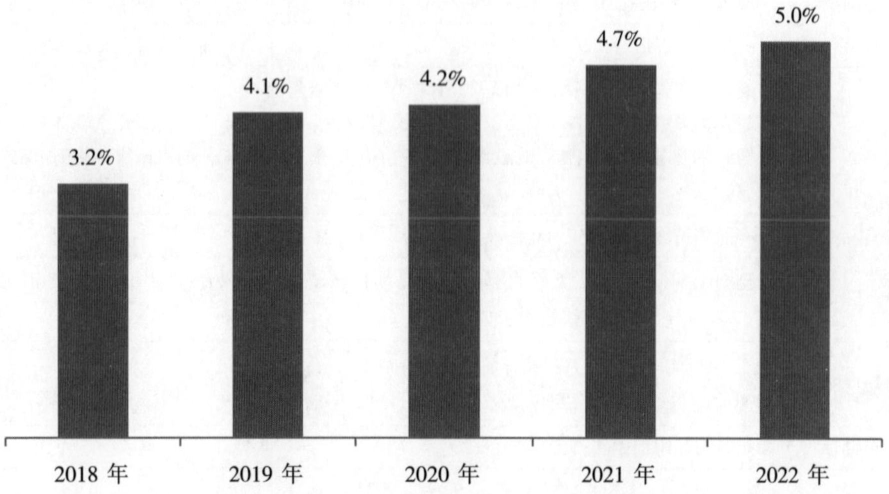

图1　中国超市Top100企业自有品牌销售占比情况

2019年中国超市Top100数据显示，2019年中国超市Top100企业自有品牌开发力度进一步增强，每家企业平均拥有自有品牌SKU数865个，比上年增长了32.3%，销售占比从3.2%上升到4.1%，平均提高了28.1%。

2020年中国超市Top100数据显示，2020年中国超市Top100企业平均拥有自有品牌SKU数900余个，销售占比达4.2%。

2021年中国超市Top100数据显示，2021年中国超市Top100企业自有品牌商品销售占比近5%，单品数与销售占比连年稳步提高。

2022年中国超市Top100数据显示，2022年中国超市Top100企业自有品牌商品销售占比达5.0%。

尽管国内超市自有品牌相对起步较晚，但是发展迅猛。例如，中国连锁经营协会发布的2016年中国连锁百强的数据显示，2016年，开发自有品牌的百强企业超过80家，自有品牌单品数平均为1200个，销售占比接近5%。

在本报告第二部分所选取的10个自有品牌明星商品开发案例中，涉及9家2022年中国连锁Top100企业，其中，8家Top100企业的2022年销售额总计约为2412亿元（不含山姆会员商店、元初食品的销售数据），占2022年中国连锁Top100企业销售总额的12.4%。表1为10大代表企业的自有品牌发展情况。

① 美国信息资源公司IRI数据。

表 1　10 大代表企业的自有品牌发展情况

代表企业	自有品牌开发情况	未来计划
唐久便利	截至 2022 年年底，唐久便利店拥有自有商品 SKU 200 个。自有商品的销售占比为 28%（其中，完全自有品牌商品的占比为 20%，联合研发自有商品的占比为 8%）	自有品牌销售占比达 60%，其中 FF 日配商品占 50%，非日配商品占 10%左右
罗森中国	2022 年，自有商品销售占比 36.4%左右	—
天虹数科	天虹自有品牌销售占比近 10%	自有品牌销售占比达 20%～30%
永辉超市	永辉超市 2023 年半年报显示，2023 年上半年，永辉自有品牌实现销售额达 19.5 亿元，同比增长 15.2%，占总营收的比重达 4.64%，贡献线上业务收入比重达 22.5%	未来 5 年，永辉超市自有品牌商品在货架上的占比能够达到 10%～20%
元初食品	自有品牌销售占比 50%～60%	—
盒马	截至 2022 年 10 月底，盒马自有品牌商品类目已经达到 1200 多种，销售占比达到 35%	到 2025 年，自有品牌销售占比达 50%
成都伊藤洋华堂	截至 2023 年 3 月，成都伊藤洋华堂自有品牌 SKU 超过 1300 个，累计销售额达到 9.2 亿元，占比为 8%	—
山姆会员商店	山姆自有品牌的销售占比 30%左右	—
永旺	2023 年 6 月，日本永旺（AEON）宣布，2022 年其自有品牌销售表现达到历史最高峰——1.3 万亿日元的销售额，折合约 650 亿元人民币。在日本本土市场，永旺自有品牌占比达 30%左右	未来 5 年，在中国市场，永旺衣、食、住所有类别的自有品牌销售占比合计达 50%
开市客（Costco）	2021 财年，Costco 旗下自有品牌“Kirkland Signature”的销售额超过 590 亿美元，同比增长 13.4%，占其总销售额的 31%	—

数据来源：企业调研数据、财报数据、媒体公开报道。

《2022 年中国自有品牌蓝海战略白皮书》数据显示，在过去两年间，消费者对自有品牌认知度显著提高。在被调研的消费者中，知道自有品牌概念的比例从 2019 年的 74%提升到了 2021 年的 92%；50%的消费者能准确说出自有品牌的名称；35%的消费者在过去半年购买过自有品牌；未购买自有品牌的消费者中，87%对尝试购买持开放态度。该报告还显示，消费者愿意推荐自有品牌，愿意尝试更多品类，并认可自有品牌产品的多样化优势①。

需要注意的是，尽管近几年国内零售企业加大了对自有品牌商品的开发力度，但与欧美发达国家的零售企业相比（例如，Costco 在 2020—2021 财年，销售额达 1920.52 亿美元，其 Kirkland Signature 品牌占公司总销售额的 31%，约 590 亿美元），中国零售企业的自有品牌起步较晚，目前还处于初级发展阶段，无论是自有品牌的商品开发、管理还是销售规模，国内零售企业还有很长一段路要走。而这背后涉及零售企业内部对商品的认知水

① 《2022 年中国自有品牌蓝海战略白皮书》（自有品牌产业研究院与达曼国际咨询、数字 100 合作发布）。

平、供应链能力、品牌策划、营销能力以及组织机构建设等一系列问题。下文以分析当前国内零售企业在自有品牌开发中所遇到的难点和问题为重点，并结合国内外企业案例，以供行业探讨和参考。

（二）制定清晰的自有品牌战略，提供始终如一的价值主张

定位不同、发展阶段不同的零售企业，其自有品牌战略各有不同。对于一些自有品牌处于起步期，或者瓶颈期的零售企业而言，如何做好自有品牌战略，是企业面临的挑战之一。

《2023中国自有品牌经理人调研报告》显示，42%的自有品牌经理人认为自己企业的自有品牌战略模糊①。

从行业观察来看，当前一些本土零售企业在自有品牌开发中，由于处于跟随、模仿阶段，存在自有品牌覆盖多个档次、不同档次的品牌之间区分不清晰、自有品牌战略经常变化等问题。此外，一些零售企业的自有品牌团队和商品销售团队对于自有品牌的战略、价值主张的理解不同，可能导致自有品牌商品的最终落地效果不尽人意。例如，原始状态型、基础型自有品牌与中端自有品牌的定位模糊，价格差异小，消费人群、品类产品相似。

一般而言，零售企业的自有品牌可以在四个消费主张中进行选择：原始状态型、跟随型、高端卖场品牌型和价值创新型②。此外，从行业实践来看，不少零售企业的自有品牌矩阵在纵向通常分为大众、中端、高端三个层次，在横向则根据垂直品类进行细分。

例如，截至2022年年底，永辉自有品牌已经搭建了覆盖中高端全线的“6+1”品牌矩阵，包括“馋大狮”“永辉农场”“田趣”“优颂”“辉妈到家”“惠相随”“Ofresh”，涉及干杂日配、生鲜、饮品休闲、清洁家居、快手菜等多个品类。永旺则针对细分客群，在“TOPVALU”特慧优主品牌之外，还衍生出了“TOPVALU Best Price”“TOPVALU Gurinai”“TOPVALU SELECT”等自有品牌。

无论是选择单一品牌，还是多品牌策略，零售企业在开发自有品牌时都需要制定明确的开发标准，以及给消费者提供清晰的、始终如一的价值主张。

例如，尽管目前元初拥有多个自有品牌商标，但元初更希望消费者记住的是元初食品SUNGIVEN FOODS这一服务品牌，希望消费者形成整体印象，对服务品牌产生信赖。元初食品的自有品牌其实就是一套价值体系，给用户传递“品牌基于生活理念”的价值主张，即“质优价实”。此外，从成立之初起，元初的自有品牌定位就是国际标准、全球同步。每款自有品牌商品都备有厚厚的产品手册，从源头到终端各个环节的国际国内标准、法律法规和操作指南，以此指导自有品牌开发。尽管每款自有商品的产品手册内容会有差异，但有一点始终不变，那就是自有品牌商品始终“坚持最大程度的原生态、少处理、少添加”，这也是元初希望传递的价值。

---

① 《2023中国自有品牌经理人调研报告》（上海市自有品牌协会、自有品牌产业研究院发布）。

② 《自有品牌：狼来了》（*Private Label Strategy: How to Meet the Store Brand Challenge*），哈佛商学院出版公司出版。

（三）为自有品牌开发提供组织保障

目前，在本土零售企业的组织架构中，自有品牌团队从属于采购部是主流形式，也有部分零售企业将自有品牌作为独立部门，与采购部并列。

从行业企业实践看，企业的组织架构和制度流程不清晰会导致内部沟通成本高，自有品牌开发存在内部阻力等一系列问题。例如，在一些零售企业内部，自有品牌部门和常规的采购部门往往处于博弈的状态，容易造成部门之间的矛盾与内耗。双方会因为 KPI、商品的引进、汰换、商品陈列和促销活动安排等方面产生矛盾，这也阻碍了自有品牌的发展。

最近几年，一些实体零售企业把自有品牌提到了重要战略位置，并在组织架构上给予积极支持和保障，对自有品牌产品的开发、制造、营销等一系列活动进行统筹管理。

例如，自有品牌发展一直是永辉公司发展战略的重要组成部分。2022 年，永辉自有品牌部成为公司的一级部门，受到自上而下一致高度重视。目前，永辉自有品牌部已经搭建了以产品研发部为中心主导商品开发，协同品类规划部进行自有品牌年度商品开发计划制订的组织架构体系。在天虹，自有品牌部门与品类采购部门是并列的关系。在做全年自有品牌计划时，由自有品牌部门和品类采购部门一起参与，品类采购部门主导计划，自有品牌部门负责开发。

调研发现，尽管有部分零售企业未成立独立的自有品牌部门，但它们也通过相关制度和体系的建立保障自有品牌的发展。

例如，唐久便利目前没有设置专门的自有品牌商品开发团队，其按照品类经营计划进行商品开发的探索。在管理体制方面，以品类经营计划为体系，通过宣传、培训、沟通等各项协作和辅助措施为机制，并制定相应的食品安全管理、人员管理、商品管理、供应商管理等制度来保障商品触达消费者的时候是消费者想要的（包括口味、价格、包装设计等）。

（四）提高商品认知，开发满足消费者需求的商品

在自有品牌开发上，当前国内部分零售企业已由最初的简单模仿发展到如今加大研发创新，为消费者提供差异化、高质价比的自有品牌商品。但是，仍有部分零售企业的自有品牌还停留在价格低廉、简单模仿的跟随阶段。这些企业向制造商以低价采购商品，简单印上自有品牌的商标，把它们摆上货架，依靠门店客流和货架位置来确保销售，至于商品的研发、市场研究、广告促销、包装设计等方面，则是制造商、厂商的事情。

随着消费者消费行为和消费喜好的变化，以及电商平台、社区团购的崛起，渠道的多元化、可选择性、碎片化进一步加剧，分流了部分消费者，那些对消费者没有吸引力的自有品牌商品自然就堆满了货架和仓库。

因此，当一些零售企业开始重视商品力，想要为消费者开发更具价值的自有品牌商品时，却发现由于过去过度依赖制造商和厂商，企业自身对消费者的需求，对商品的认知远远不够。

消费者究竟需要什么样的商品？还有哪些消费需求未被现有商品所满足？哪些品类商品适合开发？商品开发应该采用什么样的标准？如何在价格、质量和独特性中取得平衡？

此类自有品牌开发问题困扰着不少零售企业。

有区域零售企业表示，当它们想开发红酒品类的自有品牌时，却发现团队中没有人了解红酒知识，也不知道该如何有效地向消费者传递这类自有品牌商品的价值。

也有零售企业反馈说，企业自有品牌的湿纸巾虽然质量好，但由于沟通不到位，导致该商品的包装设计没有吸引力，销售远低于门店售卖的包装更为时尚的品牌商湿纸巾产品。

由于商品认知能力的不足，一些零售企业开发的自有品牌产品的同质化严重，企业难以捕捉消费趋势和市场变化，开发出的自有品牌新品无法满足消费者的需求，或者开发出的新品市场接受程度低。

《2023中国自有品牌经理人调研报告》数据显示，81%的自有品牌经理人认为自有品牌工作存在各种挑战，其中“产品创新”是最大的挑战，占37.1%①。

近年来，消费者喜好和消费需求发生变化，消费者越来越关注更健康、可持续等方向的产品，零售企业可以针对这些方向，为消费者提供他们想要的自有品牌产品和生活方式。

例如，原生态、少处理、少添加是贯穿元初自有品牌研发和选品的主线逻辑。元初自有品牌的乳制品，如奶酪、酸奶、奶片等，去除色素；儿童爱吃的零食，如冻干水果，蒟蒻果冻等，通过跟工厂沟通调整配方，去除香精。天虹自有品牌在产品开发上，更加注重适合儿童食用的健康商品。甄选天然原料，少添加、无负担，如天优蒟蒻果冻系列、天优山楂棒、天优牛初乳奶棒等，配料表简单没有添加剂，满足家长和儿童们对健康零食的需求②。

（五）重视品类管理对自有品牌的规划和杠杆作用

过去几年，自有品牌在国内实体零售行业中的热度很高，但企业在开发过程中往往会陷入一些误区。比如，简单选择卖场中厂商品牌的高销量产品，或是同行做得不错的自有品牌产品进行开发，再或者是求多求全，提出不切实际的目标。还有一些零售企业在门店中用自有品牌商品替代一线品牌商品。但实际上，不少顾客会更喜欢一线品牌。

此外，由于一些零售企业在自有品牌开发时，缺乏清晰的品类管理流程，导致在部分品类上，企业自有品牌产品和厂商品牌产品的价值主张可能发生重叠，无法形成差异化，从而削弱自有品牌产品的价值。

因此，做好品类管理，对于自有品牌的开发尤为关键。通过调研行业企业，与行业专家进行交流，我们总结了做好品类管理的几点建议。一是按顾客需求和消费者的购物行为对门店商品分组管理。比如，企业的目标顾客是哪些人？他们的生活状态有什么变化？他们有哪些需求未被满足？企业的产品有哪些地方可以超越他们的期待？他们的购物行为受什么样的影响？二是从市场格局、竞争格局和市场趋势进行判断。比如，当前哪些品类处于比较好的成长期，哪些品类处于衰落期等。三是提高企业自身的经营能力。要知道企业擅长哪些方面，团队有什么样的优秀品质等。企业需要有多方面的经营能力，去理解和满

① 《2023中国自有品牌经理人调研报告》（上海市自有品牌协会、自有品牌产业研究院发布）。
② 《CCFA2023年度健康消费实践最佳案例》（中国连锁经营协会）。

足消费者的需求。四是品类分组的商品在门店中承担不同的角色。在分配门店经营资源时，要以品类角色和贡献为依据，顾及主、客观两方面因素。

调研发现，一些零售企业正通过品类管理开发自有品牌，从而帮助企业提高利润，提高顾客满意度。

以天虹为例，天虹自有品牌在过去 16 年的发展中，摸索出了自己的经验，即开发自有品牌，要从整个品类结构的角度，从整体 SKU 数、消费者决策树、品牌结构、自有品牌发挥的角色等去输出自有品牌的开发计划。

从品类管理的角度来看，顾客购买决策树分为转身层（没有这个品牌或产品，顾客就会转身离开）和替换层商品（价格相当、产品互相可以替代来满足顾客的商品）。天虹的做法是：精简一些可以被替代的品牌商品，配置自有品牌商品；一些功能导向强、品牌属性不是很强的小类，全部用自有品牌商品。天虹自有品牌主要围绕以下三个方向进行开发：一是提供更高质价比的商品，聚焦核心民生品类；二是提供更多天虹的差异化商品，满足天虹主要消费群体的消费升级和品质生活需求；三是打造商品力，持续推进战略大单品计划，提升顾客口碑和影响力。

（六）建立系统化的质量管理体系

在与制造商的合作中，零售企业如果只是片面地关注价格，对产品质量关注不够，那么自有品牌的产品质量将难以得到保障。此外，由于缺乏开发品类的知识或技能，一些企业在自有品牌商品的开发过程中，无法向供应商提供有建设性的意见，对自有品牌商品的研发和生产过程也很难做到全系统、全流程的把控。

国际自有品牌咨询公司（IPLC）曾分享了一个腌黄瓜的例子。如果对作物保护得不够，或者没有行之有效的质量管控体系，果蝇的幼虫也许会侵蚀作物以及最终产品。那些为了成本省去作物保护过程的农民也许不会因此遭受损失，但是以低价包销这些产品的零售商会遭遇严重的质量问题。从表面看，这些腌黄瓜与未被污染的腌黄瓜之间并没有明显的不同，但果蝇幼虫很有可能已经进入了果实，在完整的货运过程中，黄瓜会被幼虫侵蚀，顾客们会纷纷投诉，零售企业会为此付出较大的代价。召回产品的代价高昂，在补运新货期间，也没有其他可用产品，对这些召回产品，零售企业也无法得到退款①。

因此，在自有品牌开发中，零售企业要建立一个系统性的体系，真正做到对产品质量的全系统、全流程的管理和把控。

例如，伊藤洋华堂的“看得见的放心”品牌开发有三个阶段：审查、监察和检查。包括且不限于对书面、实地的检查，对产地的指导及改善以及对商品的认证。

以“看得见的放心”品牌的苹果开发为例。在苹果开花的时候，要在现场确认和把握当年度产地的气候状况、栽培规模，并进行产量预估。在苹果成熟的时候，要再去现场确认产品特点，并预估当年和上年的差额，还要看看农事记录、用药记录、采摘的情况记录。在苹果采收环节，需要远程确认。涉及人工成本、包装形态、商品标准预估和售价预估。在苹果出货时，要去现场确认。进行标准确认、物流环节的确认，如缩短物流链路，保证商品以更好的鲜度提供给顾客，还有对净售价和商品的确认。全部流程完成后（苹

① 《经营自有品牌——来自欧美市场的实践与调查》（东方出版社出版）。

果完成销售后），还需要再去场地或者通过远程方式与种植方复盘种植状况，进行销售状况反馈，如多大的果径受到顾客的喜爱，是条红还是片红的苹果更受顾客喜欢。通过这一流程进行自有品牌商品的开发和跟进。

此外，与国际成熟管理体系和标准合作也是一种保障自有品牌商品质量行之有效的方法。中国连锁经营与海洋管理委员会（MSC[①]）联合发布的《2020 年零售业自有品牌与可持续海产品发展报告》显示，在欧美国家，自有品牌作为各个零售采购的黄金标准（Golden Standard），要求一般高于其他同类商品。

例如，在自有品牌海产品开发中，欧美零售企业普遍将 MSC 标准作为其海产品采购的主要指标，并在海产品自有品牌开发中积极应用，不仅能够促进海产品的规范化管理，还将可持续消费理念与企业自有品牌理念紧密结合，向消费者传递出品牌价值观和诉求。欧美一些知名零售企业还专门就海产品可持续采购做出了承诺，如 Sainsbury's、Aldi、Tesco、Walmart、Whole Foods 等。

以原德国麦德龙旗下的高端超市品牌 Real（Real 已于 2020 年被 Edeka 和 Kaufland 的母公司收购）为例，Real 将企业社会责任作为其重要发展议题，秉承“可持续采购”理念，建立了强调当地采购、公平交易和生态保护的可持续采购政策。这些政策涉及包括海产品、可可在内的 8 大品类，既建立了多项内部标准，还广泛采用了包括 MSC 在内的 20 多项外部标准。在海产品采购方面，Real 意识到不仅全球渔业捕捞面临过度捕捞的威胁，养殖业也遭到外界对其工作环境、抗生素使用等方面的质疑。因此，Real 在 2012 年就建立了其海产品可持续采购政策，这些政策包括：关注可持续捕捞方式、杜绝非法捕捞、增加认证海产品（MSC，ASC，有机认证）、增加延绳钓捕捞产品、清楚标示产品信息（捕捞区域、养殖方法等）、下架有争议的濒危海产品（除非获得认证）。

据悉，截至 2020 年 6 月，仅 Real 在售的自有品牌 MSC 标识产品就达到 78 个。MSC 认证为 Real 的海产品经营带来了巨大的变化，这些变化主要包括：一是制定符合 MSC 标准的内部管理制度，推动了冰鲜柜台的规范化管理；二是在产品上标识产品的可持续性，倡导可持续的海产品消费；三是通过店内海报、社交媒体传递可持续渔业信息，加强了与消费者的沟通。

（七）尊重生产加工商，加强合作，实现共赢

在自有品牌开发过程中，越来越多的零售企业认识到供应链以及与生产加工商建立长久战略合作伙伴关系或良好关系的重要性。

但是，仍有部分零售企业与生产加工商的合作是简单的货品采购模式，对成本和价格的片面关注，缺乏对产品开发的沟通交流，或是缺乏提供消费者需求等相关数据，导致最终生产出的产品不尽如人意。此外，由于部分企业缺乏对产品知识和产品生产流程的了解，也使企业与生产加工商的沟通交流往往并不顺畅。一些零售企业自有品牌品类管理或自有品牌开发团队的不稳定性，也会影响其与生产加工商的合作。

---

① MSC 作为全球推动可持续渔业（野生捕捞）标准的应用及生态标识项目的非营利组织，其可持续渔业标准的开发符合联合国粮农组织（FAO）以及国际可持续标准联盟（ISEAL）的最佳实践要求，也是目前唯一被可持续海产品倡议（GSSI）认可的全球范围内野生海产品认证项目。

如何与合作方（如供应商、生产加工商）建立良好的关系？一些国际知名折扣零售企业的做法是，将供应商视为专家并予以尊重。例如，Lidl 和 Aldi 等折扣店的做法是，采购人员、董事和门店员工往往会多年保持不变，这让他们能够了解产品和市场相关知识，对产品品类有深入的理解，并通过加强合作分享知识①。

CCFA 调研显示，已有部分零售企业通过不收进场费、准时结算账款、建立良好的合作关系等方式，带动合作伙伴（如生产加工商）一起进步，实现共赢。

例如，在自控供应链的过程中，元初特别注意合作方（如供应商、生产加工商）的利益维护。从 2011 年在厦门开出第一门家店起，元初就坚持不收供应商进场费、准时结算账款，并带动合作方一起进步。

截至 2022 年年末，罗森在中国大陆市场一共有 45 家合作工厂。在罗森内部设有一个制造管理部，制造管理部会到合作工厂中去指导工作，帮助工厂提升商品品质、提高生产效率、提升利润、推动商品信息共享。例如，在大连工厂做得好的商品，制造管理部就会把它的信息共享到重庆的工厂。与其说制造管理部是为了罗森，不如说是为了工厂而存在的一个部门。罗森正是通过这些方法，保证自有商品的持续生产。

在自有品牌开发上，唐久便利选择合作生产加工商的标准和条件：首先是意识和能力同频，具有“匠人精神”，对食品行业专注、热爱，同时，自身重视食品安全、对商品品质有一定的要求，只有以上两条能经过唐久便利采购人员的实际评估合格的生产加工商才能够进入唐久便利的考虑范围；其次是自主研发能力、生产技能和管理水平等。

如何与合作伙伴实现共赢？唐久便利有三点举措：一是合作方向、目标统一，关注顾客需求的最优解决；二是日常合作求同存异，对双方合作之间的事宜多以 MD 会议的形式勤沟通，多共识思维意识和方式方法，尊重各个企业之间的特性，同时又保持基本做法和标准的一致；三是追求卓越，共同成长，每年度对双方都提出一些针对性的学习计划或具有难度的课题式项目进行解决，合作双方共同学习，研究解决，促进双方在意识和技能上的共同进步。

（八）多种举措高效营销

在自有品牌的开发上市过程中，产品上市只是完成了一小步。如何把这些堆满货架的自有品牌产品卖掉，是当前不少企业在自有品牌开发中遇到的挑战之一。

事实上，产品的广告营销、社交媒体渠道、门店的服务质量、购物环境等都可以提高顾客对于自有品牌产品的认知。相比于通过价格、促销、广告、货架位置来推动购买的传统营销方式，现在一些零售商正通过更高效的方式或者渠道，如试吃、私域会员群、门店员工的介绍，传递自有品牌的背后价值和故事。

在试吃方面，山姆会员商店是一个典型例子。在试吃上，山姆很舍得“成本”。例如，在山姆会员商店，南美白虾一年的试吃量就曾达到 15 吨。此外，只是试吃并不能满足会员的需求。为了让会员对陌生的食材产生兴趣，让不懂烹饪的会员掌握更好的烹饪方法，山姆还专门打造了专业厨师坐镇的“山姆厨房”，以及在门店随处可见的工作人员现场加工产品，以此帮助会员更加方便地掌握烹饪知识和方法，购买食品回家后自己也能烹

① 《自有品牌革命——欧洲市场研究与实践案例》（ILPL 我爱自有品牌译，上海交通大学出版社出版）。

任出味道可口的饭菜。

调研显示，越来越多的本土零售企业，如盒马、永辉、元初等，通过加大卖场自有品牌商品的试吃力度，让顾客了解并信赖自有品牌商品，从而产生购买行为。

此外，一些零售企业通过在卖场、会员社群、微信公众号、企业 App 等不同渠道展示自有品牌背后的故事，如如何选择产品产地、如何采购产品，产品执行标准等，让顾客对自有品牌产生信赖。

例如，当产品终于经过前期开发进入卖场后，为了顾客对“看得见的放心”的自有品牌有所认知、对项目有所理解，伊藤洋华堂对商品在门店的陈列和媒体物进行了相关标识。媒体物更多讲的是产品的品种、使用了什么农药、经过了多少轮检测等信息。同时，顾客也可以从电脑端、手机端检索和扫描与商品的生产者、生产相关的所有信息。通过这种方式告诉顾客产品的安全性，让顾客安心。

元初在企业微信公众号发布文章，讲述椰子水采购背后的故事，让顾客了解元初的供应链优势和价格优势。此外，元初认为，自有品牌商品是用来社交、炫耀，还是自用，针对的只是服务场景，而不是某个层级。不能让任何顾客从认知、心智上感受到差异。例如，元初为回馈顾客，推出了临时性标识——“元初爱你”，如 33 颗生蚝售卖 15.9 元，消费者花 150 元就能买 10 箱回去。在自有品牌传播和营销上，元初没有广告费，而是通过上述方式让顾客记住该品牌，产生情感上的链接。

在自有品牌的营销传播上，与知名 IP 联名合作也是一种不错的方式。罗森就很擅长 IP 营销。自 2011 年在中国市场引进 IP 合作营销模式以来，罗森已经合作过的 IP 涉及动漫、电影、足球、游戏等多个品类。据悉，罗森与 IP 的合作形式主要有三种：IP+活动，IP+品牌，IP+IP。具体而言，IP+活动，主要以集点活动的形式来体现，会员购买一定量的指定商品即可免费兑换罗森和 IP 定制开发的周边。IP+品牌，以快闪店和主题店来呈现，近年来，为了获得更多年轻的消费者，罗森还和各大游戏 IP 合作，如米哈游的《原神》、叠纸游戏的《恋与制作人》、网易的《第五人格》和《蛋仔派对》。IP+IP 的形式，则是罗森通过与其他 IP 方合作，定制内容、商品、体验，最终达到品牌曝光、获取新客、老客复购的效果。例如，罗森与《崩坏 3》手游的合作案例，主旨就是让游戏人气主角琪亚娜穿上了罗森的制服，开启一段打工之旅。同时罗森还展开了集点活动，玩家可获得周边+虚拟道具。罗森方面认为，在合作过程中，需要考虑的最重要方向是在合作之后能否让消费者感到愉悦，而不仅仅是销售。

不同于单一零售企业，蚂蚁商业联盟（以下简称蚂蚁商联）是一个由 100 家企业组成的，横跨全国 29 个省（市、自治区），涉及大卖场、综合超市、便利店等各种零售业态的联盟。它不仅给成员企业提供自有品牌商品，还帮助成员企业梳理一整套自有品牌的解决方案，如帮助企业制定自有品牌的战略，打造自有品牌的文化，建立自有品牌的组织架构、绩效考核制度，构建一个销售系统。

在蚂蚁商联内部，有一个代号“蚁店”的落地项目，这是蚂蚁商联自有品牌整体解决方案的集中展现，它集成了蚂蚁商联自有品牌商品的组合、陈列和营销体系，为商品的营销提供了全面的解决方案。当蚂蚁商业联盟的商品在成员企业门店售卖时，蚂蚁商联不仅会提供基于 52 周 MD 的陈列指导手册，指导企业进行场景化陈列，还会给出相应商品的助销工具和多种营销策略，来打造多场景、系统化的解决方案。

二、明星商品开发案例

（一）唐久便利：打造饭团、烤肠等本土化鲜食

没有谁会否认鲜食对于便利店的重要意义。但当饭团、烤肠等鲜食品类几乎成为连锁便利店品牌的标配时，如何打好手中鲜食这张牌，如何凭借差异化产品在越发激烈的市场竞争中突出重围，成为不少便利店品牌思考的问题。

唐久便利在当地收获了更多消费者的青睐。这背后可能是一个个充满家乡味道的小饭团，一根根脆软Q弹的烤肠，一杯杯香气四溢的咖啡，链接起了消费者与唐久便利店的情感。

不同于唐久便利总部所在的太原，西安是一座人口流动较大的旅游型城市，在这个关中平原的核心城市，会聚了来自五湖四海的人们。唐久便利从2010年进军西安市场到现在，门店数量已超过400家。对于唐久便利来说，如何不断满足这些消费者的需求，是商品研发的重要出发点，这也是其能够在异地市场牢牢深耕并不断扩大发展的核心原因之一。

1. 用美食传递情感

事实上，如何让顾客通过唐久的自有品牌商品，感受到其所在城市的包容和情感，是唐久便利一直在努力做的事情。

以饭团品类为例，唐久便利的商品引进和开发都是通过品类经营计划制定经营战略和方向。在制订品类经营计划时，唐久便利首先会对客群的属性进行分析。面对这些来自五湖四海的顾客，唐久便利有没有生产出他们所熟悉的米种的味道？

因此，饭团品类开发的第一层就是通过调研，根据唐久便利消费者的不同来源地，评判出唐久便利需要主打的是哪些口感的米种，以此区分饭团的特性，如东北米种的饭团、西南米种的饭团、东南米种的饭团。通过这样的方式，让身在外地的消费者，尝到来自家乡的味道（见图2）。

图2 唐久便利饭团

把客层定好后，唐久再设定不同的使用场景，如作为零食的补充场景，作为一顿饭的主食场景，还有针对抖音、小红书等社交媒体渠道的节日、节气营销场景。此外，唐久还要考虑每一种饭团的口味、口感、规格、包装等内容。

其实，最初开发饭团产品时，唐久仅仅是对产品进行简单的口味调整，没有完全考虑到客层需求。但是现在，在开发自有商品时，唐久首先会通过消费者、市场情况、企业数据、供应商厂商调研四项评估，制订品类经营计划，对品类进行定性。

比如，唐久的主要消费者是谁？消费者会在哪些场景使用这个品类？在这个品类之下，再考虑产品的定位、味型、规格、克重、包装等。目前，仅饭团这个品类，在唐久的单店日均销量（PSD）就已达到60个，并且还在持续增长中。

2. 抓住需求细节

在本土连锁便利店，烤肠也是最常见的一款商品，但就是这款看似简单普通的烤肠，却成为唐久利润持续增长、打造差异化产品的利器。

在西安的夜宵市场，麻辣小龙虾销售非常火爆，很受当地消费者喜欢。于是，西安唐久便利的商品部团队决定从烤肠入手，开发一款麻辣小龙虾的烤肠。经过数十次打磨，在2020年6月，唐久正式推出了麻辣小龙虾烤肠，一经上市就取得了单店突破日均320根的销售业绩。同年，唐久还推出了水蜜桃烤肠、泡椒烤肠、鱿鱼烤肠，辣条烤肠等一系列流行口味产品的上市，均取得不错的销售业绩（见图3）。

2022年，唐久的商品研发人员发现，一些消费者购买烤肠时会比较纠结，原因是一根吃不饱，但买两根又吃不了。于是，唐久又开发出大软Q拔天肠系列，将烤肠规格提升至100g。目前，唐久的大软Q烤肠系列已经形成了从口味、规格上多样的变化，受到更多消费者的喜爱，同时也为唐久每年带来5%~10%的同比增长效益。

图3　唐久烤肠系列

从最开始关注口味到追求肉的含量，从肉的含量到肉的品质和健康，再从口味的多样性到为了满足顾客需求推出大软Q拔天肠系列，每一次烤肠变化的背后，都是唐久对于顾客需求的捕捉和不断满足，在合适的时机对烤肠的突破和创新。

3. 唐久商品开发的三个重点

首先，对于唐久而言，自有品牌要做出差异性和特色，就一定要做好前期对目标消费者的调研和对品类分类的定性工作，要有一套基于品类管理的标准流程或技术。在唐久便利店，自有品牌产品不只是贴牌生产挂有“唐久”标识的产品，而是想给消费者和社会提供有价值、能满足需求且能带来消费情绪价值而不断复购的商品。

其次，唐久和供应链条上的各个合作方做好配合，不断磨合，如让工厂更好地理解商品开发的语言。以唐久曾经开发的爆浆面包为例，唐久希望消费者第一口咬下去，要有“云一般的感觉”“有幸福的感觉”。但这个感觉究竟是什么样的？这就需要唐久的研发人员把这些意向化的表达用具体的数字，或者成分进行表达。要有云朵般的感觉，能不能类似某种棉花糖的口感，在咬下去的爆浆瞬间，爆汁就充满整个口腔，这需要找一个类似的产品让工厂的工作人员有直观的体会。

最后，企业内部的小 MD（包括企划、营运、电商、采购）会议很重要，各方都要做好各自的专业和配合。目前，唐久便利店拥有自有商品 SKU 200 个，其中包含完全自有品牌 SKU 120 个和联合开发的自有商品 80 个，全部为食品类商品。截至 2022 年年底，唐久便利自有商品的销售额占比为 28%，其中，完全自有品牌的占比为 20%，联合研发自有商品的占比为 8%。

（二）罗森中国：网红甜品的开发

进入中国市场 27 年的罗森便利店，收获了众多年轻消费者的青睐，也被便利店同行看作是可以参照和学习的行业标杆，“让消费者感到愉悦”是罗森所做一切的出发点。

消费者端最容易感知的，是罗森打造的一个又一个网红商品，如持续长红的冰皮月亮蛋糕（见图 4）。一般新商品的寿命在 6 个月到 1 年，但是冰皮月亮蛋糕自 2016 年推出后一直火到现在，罗森还不断对这款产品进行优化，推出新口味，如榴梿味、蜜桃味、生巧味，很受消费者欢迎。

图 4　罗森中国冰皮月亮蛋糕

罗森非常重视商品研发，在罗森看来，如果没有顾客想要购买的商品，没有差异化的商品，不能够保证顾客需要的东西，只依靠店铺自身的新颖，顾客是不会来店的。

商品开发从市场调查开始，先要确定目标对象有哪些人。选定目标对象，需要他来选择什么？需要他来认同罗森什么呢？罗森会针对不同消费群体做不同的产品开发。比如，对于20多岁的女性，对于“新奇特”产品感兴趣的年轻人，哪些甜品才是最好的？哪些才是他们愿意分享的？

接下来则是价格，设定一个什么样的价格比较合适？这个商品有哪些类别、尺寸规格，有多少利润等都是罗森必须要考虑的因素。罗森必须了解这个商品到店铺的成本构成，也要假设顾客需要什么商品，包括商品到店铺后应该如何进行陈列这些细节。比如，价格太贵的甜品不适合便利店，罗森的甜品要离消费者需求更近，要容易通过社交网络、用户口碑传播分享。

当然，把流行的东西尽早商品化，把标准化的制造方法用于罗森在全国各地的工厂也很重要。比如，2019年，脏脏包开始流行时，罗森就迅速把它商品化，并在全国门店铺开。而第二年一些同行反应过来才开始推出脏脏包时，它的热度已经开始下降了。

在这个过程中，特别重要的是，要考虑如何与供应商打造双赢关系。

罗森中国表示，事实上，便利店企业想做的商品和工厂想做的商品完全相反。便利店想做的是品种丰富、量少，更新频度较高的商品。而工厂方面想要做的是品种较少、批量较大，能够稳定生产且畅销的商品。因此，不仅是罗森的便利店业态，被称为制造型零售的业态都要跟供应商、工厂建立良好的合作关系，双方能够互相理解尊重，才能实现双赢。

（三）天虹：品类销售 No.1 天优五常大米的打造

近几年，天虹的自有品牌商品取得了不错的成绩。2022年，天虹的自有品牌销售额达8.5亿元，同比增长11%，销售额占比近10%，SKU数近1500个，涵盖粮油副食、食品饮料、日用百货、生鲜蔬菜等多个品类。在民生品类，天虹打造出了品类销售排名靠前乃至排名第一的自有品牌大单品，如大米、食用油、纸巾、鸡蛋等。为持续满足中高端顾客的需求，天虹还开发了西洋参片、燕窝粥等滋补养生类产品，以及酱香型白酒等产品，在自有品牌供应链上实现了新品类突破。

天优五常大米就是天虹所打造的战略大单品的代表（见图5）。作为天虹大米品类销售排名第一的自有品牌产品，天优五常大米的售价在14~18元/千克，不是最便宜的大米，但很受天虹的消费群体青睐。

天虹是如何打造出这款品类 No.1 产品的？有几个关键点：一是要做好品类规划，二是质量一定是生命线，三是在营销环节要加大对商品价值的营销。

从品类角度看，天优五常大米在开发之初，就需要梳理和考虑商品结构中已存在的五常大米、东北大米品牌产品情况。天虹的目标客群是中高等收入的家庭，天虹自有品牌的定位是高质、优价，因此，在开发自有品牌产品时，就需要寻找和选择符合定位标准的优质产地和价值观趋同的生产商。

图 5　天优五常大米

位于黑龙江省的五常市，具有优质的大米种植资源，当地生产的五常大米被誉为“稻米之王”。为解决消费者对市场上五常大米“贵”和“假”的痛点，给天虹消费者带来美味健康的生活方式，2020 年，天虹从源头出发，在五常定向锁定 5000 亩五常大米基地。为从源头上确保大米的品质，天虹从选种—种植—生产加工—仓储—运输—销售等实施全产业链品质管控，建立“一品一码”质量追溯体系。天优五常大米从种植到销售全过程需要经过 8 个环节 99 道工序的标准化流程。

在与生产企业的合作上，天虹也有极为严苛的标准。生产企业要具有ISO 22000或HACCP 认证，是所选品类中的头部生产企业，其产品要符合品质消费者的需求。天虹和生产企业双方志同道合，都追求质量和高标准。合作前，天虹会委托第三方专业机构对生产企业进行审核、检查验证，评审通过后，才会进行合作。

商品上架前，会有专业机构对产品进行全项目检测，产品送检合格才会上架销售。商品上架后，天虹也会对产地、工厂不定期地进行飞行检查，将产品送检专业机构进行检测。

在销售过程中，天虹还会邀请顾客参加自有品牌商品做质量感知调研，让顾客给商品质量提意见。天虹还建立了一支专业质量管理团队，策划、培训、指导门店主动开展质量管理工作。

在营销方面，有几个要点：首先，要让顾客知道有哪几个品牌是天虹的自有品牌，包括自有品牌给顾客提供了哪些价值。其次，加强对战略大单品和新品的营销，通过大单品和新品让顾客对该品牌产生认知心智。最后，在线下和线上渠道给予品牌更多露出，营造专属的卖场氛围，参与活动营销。

以天优五常大米为例，天虹不仅在线下卖场和线上渠道给予该商品更多露出，突出天优五常大米高质、优价的特点，还开发了一款250克的试用装，以换购的营销手段，让顾客试用和了解该款产品，最终实现产品的价值转化。

现在，天虹自有品牌的销售占比在10%左右，未来2~3年的目标是占比达到20%~30%。但前提是要让每一款开发的自有品牌都被顾客认可，要稳扎稳打发展。

（四）永辉农场：打造生鲜自有品牌的背后逻辑

永辉超市作为民生超市的代表企业，“生鲜”一直是其核心竞争力。在塑造了强有力的渠道化品牌之外，永辉想要带给消费者的不止于此。

1. 找到消费者心智产品

最近几年，走进永辉门店的消费者，很容易被一些爆款产品吸引，如“永辉农场”推出的辽宁丹东“99红颜”草莓、三红蜜柚18mm+、大果径高原蓝莓产品、藤玉蜜瓜、板栗南瓜、沙地蜜薯等。

“永辉农场”是永辉旗下的自有品牌之一，以新鲜蔬菜、水果、肉类、水产品类为主，开发全年性产品和季节性热门产品，打造强产业化地带，发掘核心产地核心产区，开发极具辨识度的地标性产品。

从永辉自有品牌开发的经验来看，做好生鲜自有品牌，首先要洞察消费者心智，筛选品类。比如，在不同的季节、时令，找到消费者想要的水果，并锁定核心产区，选取最优产品。

辽宁丹东东港椅圈镇地处北纬40°的黄金草莓生长带，是国家级的草莓产研中心和最大的优质生产基地。“永辉农场”的丹东草莓就来自这里，并选择了国内消费者认知度较高的辽宁丹东“99红颜”草莓品种进行开发。

“永辉农场”主推的三红蜜柚是“皮红、瓤红、肉红”的高品质品种，只选择漳州平和县小溪、山格、坂仔等黄金产区的柚子。这几处的柚子树几乎都是有20年以上树龄的老树，结的果实皮薄、多汁、少籽，酸甜适中。从2023年9月10日上市至10月下旬，1个多月时间，三红蜜柚单品销售额已突破1000万元，同比增长超30%。

占领消费者心智的另外一个重点，就是做生鲜不能怕麻烦。以“永辉农场”开发蓝莓的经验为例，“永辉农场”洞察到消费者希望能够常年吃到蓝莓，而不是只在特定季节才能吃到。因此，永辉自有品牌开发团队会选择在不同时间段，锁定核心产区，为消费者提供优质的应季蓝莓。比如，在4—6月，为消费者提供的是来自云南的高原蓝莓；在6—9月，又转移采购地点，提供鲜枝蓝莓；在12月，则是通过永辉全球供应链，采购来自智利的蓝莓，确保消费者全年都能吃到品质稳定的蓝莓。

据悉，目前永辉在全国各地有超过800个直采点及多个自建产地仓，遍布全国31个省区。

2. 保证产品品质的稳定性

为了保证产品品质和供应的稳定性，“永辉农场”通过“订单农业+源头直采”方式，选择与业内Top排名前列的果品合作社合作开发，与产地种植户签订种植协议，就产品的品种、品质、规格、采收时间提出要求，并全程跟踪种植生长过程。

比如，“永辉农场”的丹东草莓采用了暖棚种植、人工调节温湿度、蜜蜂授粉等方式，以此保证草莓能够自然成熟。等到培育的草莓成熟后，“永辉农场”也有一套严格的筛选标准，只选果形圆润饱满、呈标准圆锥形、平均单果重大于20g的自然成熟鲜果。

对于农产品消费市场而言，葡萄是最主要的水果品类之一。我国也是世界最大的鲜食葡萄生产国和消费国。阳光玫瑰这一来自日本的青提品种，因其外表青翠、果肉含玫瑰香味，成为近几年发展迅速的葡萄品种，销量年年攀升。

为保证最优品质，“永辉农场”对国内几大主产区的气候、土壤、种植面积等进行多维度的考察，最终在四川、江苏、湖南选择最优产区建立专属种植基地，针对基地管理，还制定了“建园、整形修剪、花果管理、土肥水管理、病虫害防控、采后管理”6大标准。

在对阳光玫瑰的采收上，“永辉农场”也有一套严苛的标准，比如，需要选择日照充足、靠山向阳的核心产区果园，灌溉水源要纯天然无污染，种植标准严格按照6大标准执行，须满足一藤一串、单串果粒饱满、每粒重量超10g、玫瑰香浓郁、下树糖度在16度以上，串型适中，品质可与日本阳光玫瑰相媲美。

另外，调动种植农户的积极性也很重要，在“授人以鱼”的同时，还要“授人以渔”。在对生鲜蔬果进行源头直采时，“永辉农场”不仅会给农户高于市场平均水平的收购价格，在种植过程中，永辉的采购员还会将先进的种植理念和经验传递给当地农户，并且会定期到基地查看剪枝情况、定穗形状、果子长势、上色趋势，监督基地严格按照“永辉标准”进行作业和生产。在这个过程中，当地农户的思维也发生了转变，从追求单次利益到追求可持续经济效益。

3. 生鲜供应链的降本增效

“永辉农场”在打造生鲜产品时，极为强调和突出“源头鲜”的概念，为的就是让消费者能够在最短时间内，品尝到从源头运输到门店的高品质、新鲜的生鲜产品。

草莓果壁脆弱，磕碰受损后容易腐烂，运输途中自然温差变化也易造成草莓变质或冻损。当“永辉农场”的丹东草莓经过层层筛选从产地出发运往门店，在运输过程中，这些采摘后的草莓会通过严格的打冷温度设置，经由全程冷链控温运输，最大程度保证了草莓的新鲜度。

而当草莓被摆上门店货架时，消费者往往会担心盒装底部无法看到，坏果或损耗面被隐藏。针对这一痛点，永辉研发推出了360°可视化硬质PVC防震包装，这款包装不仅能够最大程度降低草莓在运输过程中的损耗率，还能让消费者在门店选购时可以清晰地看到草莓的新鲜程度，大大提升了消费体验。

得益于近年来数字化技术的创新运用，在采购生鲜产品时，永辉不仅可以通过AI算法预测订货，进行销量预测，还能指导门店订货，降低库存周转天数，降低缺货率。此外，永辉生鲜供应链还将上游采购、物流运输、冷链系统、门店到家等全环节打通，打造了高效的供应链体系。比如，蓝莓从采摘到消费者端销售，在48小时内就能完成全流程。

目前，在永辉已搭建的自有品牌矩阵中，包括“永辉农场”“馋大狮”“田趣”“优颂”“辉妈到家”“惠相随”“Ofresh”多个品牌，涉及生鲜、干杂日配、饮品休闲、清洁家居、快手菜等约160个品类，1000多个SKU。2022年，永辉自有品牌销售额达32.7亿元，同比增长23.40%。

（五）元初食品：打造爆款商品椰子水

总部位于福建省厦门市的元初食品，是一家定位于“健康三餐提供者”，主推自有品牌商品、自建零售渠道、自控供应链的食品连锁企业，社区生鲜超市是其核心业务，拥有数千个 SKU、超过 2000 家合作供应商和全球范围内的 3 个产品研发中心。

从成立之初，自有品牌就是元初发展的核心重点。近年来，元初的自有品牌销售占比始终稳定在 50%~60%。

自有品牌的本质是什么？从元初的实践来看，自有品牌其实是一套价值体系，最终是要给用户传递自己基于生活理念的价值主张。元初将其总结为“质优价实”四个字。

在基础价值之上，元初自有品牌的开发还要体现对消费者理解的个性化价值，要理解消费者的心智。当元初的品类经理每开发一个自有品牌商品时，都必须画出客户心智触达图，讲清楚该款商品的开发逻辑。

以元初开发的产自越南的自有品牌椰子水为例，最近几年，椰子水在饮料界大放异彩，因其低热量和高电解质，很受消费者追捧。元初开发自有品牌的椰子水，除了关注解渴的基础食品功能，更满足了消费者的交流、炫耀、分享的社交需求。

元初的品类经理会结合细分需求、场景、消费人群对商品进行详细的划分，涉及商品的包装、元素和定价。避免“大路货”，形成差异化的供给。

由于椰子水的颜色及风味会受椰子产地、季节等因素影响而产生差异，一些生产商会采用添加蔗糖的工艺平衡口感。但元初采用的是 100%纯天然的椰子水，不添加一勺糖，并会在包装上告诉消费者产品颜色及风味差异的原因（见图 6）。

图 6　元实椰子水

自有品牌开发中的另一个不变定律则是最优产地。比如，椰子水的最优产地在东南亚，元初的研发团队深入东南亚各国，走访越南、泰国、马来西亚等多个椰子产地，最终确定以来自越南湄公河流域的青椰为原料。

元初食品起源于2001年创立的厦门天酬进出口有限公司（天酬企业），主要为全球食品进口商及超市提供专业的亚洲食品采购服务。正是这段经历，元初食品积累了丰富的供应链资源和供应链能力。这也使得元初可以做到全球组合供应链资源。例如，上述的椰子水曾经做到全球最低价，原因就在于其供应链是共享欧洲市场的订单。

在运营逻辑上，元初是弱营销、重会员，极为注重顾客体验。在元初卖场，没有导购，也没有打折促销活动，而是各种试吃，让顾客更好地了解自有品牌商品。

元初的椰子水一经上市，就销售火爆，2022年，元初的椰子水销售量约为40万瓶。在元初食品超市大卖的同时，还接到很多国内批发和国际贸易的订单，这也使得元初能与供应商重新谈判，在保证品质的同时，拿到更好的采购价格。好东西不贵，元初的这款椰子水，其价格在中国、北美都保持了优势。

在自控供应链的过程中，元初还特别注意供应商利益的维护。从2011年在厦门开出第一家门店起，元初就坚持不收供应商进场费，准时结算账款，并带动合作方一起进步。良好的供应商关系维护，是爆款商品持续存在的重要因素。

（六）盒马：打造网红爆品冰醉小龙虾

不少零售企业透露，预制菜是企业当前正在发力的重点品类，或是未来自有品牌发展的下一个重要品类。以盒马开发的网红爆款产品“冰醉小龙虾”为例，看看盒马开发预制菜自有品牌商品背后的逻辑。

1. 打造夏季爆品冰醉小龙虾

2023年4月底，盒马上线了研发许久的“醉新鲜”系列预制菜，如冰醉黄蚬子、鲍鱼、八爪鱼、墨鱼仔、蟹钳等小海鲜。“醉新鲜”系列的成功上线，背后是盒马在预制菜技术上的突破。

盒马利用轻断生工艺，通过控制漂煮的水温和时长，让经过漂煮的海鲜内外保持一致且鲜嫩的口感，并且针对不同海鲜的入味特点调整配料，在保证食品安全的同时，也保持冷泡海鲜的口味稳定。正是得益于这一技术，在2023年夏天来临之时，盒马与中国梅酒品牌“梅见”联名打造了“冰醉小龙虾”（见图7）。

常见的冰醉海鲜多用陈年花雕调味，但这样做出来的冰醉海鲜久置后酒味过重，容易发苦，不适合搬上零售货架。于是盒马的采购部尝试将花雕换成了青梅酒。

在口感上，梅见青梅酒具有青梅原味的清爽特点，酸甜解腻。小龙虾搭配梅见青梅酒、话梅和柠檬，梅子酒的香味与话梅的甘甜、柠檬的果香相互碰撞，甜而不腻，一口下去满嘴的果香和酒香，冰爽的口感又激发了小龙虾的鲜甜。不仅解决了此前的口味问题，消费者的接受度也很高。在小红书、抖音等社交平台，甚至还有不少用户分享和交流对“冰醉小龙虾”底料的二次使用，如用来拌面、拌菜等，口感也很不错。

“冰醉小龙虾”与梅见青梅酒的奇妙碰撞，让不少微醺轻度潮饮的主要受众女性消费者加入进来，和小龙虾品类的爱好者一起，在炎炎夏日，约上三五好友一起吃夜宵，嗦虾喝梅见，释放压力，共享微醺的快乐。

图 7　盒马冰醉小龙虾

盒马预制菜团队主要从以下几个方面入手：与农林牧渔领域的顶尖原料企业合作，获取一手新鲜、优质、安全的食材；与头部央厨合作，让预制菜生产标准化；与拥有先进食品技术专利的高校合作，解决生物保鲜、口味还原度、技术创新等难题。

2. 鲜制预制菜背后的能力

“预制菜不好吃、添加剂乱用、口味还原度低、不新鲜、没营养……”这些都是预制菜行业长期以来存在的痛点和偏见。由于入局者水平参差不齐，产品端一直存在食品安全难控、品种单一、味道还原度不高等痛点。

事实上，当下行业面临的最大机遇与挑战是即食品的还原度。预制菜的成功，则依赖于食品工艺及技术的持续进步。

从 2017 年开始，以盒马工坊品牌为代表的鲜食预制菜正式出道，如今全渠道的预制菜品类月均在售达到 1000 多种，分为多种温层和多种形态：即食、即烹、即热、预拌菜、即配净菜。

针对预制菜的痛点，盒马用真正的科技围绕产品下功夫，推动预制菜的品质升级。“好吃”是盒马升级预制菜的一个方向。

围绕“好吃”，盒马通过诸如蔬菜杀青、分子料理包埋、射频杀菌、预热锁鲜等一系列技术，让预制菜的口味还原度大大提高。2023 年，来自江南大学的青稞破壁技术就被盒马采用，做成了八宝饭、粽子。上海海洋大学、中洋鱼天下合作的“去腥技术”解决了鱼类做成预制菜后腥味过重的问题，也被用到更多盒马的水产预制菜中。

盒马主打的冷鲜短保预制菜，储存温度在 0℃ ~4℃，保质期在 4 天左右，这背后则是更高的冷链物流运输成本和供应链门槛。过去 5 年，盒马在全国建起了 300 条鲜食供应链。从 2022 年开始，盒马在全国各地自建的供应链中心也相继投产。得益于供应链体系的支撑，盒马可以跟随时令快速切换菜单，为消费者提供既新鲜又应季的鲜食预制菜。

盒马鼓励产品的创新，基于多年积累的互联网和数字化能力，以及对消费需求的更细微洞察，盒马会不断推出满足消费者需求和喜好的预制菜产品。据悉，盒马预制菜新品每个月的更新率在15%左右。一款预制菜新品从研发到上市最快在20天以内，但如果遇到有技术需要攻关的商品，耗费时间则会相对较长。基于新鲜、新奇、新场景三个维度，盒马会加速预制菜的新品开发，打造品质化和差异化的预制菜。

（七）伊藤洋华堂：打造“看得见的放心”品牌

最近15年，中国零售业快速发展，线上线下新业态、新模式层出不穷。成都伊藤洋华堂发现，只有商品才能强化品牌，只有通过商品开发，打造出成都伊藤洋华堂的独有性，才能增强消费者与成都伊藤洋华堂的黏性。

目前，成都伊藤洋华堂一共有5个自有品牌在销售。一是侧重安全、安心的生鲜食品品牌“看得见的放心”；二是侧重原料、制造方法，特别是对制造方法讲故事、品牌价值传递的加工品牌“伊藤品质”；三是侧重日常使用效率高的商品“每日伊藤”；四是与日本伊藤洋华堂共同导入“7P”（SEVEN PREMIUM）品牌；五是导入与7-ELEVEN共同开发的“7S”（SEVEN SELECT）品牌。

以“看得见的放心”品牌为例，向大家介绍伊藤洋华堂自有品牌的开发和运营过程。

1. “看得见的放心”品牌开发理念

“看得见的放心”的开发理念是，“用可视的形式将放心提供给顾客”同时“缩短产地与顾客之间的距离”。通过网络把产地与成都伊藤洋华堂在促进食品的安心、安全方面相互协助展开的工作公之于众，可以提升顾客的放心感，拉近与顾客的距离。

2. “看得见的放心”品牌开发维度

“看得见的放心”从2013年推出到现在，已开发出15个品类，139个SKU。成都伊藤洋华堂的自有基地涉及中国10个省份、27个市/地区，35个基地。

“看得见的放心”品牌主要从3个维度进行开发。一是蔬菜，对标绿色有机商品种植标准；二是采用纯正的种子，一直坚持采用原培的日本种子向农户推荐；三是，“看得见的放心”的产品，主要是蔬菜、水果、大米，用这些原材料加工比较有特色的寿司、便当以及半成品。

2013年—2016年，是“看得见的放心”发展的第一阶段，成都伊藤洋华堂采用的是山东基地提供的蔬菜。第二阶段是2016—2022年，随着中国农业种植水平和物流的发展，成都伊藤洋华堂把更多产地集中于云贵川，通过既存的供应商寻找优秀的产地资源，以提升开发和销售效率。第三阶段是2021年至今，随着中国农业发展逐渐实现了规模化、标准化和品牌化，成都伊藤洋华堂开始重点与龙头企业进行合作。

目前，成都伊藤洋华堂在拥有的五个自有品牌下，建立了统一的品牌标准，涉及加工标准、制造标准、品质标准、信息标准等。同时，成都伊藤洋华堂内部建立了自有品牌商品认证委员会，为保证自有品牌的每个商品的附加值都处于同一水平，开发的商品都必须通过认证委员会的认证。

3. 自有品牌发展计划

截至2022年年底，成都伊藤洋华堂的自有品牌商品共涉及179个商品群，超过1500个SKU，累计销售额为9.2亿元。2022年，销售占比达8%。未来，成都伊藤洋华堂会重点增加自有品牌商品的开发，计划 2026 年达到构成比 30%的销售目标。

自有品牌商品开发的第一阶段，伊藤洋华堂解决的是消费者对缺斤短两不信任感的痛点；第二阶段，解决的是消费者对食品安全的诉求；第三阶段，通过细化市场，根据市场来提供附加价值。未来，自有品牌商品的开发方向，除了味道、品质、健康以外，伊藤洋华堂还会针对便利、进口、紧贴地区、环境应对等方面进行开发。

（八）山姆会员商店：Member's Mark 葡萄酒的开发

2000 年，山姆会员商店把自有品牌 Member's Mark 引入中国市场，几乎涵盖所有品类。从商品开发、品质控制到定价，都体现了山姆的品牌价值。

在开发前期，山姆利用全球采购资源，精选、优选产地和供应商，只有通过严苛检验的供应商才有资格与山姆合作，山姆要求自有品牌对标知名品牌商品的品质，且必须具有极具竞争力的价格；在开发过程中，山姆有严格的品质控制和对细节的要求；商品正式上架后，山姆会不间断地进行抽查，确保有效的监督和控制商品质量。

从 2018 年开始，山姆将自有品牌 Member's Mark 葡萄酒引入中国，Member's Mark 葡萄酒来自世界经典核心产区。在山姆会员商店，人们可以一站式地“游历”不同产区，选购不同风格的 Member's Mark 葡萄酒。由于是直接与海外酒庄合作，Member's Mark 葡萄酒具有高品质、高性价比特点，深受山姆会员的青睐，销售额连续几年保持着双位数增长。

1. 源头优选

葡萄酒在市场上有很多种类，但如果没有专业的知识和技能，消费者就很难挑选出最适合自己的酒。

为了保障 Member's Mark 葡萄酒的品质，山姆从源头优选与把控，葡萄酒只选经典产区的经典品种，为会员带来高品质、高性价比的酒款。山姆不会选择入门款葡萄酒，所有葡萄酒均来自 15 大经典核心产区，如勃艮第、夏布利、普罗塞克等。

法国的勃艮第是全世界公认的出产最高品质、最高价格黑皮诺和霞多丽葡萄酒的产区。山姆在选择勃艮第葡萄酒时颇费心力，推出了自有品牌酒款，包括马朗日 La FuSSiere 园（一级园）干红、勃艮第法定产区（大区级）干红。

山姆在精选波尔多产区的酒款时，从波尔多大区到波尔多村级产区都有酒款供购物者挑选。

意大利的葡萄酒最为纷繁复杂，其葡萄酒等级从高到低依次为：DOCG（优质法定产区葡萄酒）、DOC（法定产区级葡萄酒）、IGT（地区餐酒）、VDT（日常餐酒）。而在 DOCG 等级中，有五大类葡萄酒“ABBBC”：“Amarone”阿玛罗尼、“Barolo”巴罗洛、“Barbaresco”巴巴莱斯科、“Brunello di Montalcino”蒙塔希诺布鲁奈罗、“Chianti Classico”经典基安蒂。山姆选择了几款最具意大利特色的葡萄酒进行自有品牌开发，如托斯卡纳产区的经典基安蒂葡萄酒、皮埃蒙特产区的巴罗洛葡萄酒、瓦坡里切拉产区的经典阿玛罗尼红葡萄酒。

选酒还要考量消费者的消费场景，如节日派对、生日宴会、好友相聚、庆功宴等。例如，起泡酒是派对或庆功的必备，山姆店的起泡酒汇集了香槟产区、西班牙卡瓦、意大利普罗塞克三大起泡葡萄酒，各种口味、各种价格一应俱全，给会员充足的选择。山姆在售的 Member's Mark 珍藏香槟来自法国颇具名气的香槟法定产区杜洛儿酒庄。

美国是新世界葡萄酒探索精品化、高端化的代表，美国葡萄酒的主要产区集中在西部的几个州，包括加利福尼亚州、华盛顿州和俄勒冈州。依托沃尔玛总部的资源优势，山姆会员店的美国葡萄酒可圈可点。其自有品牌的酒款有：产自加州的老藤仙粉黛干红，产自纳帕谷 Rutherford 法定产区的干红（赤霞珠、梅洛、小维铎混酿），产自紧邻纳帕谷的索诺玛产区的霞多丽干白和黑皮诺干红。

2. 专业化选品与开发

由于同一酒庄在不同年份的葡萄酒都有口感差别，山姆采购团队会深入产区，实地考察每个酒庄的种植情况，再经过多次对比和挑选后，指定年份、指定酒庄、指定酿造方式的酒才能被列入 Member's Mark。

据悉，山姆每一位酒类采购员都有 WSET 资格认证（WSET 全称“Wine and Spirit Education Trust”，译为“葡萄酒与烈酒教育基金会”）。WSET 目前是全球流行的葡萄酒及烈酒课程提供者，也是当今中国大陆地区葡萄酒行业广泛认可的资质认证。Member's Mark 葡萄酒均由具有 WSET 资格认证的专业采购员甄选，为会员筛选出各个产区最高级别酒款。

此外，Member's Mark 葡萄酒需经过多轮盲测，由专业的品酒师共同筛选。例如，意大利有 400 多个 DOP（原产地名称保护）产区的葡萄酒，但只有不到 2%的产区符合山姆标准；西班牙的 70 多个 DO（法定产区）中，只有 1 个产区符合山姆标准。山姆正是凭借精益求精的选品标准，选出最符合中国会员口感的高品质商品。

得益于拥有全球化、专业化的采购系统，山姆大量采用直采、自有品牌的方式，从海外酒庄直接采购葡萄酒、威士忌，保证品质的同时，还可省掉中间环节的成本，对比市面上相同品质的葡萄酒，Member's Mark 葡萄酒更具有价格优势。

近年来，山姆会员对配餐葡萄酒需求更加日常化，尝试各类产区酒种的意愿更高，中青年尤其是“80 后”“90 后”逐步成为葡萄酒消费的主力人群。这个人群往往生活方式多样，不再局限于宴请才喝葡萄酒，对饮用葡萄酒的乐趣、多种场景都有要求，山姆会围绕会员的生活方式研发酒类商品，让山姆的葡萄酒去适应会员日常的饮食方式，打破了喝葡萄酒必须配西餐的常规认知。

例如，Member's Mark 卢瑟福赤霞珠和洛迪老藤仙粉黛口感饱满，稍微甜美、果香浓郁的风格对搭配的菜式有较高包容度；适合中式围餐的传统，Member's Mark 索诺玛黑皮诺红葡萄酒有着浓郁的果浆香味，适合搭配冷盘甚至是螺狮粉，属于搭配宵夜的惊喜选择；Member's Mark 桑格利亚配制酒则以红葡萄酒为基底，加入水果香料配置而成，可以搭配香辣的火锅，或者加入水果和冰块成为鲜甜的自制开胃酒，适合聚会。

为了让会员能够深入了解葡萄酒相关的知识，山姆特别在店内设立了品酒区，由专业的资深品鉴师坐镇，根据会员家庭饮食习惯和喜好推荐适合他们的酒，或者相关的菜肴，如牛肉、海鲜等。

（九）永旺中国：开发具有中国特色的自有品牌服装

服装一直是永旺自有品牌开发的重点品类。据 CCFA 的调查，过去永旺中国尝试将日本永旺开发设计的商品直接导入中国，在两国同时售卖，但此举似乎并未受到中国顾客的欢迎。而据永旺中国商品部总经理所述，近年来永旺开发的自有品牌服装商品开始打破发展瓶颈，有了不错的表现。

在日本市场，永旺推出的自有品牌服装商品的目标客群是35~50岁的消费者。但在中国，永旺门店较为聚集在广州、深圳等年轻人较多的城市，这些商品并不能满足当地顾客群体的需求。此外，中国消费者对颜色和款式的喜好与日本消费者有着不小的差异。

于是，最近几年，永旺中国通过加强对中国区域自有品牌服装的开发和革新，推出了更符合中国消费者需求的商品。最为典型的例子是，2023年入夏后国内多地持续高温，永旺推出的自有品牌夏装就取得了不错的销售成绩。由冰感棉T面料或空气层面料制成的T恤、短裤、裙子等夏装，因其轻薄透气、功能性强、色彩搭配舒适清爽、款式简洁，而深受消费者欢迎。

在国潮风的流行下，永旺特别针对中国市场，推出了具有国潮风范的服装，如带有精美刺绣花卉的中式长裙、带有中式盘扣的中式T恤、印有中式书法的国潮印花T恤，其配色和设计都颇具中国风格。

据悉，在产品开发前期，永旺会对顾客的购买意愿及决策做深入的调查研究，以获取设计感，并积极听取顾客及店铺营业员的意见，同时研究流行趋势，把握潮流方向，从而研发出更适合中国消费者的风格和款式的服装。

刚进入中国市场时，永旺自有品牌的商品都是在日本研发设计和生产后再出口到中国市场销售。最近几年，为满足中国消费者的不同需求，永旺的一些自有品牌产品也开始转移到中国市场进行研发、设计和生产，不仅价格更优且质量保持一贯水准。

永旺极为注重服装的面料和舒适感，精选功能面料、超长棉等优质原料，并严格筛选生产工厂。在这个过程中，永旺的自有品牌开发人员、品质管理人员会一起商讨商品面料的安全性，添加物的使用以及制作方法是否恰当等。

除了对生产工厂以及物流运输进行严格把控外，永旺还委托第三方进行品质把控。例如，对工厂进行商品检查以及卫生调查，不定期委托第三方机构“突然拜访”，抽检品控情况等。

不同于一些商超卖场，自有品牌服装堆积在花车等简单的陈列方式，当消费者走进永旺卖场挑选自有品牌服装时，从柔和的灯光、原木色的木质陈列台、用心搭配的服饰上很容易感受到品牌所呈现的时尚与质感。为了提升消费者的购物体验，永旺甚至还会组织各门店围绕当季流行的服饰颜色、搭配等方面进行卖场陈列竞赛，并邀请消费者投票选出最喜爱的陈列样式（见图8）。

事实上，永旺的自有品牌商品从企划、设计、供应商的选定、商品样式的确定，到制造管理及销售的各阶段都是从顾客的角度出发，新品发售后还会根据消费者的使用反馈对产品进行不断地改善更新。

不少市场分析人士认为，在服装商品的品质上，永旺与优衣库、岛村没有大的区别。面对艰难的服装市场，2023年4月，日本永旺发起了新的改革，把自有品牌的服装分成面向年轻人及中老年人等六个专门店卖场，且定价水平低于优衣库。希望通过明确目标客群，从而获得家庭客户及年轻客户的青睐。据悉，该项改革从2023年4月底在日本永旺的船桥店开始试行，到2030年前计划在日本的240家店铺运行这种模式。

图 8 永旺中国自有品牌服装陈列区

目前，永旺在中国市场的自有品牌产品主要分为 TOPVALU、旺选味道、旺选专供以及 Early Bird。不论是在中国市场，抑或是日本市场，未来永旺都会加大对自有品牌服装品类的发力，为顾客带来更多的幸福感。

（十）开市客（Costco）：打造明星商品科克兰坚果

科克兰（Kirkland Signature）是开市客的自有品牌，深受开市客全球会员追捧，现如今也是吸引其中国会员的核心法宝。从食品调料、家居洗护、宠物用品、衣物饰品到旅行及户外设备等多元好物，科克兰的产品覆盖了会员日常生活的方方面面。

开市客年报显示，仅 2021 财年，科克兰（Kirkland Signature）销售规模就达 590 亿美元。在开市客 2022 年财报会上，其首席财务官 Richard Galanti 曾表示，2022 财年，科克兰的商品渗透率约为 28%，并且随着时间的推移，在缓慢而稳定地增长。

近 30 年来，科克兰秉承着“用合理的价格为消费者提供良好的产品”这一理念，持续“进化”。科克兰从生产到销售的所有环节均经过严格把控和反复测试，以确保产品在口感、食品安全、营养成分、耐用度等方面都能满足消费者的需求。

开市客在其中国官网上发布的 2022 年度会员热捧榜显示，规格为 1.13 千克的科克兰无调味综合坚果是深受其会员喜爱的零食类产品。

据悉，科克兰坚果原料来自全球各地二十几个产区，如碧根果来自墨西哥，扁桃仁、夏威夷果、开心果和核桃选自美国，松子来自中国东北。开市客团队极尽所能保持食品原生态风味，使它们具有清新气息与独特口感。具有热带风情的夏威夷、阳光明媚的加利福尼亚、生机盎然的亚马孙雨林，这些地方都可能是科克兰坚果的来源地。

开市客采购团队走访世界各地，走进农业生产社区为种植提供支持，甚至走进生产工厂要求供应商规范生产。

为了得到满足开市客品质要求的坚果，开市客在一些地区主动为农民提供技术培训，与他们分享高效的劳作方式。通过传授更可持续的工作方式，土地的未来生产力得到了保障。从长远来看，农户有了稳定的收入，开市客也因此得到更多、更优质的农产品。这便是科克兰坚果长期备受欢迎的基础。

有了良好的原材料供应，开市客通过多部门紧密合作，确保商品质量。采购团队重点监督坚果从生长到车间制作的完整过程；质量保证部门负责抽样检查，在制造和分拣的过程中采用高规格的质量检查标准，确保仓库中的待售产品符合质量标准；采购团队与质量保证部门每月共同检视产品样品，把好质量关。

在卖场的经营管理上，开市客以栈板模式来完成进货与卖场陈列，达成精简成本以回馈广大会员的目标。开市客在让会员享受优惠价格的同时，也兼顾到了环保。

例如，科克兰腰果的罐子设计从圆形改为方形，每个栈板上放置罐子数从 288 罐增加到 432 罐，可显著减少装载次数。在不改变产品品质和净含量的前提下，新版袋装坚果可大幅减少塑料用量；同时新增可重新密封的密封条，更方便了开封后的食物保存。通过简化包装、回收包装材料等方式，开市客努力减少供应过程中纸板和塑料的使用量，减少资源浪费与环境污染。

自 2019 年开市客在上海开出中国大陆市场首店后，开市客在全国各地接连布局，特别是进入 2023 年后，开市客明显提升了开店速度。截至 2023 年 9 月 25 日，开市客在中国大陆已开出 5 家门店。未来，开市客将持续深耕中国大陆市场。

三、结语

有研究表明，自有品牌市场占有率在经济衰退时上升，经济腾飞时下降，但是这些变化是不对称的，衰退时期的净增长并没有被经济增长时期的净下降所补偿，因为消费者对自有品牌的认知会延续。一旦消费者因为在衰退时期购买了自有品牌商品，并且体验到质量上的提高，不管经济形势如何改变，很大一部分人还是会认可并购买自有品牌商品。自有品牌的上升跨越了商业周期①。

CCFA 调研显示，在自有品牌开发中，一些本土零售企业已从提供高价值发展到为消费者提供高质价比、差异化的自有品牌商品，为消费者带来更美好的购物体验。

当前，我国消费市场的潜力不可小视。这正是零售企业重构自我、蜕变跃升的机会。在新发展格局下，行业企业都在积极探索，寻求创新和突破，回归零售本质，聚焦商品力，积极为顾客提供优质、高价值、高质价比的自有品牌商品。

---

① 《自有品牌：狼来了》（*Private Label Strategy：How to Meet the Store Brand Challenge*），哈佛商学院出版公司出版。

即时零售开放平台模式研究白皮书

当下，即时零售行业依然保持快速增长态势，已然成为“促消费”重要的增长引擎，2023 年“即时零售”一词首次亮相中央一号文件，进一步凸显了其在提振零售消费信心、助推经济稳步增长的关键作用和未来潜力。即时零售已经完成了初期的高速发展，被验证为零售行业成功的商业模式之一。展望到 2030 年近 4 万亿元规模的未来，即时零售从业者更应思索如何在已形成的势能下实现可持续的发展。

中国连锁经营协会联合达达集团共同撰写并发布的《即时零售开放平台模式研究白皮书》聚焦即时零售开放平台模式，以打造可持续发展的商业模式为主题，探讨即时零售商业模式的演进与发展：如何建设一个“共创共享，共生共荣”的生态。以增量价值的多方共赢代替存量价值的零和博弈，不断提升用户体验、优化运营效率，特别是实现生态各方的长期效率提升、业绩增长和价值变现。

该白皮书中展开对国内市场现状分析，提出基于本地化供给侧和需求侧优化的即时零售可持续发展模式的逻辑思路，同时扫描海外市场即时零售领先企业，提炼其可持续发展相关的思考与实践作为参考，最终形成针对国内即时零售开放平台可持续发展的供给侧和需求侧共九条举措。其中，供给侧方案侧重供给“三方生态协同”，在客户洞察、商品创新、联合营销、履约交付和集成服务等方面寻求共创与突破，以期创造长期价值，提升用户体验，扩大行业规模；而在需求侧，希望培养消费者良好的即时零售购物习惯，适度追求需求时效性，或者通过阶梯式的定价付费模式合理地安排履约资源，从而降低履约整体成本，提升即时零售行业中各方盈利表现。

一、即时零售发展趋势与商业模式演进

（一）中国即时零售行业回顾与展望

受益于即时零售开放平台模式及自营模式相关企业业绩的持续提升，即时零售成为一抹亮色，长期保持高速增长。

根据市场数据测算，2022 年我国即时零售市场规模超 5900 亿元，相当于同期社会消费品零售总额的 1.4%、实物商品网络零售总额的 5.0%。2019—2022 年其复合增长率达到 52%，预计在 2024 年整体市场规模突破万亿元。

随着消费习惯的养成与商品品类的线上化突破，预计 2022—2025 年，即时零售市场规模增速为 36%，在 2025 年将达到约 1.5 万亿元。预计到 2030 年，即时零售市场规模有望增长到约 3.6 万亿元（见图 1）。

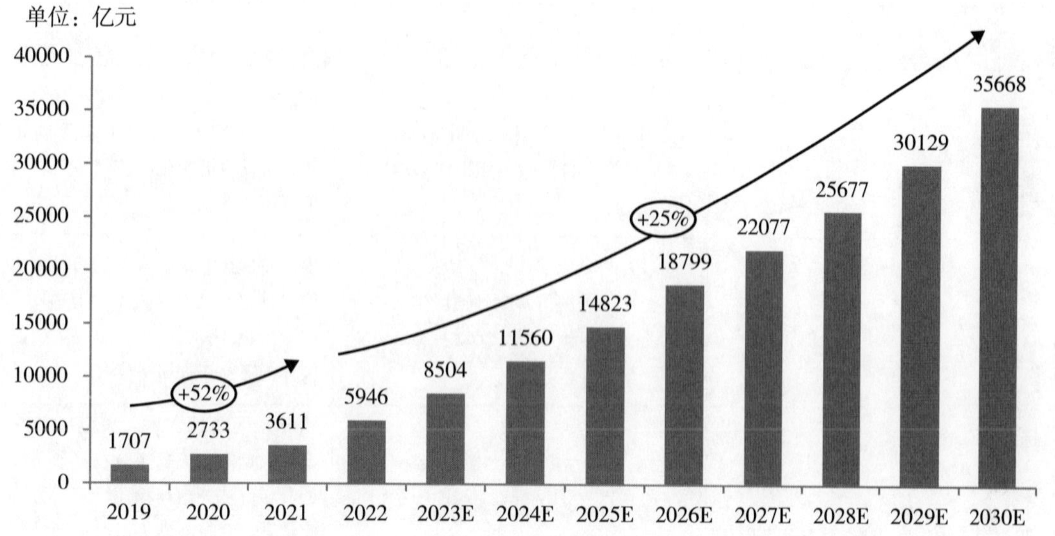

图 1　国内即时零售市场规模及增速

数据来源：CCFA、达达集团调研分析。

（二）即时零售发展意义

总体来看，即时零售发展的意义是提振零售消费信心。即时零售蓬勃发展，不仅源于顾客即时需求场景的真实性、延展性，供给基础设施的可用性、完备性，更在于即时零售在国家政策顶层设计、产业企业发展方向和居民个人消费需求实现了三层面的匹配。

1. 国家政策层面：促消费、畅流通、稳增长

在国家政策层面上，即时零售能够有效激发消费活力，畅通国内经济循环，助推经济增长。具体体现在三个方面：挖掘消费潜力，打造消费新场景；建设现代商业体系，畅通国内大循环；提振零售消费信心，助推经济稳步增长。

近年来国家密集出台多项与即时零售相关的政策文件，为即时零售的健康有序发展提供政策保障，并强调要发挥即时零售在恢复零售消费活力、引导零售业数字化转型、激发县域经济发展等方面的作用。2023 年 2 月，“即时零售”首次亮相中央一号文件，成为国家未来发展重点之一，其重要性得到凸显。本年度发布的《国务院办公厅转发国家发展改革委关于恢复和扩大消费措施的通知》《全面推进城市一刻钟便民生活圈建设三年行动计划（2023—2025）》《中共中央、国务院关于做好 2023 年全面推进乡村振兴重点工作的意见》等政策均对即时零售提振零售消费信心、助推经济温和复苏提出发展指引（见表 1）。

表 1　2023 年国家出台的即时零售相关支持政策

时间	部门	政策名称	重点内容
2023 年 2 月	国务院	《中共中央、国务院关于做好 2023 年全面推进乡村振兴重点工作的意见》	全面推进县域商业体系建设。大力发展共同配送、即时零售等新模式，推动冷链物流服务网络向乡村下沉
2023 年 7 月	商务部等 13 部门	《全面推进城市一刻钟便民生活圈建设三年行动计划（2023—2025）》	支持发展线上线下融合的即时零售模式（平台下单+就近门店配送，就近门店下单+即时配送），赋能实体门店，拓展服务半径
2023 年 7 月	商务部等 9 部门	《县域商业三年行动计划（2023—2025 年）》	积极发展即时零售。鼓励电商平台、大型商贸流通企业在具备条件的县城，依托自建物流、第三方物流体系，对接本地零散的商超、便利店，精准匹配周边消费订单需求，为居民提供高效便捷的到家服务
2023 年 7 月	国务院	《国务院办公厅转发国家发展改革委关于恢复和扩大消费措施的通知》	支持线上线下商品消费融合发展，提升网上购物节质量水平。发展即时零售、智慧商店等新零售业态

信息来源：公开资料。

2. 产业企业层面：数实融合、提质增效、变革创新

在产业企业层面上，作为线上线下融合的消费新业态模式，即时零售有效助力零售行业与企业的数字化转型升级。具体体现在三个方面：即时零售企业数字化升级与实体门店相结合，链接新消费场景；链接供需，提升商品流通及零售运营效率；赋能实体零售，创建新型商业模式。

3. 居民个人层面：多快好省

在居民个人层面上，即时零售进一步丰富了零售“多快好省”的内涵。居民能享受即时零售不断发展带来的丰富的商品品类、高效的履约方式、便捷的服务体验、值得信赖的产品质量以及多方面的实惠和便利。

（三）即时零售发展趋势及研判

伴随着国家政策的有力支持与即时零售规模的高速发展，即时零售呈现三大发展趋势：①在消费群体上，全客群渗透，下沉趋势明显，多元化特征人群逐渐被识别；②在商品品类上，新场景渗透与新消费理念持续带动即时零售渠道各品类销售增长；③在生态企业上，新兴参与者进入即时零售赛道，同时各生态企业通过分钟级履约能力与全渠道服务，定义创新价值主张，提升消费者体验。

在即将迎来万亿元规模的当下，即时零售已在高速发展中完成了初期业务模式积累，

被验证为零售行业成功的商业模式之一。展望近 3.6 万亿元规模的未来与发展趋势，即时零售也将从“开疆拓土”转为“生态聚力”，在已形成的发展势能下思索如何形成“共创共享，共生共荣”的生态凝聚力，以优化模式、增值提效、能力打造为抓手，以增量价值的多方共赢代替存量价值的零和博弈，不断提升用户体验、优化运营效率，特别是实现生态各方的长期效率提升、业绩增长和价值变现，这才是可持续发展的关键所在。即时零售商业模式演进如图 2 所示。

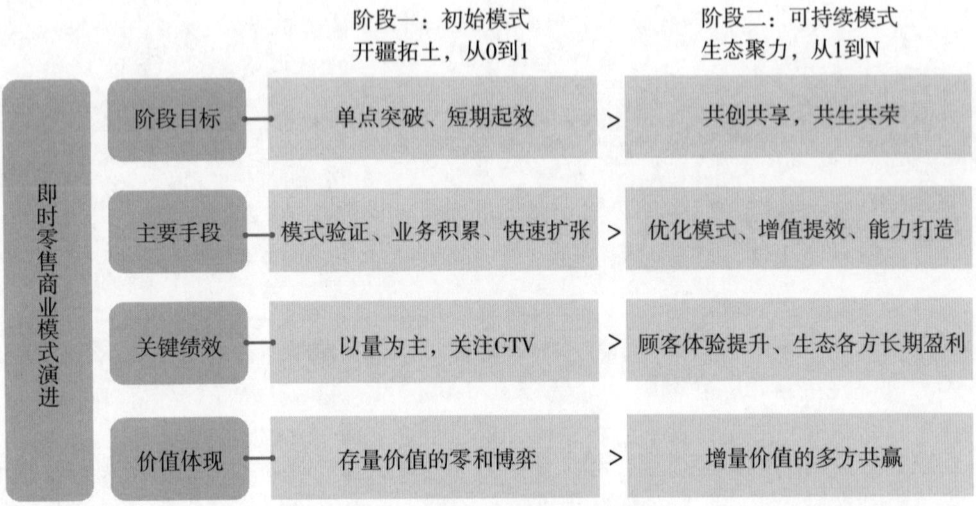

图 2　即时零售商业模式演进

信息来源：CCFA、达达集团调研、公开资料整理分析。

二、即时零售开放平台可持续发展模式的思考与方案

（一）国内即时零售开放平台各方现状分析

作为一个成功的、可持续发展的商业模式，最为核心的要素是创造增值价值以及降低交易成本。对于即时零售平台模式来说，平台进行资源整合，价值共创，实现平台自身的规模化效应和网络效应，同时推动价值链重组和重塑，赋能包括品牌商、零售商、消费者、骑手等在内的平台参与者，促进创新和协同发展。

即时零售平台的产生，为实体零售提供了一个新的流量入口，提供了数字化基础建设，充分发挥了应有价值；但从商品流通的环节增减以及交易成本增减角度看，即时零售平台还存在着不断进化与完善的空间；作为一个新的商品流通渠道，即时零售相比传统线下零售业态增加了 O2O 营销、店内拣货、履约配送等价值链环节。

价值链环节的增加不仅带来了业绩提升，也增加了相应的成本，导致即时零售渠道流通成本的提高。以零售商视角分析即时零售订单成本结构，一张客单价为 70 元的商超即时零售订单，减去原有成本（包括商品成本、营销成本），再减去即时零售模式新增成本（包括销售扣点、拣货和配送成本）后，即时零售每单毛利 3%~11%，毛利微薄，净利则

有可能为 0 甚至负数（见图 3）。

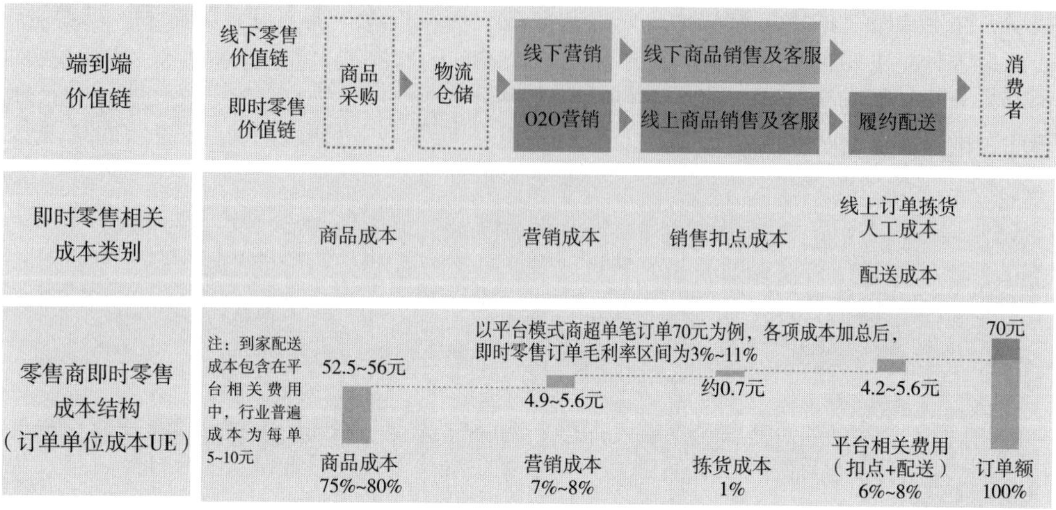

图 3　即时零售价值链及订单成本结构

信息来源：CCFA、达达集团调研整理。

不止零售商面临盈利的难题，即时零售平台本身以及品牌商经历了前期发展过程中的投入后，也都在思索下一阶段如何实现可持续发展，同时又能够平衡平台、零售商、品牌商三方各自的诉求点及关注点。这也已经成为即时零售平台模式中供给三方（平台、零售商、品牌商）迫切需要解决的问题（见图 4）。

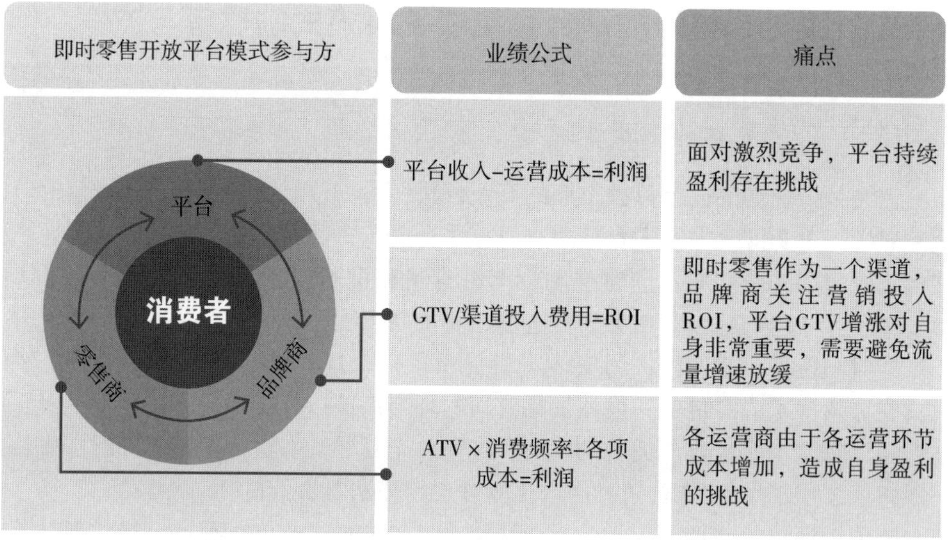

注：GTV 代表平台交易额；ROI 代表投资回报率；ATV 代表客单价。

图 4　即时零售开放平台模式参与方业绩公式及痛点

信息来源：CCFA、达达集团调研整理。

1. 平台端兼顾平台繁荣度与营利性

平台端关注平台繁荣度及其转化的平台交易额和平台收入，同时大量的运营成本也使平台企业在激烈的竞争环境下面临持续盈利的挑战。

目前平台盈利已迎来曙光。以京东到家为例，经过多轮的策略调整和降本增效，终于在 2023 年第二季度，其所属的达达集团在上市 3 年以来实现首次盈利。当季财报显示，达达集团总营收为 28 亿元人民币，较上年同期增长 23%，整体第二季度经调整净利润同比改善超过 17 个百分点至盈利水平，非美国通用会计准则下（Non-GAAP）归属于达达集团普通股股东的净利润为 840 万元人民币，2022 年同期为亏损 4 亿元人民币。

2. 品牌商关注渠道投入产出比

即时零售已经日渐成为品牌商的一个重要的渠道通路，品牌商希望依托平台流量，通过即时零售渠道营销预算的投入，驱动自身品牌商品销量及交易额（GTV）的快速增长，实现出色的投入产出比（ROI），从而进一步加大营销投入，形成良性循环，不断提升即时零售渠道份额。

3. 零售商重视即时零售业务盈利水平

作为新模式的即时零售，为零售商带来了新的流量及销售增长，与此同时零售商也非常重视即时零售的盈利水平，对比传统线下零售，即时零售各运营环节成本的增加，对相关订单盈利造成了一定的挑战。因此零售商特别重视即时零售消费者平均客单价与消费频率，以及相关各项运营成本，通过相关信息核算即时零售盈利水平。

（二）即时零售开放平台可持续发展模式的逻辑思路

基于国内即时零售开放平台各方现状分析结果，未来开放平台模式可持续发展的破局点在于盈利水平的改善，特别是零售商端盈利的提升，将有助于即时零售整体规模的拉动，实现正向循环。

因此，即时零售开放平台未来可持续发展的逻辑思路包含供给侧方案与需求侧方案两部分。供给侧方案侧重于平台供给三方（平台、零售商、品牌商）提升盈利表现，其中又分为两类潜在方案，即三方生态协同与个体精耕细作；而需求侧方案侧重于针对消费者端平衡履约效率与成本，培养消费者为“便利”买单的消费行为模式（见图 5）。

1. 供给侧方案开放平台三方提升盈利表现

（1）三方生态协同

面向消费者“多快好省”的关键诉求，即时零售端到端价值链环节（客户洞察、商品导入、营销促销、履约交付和服务集成）的全面提升必将为消费者带来体验升级，从而提高订单量与客单价，做大即时零售业务规模，保障利润空间，最终实现盈利的改善。因此，我们建议即时零售开放平台供给侧三方围绕端到端价值链和“五力”模型，协同提升洞察力、商品力、营销力、履约力和服务力，形成三方生态协同，实现提升体验、做大规模和改善盈利的目标。

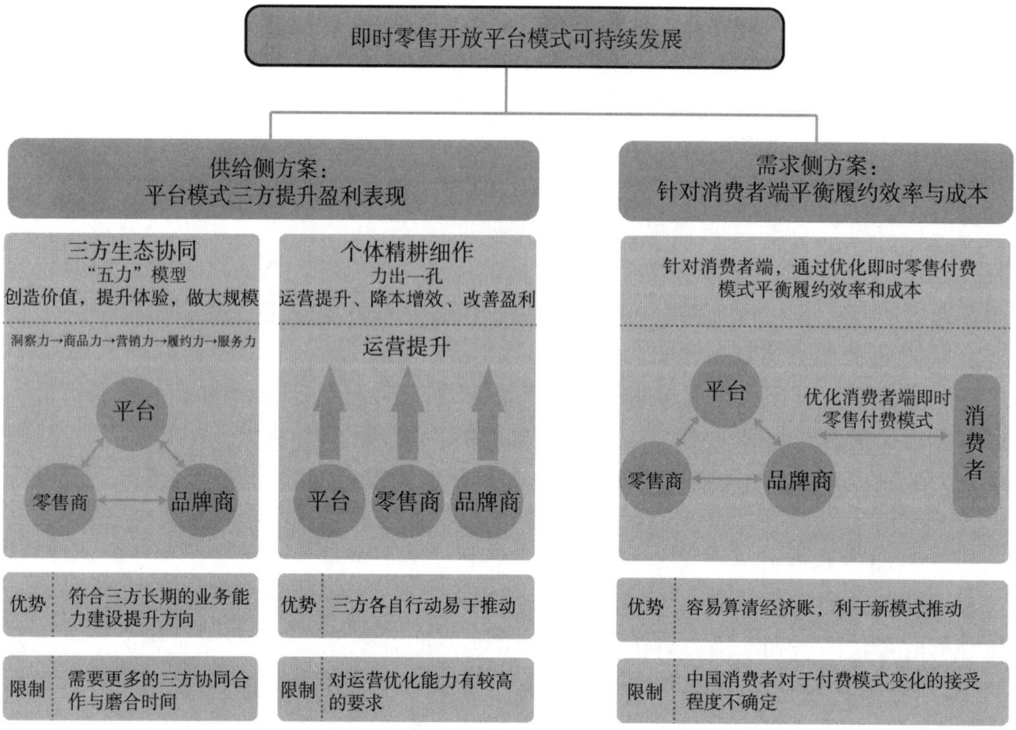

图 5 即时零售开放平台可持续发展模式的逻辑思路

信息来源：CCFA、达达集团调研整理。

三方生态协同方案的优势在于端到端价值链中五力提升的方向与三方即时零售业务能力的长期建设方向相匹配，利于三方达成协同一致；其限制在于需要更多的三方协同的工作与磨合的时间，同时也需要三方更好地实现业务、组织、流程等方面的联动。

（2）个体精耕细作

即时零售开放平台供给侧三方个体的精耕细作，即运营提升、降本增效和改善盈利等举措，也是盈利表现提升的重要方向。零售商端应重点关注即时零售业务价值链各环节的运营效率提升，改善盈利水平；品牌商端应重点关注即时零售渠道商品导入效率的提升与营销资源配置的优化等改善空间；平台端应重点关注履约效率的提升，实现降本增效。

个体精耕细作的优势在于开放平台三方各自行动，利于快速推动，其主要限制在于对三方自身的运营优化能力都提出了较高的要求，由于即时零售开放平台模式下，零售商与品牌商参与数量众多，自身能力参差不齐，不能快速落地见效。

2. 需求侧方案针对消费者端平衡履约效率与成本

由于履约配送成本在即时零售整体成本中较为固定，需求侧方案重点在于基于即时消费场景下的履约效率与成本的平衡，优化消费者端即时零售付费模式。例如，针对不同消费场景产生的即时配送时效性需求，设定阶梯式的定价模式，合理地安排履约资源并收取一定的费用，从而降低履约整体成本，提升即时零售盈利表现。

需求侧方案的优势在于额外成本由消费者承担，利于即时零售开放平台中三方基于财务数据推动新模式的落地；其限制在于中国消费者对于付费模式的接受度，改变消费者付费意愿与行为模式，需要长时间的宣传教育与推广。

（三）海外即时零售可持续发展探索与实践

1. 美国即时零售：以 Instacart 为例

美国平台型线上生鲜杂货零售商 Instacart 是一家值得我们关注的企业，其商业模式虽然也涉及零售商、品牌商和骑手的多方协同，但与国内即时零售开放平台模式不尽相同。

Instacart 成立于 2012 年，总部位于旧金山，2023 年 9 月 19 日在美国纳斯达克成功上市。核心业务模式是由骑手代替用户在实体店内购物并配送到顾客手中。成立前期，凭借模式创新与先发优势，Instacart 迅速完成了初期的用户积累，并稳步进行业务的拓展。2020 年后，居家配送需求带动 Instacart 用户规模与配送订单量的强劲发展（见图 6）。

Instacart 招股说明书显示，截至 2023 年 6 月 30 日，Instacart 已积累了 770 万每月活跃订购者，他们在 Instacart 上平均每月花费约 317 美元。仅 2023 年上半年，Instacart 上完成订单量达到 1.329 亿单，实现 149.37 亿美元的平台交易额，创造 14.75 亿美元的营业收入与 11.09 亿美元的毛利。

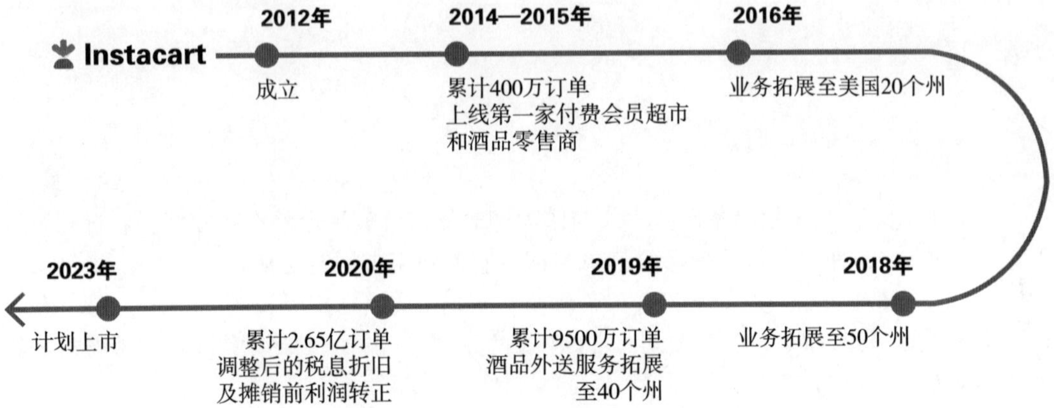

图 6　Instacart 发展历程

信息来源：Instacart 招股说明书。

Instacart 通过 Instacart Marketplace（交易市场）、Instacart Enterprise Platform（企业平台）和 Instacart Ads（广告解决方案）三大核心服务来构建完整的 Instacart 生态，从而服务于整个零售生态系统。

Instacart Marketplace 提供了一个链接消费者与零售商的平台，消费者可通过移动应用程序或网站在当地的超市、药店、便利店等商家选购商品，由骑手进行配送。骑手需要根据顾客订单在实体商店内进行采购、取货与打包，最后送到消费者手中。此外，Instacart 通过 Instacart Enterprise Platform 为零售商提供数字化解决方案，通过 Instacart Ads 为品牌商提供广告服务推动其销售增长（见图 7）。

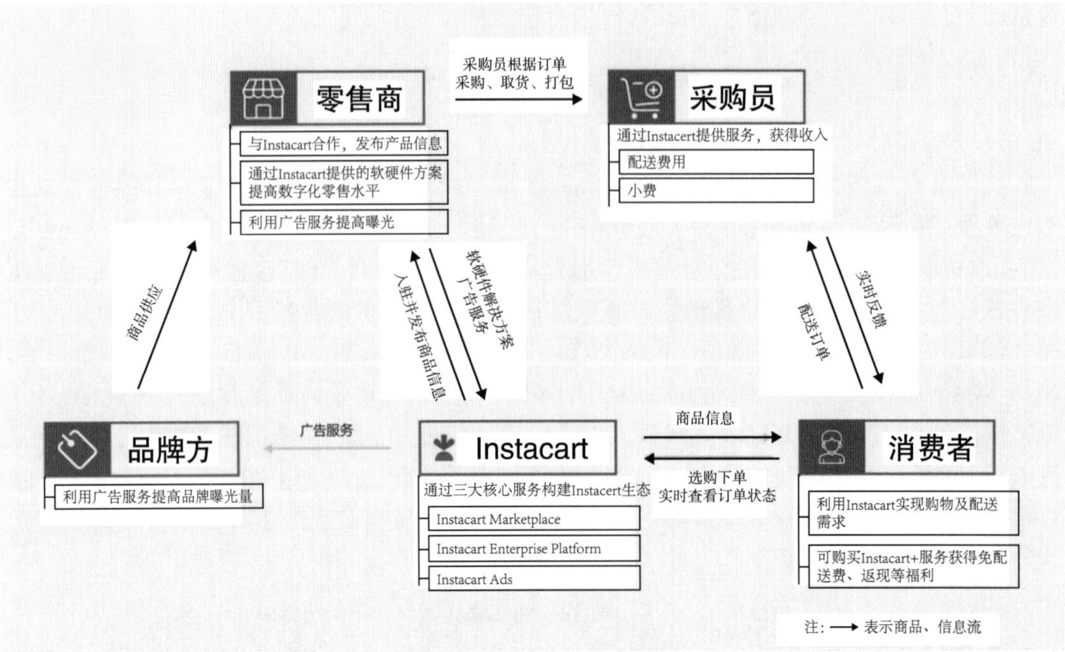

图 7　Instacart 业务模式

信息来源：Instacart 招股说明书。

（1）对比 Instacart 的业务运营模式与国内即时零售开放平台的业务模式，在即时配送服务上，Instacart 通过从每笔配送的订单中抽取服务费用来创造交易收入。

Instacart Marketplace 上的平均客单价较高，根据 Instacart 招股说明书所示，2022 年平均订单额 110 美元（包含运费与支付给采购者的小费），其中每单向零售商和消费者收取的费用加总平均值为 16 美元。

在 Instacart 的业务模式中，消费者是各项费用的主要承担者，需要支付拣货履约费用，通常超过 35 美元的订单支付 3.99 美元，不足 35 美元的订单支付 7.99 美元，一小时内配送根据订单额支付 5.99 美元或 9.99 美元，还有其他超重费、服务费、包装费等。为了提高用户的留存率，平台提供 99 美元/年度付费会员 Instacart+，提供免除配送费（无次数限制，需满足 35 美元订单额）、降低服务费以及返还积分等会员福利。

对于与 Instacart 合作的零售商，其商品价格在 Instacart 平台上会比线下加价 15%左右，并且不需要承担拣货与配送成本，Instacart 在合作零售商处雇用自己的员工负责拣货，配送者通常来自平台注册的社会人力。

对于与 Instacart 合作的品牌商，通过平台投入广告费用获得平台线上 15%～30%的销量增长。

（2）基于 Instacart 多样化的产品服务，其财务模式中包含多项收入来源。

在 Instacart Marketplace 上的 GTV（平台交易额）包含需要支付给零售商的商品销售额、即时配送履约费用及小费（支付给骑手），剩余部分为公司实现的交易收入。另有通过 Instacart Enterprise Platform 和 Instacart Ads 实现的面向零售商和品牌商的广告以及其他收入。对于零售商而言，其商品销售额对比线下零售存在平均 15%的商品加价，在一定程度上，抵消了需要支付给 Instacart 平台的佣金。Instacart 招股说明书显示，平均 110 美元的每笔订单金额对应 7 美元的每单交易收入（来自平台交易订单中的商品加价部分减去零售商酬金）与 3 美元的每单广告及数字化解决方案收入，总计每单平台收入为 10 美元，去除每单 3 美元的平台运营成本，最终每单毛利 7 美元（见图 8）。

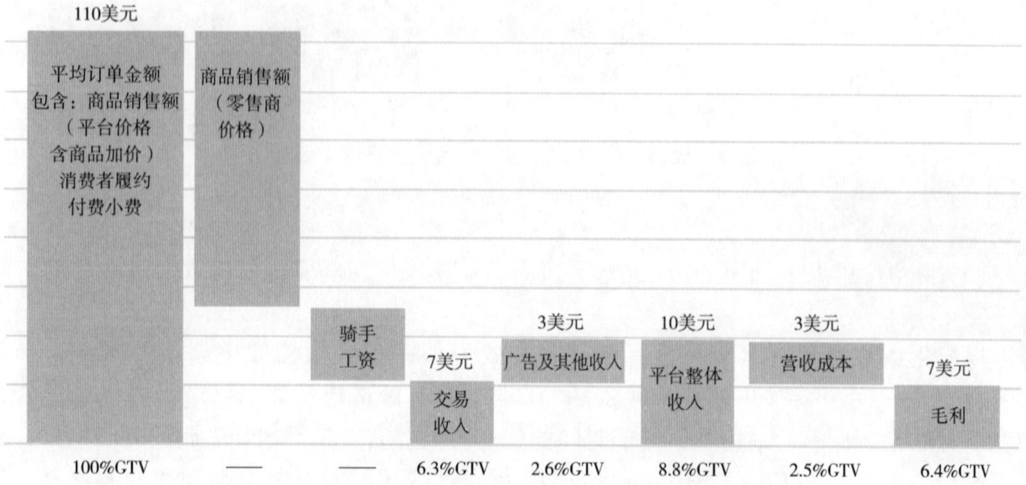

图 8　Instacart 2022 年订单财务表现（单位订单财务测算）

资料来源：Instacart 招股说明书。

基于上述对于业务模式与收入结构的分析，Instacart 取得亮眼业绩的原因，除了平台、零售商、品牌商之间维持了良性的运转，关键在于消费者作为平台收入的贡献者承担了骑手的服务费用，并对商品加价表现出接受意愿。受不同的国情影响，在小费文化下，北美的消费者对于较高的配送费用和骑手的服务小费表现出较高的接受意愿。消费者更易接受为即时零售服务体验买单付费，缓解了平台及零售商的盈利压力。同时，培养出大批积极用户的即时采购消费习惯，并通过会员增值服务实现留存。

2. 欧洲即时零售

（1）即时零售渗透率提升

尽管海外市场还没有与国内即时零售开放平台完全一致的商业模式，较多零售商采用自营模式，但即时零售在海外的相关投资和业务发展也吸引了大量眼球。从整体市场来看，以家庭食品类商品线上渗透率领先的欧洲国家为例，即时零售渗透率有望在 2030 年保守预测情景下达到 1%~2%，乐观预测情景下达到 3%~7%（见图 9）。

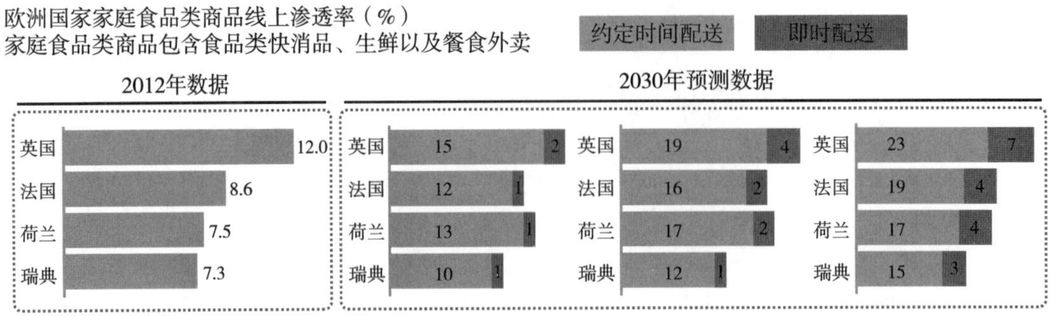

图 9 欧洲国家家庭食品类商品线上渗透率统计

信息来源：The State of Grocery Retail 2022，Europe。

（2）欧洲约定时间配送/即时配送零售商商业模式呈现规模化、精品化和朴素化

① 规模化

规模化指零售商追求商品全品类，其模式类似一家大规模线上超市。典型企业如2000年成立、2019年被玛莎百货投资的Ocado，其有着广泛的商品供应，提供非常有价格竞争力的常用商品，采用当天约定时间的配送方式并有着精准的计划履约时间窗口。另外一些代表企业（如Crisp）还将商品品类拓展至“农田至餐桌”商品和方便餐商品，进一步丰富消费者商品选择。

② 精品化

精品化指零售商基于客户需求筛选特定的商品，类似一家线上便利店或小型超市。相关即时零售企业Flink、Getir和Gorillas更关注履约时效及消费者体验，如今也开始增加热食的销售以及外卖服务。

③ 朴素化

朴素化指消费者在享受较低的起送订单额要求、免运费服务以及性价比高的商品的同时，对平台提供商品的丰富度、配送时效和额外服务等方面有所妥协，使得线上零售企业商业模式得以精简从而高效运转。典型线上零售企业是Picnic，被称为“轮子上的超市”。

（3）欧洲即时零售商业模式在逐步进化，向着可持续发展的方向迈进

更多的零售商选择提升平均客单价从而提升盈利水平，例如，基于消费者需求及购买能力提升，增加非处方的保健品、酒类、季节食品以及美妆等精选非食商品。一些零售商尝试通过产地直采及自有品牌降低商品成本。另外，少数零售商采用先进科技，基于地理位置和需求密度，精准推荐周边消费者需要的商品，并形成自身的数字化模型，指引选品、营销等业务开展。

一些欧洲领先企业也提出了他们对于即时零售可持续发展的理解，其重点在于可观的客单价、高毛利的商品以及卓越的用户体验。英国Ocado认为，即时零售可持续发展将全部归结于购物篮规模和即时的价值主张，即时零售实现盈利需要基于可观的客单价及高毛利的商品结构，否则无法支撑即时零售的配送承诺（通常30分钟到1小时，每单收费1~7英镑）。Gorillas认为，即时零售未来将走进千家万户，最后的赢家是有着足够规模、兼顾增长及利润表现从而实现优秀投资回报的零售商，且不断提升科技应用将是迈向成功重要的一环，未来科技将指引运营，实现卓越的消费者体验。例如，智能手表的使用让零售

商未来可以获取消费者起床的时间，进而提供针对性的履约配送服务。

总之，尽管海外即时零售企业的商业模式与国内开放平台模式不尽相同，但相关实践和发展思路仍能给我们诸多启示。在供给侧方面，虽然海外企业（如 Ocado 和 Gorillas）都是自营模式的代表，但企业自身可持续发展的三项关键点，即可观的客单价、高毛利的商品、卓越的用户体验，仍值得我们借鉴；在需求侧方面，海外企业普遍引入消费者付费机制，反哺自身商业模式。以 Instacart 和 Ocado 为例，它们均通过向消费者传递清晰的配送费用计费方式和向消费者提供多样化的配送费付费选择，实现了履约效率与成本的平衡（见图 10）。

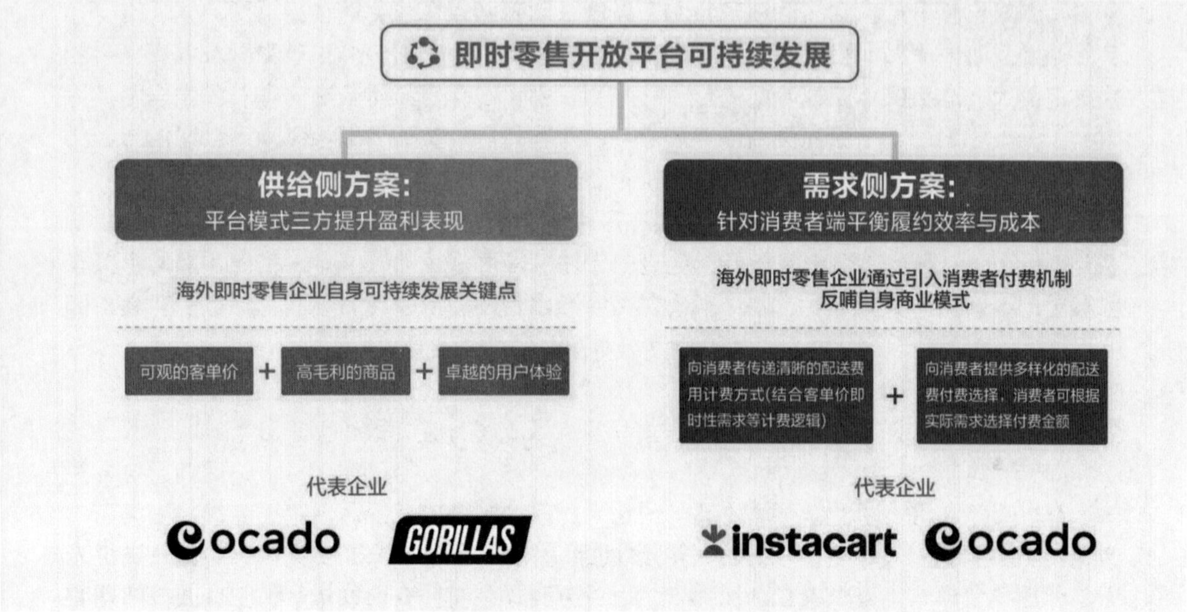

图 10　海外即时零售企业实践启示

信息来源：公开资料分析整理。

三、即时零售开放平台模式可持续发展九大举措

基于国内即时零售现状分析、可持续发展方向设计思路及海外领先企业实践研究，围绕供给侧方案和需求侧方案总结出中国即时零售开放平台模式可持续发展的九大关键举措（可持续发展九条）（见图 11），同时我们也提炼出国内代表性企业在相关举措方向上已有的探索与实践，作为即时零售开放平台模式发展过程中可借鉴的案例。

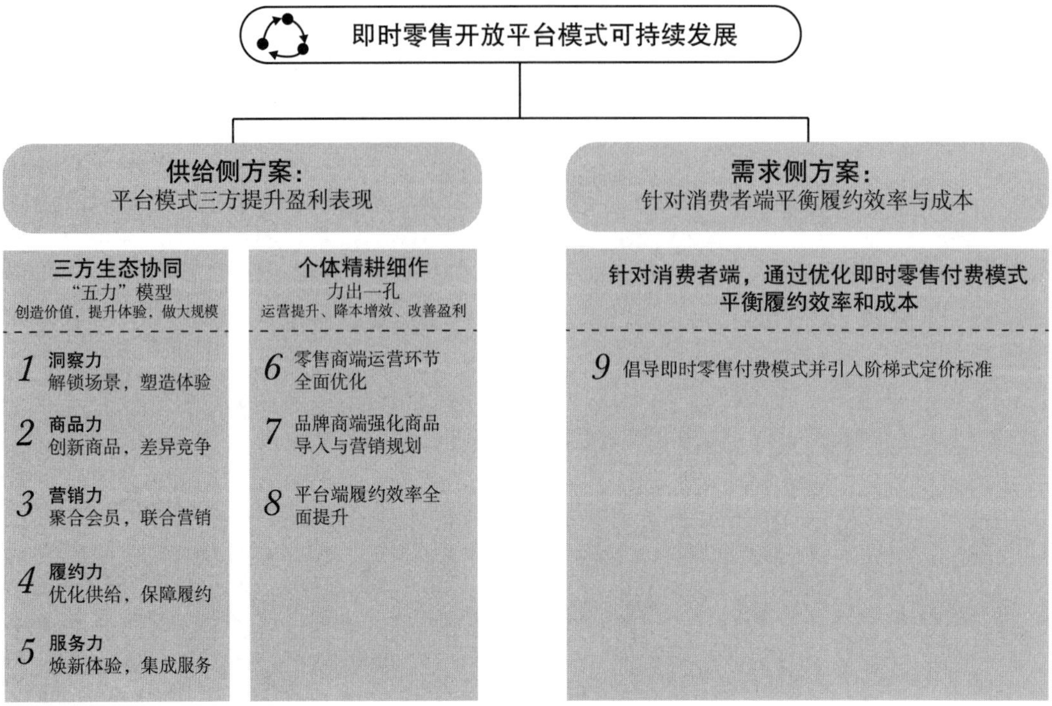

图 11 即时零售开放平台模式可持续发展九条

信息来源：公开资料分析整理。

（一）供给侧方案三方生态协同

1. 举措一：解锁场景，塑造体验

【举措解析】伴随即时零售商品供应不断丰富、门店数量快速提升和基础设施逐步完善，开放平台模式生态系统日渐成熟，生态各方有机会将所在时间段和所处空间中的即时零售消费新场景进行识别，并协同匹配目标客群、商品品类与零售门店，不断创造新场景需求，通过体验塑造抢占消费者心智，逐步提升渗透率和消费者口碑，最终实现生态各方业绩增长。

【相关实践案例】迪卡侬全渠道新消费场景共建

为满足如今全民健身、倡导健康生活的新消费需求，迪卡侬上线京东到家平台后，不仅满足消费者运动商品小时达的即时消费需求，还识别运动应急、日常健身等室内和户外多运动场景对应精细化打造，不断满足消费者多样化需求。例如，打造了以帐篷、露营炊具等城市轻露营场景，鱼竿、钓鱼包、折叠椅等垂钓场景，泳衣、泳镜、速干衣等出差出游途中的应急游泳健身等多个新即时消费场景及商品组合。门店服务范围从原来的 3 公里延展到 6 公里，同时也带动销售额的持续攀升。2023 年第三季度，迪卡侬在京东小时达渠道月均销售额同比增长近 300%。

2. 举措二：创新商品，差异竞争

【举措解析】商品的创新和差异化是品牌商乃至零售商最为核心的竞争力之一。供给各方可依据即时零售平台积累的数据分析与挖掘，通过对消费者行为和需求的把握与洞察，三方协同合作独创新品、汰换老品、优化品类组合乃至指导定价，包含但不限于关注包装、规格等变化的“微创新”，创造更懂即时零售渠道消费者的“专属品”，进而丰富商品选择，实现差异化的竞争。

【相关实践案例】联合利华花木星球打造定制 O2O 洗衣液新品

京东到家与联合利华旗下品牌花木星球、华润万家旗下苏果超市联名共创 O2O 渠道定制化香氛洗衣液新品，并通过“超开新”IP、“直播购物小时达”等创新全域营销，收获品效合一的效果，实现差异化竞争。

作为联合利华旗下的中高端衣物洗护品牌，花木星球主要目标人群与京东到家平台的家庭用户人群、华润万家旗下苏果超市的顾客群体高度重合。京东到家联合花木星球识别出目标人群年轻化、都市感等特点，特有的对商品品质和消费体验的升级需求，打造出 O2O 渠道定制化新品——花木星球天然香氛洗衣液。此次“超开新”定制新品在外包装上突出商品含植物精油、天然香氛等原料的特点，整体设计精致简约，用“一花一世界，一起过春天”的营销主题，结合当时新品 4 月上市的春季时令特色，强调消费者在家不出门，也能“把花香穿在身上”，感受春天的盎然生机，享受身心的舒适状态，契合都市人群对享受春天美好的追求心理，缓解他们在忙碌工作和琐碎生活下的压力。

这款三方联名定制的新品洗衣液线下专供苏果超市，线上则独家上线京东到家作为首发阵地，这也是行业内首次由即时零售平台与快消品牌、零售商超共创的 O2O 渠道定制化新品，更好地帮助品牌基于 O2O 渠道达成“销售+声量+品牌”多维度营销的品效合一，并实现平台、用户、品牌和商家的多方共赢。

3. 举措三：聚合会员，联合营销

【举措解析】在即时零售开放平台供给侧三方进行会员数据的聚合与共享（如基础用户画像信息、品类偏好、交易行为等数据），以此进行用户消费洞察并开展联合精准定向营销，协同营销资源，借助数字化营销手段，提升营销响应率、兑换率、ROI，最终提升忠诚会员活跃度和复购率，改善流失率；同时平台提供更多基于洞察的分析以赋能品牌商和零售商的会员与营销运营，比如，提供广告点位的流量分析、站内购物决策树模型算法等，指引各方业务优化提升，强化用户全生命周期体验。

【相关实践案例】小米即时零售平台会员管理体系

截至 2023 年 10 月，小米在京东到家平台的会员用户规模已突破 18 万，小米借助平台的会员工具能力以及联合会员日的打造，不断扩大用户入会规模，为线下门店沉淀宝贵的线上客户资产。同时小米发挥“手机×AIOT（人工智能物联网）”跨品类生态连带优势，基于平台消费者洞察，策划丰富的会员专享权益定期触达促活用户，高效运营管理会员用户的全生命周期，拉动品牌门店支付用户数和复购率持续提升。

2023 年上半年，小米在京东到家平台上的支付用户数较 2022 年下半年提升 33%，品牌复购率较上年提升 4 个百分点。用户数量不断攀升的同时，通过对会员用户的长尾营销管理，在持续提升用户对品牌认知心智方面卓有成效。

4. 举措四：优化供给，保障履约

【举措解析】“即时”是即时零售传递的关键价值主张，这与履约及其相关的整体供应链管理效率密切相关。开放平台三方应在组织、流程、数字化层面协同提升履约效率及其关联的销售预测、库存管理、采购执行等整体供应链管理效率，避免即时零售商品供应链管理在全渠道一盘货模式下表现不佳，影响商品配送至消费者手中的效率，保障消费者的即时体验。

【相关实践案例】京东到家、宝洁、零售商三方联动优化爆品供给

基于 B2C+O2O 独特的零售数字化优势能力，京东到家通过宏图系统实现 LBS 网格化的洞察、识别、分析，判断各个网格内的供需匹配情况，输出用户、供给、营销策略，实现人、货、场网格化的供需精准高效匹配，同时通过京准通数字营销平台、京东到家完美门店系统，保障执行落地，帮助品牌提升全渠道运营效率，创造价值增量。目前宏图系统可实现基于网格的机会洞察及营销触达，之后还将与时空场景叠加，持续升级精细化程度，并应用到品牌端、商家端和运营端，实现三端融合联动，进一步提升供给精准度和效率。

目前宏图系统已服务宝洁、伊利、益海嘉里、百事食品、小米等众多品类品牌。以最早开始合作的宝洁为例，基于宏图系统和“完美门店”数据看板，宝洁、零售商和京东到家对品牌爆品供给情况进行追踪，实现爆品全渠道供给优化，爆品库存和促销自线下门店高效上行即时零售渠道，优化后续的数字化管理，并由品牌区域团队牵头本地零售商家，三轮备货，保证爆品供给和促销上翻。

5. 举措五：焕新体验，集成服务

【举措解析】探索即时零售商品消费体验的增值服务，尝试即时“商品+服务”模式的可行性，通过增值服务焕新消费者体验，提升即时零售渗透度。针对即时零售增值服务，开放平台模式三方可以在消费者购物全过程进行协同规划与执行。例如，在售前环节，针对特殊人群（老人）或创新商品进行商品功能线上讲解，让消费者买得放心；在售中环节，履约配送中集成安装、调试一体化服务，让消费者享受到即买、即送、即装、即用；在售后环节，通过线上客服链接门店后续维保服务，让消费者无后顾之忧。

【相关实践案例】凯迪仕电子锁送装一体小时达服务打造

凯迪仕是智能锁行业头部品牌，目前在国内入驻 1000 家以上高端商超，拥有 3000 家以上品牌形象专柜及专卖店，超万家终端服务网点。借助京东到家平台，凯迪仕实现了品牌及授权门店集中批量上线，提高了门店数字化升级的效率，并通过将线下门店的安装服务同步至线上，减少消费者在购买电子锁商品后二次预约安装的流程，实现电子锁“送装一体小时达”，全面满足消费者足不出户享受即买、即送、即装、即用的“送装一体小时达”的即时消费需求。

目前，凯迪仕在全国已有 1500 家以上门店可提供智能锁“4 小时送装一体”服务需求，实现销评双优。

（二）供给侧方案个体精耕细作

1. 举措六：零售商端运营环节全面优化

【举措解析】零售商针对门店规划、采购选品、物流仓储、营销、拣货等自身价值链各运营环节的全面优化。

未来零售商在运营优化中还有较大的提升空间和潜力，特别在业务发展的初期应该进行系统全面的思考，覆盖门店规划、采购选品、物流仓储、营销、拣货等自身价值链各环节。同时，针对运营细节力出一孔地不断迭代优化，如针对即时零售业务，进行相关商品的店内摆放及包装设计优化等，从而更好地将即时零售业务与线下门店业务进行融合，实现全渠道增长。

【相关实践案例】沃尔玛即时零售运营提质增效

沃尔玛针对即时零售运营进行了全面系统的提质增效，特别是在商品拓品及营销提效领域的不断提升，促成了即时零售消费者的“看得见”、“乐得买”和“马上到”。沃尔玛大卖场在京东到家的SKU数据逐年稳步提升，这背后的核心在于拣货模式的调整，从前置仓拣货变成了前置仓+卖场拣货，借助平台的数据监控功能，动态管理门店的拣货时长、拣货超时率、缺货率等关键指标。门店持续拓品、增强商品可见度的同时，履约和体验指标基本稳定，这也真正践行了沃尔玛线上线下同品同价、关注全渠道顾客体验的价值主张。

此外，在即时零售规模扩大化后，沃尔玛借助京东到家平台招商资源，高效引入品牌投资，并整体规划全渠道活动档期，合理配置营销资源及活动，实现自身全渠道营销提效及消费者体验提升的双赢。

2. 举措七：品牌商端强化商品导入与营销规划

【举措解析】基于消费者洞察，通过高毛利商品导入与传统零售渠道营销费用补贴转移等举措，提升即时零售商品竞争力。

品牌商针对自身商品的营销资源合理化应用，可以更好地帮助零售商开放平台模式、参与方提升综合毛利水平。一方面通过匹配即时零售渠道毛利水平、规格和组合的商品的高效导入，另一方面优化即时零售渠道营销费用投入，转移部分传统零售渠道营销费用补贴，改善即时零售渠道商品毛利结构。

【相关实践案例】玛氏箭牌全渠道营销规划

休闲食品是一个强营销的品类，因此全渠道营销规划显得特别重要。旗下拥有德芙、益达、彩虹糖等众多消费者喜爱的品牌。领先企业玛氏箭牌借助京东到家B2C+O2O数字化能力，精准识别其用户分层，总结包含下午茶、话剧、礼赠、出行、餐后等核心消费场景，并基于消费场景需求导入匹配的商品，实现从原来的“货等人”到现如今的“货找人”。同时，借助京东到家LBS数字化能力进行营销资源整合，提升投放效率。站内开屏、首焦，站外媒体投放等方面实现全域营销共振，最终获取更多的用户和销量。

3. 举措八：平台端履约效率全面提升

【举措解析】平台端利用平台规模效应和网络效应，提高平台订单密度，结合无人配送技术应用，降低履约成本并提高效率。

平台一方面可以通过提高订单密度实现履约配送成本降低，另一方面可以在运力结构、履约模式上做持续优化。比如，以多网运力、商圈驻店模式，带来配送效率的提升和服务质量的升级，然后再匹配技术算法升级进一步提升配送的精准度，结合无人配送技术应用等再次降低成本提升效率，最终实现规模增长推动成本下降，营收增长和盈利兼得的良性循环。

【相关实践案例1】达达快送“全心达”服务保障山姆会员商店稳定履约

达达快送承接山姆官方App、小程序、京东到家多渠道的“极速达”订单配送。作为高端会员制商店，山姆会员商店对于线上订单的配送履约和消费者的收货体验要求较高。基于此，达达快送为山姆会员商店提供“全心达”定制化配送服务，打造以驻店骑士运力为基础、众包弹性运力有效补充的混合运力模式，并配置门店店长进行调度运营，对配送各环节进行数据追踪和数字化管理。

另外，达达快送也在不断提升订单配送服务的品质感，积极引导骑手进行线上线下实操培训。线上课程宣导服务规范、安全指引、异常处理方法等；线下则结合实际工作场景进行实操演练，让骑士在真实操作中理解业务，为骑士后续配送打下规范基础。

此外，达达快送还为山姆会员商店提供定制化服装、餐箱和话术，整齐划一的装备让消费者有了更强的品牌认同感。目前，骑士定制化装备覆盖率已接近 100%。

同时，达达快送为山姆会员商店部分极速达订单提供无人配送服务，持续探索无人配送在商超真实场景的常态化应用，发挥无人配送在极端天气、大促等场景下的安全性和补充运力优势。

【相关实践案例 2】达达快送为瑞幸咖啡即时配送提供履约保障

除服务山姆和沃尔玛等领先商超外，达达快送还为瑞幸咖啡等连锁餐饮品牌提供配送服务。这类品牌门店具有分布广泛、订单较为分散、单店订单量波动大等特点，同时消费者渴望一键下单享受咖啡即时配送服务，实现随时随地喝上一杯咖啡，这对咖啡配送的时效性和稳定性提出了更高的要求。

截至《即时零售开放平台模式研究白皮书》发布，瑞幸咖啡门店数已超过 13000 家，客户数超过 1.7 亿，瑞幸咖啡小程序、App 等私域渠道有大量的咖啡订单需求。面对如此广度的门店范围和海量订单需求，达达快送为瑞幸咖啡门店配置驻店骑士，提供即时配送解决方案，双方共同打造“30 分钟送达率 99.9%”的高品质即时配送时效服务，保障瑞幸咖啡的最佳赏味期，让配送服务更精准、更有温度地满足品牌伙伴和用户需求。

同时，达达快送多网弹性运力网络能够实现骑士的灵活储备和调度，实现削峰稳定配送，并通过订单智能分发系统将海量订单与骑士进行实时动态匹配，优化送单路径。这也很好地承载了瑞幸咖啡新品首发、联名活动、促销节点等单量高峰。

此外，咖啡配送不仅有着极高的时效要求，还存在易洒泼等风险，达达快送结合实际制定咖啡配送相关服务标准，对骑士进行专业培训，优化店内取餐、包装检查、送货上门等多个环节，严格落实咖啡轻拿轻放、配送匀速行驶等要求，保持咖啡的良好口感，更好地满足消费者的尝新赏味需求。

（三）需求侧方案针对消费者端平衡履约效率与成本

举措九：倡导即时零售付费模式并引入阶梯式定价标准。

【举措解析】伴随即时零售行业不断发展，针对不同消费理念、不同消费场景的即时零售消费者，倡导即时零售付费模式，并按订单额与配送的分钟级、小时级、当日达等不同时效要求，制定不同履约时效需求对应的付费标准，从而平衡供给侧成本，实现履约定价的合理性与经济性。现今国内即时零售开放平台三方普遍希望提供给消费者线上线下同价的全渠道一致性体验。随着即时零售行业不断发展及消费者对即时零售接受度逐渐提升，未来应引导消费者为刚性即时需求付费，同时针对日常高频采购的商超类商品推广可选择的差异化付费模式，满足消费者多样化的采买需求。具体可参考海外市场企业实践，即时零售开放平台供给侧三方可以基于运营成本信息引入阶梯式的履约和服务定价标准。例如，结合订单金额与配送时间窗口的选择，向消费者清晰提供可选择的差异化付费标准，包括在某些配送时间段推广免费服务，引导付费心智的逐步强化，同时探索各项付费会员举措，如提供消费者运费减免或优惠，增强用户黏性。

零售门店数字化赋能专项工作报告

在进一步全面深化改革的当下，作为“稳增长”和“扩大内需”主力的零售业，将展开新一轮的变革。其中，借助数字化支持经营业绩增长、运营效率提升与零售生态搭建将成为关键课题。此外，门店作为零售业价值创造的主战场与新型消费发展的试验田，门店数字化已成为零售数字化的重要一环，亟待大力发展。

慎思笃行，善作善成。近年来，虽然零售科技已经被广泛应用于零售门店的优化与改造过程中，但相关技术对应的零售场景、投入产出，不同数字化方案之间的关联度、优先级、与业务的匹配程度等缺乏梳理与量化。在执行门店数字化改造过程中，零售企业需要一套关于零售门店数字化转型的技术框架、投入产出分析及配套最佳实践的研究报告，帮助其从海量解决方案中筛选出适合自身乃至适合每一家门店的解决方案。

千帆共度，御风而行。本次零售门店数字化赋能专项工作将形成一套零售门店数字化转型的技术框架，整合海量科技解决方案，并通过结合投入产出及案例分析助力连锁零售企业开店或门店改造，实现数字化升级。

一、中国零售行业数字化认知与分析模型

国内零售商普遍将数字化转型作为未来的战略重心，大力投入数字化建设。国内零售商普遍认可零售数字化的重要性并对相关收益抱有较高的期待。94%的受访企业将数字化列入企业最重要的三大战略举措之一；79%的受访企业期待数字化至少贡献出未来 3 年业绩增长中的 1/5；76%的受访企业期待数字化至少贡献出未来 3 年成本节约（降低）中的 1/5。

同时，门店数字化也备受关注，有望迎来快速部署与发展。100%的受访企业提出门店数字化相关场景已经/希望得到助力；80%的受访企业认为门店数字化刚刚开始，未来将加大投资，持续发展；大数据、人工智能和边缘计算技术得到广泛的关注（见图 1）。由此可见，门店数字化有望帮助零售企业实现降本增效及业绩增长的目标。降本增效方面，现今零售门店运营环节仍大量依赖人工作业且运营低效，数字化有望推动门店运营升级，在用户、员工、供应链、商品和设施管理领域帮助零售企业实现降本增效；业绩增长方面，数字化有望帮助零售门店拥抱全渠道等新零售模式，实现零售门店在新模式中体验中心、用户运营中心、履约中心等新角色定位的切换，获取增长红利。

零售数字化的重要性与收益

94%
将数字化列入企业最重要的三大战略举措之一

79%
期待数字化至少贡献出未来3年业绩增长中的1/5

76%
期待数字化至少贡献出未来3年成本节约（降低）中的1/5

门店数字化备受关注，有望迎来快速部署与发展

100%
门店数字化相关场景已经/希望得到助力

80%
门店数字化刚刚开始，未来将加大投资，持续发展

3大基础技术
大数据、人工智能、边缘计算

图 1　企业零售数字化应用调研结论

资料来源：《2022 年中国零售数字化白皮书》，项目组调研。

《2022 年中国零售数字化白皮书》提出适应中国市场的零售门店数字化管理 5P 模型（见图 2），以期更系统、更全面地梳理各项零售门店数字化应用场景，并结合业务痛点识别数字化机会点。

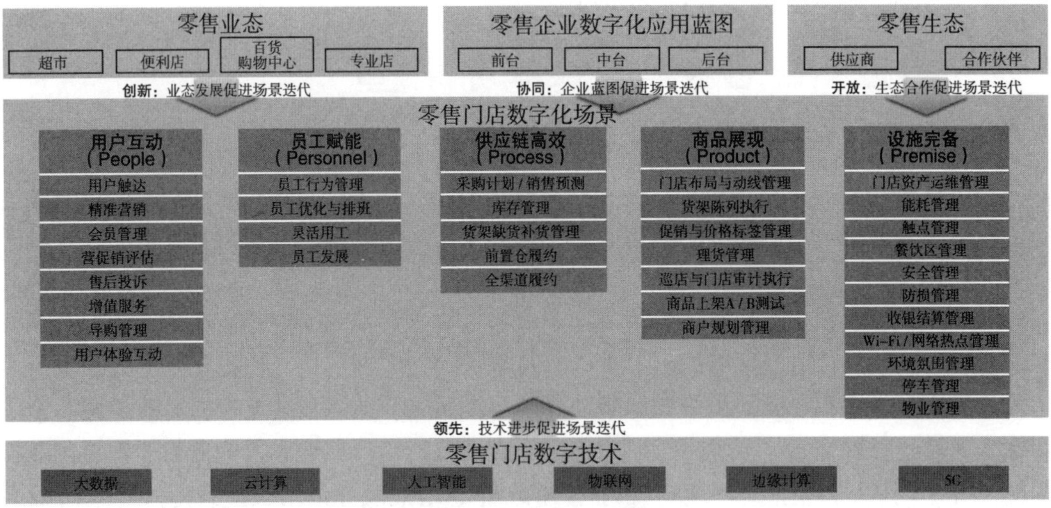

图 2　零售门店数字化管理 5P 模型

资料来源：项目组总结。

在该模型中，我们将零售门店数字化场景总结为用户互动（People）、员工赋能（Personnel）、供应链高效（Process）、商品展现（Product）和设施完备（Premise）五个模块。其中，用户互动模块关注消费者交互数字化场景，提升用户体验；员工赋能模块关注零售企业内部员工数字化赋能，提升操作效率；供应链高效模块关注商品流转数字化，

提升商品周转效率；商品展现模块关注商品展示的数字化赋能，提升商品动销；设施完备模块关注门店设施数字化应用，提升全面性。另有四项驱动力将促进各类数字化场景不断迭代，即零售业态创新发展、企业蓝图协同一致、零售生态开放合作和数字技术领先升级。

二、零售门店技术方案蓝图及门店数字化应用趋势

（一）零售门店技术方案蓝图

整体零售门店数字化技术方案围绕 5P 场景展开，旨在建立以业务需求为导向、以门店设备为抓手、以边缘计算为赋能的蓝图（见图 3）。

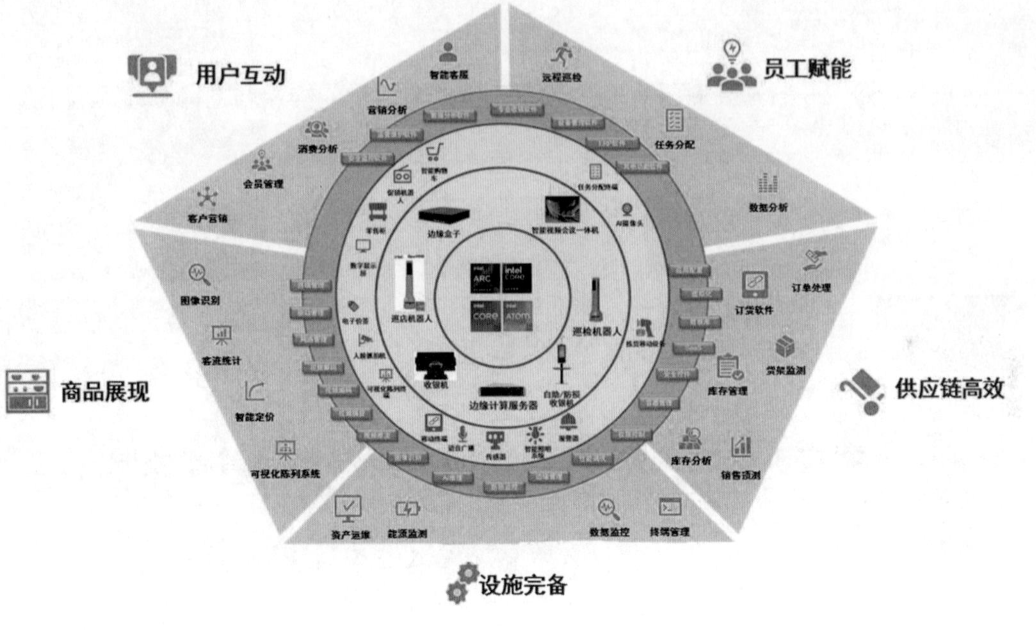

图 3　零售门店技术方案蓝图

资料来源：项目组总结。

从 5P 数字化场景角度来看，零售各业态也有着各自不同的关注点。在用户互动领域，零售各业态均重视用户互动数字化场景，其中，百货与购物中心、专业店更关注导购管理与用户体验互动；在员工赋能领域，零售各业态中超市、百货与购物中心应用场景更多元，便利店和专业店聚焦在员工管理相关场景；在供应链高效领域，数字化场景广泛应用于各业态，基于各业态到家业务模式的不同，相关场景有一定差异；在商品展现领域，除百货特有商户规划、超市特有的门店布局执行与商品上架测试等场景外，各数字化场景广泛应用于超市、便利店与专业店业态；在设施完备领域，不同零售业态建筑空间的不同决定了相关设施管理数字化场景的应用，如自助结算、AI 防损、停车管理等。

（二）零售各业态门店数字化趋势

从门店数字化场景应用维度分析，超市数字化场景应用更广泛，整体场景覆盖率达到86%，百货与购物中心、便利店和专业店场景覆盖率分别达到66%、74%和77%（见图4、图5）。

1. 超市

提升全面能力，实现降本增效。超市行业在用户互动、员工赋能、供应链高效、商品展现、设施完备领域有着广泛的需求及数字化应用。相比其他业态，超市在5P各领域数字化需求全面，关注领先数字化技术和升级解决方案，潜力巨大。

2. 百货与购物中心

注重顾客互动，优化物业运营。百货与购物中心关注用户、设施端数字化场景。由于其物业运营商业务特征，个别商品、员工、供应链端相关场景未纳入整体数字化管理规划。

3. 便利店

匹配即时商品，打造高效供应链。便利店重点关注供应链端与商品展现数字化应用场景。

4. 专业店

焕新顾客体验，生动化商品展现。专业店重点关注用户与商品端数字化应用场景。

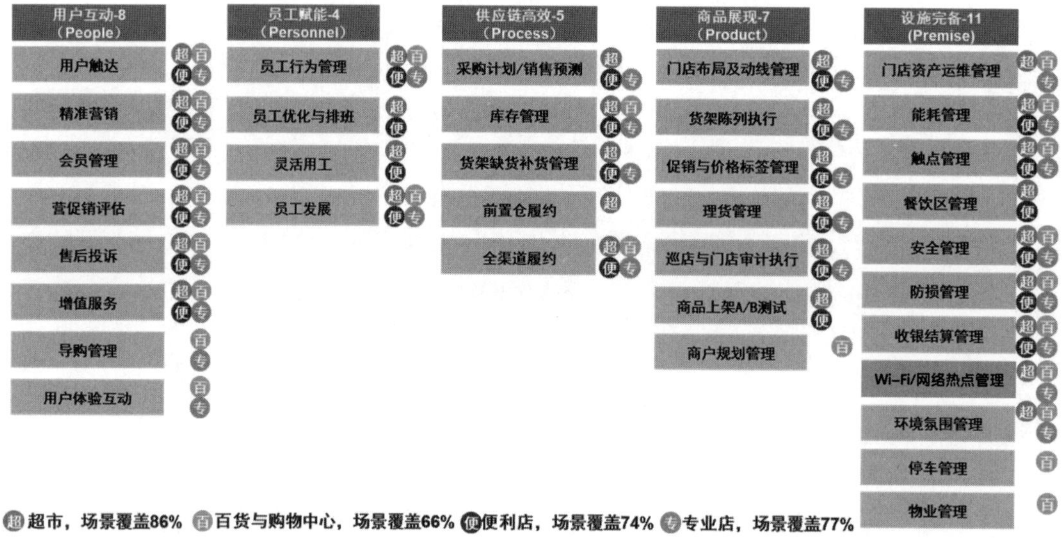

图4　零售门店数字化场景应用比例统计

资料来源：项目组总结。

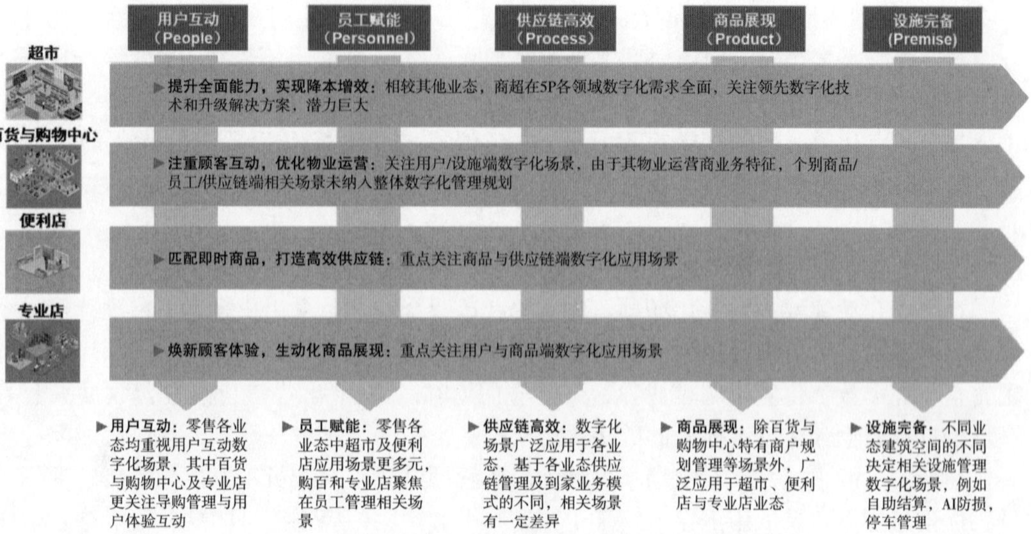

图 5　零售门店数字化应用趋势

资料来源：项目组总结。

三、零售细分业态数字化转型管理思路及案例

（一）零售细分业态数字化转型管理思路

1. 超市

（1）超市企业核心挑战与数字化转型思路

传统超市企业面临三大核心挑战，即到店消费客群持续流失、商品差异竞争逐步缺失和门店运营成本不断增长。

挑战一：到店消费客群持续流失。国内消费升级与消费降级趋势并存，除原有传统超市主力客群（如小康家庭）和银发一族，精英中产、都市白领、小镇青年等客群如今都有着各自的消费主张，“多快好省”相关的商品力、便利性、服务与体验、性价比等诉求不断突出，这也吸引了 O2O 平台、电商平台、便利店等业态的积极布局，造成传统超市到店消费客群持续流失。

挑战二：商品差异竞争逐步缺失。传统超市引入太多同质化商品，缺少差异化，导致只能打价格战；超市经营重点放在做促销上，期望通过促销改变消费习惯，导致商品“不促不销”。

挑战三：门店运营成本不断增长。传统商超、大卖场的单店销售额普遍逐年下降，同时在社区团购、生鲜电商的冲击下，价格和毛利率难以逆势提升，反而是单店总成本，如租金、门店改造费用、人工成本、水电费等持续上升，进一步压缩了单店利润空间。

面向挑战，超市企业数字化转型将重点关注“从流量到留量”的用户运营提升和基于数字化手段的门店效率提升。

“从流量到留量”的用户运营提升领域，超市企业将关注用户运营全链路的提升。一方面借助即时零售渠道与门店协同实现流量导入，另一方面将不断提升商品力和服务力，通过差异化商品及独特的体验和服务，促进用户复购并实现增长。

基于数字化手段的门店效率提升领域，企业将借助数字化手段不断优化门店用户互动、员工赋能、供应链高效、商品展现及设施完备等方面的运营，降低成本并提升门店效率。

（2）超市门店 5P 数字化场景关键需求

在用户互动领域，数字化场景聚焦消费者运营全域，包含用户触达、精准营销、会员管理、营促销评估、售后投诉、增值服务等场景，可分为潜客管理与会员管理两个阶段。领先企业现今数字化应用比较成熟，广泛应用 CRM、数字化营销与消费者数据平台等数字化工具，但也存在持续提升的数字化需求。

在员工赋能领域，数字化场景可分为门店管理赋能与一线员工赋能，门店管理侧重于员工优化与排班和灵活用工导入，基于算法和平台预测门店用工高峰期，智能推送工作任务并对接外部人员招募平台，提升门店整体效率；同时，采用边缘计算、识别+AI 等技术，实现员工行为的监督管理、一线员工的技能培训等，提升对一线员工的赋能。

在供应链高效领域，数字化需求覆盖进销存执行和供应链管理等模块，包含采购计划/销售预测、库存管理、货架缺货补货管理、前置仓履约、仓店一体、全渠道履约。关键需求在于货架缺货补货管理，可能的应用方案包含智能货架、采用摄像头+边缘计算的货架分析、补货提醒解决方案、巡店机器人等。

在商品展现领域，数字化关键需求在于帮助零售商更好地吸引消费者走近货架购物，关注门店布局、货架陈列及商品执行工作，对巡店、门店审计执行及商品上架测试也有着数字化需求，对数字化棚格制作工具、电子价签、电子屏促销、智能巡店、客流分析、边缘计算解决方案等数字化应用有着强烈的需求。

在设施完备领域，数字化关键需求在于 IoT 管理，应用方案包含 IoT 智能平台和数据中台，包含超市特色的数字化应用，如餐饮区智能设施、冷藏设备温度/能耗管理等，也包含 AI 生鲜识别、收银结算、AI 防损等。

2. 百货与购物中心

（1）百货与购物中心企业核心挑战与数字化转型思路

中国商业地产处于“从有到优”的转型过程中，百货与购物中心数量众多但同质化严重，造成盈利表现不佳，在重资产运营向轻资产运营切换的大背景下，面临业态同质化严重和精细化运营不足两大核心挑战。

挑战一：业态同质化严重。随着各大百货与购物中心入驻品牌逐渐趋同，经验更多来自同类型项目的快速复制，同质化严重，破局之道在于如何借助消费者洞察执行以消费者为中心的业态创新及品牌营销，这也是在中国未来商业市场环境中脱颖而出的关键。

挑战二：精细化运营不足。在谋求轻资产转型的大背景下，提升资产价值的财务表现成为重中之重，其中改善盈利与提质增效相关的租金租户管理与运营能耗管理方面的精细化运营能力提升成为主要挑战。

面向挑战，百货与购物中心企业数字化转型将重点关注业态创新破局和卓越运营提升。

如今，处于同质业态竞争异常激烈与高线城市市场日渐饱和的局面，百货与购物中心企业将更关注围绕消费者体验的业态差异化定位，其核心数字化转型举措在于基于消费者旅程，构建全渠道、跨商家、多触点的消费者数据管理平台，完善消费数据积累并持续通过数据洞察挖掘价值，指导差异化的品牌定位与布局、关联的主题营销活动开展以及流量转化，实现业态创新、消费者体验提升及销售提升的良性循环。

同时，卓越运营提升数字化举措将围绕企业自身及商家赋能开展。对内，百货与购物中心业务数字化将围绕基于租赁策略优化租金定价与租户组合管理等主题，而空间数字化将围绕智慧物业各场景，提升能效、安防、停车等管理水平；对外，重点围绕商户高效运营数字化赋能，推广商户经营看板、商户导购赋能等数字化解决方案。

（2）百货与购物中心门店 5P 数字化场景关键需求

在用户互动领域，聚焦消费者运营，百货与购物中心业态特点在于用户体验互动，突出在特定主题下，借助数字化技术，采用游戏、娱乐等形式与用户进行深度互动的数字化需求。

在员工赋能领域，数字化场景关注采用摄像头+边缘计算+AI 分析的员工行为标准化管理，并通过提升员工技能增强消费者体验。

在供应链高效领域，数字化场景重点在于货品库存管理以及在全渠道融合趋势下的履约支持。

在商品展现领域，数字化场景重点在于采用边缘计算和 AI 分析，了解消费者信息、区域热力图、动线走向等，从而进行商户规划及动线设计。

在设施完备领域，数字化场景重点在于各类空间数字化应用，停车管理和物业管理是百货与购物中心业态特有的数字化应用场景。

3. 便利店

（1）便利店企业核心挑战与数字化转型思路

在消费需求及政策引导的双向助推下，我国便利店行业稳健增长，对比发达国家便利店覆盖率，仍有可观的市场潜力尚待挖掘，稳步向“小门店、大连锁”迈进。但在“强竞争、大纵深、多需求”的国内市场，便利店企业易造成“连而不锁”的局面，并面临两大核心挑战，即运营成本瓶颈尚待突破和服务体验差异仍需加强。

挑战一：运营成本瓶颈尚待突破。商业竞争日益加剧，高租金、高人力成本使便利店盈利空间受到挤压。便利店虽已经历初期标准化进程，但仍大量依赖人工操作及优秀店长、督导管理，门店运营成本管控及高效化面临挑战，亟待采用新技术，包括自助服务、值守无人化、收银智能化。

挑战二：服务体验差异仍需加强。便利店企业正面临快速规模化扩张，寄希望于将成熟市场的成功模式快速复制到新店，避免“千店一面”，进一步提升便利食品和日用品的选品，特别是提升便民服务与店内体验的竞争力。

面向挑战，便利店企业数字化转型将重点关注门店一线操作及管理赋能，提升门店标准化与精细化。

门店一线操作及管理赋能的重点一方面在于在收银等环节解放人力，并结合智能化手段提供订货补货等指引，让一线员工聚焦提升消费者体验的服务；另一方面在于提供店长、督导管理抓手，更高效地优化门店员工工作安排以及检视标准化执行情况，提升管理效率及管理半径。

提升门店标准化与精细化的重点在于在借助数字化手段执行标准化的同时，基于门店周边商圈信息，将流量导入、消费者运营、商品组合/促销/定价/陈列、订货补货等运营动作与商圈特征相结合，形成智能化、数据驱动的门店运营，实现精细化的管理。

（2）便利店门店 5P 数字化场景关键需求

在用户互动领域，数字化场景关注门店基于周边商圈与人群信息的用户触达，并通过丰富的营销模式提升销售业绩。

在员工赋能领域，数字化场景关注店长、员工任务监管与一线员工日常工作管理，可采用摄像头+边缘计算+AI 分析等提升运营效率。

在供应链高效领域，数字化场景关注货架的供应链管理的数字化实现，解决订货补货效率低、保质期管理困难、即时零售履约效率不佳等问题。

在商品展现领域，数字化场景关注商品标准化的陈列、促销与价签管理的灵活性，并支持门店督导人员针对连锁标准的巡店与审计。

在设施完备领域，数字化场景关注全渠道、全场景的智能化设备支持，包含自助结算、AI 防损等应用。

4. 专业店

（1）专业店企业核心挑战与数字化转型思路

专业店业态不同于综合零售业态，以销售某类商品为主，体现专业性、深度性、品种丰富性，消费者选择余地大，其发展是消费升级趋势下需求细分化、专业化的必然成果。相比大而全的综合零售业态，专业店依赖专业的用户服务与精深的产品供应，在“专业产品、深度服务”的发展过程中面临两项核心挑战，即消费者体验尚存升级空间和商品端效率有待持续提升。

挑战一：消费者体验尚存升级空间。流量对于专业店业态尤为珍贵，留住消费者的核心之一在于如何持续升级消费者体验，但现今基于消费者信息的用户运营、门店员工服务的标准化、门店面向用户体验的互动设施都存在改善空间，消费者体验有待升级。

挑战二：商品端效率有待持续提升。专业店业态优势在于细分领域商品精深的产品供应，但由于连锁标准化和加盟商体系的复杂性，在保障商品展现的同时，商品预测与库存可视化管理不佳，导致商品供应链体系受到极大的挑战，需要持续提升商品端效率保障商品可得性与库存合理性。

面向挑战，专业店企业数字化转型将重点关注消费者体验促销售与商品端效率增收益。

消费者体验促销售主要围绕基于消费者信息的线上线下互动，通过门店员工行为管理和培训发展的员工赋能以及各项门店设施设备提升消费者体验。

商品端效率增收益主要围绕商品展现与供应链高效。商品展现关注连锁化、标准化下商品陈列和促销与价签管理的一致性，以及门店督导人员巡店与审计的支持。供应链高效重点关注销售预测与库存可视化，保障门店商品的可得性。

（2）专业店门店 5P 数字化场景关键需求

在用户互动领域，数字化场景关注对外用户触达与营销及对内的门店体验互动，同时反复触达会员提升销售。

在员工赋能领域，数字化场景关注员工执行标准化管理并通过提升员工技能增强消费者体验。

在供应链高效领域，数字化场景重点关注采购计划、销售预测及库存管理，保障商品可得性，实现渠道库存可视化。

在商品展现领域，数字化场景关注商品标准化的陈列和促销与价签管理的一致性，并支持门店督导人员针对连锁标准的巡店与审计。

在设施完备领域，数字化场景重点关注消费者体验相关设备，如触点和环境氛围管理，也关注能耗管理、自助结算、AI 防损等。

（二）业务痛点、数字化设想总结及典型案例

1. 用户互动

用户互动主要业务痛点包括用户触达、会员管理和营销促销三个方面。

用户触达痛点：零售企业对消费者触达、交互方式单一，导致消费者权益感知钝化、体验下降；单点的坪效提升遇到瓶颈；互动活动形式单一，不具备娱乐性。

会员管理痛点：获客成本持续走高，数据无法追踪、用户精准度有限；运营素材有限；长尾用户转化难。

营销促销痛点：开展营销活动时，数据分析不够细致，难以对目标细分消费者进行精准化触达。

相关数字化设想包括门店内通过多样化触点全旅程增强与消费者的互动，连锁门店通过自助零售柜拓展用户互动的半径，后续借助会员管理体系与营销促销活动的开展精准触达消费者，提升复购频率等三个方面。

【用户互动案例】门店全渠道中台

案例背景：随着全国连锁门店规模的持续增长，原有信息化体系已经不能满足门店运营管理的需求，这主要表现在营销手段单一、销售数据上传不及时、系统多而散等方面。

实施方案：打造智能化门店终端生态。在融合门店各生态系统的基础上，实现业务处理的实时性，从软硬件两方面体现前瞻性，改善业务效果，提升运维能力；厚中台、薄应用，实现顾客营销多触点。通过业务沉淀，构建面向线上线下全渠道多触点应用的业务中台，在业务发生变化时，可以快速响应转型。

预期收益：季度营业收入提升 13%，门店收银效率提升 34%，顾客满意度提升 98%。

2. 员工赋能

员工赋能主要业务痛点包括员工培训、门店巡检和任务整改三个方面。

员工培训痛点：零售业连锁门店员工数量规模大、流动性强。总部组织培训困难，线下培训效率低下。

门店巡检痛点：人工巡检成本高、效率低、数据易错，无法适应门店扩张下的巡检需求。

任务整改痛点：总部缺乏从问题发现到整改完成的闭环管理，无法掌握整改完成情况和日常任务进度情况。

相关数字化设想为零售门店基于硬件算力和边缘计算设备进行 AI 分析，通过员工培训、门店巡检、任务整改环节构建员工赋能管理闭环。

【员工赋能案例】虚拟店长

案例背景：中国连锁酒馆品牌，拥有直营门店数百家，覆盖全国 150 多个城市，快速发展过程中存在直营门店多、扩展快，运营、人力成本高和数据颗粒度不精细等问题。

实施方案：员工执行管理，实时监测并提醒员工规范着装、操作、在离岗等行为，实时检测餐桌状态和餐品标准，及时告知员工进行服务，保证工作质量；环境安全卫生，全天候监测鼠患、污渍水渍、垃圾桶堆积情况，实现明厨亮灶；在店体验提升，脱敏并实时识别出入过店客流并分析属性，可视化轨迹和停留、兴奋度等指数数据；基于 Intel Core 平台提供的基础算力和 OpenVINO 开发套件进行 AI 性能的加速和识别准确率的提升。

预期收益：运营、安保等人员成本下降 20%，餐桌翻台效率提升 15%，有效提升客户体验感，客流量提升 10%。

3. 供应链高效

供应链高效业务痛点包括货架缺货补货管理及其他环节。

货架缺货补货管理痛点：卖场货架整理不及时、不全面，未及时补货导致顾客流失；人工理货成本高、效率低；卖场实时数据与内部库管数据隔离；库存数据失真，库存周转率低。

供应链高效其他环节痛点：采购预测，门店订货准确率低，经营粗放，经常导致缺货、滞销废弃或损耗；库存管理，人工库存费时费力且出错率高；拣货履约，门店拣配无法数字化，缺乏管理工具；任务派发管理混乱，大单量承接困难。

相关数字化设想为零售门店基于基础算力和边缘计算设备进行 AI 识别分析等，数字化赋能货架缺货补货管理，带动采购预测、库存管理、拣货履约三个环节的优化，从而实现供应链高效。

【供应链高效案例】智能货架管理

案例背景：连锁零售头部公司企业总部经常无法及时获取分店实际的货架管理情况，这给公司运营带来诸多负面影响。

实施方案：门店部署 AI 巡检机器人，基于 Intel Core 平台和 OpenVINO 开发套件进行 AI 性能加速，并搭配汉朔电子价签，周期性地执行价签巡检和商品巡检，同时，机器人采用临近价签信息和商品图片特征的融合方案，实现货架精准管理以及缺货情况的识别。

预期收益：排面识别精度达到 95%以上；客户选品优化和陈列优化的策略效果显著，明显提升利润率。

4. 商品展现

商品展现主要业务痛点包括门店布局与货架陈列、促销与价格标签管理和巡店与门店执行审计三个方面。

门店布局与货架陈列痛点：门店售卖的商品繁多复杂，没有重点，陈列位置不足；陈列指导短缺，员工效率不足。

促销与价格标签管理痛点：门店难以制定临期产品价格，总部难以获得门店对促销产品的定价；用人工方式获取市场商品信息低效且匹配率低。

巡店与门店执行审计痛点：客流量未知、目标客户不明、安防难、员工管理不易、日常排班不合理、巡店成本低效高成本等问题。

相关数字化设想为零售门店通过部署摄像头和边缘计算设备进行 AI 分析，实现巡店与门店执行审计监督优化，门店布局与货架陈列执行、促销与价格标签管理，提升门店商品展现。

【商品展现案例】新零售智能边缘终端

案例背景：连锁服装店备货准确度差，总部无法快速识别各种货品的热度并执行精准营销；由于门店分布广泛，数字化实施成本高，财务负担重。

实施方案：

单店：实现复用现有摄像头、信息上传总部、支持 20 多种算法；可随时在线（不关机）升级和替换新算法，随时加载随时使用；系统框架支持单独升级和替换其中任意一个算法，并对所有算法进行动态自动算法融合；支持针对每个摄像头单独指定多种不同的算法。

总部：支持大数据汇总、数据结构化与大数据分析，通过分析大数据制订销售计划，进行商品拜访和客流动线设计。

基于 Intel Core 平台和 OpenVINO 开发套件，采用容器化的设计，实现 AI 算法快速升级和替换。

预期收益：单店节省施工和设备成本 50%以上；提高服装店备货准确度；协助总部快速识别各种货品的热度，实现精准营销。

5. 设施完备

设施完备主要业务痛点包括资产运维、收银防损、安全管理、能耗管理、Wi-Fi 管理等方面。

资产运维痛点：非标化、差异化、人工化等。

收银防损痛点：连锁便利店员工身兼数职、人手不足，客流高峰期，排队严重，同时损耗高。

安全管理痛点：存在收银纠纷追溯、客流量未知、多门店整体安防难、巡店成本低效高成本、重点区域防止入侵难等。

能耗管理痛点：现有的系统控制不统一、运行粗放，非智能化，能耗高；环境氛围，现有光照、广播等无法满足需求。

Wi-Fi 管理痛点：门店布局各异、终端运维成本高。

相关数字化设想为零售门店设施覆盖资产运维、能耗管理、收银结算，AI 防损、环境氛围、安全管理以及 Wi-Fi 管理多环节。

【设施完备案例 1】商超自助 AI 防损数字化解决方案

案例背景：自助收银环境下的商品盗损率高于非自助收银环境下商品的盗损率，当自助交易终端使用频率越来越高时，防损问题也变得尤为重要。

实施方案：顾客通过自助交易终端进行商品结算时，AI 摄像头获取图像，系统基于对顾客结算过程的记录分析，对比 AI 图像识别，判断是否存在异常操作。

预期收益：案件发现件数提升十几倍，挽回的金额提升 20 多倍，月均挽回额达到数万元；目前所用门店自助购区域盗损率下降 80%，人力成本节省 35%。

【设施完备案例 2】智慧餐饮数字化解决方案

案例背景：为顾客提供快捷、高效、优质的餐饮服务，中科英泰推出智慧餐饮数字化解决方案，为烘焙店、连锁快餐、食堂等场景提供了一种全新的数字化服务。

实施方案：针对高校食堂、企业食堂推出团餐自助称重交易终端；针对烘焙店、连锁快餐推出 AI 自助交易终端。

预期收益：①高校食堂、企业食堂场景提质增效：营业额平均增长可达到40%以上；转变为就餐者自助打饭，用工成本降低 30%~70%。②烘焙店、连锁快餐场景效率提升：识别准确率高达 99.85%，识别速度小于 0.1 秒，结算效率平均提升 30%。

【设施完备案例 3】自助收银解决方案

案例背景：针对通道式商超场景，借助物品识别精度高达 99%以上的 AI 秤以及全新的 AI 技术驱动，改造大卖场的生鲜称重模式，实现称重结算一体化。AI 秤部署在人工收银通道和自助收银通道处，取消打秤贴票环节，释放打秤人力。

实施方案：项目在无任何经验可供借鉴的情况下，海石团队协助淘鲜达团队不断优化 AI 识别方案，迭代硬件方案，实现了多个场景的 AI 结算，包括 AI 识别秤+自助收银机、AI 生鲜识别+结算系统、团餐方案的餐盘菜品 AI 识别。

预期收益：AI 秤的应用，在提高客户购物体验的同时，也降低了商家的运营成本。

【设施完备案例 4】数智化门店前端系统

案例背景：应对零售门店越来越多的智能设备和 AI 算力的要求，吉方工控在 Intel 支持下，与零售系统软硬件商协同开展数智化门店系统架构研究，开创性地完成智慧门店 POS 一体化方案，并形成团体标准。

实施方案：一体化 POS 机采用标准接口，可以连接条码、商显、打印、监控、电子价签、电子秤、AI 识别、人员定位等设备，是收银和 AI 运算主机，也是物联网智能网关，实现门店内的环境氛围、能耗、门禁和安全等的数据采集与节点控制等功能，并提供扩展能力；软件架构中采用 Intel 的 GVT-g 虚拟化技术，可以加载 Linux、Windows 和 Android 多系统，满足收款、监控、会员识别、商品识别、商显信发系统、电子价签管理等软件的承载能力。

预期收益：零售智能设备采用统一接口标准，减少软硬件各方大量、非必要的重复性适配工作及投资，减少约 30%的硬件费用及约 80%的软件投资。

（三）小结

零售门店数字化的成功来源于数字化对业务降本增效的实质性提升。我们提出的“基于门店价值创造的评估六步法”可以帮助零售企业提升业绩。其中，最重要的两点：一是试点评估的“可参照店”比较法，更准确地识别价值增量；二是高层特别是业务部门的积极参与，才能真正让数字化融入业务。

基于门店价值创造的评估六步法包含以下关键环节。

第一步，基于公司整体数字化规划与蓝图识别试点项目，纳入项目库。

第二步，数字化团队预估试点项目业务价值与预期投入。业务价值，销售增长、成本降低、人员优化等定量评估；预期投入，一次性投入及后续运维成本等。

第三步，公司投资委员会进行项目评审。数字化团队组织上会，公司投资委员会进行评审，评审除初步评估业务价值和与预期投入外，也要详细说明如何选择试点门店，未来与哪些同类门店对比验证项目带来的价值。

第四步，数字化团队与业务部门一起执行项目试点。

第五步，数字化团队与业务部门一起评估试点项目执行后收益及背后关键因素。特别关注客户满意度等定性指标，销售增长、成本降低、人员优化等定量化业务价值以及背后驱动 ROI 增长的关键因素；最终与经营管理者确认项目收益、业务价值达成情况及后续推广计划。

第六步，项目全面推广，或项目中止，或启动下一轮试点评估。

2022 年中国餐饮加盟行业白皮书

2023 年 4 月，中国连锁经营协会（CCFA）联合美团推出中国餐饮加盟 Top100，由双方共同编撰的《2022 年中国餐饮加盟行业白皮书》（下称“白皮书”）同时发布。

数据说明：

同一品牌下，门店数>2，视为连锁品牌。

连锁化率=全国餐饮连锁品牌下门店数量总和/全国餐饮行业门店数总和×100%

品类连锁化率=品类连锁品牌下的门店数量总和/全国品类门店数总和×100%

在线交易：线上订单支付、扫码点餐、团购、外卖、线上买单等通过数字化工具场景实现的交易，统称为在线交易。

除标明第三方数据的引用来源外，本白皮书数据来源为美团的数据内容，仅限美团线上数据，解释权归美团所有，仅供读者参考。如需对本白皮书数据引用请标明数据来源。

一、中国餐饮市场发展数字概览

（一）餐饮波动性回升，数字化加速，行业发展显韧性

国家统计局发布数据显示，2022 年 12 月，社会消费品零售总额 40542 亿元，同比下降 1.8%，餐饮收入 4157 亿元，同比下降 14.1%；限额以上餐饮收入 882 亿元，同比下降 17.8%。

2022 年全年社会消费品零售总额 439733 亿元，比上年下降 0.2%，餐饮收入 43941 亿元，比上年下降 6.3%；限额以上餐饮收入 10650 亿元，同比下降 5.9%。

国家统计局发布数据显示，除了 2022 年 1—2 月以及 8 月，其他时间的全国餐饮月收入同比增速均低于同期的社会消费品零售总额增速。

国家统计局数据显示，2022 年，全国网上零售额 137853 亿元，比上年增长 4.0%。其中，实物商品网上零售额 119642 亿元，增长 6.2%，占社会消费品零售总额的比重为 27.2%，比上年提高 2.7 个百分点。在实物商品网上零售额中，吃类、穿类、用类商品分别增长 16.1%、3.5%、5.7%。

2020 年中国在线餐饮呈现“V”形反弹，2021 年中国在线餐饮快速增长；至 2022 年上半年在线餐饮销售额同比增长 2.6%，其中，到店餐饮销售额和外卖销售额同比分别增长 14.2%和 0.8%。

美团数据统计显示，近三年在线餐饮的订单量在稳步波动性回升，截至2023年1—2月，在线餐饮整体大盘情况良好，较2019年1—2月，同比增长了61%。

2022年，全国在线餐饮销售额比上年增长了约2.9%，全国餐饮销售额下降了6.3%。在线餐饮展现出了更加强韧的生命力。

（注：在线交易数据根据市场资料搜集整理计算。）

互联网发展产生巨大的“鲶鱼效应”，推动传统产业变革，服务业与互联网融合的技术门槛相对较低，数字化转型发展快于工业和农业。2018年前后，随着互联网的深入渗透，餐饮业的在线交易比重得到显著提升，并在近5年内稳步增长（见图1）。

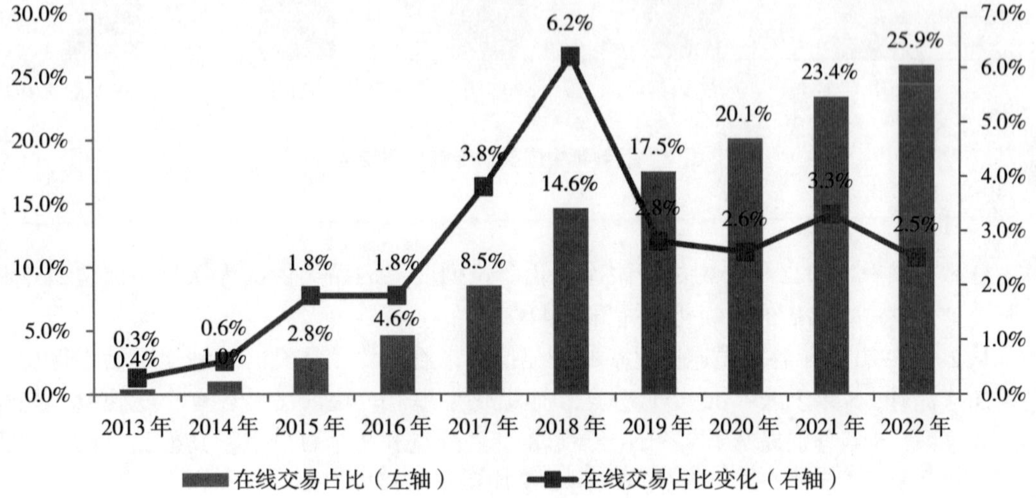

图1　近十年餐饮在线交易占比及占比变化

数据来源：中国互联网络信息中心（CNNIC）、美团。

时效性敏感、本地化属性较强的餐饮消费需求加速向线上延伸。从短期看，本地化业务模式的末端配送效率优势已得到初步体现；从长期看，本地化业务模式通过向上下游延伸，有助于打通全产业的数字化通路，提升整个行业的效率。

（注：全国餐饮大盘数据来自国家统计局，在线交易数据根据市场资料搜集整理计算。）

数据说明：

在线交易占比=餐饮在线交易额/全国餐饮大盘收入×100%

在线交易占比变化=当年在线交易占比-上年度在线交易占比

（二）中国餐饮连锁化率持续提升：5年内从12%提升到19%

美团数据显示，2018—2022年中国餐饮连锁化率持续走高，从2018年的12%提升至2022年的19%（见图2）。中国餐饮市场连锁化进程不断加快。中国餐饮连锁化率仍然有较大提升空间。

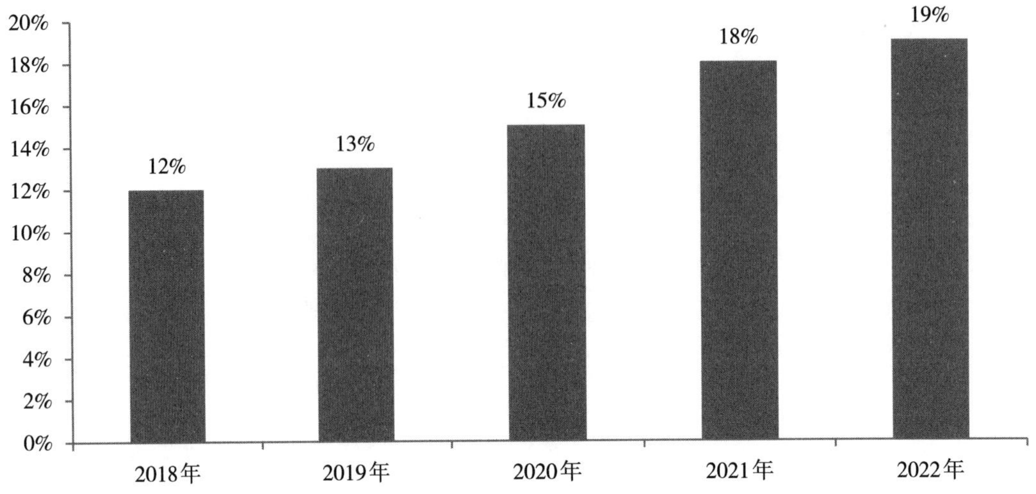

图 2 近五年中国餐饮连锁化率走势

数据来源：美团。

分品类来看，2022 年，中国餐饮连锁化率位列前三的品类依次为饮品、面包甜点和国际美食，其中饮品店的连锁化率提升至 44%。

从 2018—2022 年各品类连锁化率的变化情况来看，饮品品类的连锁化率始终保持最高并加速提升，5 年上涨了 15 个百分点。连锁化率提升较快的品类还有小吃快餐、烧烤和八大菜系，5 年分别提升了 9 个百分点、8 个百分点和 7 个百分点。其他品类的连锁化率，5 年的提升速度均在 5 个百分点以内，平均每年不超过 1 个百分点。

小吃快餐品类的连锁化率在保持高于其他品类的水准上依然保持快速上涨。一方面，该品类更偏零售体制的产业特性，能够快速统一标准进行复制，是小本创业者的首选；另一方面，该品类的快速复制扩张的能力，也更受投资机构的关注，从而引来更多行业资源助力连锁品牌的快速发展。而八大菜系和烧烤品类连锁化的提升，也证明了本土餐饮品牌在数字化工具加持下的持续升级和高质量发展。

从 2018—2022 年连锁餐饮门店的品类分布情况来看，小吃快餐品类依然稳居门店数第一，占比超过连锁店总数的 51%。值得关注的是，小吃快餐和烧烤品类的连锁门店数占总连锁门店数的比例，5 年提升了 2 个百分点，其次是饮品品类和八大菜系，5 年门店占比分别提升了 1.1 个百分点和 0.8 个百分点。无论品类门店的绝对增长数据如何，仅从连锁门店数品类分布的 5 年变迁情况来看，以上 4 个品类都是当之无愧的热门连锁品类（见图 3）。

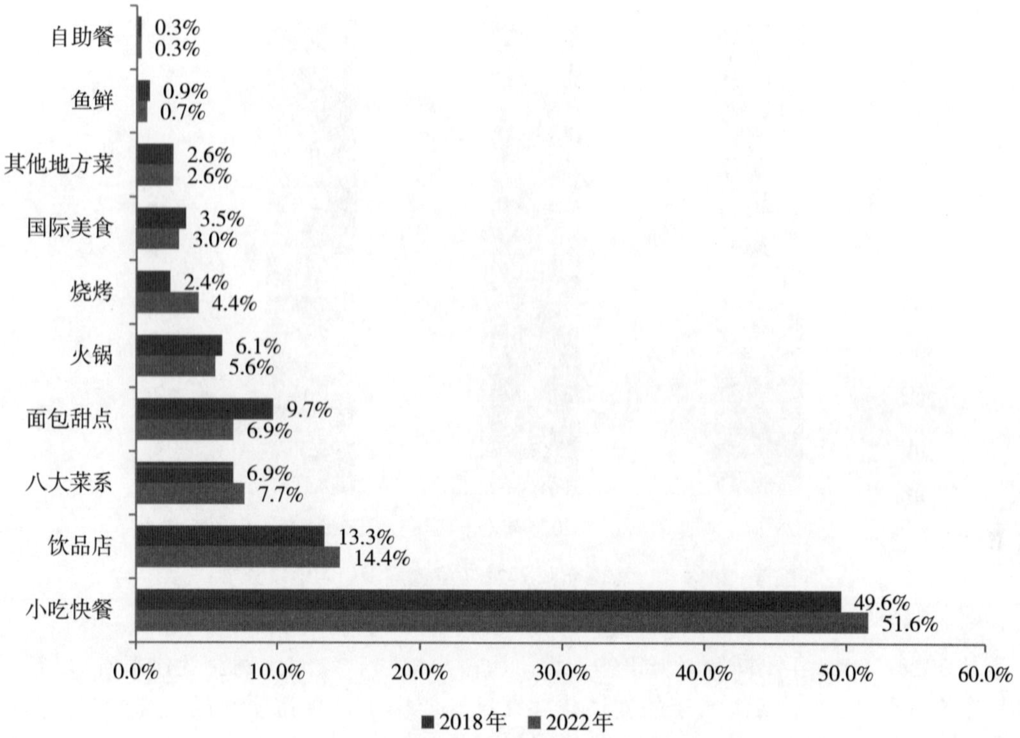

图 3 2018 年和 2022 年连锁餐饮门店品类分布

数据来源：美团。

二、连锁篇：连锁品牌进入发展新阶段

（一）下沉市场扩容，中高线市场蕴藏新机遇

1. 过往下沉市场的觉醒，提升了加盟品牌发展的市场容量

美团数据显示，在 2018—2022 年餐饮连锁门店地域分布中，一线、新一线、二线城市的门店数分布比例整体略有收缩的趋势，三线、四线、五线城市的连锁门店分布提升显著。5 年间，连锁门店在三线和四线城市的分布均提升了约 1 个百分点，下沉市场连锁品牌门店的比重逐渐增加（见图 4）。

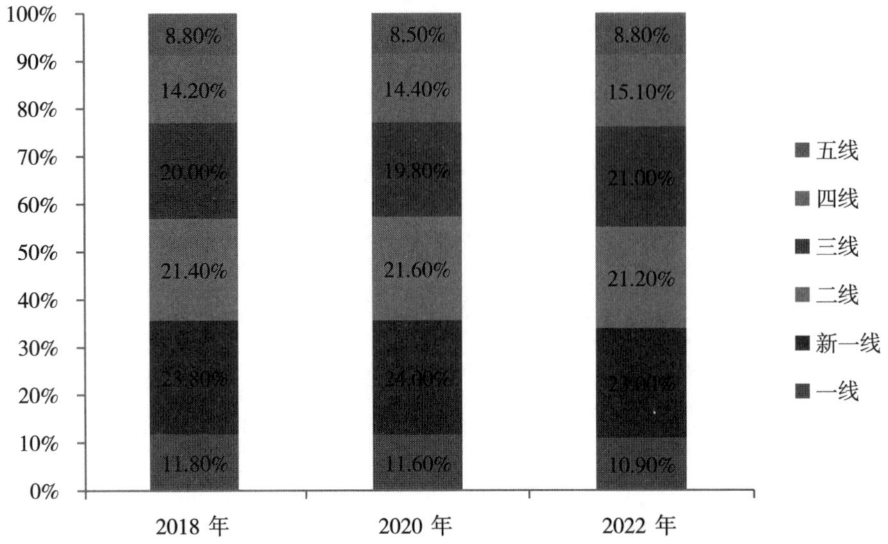

图 4 2018 年、2020 年和 2022 年餐饮连锁门店地域分布

数据来源：美团。

从 2018—2022 年不同等级城市的连锁门店占当地门店数的比例及变化来看（以下简称城市连锁化率），各等级城市的连锁化率在这 5 年中整体保持明显的上涨趋势。其中，城市连锁化率增速最快的为新一线城市，5 年内城市连锁化率提升了 8.5 个百分点。其次是三线及以下城市，5 年内城市连锁化率提升约 8 个百分点，即使如此，三线及以下城市的餐饮连锁化率仍不足 20%，三线城市的连锁化率约等于全国餐饮的平均连锁化率。优质市场最重要的两个特征就是空间足够大、增速足够快，而三线及以下城市的连锁餐饮市场刚好符合这两个条件（见图 5）。

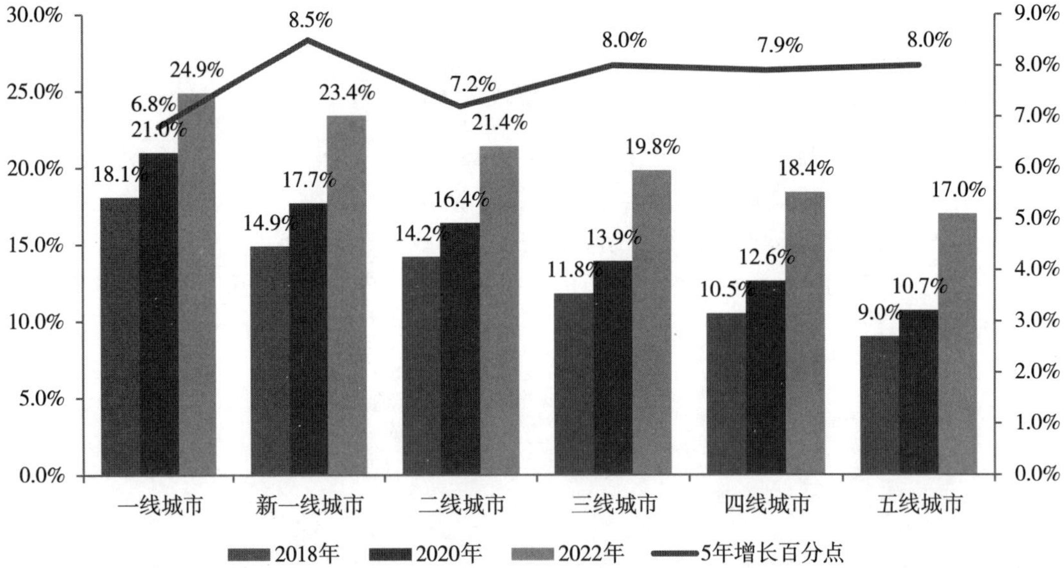

图 5 2018 年、2020 年和 2022 年不同等级城市连锁门店占当地门店数的比例

数据来源：美团。

国家统计局数据显示，中国的城镇化率由 2018 年的 61.5%提升至 2022 年的 65.2%；5 年间中国城镇居民人均支出提升了 16.39%，乡村居民人均支出提升了 37.18%；城镇化率稳步提升，乡村市场蕴藏较大潜力，三线及以下城市的消费快速觉醒，进一步扩大了餐饮品牌发展的市场空间。

2. 去下沉市场发展，考验门店盈利模型的匹配能力

近些年，三线及以下城市消费潜力的释放引来了众多企业关注的目光，但地域不同，消费特征存在明显的差异性。

美团数据显示，2018—2022 年，不同等级城市的餐饮业人均消费水平存在显著差异。以一线城市和三线城市的到店人均消费水平情况为例：2018 年一线城市餐饮到店人均消费平均为 57.2 元，三线城市为 42.4 元，一线城市的人均消费高出三线城市 35%；同样，2022 年一线城市餐饮到店人均消费水平是 86 元，而三线城市是 53 元，一线城市的人均消费高出三线城市 62%。

随着各地促消费政策的推进，以及地方经济的自然发展，每个地域的优势品牌都将迎来新的发展机遇，在当地发挥更大的品牌效应，让地方消费特征更趋明显。对于跨地域发展的连锁品牌而言，下沉市场的消费释放极具吸引力，但在决策是否下沉、如何下沉发展时，还需要根据地域性的消费特征综合判断。

品牌发展早期，门店的盈利模型受到选址、人口密度、人均消费能力等各项指标的影响，下沉的过程中单店产值将呈现自然下滑趋势。若下沉市场消费力不足以支撑一定规模的门店，品牌将很难在下沉过程中取得规模效应，因此，需要在下沉过程降低进入成本、调整门店模型或改造供应链以适应新市场。餐饮企业是否能在下沉市场发展好，要看企业有没有随着下沉扩张而调整盈利模型的战略，以及对新门店模型的预期。在企业扩张过程中要明确品牌理念和定位，选择与之匹配的“势能点位”。

3. 市场重启品牌化发展，中高线城市蕴藏发展新机遇

过去三年，我国高线城市人流、物流复杂，很多连锁餐饮品牌由攻转守，由 2020 年逆势抢占高势能点位转向“下沉避险”“加盟避险”。从前文 2018—2022 年餐饮连锁门店地域分布数据也能感受到这些变化，一线、新一线、二线城市的门店数分布比例整体略有收缩的趋势，三线、四线、五线城市的连锁门店分布提升显著。

据国家统计局网站消息，2023 年 1—2 月社会消费品零售总额数据显示，餐饮等接触型消费大幅回升。餐饮堂食、电影院等线下消费场景带动相关消费回暖向好。1—2 月，全国餐饮收入同比增长 9.2%，2022 年全年为下降 6.3%；出行类相关服务消费加快恢复。2022 年春节假期期间（1 月 21 日至 27 日），全国铁路、公路、水路、民航共发送旅客约 2.3 亿人次，比上年春节假期增长 71.2%；国内旅游出游达 3 亿人次，增长 23.1%。

为了对比不同等级城市的恢复速度，我们选取了一些连锁样本企业（样本企业：同一品牌下连锁门店数排名 Top1000 的餐饮企业）在 2023 年 1—2 月的在线销售情况进行分析，发现 2023 年前两个月的在线销售额已经远超 2019 年同期。环比 2022 年 11 月和 12 月，企业的到店销售额虽然也呈显著上涨趋势，相比于三线及以下城市，一线、新一线和二线城市的在线销售额依然有较大的提升空间，但这不排除春节假期高线城市人员流动造成的影响。

从连锁品牌新上线门店的分布情况来看，一线城市新上线的餐饮门店中有 16.4%是

连锁品牌门店，虽然这一比例已经超过其他等级城市，但却低于一线城市 24.9%的餐饮连锁化率水平，这说明连锁品牌在高线城市的门店上线速度依然有提升空间（见图 6）。

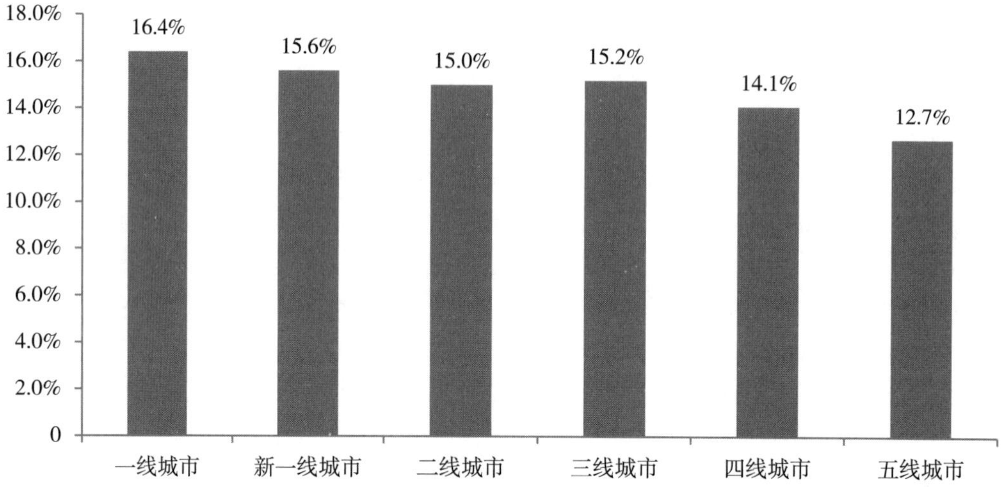

图 6　2023 年 1—2 月不同等级城市新上线连锁门店数占当地新上线门店数的比例

数据来源：美团。

随着市场的变化，中高线城市的流量应期而至。在过去的三年时间里，高线城市涌现出很多优质空窗点位，这些点位的补缺速度慢于城市流量变化的速度。而连锁餐饮品牌的市场知名度越高越具流量优势，这样的市场状况对于品牌企业而言，又是一波新的机遇。

（二）多品牌为企业带来的是新增长还是新压力仍有待验证

如今，连锁餐饮企业的拓店计划越发理性，不再一味追求数量，而是在完善原有盈利模型的情况下，进行最优化发展。而在此背景下，各企业布局子品牌的意愿也越来越强烈，成为大家寻找新增长点的重要方式之一。

有的子品牌是在原品牌赛道内，通过创新或者区别于主品牌的理念模式，拓展与主品牌相关的品类，充分利用原有供应链以及管理资源、资金资源上的优势抢占市场份额，如呷哺呷哺的子品牌凑凑；有的是在不同的赛道另辟蹊径，与主品牌相辅相成，如肯德基推出茶饮品牌爷爷自在茶，寻找企业增长的第二曲线。

餐饮企业通过多品牌战略进行品牌塑造、流量共享以及进一步扩张的方式屡见不鲜，过往案例既有成功的，也有黯然退场的。这些子品牌为企业带来的是新增长还是新压力仍有待验证。

1. 大连锁进一步发挥优势，新兴品牌加速入局

美团数据显示，在 2022 年品牌连锁门店数区间等级分布中，百家店以内的品牌门店数占餐饮大盘门店数的比例提升显著，从 2018 年的 3.8%提升至 2022 年的 9.6%，5 年时间提升了近 6 个百分点。万店以上规模的连锁门店数占大盘的比例从 2018 年的 0.7%提升至 2022 年的 1.5%，占比提升翻倍的还有 5000～10000 家店规模的连锁品牌门店数，从 2018 年的 0.5%提升至 2022 年的 1%（见图 7）。

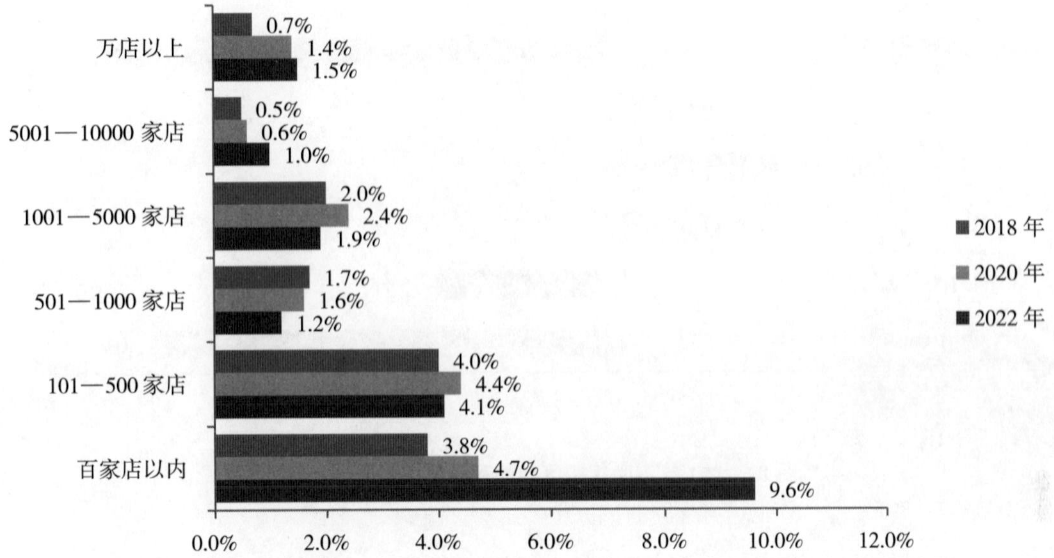

图 7　2018 年、2020 年和 2022 年品牌连锁门店数区间等级分布（占大盘的比例）

数据来源：美团。

全国餐饮门店数出现净负增长。在整体大盘门店数缩水的情况下，连锁品牌的抗风险能力和稳定性较强，市场凸显出了大连锁品牌的头部效应，同时新兴品牌也趁势加速入局。

从不同规模区间的连锁门店数年同比变化情况来看，也能印证以上结论。美团数据显示，对比 2021 年不同规模区间的品牌门店数年同比涨幅，2022 年 5000~10000 家店规模区间的餐饮连锁门店数增长最快，涨幅达 45%，其次是 3~10 家店的规模区间和 11~100 家店规模区间，连锁门店数同比涨幅分别为 40%和 15%（见图 8）。

2. 餐饮是完全竞争行业，企业做多品牌需经历多重考验

餐饮行业进入门槛较低，是一个完全竞争的行业，连锁企业在做大做强的路上，就需要解决产品管控、员工管理、品牌塑造、食品安全卫生等诸多痛点。在激烈的市场竞争下，从 0 到 1 家，1 家到 100 家，再到千家甚至上万家，不同阶段、不同品类、不同模式，对产品定位、运营效率、供应链等也有不同的要求与考验。

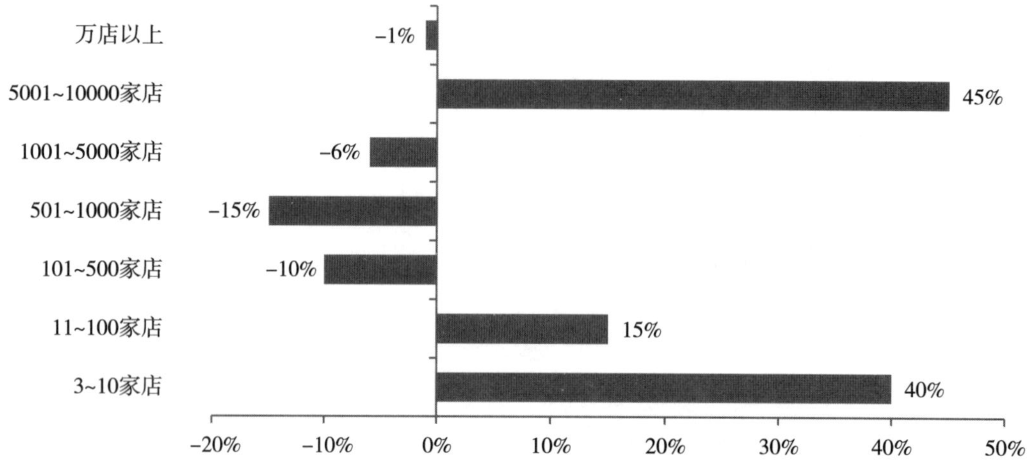

图 8　2022 年不同规模区间的品牌门店数年同比涨幅

数据来源：美团。

美团数据显示，近五年绝大部分餐饮品类的连锁门店数呈正向增长的趋势。其中，连锁门店数增长最快的品类是烧烤，从 2018 年至 2022 年，连锁烧烤门店数增长了 136. 6%，烧烤品类门店数的增长，大部分源于连锁烧烤企业的扩张（见图 9）。连锁门店增长速度处于第二梯队的品类有自助餐、八大菜系、饮品和特色菜。从各品类的人均消费变化情况来看，不同场景模式下的人均消费变动情况存在明显差异，但烧烤除外，烧烤品类无论是外卖还是到店消费场景，5 年内人均消费相较于其他品类都是最为稳定的（见图 10、图 11）。

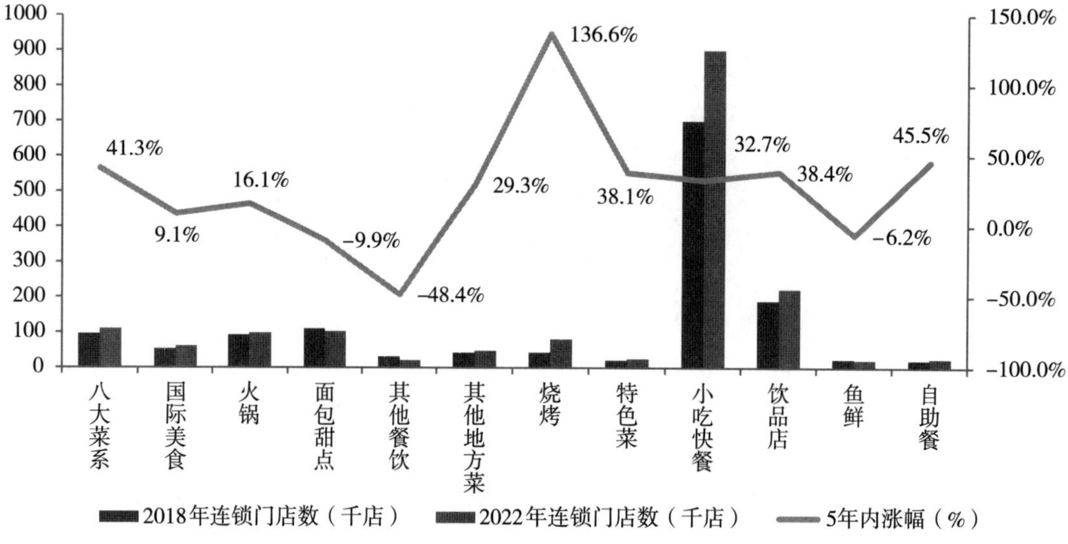

图 9　2018—2022 年各餐饮品类连锁门店数及 5 年内涨幅

数据来源：美团。

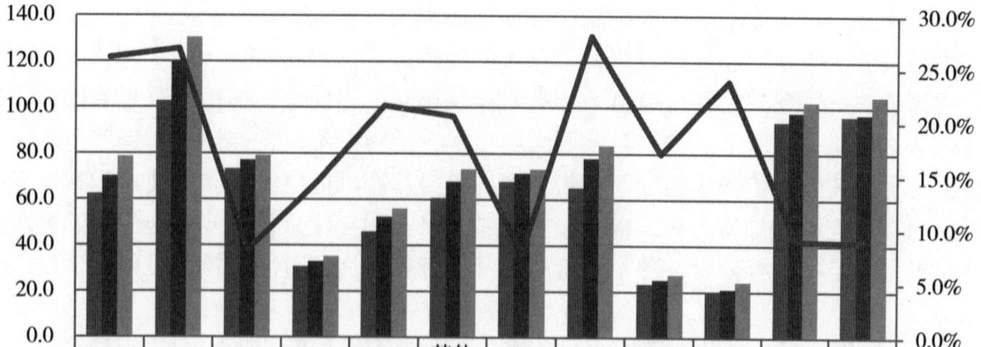

	八大菜系	国际美食	火锅	面包甜点	其他餐饮	其他地方菜	烧烤	特色菜	小吃快餐	饮品店	鱼鲜	自助餐
2018年	62.4	102.8	73.3	30.8	46.1	60.7	67.9	65.3	23.5	19.7	94.0	96.4
2020年	70.1	119.6	77.1	33.0	52.5	67.9	71.4	77.9	25.2	21.2	98.0	97.2
2022年	78.6	130.4	79.0	35.2	56.1	73.2	73.3	83.7	27.5	24.4	102.5	105.0
5年涨幅	26.1%	26.9%	8.1%	14.4%	21.6%	20.6%	7.9%	28.1%	17.1%	23.9%	9.0%	8.9%

图 10　2018—2022 年各餐饮品类到店人均消费水平（单位：元）

数据来源：美团。

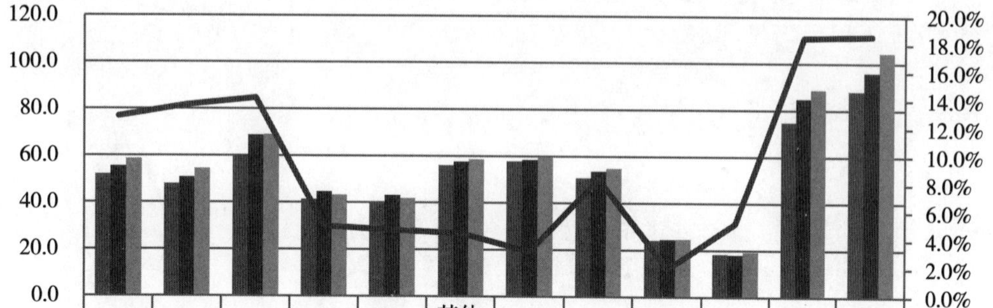

	八大菜系	国际美食	火锅	面包甜点	其他餐饮	其他地方菜	烧烤	特色菜	小吃快餐	饮品店	鱼鲜	自助餐
2018年	52.0	48.0	60.4	41.2	39.8	56.1	57.8	50.7	24.2	18.3	74.8	88.1
2020年	55.4	50.7	68.7	44.6	43.1	57.6	58.5	53.7	24.5	18.1	84.9	96.0
2022年	58.6	54.5	69.0	43.3	41.7	58.6	59.7	54.9	24.7	19.2	88.7	104.5
5年涨幅	12.8%	13.6%	14.1%	5.0%	4.7%	4.5%	3.2%	8.4%	2.0%	5.2%	18.5%	18.6%

图 11　2018—2022 年各餐饮品类外卖人均消费水平（单位：元）

数据来源：美团。

由于餐饮业产品创新壁垒不高，好的产品总是容易被模仿，产品创新和迭代的能力非常重要，此外，推新后如何快速占领消费者心智也同样关键；企业员工一般薪酬较其他行业并不具备优势，员工流动性较大，企业标准化管理、培训体系及员工激励体系对其团队成长和稳固也极为重要。目前国内居民餐饮消费已经不局限于满足吃饱吃好，同时也附带一定的体验、社交等需求，这些需求对餐饮品牌 IP 的塑造提出了新的要求。此外，企业的食品安全卫生是行业红线，在餐饮企业的生命线中，持续经营对其门店运营、供应链、加盟商及人员管理激励等均提出了较高要求。针对上述痛点，连锁经营是餐饮企业做大做强的必由之路。但由于品类差异，不同赛道本身的容量不同，连锁难易程度也不同，这些都决定了过往连锁扩张规模以及扩张速度的差异；而供应链、央厨等技术的革新变化，带来不同赛道连锁化难易改变，也会影响连锁扩张空间变化。在企业发展的不同阶段，对应连锁扩张的空间也有差异，并不是所有的品类都要发展到万店规模才是最合适的。

三、资本篇：从爆发到理性，资本化逐步成为行业常态

（一）从萌芽到爆发式增长，再到恢复理性，资本化将成为餐饮行业常态

从近 10 年餐饮行业投融资事件统计情况来看，餐饮行业的投资从萌芽到爆发式增长，再到近 5 年的波动性变化。在这 10 年中，2015 年和 2016 年迎来了餐饮行业投资事件的爆发期，仅 2015 一年，餐饮行业的投融资事件达到 307 起，投资数量是近 10 年的最高峰。之后餐饮行业的投融资数量开始恢复理性，在 2018 年再次迎来一个小高峰。从投融资的金额来看，除了 2018 年的小高峰外，2021 年餐饮行业创造了近 10 年投资金额的最高峰，全年投融资总额达到了 632. 56 亿元人民币，同比增长了 147%，平均单笔投融资金额高达 3. 53 亿元人民币（见图 12）。

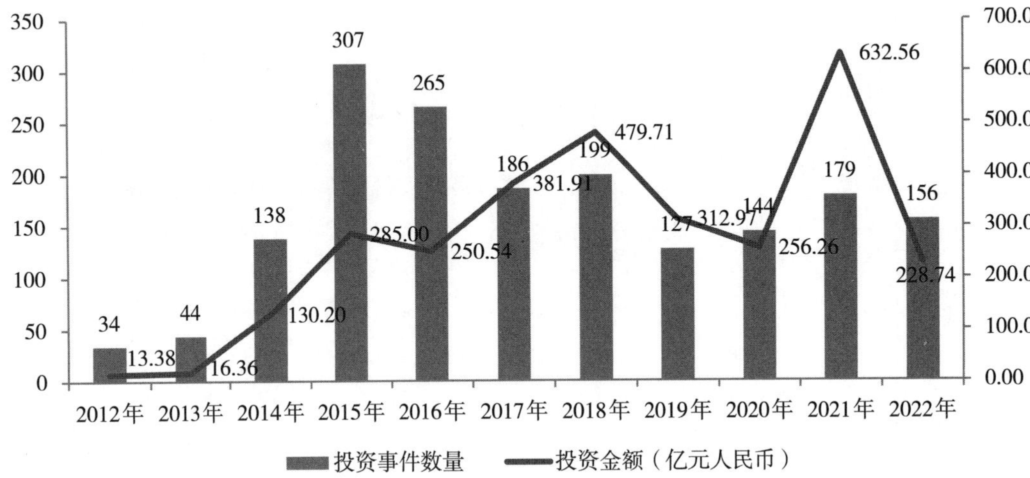

图 12　近 10 年餐饮行业投融资事件统计

数据来源：美团。

餐饮行业的投融资情况不仅与行业发展状态有关，也与整个金融投融资行业的环境息息相关。从近 10 年的投融资数据来看，以移动互联网为开端，中国餐饮行业的投融资走势也映射出中国新经济创投经历的过程。“双创”浪潮下的 2015 年和 2016 年均出现了年均过万件的投资交易数量，这种巅峰状态至今仍未被突破。2021 年新经济股权投资交易

数量回升，达到 6884 起，相比上一年增加了 37%，但相对于高峰值仍有 33%的差距。从投资交易总额来看，中国新经济股权投资交易总额在 2017 年突破万亿元，并在 2018 年达到第一个高峰，当年交易总额达到 12577 亿元。2021 年度中国私募股权融资总额约达到了 13737 亿元，同比增加了 36.8%，并超越 2018 年峰值，成为近 10 年的又一高峰（见图 13）。

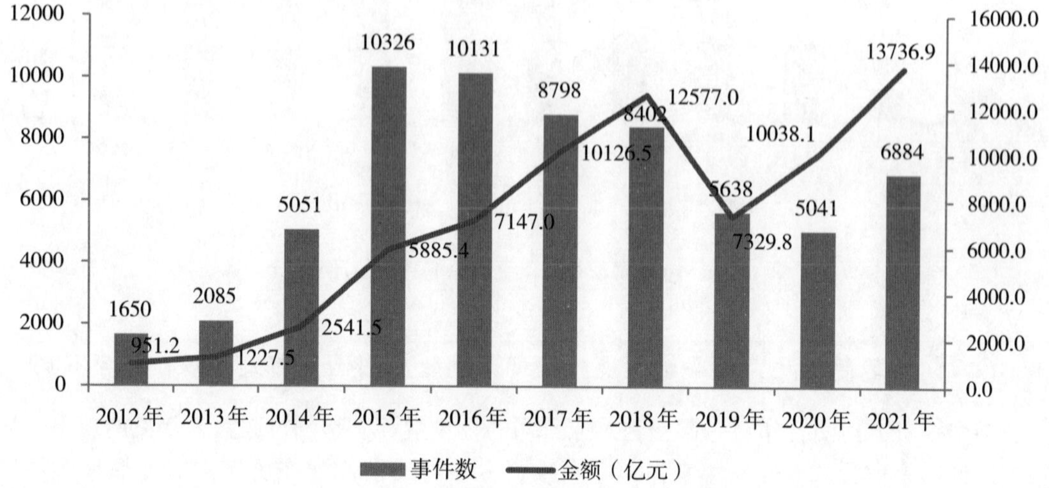

图 13　近 10 年中国新经济私募股权投资交易数量及金额

数据来源：IT 桔子（itjuzi. com）。

从历年的单笔平均融资金额来看，中国餐饮行业的平均投融资交易额呈现波动性的、大体上增长的趋势，尤其是从 2014 年迎来第一个高增长，到 2015 年稍有回落，但单笔平均融资金额已接近 1 亿元人民币。至 2017 年，餐饮行业平均投融资交易额再次迎来暴涨，单笔平均直接突破了 2 亿元人民币，同比增长 117.2%，之后涨幅回落，在 2020 年迎来一次下跌；但是这种下跌的趋势在 2021 年发生了巨大转变，该年度餐饮行业的单笔平均融资金额达到了近 10 年的最高峰，单笔平均 3.53 亿元人民币，年同比增长 98.6%，超过了当年中国新经济私募股票投资交易单笔平均融资金额接近 2 亿元人民币的水平（见图 14）。

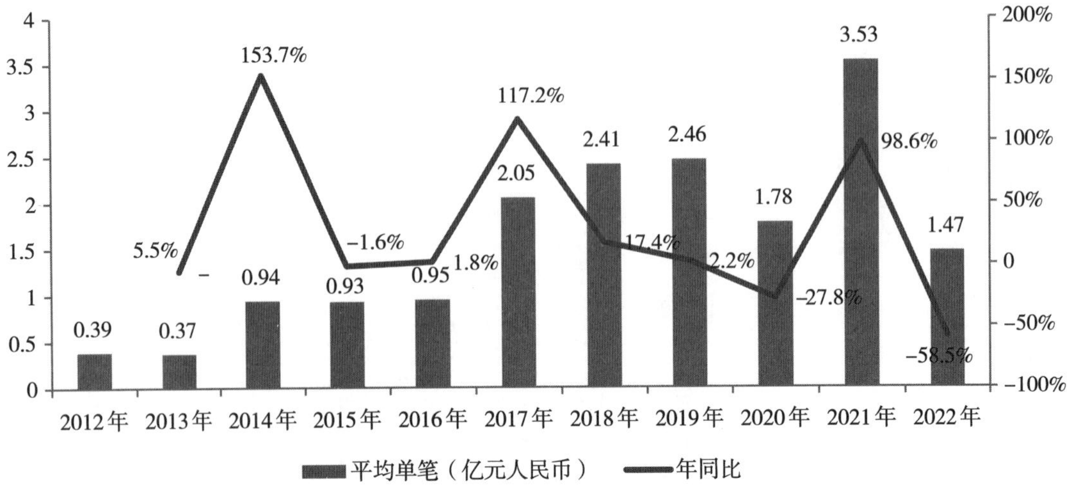

图 14　近 10 年餐饮行业年平均单笔融资额及年同比

数据来源：IT 桔子（itjuzi. com）、美团整理。

（二）单笔超亿元大额融资频现，头部聚集效应明显，但大额融资趋势不明

多个投资方抱团合作，一起参与某家公司的一轮融资，是创投圈较为常见的现象。从数据统计结果来看，最近 3 年来，由一家投资方参与的事件数在历年占比上都是多数情况，且仍呈现上涨的趋势，从 2020 年的 42. 4%上涨到 2022 年的 47. 4%，3 年上涨了 5 个百分点。由 2 至 8 家的投资方共同参与的事件数占比在近 3 年呈现下降的趋势，在整个投资交易中的比例由 2020 年的 52. 8%下降到 2022 年的 41. 6%，反而 8 家以上投资方共同参与的投资事件微微上涨，也有越来越多的融资方开始不再透露融资方信息，说明在餐饮行业，由一两家机构单独投资的空间越来越大（见图 15）。

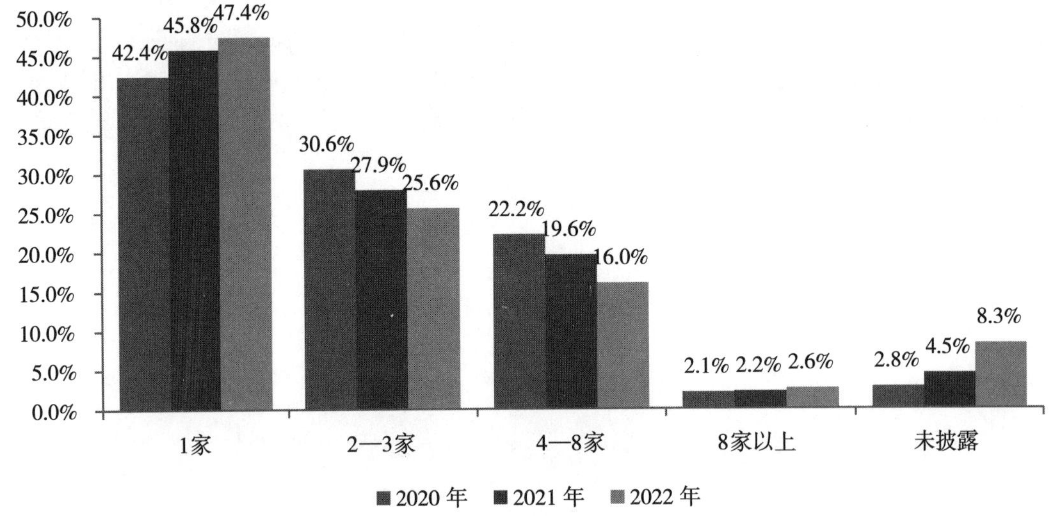

图 15　2020—2022 年餐饮行业同一投资事件参与的机构数量

数据来源：IT 桔子（itjuzi. com）、美团整理。

单笔投融资金额亿元以上，需要众多资方的鼎力支持。从餐饮行业单笔投融资规模分布情况来看，餐饮行业的单笔投融资金额主要聚集在千万元的级别，且连续 3 年呈现融资事件数量上的绝对增长。但是从 3 年的数据来看，分布占比整体呈波动上涨的趋势（见图 16）。

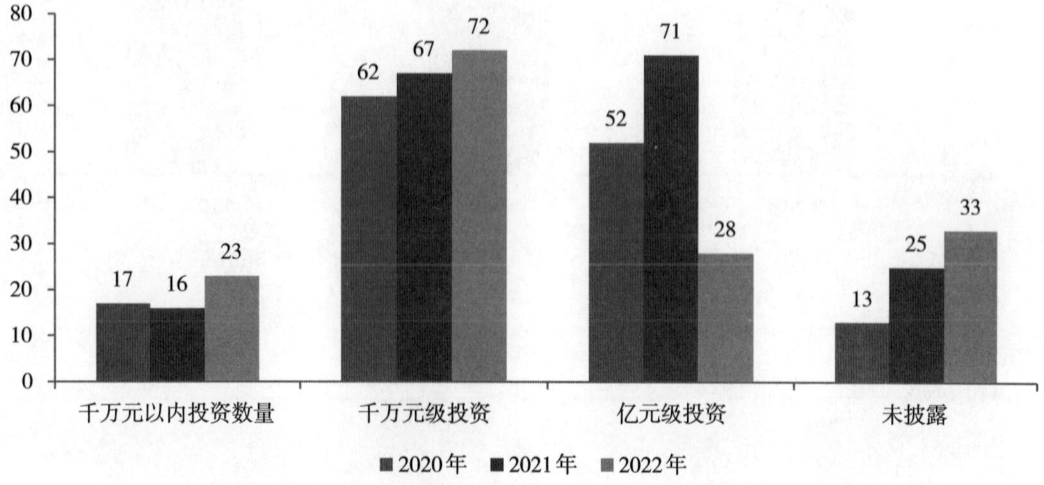

图 16　2020—2022 年餐饮行业单笔投融资规模分布（事件数：个）

数据来源：IT 桔子（itjuzi. com）、美团整理。

亿元级的投融资事件数量在 2021 年达到最高峰，同比增长 36. 5%。但是在 2022 年，亿元级的投融资事件较 2021 年大幅下降，可能是受到整个基金募资市场出现大幅下降的影响，也可能是由于某些消费公司的 A 股退出，让投资方受到了一些负面影响，2022 年很多餐饮公司业绩发展受限，让投资方的每一次出手都变得更加理性，增加了观望时间。

从投资金额的分布情况来看，虽然单笔投资的金额集中在千万元级，亿元级的项目数量并不占优势，但是却占据了 90%以上的投资总额，头部聚集效应明显。由于近 3 年餐饮行业亿元级的投资事件呈波动状态，尤其是 2022 年的数据无法有力支撑整个餐饮行业大额投融资的走向分析，因此餐饮行业的大额融资趋势暂不明朗（见图 17）。

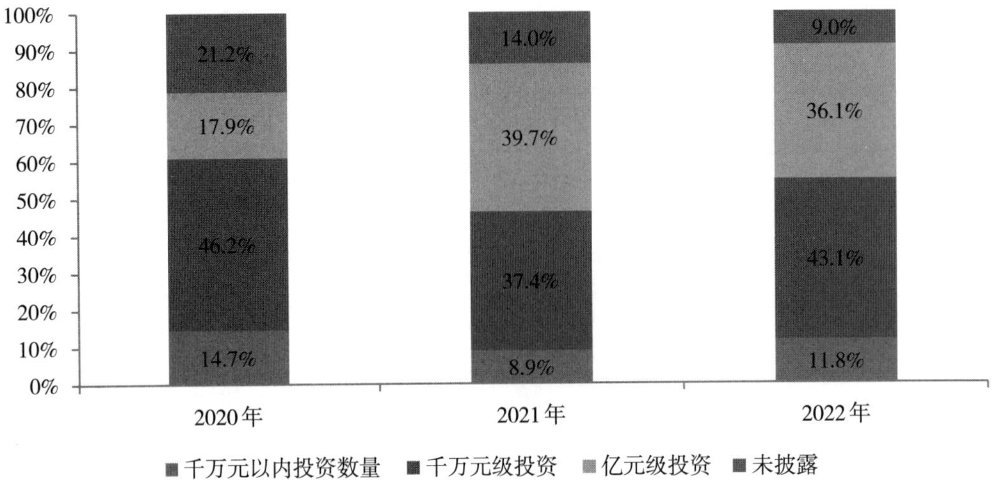

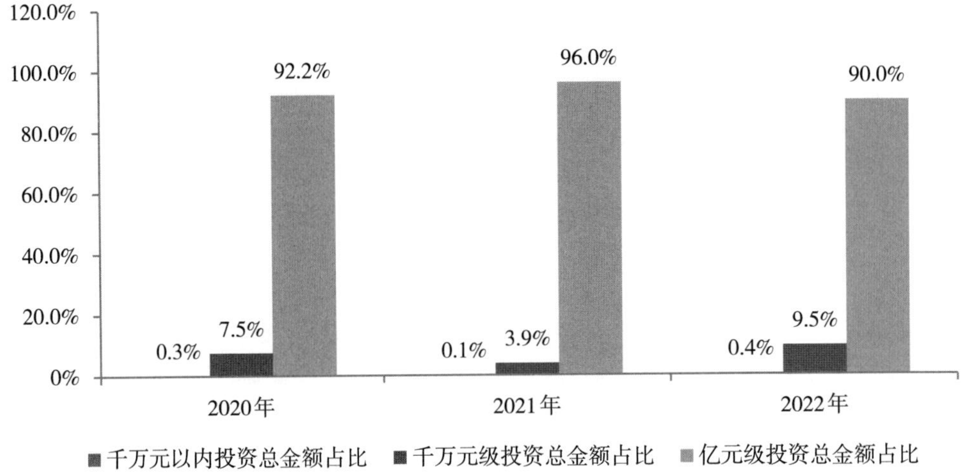

图 17　2020—2022 年餐饮行业单笔投融资规模分布及金额占比

数据来源：IT 桔子（itjuzi. com）、美团整理。

（三）从不确定性到确定性，资本代表市场在挑选和培养那些更加出类拔的团队

餐饮行业的消费场景与市场需求被极具压缩，整个行业在发生结构性的转变。在市场竞争越发激烈的过程中，头部企业的渠道及品牌力被验证，部分未经受住 3 年“大考”的品牌逐步退出市场舞台，整个行业的集中度进一步提升。

融资前，企业是以利润作为主要资产形成手段，且由于行业内因，存在一些不规范红利。但是当企业融资后，利润资产化，可以实现企业价值的重估，存在流动性溢价，与更多行业资源共同创造增量；可以获得投资方的指导，因为很多投资方在自己的投资领域研究过更多的企业发展案例，无论是对盈利模式还是对产品、技术、企业管理、战略方向或人才资源方面，都可能给出专业的意见及看法；可以获得更多的资源，早期投资人为了增

加投资项目的成功性，扶持项目发展，往往会向融资人提供人才、媒体、政府或者下一轮融资渠道资源，而这些资源在企业融资前获取的门槛都不低；另外，融资成功其实也是企业的一种背书，可以提高企业的市场认可度。企业融资成功或者上市后可以根据 PE 倍数提前实现利润变现，以小吃快餐品类和火锅品类为例，融投资后的企业市场估值基本为融资额的 5 倍左右。融资后，可以将未来多年的预期利润变成企业当下的资产，企业通过利润的提前变现以及资产化，可以利用资产优势加快市场扩张或供应链建设，进一步放大企业优势，持续做好市值管理，形成企业增长的飞轮效应，将原本局限于企业门店的提效提质，扩大到其所处行业环节的上下游。

但是在融资的同时，企业也需要思考清楚，资本的流入，到底是为了扎实业务的增长需求，还是为了快速获取用户抢占市场，企业接受资本入场后能在多大程度上改造提升供应链甚至产业链，没有烧钱的低毛利营销，是否能够保持住消费者黏性等。这些问题需要投融资双方深入思考。

四、消费者篇：用消费来表达

从 2001 年 12 月到 2022 年 6 月，我国网民每周上网时长从 8.5 小时增长至 29.5 小时，互联网与人们的生产生活结合日益紧密。

互联网的快速发展，推动了用户消费模式的变迁，满足用户日益增长的消费需求。在消费场景方面，从线上消费逐步转变为线上线下融合消费。到 2015 年 12 月，我国网络支付用户规模达 4.16 亿，互联网逐步深入线下消费场景，出门“无钱包”、消费“无纸币”习惯初步养成。2020 年以来，网络支付与无接触消费等方式深度结合，线上线下融合消费基本成型。

（一）线上平台流量红利见顶，让新客成为常客才是品牌必修课

1. 餐饮是完全竞争行业，企业做多品牌须经历多重考验

2023 年 3 月 2 日，中国互联网络信息中心（CNNIC）在北京发布第 51 次《中国互联网络发展状况统计报告》。该报告显示，截至 2022 年 12 月，我国网民规模达 10.67 亿，较 2021 年 12 月增长 3549 万，互联网普及率达 75.6%。

截至 2022 年 6 月，我国手机网民规模为 10.47 亿，较 2021 年 12 月新增手机网民 1785 万，网民中使用手机上网的比例为 99.6%。其中，20~29 岁、30~39 岁和 40~49 岁网民占比分别为 17.2%、20.3%和 19.1%，高于其他年龄段群体；50 岁及以上网民群体占比为 25.8%。

从早些年的微博、微信到现在的抖音、快手等，社交逐渐成为互联网特别是移动互联网的核心属性。我国 10 亿多用户因个性化的兴趣偏好体现出不同的互联网使用特点，在“社交+电商”“社交+内容”等模式的助力下，形成一个个“情感共同体”，催生出一个个细分的互联网文化圈层。这些圈层文化促使人与人之间的口口相传拉动消费增长，形成网红经济、信任经济等新经济模式。

在消费行为方面，搜索型消费逐渐与推荐型消费并重。传统的网络消费行为主要基于对产品及服务的信息搜索展开，而随着大数据、人工智能技术的发展，基于算法的个性化

推荐也逐渐成为主流之一。

2. 品牌黏性就是要在目标客群的生活方式上打下烙印

对于餐饮企业而言，用户的线上消费行为早已成为常态，“他”就在那里，与消费者的触点早已不再是制约企业流量的瓶颈，如何让新客成为常客，在结束烧钱式的优惠和营销推广后仍然能够保持消费者关注和消费习惯，形成用户的品牌认知和消费黏性，才是企业的必修课。

从美团和大众点评 App 的消费者热门搜索词 Top20 数据来看，近 3 年的 1—3 月，消费者在消费搜索行为中，有一半的行为是直接根据品牌关键词来选择具体需要消费的品牌。2021 年 1—3 月和 2022 年 1—3 月，热门搜索关键词 Top20 中有 10 个是品牌或品牌关键词；2023 年 1—3 月，热门搜索关键词 Top20 中有 7 个是品牌或品牌关键词。虽然品牌的直接搜索下降了 30%，这与餐饮行业的很多品牌企业自身经营管理或地域战略调整以及市场变动有关，但我们也能从关键词中看到，头部品牌效应越发显著（见表 1）。

表 1　美团和大众点评 App 餐饮相关搜索关键词 Top20

2023 年 1—3 月	2022 年 1—3 月	2021 年 1—3 月
华莱士 · 全鸡汉堡	华莱士 · 全鸡汉堡	华莱士 · 全鸡汉堡
蜜雪冰城	火锅	火锅
火锅	蛋糕	烤肉
烤肉	烤肉	蛋糕
蛋糕	奶茶	奶茶
奶茶	蜜雪冰城	蜜雪冰城
烧烤	茶百道	茶百道
茶百道	烧烤	自助餐
自助餐	肯德基宅急送	肯德基宅急送
咖啡	自助餐	烧烤
自助	CoCo 都可	CoCo 都可
古茗	古茗	美食
生日蛋糕	咖啡	书亦烧仙草
肯德基宅急送	自助	古茗
日料	生日蛋糕	自助
麻辣烫	日料	咖啡
瑞幸咖啡	麻辣烫	益禾堂
塔斯汀 · 中国汉堡	尊宝比萨	麦当劳麦乐送
早餐	书亦烧仙草	尊宝比萨
炸鸡	语桐花胶 · 海参	日料

数据来源：美团。

从近 3 年美团和大众点评 App 的消费者热门搜索词增速 Top20 数据来看，品牌逐渐获取消费者认知，形成消费黏性依然是主流市场行为。因此，品牌的符号以及关键词能给消费者留下强烈印象，品牌的产品以及服务能让目标消费群体具备强烈的复购意愿，才是企业营销与产品服务结合的最佳模式。

除了品牌本身的符号映像外，品牌的市场定位、服务理念与品牌门店选址也息息相关。从近 3 年的搜索词增速来看，越来越多的消费者开始直接搜索商业综合体或商圈。2021 年 1—3 月，搜索热度上升最快的关键词 Top20 里面，只有 4 个是商业综合体或商圈，占比 20%；但是到了 2023 年的 1—3 月，搜索热度上升最快的关键词 Top20 里面，有 8 个是商业综合体或商圈，占比翻倍。这些数据的变化除了受到消费者消费习惯变化的影响外，也会与各地方政府的促消费政策和行为有关，如 2023 年 1—3 月的全国搜索关键词里面，增速排名第 20 位的"朝阳消费券"（见表 2）。商业综合体或商圈的消费业态更加丰富，天然具有聚集流量的优势，企业品牌需要根据自身的市场定位和服务理念，在门店扩张时选择与之匹配的流量市场点位。

表 2　近 3 年美团和大众点评 App 餐饮相关搜索关键词同比增速 Top20

2023 年 1—3 月	2022 年 1—3 月	2021 年 1—3 月
华山环宇城美食	太阳宫瑞虹天地美食	徐记北京脆皮烤鸭
全聚德前门店	迷你椰	欧美汇
库迪	曲阿面馆	趁热吃北京啤酒果木脆皮烤鸭
趴火锅	食铺果源	老火季京味烤鸭
米屋石锅拌饭师大店	NAJA 餐吧	晋祥粗粮馆
DT51	伏小桃	熊熊胖达 · 火锅鲜货 · 冒菜
赵姑娘不等味	印象城奥体	陕中陕陕西美食
砂之船江北新区奥特莱斯	王者 · 黄焖鸡米饭	面片
西塔老太太韩式烤肉	彳亍咖啡这里水湾路店	陈老三大烩菜
国金大悦城	七天 24 小时便利店	3511
晋城万达广场	一份水果	万安县
楠火锅淮海中路店	胖明螺蛳粉	董家口饭庄
谭二面馆	银泰百货萧山店	蒲坑生态鱼莊
烤匠金牛万达店	爱山银泰城	半岛土烙锅
深圳万象食家	东津民发世纪广场	乐成购物中心
附近清真回族餐厅	谷德锦	杭州美食推荐
金航城	步步高星城天地	町目寿司
复悦城	宽鲜餐厅	法国西南景原乡花园餐厅
乾堂里 · 创意杭帮菜河坊街店	大融城淞虹路	好客来
朝阳消费券	沪上阿姨水果茶	九龙山美食

数据来源：美团。

从美团近两年的餐饮人均消费区间变化来看，消费呈现两“极”化，且这种变化与消费场景的联系更加紧密。从 2021—2022 年餐饮到店人均消费区间分布情况来看，60 元以上消费区间呈现明显上涨的趋势，30 元及以下区间的占比呈现下降趋势，到店消费的服务价值越来越被消费者看重和认可（见图 18）。从 2021—2022 年餐饮外卖人均消费区间分布来看，60 元以上区间消费呈上涨趋势（见图 19）。这种两极分化的原因，一方面是餐饮消费需要满足大多数人群的基本生活需求，所以必须要有性价比；另一方面，餐饮消费也可以满足人们的美好生活愿望，而这个愿望需要通过有价值的产品或服务来承载，这就是品牌溢价的运作区域。

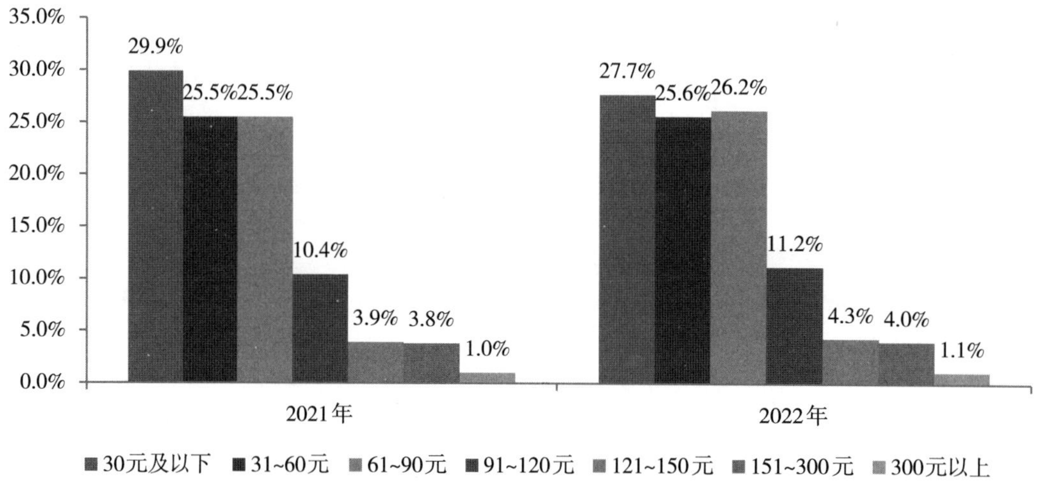

图 18　2021—2022 年餐饮到店人均消费区间分布

数据来源：美团。

在互联网高度普及的当下，等待品牌的是流量红利见顶、内卷与红海以及越来越精明的消费者，靠砸钱种草营销的阶段已经过去，要想“撬开”用户钱包，长期与用户产生关联，只能是为他们提供高性价比的产品和服务。

一代代年轻人总是引领消费风潮，很多品牌也更喜欢做年轻人的生意，因为这部分人的生意更具持久性。而当下的“95 后”“00 后”热衷享受，更爱旅行、爱休闲、爱下午茶，也爱在互联网上乐此不疲地“砍价”。这些人经常被社交媒体、短视频等平台的内容“种草”，但真正做这些生意的品牌企业又发现，这群人也爱比价，在不同平台跳来跳去，浏览下单转化率更无法得到保障。他们一边舍得花钱，一边能省就省。

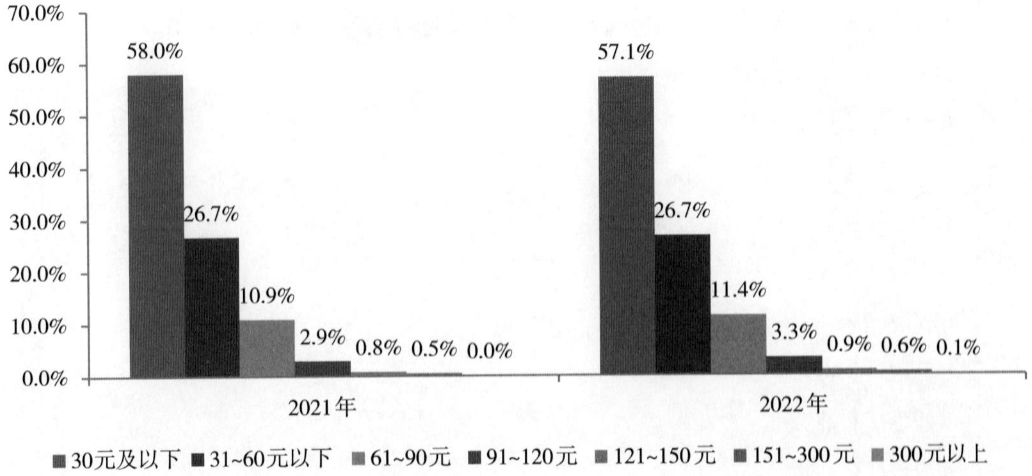

图 19　2021—2022 年餐饮外卖人均消费区间分布

数据来源：美团。

深入分析我们就会发现，花钱和省钱的追求共同出现其实并不矛盾。但是从“斤斤计较”到“一掷千金”，中间的驱动力是什么？近年来声势日渐浩大的圈层文化、国潮等消费新现象的崛起，似乎印证着这些驱动力的来源；消费者会为其所爱买单，有时候消费并不仅仅是因为需要，也可能是因为喜欢，因为价值认同，因为彰显个性；这种行为既是消费，也是表达。品牌能否为消费者带来这些体验价值和社交价值则变得更加关键。

从美团和大众点评 App 的消费者消费后的评价关键词来看，2023 年 1—3 月，“氛围感”“出片儿”等评价关键词对比 2018 年飞速上涨；而氛围感能够给消费者带来的就是体验价值，“出片儿”则说明消费群体的表达诉求也在显著提升。

值得关注的是，“仪式感”“解压”“治愈”等评价关键词也呈现了显著的上涨趋势，这些词不仅是当下消费者的消费追求，也体现了当下消费者对生活的态度。这就是品牌在寻找能够提供给消费者体验价值和社交价值的可运营方向（见图 20）。

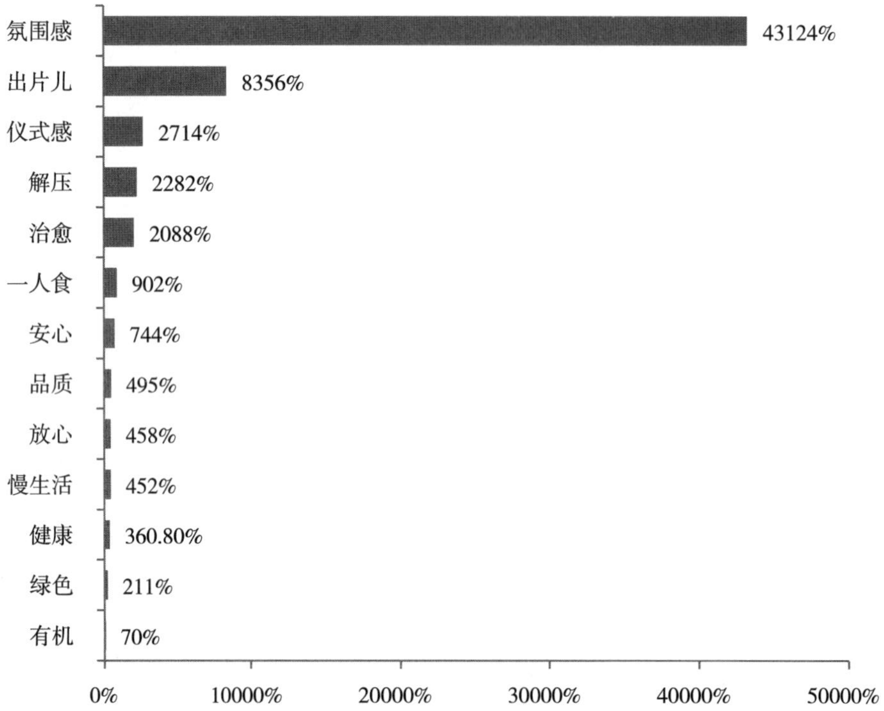

图 20　2023 年 1—3 月部分热门评价关键词对比 2018 年同期涨幅

数据来源：美团。

（二）代际差异让精准营销面临更大挑战

当今的“90 后”和“00 后”青年，虽有强烈的代际认同和代际共性，但其差异化和多样性无法掩饰。在不断成熟的互联网技术支持下，在敢想敢做的新品牌涌现的今天，伴随着消费升级，他们的境遇、态度、追求呈现出多元分化的特征。

从美团的评价人数的数据来看，从 2018 年至 2023 年，“品质”“有机”是大家一致的诉求，消费者都在追求更美好的生活。从不同年龄段来看，25 岁以下群体更加关注消费氛围感，45 岁以上的群体更加关心消费健康（见表 3）。

从美团的评价增速数据来看，“氛围感”和“出片儿”在所有年龄段消费者群体都是提升最快的诉求；除了“氛围感”和“出片儿”要求之外，不同年龄段消费者的关注点变化也存在一些微小的差异；45 岁以下的消费者，对”解压”的诉求提升最快；45 岁以上群体对“治愈”的诉求提升更快；35 岁以下群体对”品质“和”安心“消费的要求较其他年龄段提升得更快。45 岁以上消费群体，对慢生活的关注度较其他年龄段提升更快（见表 4）。

表3　不同年龄段对热门关键词评价人数排名

25岁以下	25~35岁	35~45岁	45岁以上
品质	品质	品质	品质
有机	有机	有机	有机
氛围感	健康	健康	健康
放心	氛围感	放心	放心
健康	放心	氛围感	绿色
绿色	绿色	绿色	氛围感
治愈	仪式感	仪式感	仪式感
仪式感	治愈	治愈	治愈
安心	安心	安心	安心
一人食	一人食	一人食	一人食
解压	解压	解压	慢生活
慢生活	慢生活	慢生活	解压
出片儿	出片儿	出片儿	出片儿

数据来源：美团。

表4　评价热门关键词在不同年龄段群体的增速排名

25岁以下	25~35岁	35~45岁	45岁以上
氛围感	氛围感	氛围感	氛围感
出片儿	出片儿	出片儿	出片儿
解压	解压	解压	治愈
仪式感	仪式感	仪式感	仪式感
治愈	治愈	治愈	解压
品质	品质	一人食	一人食
安心	安心	慢生活	慢生活
一人食	慢生活	品质	安心
放心	一人食	安心	品质
健康	放心	放心	放心
绿色	健康	绿色	健康
慢生活	绿色	有机	绿色
有机	有机	健康	有机

数据来源：美团。

"消费升级"是这两年大家时常听到的口头词，然而对它的理解却每家有每家的看法，较为统一的认知是，消费者需要更高品质的产品和服务。

其实并不是所有的消费升级都等于高消费。美团数据显示，近两年餐饮行业的消费两极化，一个是"向上"的高端化，另一个是"向下"的性价比。无论向上还是向下，其实都是消费升级的一种表现。

这个消费升级的趋势，给品牌营销者带来了巨大的机遇，但也挑战重重。面对的竞争对手太多，产品和服务容易同质化，消费者的心思更难以捉摸，当下的品牌，在征服新消费者和维持老用户上，都面临比以往更高的挑战。能否为消费者提供高品质的产品和服务，则成为各大品牌绞尽脑汁思考的问题。对于高品质的定义也因人而异，"代际消费"存在着严重的区域差异、年龄差异、人群差异的现象，"高品质"也因群体的不同而定义不同。在消费升级的商业环境中，品牌要想审时度势，精准定位消费者，则面临着更大的挑战。

（三）餐饮场景多元化正在成为常态

当下消费者对于一个餐饮品牌的评判标准，从以往菜品本身的美味与否，逐渐转变为用餐过程中的综合体验，这是消费升级的必然结果。近 10 年餐饮服务企业的增多，也让消费者的可选择性增多，伴随着消费需求的升级，传统餐饮企业需要从菜品到服务体验再到发展模式做出全面的应对。

如今的餐饮行业已被数字化与移动互联网深度影响，加速了餐饮企业线上线下"双主场"的深化，让餐饮企业重新认识门店经营的用户触达能力和服务能力，线上线下一体化成为全行业发展的趋势，门店经营横跨堂食、外卖、外带、零售等多种业态，餐饮的外卖、零售化成为经营的新动力。

在对就餐多场景的需求下，消费者对餐饮消费除了功能诉求外，情感、体验诉求比重增加。为响应消费者的需求，餐饮企业场景多元化发展的趋势日益显著。

美团数据显示，在 2023 年 1—3 月的热门评价关键词中，与热点、餐饮经营场景和功能相关的词汇相比 2018 年同期增长显著。其中预制菜/半成品，在近年火热的"露营"新场景中打开了新的增长空间，加速了该品类的关注热度，能给消费者带来"嗨吃""夜生活"体验的评论也分别增长了 1141%和 490%，与场景服务相关的"自提"和"打包"分别增长了 535%和 407%，"预定""订座""外带"也分别增长了 260%、258%和 143%。与餐饮消费功能需求相关的"酒馆小聚""商务""下午茶""聚会"分别增长了 433%、429%、260%和 247%（见图 21）。

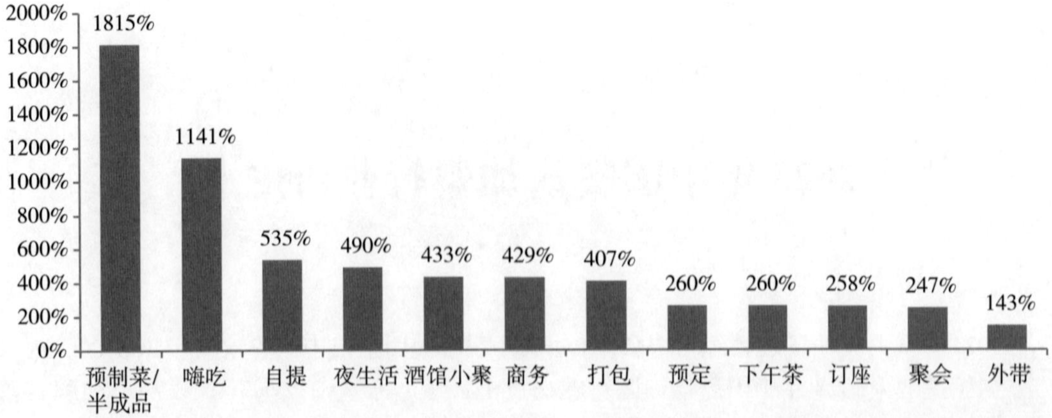

图 21 热门评价关键词增速（2023 年 1—3 月与 2018 年同期涨幅）

数据来源：美团。

拥抱新零售，打造新组合，创造新产品，融合新文化……越来越多的餐饮企业正走在打破旧业态的路上，并通过更多的场景为顾客提升消费体验，提供更好的产品及服务。以期通过这种方式，进一步找寻新的增长之道，餐饮场景的多元化发展正在成为常态。

2023 年中国餐饮加盟行业白皮书

2024 年 4 月，中国连锁经营协会（CCFA）联合美团推出中国餐饮加盟 Top100，由双方共同编撰的《2023 年中国餐饮加盟行业白皮书》（下称“白皮书”）发布，品牌直营转加盟、持续下沉成餐饮业发展新特点。白皮书显示，2023 年中国餐饮连锁化率稳步提升，三线及以下城市连锁门店分布较 2021 年提升 0.6 个百分点，扩张速度快于一线、新一线城市。

数据说明：

同一品牌下，门店数>2，视为连锁品牌。

连锁化率=全国餐饮连锁品牌下门店数量总和/全国餐饮行业门店数总和×100%

品类连锁化率=品类连锁品牌下的门店数量总和/全国品类门店数总和×100%

在线交易：线上订单支付、扫码点餐、团购、外卖、线上买单等通过数字化工具场景实现的交易，统称为在线交易。

除标明第三方数据的引用来源外，本白皮书数据来源为美团的数据内容，仅限美团线上数据，解释权归美团所有，仅供读者参考。如需对本白皮书数据引用请标明数据来源。

一、中国餐饮市场发展数字概览

（一）在曲折中前进，社会餐饮进入 5 万亿元时代

餐饮行业是最能体现烟火气的行业，近年来收入几经波动，但仍不断刷新产业规模与增速。

2023 年全国餐饮收入 52890 亿元，同比增长 20.4%，行业正式迈入 5 万亿元时代。

这一成绩的取得与促消费政策持续发力，各地积极开展文旅+美食、夜经济、展演+美食等促消费活动，以及餐饮企业自身的创新和转型密不可分。尤其是餐饮企业在食品安全、服务质量、品牌建设等方面的投入和改进，为消费者提供了更加安全、健康、便捷的餐饮服务，增强了消费者的信心和消费意愿。

具体来看，2023 年 3 月，全国餐饮收入 3707 亿元，增长 26.3%；4 月餐饮收入为 3751 亿元，同比大增 43.8%。随着居民外出购物、就餐、旅游、观影活动增加，相关消费明显扩大。尽管餐饮收入在第三季度增幅有所回落，但在年末保持了高增长态势，12 月全国餐饮收入 5405 亿元，同比增长 30%。

从社会餐饮万亿时间表来看，从1978年改革开放算起，我国餐饮业收入至2006年破1万亿元用时28年，至2011年破2万亿元用时5年，至2015年破3万亿元用时4年，至2018年破4万亿用时3年，至2023年破5万亿用时5年。

（二）消费是经济发展的内生动力，餐饮业韧性增长

2023年消费新业态持续活跃，新兴服务业快速增长。国家统计局数据显示，2023年全国网上零售额154264亿元，比上年增长11%。其中，实物商品网上零售额130174亿元，增长8.4%，占社会消费品零售总额的比重为27.6%，较上年提高0.4个百分点；在实物商品网上零售额中，吃类、穿类、用类商品分别增长11.2%、10.8%、7.1%。

餐饮行业韧性强、潜力大、活力足，从餐饮在整个消费大盘中占据的生态位来看，餐饮占据社会消费品零售总额的比例也在持续增长，已成为我国拉动内需的重要动力。2023年全国在线餐饮销售额比上年增长约30%，相较于全国餐饮销售额的增长（20.4%）①，在线餐饮进一步展现出了更强的市场活力。具体来看，2023年前三季度在线餐饮的订单量增长迅猛，至暑期8月达到近3年的顶峰。

2023年美团财报数据也显示，美团即时配送交易笔数同比增长23.9%至219亿笔，其中餐饮外卖保持了强劲增长势头，单日订单量峰值达7800万单，创历史新高，比3年前翻了一番。2023年8月8日立秋“奶茶狂欢节”，共有15万家奶茶门店参与，当日累计卖出超4000万杯，继上年立秋后参与商家数和订单量再创历史峰值。

企查查数据显示，2023年国内餐饮企业注吊销数量135.9万家，是2022年全年餐饮企业注吊销数量的两倍多（2022年餐饮企业注吊销数量51.9万家），餐饮行业在优胜劣汰中不断提速（见图1）。

---

① 数据说明：在线交易数据根据市场资料搜集整理计算。

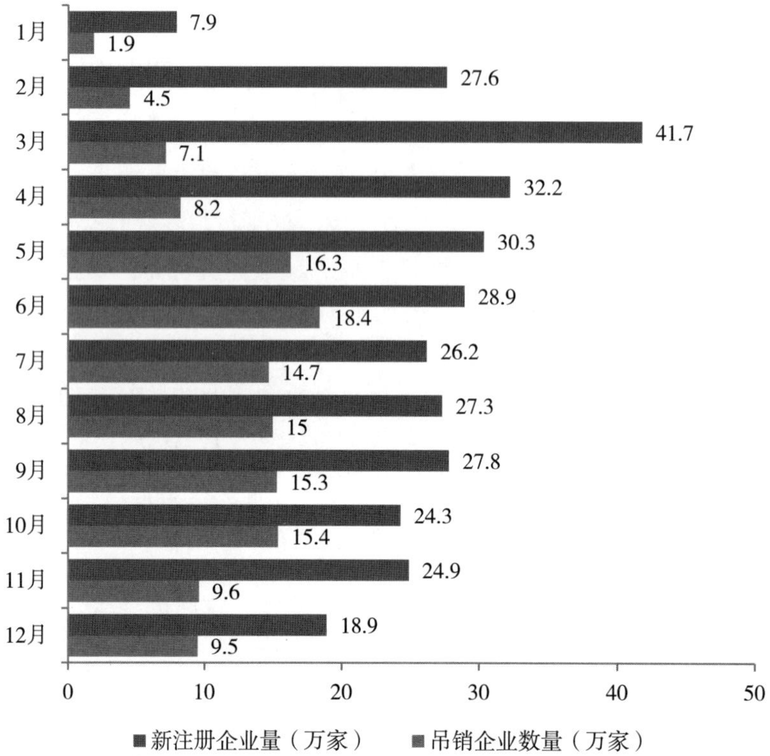

图 1　2023 年各月餐饮业新注册与吊销企业数量分布

数据来源：企查查（2024 年 1 月）。

数据口径：仅统计国标行业为餐饮业的企业。

（三）餐饮连锁化率提升至 21%，行业集中度再上新台阶

美团数据显示，近年来，中国餐饮连锁化率稳步提升，从 2019 年的 13%提升到 2021 年的 18%，直至 2023 年进一步提升至 21%（见图 2）。

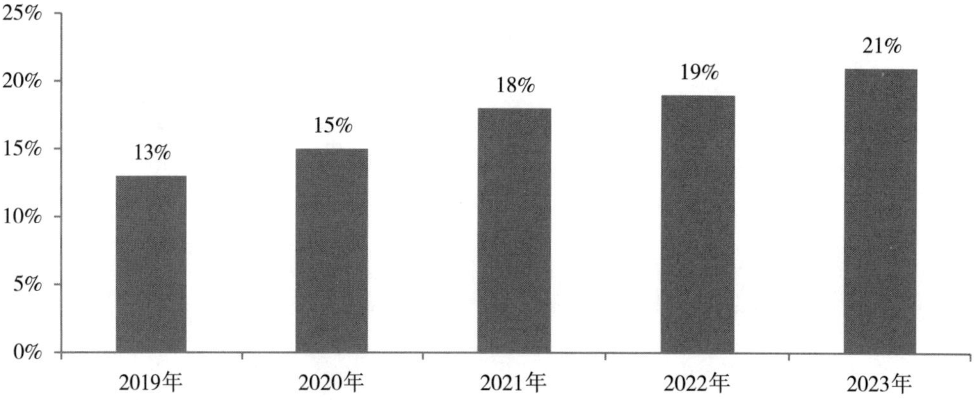

图 2　近 5 年中国餐饮连锁化率情况

数据来源：美团。

（四）横向对比看动因：三大原因拉动餐饮连锁化率走高

餐饮业连锁化率逐年走高主要有三个方面的动因。

1. 连锁餐饮品牌和草根创业者的双向奔赴

在品牌方面，品牌连锁直营门店运营成本高、管理成本高、资金压力大，前店规模瓶颈限制供应链效能发挥等发展痛点暴露无遗。因此，头部餐饮品牌纷纷选择协作面更大、资金成本压力更小、发展速度更快的加盟模式，如喜茶、奈雪的茶、老乡鸡、太二酸菜鱼等直营品牌先后开放加盟（见表1）。

表1 2023年以来部分开放加盟的品牌

品牌	加盟政策
海底捞	2024年3月宣布开放加盟
珮姐重庆火锅	2024年3月开放特许加盟，发展城市合伙人
九毛九	2024年2月起，逐步开放太二和山外面酸汤火锅的加盟与合作
乐凯撒	2024年1月开放单店特许经营、区域特许经营
和府捞面	2023年12月开放联营，发展“5000+事业合伙人”
奈雪的茶	2023年7月开放加盟，推出“合伙人计划”，2024年2月降低加盟门槛
瑞幸咖啡	2023年5月开放“带店加盟”、2024年1月开放“定向点位加盟模式”
沪上阿姨	2023年9月开放“轻享店”加盟，主打下沉市场
Tims	2023年9月针对“Tims GO”店型开放合伙人项目

在价格、品质相同的情况下，相比于直营模式，代表小微经济的加盟模式在政策扶持、用工成本等方面的成本据估算可以压缩20%~30%。对于“效率为王”的茶饮快餐品类，这种成本压缩意味着绝对的竞争优势。

在创业者方面，对于草根创业者来说，他们资金实力不足，抗风险能力薄弱，自创品牌开单店的风险系数较大，很容易从市场繁荣期的“小而美”变成市场低迷期的“小而没”。大量草根创业者为降低失败概率，转而寻求有品牌感、有供应链、运营体系相对健全的品牌开加盟店，以快速走上创业轨道。在稳定系数较高的创业可选性项目本就不多的情况下，一众草根创业者选择连锁加盟，推动了中小规模连锁品牌的发展。

对于品牌与创业者双方来说，由于品类、发展阶段和供应链能力的差异，双方都会根据自己的实际情况选择不同的加盟模式。品类偏垂类（如锡纸饭、鲍鱼饭、小酒馆等）在一定区域内经营，门店规模较小，或者品牌运营能力非常突出，会选择全托管模式；标准化程度高的品类，且需要在全国大范围做大门店规模的品牌则偏好区域代理；供应链能力强大，有快速扩张诉求又希望保障口碑的品牌，多选择联营加盟模式；品牌影响力和话语权极大，但没有自建供应链工厂的品牌选择特许加盟，较具代表性的就是西式快餐跨国连锁巨头。

2. 数字化软实力和供应链硬实力的双向加持

在软实力方面，数字化意味着可视化，可视化才能可优化。餐饮行业是一个前端连接消费者，中端涉及内控管理，后端需要供应链支撑的行业，链条长、环节多。在数字化经营之前很多环节难以量化，整个链条无法全部可视化；营运效率低下，结果反馈滞后，导致餐饮品牌规模化复制能力较差。有了数字技术助力，餐饮品牌得以打通前端的流量获取、中端的内控管理，后端的供应体系，大幅拓宽管理带宽，提升了连锁复制能力。以上榜品牌书亦烧仙草为例，已在全国超 4000 家门店应用美团“在线点”功能，提升门店核销效率的同时，也拉高了线上人均消费。美团数据显示，“在线点”为书亦烧仙草带来的订单量、客单价较其他线上订单增长了 60%。

在硬实力方面，初代加盟连锁鱼龙混杂，不少品牌只有“卖招牌”的能力，没有“卖后台”的能力；供应链建设薄弱，只能做到“面子”上的“连”，做不到“里子”内的“锁”，导致产品不标准、品质不稳定、体验不统一；加盟店的存活率较低。

新一代的加盟连锁品牌高度重视供应链建设。例如，已有近 2. 8 万家门店的蜜雪冰城，主要收益并非来自加盟店的销售分成，而是布局上下游的原料市场和设备供应，通过自建工厂、自建供应链、自产核心原材料，成立“大咖国际”“上岛智慧”“送冰冰”等供应链公司的方式，成为加盟店的供应链上游，将加盟店作为公司的销售链终端。从蜜雪冰城的招股说明书来看，食材是蜜雪冰城最主要的收入来源，营收占比稳定在 70%左右。

3. *总部管理模式与一线门店模型双轮驱动提效*

直营、加盟、合伙等多种开店模式既能提高连锁企业的开店效率，也能丰富其盈利模式。直营品牌以高门槛、小步快扩的方式，通过“合伙人模式”有效管控门店，破除加盟困境。尤其在餐饮行业各赛道高价、中价及平价品牌齐头并进，进军低线市场的 2023 年，星巴克、喜茶等高价品牌抢滩三、四线城市；原本就在下沉市场风生水起的蜜雪冰城等则直指更下沉的乡镇市场，这种情况下总部的扩张战略能够执行到位，得益于经过层层筛选的优质加盟商。他们本身更具风险承担能力，商业经验丰富，不少人在当地拥有一定的行业资源和人脉。这些有潜力的合作伙伴与直营品牌强强联合，给予了彼此更高的安全感。

而在门店数量扩张、点位加密过程中，原本的门店模型的局限性也越发明显，如高昂的租金、固定的服务人工，很难降低初始投入金额、缩短回本周期；在双主场经营过程中，餐厅堂食与外卖共用团队考核和厨房出餐，如何管控成本也算不清楚。因此，一些品牌会通过独立的品牌卫星店，专做外卖生意，通过降低房租等非食材成本，实现“堂食大店+卫星店+快闪店”等多种门店模型矩阵式发展，显著降低规模化扩张过程中经营选址的压力。2023 年，冰火楼、老乡鸡、农耕记、海底捞等一众品牌，均在尝试品牌卫星店的新模式。

品牌卫星店通常面积更小，位于外卖高客流区域，人力及房租成本低，回本周期短，能快速、高效扩大市场覆盖，增加品牌曝光度，并贴近当下消费者的用餐需求。品牌卫星店在品牌、渠道、盈利、产品和经营方面具有五大特点：一是继承母品牌资产，消费者天然信任，可快速扩张品牌力；二是可选择“热门商圈冷门位置”，面积小，房租成本约是堂食门店的 1/5；三是投资少，回本周期半年左右；四是少堂食，更少的 SKU，更多的一人食套餐，降低生产成本；五是在管理上、动线上、成本上与堂食均没有冲突。可以预见，未来 3~5 年，牵引消费进化的一大动力源，是今年以来被高频提及的“新质生产力”。新质生产力，包含能带来产业传导作用的新制造，能提高传统行业附加值的新服务，以及把单点发展转化成网络发展的新业态。在这个意义上，餐饮连锁品牌发挥外卖和数字化优势，探索卫星店模式，提升门店的综合产能，是2023年以来餐饮门店经营模型上涌现出来的“新质生产力”。

二、连锁篇：连而又锁，能力增长推动行业集中度稳步提升

（一）纵向对比看界点：万店品牌扩容，多个品牌进击万店

过往下沉市场的觉醒，提升了加盟品牌发展的市场容量。

从品牌规模看，截至2023年年底，“餐饮万店俱乐部”成员由4家（正新鸡排、绝味鸭脖、蜜雪冰城、华莱士）增至6家（增加了肯德基、瑞幸咖啡）。

36年前，肯德基在北京前门开出了中国第一家西式快餐连锁餐厅，把西式连锁餐饮的发展模式带到国内。2023年肯德基门店净增长1200多家，成为首个在中国开出万店连锁的海外品牌。值得一提的是，外卖业务在肯德基整体收入中所占份额逐渐升高。百胜中国财报显示，2023年肯德基餐厅收入的36%由外卖业务贡献。

中国的外卖产业经过十余年发展，已成为消费者生活和餐饮商家生意的重要组成部分。伴随着供给端的多元化，越来越多外卖用户积累了在外卖平台的使用及探索经验，逐渐衍生出更具体、个性化的行为和需求。多样化、个性化的外卖需求驱动商家向“以客群为中心”的经营思路转型。面对着更加多样化、个性化的消费者需求，商家需要更精准地把握“人”，更体系化地设计增长策略。

2023年美团外卖联合贝恩，结合庞大的用户数据资产和对众多商家外卖运营中难点、痛点的总结，重磅推出“BETTER”外卖经营体系。肯德基借助BETTER外卖经营模型，完成了从客群洞察分析到品牌营销方案的全案策划落地。在“肯德基入驻美团外卖8周年”大促活动期间，肯德基在美团外卖平台实付交易额同比增长超25%，新客数同比增长30%；主推餐品销售额占比活动交易额超1/3，定制新品销售表现冲进品牌历史新品Top3，并实现了品牌客群体系的优化与长效经营的升级。

除了6家万店连锁品牌之外，还有更多企业在向万店规模进发。截至2023年年底，门店数在6000家以上的有古茗、茶百道、沪上阿姨鲜果茶、书亦烧仙草、益禾堂、甜啦啦、塔斯汀、紫燕百味鸡、杨国福麻辣烫、张亮麻辣烫等品牌，进击万店连锁的第二梯队。美团数据也显示，从2023年品牌连锁门店数区间等级分布来看，5000家店以上规模门店稳定增长，5000~10000家店规模区间和万店以上规模区间的连锁门店数，占大盘比例均提升了0.1个百分点（见图3）。

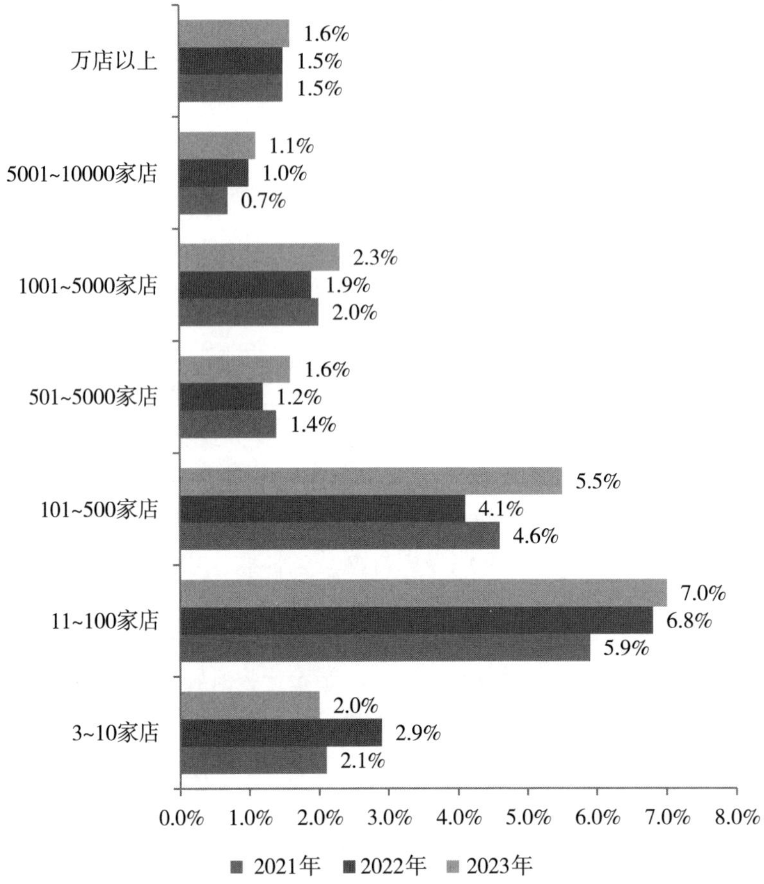

图 3　2021—2023 年餐饮品牌连锁门店数区间等级分布（占大盘的比例）

数据来源：美团。

2022 年，百家至千家店规模的品牌连锁门店规模有所下降。2023 年，百家至千家店规模的连锁门店数大幅回升，其中 501～1000 家店规模的连锁品牌门店数同比增长 38%；101～500 家店规模的连锁品牌门店数同比增长 37. 7%，占大盘占比提升了 1. 4 个百分点，提升至 5. 5%。

以上榜品牌熊喵来了火锅为例，截至 2023 年年底，品牌直营店和同盟店共计 220 余家，其中 2023 年开店 150 余家，因此成功跨入 100～500 家店区间规模。熊喵来了火锅以打造平价优质的“火锅界优衣库”为理念，客单 70～80 元顺应了当下极致性价比的消费趋势，从东北三省一路向黄河以北积极扩张。

与之对应的是，小规模餐饮连锁品牌数量有所下降，3～10 家店的品牌连锁门店数占餐饮大盘门店数的比例相较 2022 年同比下降 28. 7%，占大盘比例下降了 0. 9%个百分点。一方面，部分热门小连锁品牌门店成功跨过 10 家店门槛，进入 11～100 家门店区间。以 2023 年持续火爆的湘菜赛道为例，长沙的笨罗卜、北京的潇湘府等门店数都增长至 10 家以上，成功晋级至下一区间。另一方面，“不进则退”的竞争态势让很多小店选择加入其他品牌或在经营压力下退出激烈的竞争（见图 4）。

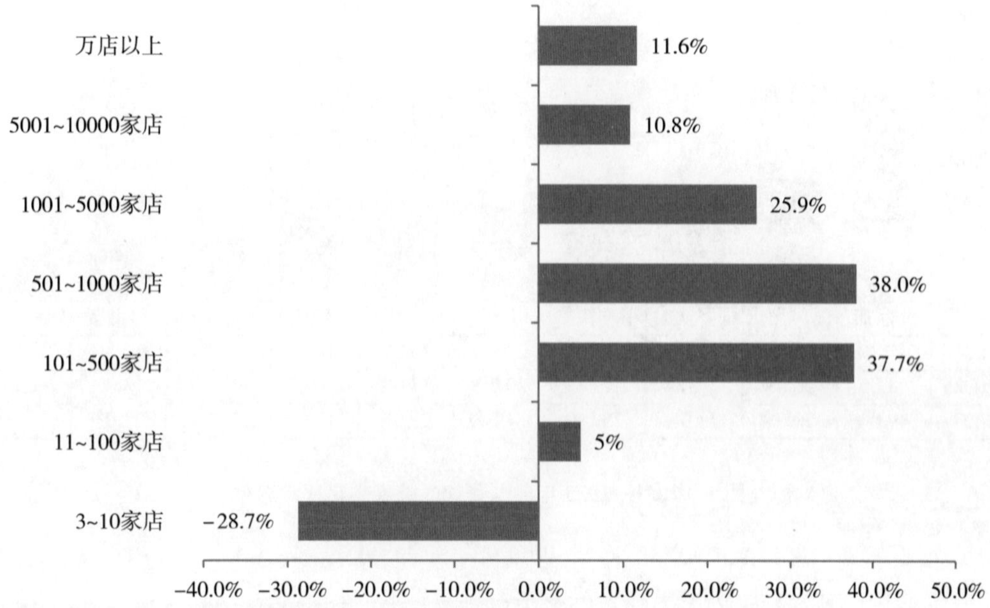

图 4　2023 年不同规模区间的品牌门店数年同比涨幅

数据来源：美团。

（二）饮品连锁化率提升至 49%，小吃快餐撑起连锁门店半边天

2023 年，主要餐饮品类连锁化率位列前三的依次为饮品店（49%）、面包甜点（30%）和国际美食（28%），其中饮品店的连锁化率增长 5%，继续占据领先优势。

2023 年 7 月，坚持直营 8 年的“新茶饮第一股”奈雪的茶正式宣布开启“合伙人计划”，并在 2024 年大幅降低门槛，加盟费用从 100 万元左右降低至 58 万元起。2022 年年底，坚持了 10 年直营的喜茶开放加盟，并在 2023 年一年时间里，面试了 7700 多位潜在事业合伙人，新开出超 2300 家事业合伙门店。截至 2023 年年底，喜茶门店数已突破 3200 家，门店规模同比增长 280%。

新茶饮头部直营品牌纷纷开放加盟，宣告新茶饮的加盟连锁经营模式已是大势所趋。各大茶饮品牌的共同动作是快速拓店，筛选优质加盟商，培养超级加盟商，其本质是提升品牌的购买便利性。加盟门店能有效触达更多用户，完成三线、四线、五线市场的渠道布局。

从 2022—2023 年其他品类连锁化率的变化情况来看，主要餐饮品类的连锁化率均稳步提升，其中自助餐品类提升了 9 个百分点，面包甜点、火锅、八大菜系等均提升了 4 个百分点，国际美食、小吃快餐、烧烤等品类均提升了 3 个百分点（见图 5）。

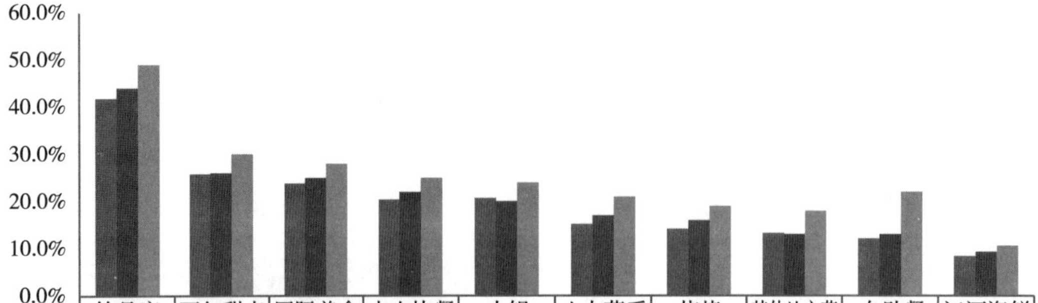

	饮品店	面包甜点	国际美食	小吃快餐	火锅	八大菜系	烧烤	其他地方菜	自助餐	江河海鲜
■2021年	41.8%	25.8%	23.8%	20.4%	20.7%	15.2%	14.2%	13.2%	12.1%	8.4%
■2022年	44.0%	26.0%	25.0%	22.0%	20.0%	17.0%	16.0%	13.0%	13.0%	9.3%
■2023年	49.0%	30.0%	28.0%	25.0%	24.0%	21.0%	19.0%	18.0%	22.0%	10.6%

图 5　2021—2023 年典型餐饮品类连锁化率走势

数据来源：美团。

自助餐正默默翻红，许多老牌自助餐门口排起长龙。如今的自助餐模式与过去相比也有了明显的变化。为了适应当下的消费需求，自助餐门店也走向了细分：区域性的回转小火锅在 2023 年加速扩张，成为商场餐饮的新宠；中式炒菜自助、早茶自助、生蚝自助、水饺自助、面包甜点自助等单品店也层出不穷。在此趋势之下，南城香、哥老官等品牌也纷纷推出自助模式；老乡鸡、大米先生等快餐巨头用自助称重来寻求新突破。

从 2023 年连锁餐饮门店数在各品类的占比分布来看，小吃快餐品类依然稳居门店数第一，在 2023 年占比连锁门店总数的 48%，但与 2022 年相比有所下降；相应的，饮品店、烧烤、特色菜和自助餐的连锁门店数占总连锁门店数的比例在 2023 年均提升了 1 个百分点（见图 6）。

其中，饮品店因投资小，标准化程度高，头部品牌扩张迅速，连锁门店扩容明显；烧烤烟火气十足，且连锁门店在消费形式与性价比设计上做了新尝试而赢得扩张。比如，上榜品牌北木南烤肉和酒，产品带有齐齐哈尔烤肉基因，又与川渝的“麻辣鲜香”口味进行融合，让北方烤肉也适应南方市场，打破了地域限制；品牌深耕下沉市场和小店模型，一个门店 5~8 个人，通岗不分前厅后厨；人均 50~60 元的客单价，完美贴合了三、四线城市的消费习惯，目前全国开出 400+门店。

特色菜方面，地方菜崛起明显。比如，徽菜头部品牌小菜园发展了 500+门店，闽菜头部品牌醉得意开出了 300+门店；以鲁菜爆品把子肉为核心产品的超意兴走出济南，在北京、郑州等城市开店，目前在全国发展了 600+门店；以兰湘子、费大厨、辣可可、农耕记为代表的湘菜军团也在全国扩张，2024 年年初全网爆红的甘肃天水麻辣烫又带出了一波西北菜热；近两年文旅+餐饮，如淄博烧烤，哈尔滨冬季旅游热等都在带更多地方特色菜出圈。

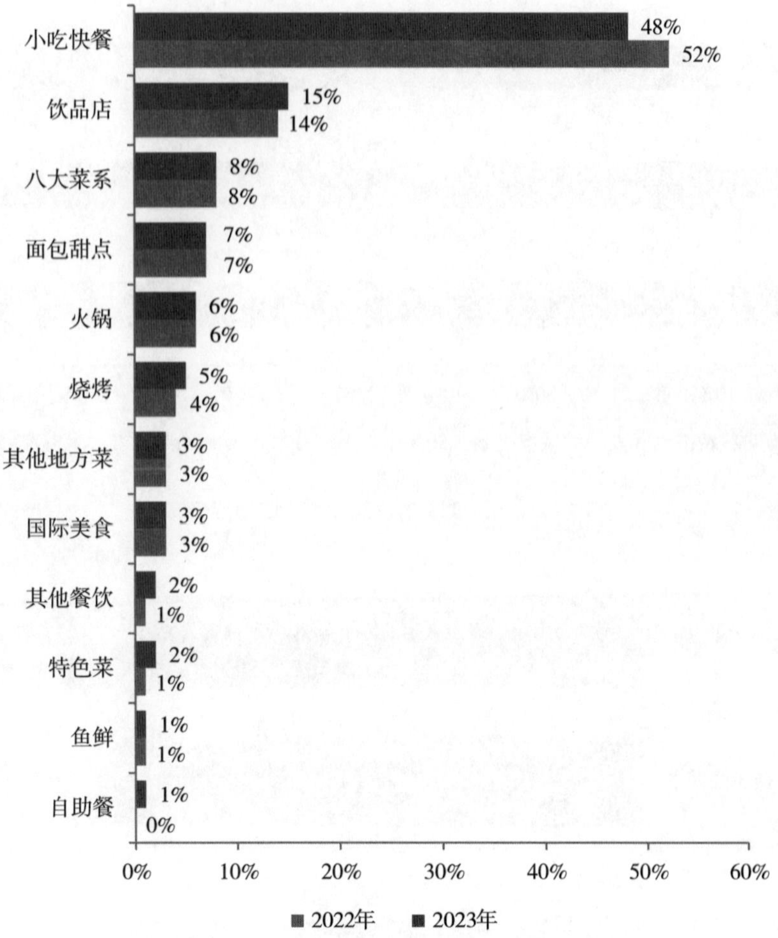

图 6　2022—2023 年连锁餐饮门店数量各品类占比

数据来源：美团。

(三) 四线及以上城市连锁化率超 20%，44%连锁门店布局下沉市场

从连锁门店的空间分布看，美团数据显示，近两年有 55%的连锁餐饮门店布局在一线和二线城市，44%的门店布局在三、四、五线城市；与 2021 年相比，一、二线城市连锁店的数量占比下降了 1. 7 个百分点，三线、四线、五线城市相应提高了 1. 7 个百分点。随着餐饮品牌市场扩张步伐的加快，会有越来越多的连锁门店布局中小城市，三线、四线、五线城市为餐饮品牌提供了广阔的增长空间（见图 7）。

从 2022 至 2023 年不同等级城市连锁门店占当地门店数的比例来看（以下称城市连锁化率），各等级城市的连锁化率都有所增长，2023 年四线及以上城市的连锁化率均达到了 20%以上；其中一线城市最高，2023 年的餐饮连锁化率达到 28. 1%。从城市连锁化率的变化来看，三线及以上城市的餐饮连锁化率均提升了超过 3 个百分点（见图 8）。

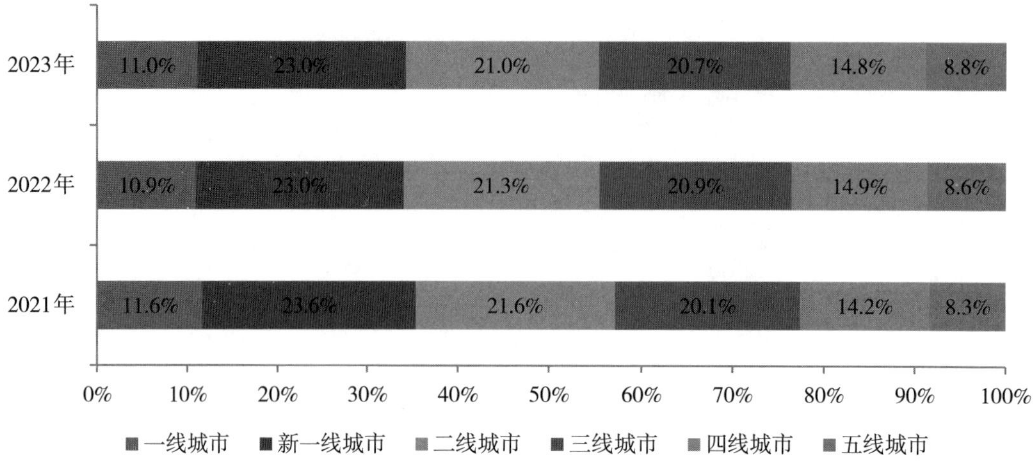

图 7　2021—2023 年餐饮连锁门店地域分布

数据来源：美团。

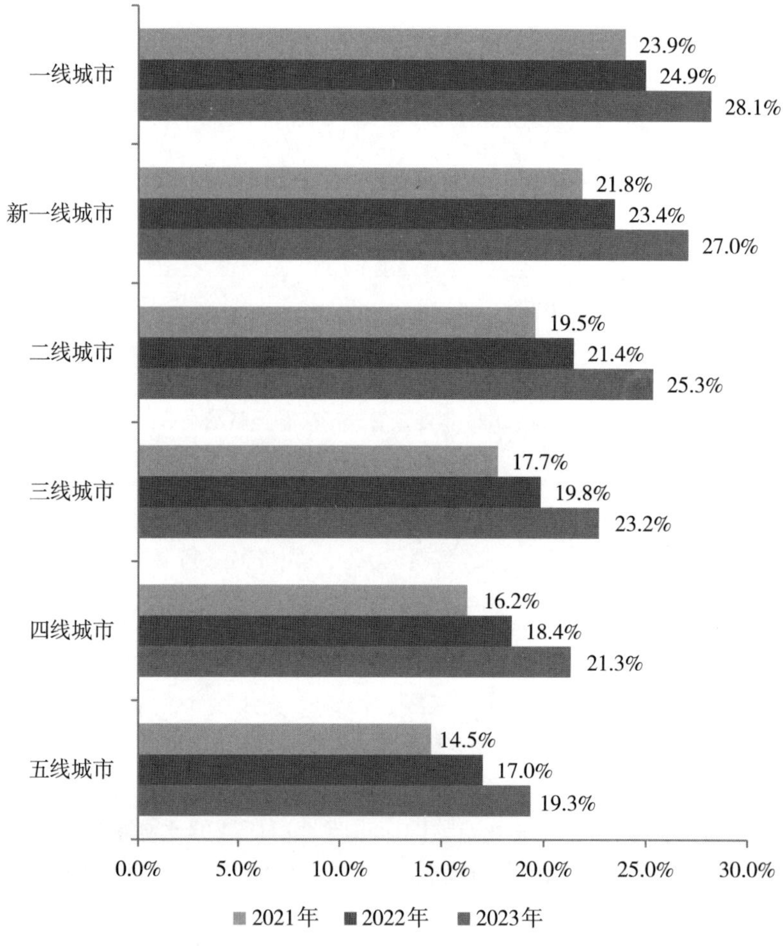

图 8　2021—2023 年不同城市连锁门店占当地门店数比例（城市连锁化率）

数据来源：美团。

近几年，社区餐饮发展及餐饮市场下沉趋势明显，大众化餐饮成为中国餐饮业发展的主流方向，餐饮行业连锁化、数字化、产业化、标准化、绿色化等方面的高质量发展为餐饮“万店时代”筑起牢固的根基。以数字化为例，当前餐饮行业正积极拥抱这一趋势，如新茶饮采用小程序点单、品牌餐饮设立专门服务线上需求的卫星店等。基于更高的产品标准化程度、更稳定的供应链、更成熟的运营经验以及餐饮数字化工具的加持，大连锁正在下沉市场持续扩张。

三、资本篇：押注确定性，小吃小喝——供应链成投资热点

（一）餐饮投融资头部聚集效应明显

近两年，受资本市场整体氛围影响，餐饮相关领域投融资热度继续走低。与 2022 年相比，2023 年国内餐饮业投融资次数（143 次）进一步下滑。而在资本退潮后，门店扩张的资金也更依赖于品牌自身的造血能力。在此背景下，之前凭借资本助力快速扩张的新消费品牌也不得不另辟蹊径，或退守区域本土大本营，或通过撬动加盟商的资源维持扩张速度（见图 9）。

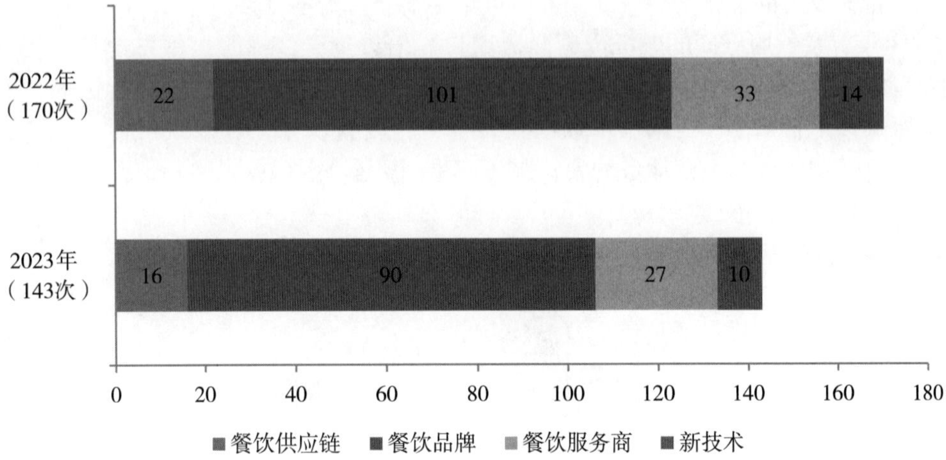

图 9　2022—2023 年国内分类型餐饮投融资次数分布

数据来源：根据 IT 桔子公开资料整理（itjuzi. com）。

虽然融资次数有所下降，但 2023 年餐饮行业融资金额有所提升，其中公开的亿元融资次数提升至 24 次，获投项目包括拥有强大品牌力的头部玩家，如茶百道、塔斯汀、泸溪河等，以及正处于品类红利期的新锐品牌，如星茵咖啡、一只酸奶牛、小菜园等。另外，选择不披露融资金额的项目占比上升，这些项目多集中在早期天使轮；相应披露的百万级融资项目数量下降明显（见图 10）。

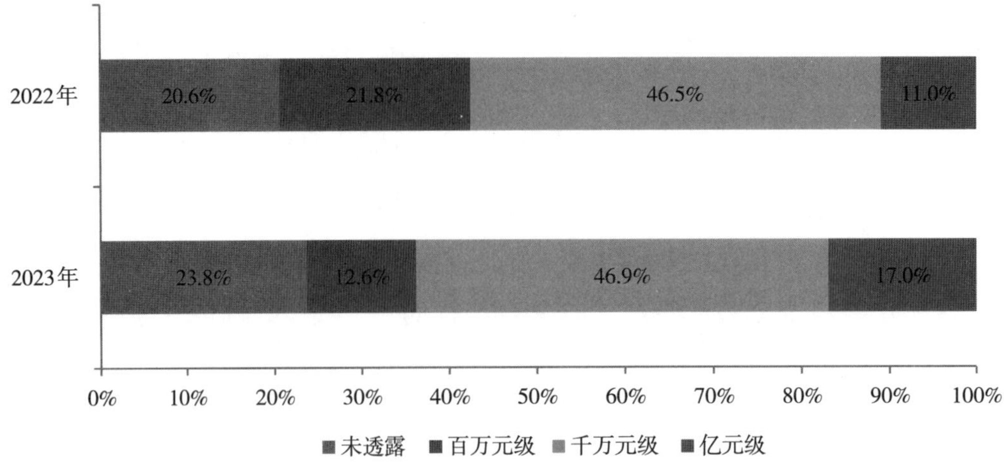

图 10　2022—2023 年餐饮行业不同金额规模投融资事件分布

数据来源：根据 IT 桔子公开资料整理（itjuzi. com）。

（二）资本市场重金押注餐饮服务商

作为行业发展的催化剂，餐饮服务商近年逐渐获得资本青睐。

2023 年，餐饮服务商的融资金额同比增长 4 倍以上，增幅明显领先于其他类型。众多创业者涌入餐饮行业引发“开店潮”，加盟品牌在金融、技术、营运和营销等方面都亟须专业服务商进行赋能。在降本增效的大背景下，以餐饮 SaaS、餐饮机器人、餐饮信息平台、经营管理咨询为主营业务的餐饮服务商受到资本关注（见图 11）。

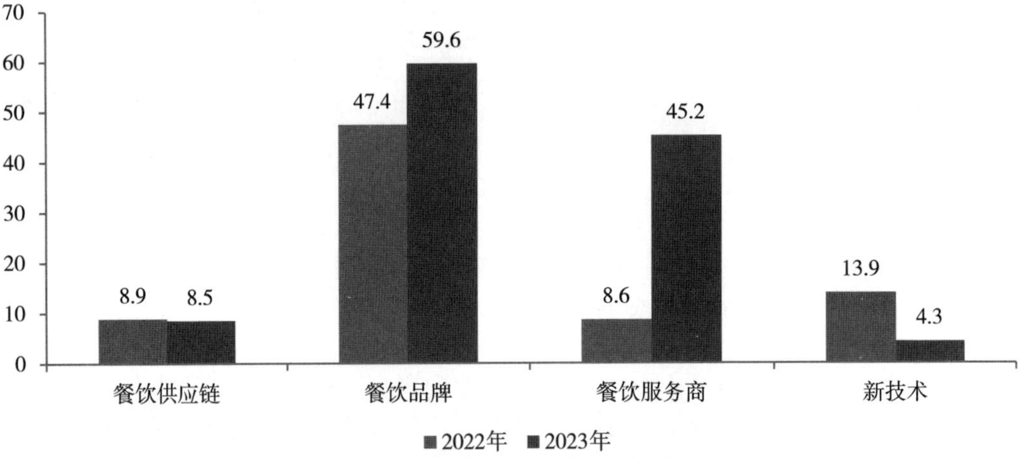

图 11　2022—2023 年国内分类型餐饮投融资金额分布（亿元）

数据来源：根据 IT 桔子公开资料整理（itjuzi. com）。

传统股权融资市场热度持续低迷，多个行业股权融资逐步收紧。而在这样的背景下，收入分成这样的新兴融资方式获得了发展空间。其中，为小微商家提供金融服务的滴灌通斩获了2023年餐饮行业最大一笔融资（4.58亿美元），其初创的“非股非债”模式为中小商家提供开店资金，引发行业关注与讨论。

（三）投资良性发展，资本方更加关注长期价值

前几年，战略投资更多由餐饮品牌互相跨界，而2023年餐饮行业的战略投资更多集中在供应链和跨赛道合作上，其中最具代表性的项目之一是君乐宝战略投资上榜品牌茉酸奶。茉酸奶借力君乐宝的供应链和研发能力提升其原料品质，抓住了饮品赛道品质升级的红利期。

此外，投资机构的角色，也正从坐等短期财务回报的“金主”，逐步转变为长期战略赋能的“陪练”。2023年投资机构作为出资方的战略投资笔数占整体战略投资的2/3，背后原因是在当时“资产荒”的背景下，投资机构转向战略投资以寻求出路，也更愿意付出时间精力对标的进行长期赋能（见图12）。以小菜园数次获得加华资本战略投资为例，加华资本表示自身的定位是“冠军陪练”和“事业合伙人”，愿意长期陪跑、赋能小菜园，打造更具竞争力的品牌。

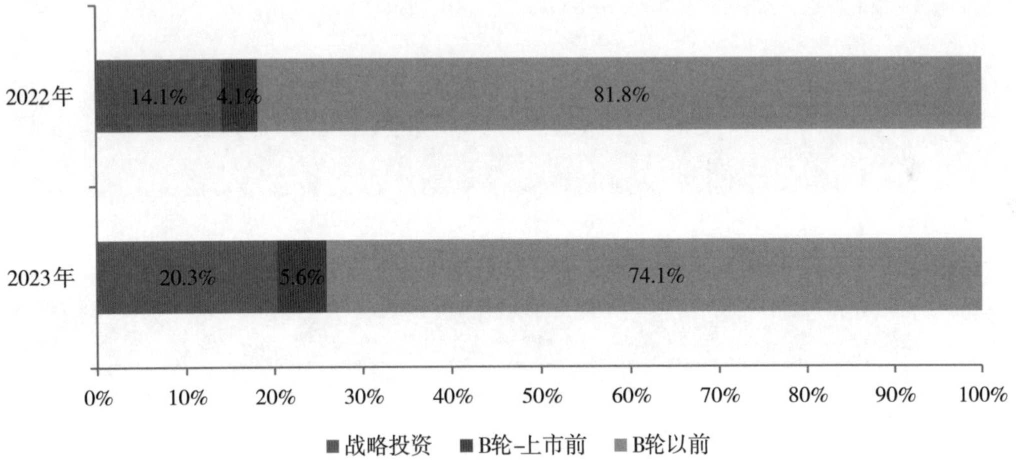

图12　2022—2023年餐饮行业分投轮次投融资次数分布

数据来源：根据IT桔子公开资料整理（itjuzi.com）。

（四）“小吃小喝”依旧是资本宠儿，品牌注重基本功建设

从品类来看，2023年“小吃小喝”依旧是资本宠儿，投融资占比提升9.8个百分点至72.2%，其中咖啡品类的细分赛道和处于红利期的新品类成为投资风向。具体来看，咖啡接棒茶饮成为融资翘楚，差异化细分赛道更受资本关注。2023年咖啡品类共获23起融资，占餐饮品牌融资总数的26%。获得融资的咖啡品牌中，超过半数为花香型咖啡、谷物咖啡、非洲咖啡、盲盒咖啡、“一豆两制”咖啡等具有差异化特色的细分品类。

处于红利期的新品类赛道在投融资市场锋芒初现，如2023年大热的酸奶品类获得了

6 笔公开融资；快餐赛道由塔斯汀带火的中式汉堡品类，则在 2023 年收获了 7 笔融资；新中式茶饮赛道更是吸引了 9 笔融资，占茶饮品类的 43%（见图 13、图 14）。

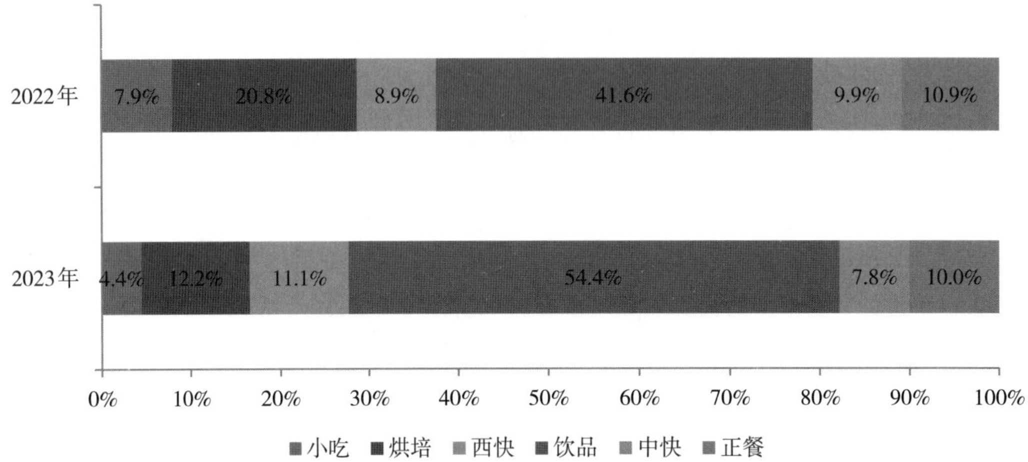

图 13　2022—2023 年餐饮行业不同品类投融资事件分布

数据来源：根据 IT 桔子公开资料整理（itjuzi. com）。

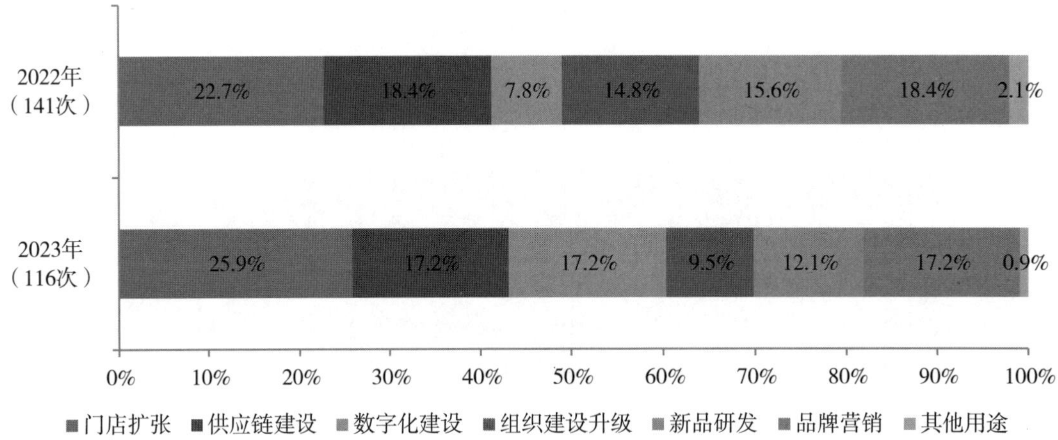

图 14　2022—2023 年融资餐饮品牌资金用途分布

数据来源：根据 IT 桔子公开资料整理（itjuzi. com）。

四、出海篇：连锁品牌新战事将中餐之美远播海外

2023 年以来，中国企业掀起新一轮“出海”浪潮，从制造业到服务业，“出海”已经成为众多企业的战略选择，餐饮行业更是如此。我国餐饮连锁品牌出海承载的，不仅是寻找新增长点，更是传承中华优秀传统文化的方式。这一轮餐饮连锁品牌“出海”更具有竞争力，它们已在国内跨区域、多场景、不同市场环境下，通过一次又一次迭代，完成

了产品、品牌、供应链以及管理体系多层次的进化，实现了成本、效率、体验的平衡。因此，这一轮餐饮连锁品牌出海，将从“给华人开中餐厅”，转变为“给全世界开好餐厅”。

（一）品牌与消费者双向奔赴，给华人以外食客更丰富的选择

中国餐饮出海200年，大多以“中国味道”出海，以各国唐人街为核心，服务当地华人。2023年初开始，餐饮连锁品牌出海汹涌澎湃，所到之处引发排队高潮。2023年2月，已经在海外相继开出千家门店的蜜雪冰城，在悉尼开出了亚洲市场之外的第一家门店，此后又进军日本，截至2023年年底，蜜雪冰城在海外门店数量已近4000家。3月喜茶宣布开放包括英国、美国、加拿大海外事业合伙人申请，出海速度加快；8月初，喜茶伦敦店开业，引发排队7小时的狂潮：“伦敦喜茶，一点排到八点没喝上”。张亮麻辣烫目前全国约6000家门店，在亚洲、欧洲、北美洲的16个国家已经开出64家店。

这一轮出海，从业态上看，正餐、快餐、休闲餐、小吃等细分业态的头部品牌都有动作；从品类上看，除烧鹅、兔头等少数产品外，各品类都有一定的出海探索，如海底捞、云海肴、太二酸菜鱼、江边城外、庆丰包子铺、外婆家、花家怡园、瑞幸咖啡、杨国福麻辣烫、探鱼、呷哺呷哺以及湊湊、绝味鸭脖、阿甘锅盔、沙县小吃等众多品牌都已经走出国门。

从价格来看，品牌实现了高中低多层次竞争。蜜雪冰城在日本的第一家分店，选址比邻日本繁华的商业区“表参道”，这里又被誉为日本的“香榭丽舍大道”；眉州东坡在美国洛杉矶的4家直营店，分别位于比佛利、亚凯迪亚、好莱坞环球影城和尔湾，这些店的特点之一就是更加高端。

从品牌发源地来看，实现了从本土“出海”和由海外“出海”的双向输出。比如，莆田餐厅在新加坡开出首店，目前已经在全球拓展门店100多家；火锅品牌“快乐小羊”第一家店在美国波士顿开业，到目前为止，该品牌在9个国家87个城市开设了上百家火锅店。对有的品牌来说，出海是“给华人开中餐厅”；对这些海外起步的品牌来说，则是“给全世界开好餐厅”。

一方面中餐积极出海，另一方面消费端也在追捧中餐。喜茶、一点点、鲍师傅、海底捞、木屋烧烤等热门品牌都是跨境代购的爆款，这是前所未有的现象。

（二）公司化成连锁品牌出海新姿态，直营加盟多模式拓展

餐饮连锁品牌出海，不同于开一家餐厅，比拼的并不只是“中国味道”，最核心的竞争力是中餐的“公司力量”。品牌做的不仅是跨国开店的0-1探索，还是带着餐厅背后经过多年市场锤炼的企业管理体系走出国门。海底捞率供应链公司颐海，带着其特有的“师徒制”成功出海就是典型代表。独立分拆后的特海国际2023年上半年财报显示，海底捞在国外已经拥有115家餐厅，营收3.24亿美元。特海国际管理下的海底捞等品牌的海外成功发展，让诸多企业认识到：国潮文化的魅力，越来越受世界欢迎；而国内餐饮业激烈竞争下历练出的一身本领或许在其他市场可以施展。

自2012年以来，随着供应链的崛起，餐饮业完成了“公司化”进程，迈向了数字化经营。中餐完成了从产品、品牌、供应链、组织力等多重的迭代升级，特别是各种数字化新工具的普及，已经重新塑造了中餐。这让中国的餐饮企业更具有参与国际化竞争的能力

和实力。

目前，餐饮连锁品牌出海方式更加多元化，有直营、加盟、合作等多种模式。

例如，莆田餐厅采用“全直营店”的发展模式，但是内部引入了店长制，门店是店长当家，店长就是 CEO。店长制是从进军海外市场的经验中酝酿而来：在新加坡本地，公司的信息易于上传下达，但是一走出新加坡，品牌就发现并非每个信息都能够传达至基层员工那里。于是莆田餐厅将区域的管理简化，由店长当家，解决信息传达的问题。店内所有事务由店长一人负责，管理更统一。同样，餐饮上市公司品牌海底捞、太二酸菜鱼、奈雪的茶、呷哺呷哺与湊湊等，在出海时也都采用了直营模式。

与火锅、正餐、休闲餐偏向采用直营模式不同，新茶饮出海模式更加多样。在国内新茶饮品牌拓展市场的典型做法是，先靠直营门店跑通模型和占据优势位置，而后通过加盟开疆拓土。但考虑到门店选址、员工招聘、品牌营销及当地社会文化的障碍，出海到东南亚的库迪咖啡等品牌通过当地合伙人拓展店铺。要在海外招募区域合伙人，总部负责输出品牌、供应链、培训和信息化系统，合伙人来做本地化监督指导工作；品牌要求区域合伙人必须有本地化资源和团队，以及至少一间样板店，便于运营和拓展工作。

合伙人成功拓展门店后，可以获得一定数额的奖金，以及总部收取该门店服务费后的比例分成。门店开业以后，还将根据门店的毛利实行阶梯分成。以库迪咖啡在韩国的合伙门店为例，共划分为五档，每月毛利低于 6 万元则不收取服务费；每月毛利高于 12 万元，则可拿到最高抽成比例的 30%。

在东南亚部分国家，蜜雪冰城采取了更为激进的加盟政策。在越南某些区域，蜜雪冰城甚至免去加盟伙伴三年合同期内的特许经营费、管理费和培训费；在马来西亚的吉隆坡和雪兰莪地区，老加盟商开新店可免去两年加盟费，新加盟商开店可以免去一年加盟费。

挞柠自 2019 年出海，至今已经在越南、泰国、英国、加拿大等国家开了 20 多家门店。挞柠没有采用合伙模式加盟，而是选择了代理模式。挞柠总部收取一笔代理费后，将品牌的区域代理权授权给代理商，之后总部和区域代理商一起开发市场；原物料由总部统一供应，原物料采购费和加盟费都由总部和代理商按照一定比例分成，更好地保障资金回笼。

总的来说，餐饮连锁品牌出海的各种经营模式都已经出现了成功案例，它们都有一个共同的特点，就是公司化运营。

附录：2023 年中国餐饮行业投融资情况

品牌名称	成立时间	轮次	金额	币种	投资机构
虎伴麻辣烫	2021 年 4 月	天使轮	100 万元	人民币	国宏元宇时代资本
时食链	2022 年 8 月	天使轮	近千万元	人民币	和君资本/品知世纪
虎头局渣打饼行	2020 年 12 月	B 轮	数千万元	人民币	红杉资本中国/GGV 纪源资本
赞倍司	2021 年 8 月	Pre-A 轮	数千万元	人民币	未透露
泸溪河	2018 年 8 月	A 轮	数亿元	人民币	龙柏资本/百联挚高
啤卤侠	2021 年 8 月	Pre-A 轮	近千万元	人民币	安益资本/周洪标
麦达仕	2019 年 5 月	战略投资	5000 万元	人民币	金凯基金
山茶涧·花果鲜奶茶	2018 年 8 月	天使轮	1000 万元	人民币	国强基金
辛猫咖啡	2020 年 12 月	A 轮	1500 万元	美元	Bit Origin
美小店	2019 年 2 月	战略投资	未透露	人民币	饿了么/口碑
龙门炸串	2019 年 6 月	A 轮	3000 万元	人民币	赢多资本
利宝特-牛多多	2017 年 5 月	A 轮	未透露	人民币	华盖资本
巴哥埃	2021 年 11 月	天使轮	千万元级	人民币	华为
宅家吃饭	2022 年 7 月	天使轮	千万元级	人民币	未透露
上山喝茶	2022 年 9 月	天使轮	未透露	人民币	天使湾
AoTiger 虎闻咖啡	2022 年 7 月	天使轮	未透露	人民币	梅花创投
多甜食品	2015 年 1 月	A 轮	3000 万元	人民币	盛银投资
雷力咖啡	2023 年 2 月	A 轮	3000 万元	人民币	昕晟基金
伽那食品	2023 年 1 月	天使轮	未透露	人民币	黑蚁资本/内向基金
聚美味	2022 年 4 月	天使轮	100 万元	人民币	一亿中流
桃禧满满	2022 年 8 月	战略投资	数百万元	人民币	未透露
肆月河豚	2016 年 9 月	A+轮	3500 万元	人民币	华软资本 CSC
爆爆姐螺蛳粉	2021 年 5 月	天使轮	数千万元	人民币	美味投资
墨比优创	2019 年 1 月	A 轮	1 亿元	人民币	梅花创投/天味集团/嘉兴品创
面朝大海	2020 年 5 月	Pre-A 轮	千万元级	人民币	新创基金
Au Cafe	2015 年 7 月	种子轮	未透露	人民币	嘉州金控
豆校长	2018 年 12 月	A+轮	5000 万元	人民币	山海资本
每食宝	2018 年 1 月	天使轮	未透露	人民币	深圳汉邑
普凯十八岁	2018 年 12 月	天使轮	5000 万元	人民币	未透露
悠小咖 UPLAYER	2022 年 4 月	A 轮	1500 万元	人民币	森信基金
极麋生物	2021 年 8 月	天使轮	千万元级	人民币	十维资本
小莱园	2013 年 6 月	战略投资	数千万元	美元	加华资本
林堡堡	2021 年 6 月	天使轮	数百万元	人民币	陈伟星
招财猫能量茶	2021 年 4 月	A 轮	5000 万元	人民币	泓毅基金

续表

品牌名称	成立时间	轮次	金额	币种	投资机构
吉祥馄饨	2000 年 3 月	战略投资	未透露	人民币	绝味网聚资本
锅灶一气	2019 年 11 月	天使轮	5000 万元	人民币	未透露
小咖主	2021 年 9 月	A 轮	1 亿元	人民币	AD-VC 广告创投基金/星米资本
舞莓娘	2021 年 4 月	天使轮	未透露	人民币	香港梯构国际供应链服务有限公司/深圳市意利投资控股有限公司
DEAR BOX 盲盒咖啡	2021 年 4 月	A+轮	未透露	人民币	Adrenalin
山野泡泡	2022 年 1 月	天使轮	1000 万元	人民币	业泰基金
轻卡鹿	2018 年 12 月	天使轮	未透露	人民币	黑石集团 Blackstone
一口十一食品	2023 年 12 月	天使轮	未透露	人民币	欧若拉投资
跃动端点	2022 年 9 月	Pre-A 轮	100 万元	人民币	未透露
布鲁熊咖啡	2021 年 7 月	天使轮	未透露	人民币	艺领基金
宏琰餐饮	2011 年 11 月	A 轮	1.2 亿元	人民币	未透露
HUSHANG 沪上餐门	2023 年 3 月	A 轮	未透露	人民币	香港 Aubac 资本
萌白白	2018 年 4 月	A 轮	数千万元	人民币	盛世通
好运椰	2022 年 5 月	战略投资	数千万元	人民币	同山投资
快鲜生	2020 年 5 月	天使轮	数百万元	人民币	东吴创投-东吴证券
柒点螺蛳粉	2022 年 9 月	天使轮	数百万元	人民币	未透露
派堡王	2020 年 5 月	A 轮	3000 万元	人民币	伟通基金
山东聚合科技	2022 年 4 月	A 轮	3000 万元	人民币	赛博基金
星茵咖啡	2020 年 10 月	天使轮	200 万元	美元	香港譽邦投资有限公司
麦喜堡	2019 年 3 月	A 轮	数千万元	人民币	勝達基金
碗丰亭板面	2022 年 2 月	种子轮	100 万元	人民币	禧年资本
周子未来	2019 年 12 月	A+轮	数千万元	人民币	启明创投
普渡科技	2016 年 1 月	C+轮	数亿元	人民币	阅度资本
星茵咖啡	2020 年 10 月	A 轮	2500 万元	美元	中天资本
奥琦玮	2006 年 11 月	战略投资	未透露	人民币	微盟
众营节能	2021 年 12 月	A 轮	5000 万元	人民币	未透露
ZR 自燃元素	2017 年 8 月	Pre-A 轮	5000 万元	人民币	中南金服
TAGSIU	2021 年 9 月	天使轮	千万元级	人民币	D1M
睿尔曼	2018 年 1 月	A+轮	未透露	人民币	云启资本/元和资本/科沃斯机器人/元科资本
榴小夏	2023 年 4 月	A 轮	数千万元	人民币	德玥基金
高能集食	2020 年 9 月	A 轮	3000 万元	人民币	宇宙奇点
MOODLES	2021 年 7 月	Pre-A 轮	未透露	人民币	GGV 纪源资本/伽利略资本/风物资本/人山资本

续表

品牌名称	成立时间	轮次	金额	币种	投资机构
郭氏花旦茶	2020 年 9 月	A 轮	数千万元	人民币	瀚晟基金
串斗辣	2020 年 12 月	A 轮	3000 万元	人民币	世腾资本
宅家吃饭	2022 年 7 月	Pre-A 轮	3000 万元	人民币	泰明创投
M Stand	2017 年 6 月	B+轮	数亿元	人民币	小红书
凌麒麟大口茶	2023 年 5 月	天使轮	未透露	人民币	未透露
茶百道	2017 年 2 月	战略投资	10 亿元	人民币	兰馨亚洲/正心谷资本/番茄资本/中金资本/草根知本
味极天骄	2017 年 12 月	天使轮	千万元级	人民币	未透露
数圈发现	2020 年 1 月	A 轮	8000 万元	人民币	博飞控股
小胖黎	2022 年 4 月	天使轮	数百万元	人民币	翰畔创投
小咖	2017 年 3 月	B 轮	4.48 亿元	人民币	清望资本
CellX 食未科技	2021 年 4 月	A+轮	数千万元	人民币	未透露
优予预制菜	2017 年 10 月	Pre-A 轮	3500 万元	人民币	恒邦资本/天时创新资本
扫鸭扫	2022 年 6 月	A 轮	2 亿元	人民币	赫翔集团/元昊资本
晓桐快餐	2009 年 3 月	战略投资	数千万元	人民币	平安云厨
丽茉酸奶	2020 年 6 月	A 轮	5000 万元	人民币	路海投资/金易信投资
双美豆沙牛乳	2021 年 7 月	A 轮	未透露	人民币	窄门学社
茶亭序	2019 年 6 月	A 轮	千万元级	人民币	探店 App
佳喻沪晓餐饮	2019 年 7 月	战略投资	1 亿元	人民币	橡树基金
啡途咖啡	2021 年 4 月	战略投资	2500 万元	美元	未透露
布兰熊花香茶饮	2022 年 7 月	天使轮	未透露	人民币	香港百福禧食品控股有限公司
粉大大	2014 年 9 月	天使轮	数百万元	人民币	卓尔资本
不停科技	2021 年 1 月	A 轮	数千万元	美元	五源资本/大米创投/神骐资本-58 产业基金/光远资本/清水湾资本/高秉强/Brizan 基金/知行一号
滴灌通	2021 年 9 月	C 轮	4.58 亿元	美元	未透露
两瑞咖啡	2021 年 1 月	战略投资	6000 万元	人民币	贝恩资本 BainCapital
抖乐惠	2023 年 3 月	天使轮	800 万元	人民币	未透露
森食起源	2023 年 7 月	种子轮	数百万元	人民币	国弘资本
幸典餐饮	2020 年 8 月	战略投资	5000 万元	人民币	凯撒基金
哗啦啦	2009 年 10 月	战略投资	2.5 亿元	人民币	亿阳信通
腿老大	1999 年 9 月	天使轮	400 万元	人民币	未透露
京腔调	2018 年 9 月	战略投资	未透露	人民币	滴灌通
沪上阿姨	2013 年 11 月	B 轮	未透露	人民币	嘉御资本/熠美投资/金镒资本/知一投资

续表

品牌名称	成立时间	轮次	金额	币种	投资机构
沐可餐饮	2022 年 6 月	战略投资	3000 万元	人民币	Kenetic Capital
吮芝味	2021 年 8 月	战略投资	3000 万元	人民币	玄元投资
peekoo coffee	2021 年 9 月	A 轮	未透露	人民币	天图投资/内向基金
魔豆司咖啡	2022 年 10 月	天使轮	未透露	人民币	黑蚁资本
唐饮	2009 年 8 月	天使轮	未透露	人民币	深圳龙智创投中心
啡行家	2022 年 5 月	战略投资	未透露	人民币	良品铺子
新梦想餐饮	2019 年 4 月	战略投资	5000 万元	人民币	国正资本
椰力丫	2023 年 2 月	种子轮	未透露	人民币	周敬良
浙江宝立食品	2018 年 9 月	战略投资	1.43 亿元	人民币	百胜中国
沙朗阿甘	2008 年 9 月	天使轮	近千万元	人民币	奈雪的茶
茶花絮 · 东方鲜乳茶	2019 年 9 月	Pre-A 轮	1000 万元	人民币	中南金服
禾嘉同创	2017 年 11 月	天使轮	8000 万元	人民币	未透露
解忧婆婆	2023 年 1 月	天使轮	未透露	人民币	君盈创投
汉唐序	2023 年 3 月	A 轮融资	5000 万元	美元	路博迈
苏南后勤集团	2018 年 6 月	A 轮	9000 万元	人民币	中财产业基金/中蓝资本
虎头炸	2020 年 6 月	天使轮	数百万元	人民币	集味创业
菌子天臣	2023 年 4 月	战略投资	数千万元	人民币	启赋东方
乐禾食品	2013 年 3 月	F 轮	数亿	人民币	和智资本/广州基金/广东省农业供给侧结构性改革基金/粤茂基金/白云金控
牛员外手工饺	2022 年 8 月	Pre-A 轮	3000 万元	人民币	皓玥资本
茶中喜	2022 年 6 月	Pre-A 轮	3000 万元	人民币	皓玥资本
肯卫汀	2022 年 6 月	种子轮	未透露	人民币	未透露
龙合凤	2015 年 12 月	天使轮	数百万元	人民币	点赞创投
城墙胡同	2022 年 1 月	战略投资	数百万元	人民币	纽康恩食品
蓉小乔	2020 年 3 月	Pre-A 轮	5000 万元	人民币	中南金服
居尚餐饮	2022 年 9 月	Pre-A 轮	2000 万元	人民币	香港地州控股
探果餐饮	2023 年 9 月	A 轮	2000 万元	人民币	未透露
茉酸奶	2014 年 5 月	战略投资	未透露	人民币	君乐宝
时食链	2022 年 8 月	Pre-A 轮	未透露	人民币	未透露
肯卫汀	2022 年 6 月	战略投资	1000 万元	人民币	中募投资
锋味人间	2023 年 9 月	Pre-A 轮	3000 万元	人民币	米雷资本
茶愿说	2022 年 8 月	A 轮	未透露	人民币	BARBIEGO
塔斯汀	2017 年 12 月	B 轮	数亿元	人民币	红杉资本中国
弄咖咖啡	2023 年 6 月	战略投资	1.2 亿元	人民币	坚果创投/诸葛基金

续表

品牌名称	成立时间	轮次	金额	币种	投资机构
十八客	2023 年 9 月	天使轮	3000 万元	人民币	未透露
堂上堂	2022 年 8 月	天使轮	数百万元	人民币	番茄资本
一只酸奶牛	2018 年 2 月	战略投资	1.49 亿元	人民币	草根知本
味美优品	2020 年 11 月	A 轮	3000 万元	人民币	泰世资本/和智投资
有哥供应链	2023 年 8 月	天使轮	未透露	人民币	十月稻田/北京金链
橡鹭科技	2021 年 7 月	A 轮	数千万元	人民币	京东
聚逗传媒	2022 年 6 月	种子轮	150 万元	人民币	桂图资本
一米八	2023 年 7 月	天使轮	数千万元	人民币	马云
小菜园	2013 年 6 月	战略投资	数亿元	人民币	加华资本
鹤所	2021 年 5 月	Pre-A 轮	数千万元	人民币	麟阁创投
沙拉食刻	2020 年 8 月	A 轮	1 亿元	人民币	不惑创投
辽宁新次元	2022 年 5 月	战略投资	3000 万元	人民币	沈阳大东文化
彩食鲜	2011 年 3 月	战略投资	未透露	人民币	榆林能源产业基金

2024 年中国餐饮品牌出海东南亚研究报告（新加坡篇）

中国餐饮企业正积极响应国家“一带一路”倡议，将中国特色餐饮文化与经营理念传播到国际舞台。中国连锁经营协会与新加坡泛亚特许经营咨询机构（AFC）联合发布《2024 中国餐饮品牌出海东南亚研究报告（新加坡篇）》。该报告中介绍了东南亚主要国家的市场现状以及新加坡餐饮行业总体状况，详细阐述了中国餐饮企业在新加坡市场的发展现状、路径、机遇与挑战，并探讨解决思路与经验，为中国餐饮行业走向海外提供了宝贵的参考资料。

一、中国餐饮企业出海概况

中国自古以来便是一个“民以食为天”的国家，拥有着逾 5000 年的烹饪历史。在这漫长的时间里，我们不仅积累了包括烧、炸、烤、烩在内的上百种精湛的烹饪技艺，还形成了以湘、川、粤、鲁等为代表的八大菜系，这些菜系中的各式佳肴多达数万道，因其色泽艳丽、香气扑鼻、味道鲜美、造型美观而闻名世界。

在历史的长河中，中国的饮食文化持续向外界扩散，成为东方饮食文化的核心。它的影响力遍及日本、蒙古国、朝鲜、韩国、泰国、新加坡等多个国家，深刻地塑造了这些国家的餐饮习惯和风味特色。中国的美食不仅是味蕾的享受，更是文化交流与传承的重要载体，让世界共享中华饮食的魅力。

2023 年，中国餐饮行业迎来了重要的里程碑，收入首次突破了 5 万亿元人民币的大关，超过了 5.2 万亿元，同比增长率达到了 20.4%①。在社会消费品零售总额中，餐饮业的增长速度领先于其他所有品类，充分展示了这一行业的生机与活力（见图 1）。

随着国内餐饮市场的稳步增长，以及国家政策的鼓励，许多中国餐饮品牌在面对国内市场竞争日益激烈的背景下，开始寻求新的市场机遇。“出海”已经成为众多餐饮企业拓展业务、实现增长的新战略目标。

2024 年，我们将迎来一波中国餐饮企业的国际化成果展示，很多已经布局海外市场的餐饮品牌预计将交出它们在国际市场上的首份成绩单。对于这些品牌来说，成功“出海”不仅意味着业务的扩张，更是对品牌影响力和国际竞争力的一次重要检验。

① 数据来源：中国国家统计局。

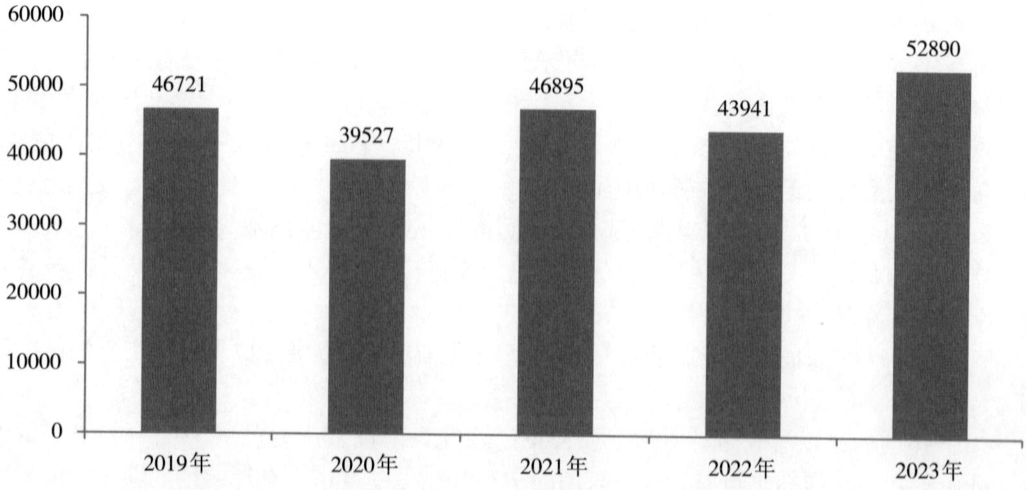

图 1　2019—2023 年中国餐饮行业收入变化趋势（单位：亿元）

数据来源：中国国家统计局。

（一）中国餐饮企业出海历史

虽然对于很多餐饮品牌来说，将业务拓展至海外市场是一种全新的尝试，但是从更长远的历史视角来看，中国餐饮业的国际化并不是一个新鲜现象。事实上，在不同的历史时期，中国的餐饮出海已经有过许多尝试和探索。在中国近代史上，中餐走向世界的过程中有过几个重要的时期。

19 世纪中叶，人口众多的福建和广东许多人选择移居海外。这一时期的主要移民目的地包括东南亚和北美。随着这波移民潮，中餐美食作为文化的一部分开始在海外传播。

这一时期的中国餐饮出海的标志性事件为：1849 年旧金山开设了美国的第一家中餐馆，标志着中餐正式进入海外市场。

这一时期的餐饮传播主要以家庭作坊形式出现，目标顾客主要是华人工人。这些早期中餐馆虽然是基于生存需求而建立，而非出于主动的商业拓展行为，但它们在异国他乡扮演了重要角色。在这些海外唐人街区，个体经营的中餐馆逐渐生根发芽，为当地消费者提供了对中餐文化的初次接触和体验。

尽管这些早期的尝试并非由具有商业前瞻性的品牌主导，但它们为后续中餐在海外的更广泛推广奠定了坚实的文化基础。星星点点的中餐馆不仅满足了华人社区的饮食需求，也引起了对中华美食感兴趣的外国消费者的关注，开启了中餐国际化的序章。

20 世纪末，越来越多的中国餐饮品牌开始走出国门，探索国际市场。

这一时期中国餐饮出海的标志性事件为：以全聚德、东来顺、鼎泰丰等为代表的老牌餐饮企业开始将目光投向海外，在欧美发达国家开拓新市场。

在众多品牌中，中国台湾的鼎泰丰真正走了出去，被世界所了解和接受，目前已经在海外开设了超 160 家门店，在全球广泛享誉盛名。

一些企业的尝试虽然未能取得预期的商业成功，但在此过程中，中餐企业在餐饮服务的标准化、经营策略的本地化调整以及菜品口味的国际化方面获得了宝贵的实战经验，全聚德、东来顺等大型企业的海外营销活动也在一定程度上提升了中餐在国际上的知名度。这不仅激发了海外华人对于中华美食的自豪感，也让中餐企业认识到中餐有潜力被全球消费者接受并且可以规模化运营。

这一时期中国餐饮出海的标志事件还有：1983 年，Panda Express 在美国加州成立，随后迅速成长为美国最大的中餐连锁品牌。

Panda Express 的成功标志着中餐连锁在国际餐饮市场上的商业突破。同时，众多中国菜式（如宫保鸡丁、麻婆豆腐、北京烤鸭、海南鸡等）进入了更多非华人消费者的日常生活和影视作品中。

这一时期，中餐的国际化进程在缓慢而坚定地推进，并逐渐形成了更加广泛的国际影响力。

2010 年前后，以海底捞、眉州东坡、黄记煌等头部民营中餐品牌为代表的中国餐饮企业开始了新一轮国际化布局。这一时期的中餐企业更注重市场选择的精准性，主要目标市场包括新加坡、美国、澳大利亚、日本等华人聚集较多的国家，利用当地华人社群作为切入点和基本盘。

基于之前的经验教训，这一轮出海的中餐企业制定了更加系统化和专业化的市场进入策略。企业们开始深入进行海外市场调研，根据当地供应链情况和消费者口味对产品进行调整和本地化，确保菜品质量和服务符合国际标准。同时，这些企业更加注重品牌建设和标准化管理，力求通过一致性的服务和高品质产品提升品牌认知度与忠诚度。

在这一阶段，部分领先的中餐品牌（如海底捞）在国际市场上逐步确立了自己的地位，不仅成功吸引了部分非华人顾客，还培养了一支具有国际视野的管理团队和技术人才。这些成功案例为中国餐饮品牌的进一步国际化提供了宝贵经验，同时也增强了其他企业出海的信心和决心。

此时期的中餐出海标志着中国餐饮企业从被动适应转向主动融入国际市场，在全球化的大潮中积极寻求新的商业机遇，展现了中国餐饮文化的软实力和对外传播能力。

（二）现阶段中国餐饮企业出海呈现的主要特征

自 2023 年起，中国的餐饮品牌出海进入了一个全新的发展阶段，被业内人士誉为“中国餐饮出海的元年”。这一新时期的出海浪潮与以往有着显著的不同，主要体现在以下几个方面。

1. 动机更为主动和迫切

当前，企业出海的战略更为主动和迫切，这主要是由餐饮企业客观的增长需求压力所导致的。

2020—2021 年，消费品行业尤其是餐饮连锁品牌成为投资的热点。根据公开数据不完全统计，2021 年全年新消费市场发生的投资事件超过 800 起，涉及的交易金额高达 1300 亿元以上①。这一趋势显示了资本市场对消费品行业特别是餐饮连锁品牌的高度关注和积极投资态度。

然而，进入 2023 年，随着投资热潮的逐渐降温和资本市场对餐饮连锁企业 IPO 监管

① 数据来源：天眼查公开资料不完全统计，红餐网、投资界等汇总。

的加强，大型融资案例数量减少至20起，总融资金额约为43亿元。同时，估值水平也相应降低，多数食品饮料餐饮企业的市值比2021年下降超过一半。

在这种背景下，许多获得投资的餐饮品牌面临着较大的业绩增长压力。因此，将目光转向海外市场，寻找新的增量市场成为一个更加迫切且战略地位更高的决策。

2. 天时：时代背景的不同，造就了外部环境更利于企业出海

（1）国内环境

从国内来看，国家在多项政策上，越来越鼓励国内企业拓展国际化业务，特别是国家支持的“一带一路”沿线地域的出海业务。2022年RCEP的正式生效，15个缔约方之间削减了部分产品进出口关税及非关税壁垒，与餐饮连锁相关的预制菜所属的产品也被涵盖在内，为我国餐饮企业走出去提供了便利。同时，农业和餐饮大省（如广东、江西、河南等）也出台了一系列支持政策，支持餐饮企业走出国门（见表1）。

表1 支持中国餐饮企业走出国门的部分政策

2006年	商务部提出稳步推进中国餐饮“走出去”
2014年	商务部将“中国餐饮走出去扶持计划”提上议程
2022年	《商务部等6部门关于高质量实施〈区域全面经济伙伴关系〉（RCEP）的指导意见》鼓励企业用好成员国承诺，推动农产品，预制菜等产品出口
2022年	《河南省人民政府办公厅关于印发〈河南省加快预制菜产业发展行动方案（2022—2025）〉的通知》中提出，加强与支持出口通关指导和服务，大力培养预制菜出口企业，鼓励企业在境外建立加工基地，开拓预制菜国际市场
2023年	江西商务部鼓励赣菜及江西米粉企业开拓全球市场
2023年	《广州市人民政府关于印发〈广州市建设国际消费中心城市发展规划（2022—2025）〉的通知》提出要推动餐饮企业出海，支持本地餐饮企业走出去，培育一批全国性，国际性的餐饮集团，推动餐饮企业产品出海

（2）国外环境

从国外来看，海外商业环境特别是东南亚市场的变化，使得中餐出海面临较好的机遇（见表2），主要体现在以下几个方面。

一是海外商业地产空缺恢复。近几年许多国家的商业模式经历了变化，尤其是商业地产遭受重创。随着2022年海外商业地产逐渐进入稳定恢复期，之前空置的商业地产需要新的租户和业态来填补，这为中国餐饮品牌提供了进驻和发展的空间。

二是新渠道的变化带来新品牌的扩张机遇。许多国家特别是东南亚地区，消费者的饮食习惯和消费模式发生了深刻的变化，如增加了对外卖和在线订餐的需求，建立了餐饮的O2O平台（如Grab、GoTo）和新媒体渠道（TikTok）等，新渠道的变化为新进入品牌带来了后发先至的扩张机遇。

表 2 餐饮出海东南亚主要目的地国家 2020—2023 年 GDP 增速

国家	2020 年	2021 年	2022 年	2023 年
新加坡	-3.90%	8.90%	3.60%	1.20%
印度尼西亚	-2.07%	3.69%	5.31%	5.05%
泰国	-6.10%	1.50%	2.60%	1.90%
越南	2.90%	2.60%	8.00%	5.05%
马来西亚	-5.50%	3.30%	8.70%	4.50%

数据来源：World Bank。

三是中国强调文化自信带来的文化传播。近年来，中国国内一直在强调文化自信，推动中华优秀传统文化走出去，通过多种途径扩大中华优秀传统文化的国际影响力。在这一过程中，餐饮作为中华优秀传统文化的重要组成部分，在文化传播的基础上，获得了良好的发展基础和空间。

3. 地利：国内餐饮管理水平和供应链基础已经成熟

对于连锁品牌（非高端店模型）来说，企业品牌、经营管理能力的输出和供应链管理的标准化是餐饮品牌出海的基础。10 年前，中国的餐饮连锁品牌尚未大规模实现标准化，管理水平相对较低，品牌力相对较弱。而近 10 年，中国的餐饮管理水平和餐饮供应链均取得了长足的发展，这些进步都为国内餐饮品牌的国际化提供了坚实的基础，具体表现在以下几个方面。

（1）品牌力的提升

随着连锁化率的提升，企业规模的扩大，越来越多的中国餐饮企业开始注重全国化甚至国际化的品牌形象塑造，从品牌 LOGO 设计、特色店面装修、营销创新和统一服务流程等多方面提高了品牌的可识别性，增加了品牌价值，为品牌出海打下了基础。

（2）管理能力和标准化的提升

过去 10 年，中国餐饮企业的管理水平逐渐与世界接轨，许多餐饮企业引入 ISO 9001、HACCP 等国际通行的质量和食品安全评价体系。

（3）管理体系的优化

制定统一的服务规范和操作手册，确保服务和产品质量的一致性与安全性，使得出海的管理输出成为可能。

（4）数据分析和信息化水平的快速提升

越来越多的餐饮企业采用数字化管理的模式来提升自身的精细化管理水平。例如，采用先进的仓库管理系统（WMS）和供应链管理软件，提高库存管理的精准度；应用数据分析优化供应链决策，预测市场趋势，提高响应速度等，加强了其对海外市场调研和反应能力。

（5）食品加工和保鲜技术的快速进步

非标准化操作制约着连锁餐饮企业的规模化发展和国际化进程，食品加工技术和保鲜技术的进步，特别是预制菜和半成品菜品行业的快速发展，确保了食材供应的稳定性和产品的质量，也使得中国的餐饮产品能够对接国际，走出海外。

（6）仓配管理和物流配送技术的提升

过去10年，中国餐饮行业在物流自动化和信息技术方面进行了大量的投资，包括智能仓储系统、冷链物流、即时配送等，有效缩短了配送时间，并保障了食品品质。同时，餐饮行业提升了采购效率。这些技术和管理能力的提升，为中国餐饮连锁在海外的供应链管理提供了宝贵的经验。

4. 人和：国际化人才储备充足和海外华人持续扩张

在国内方面，中国的供应链、制造业、外贸电商等行业纷纷出海，培养出了一批具有全球化视野和经验的人才。这些人才不仅在各自行业内具备专业知识和技能，还拥有跨国经营的实战经验，为餐饮企业的国际化发展提供了宝贵的人力资源基础。

具体来说，过去20年间，中国的全球化公司的崛起如shein（希音）、拼多多、OPPO、安克创新等，不仅推动了中国品牌的国际影响力，也为国内企业输送了大量的国际化人才。这些人才在跨文化交流、国际市场分析、跨境运营管理等方面积累了丰富的经验，他们的知识和能力对于餐饮企业拓展海外市场至关重要。

同时，经过近10年的海外探索和实践，一些头部餐饮品牌（如海底捞）已经在海外实现了阶段性的稳定自循环并建立了一套适应国际市场的运营模式，能够在当地市场进行自我完善和发展。这不仅为其他餐饮企业提供了成功的案例和经验，也为整个行业培养了一批懂管理、善经营、具备国际化视野的专业人才。

在海外方面，海外华人、华人游客和留学生数量的不断提升，为中餐品牌出海提供了良好的市场基础。越来越多的中国人走出国门，到海外工作、学习和旅游。这一庞大的群体对于中餐有着天然的需求和偏好，他们成为中餐在海外的忠实消费者和推广者。

2023年的数据显示，全国移民管理机构累计查验出入境人员达到4.24亿人次，同比上升266.5%。其中，内地居民出入境人次达到2.06亿，港澳台居民1.83亿，外国人3547.8万，同比分别增长218.7%、292.8%、693.1%①。这一数据表明，中国与世界的人员往来日益频繁，这为中餐在海外的传播和接受度提供了有力支撑。

（三）中国餐饮业出海趋势

上述的这些时代背景，综合导致了这一轮的餐饮企业出海浪潮呈现如下趋势。

1. 规模更大

这一轮出海浪潮规模比以往更大，在出海的品牌数量上，远胜以往。据不完全统计，2023年有超过200家②国内的餐饮品牌在海外开出店铺或者开始着手开展海外相关业务，其中不乏新兴的品牌，如喜茶、海伦斯等。

2. 品类及业态更全面

相比于前几轮出海的品类主要是以中餐正餐为主，这一轮出海的品类更加多元化，包含了快餐、小吃、奶茶、咖啡、火锅、酒吧等多种品类及业态。

3. 出海模式更多元

相比于前几轮出海，中餐正餐大店型大多采取直营的模式，本轮出海的品牌在海外的合作模式更加多元化，更多地采取了加盟、特许经营、合伙等经营形式。

---

①　数据来源：中国国家出入境管理局。

②　数据来源：公开新闻统计，海外外卖网站及点评网站搜集。

4. 市场选择更多元，聚集东南亚

由于地缘政治和管理半径的原因，这一阶段品牌的市场选择更多地集中在了东南亚地区。此外，“一带一路”共建国家的发展新机遇也吸引着诸多中餐品牌的目光，如蒙古国、哈萨克斯坦和中东地区也成了餐饮品牌关注的市场。

在本轮餐饮出海的浪潮中，最具有代表性的品类为：茶饮、咖啡、火锅、面条、面点。其中，茶饮代表性品牌有蜜雪冰城、书亦烧仙草、喜茶、奈雪的茶等；咖啡代表性品牌有瑞幸、库迪等；火锅代表性品牌有海底捞、小龙坎、小肥羊、湊湊、快乐小羊等；面条、面点代表性品牌有大鼓米线、西少爷等；中餐正餐代表性品牌有云海肴、新荣记、鼎泰丰等；其他大单品品类代表有探鱼、太二酸菜鱼、张亮麻辣烫、杨国福麻辣烫等。

二、东南亚市场整体概况

（一）东南亚整体发展概览

如前所述，自 2023 年起，餐饮行业的新一波出海浪潮主要集中在“一带一路”沿线区域，尤其是东南亚地区。下面将重点介绍东南亚市场的整体状况。

东南亚作为一个面积约 460 万平方千米的广大区域，不仅拥有丰富的自然资源，还有约 6.8 亿的人口规模。这一地区人口结构年轻，尤其是在印度尼西亚、马来西亚、菲律宾和越南等国家，35 岁以下的年轻人口占比超过 50%①，这为各种新兴产业，包括餐饮业，提供了活跃的消费者基础。

随着全球经济格局和产业链结构的演变，大量制造业开始向成本较低的东南亚地区转移。这一转移不仅为当地带来了新的经济发展机会，也逐步提高了居民的收入水平，从而增强了消费能力。这些积极因素共同促使东南亚市场在近年来展现出了旺盛的消费活力，特别是在餐饮领域。越来越多的国际餐饮品牌看好其潜力，纷纷进军该区域市场。

在经济、政治和文化上，东南亚与我国有着长期而广泛的交流与合作。自汉代以来，我国与东南亚的交往便开始日益密切。

近年来，中国与东南亚在经济、政治和文化上的交流攀升至新高峰。新加坡、马来西亚、泰国等东南亚国家分别在 2023 年、2024 年与中国达成了双边免签协议，为双方公民提供了更加便捷的出入境条件。这些举措预计将进一步推动中国与东南亚各国在旅游、商务等领域的交流与合作。

同时，我们需要认识到东南亚并不是一个统一的大市场，而是一个由 11 个具有不同经济发展阶段、政治体系、文化和信仰的国家组成的区域。因此，在考虑进入东南亚市场时，企业需要对每个国家的发展机会进行独立分析和评估。

（二）东南亚餐饮企业投资的合规注意事项

在全球化背景下，餐饮行业的发展趋势正推动企业合规化经营并建立良好品牌形象。出海合规可以分为市场合规、产品合规和经营合规三个方面。

① 数据来源：World Bank。

市场合规包括市场准入和知识产权保护。企业在进入新市场前须了解当地市场准入条件，如外商投资限制、产品或原材料的进出口法规，商标注册和知识产权保护法律。

产品合规是指企业必须遵循当地的食品安全和卫生标准，根据要求建立食材采购、存储和处理流程，遵守门店和员工卫生培训规定，以防止风险事件。

经营合规涉及雇佣合规和财税合规。餐饮企业在国外应遵守当地税务规定，按时申报缴税；遵循劳动法规，合法雇用员工，优先聘用当地人，承担社会责任，避免风险。

以下是东南亚部分国家与餐饮企业相关的主要合规条款示例。

1. 东南亚全域：RCEP

RCEP（Regional Comprehensive Economic Partnership）由中国、日本、韩国、澳大利亚、新西兰及东盟十国于 2020 年 11 月 15 日签署，缔约方将给予其他缔约方的货物国民待遇；通过逐步实施关税自由化给予优惠的市场准入，建立 15 国统一自由市场的贸易协定，成员国之间互相开放市场，实现区域经济一体化。

RCEP 由序言、20 个章节、4 个市场准入承诺表附件组成。该协定附录的 5205 条 6 位税目产品享受原产地优惠关税待遇。附录中关于各个国家就关税、服务具体的承诺。需要注意，各个国家参与的国际协定内容通常保留了其国内法的适用，两者相冲突时国际协定并不理所当然地在效力上高于国内法，而是向国内法倾斜，采取有利于缔约国司法体系的解释。

2. 东南亚主要国家

（1）新加坡

市场准入合规相关文件：

《公司法》

《新加坡商业注册法》

《商品交易法》

《进出口管理法》

《合同法》

《专利法》

《商标法》

《海关法》

产品合规相关文件：

《食品销售法案》及其附属法案，如《食品条例》

《环境公共卫生法（EPHA）》

经营管理文件：

《租赁法》

《移民法》

《雇佣法》

《新加坡外国人力雇佣法》

《职业安全与健康法案》

（2）印度尼西亚

市场准入合规相关文件：

《投资法》
《投资与业务领域总统条例》（“PR10/2021”）
《公司法》
《知识产权法》《贸易法》
《海关法》
产品合规相关文件：
《食品法》
《食品安全规定》
《关于加工食品和饮料清真认证指引的法令》
经营管理文件：
《劳工法》
《创造就业法综合法》
《所得税法》
《政府第 42/2007 号条例》
《贸易部第 31/2008 号条例》
（3）泰国
市场准入合规相关文件：
《外商经营企业法》
《规定关于申请外国企业证书的规则和程序的部长法规（2003）》
《投资促进法案》
《BOI 关于促进对国家发展重要产业投资的措施公告（No. 9/2565）》
《关于东部经济走廊投资促进措施》
《商标法》
《商标法实施条例》
产品合规相关文件：
《食品法》
经营管理文件：
《外国人工作法》
《劳工保护法案》
《泰国直销法》（第三号）
《税法典》（1938）
注：泰国尚无法律明确规定特许经营的相关内容。

由于上述国家的经济、政治和文化情况的不同，餐饮企业在选择进入东南亚市场的时候对国家的选择也不同。其中，新加坡作为一个高度发达的城市国家，尽管在国土面积和人口数量上不占优势，却因其高人均 GDP、规范的管理和健全的法制体系，在东南亚地区脱颖而出，使新加坡成为中国许多餐饮企业出海东南亚的首选地。企业通常会选择在新加坡建立总部，并以此为基地将业务辐射和拓展至整个东南亚市场。

三、新加坡餐饮市场概况

（一）新加坡餐饮品牌发展状况

新加坡，传统的“亚洲四小龙”之一，是继伦敦、纽约、香港之后的第四大国际金融中心，也是亚洲重要的服务和航运中心之一。

在新加坡餐饮市场中，存在超过14000家与餐饮相关的企业①。其中约有：40%（5500家）为正餐餐馆，50%（7000家）位于大排档，5%（700家）是快餐店，5%（700家）从事餐饮/宴席承办业务。

这些企业共同创造了超过110亿新元（约合600亿元人民币）的年营收。虽然新加坡的餐饮市场规模不大，但由于居民的高收入和高消费水平，单店营收表现良好。整体来看，新加坡餐饮业的平均年坪效约为6000新元/平方米，而表现优异的快餐店年平均坪效可超过12000新元/平方米②。

新加坡的餐饮市场不同于其他的国家，有着独有的特点。

1. 多元化

新加坡的餐饮业享誉世界，以其丰富多样的美食而著称。作为一个多元文化和多种族的国际化国家，这里的美食场景包含了华人、马来、印度等传统族裔餐饮文化，同时，西餐、日本料理、韩国料理等国际美食也广泛存在，融合性料理更是层出不穷。这种多元化的饮食选择不仅满足了本地居民和游客的需求，而且为餐饮业带来了丰富的机遇。品牌或餐厅一旦符合当地口味，便能够赢得高度的顾客忠诚度。新加坡的餐饮业繁荣，得益于其多元化和国际化对不同饮食文化的包容，为中餐连锁企业的发展提供了机会。

2. 外出就餐和外卖风行

在新加坡，快节奏的生活和高城市化率导致人们更倾向于外出用餐或点外卖。由于居住空间的限制，许多家庭的厨房面积较小，这也促使他们选择在外就餐或通过外卖服务享受美食。得益于完善的物流、支付和外卖平台等基础设施，新加坡的餐饮服务非常便利，满足了忙碌生活中人们对于方便和效率的需求。这种趋势不仅反映了新加坡人的生活方式，也展示了当地餐饮业的发达和适应性。外卖服务的普及使得居民即使在家中也能享受到多样化的餐饮选择，而外出用餐则成为社交和休闲的一部分。无论是家庭聚会、朋友聚餐还是商务宴请，外出用餐都是一种流行的选择。

3. 高营收、高成本带来的运营精细化

在新加坡，餐饮业的高营收同样伴随着高成本，特别是在租金和人力资源上的支出。租金平均占营收的17%，而人力成本则平均占营收的30%③。这种高成本结构，加上多元化的品类和有限的市场规模，导致了激烈的市场竞争。为了在这样的环境中生存和发展，餐饮企业越来越注重运营的精细化管理。企业通过加大对数字化和供应链管理的投入，提

---

① 数据来源：新加坡国家统计局

② 数据来源：新加坡国家统计局。

③ 数据来源：新加坡餐饮公司访谈，上市公司公开数据综合。

高了管理效率和成本控制。数字化可以帮助企业优化顾客体验、提升营销效果、简化运营流程，并实现数据驱动的决策。而供应链管理的优化则有助于降低原材料成本、提高库存周转率和减少浪费。这些措施不仅提升了企业的竞争力，还为企业在新加坡这个高度竞争的市场中保持可持续的增长提供了支持。因此，对于那些希望在新加坡乃至整个东南亚区域扩张的餐饮企业来说，精细化管理成为关键的成功因素。

4. 监管严格

新加坡政府对餐饮业的监管非常严格且惩罚措施较重，涵盖了餐饮企业的准入条件、合规性和食品安全管理。这意味着企业在进入新加坡市场之前，必须事先研究相关法律法规，并在运营过程中持续遵守，确保高水平的产品品质、食品安全和服务标准。

5. 国际化的影响力

新加坡的餐饮业在国际舞台上拥有显著的影响力。与其他东南亚国家相比，新加坡的顶级餐饮店更容易获得国际化美食榜单的认可而获得奖项。这些荣誉不仅是对餐厅品质和创新的肯定，也增强了品牌的国际知名度和吸引力，为新加坡的餐饮品牌提供了更广阔的发展空间。

6. 稳定的商业环境和人才

新加坡以其卓越的法制建设和契约精神，为企业提供了一个稳定的商业环境，这为品牌的长期发展奠定了坚实的基础。这种稳定的环境吸引了国际投资，促进了经济的持续增长，也为餐饮业等各个行业的繁荣提供了必要的条件。同时，作为一个国际化、现代化、多元化的国家，新加坡会聚了来自世界各地的人才，这为餐饮企业提供了丰富的人力资源。企业在新加坡可以找到具有多元文化背景的员工，这对于打造适应不同市场需求的产品和服务至关重要。新加坡的人才多样性不仅有助于团队招募，还能促进口味测试、供应链搭建和品牌推广等工作的进行，这些都是市场中心运作的关键要素。

面对新加坡这样的市场环境，大多数将新加坡作为出海首站的餐饮企业倾向于采取一种重资本投入（见图 2）和品牌效应并重的策略。这些企业通常会在核心商业区挑选大面积铺位，并进行高标准装修，同时运用数字化工具来实施精细化管理，力求在单店经营层面上实现盈利，并打造出有影响力的品牌形象。以新加坡为基地，许多品牌也逐步向周边国家扩张，从而在东南亚地区建立起自己的市场地位。

新加坡的餐饮市场是一个成熟的市场，主流市场份额被乐天、同乐、莆田、珍宝等大型餐饮集团所占据。这些集团旗下运营着数十个独立的餐饮品牌，其创始人多为早年从福建、广东移居至新加坡的二代移民。新加坡的餐饮创始人更强调回归餐饮的本质，注重食材和厨师的角色，同时重视企业的数字化和现代化管理。

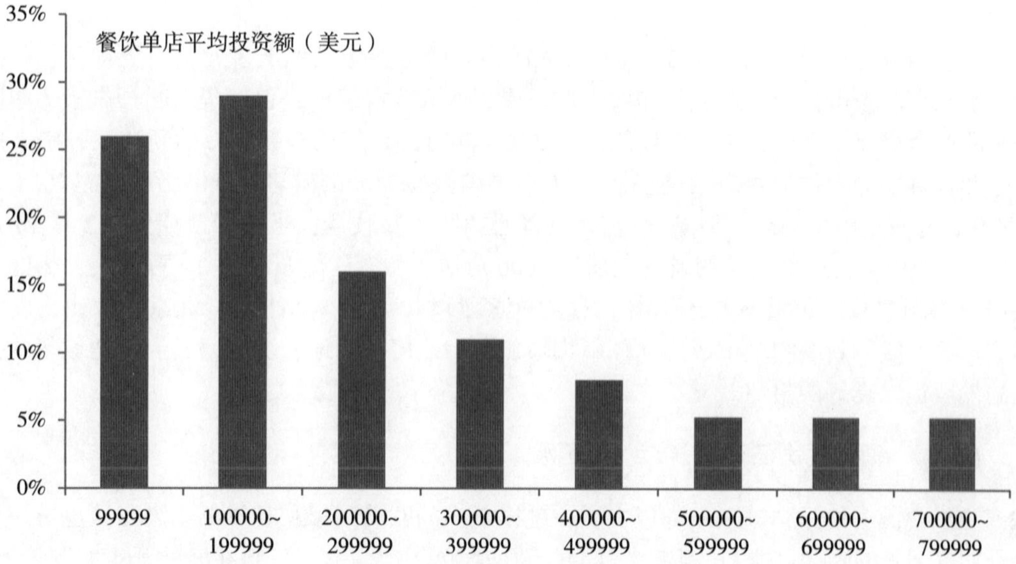

图 2　新加坡餐饮单店平均投资金额

数据来源：CCFA、AFC。

【案例】新加坡本土品牌代表：莆田

莆田作为新加坡本土的知名品牌之一，由原籍为福建莆田市的品牌创始人方志忠于2000年创立，首店开设于新加坡坡吉真那路，以其优质的食材和性价比闻名于市。至今过去23年，已发展成为海内外超过90家分店的全球餐饮连锁品牌，在新加坡有17家店铺，其总店连续6年拿下米其林一星。目前莆田已经开启了多品牌和多品类的运营步伐，旗下运营包括方叔叔重庆老火锅在内的多个品牌。

目前，新加坡本土连锁餐饮的代表品牌包括珍宝、莆田、面包新语、美珍香等。西式快餐的连锁代表有肯德基、麦当劳等，而日系快餐的连锁代表则有食其家、一风堂等。这些品牌在新加坡市场上具有广泛的影响力和较高的知名度。

在新加坡的餐饮市场中，西式快餐和日式料理已经成功地占据了一席之地，并且市场格局相对稳定。与此同时，中餐企业在新加坡同样面临着巨大的发展潜力和机遇。与本土料理、西式快餐和日式料理不同，新加坡的中餐品牌目前更多地以非连锁化的形式存在，且多以独立餐厅运营多种菜品。

对于来自中国，特别是主流的大单品连锁品牌来说，新加坡的中餐市场提供了一个新的发展空间。这些品牌可以利用自身的产品特色和管理经验，在细分市场中寻求突破，并通过精准的品牌定位来建立品牌认知。

这种策略不仅有助于中餐品牌在新加坡市场中占据一席之地，还能够通过创新和优化，提升整个中餐行业的竞争力。随着越来越多的消费者寻求多样化的餐饮体验，中餐企业有机会通过提供独特的美食和文化体验，满足不同顾客的需求，从而在新加坡这个多元文化市场中取得成功。从餐饮企业特许经营运营的角度来看，新加坡特许经营的收费比国内偏高，但是整体权益金收取比例相似，企业之间签订的特许经营合同年限偏长。

整体而言，在新加坡的商业经营更讲究稳定性和长期性，注重长期的品牌价值和管理。

从新加坡的消费者视角来看，600 万人的人口结构整体呈现出多元化、老年化、高消费意愿和高度城市化的特点。新加坡人口主要由四大族群组成，包括华人、马来族、印度裔和欧亚裔混血，其中，华人占比最高约 3/4。同时，每年仍有数十万的新移民、华人留学生和百万级的中国游客来到这里，2023 年中国至新加坡的游客共 140 万人次。2024 年 2 月 9 日起实施中国与新加坡的双边 30 天普通护照免签政策，当年春节期间（2 月 10 日—17 日），中国往返新加坡的航班量超过 1000 班次，旅客运输量超过 10 万人次，相比于 2019 年春节日均航班量增长约 10%，日均旅客量增长约 34%。上海、北京、广州、厦门和成都等一线和新一线城市成为前往新加坡旅游的热门客源地，游客增长为新加坡餐饮企业的发展提供良好的机遇。

（二）海外餐饮品牌在新加坡发展状况

除了中国餐饮品牌进入新加坡发展，越来越多的欧美国家和日本的知名餐饮也纷纷来此开店（见图 3），其中以日料首当其冲。新加坡已经成为众多日料在海外开店的首选地。过去两年我们看到：网红干拌面 Menya Kokoro，米其林一星拉面 Tsuta，日本 125 年历史最大的鳗鱼连锁店宫川本廛 Unagiya Ichinoji 都在新加坡开店扎根，并快速复制，与老牌拉面一风堂联手开启日料新气象。

看新加坡的餐饮市场，不得不提美国品牌麦当劳，在新加坡共有 200 多家门店。除此之外，美国品牌 Shake Shack、Fat Burger、Five Guys 等汉堡连锁品牌也都在新加坡扎根。

在新加坡的法餐、意餐、西班牙餐、澳洲餐常常成为米其林榜单品类。

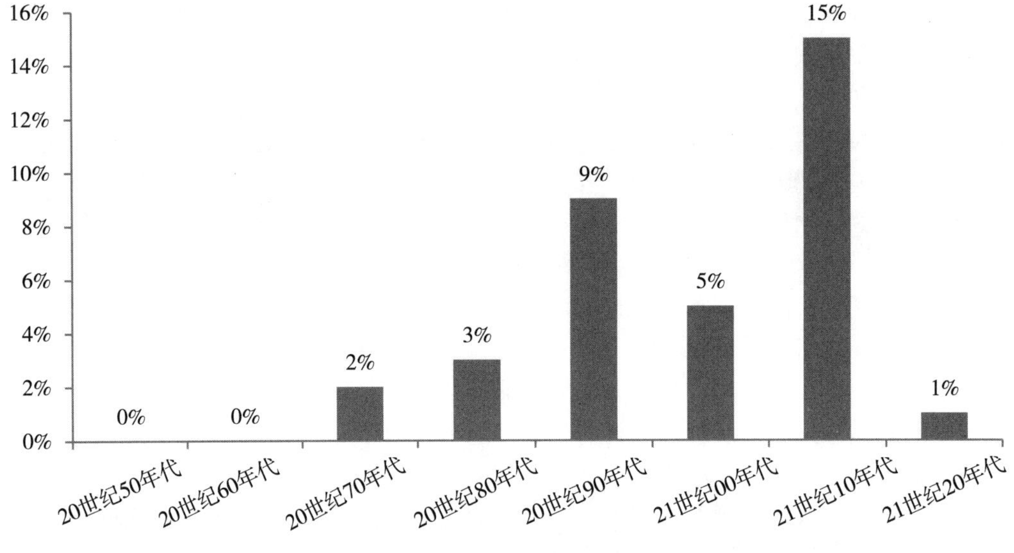

图 3　海外品牌在新加坡发展业务时间

数据来源：CCFA、AFC。

（三）中国餐饮品牌在新加坡发展状况

近几年，中国餐饮品牌在新加坡迎来发展高峰，从菜品、味道到店面装修及服务，都让本地食客眼前一亮，大饱口福。

海底捞、云海肴用气锅鸡和特色羊肚菌硬生生地掰弯了老饕。小龙坎小尾羊的火锅，刷新了本地人对羊肉的认识。张亮麻辣烫、杨国福麻辣烫也不示弱，说干就干在这里开了分店，深度解析了“麻辣烫”的概念。蜜雪冰城、喜茶，还有一大拨烤鱼、香辣蟹等品牌，都在新加坡雨后春笋般地冒了出来。

与本地传统美食多在大街小巷开店不同，这几年中国餐饮品牌，多在乌节路、樟宜机场 Jewel 等繁华高端的 Shopping Mall 开店，熟练的连锁化运作、精细的运营管理，让新加坡人感受到中华五千年丰厚的餐饮文化底蕴。

（四）餐饮企业出海的主要模式

对于有志于开展出海业务的餐饮连锁品牌来说，在出海时，需要思考业务开展的模式、市场进入模式和运营模式。

1. 业务开展模式

从业务开展的角度来说，一般分为三种模式：产品/采购出海、品牌管理出海和供应链/生产出海。这三种模式对海外市场的投入由浅至深，且这三种模式之间相互独立，可以同时并存，企业可以依据自身的实际情况，在不同的市场或者业务领域采用不同的出海策略。

（1）第一种模式：产品/采购出海

产品/采购出海是一种适合企业初期出海的模式，可以帮助企业在风险可控的情况下逐步积累国际化经验，并在全球范围内建立起品牌的知名度和销售渠道。

这种模式的主要特点和优势如下。

低参与度和投入。企业通过出口现有产品或采购海外原材料，可以在不改变现有业务结构的情况下进入国际市场。这种方式不需要在海外建立实体店铺或生产基地，因此初始投资相对较小。

资源积累与市场了解。通过产品/采购出海，企业可以逐步积累国际市场的运营经验，建立销售渠道，并与海外客户建立联系。这有助于企业更好地理解海外市场的需求和规则，为进一步的国际化发展打下基础。

风险相对较低。由于没有大规模的海外投资和运营，即使遇到不利情况，企业也可以较为灵活地调整策略或退出市场，从而降低潜在的财务风险。

纯资金型操作，人才组织要求相对较低。这种模式主要涉及产品的买卖，因此是一种纯资金型的操作。企业可以通过内部融资或外部投资来支持这一模式，而不需要大量的技术投入。同时，由于这种模式的操作相对简单，企业可以从内部培养所需的人才，而不需要立即聘请具有丰富国际经验的专业人才。

供应链管理的延伸。如果企业具有强大的下游产品消化能力，可以将产品/采购出海作为自身供应链管理的一部分。这意味着企业可以将海外采购的产品整合到现有的供应链中，或者将自有产品销售到海外市场，从而实现资源的优化配置。

【案例一】韩国某综合食品餐饮管理集团（CJ）早年出海中国

CJ集团是一家成立于1953年的韩国大型企业集团，主要业务涵盖食品餐饮、生物科技、物流和新流通以及娱乐和传媒等板块。随着中韩在1992年建交，CJ集团于1994年宣布进军中国内地市场，随后在1995年在青岛设立了首个调味料生产企业，为其在华业务的开展奠定了基础。

最初该工厂主要为韩国的反向出口服务，然而随着时间的推移，CJ集团逐步采用控股和孵化的模式，在中国拓宽了其业务范围至生物科技、物流以及媒体行业。如今，CJ集团在中国的影响力已经十分显著，拥有约136个法人实体和23家工厂，并雇用了超过两万名中国员工，充分展现了其国际化发展的能力。

回顾CJ集团的出海历程，可以看到其成功并非一蹴而就。早在1978年，CJ集团就在中国香港成立了第一家贸易公司，开始通过糖等大宗商品交易来探索中国内地市场，并通过这一商业活动与中国政府部门及大型国有企业建立了宝贵的联系。这些早期的努力为CJ集团在1994年正式进入中国内地迅速融入当地市场提供了无可替代的网络资源和合作机会。通过这种渐进式的市场渗透策略，CJ集团不仅在多个领域取得了持续的增长，也成为在华经营的外国企业中的一个成功案例。

在东南亚的业务拓展上，CJ在2000年初建立了新加坡办公室，通过新加坡辐射东南亚地区，并在印度尼西亚、泰国、马来西亚、越南等地投资涉足食品加工业和媒体娱乐业。在2014年前后CJ在印度尼西亚及泰国设立了当地的办公室。

【案例二】中国某休闲零食上市公司早期出海

作为国内休闲零食行业的龙头企业，该公司在原材料采购方面展现了前瞻性的战略规划与执行力。公司的关键原材料之一，杧果，主要产自马来西亚。为了确保杧果的供应质量和稳定性，公司于2017年便采取了直接贸易的方式，与马来西亚的农业巨头建立了深入的合作关系。通过这种直接采购策略，不仅保证了原材料的品质和供应量，还有助于公司对成本的控制。

经过5年的稳健发展，公司进一步拓展了其国际化布局，强化其海外市场的加工能力，投资建设了位于马来西亚的杧果加工厂。这一举措不仅加强了公司对原材料供应链的控制，还提升了公司在东南亚市场的生产能力和影响力。以马来西亚工厂为核心，公司能够更好地辐射整个东南亚地区，优化产品生产和分销网络，从而在全球范围内提升品牌的竞争力和市场份额。同时，在这个过程中，公司还逐渐培养了一个精通进出口贸易细节、熟悉海外市场的专业团队，这为公司的国际化战略提供了坚实的人才支持。

（2）第二种模式：品牌管理出海

品牌管理出海作为当前主流餐饮品牌选择的国际化路径，将品牌直接引入海外市场，以门店形式立即与消费者建立联系。这一出海方式能快速增强品牌的全球影响力，但要求企业在多个层面上进行精细的调整和规划，如供应链效率、品牌定位、重定价、文化融合等。需要企业深入理解当地市场特征，包括消费者行为、喜好及竞争状况，并根据这些因素对产品和服务进行本地化改造。这种模式对企业跨国人才提出了更高要求，他们必须熟悉当地的商业环境和法规，并能协助品牌在当地市场中建立信任。

在这种模式下，尽管初期投资可能不大，但企业需要做好初期可能出现不均衡回报和阶段性亏损的准备，这考验着企业的战略耐心和资金实力。整体而言，品牌管理出海是挑战最大的一种出海方式，但成为一个国际化品牌也是所有消费品牌出海的最终目标，通过长期而精心的市场培育和品牌建设，这种模式有希望在海外市场取得可观的成功。

【案例】某中国茶饮品牌（MX）出海东南亚

作为国内领先的茶饮连锁品牌，该公司主要通过特许经营模式实现国际化扩张，在全球市场已成功布局超过 4000 家门店，在众多尝试出海的茶饮品牌中表现尤为突出。

该公司的国际征程始于 2018 年，首站选择了越南。最初，出海并非公司战略层面的重要决策，而是由高层管理者的个人兴趣所驱动的一次尝试。他们组建了一个小团队进行市场测试，这一举措证明了该品牌门店在海外市场的可行性。公司主打的产品（如冰激凌和水果茶）与东南亚市场的消费习惯高度契合，而其供应链核心产品——奶精、糖和浓缩果汁等单位体积货值较高的物资，跨国供应链成本较低，使其在确保了终端产品高性价比的同时，也为门店盈利提供了保障。

随着初期的成功，该公司在越南的运营模式迅速成熟，逐步培养出一个具有丰富跨国经验的团队。2021—2023 年，公司抓住机遇，大力推广海外加盟业务，实现了快速的规模增长。

然而，海外市场的特殊性不容忽视。与中国市场相比，海外加盟商的管理需要更加细致和周到。早期快速扩张的策略虽然带来了规模的快速增长，但同时也可能为品牌带来潜在的风险。如果加盟模式快速发展，对于选址、市场管理的放松，会导致单店盈利能力发生变化，对品牌造成损害，甚至产生反作用。因此，在继续推进海外拓展的同时，公司必须加强对加盟商的管理，尽量确保门店的稳定盈利能力，以维护品牌的长期健康发展。

在品牌管理出海模式下，又可以细分成以下三种类型。

新品牌出海。通常适用于那些国内品牌影响力有限，但在生产和供应链管理上具备优势的公司。它们在海外采用新的品牌名称和本土化的包装，以此更易被当地市场接受，如盐津铺子部分产品的出海策略。

既有品牌出海。将国内的管理模式、定价策略和产品线直接复制到海外市场，在保持品牌一致性的同时对当地的市场环境进行微调，如书亦烧仙草和喜茶等连锁餐饮品牌。

品牌全球化。更高级的发展阶段是品牌全球化，涉及为全球市场重新定位品牌，甚至包括对品牌标志等元素的国际化调整，以适应全球消费者的需求和预期。目前，许多品牌正处于从单纯复制国内模式向全面全球化过渡的阶段，而头部品牌已经实现了品牌全球化的转变。

（3）第三种模式：供应链/生产出海（供应链本地化）

这种出海模式通常适用于那些在海外市场拥有原材料及生产成本优势的公司，尤其是那些能够从一开始就确保销售通路的企业，如产品可以返销回国内市场。该模式要求的初始投资相对较高，因此企业需要通过详尽的财务模型来论证其可行性。由于市场预测和销售通路相对确定，这种模式较适合那些产品标准化、保质期长、消费者接受程度高的纯生产或生产与品牌一体化的公司。

虽然这种模式在其他行业中已经被广泛采用，特别是在中国高成本供应链向海外转移的背景下，但对于餐饮企业来说，采纳这种模式的情况较少。然而，部分行业的领军企业正在探索这一路径，以利用海外生产的成本优势，并在全球范围内拓展其品牌影响力。

【案例一】某快销食品公司出海

作为国内顶尖的休闲零食品牌之一，该公司在国际市场上的财务表现显著，海外营收达到约 6 亿元人民币，并创造了超过 5000 万元的利润。其中，东南亚市场对公司的海外业绩贡献超过一半，显示出该地区对该公司产品的巨大需求。

公司的出海之旅始于 2016 年，最初是通过在东南亚的主要城市设立代理点来测试不同产品的市场反应。经过一系列细致的市场分析和产品调整，公司于 2017 年在泰国建立了主要原料工厂，这不仅解决了当地产品生产的问题，而且该工厂在产能淡季还可以通过向国内市场出口产品来优化产能利用，形成了一个灵活且具有战略意义的供应链配置。

凭借泰国工厂的辐射效应，公司以总代理的形式在东南亚各国广泛铺货，成功进入了泰国、越南等主流渠道，以及印度尼西亚、柬埔寨等国的华人渠道。这一策略不仅稳固了公司在东南亚的市场地位，还为其在这一地区建立起了坚实的品牌影响力。得益于健全的供应链基础和优势，该公司在东南亚市场的拓展具备了稳健发的基础条件。

【案例二】某餐饮连锁公司出海

作为国内领先的卤味连锁品牌，该公司已将业务成功扩展至日本、新加坡、加拿大等地区。鉴于其主营产品的特殊性和跨国供应链的复杂性，公司在这些地区各自建立了中央厨房，以支撑当地门店网络的发展需求。

然而，对于连锁餐饮企业而言，一个关键的挑战在于前端门店的密度直接决定了后端工厂或中央厨房的盈利能力。因此，在考虑自建供应链设施时，企业必须对目标市场的容量进行精确评估，确保投资与市场需求相匹配。只有当门店密度达到一定程度时，中央厨房才能实现规模效应，从而为公司带来预期的盈利。

因此，公司在扩张国际业务时，不仅需要关注产品的本地化适应性，还需要对各个目标市场的销售潜力进行深入分析，以确保其供应链布局能够实现经济效益，并支撑长期的持续增长。

2. 市场进入模式

从市场进入的角度来说，可以分为以下几种模式。

（1）投资模式

投资主要是指对于海外供应链/品牌的少数股权投资。其主要优势在于企业无须承担额外的运营成本。通过投资，企业能够获取海外的关键资源并涉足当地市场。这种策略通常适用于生产型或供应链导向的企业，尤其是当企业自有品牌或产品类别不适合直接出海，但企业对目标市场的发展潜力持乐观态度时。通过进行少数股权投资，企业可以深入参与目的地的业务运营，同时限制了风险和财务负担。这种策略使企业有机会先了解和熟悉目标市场，为未来可能的全面进入或扩大投资规模打下基础。例如，2023 年阿里巴巴通过少数股权投资越南化妆品和美容连锁店 Hasaki，便是采用了这种策略来探索并参与当地市场。

（2）收购模式

收购是一种比少数股权投资更为深入的海外扩张方式。这种方式虽然保留了被收购公司的本地化团队和品牌，但通常需要派遣高管跨国管理，以确保对被收购公司的统一管理。收购通常用于获取关键的海外资源，如原材料供应、品牌、技术或市场份额。收购允许企业更直接地控制关键资产和市场，但同时也带来了更高的管理和整合挑战。成功的收购需要企业在维持本地品牌特色的同时，实现全球战略目标与当地运营之间的协同。

例如，中国的乳业巨头伊利和蒙牛在海外进行了一系列收购，以保障原材料供应并拓展国际市场。通过对海外牧场和牛奶品牌的收购，这些公司能够确保原料的质量和供应的稳定性，同时增强其全球供应链的控制力，提升国际竞争力。

（3）合伙模式

合伙模式是中国企业在国际扩张中采用的一种策略，它涉及与当地合作伙伴共同成立公司来运营品牌。这种模式的代表品牌有喜茶、奈雪的茶等。

该模式的主要优势在于能够建立一种利益共享的合作关系。合作伙伴通常是当地拥有资源和背景的企业，它们对本地市场有深入的了解，有助于品牌的本土化发展和扩张。此外，合作伙伴可能会帮助外国企业享受到当地的政策支持和税收优惠，同时解决了加盟模式可能导致的管理不严格和直营模式管理复杂性的问题。

然而，跨国合作也存在挑战，如信息不对称问题，寻找合适的合作伙伴至关重要。在合作之前，双方需要进行详细的责任分配谈判。由于文化和管理实践的差异，双方需要投入时间和资源进行协调和适应。此外，还需要注意财税合规性和关联交易的处理，这些都是在合作前需要考虑的重要问题。

3. 运营模式

对于连锁餐饮企业来说，从业务运营模式上，可以分为直营和特许经营两种类型。

（1）直营

直营是目前相对偏正餐类餐饮品牌出海采取的主要模式，因为海外单一市场受限，可开设正餐门店上限偏低，因此为了获取最多的收益，单店规模偏大的正餐类餐饮出海往往采取直营的模式，代表企业有新荣记、海底捞、太二、凑凑等。

直营模式的优势：海外直营店可以统一门店的资金调动，保证产品质量的标准化，贯彻餐饮品牌的营销理念，保障服务质量并快速地获得海外市场和消费者需求等调研信息，有利于及时对市场情况作出反应并调整经营策略。

但在直营模式下，经营成本高、管理链条长、员工管理难度大、现金流压力大，经营风险都由品牌自身来承担，不利于快速复制，同时，部分国家（如泰国）会面临外国人投资控股准入的问题，如果要采取直营的模式，则需要依据当地法律法规进行顶层结构的设计。

【案例】百胜中国（肯德基）在中国的直营运营

Yum！Brands 是全球最大的餐饮连锁集团之一，在全球 110 多个国家和地区拥有超过 35000 家连锁餐厅和 100 多万名员工。其旗下包括肯德基、必胜客、塔可贝尔、艾德熊及海滋客，分别在烹鸡、比萨、火锅、墨西哥风味食品及海鲜连锁餐饮领域名列全球第一。

Yum！Brands 于 1987 年正式进入中国，是第一家进入中国的西式快餐连锁。在 30 多年的发展历程中，公司陆续开设必胜客、东方既白、塔可贝尔等品牌，同时收购小肥羊、黄记煌。

在 2016 年之前，百胜中国（YumChina）是作为 Yum！Brands 旗下的分部存在的。2016 年，百胜中国从 Yum！Brands 分拆出来，独立在纽约证券交易所上市，中国大陆地区门店获得更大自主经营权，YumChina 作为 Yum！Brands 的肯德基和必胜客两个品牌的独家代理商，向 Yum！Brands 支付销售额的 3%作为品牌使用费。

Yum！Brands 在中国以外的其他地方，主要是通过品牌授权/收取管理费和特许经营费的“轻资产模式”进行扩张，这一比例往往高达 90%。而在中国地区，YumChina 主要采取直营的方式来进行店铺的运营，特许经营的门店比例只有 10%。这一直营模式的采用主要是 YumChina 认为拥有自己的供应链系统、庞大的 IT 和技术支持团队，能够支撑大规模的直营门店管理，且直营能够有效地保障管理的一致性和服务效果。

（2）特许经营

特许经营分为松散型特许经营和强管理型特许经营。

① 松散型特许经营

松散型特许经营是指仅授权商号、商标、品牌和管理理念，而不实际参与或干涉商业经营的经营模式。品牌方仅收取品牌、商标等知识产权的授权费用，代表企业有杨国福、胡桃里等。

该种模式下当地特许经营的门店具有较高的经营自主性，且更熟悉本土市场状况，对当地消费者的需求以及对应的营销策略更了解，可通过改良后的本土化经营策略来快速拉近与当地消费者的距离，提高品牌的认知度。

但这种模式的经营自主性过大，经营情况甚至产品的品质都难以控制，存在一定风险，出现风险事件时甚至会反噬国内品牌的形象，因此在松散型特许经营模式下如何保障前端门店的经营情况和产品品质是需要思考的问题。

② 强管理型特许经营

强管理型特许经营是指供应链自控的特许经营模式，这一模式比较适合小店、街边店店型采用。因为这种店铺单一市场的容量够大，可以开出相对较多的店铺，仅做供应链生意也可以实现盈利。因此该种模式多见于连锁类茶饮、咖啡品牌，如蜜雪冰城、书亦烧仙草等。

强管理型特许经营模式虽然不是直营，但它依然对加盟店的产品、服务和质量标准有要求，并且存在监管，可以使品牌在海外低成本、低风险地快速实现商业扩张，同时节省品牌宣传和推广等经营成本，尤其是在欧美等人力成本高企的国家。

但在强管理型特许经营模式下，加盟商缺乏自主性，操作受到比较严格的限制，而总部的运营又在国内，不一定了解当地市场，不利于及时地对市场变化作出调整。同时，标准化的产品和服务在当地的可获得性也是需要考虑的问题，很多产品无法在当地获取，而跨国的进出口可能存在障碍，需要提前梳理。

【案例】麦当劳和星巴克在中国直营及加盟经营模式的选择与转换

麦当劳最早成立于 1955 年，成功引入了特许经营模式并开拓了国际市场。截至 2019 年年底，麦当劳已在全球 120 多个国家和地区共有超过 38000 家分店。

1990 年，麦当劳踏足中国市场，在深圳开设首家餐厅，开启了一段崭新的篇章。在随后的数十年间，麦当劳在中国一直坚守直营模式，稳扎稳打。然而，随着市场的不断发展和竞争的加剧，麦当劳在 2003 年做出了重大决策，开始探索特许经营模式。时至今日，麦当劳在中国已经开启了全新的经营发展模式——发展式特许经营。在这种模式下，麦当劳将特定区域授权给特许运营商，由其负责在该区域内设立餐厅并进行经营管理。而麦当劳则通过收取营业额中的特定比例作为特许经营费用，实现双方的共赢。目前，麦当劳在中国已经形成了直营、传统特许经营与发展式特许经营三者并存的经营模式。然而，麦当劳依然将重心放在了发展式特许经营上，通过这种模式不断扩大市场份额，提升品牌影响力。

星巴克，1971 年在美国诞生。1987 年，星巴克成功转型为连锁店铺。1997 年，它开始逐步向海外扩张，将咖啡的香醇带到了世界的各个角落。当星巴克踏足中国市场时，它采取了相对保守的策略，以合资和授权经营的方式谨慎地进入这片充满潜力的市场。随着对中国市场的深入了解和业务的不断发展，星巴克开始逐步收回股份，最终转型为全面直营模式。

多数企业在进军海外市场时，为了降低风险并快速适应市场，往往会选择特许经营、合资或授权经营等与当地企业合作的方式。这些策略能有效减少自有资金的投入，降低市场进入的风险，并借助当地企业的资源和经验更好地融入市场。星巴克在进军海外市场时，就明智地采用了这种策略。通过与当地企业合作，星巴克得以在陌生的市场中迅速落地生根，减少了前期投入和风险，同时也能够更好地理解和适应不同市场的消费者需求和文化背景。

然而，麦当劳在进入中国市场时，却选择了完全不同的直营经营模式。这种模式意味着麦当劳需要投入大量的自有资金，并承担较高的市场风险。但直营模式也有其独特的优势，比如可以更好地控制品牌形象和服务质量，确保顾客在任何一家麦当劳都能享受到一致的美味和服务。

两者的不同主要是源于两家企业对于市场环境做出的策略和反应差异。星巴克（1999 年）和麦当劳（1990 年）在 20 世纪末进入中国市场，当时中国零售业尚未完全对外资开放。

面对中国独特的市场环境，星巴克在进入中国市场时，由于不确定咖啡这一西式饮品在茶叶文化盛行的中国是否有立足之地，因此采取了相对保守的策略。它选择与当地企业合作，通过合资和授权经营的方式，降低自身风险，同时更好地融入中国本土特色。这种策略不仅有助于星巴克了解并适应中国市场，也为后期发展预留了灵活调整的空间。相比之下，麦当劳出于对品牌特色和产品品质的坚持，它选择了直营模式。这一决策确保了麦当劳在中国市场的餐厅能够保持与全球一致的产品和服务标准，为顾客提供稳定而优质的用餐体验。

而在后续的发展上，由于麦当劳本身的战略定位是着眼于提供一般性产品，着力打造统一标准，实现可复制性；而星巴克的战略定位在于提供体验性产品，重点关注用户体验，确保服务品质。因此，造成了后来双方在直营和加盟的发展策略上的选择差异。

总的来说，星巴克和麦当劳在进入中国市场时的不同经营策略，反映了它们对市场环境的判断和反应差异，后续两家企业也都根据自身情况和市场特点在直营和特许经营中做出了相应的选择，并在中国市场取得了成功。这也说明，在国际化过程中，企业需要根据不同市场的特点灵活调整策略，以实现长期稳定发展。

四、出海新加坡面临的挑战与解决思路

新加坡是一个充满机遇的地方，但希望扎根于新加坡，通过新加坡辐射东南亚运营的餐饮企业也会面临一些挑战。

（一）单一市场规模较小且初始投入较高

新加坡餐饮市场整体规模较小，2023 年全年的规模仅为 600 亿元人民币，与中国餐饮市场的 5.2 万亿元相比，仅占 1%①。在这样一个规模有限的市场中，连锁业态的发展受到显著的上限约束，一般来说，拥有超过 10 家门店的品牌已算是较大的连锁企业，如新加坡知名的珍宝海鲜也仅有 7 家分店。此外，由于国家高度城市化，商业区域集中，合适的店面位置稀缺，导致租金和建设成本居高不下，使得初始投资成本相对较高。

因此，基于规模考量的单一市场渗透率和基于成本考量的门店布局之间的网络效应是成功的关键。

解决思路：

（1）在初期规划时控制规模预期，合理地制订整体的业务和财务支出规划。

（2）对于选址的考察一定要深入“城市街区”的维度上，深度考察，不能仅仅停留在大城市和大区位做宏观判断，需要考虑门店与门店之间的供应链协同。

（3）相比国内，要更注重对单一店铺模型的后厨占比和动线的规划。

（二）前端员工招聘难且成本高

在新加坡，餐饮行业面临的招工难题尤为突出，这在很大程度上影响了餐饮企业的门店运营和发展，特别是对于那些依赖大量前端服务的重餐饮品牌来说。首先，新加坡的招工成本较高，薪资体系受到严格监管，如必须为加班支付加班费。其次，企业在招聘时还需要遵循本地员工与外籍员工的配额制度，而外籍员工的签证获取存在不确定性，这些都增加了人力资源管理的复杂性。最后，在新加坡整体就业环境良好、失业率低、社会福利优越的背景下，企业即使愿意支付较高的薪酬，也难以吸引到足够的本地员工，尤其是那些经验丰富的员工。这种情况在一定程度上限制了连锁化经营的扩张需求。

解决思路：

（1）因地制宜地调整公司的业务模式，有限服务比全面服务的餐厅更具备可扩张性。

（2）刚进入市场时选择与当地的招聘代理进行合作，他们往往更了解新加坡当地的招聘市场，拥有更丰富的招聘经验和资源，能够帮助公司节省时间和成本，并更好地保持人员的稳定性。

（三）供应链的解决存在一定难度

在跨国运营中，餐饮企业面临的供应链挑战不容小觑。灵活高效的供应链对于确保产品品质和口味至关重要。面对诸如肉类等食材的进出口限制，本地化策略往往成为必要解决方案。然而，新加坡的供应链成本较高，加之市场规模有限，使得独立建立供应链可能难以为继。因此，企业在新加坡如何组织供应链，是选择自建还是寻求合作，须慎重考量并确保与自身在东南亚的整体战略发展规划相契合。

解决思路：

（1）与本地的成熟供应链提供商合作。例如，Flash Coffee 和 pandago 的供应链整合。

---

① 数据来源：新加坡统计局。

Flash Coffee 和 pandago（熊猫快餐的运输服务公司）进行战略合作，在其新加坡的31家店开展配送。Flash Coffee 将自己的系统与 foodpanda 平台旗下供应链公司 pandago 的平台整合，从而实现运输和打包的分析和实时管理。Flash Coffee 在新加坡试水完成与 pandago 的合作之后，预计在东南亚其他国家也开展同样的合作模式。

（2）思考跨国供应链解决方案。比如，在马来西亚的柔佛建设供应链，然后辐射新加坡，是一种可探讨的尝试方式。

（四）竞争日趋激励

随着新一波中国品牌出海浪潮的兴起，新加坡作为东南亚地区的战略枢纽，吸引了众多企业将其作为进军该区域的首选地。在这个多元文化的国家，竞争日趋激烈，中国品牌不仅要与国际大牌和本土老牌企业角逐市场份额，还要面对来自其他出海中国品牌的竞争。在这样的市场环境中，品牌要想脱颖而出，必须不断创新和精准定位，通过深入理解当地市场需求、建立强大的本地化团队、有效运用营销策略来提升品牌影响力和消费者认可度，从而在竞争中占据有利地位。

解决思路：

（1）因地制宜做产品的研发定位和价值主张定位。在多元化的新加坡市场中，品牌要成功立足，必须采取因地制宜的策略来研发产品和定位价值主张。这意味着要深入理解当地消费者的经济状况、消费习惯和文化差异，并据此制定符合当地市场需求的产品和定价策略。许多国际品牌未能在东南亚或新加坡简单复制其在西方本土的成功模式，原因包括定价过高以及品牌文化与当地主流价值观不相符，如驯鹿咖啡和 DEAN&DELUCA 等品牌就未能获得预期成功。因此，品牌需要根据新加坡独特的市场环境进行精准定位，确保其价值主张和产品能够满足不同人群的需求，从而在竞争激烈的市场中占据一席之地。

（2）品类、产品、价格等尽量避免同质化竞争。许多企业将目光投向了新加坡这个东南亚的战略门户。在这样一个文化多元、竞争激烈的市场环境中，为了避免与当地成熟品牌和国际品牌的同质化竞争，中国品牌需要在产品品类、具体产品特点以及价格定位上进行创新。完全模仿已有的产品和服务很难在竞争中获胜，因此，品牌应该努力在口味、产品设计、功能或者定价策略上寻找差异化的优势，以满足目标消费者群体的独特需求。

（3）对品牌价值定位和主张进行重新审视。在新加坡这样一个多元文化交融的国家，品牌价值定位和主张的确立需考虑到当地人群的特殊需求和文化背景。同时，品牌还需要考虑产品的定价策略，是追求中低端的性价比市场还是偏向高端市场。这些决策都要求企业对原有的品牌价值定位和市场策略进行深入的重新审视和调整。

（4）适应本地化的产品调整。在东南亚市场，适应本地化口味和提供定制化用户服务是确保品牌获得并维持稳定用户基础的关键。由于每个国家乃至每个市场的消费者都拥有独特的口味偏好，品牌需要具备快速迭代产品的能力来满足这些需求。新加坡作为一个文化多元的熔炉，聚集了各种背景的人口，这使其成为理想的东南亚产品研发中心，特别适合进行新产品的口味测试和市场反馈收集。例如，Chope 和 LiHO 等品牌通过与 Shopee 合作，不断在线上推出独家的新产品组合，以吸引和保持消费者的兴趣。而 KOI 和 Grain 等则在核心产品的研发和宣传上进行策略合作，以此来拓展市场份额并增强品牌影响力。这些策略不仅帮助品牌更好地理解和满足本地市场的需求，也为其在竞争激烈的东南亚市场中赢得了优势。

（5）选择合适的合作伙伴。线下连锁业务是一个重运营和强本地化的行业，对于初次出海的企业来说，独立完成所有工作是极具挑战的。通常，企业会选择与当地合作伙伴联手，以便更好地适应当地的商业环境和文化差异。然而，由于对海外市场的认知不足以及缺乏当地人脉，企业在选择合适的合作伙伴时可能会遇到困难，这可能会对其在当地的业务发展产生不利影响。

在新加坡这样一个与中国有着长期友好往来的国家，选择拥有中国商业经验的合作伙伴尤为重要。这样的合作伙伴能够更好地理解中国企业的商业理念和运作模式，从而减少双方在认知和交流上的差异，降低合作过程中的磨合成本。同时，企业还应该考虑合作伙伴的跨国资源背景。新加坡作为东南亚最发达、最国际化的国家，拥有丰富的国际化人才资源。对于那些希望将新加坡作为进军东南亚桥头堡的品牌来说，选择的合作方不仅应具备本地化运营经验和资源，还应具有跨国思维的辨识能力，如那些具有印度尼西亚和新加坡双重背景的合作伙伴。这样的合作方能够帮助品牌更有效地适应不同市场的需求，实现区域扩张的目标。

（6）充分利用互联网营销策略。在新加坡本地生存的互联网平台在过去几年拿到了不少的融资，业务也得到了长足的发展，互联网巨头（Shopee），外卖平台（Grab，food-panda）和流量平台（TikToK，Facebook）等都在与线下的品牌建立深度的合作，抢占市场，特别是咖啡厅和快餐企业充分利用这些数字化渠道的优势和影响力，此种方式是一种增强品牌影响力、加大用户基础、增强用户黏性的有效手段。例如，麦当劳和 Grab 的合作。麦当劳在新加坡将 Grab 的入口放在自己的 App 和网站上，并且将 Grab 的支付和用户积分系统与自己的在线系统和线下系统进行整合，同时签订了协议，共同开发统一的系统，分享数据和消费者趋势。

（五）跨国经营风险

1. 跨国政治、文化风险

跨国经营会存在由于双边政治关系不稳定而导致的业务运营不稳定的风险，多样的地理、历史和文化决定了各国的国情差异比较大，特别是对于科技含量较低、主要利用外国人口和商业红利，涉及大量人员招聘的餐饮/连锁业来说，更容易受到政治、文化因素的影响。

解决思路：在战略层面上的出海，要积极融入当地，与当地的政府、财团、商业组织建立良好的关系，并注重当地 ESG 的建设和对当地的社会外部性的贡献，保持务实主义。

2. 跨国财税、法律

新加坡作为东南亚金融最发达、法制最健全、税务成本低廉的国家，许多选择新加坡作为东南亚第一站的企业，其战略目标往往不仅是新加坡，而是整个东南亚。而新加坡的财税管理严格，法律体系严格且完善，在税务、用工、薪资支付等方面都有严格的要求。

解决思路：

（1）在新加坡成立公司的时候，需要依据自身的战略目标做好顶层设计的规划，包括敏捷型的组织架构设计（可进可退，有安全保障，资金可回流），地区性的组织管理，地区性的运营中心的职能划分，共享中后台的智能规划以及补偿和激励机制等。

（2）在招工、装修、运营、特许经营等方面都要提前做好相关法律的研究，聘请有经验的新加坡本地事务所进行设计和咨询。

3. 跨国资金汇兑风险

跨国资金流动存在汇率、汇兑、套期保值的相关问题，可能对公司的经营产生运营之外的损失。

解决思路：

（1）合理规划现金流，在汇率有利时进行大额支付，在汇率不利时减少支付。

（2）采用灵活的合同条款，如汇率调整机制，可以在汇率波动时保证公司的利益。

（3）采用外汇市场交易来对冲汇率风险。

随着全球化的推进和中国经济的高质量发展，中国餐饮企业迎来了出海的最佳时机。在世界各地对中国文化和美食兴趣日益浓厚的背景下，中国餐饮企业的国际化步伐加快，品牌影响力与日俱增。现在，利用丰富的菜品、独特的饮食文化以及创新的经营理念，结合当地化策略和全球供应链优势，中国餐饮品牌完全有能力在海外市场上占据一席之地，实现持续的成长与成功。

2022 年中国连锁餐饮企业资本之路系列报告

根据国家统计局数据，2022 年中国餐饮行业收入约为 4.4 万亿元，较 2021 年同比下滑超 6%。面对线下餐饮市场，企业采取如跨品类创新融合、发展预制菜产品线、开拓加盟市场、线上平台合作获取新增客户等方式积极应对，寻找新的增长机会。

2022 年至 2023 年第一季度，共有 2 家餐饮企业完成 A 股上市、2 家企业登陆港交所、1 家企业登陆纳斯达克，超过 10 家餐饮企业提交了上市申请。一级市场投融资活动趋于理性，但依然保持一定的活跃度。

在此背景下，中国连锁经营协会与普华永道对中国连锁餐饮企业的资本之路进行追踪与研究，立足资本市场视角，旨在剖析餐饮行业一、二级资本市场发展动向，为广大行业参与者提供参考。

本报告基于餐饮行业 2022 年全年数据，分析中国餐饮企业的新增长动力。本报告调整餐饮上市公司研究样本至 27 家在大陆有门店的上市及拟上市企业，持续追踪其业绩和市值表现，同时紧跟线下餐饮市场投融资动向，分析市场投资热点和趋势。本报告新增对 51 家线下连锁餐饮品牌的一手调研，分析 2023 年上半年线下餐饮市场的情况及餐饮企业对 2023 年的收入预期。本报告对餐饮行业最新的上市规则动向和上市地的选择进行分析。

一、餐饮行业整体回顾

（一）2022 年餐饮行业再次承压

2022 年，餐饮行业堂食营业天数被压缩，市场规模较 2021 年下降约 6%（见图 1）。

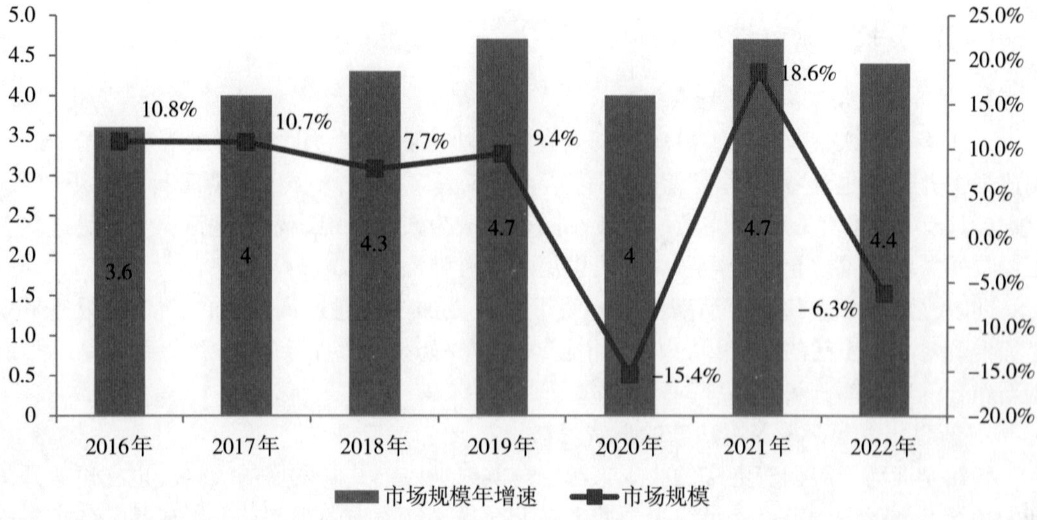

图 1　中国餐饮行业市场规模及增速（2016—2022 年，万亿元人民币）

数据来源：国家统计局。

2022 年全年基本生活类消费行业中，餐饮品类、服装/鞋帽/针纺织品类、化妆品类和日用品类均出现同比下滑，其中餐饮行业是下滑幅度次高的行业（见图 2）。

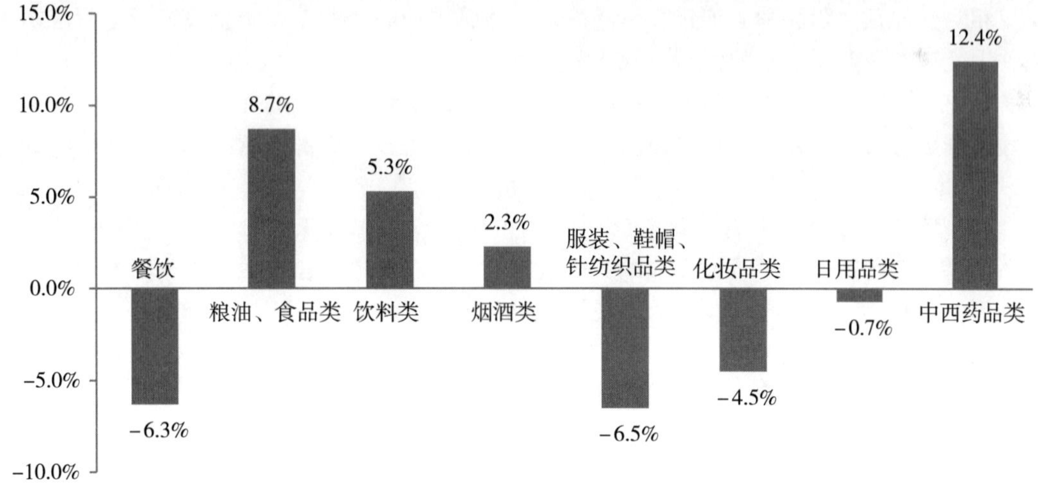

图 2　基本生活类社会消费品零售额同比增速①（2022 年 vs 2021 年）

数据来源：国家统计局。

① 为限额以上单位商品零售及餐饮收入同比，由于限额以上企业（单位、个体户）范围每年发生变化，为保证数据可比，国家统计局计算限额以上单位消费品零售额等各项指标同比增长速度所采用的同期数与本期的企业（单位、个体户）统计范围相一致。

（二）餐饮企业积极探索新增长点

1. 跨品类融合，满足多场景需求

近几年，餐饮行业出现了更多“一人食”、“小家庭食”、便利店鲜食等就餐场景。外卖成为主力渠道也让很多消费者模糊了“一日三餐”的概念。自带情绪价值的下午茶、夜宵，具有社交价值的户外露营、深夜小酌等也成为人们休闲娱乐的潮流，为满足这些多元场景的需求，餐饮企业的经营时间段也更加富有弹性。

同时，随着Z世代成为消费主力，线下餐饮更加注重通过高品质的产品和服务来满足消费者对美好生活的愿景，“火锅+甜品”“烧烤+奶茶”“书店+咖啡”等跨菜系品类的创新融合已成为部分餐饮品牌的新名片。

2. 新零售崛起，培养用户新的消费习惯

餐饮企业为了能创造更多的收入来源、落实线上线下共同发展的策略，也在迅速开拓新的餐饮产品形态。可以满足终端消费者在家简易烹饪需求的预制菜、半成品及各类餐饮零售产品，在居民团购物资中屡见不鲜，新的消费习惯正在被养成，加速了预制菜从B端延伸发展至C端。

预制化、零售化也成为餐饮企业一大重要发力点。为降本增效，简化烹饪过程，提高出餐效率，多家餐饮企业进行供应链升级，加快餐饮工业化进程。依据门店特色研发多款半成品、料理包并推出零售产品已成为趋势。

3. 直营品牌开放加盟，探索新的连锁增长机会

相对于连锁加盟品牌，连锁直营品牌需要面临更加高昂的初始资金投入及运营成本压力，因此这类企业所面临的经营挑战更为艰巨。

目前，餐饮行业多家直营品牌已陆续开始加盟或者合伙模式的探索及开放。无论是为了缓解资金压力，还是抢占市场空间，开放加盟已成为多个头部直营品牌全国化战略的共识。

4. 社区化、小店化、特色化定位

食材、房租及人工是餐饮企业的三大成本。餐饮企业也将长期关注自身降本增效的能力，因此面积小、人员投入少、店型灵活、更贴近社区的“小店”成为趋势。

从品类上，“小而美”“小而专”带有区域特色的细分赛道美食小店也逐渐崛起。部分大型的餐饮集团也加速布局“第二增长曲线”，纷纷在更细分的赛道上开设更具有区域特色或传统国潮文化的副品牌。

5. 抖音入局，线上到店餐饮服务市场进一步扩大

抖音在商业化道路上实现了内容平台、市场营销以及产品销售的结合，为餐饮商家提供了另一个集曝光、引流和转化为一体的全链路交易平台。

6. 扬帆出海，实现全球化布局

“出海”也再次成为餐饮企业热议的话题。美国、日本及东南亚国家等都有较高的中餐接受度，成为众多中国餐饮企业出海的首选地。

近年，包括奶茶、咖啡及火锅在内的多个品类加速在海外布局。如何克服水土不服、进而实现海外门店盈利及品牌规模化都是餐饮企业需要考量的问题，虽困难重重，但全球化布局的大幕已拉开。

二、餐饮行业一、二级市场动态

（一）餐饮（拟）上市企业二级市场表现

1. 研究范围及样本概览

从二级市场来看，有多家餐饮企业积极布局资本市场。2022 年共有 13 家餐饮企业交表，截至 2023 年第一季度，有 5 家餐饮企业完成 IPO，分别是五芳斋、紫燕食品、Tims 咖啡、达美乐及分拆上市的特海国际，同时还有 3 家餐饮企业正在 IPO 进程中。

本次调研样本为 27 家在大陆有门店的上市及拟上市的连锁餐饮企业①，其中 26 家已上市，1 家在上市进程中。27 家样本企业均已披露 2022 年财务信息，其中有 10 家已披露 2023 年第一季度的财务表现。

本次研究的数据来源包括上市公司年报、拟上市公司招股说明书、公司官网及其他公开信息渠道。

样本企业的营收规模差异较大，多数企业在 10 亿~50 亿元人民币（见图 3）。

近半数样本企业的门店数集中在 100~1000 家（见图 4）。

样本企业的上市地主要集中在香港（见图 5）。

样本企业类型主要集中在正餐、中西式快餐及风味小吃领域（见图 6）。

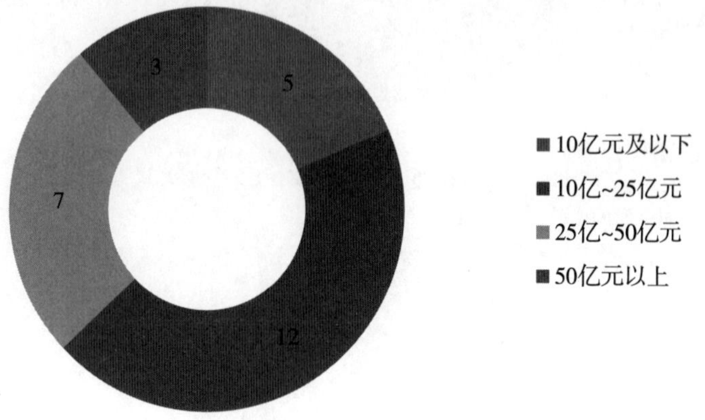

图 3　样本企业按营收规模分布

信息来源：Wind，公司官网。

① 选取已披露 2022 年财报的上市及拟上市连锁餐饮企业作为样本公司。特海国际于 2022 年底从海底捞分拆上市，海底捞 2021 年及以前年份的财务报表均包含特海国际的业务。为了可比分析，海底捞 2022 年数据分析仍包括特海国际。

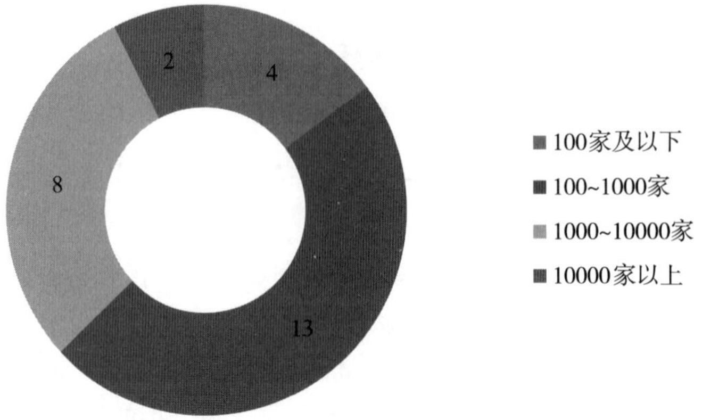

图 4　样本企业按门店数分布

信息来源：Wind，公司官网。

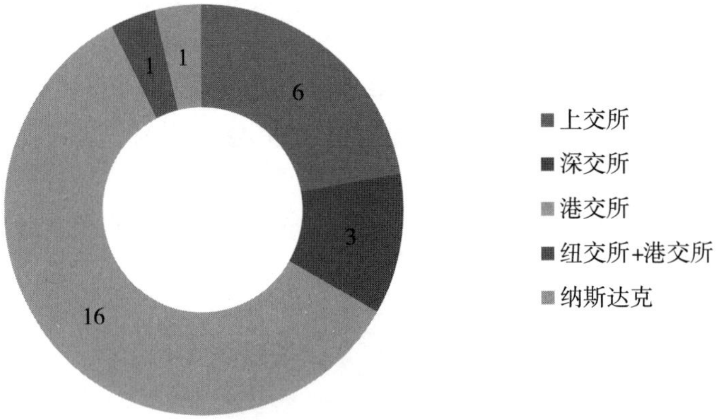

图 5　样本企业按上市地分布

信息来源：Wind，公司官网。

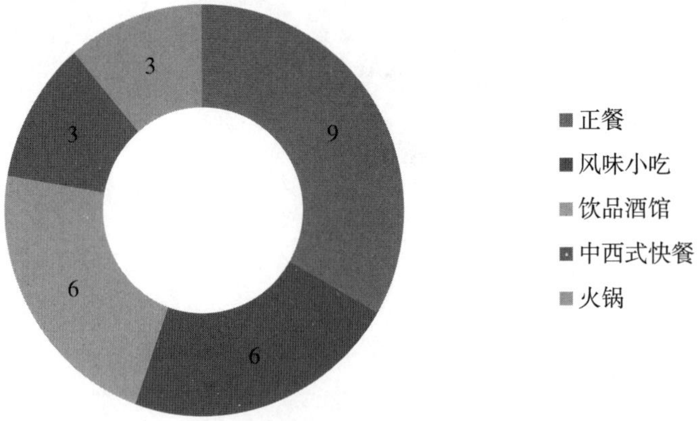

图 6　样本企业按细分市场分布①

信息来源：Wind，公司官网。

① 涉及多类餐饮业态的上市公司，其细分市场按上市公司主营餐厅划分。

2. 从收入规模来看，正餐以外赛道通过标准化复制扩张，实现营收增长

餐饮行业各品类通过外卖渠道及新零售业务进行收入补充，但整体来看，门店的运营天数下降对各品类的单店收入影响都较大。标准化程度较高的品类依旧通过规模化扩张实现整体营收的增长（见图 7、图 8）。

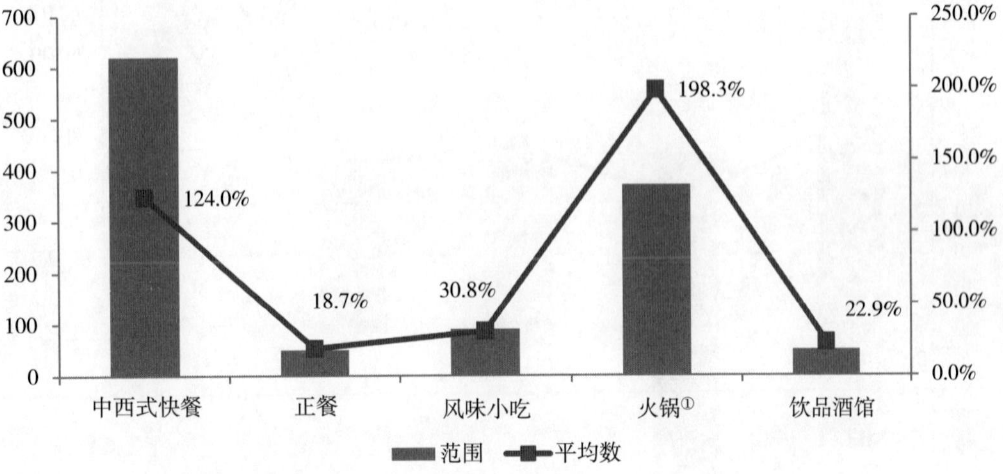

图 7　各细分品类样本企业主营业务收入范围与平均数[②]（2022 年，亿元人民币）

数据来源：上市公司年报，招股说明书。

（1）中西式快餐

超过 65%的中西式快餐样本企业 2022 年主营业务收入较 2019 年实现了两位数的增长，得益于完善的外卖渠道，样本企业在 2022 年的外卖营收占比均超过整体的 30%，在线下门店堂食经营受限的情况下，通过外卖业务增长弥补收入。同时，中西式快餐企业仍在积极开店，提高市场渗透率及扩大地理覆盖范围。

（2）正餐

对比 2019 年企业营收规模，正餐品类成为唯一负增长的品类。样本企业主要以多品牌、跨菜系并在产业链上下游延伸作为主要的经营模式。然而重线下体验的属性、较高的单店投资、繁重的门店固定支出及下降显著的翻桌率，都极大地影响了正餐企业，近 70%的样本企业收入规模对比 2019 年出现下降。虽然正餐企业尝试了老店升级改造、菜品迭代更新、研发外卖菜单及搭建外卖渠道等，但若不能维持品牌的新鲜感及叠加品牌势能，想要实现持续性营收增长或将面临较大的挑战。

（3）风味小吃

风味小吃样本企业多以加盟为主、直营为辅的经营模式运营，因此整体品类的抗风险能力更强。样本企业根据市场趋势制定扩大市场版图的策略，通过持续性的品牌赋能扩大

---

① 特海国际于 2022 年底从海底捞分拆上市，海底捞 2021 年及以前年份的财务报表均包含特海国际的业务。为了可比分析，将 2022 年特海国际与海底捞的财务报表进行加总，并与 2019 年进行比较。

② 均为算术平均数。

市场份额。

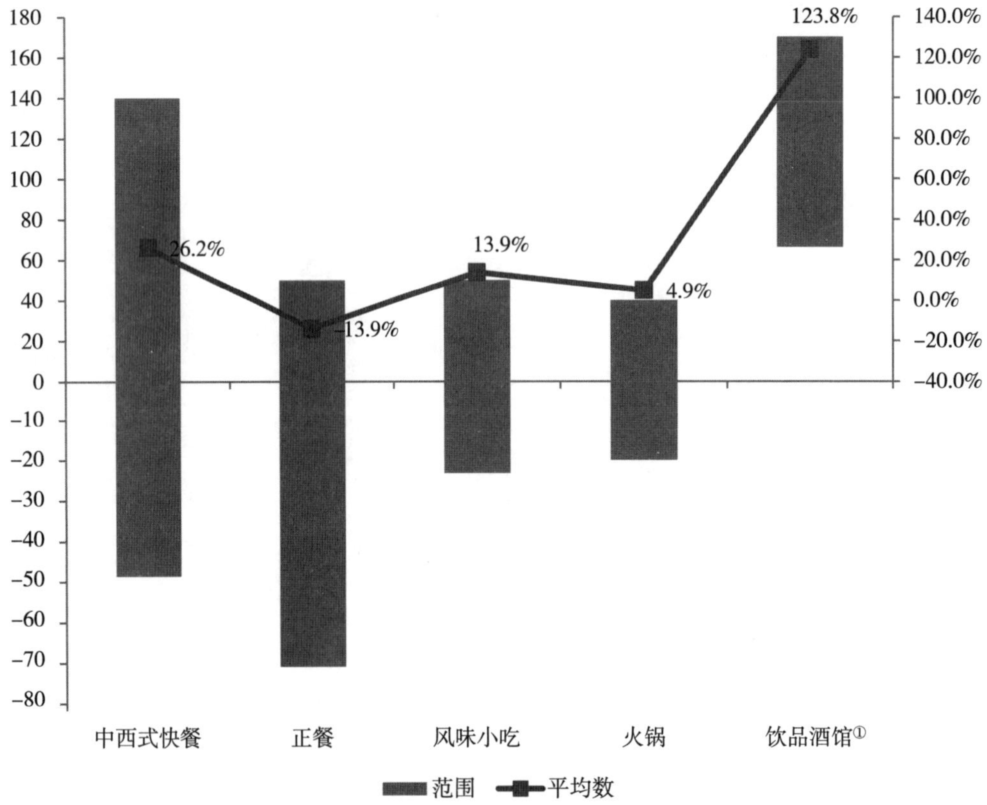

图 8 各细分品类样本企业主营业务收入增长率②范围与平均数（2022 年 vs 2019 年，亿元人民币）

数据来源：上市公司年报，招股说明书。

（4）火锅

火锅品类样本企业门店规模均超过 1000 家，为稳定经营状况，多选择关闭部分不达预期的门店，并放缓开店节奏。火锅菜品的标准化程度高，企业通过火锅外卖、团购及到家服务实现了收入的二次增长曲线，“自嗨锅”等零售产品更是成为居家期间各类电商渠道的热销产品。

（5）饮品酒馆

作为餐饮市场上的新兴品类，饮品及酒馆企业正处于行业的高速发展阶段，门店扩张速度快。茶饮及咖啡品类依托于完善的外卖渠道搭建及在线下单无接触取货的方式，一定程度上弥补了堂食受限的影响。小酒馆企业则通过探索特许经营的新型合作模式，来寻求新的收入增长点。

① Tims 咖啡于 2019 年初在大陆开出首店，并在近两年快速开店，增速较高，因此在计算饮品酒馆品类 2022 年对比 2019 年主营业务收入增长率范围与平均数时不包含 Tims 咖啡的数据。

② 2022 年对比 2019 年主营业务收入增长率 =（企业 2022 年主营业务收入/企业 2019 年主营业务收入 - 1）× 100%。

3. 从盈利水平来看，各品类均出现不同程度下滑，快餐、风味小吃及火锅下滑幅度相对较小

整体来看，各品类的平均盈利水平相较 2019 年均出现不同程度的下滑（见图 9、图 10）。

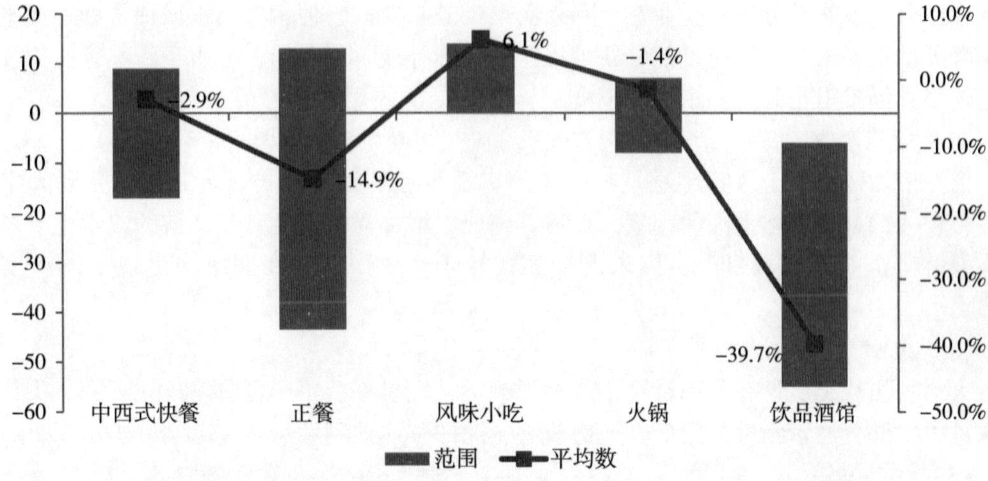

图 9　各细分品类样本企业息税前利润率①范围与平均数（2022 年，亿元人民币）

数据来源：上市公司年报，招股说明书。

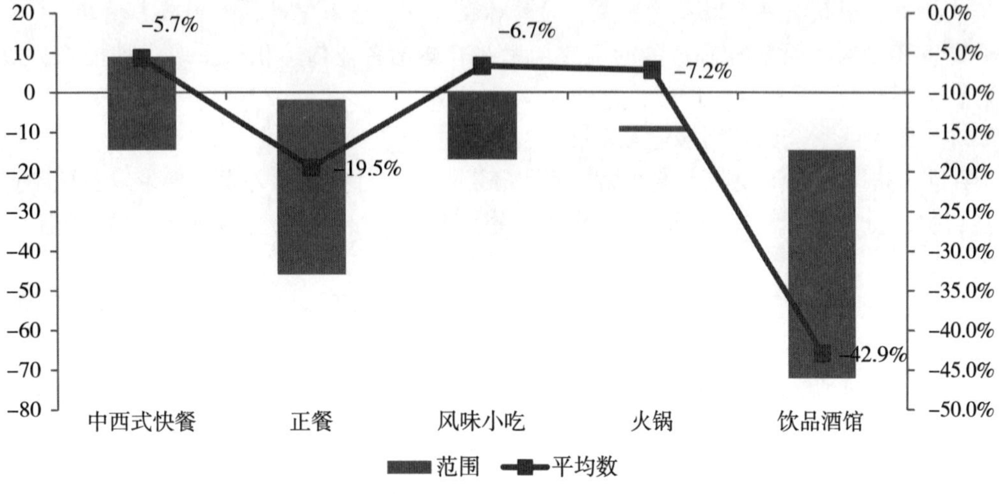

图 10　各细分品类样本企业息税前利润率变化②范围与平均数（2022 年 vs 2019 年，亿元人民币）

（1）中西式快餐

过半中西式快餐样本企业实现盈利。虽然多家快餐企业持续开店的同时不断调整门店模型以提高门店运营效率，但食材成本及人员成本的上升，叠加外卖配送单量的上涨带来

① 主营业务息税前利润率＝主营业务息税前利润/主营业务收入，其中利润计算剔除非经常性项目。

② 2022 年对比 2019 年息税前利润率变化＝企业 2022 年主营业务息税前利润率－2019 年主营业务息税前利润率。

的较高平台使用费，各家中西式快餐企业的营利性仍受到不同程度的影响。

（2）正餐

正餐企业的营利性水平差距较大，近 70% 的样本企业的息税前利润处于亏损状态。正餐企业对菜品原材料品质、新鲜度以及烹饪的要求相对更高，多家上市企业面临严峻的毛利率压力。虽然部分正餐企业意识到外卖渠道的必要性，但相应地也增加了如外卖平台使用费等相关支出。尽管通过部分新零售业务来弥补线下的亏损，但由于新零售业务规模普遍较小，仍难阻止其盈利水平的下滑。

（3）风味小吃

依托于加盟模式，风味小吃是唯一全部实现盈利的细分品类。近几年，受到大宗商品、粮食、饲料等价格上涨的因素，上游养殖成本增加显著，尤其是鸭苗的成本上升对几家头部卤味企业的影响显著，因未能全部转嫁于下游，导致利润率均出现不同程度的下降。

（4）火锅

火锅的强社交属性在限制社交距离的影响下，翻桌率及单店营收均出现下降。头部企业通过关闭部分经营不善的门店，从而改善企业的整体盈利性。

（5）饮品酒馆

在竞争越发激烈的茶饮、咖啡及酒馆赛道，亏损与扩张同行。头部企业为抢占市场，在高速开店的同时，还要通过较大力度的促销及市场营销来吸引消费者，新店爬坡周期变长、老店营收不稳定，给企业的营利性带来挑战。

4. 大部分餐饮企业采取多种措施，对外积极开拓新收入来源，对内降本增效

截至 2022 年，尽管面临严峻的挑战，大部分样本企业依然积极采取多种措施，对外开拓新收入来源，对内降本增效，抵御风险。

（1）线上线下全渠道、多业态发展

百胜：进一步推动不同渠道及场景的业务发展，包括堂食、外卖、外带以及预制食品线上销售，如牛排、意大利面等。此外，将继续发展自有线上预制品零售品牌“烧范儿”。

太兴：加强外卖及自取业务的市场推广，加深与外卖平台的合作，以加强业务结构的稳定性。

唐宫：加速外卖菜单及菜品的开发，推出适合外卖的“一人好食”套餐，并开始建设自己的外卖小程序平台，以降低对第三方外卖平台的依赖性。

（2）全时段、新场景覆盖

百胜：旗下品牌分别增加适合不同时间段的菜品供应，如肯德基增加夜宵小食及下午茶，必胜客继续提升早餐及商务午餐的产品。

呷哺呷哺：旗下凑凑火锅为了增加非用餐高峰时间段的翻台率，未来将推出茶饮+点心下午茶组合、以休闲卤味及烤串为主的夜宵系列菜品。此外，呷哺呷哺还将推出为露营、野餐场景打造的自涮锅系列。

（3）降本增效，稳健发展

优化线下门店布局，减少盲目拓店带来的支出，味千拉面、太兴、海底捞等企业均采取了稳健的拓店计划，重视单店效益，以优胜劣汰、优化门店布局为核心。

“小店模型”优势显露：百福、百胜及乡村基通过“小型餐厅”策略降低了初始投入成本、租金及门店人工数量，提高了门店坪效，一定程度上缓和了门店的经营压力。

本地与集中采购相结合，在分散原材料供应过于集中的风险的同时降低采购及物流运输成本。例如，紫燕集团除在总部集采以外，增加了本地采购的比例，尤其是蔬菜等保质期较短的原材料。

灵活员工安排，降低人工成本。例如，太兴集团按照不同区域的实际情况，安排员工弹性上班，淡季轮班休假，最大程度上减少人工浪费。

5. 从市值来看，两家千亿元以上市值上市公司占据了近六成份额，头部效应依然明显（见图 11）

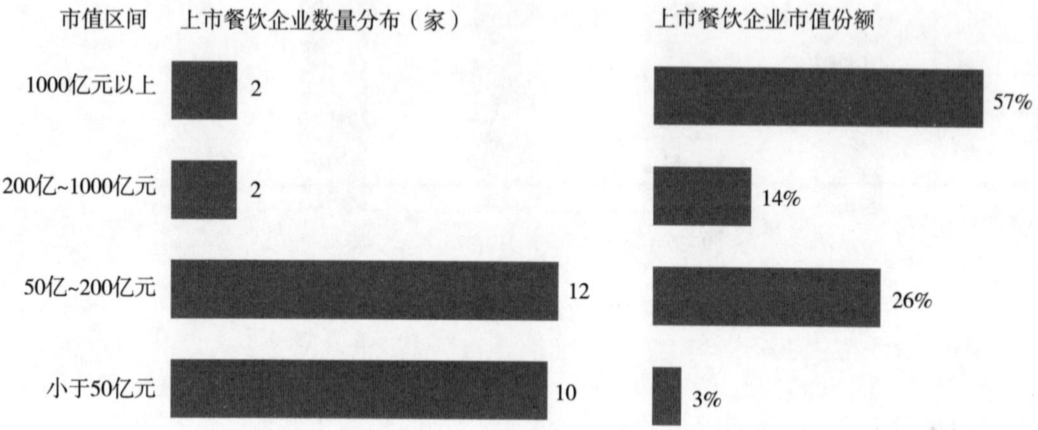

图 11 2022 年 12 月 31 日上市餐饮企业市值情况

数据来源：Capital IQ。

（二）餐饮行业一级市场投资趋势与热点

1. 线下餐饮国内投融资交易数量总览

2022 年，线下餐饮市场总交易量超 130 笔，其中大额融资事件较上一年明显减少，而种子天使轮投融资事件则依旧活跃。一方面，多家线下餐饮品牌收缩业务或减缓扩店计划，资本对餐饮行业的大额投资态度日趋谨慎；另一方面，主打差异化突围的新兴品牌不断涌现，吸引资本积极参与早期投资市场。由于 2021 年末有部分进行中交易于 2022 年上半年才最终完成，因此纵观全年交易数量，前三季度整体市场投融资活跃度较高，第四季度市场热度明显下降。

2021 年线下餐饮投资数量飞速增长，2022 年线下餐饮投资交易依旧活跃，资本更多关注交易规模较小的早期餐饮融资市场。

各赛道中，烘焙饮品交易数量占比较大，其中咖啡、茶饮等细分品类在 2022 年依旧受到资本青睐；而中式餐饮中，正餐相比前一年该赛道融资事件骤减；头部汉堡品牌商逆势扩店，多家本土平价西式快餐积极拓展下沉市场，带动西式餐饮赛道的投融资关注度（见图 12）。

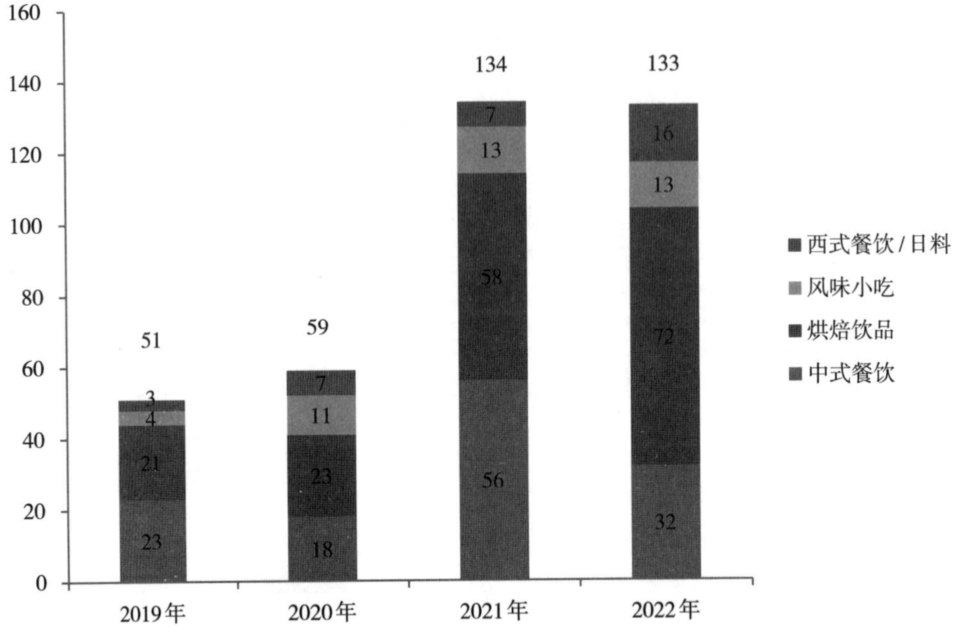

图 12 线下餐饮国内投融资交易数量[①]（2019—2022 年，笔）

数据来源：投中数据，企名片，企查查。

2. 线下餐饮国内投融资交易金额总览

2022 年，尽管总体交易活跃度与 2021 年基本持平，但过亿元的大型交易数量较 2021 年出现缩减，且大型交易的规模不到上一年的一半，市场总体交易金额出现大幅回落。然而，在餐饮行业整体收缩的大环境下，烘焙饮品的吸金能力依旧相对强势（见图 13）。

（1）2021 年，10 亿元级、亿元级大型交易事件频出，烘焙饮品及中式餐饮赛道备受追捧，总体交易额和平均单笔交易规模均创近年之最。

中式餐饮市场主要是和府捞面的 E 轮融资、太二餐饮的少数股权转让、五爷拌面及张拉拉等中式面食品牌的多轮融资。

烘焙饮品中，喜茶、蜜雪冰城及瑞幸咖啡等头部饮品均完成一轮融资，Manner 及 M Stand 等咖啡品牌更是完成多轮融资，大额交易助推交易金额大幅增加。

（2）2022 年，亿元级以上大型交易占比大幅降低。全年唯一一笔 10 亿元级交易为上半年瑞幸咖啡的股权转让（近 31 亿元人民币），其余交易单笔规模均为亿元级及以下。

茶饮品类中，上半年书亦烧仙草完成了达 6 亿元人民币规模的 A 轮融资外，T COMMA 完成 5000 万欧元的战略融资，下半年奈雪的茶以 5.25 亿元的价格收购乐乐茶 43.64%的股份，成为乐乐茶第一大股东。

咖啡品类中，Seesaw Coffee 完成了 A++轮的数亿元人民币融资，比星、意士多、幸猫

① 烘焙饮品包括烘焙、咖啡、茶饮及酒水。

② 本章餐饮品牌商交易统计为狭义线下餐饮行业，并不包括供应链、调味品、餐饮服务软件和外送服务等其他产业链环节投资。上述交易数量统计包括未披露交易金额的 132 笔交易。

等年轻咖啡品牌也获得了天使轮融资。

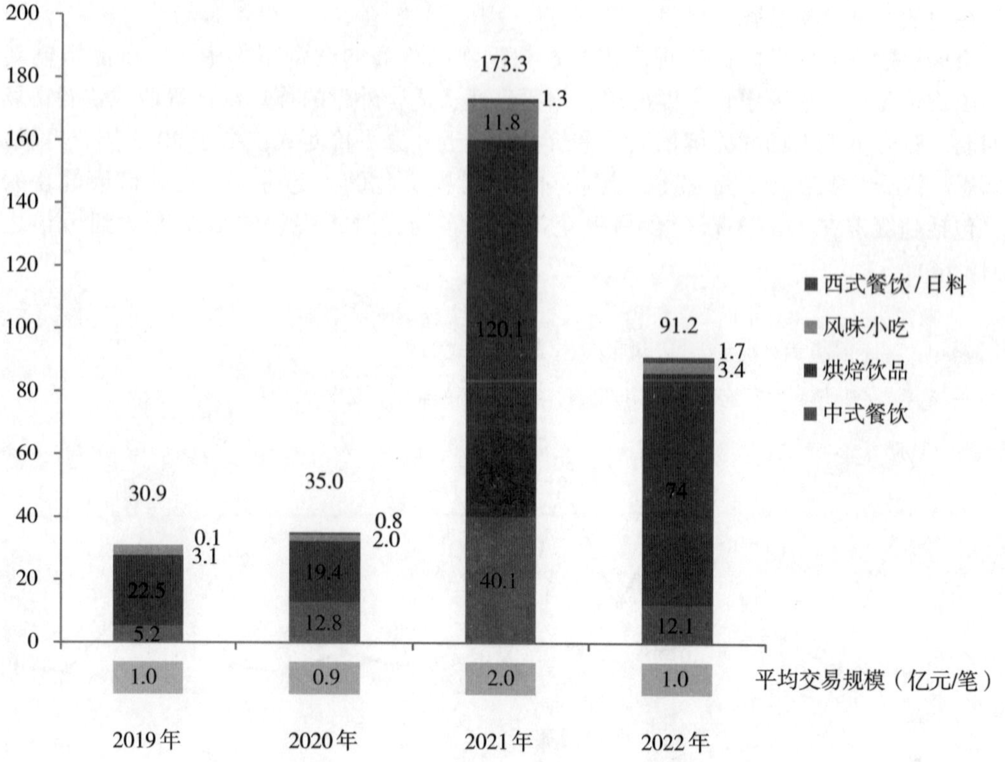

图 13　线下餐饮国内投资并购交易金额①（2019—2022 年，亿元人民币）

数据来源：投中数据，企名片，企查查。

3. 线下餐饮国内投融资交易细分市场

2022 年资本最活跃的赛道依旧是咖啡、茶饮及中式快餐，但在融资轮次上整体偏向早期，因此各赛道平均单笔投资金额较上年均有不同程度的下滑。

具体而言，继 2021 年的茶饮热潮，咖啡成为这一年获得最高平均投资金额的细分品类，主要是瑞幸咖啡 4. 43 亿美元的共同控制权收购事件拉高了整体平均交易规模。2022 年随着城镇化率的提高以及小镇青年消费的兴盛，带动咖啡消费进一步提升，巨大的想象空间吸引资本对该赛道持续加注，定位 Z 世代下的地域性新锐品牌纷纷涌现，如宁波的歪咖啡、绍兴的 COCO. JULIET、长沙的 DOC 咖啡和广州八福咖啡等。茶饮市场则加速洗牌。一方面，定位中端茶饮的书亦烧仙草获最大规模投资，头部品牌下调售价以覆盖更多人群；另一方面，地方茶饮品牌在资本加持下迅速向外扩张，如广西的阿嬷手作等。同时有部分小众赛道品牌也因其差异化的强单品而受到资本关注和布局，如柠檬茶品牌柠季、鲜果茶品牌 T COMMA、椰子茶品牌茶大椰等企业。

市场在 2022 年对中式面馆的热情有所下降，米粉品类随着 2021 年谭仔国际港股上市

① 上述平均交易规模计算中交易数量的统计剔除了统计期间内未披露交易金额的 132 笔交易。

开始受到关注。与中式面馆类似，米粉类线下餐饮品牌同样具备快速扩店的条件，小门店、低客单及强地域性等特点有助于该类品牌商抢占下沉市场，包括疆小骆、十分湘、甘食记在内的多家米粉品牌商获得了投资。

市场对效率的追求同样表现在多起炸鸡汉堡品牌商的融资事件中。由于品类创新受限，西式快餐市场规模增长一度放缓，出餐迅速、适合外带的炸鸡汉堡等西式快餐市场逐步回温。打开下沉市场的关键依旧是平价策略，近 8 家平价西式快餐于 2022 年获得融资，如顾思特汉堡、德吉仕、楚郑等。与此同时，健身文化的兴起带动了西式健康轻食的消费，包括超级碗在内的 3 家轻食品牌获得资本布局，西式快餐的活跃度达到历年之最（见图 14）。

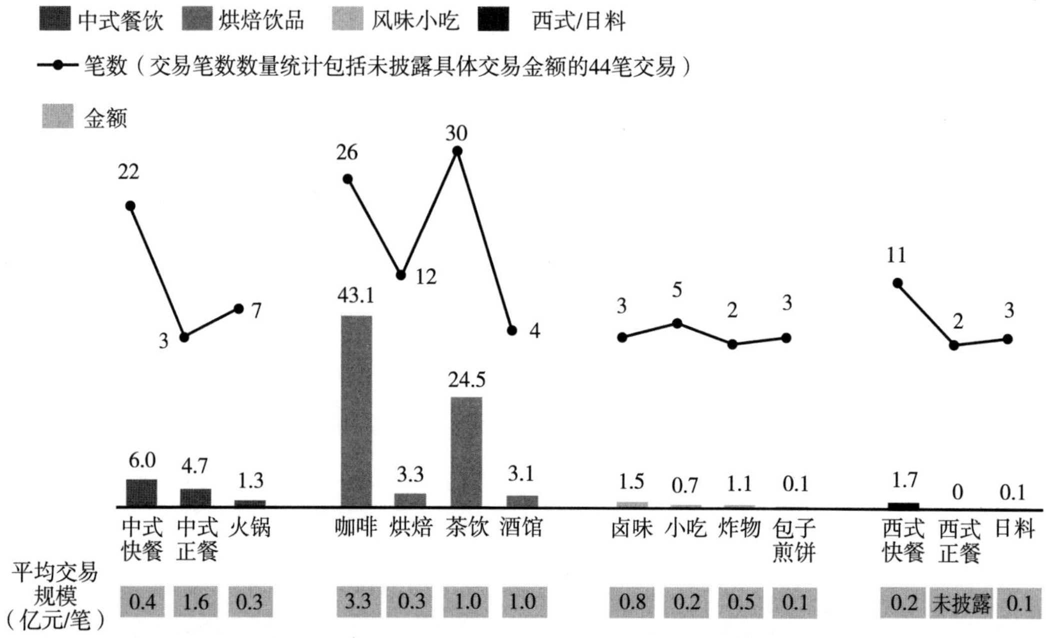

图 14　2022 年线下餐饮国内投融资交易细分市场交易规模（亿元人民币）及数量（笔）

数据来源：投中数据，企名片，企查查。

4. 交易规模

2019 年至 2022 年线下餐饮投融资规模分布统计见图 15。

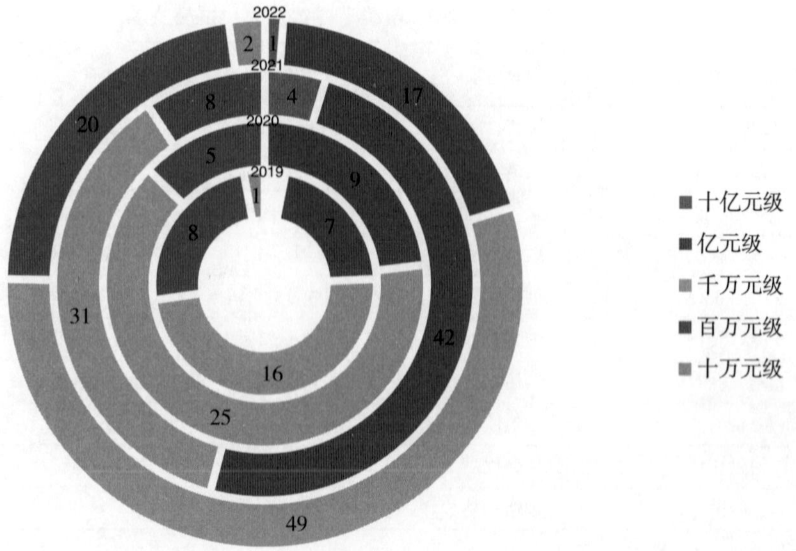

图 15　线下餐饮投融资规模分布统计①（2019—2022 年，笔）

数据来源：投中数据，企名片，企查查。

5. 线下餐饮品牌重大交易事件

2022 年线下餐饮上述重大交易融资金额约占全年披露交易总额的 75%，且整体轮次偏早期。曾经备受资本追捧的新中式烘焙未能延续上一年的市场热度，但咖饮赛道融资事件依旧频发。相较上一年，喜茶、蜜雪冰城作为餐饮市场的融资明星，2022 年中端咖饮品牌叩开了资本市场大门，同时还出现了大型收并购交易，下沉市场竞争力和消费者触达是绕不开的话题。

在咖啡赛道上，瑞幸咖啡通过优化整体经营战略，包括门店调整、产品定价等，以及在成本控制、私域营销上的多年积累，短期内便实现了现金流转正。大钲资本联合 IDG 资本、Ares SSG Capital Management 以 4. 43 亿美元于 2022 年 1 月完成了对瑞幸共计 3. 83 亿股 A 类普通股的收购。Tims 咖啡以“咖啡+暖食”的差异化路线，自 2019 年登陆中国后在本土团队的带领和资本的助力下，通过渠道合作、电商运营、多类型门店等方式迅速扩张，并通过“SPAC+PIPE”的组合快速实现纳斯达克上市，于 2022 年 9 月正式成为中国咖啡 SPAC 第一股。

在茶饮赛道上，乐乐茶在华东地区良好的品牌认可度和渠道价值受到了奈雪的重视，后者以 5. 25 亿元人民币获得了乐乐茶 43. 64%的股份，双方期待未来能以联营的方式优化行业竞争力，寻求新的增长机会点。而在茶饮赛道的另一端，中端品牌定价策略更加灵活，可以向上和向下兼容，同时相比于高端和平价茶饮，该价格段的市场格局尚未成型，多家中端连锁品牌计划在未来进一步探索成长空间。书亦烧仙草和悸动烧仙草在 2022 年凭借差异化大单品和已建立的门店网络，获得了投资者的认可和支持（见表 1）。

---

①　上述交易数量统计不包括未披露交易金额的 132 笔交易。

表 1　2022 年线下餐饮重大投融资交易

标的品牌	细分市场	交易金额	轮次	融资时间
瑞幸咖啡	烘焙饮品	4.43 亿美元	控制权收购	2022 年 1 月
Tims 咖啡	烘焙饮品	9450 万美元	PIPE 轮①	2022 年 3 月
书亦烧仙草	烘焙饮品	6 亿元人民币	战略融资	2022 年 2 月
乐乐茶	烘焙饮品	5.25 亿元人民币	共同控制权收购	2022 年 12 月
T COMMA	烘焙饮品	5000 万欧元	战略融资	2022 年 4 月
添好运	中式餐饮	约 4.1 亿港元	非控制权收购	2022 年 8 月
悸动烧仙草	烘焙饮品	数千万美元	天使轮	2022 年 7 月
Seesaw Coffee	烘焙饮品	数亿元人民币	A++轮	2022 年 2 月
COMMUNE	烘焙饮品	数亿元人民币	A+轮	2022 年 1 月
柠季	烘焙饮品	数亿元人民币	A+轮	2022 年 1 月

数据来源：投中数据，企名片，企查查。

6. 投资主体

从投资主体看，餐饮行业参与者中最为积极的仍是 PE/VC 投资机构。2022 年参投机构投资的赛道相比于前一年变得更加多元化。除中式快餐、茶饮及咖啡仍是投资焦点外，PE/VC 机构也将目光投向了日料、西式餐饮以及酒水等品类。

相较前几年，企业投资者在 2022 年的表现更为活跃。餐饮企业投资者倾向于投资自身所在赛道品牌以实现业务扩展或达到整合市场的目的，尤其是竞争激烈的咖啡茶饮赛道，其中的头部企业积极参与新品牌的孵化；而 2021 年曾活跃于餐饮投资的互联网/游戏文化企业在这一年出手频率明显降低，投资市场转而迎来更多专业的餐饮管理公司，如小龙坎、百福控股、快乐蜂集团等（见图 16）。

7. 投资展望

2022 年，线下餐饮需求受阻，多个赛道面临大震荡，这在一定程度上加速了马太效应。中小企业持续承压，运营效率难以提高、现金流管理不佳、产品同质化严重等问题日益凸显。过往以“烧钱”来跑马圈地、积极拓店的投资逻辑被重新审视。

在此背景下，餐饮投资者一方面将目光投向更细分的品类赛道以寻求新的机会点；另一方面，也将更加偏好已具备一定规模的餐饮品牌，以期在不确定中实现相对稳定的增长。

2022 年餐饮行业在高线市场竞争激烈的情况下，在下沉市场中占据一定份额的区域性品牌届时将获得投资者的持续关注。

在未来，餐饮竞争将更加聚焦“差异化”，这种差异化不仅体现在价格、品类、区域上，也体现在能否提高运营效率上。餐饮企业需专注自身，修炼内功，优化自身运营能力，实现内生增长才能积极应对未来餐饮市场的强劲反弹。

① 即 Private Investment in Public Equity，指私人投资或共同基金以低于当时市场价值的价格买入一家公司的股份。

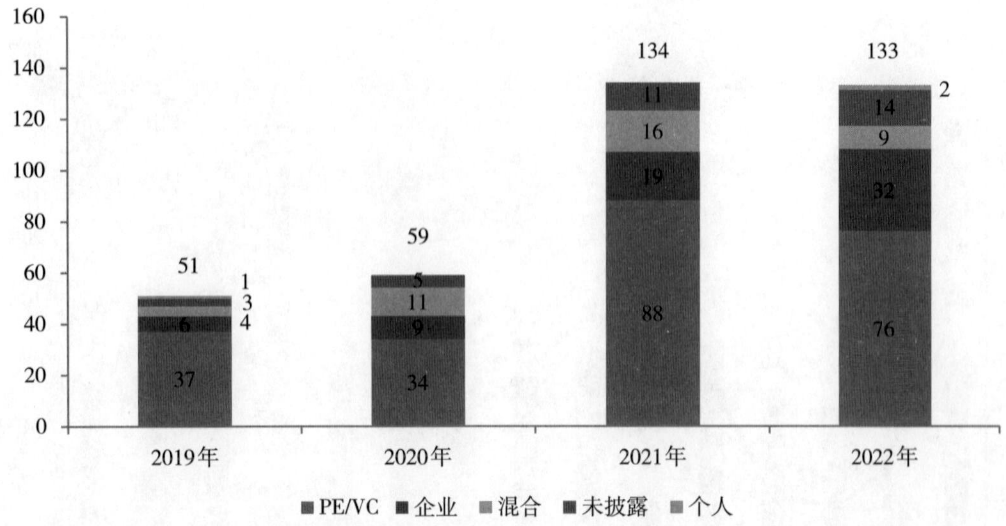

图 16 线下餐饮投资主体分布统计①（2019—2022 年，笔）

三、2023 年第一季度餐饮行业市场表现

（一）餐饮行业宏观及二级市场市场表现

2022 年 3—5 月，餐饮收入同比跌幅超 15%，餐饮市场整体表现不佳，全年多数月份餐饮收入同比负增长（见图 17）。

2023 年第一季度统计数据显示，餐饮收入同比增速达 13.9%，远高于其他商品零售 4.9%的增速，而在限额以上单位基本生活类商品零售中，餐饮收入表现更加亮眼（见图 18）。

① 上述交易数量统计包括未披露投资机构的 33 笔交易。

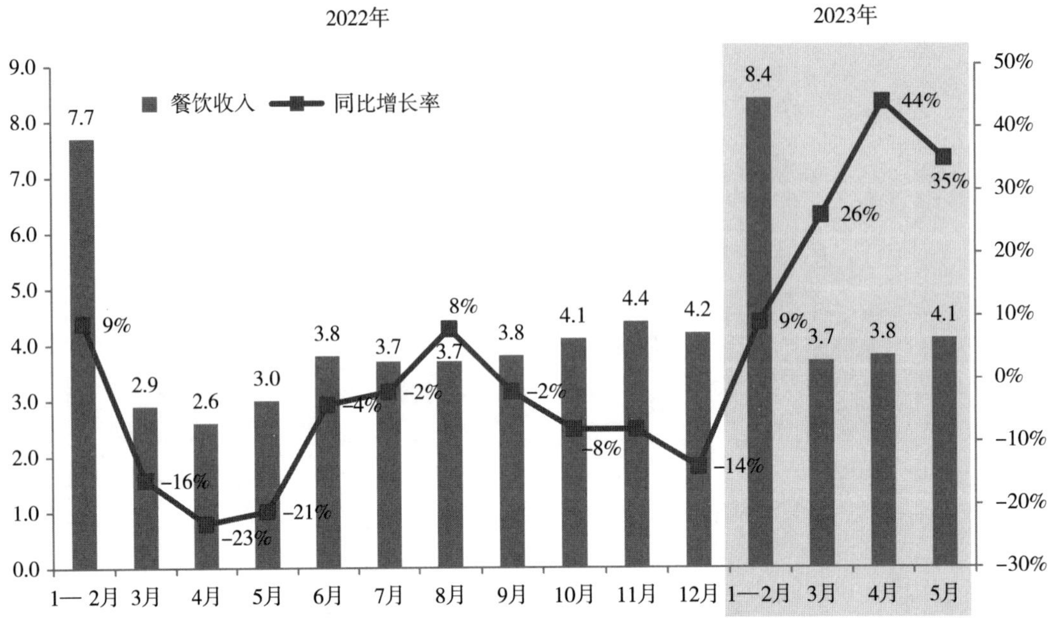

注：国家统计局对每年社会消费品零售总额 1—2 月数据进行合并处理，未单独披露。

图 17　2022—2023 年 5 月社会消费品零售总额中餐饮收入（千亿元人民币）及同比增长率①（%）

数据来源：国家统计局。

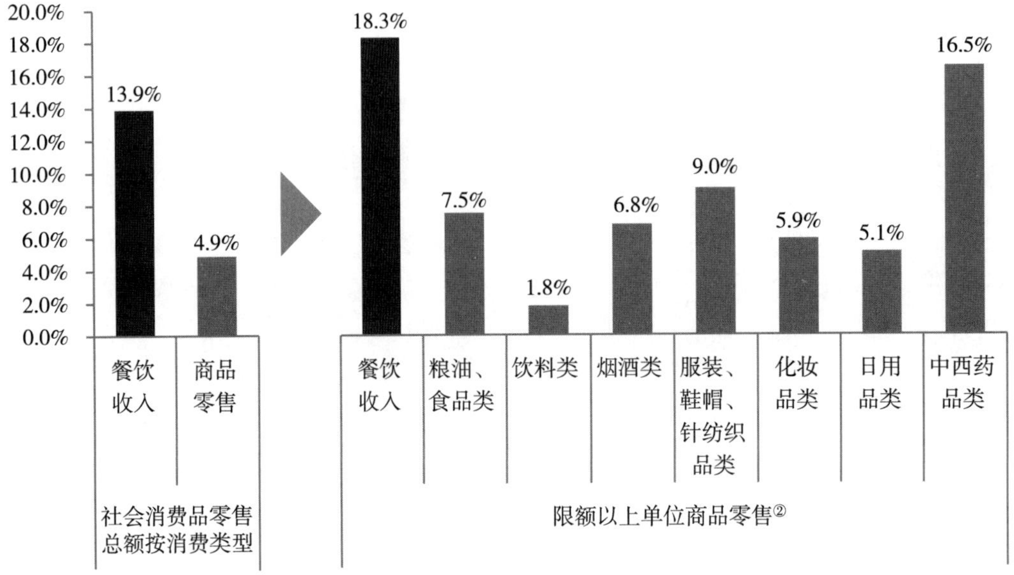

图 18　2023 年第一季度基本生活类社会消费品零售额同比增长率③（%）

数据来源：国家统计局。

① 餐饮收入月同比增长率=（该月社会消费品零售总额中餐饮收入/上一年同期社会消费品零售总额中餐饮收入-1）×100%。

② 由于限额以上企业（单位、个体户）范围每年发生变化，为保证数据可比分析，国家统计局计算限额以上单位消费品零售额等各项指标同比增长速度所采用的同期数与本期的企业（单位、个体户）统计范围相一致。

③ 社会消费品零售额同比增长率=（该品类 2023 年第一季度社会消费品零售额/该品类上一年同期社会消费品零售额-1）×100%。

最新统计数据显示，截至 2023 年 5 月，餐饮收入单月同比增长率已连续 3 个月超过 25%，其中 5 月同比增速达约 35%，对比 2019 年同期实现了超 12%的增长，市场信心得到了极大振奋。

从已披露 2023 年第一季度的 10 家样本公司的财务表现来看，超半数样本上市公司在 2023 年第一季度的营收超过 2022 年全年的 1/4，第一季度营收平均同比涨幅超 16%，正餐品类实现显著增长，样本企业的息税前利润率也得到改善，正餐及中西式快餐的样本企业息税前利润率较 2022 年第一季度平均上涨 13.6 个百分点（见图 19）。

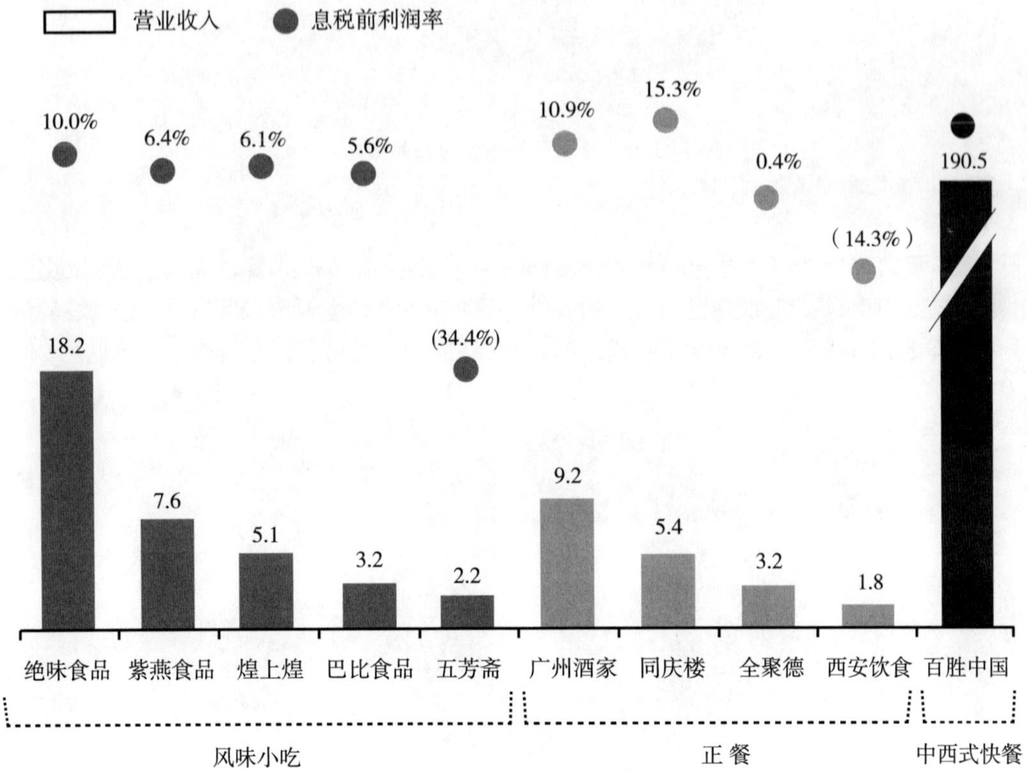

图 19 样本上市公司 2023 年第一季度主营业务收入（亿元人民币）及息税前利润率①（%）

数据来源：上市公司年报，Wind。

（二）连锁餐饮品牌情况调研

本次调研采用线上匿名问卷调查的形式进行，参与调研的线下连锁餐饮品牌共 51 家。

按品类分类：12 家正餐，21 家中西式快餐，6 家火锅，6 家风味小吃，5 家饮品及 1 家自助餐厅（见图 20）。

① 主营业务息税前利润率=主营业务息税前利润/主营业务收入，其中利润计算剔除非经常性项目。

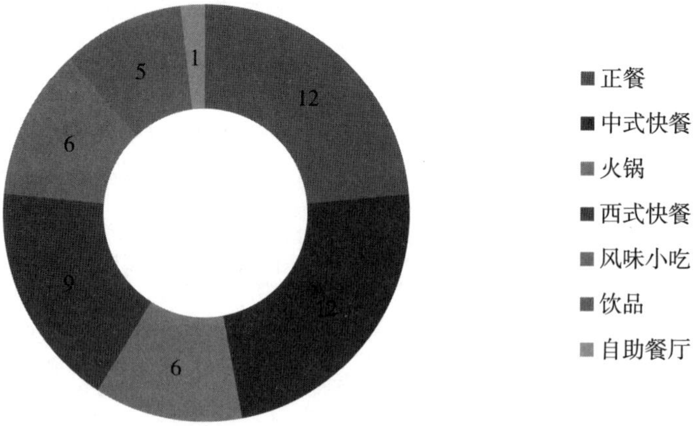

图 20　样本品牌按细分品类分布

数据来源：中国连锁经营协会问卷调研。

按经营模式分类：超过 60%的样本品牌是纯直营连锁模式的餐饮品牌，主要为正餐、中西式快餐和火锅；纯加盟连锁模式的餐饮品牌共 14 家，主要涉及风味小吃及饮品品类；另有 5 家样本品牌采用混合连锁模式，即直营连锁模式和加盟连锁模式结合（见图 21）。

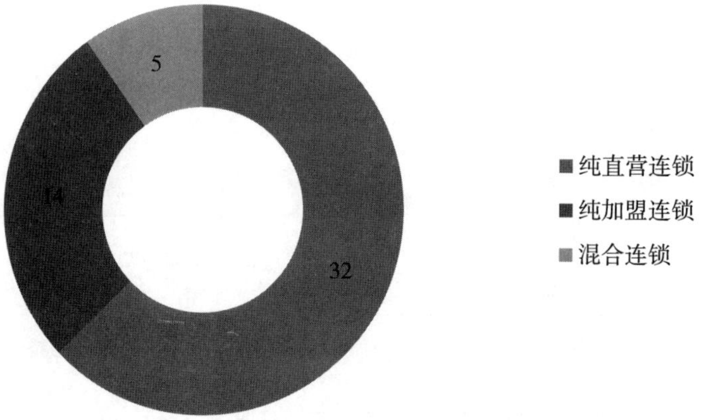

图 21　样本品牌按经营模式分布

数据来源：中国连锁经营协会问卷调研。

按门店规模分类：连锁品牌门店数量超过1000家的共有7个样本品牌，主要为西式快餐和火锅品类；门店数量在100~1000家的品牌共20家，各品类均有涉及；门店数量在10~100家的品牌共20家，主要为正餐和中式快餐；另有4个样本品牌门店数少于10家（见图22）。

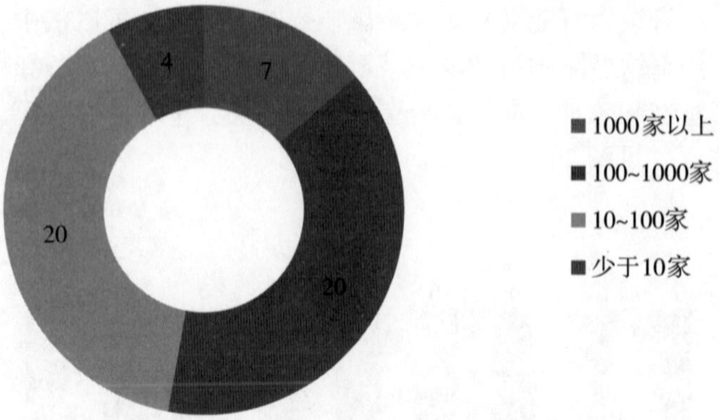

图22 样本品牌按门店数量分布

数据来源：中国连锁经营协会问卷调研。

（三）调研企业2023年第一季度情况

从调研数据来看，2023年第一季度51家餐饮品牌中超60%的品牌营收表现优于2022年同期，其中以火锅、中式快餐及正餐类恢复尤为迅速，分别有83%、75%及75%的品牌实现第一季度正向增长。西式快餐、风味小吃品类总体向好，营收持平或优于2022年同期的品牌占比分别超75%、65%。调研的5家饮品品牌中仅1家营收与去年同期基本持平（见图23）。

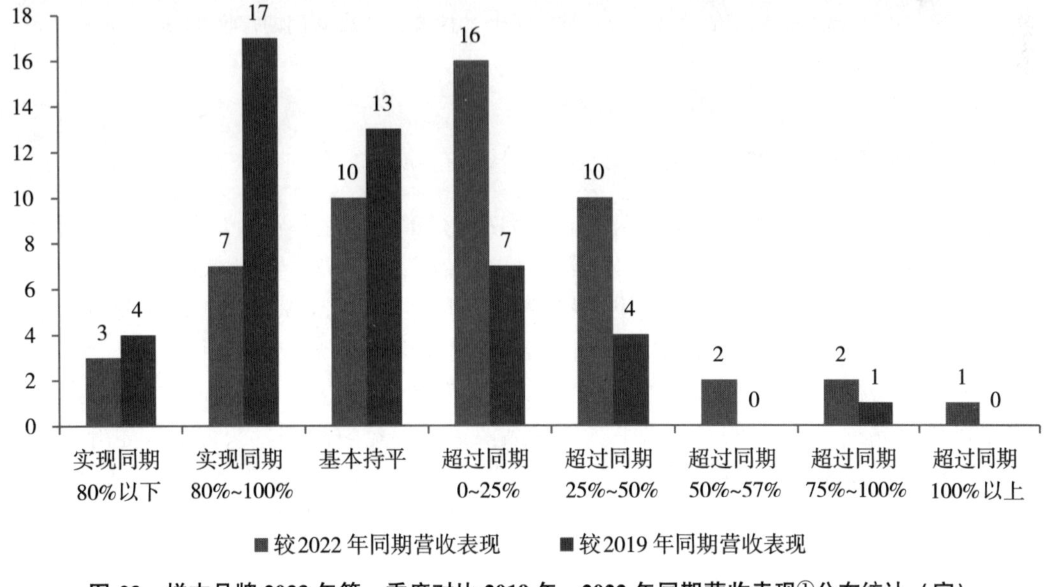

图23 样本品牌2023年第一季度对比2019年、2022年同期营收表现①分布统计（家）

数据来源：中国连锁经营协会问卷调研。

① 同期营收表现=（品牌2023年第一季度收入/品牌2019年或2022年第一季度收入）×100%，此处的收入指样本品牌收入合计，包括存续直营门店收入、新开直营门店收入、加盟相关收入及零售收入等。

近半数品牌 2023 年第一季度营收已持平甚至超过 2019 年同期，正餐、中式快餐及风味小吃等品类表现优于其他品类，营收表现尚不及 2019 年同期水平的品牌中，多数也已进入加速调整通道，超 70%的品牌较 2022 年同期基本持平或实现了增长。饮品类表现总体低于平均水平，尽管结果可能受到样本量限制影响，但依然可以从中看到饮品行业更加激烈的竞争趋势。头部饮品品牌持续渗透下沉市场、下调定价策略争夺市场份额，而品牌线上运营带来的流量红利较难长期维持等诸多因素叠加，中小连锁规模、定位低线城市的品牌增长空间被挤压（见图 24）。

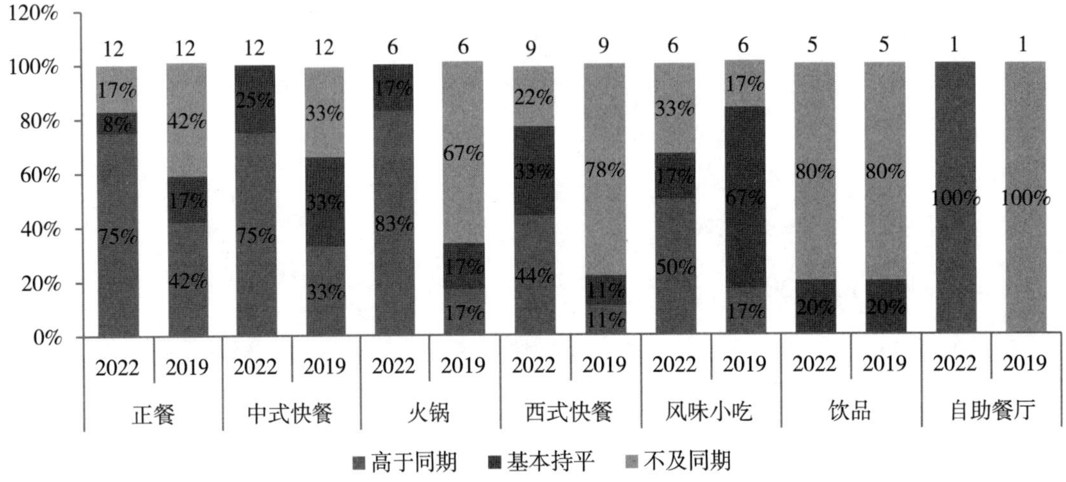

图 24　分品类样本品牌 2023 年第一季度对比 2019 年、2022 年同期营收表现（家）

数据来源：中国连锁经营协会问卷调研。

（四）调研企业 2023 年全年收入预测情况

总体而言，不断升温的“周末经济”和假期出行都在加速餐饮市场发展，中式快餐、正餐、火锅品类的受访者对餐饮市场发展相对更具信心，超 67%的样本品牌预计 2023 年收入能与 2019 年持平。其中，中式快餐和正餐品牌中分别有 50%和 42%的品牌预计能够实现正增长。西式快餐和饮品样本企业对 2023 年发展相对悲观。

直营及混合模式①的品牌对业务的发展预期相对更乐观，近 60%的受访者认为 2023 年其品牌能够超过 2019 年的营收水平。而饮品及火锅等竞争激烈、头部品牌争夺存量空间的品类中，中小型加盟连锁品牌相对直营品牌面临的挑战不仅有市场空间的竞争压力，还有来自加盟商信心的重建（见图 25）。

① 指“直营+加盟”混合经营模式。

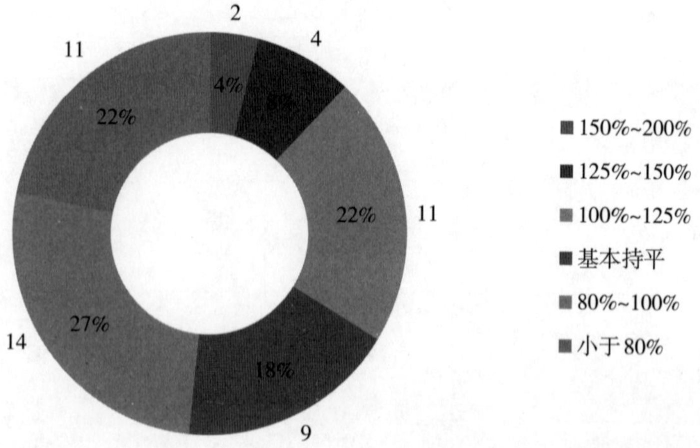

图 25 样本品牌预估 2023 年全年收入将达到 2019 年收入的%①（家）

数据来源：中国连锁经营协会问卷调研。

四、餐饮行业上市动向及上市地选择

（一）餐饮行业上市最新动向观察

数据显示，截至 2023 年 1 月 31 日，处于正常审核状态的主板 IPO 排队企业近 300 家，其中 77 家已反馈、156 家已预披露更新、21 家过会、3 家正在发行。在排队企业中，有不少来自食品饮料、餐饮连锁等行业企业。

（二）餐饮行业上市地的比较和选择

港股，A 股主板、科创板、创业板、北交所。

2023 年 2 月 17 日，中国证监会发布全面实行发行注册制相关制度规则，自发布之日起施行。

全面注册制使得市场体系与规则制度更加完善，上市条件更加包容。注册制将全面覆盖上交所、深交所、北交所和全国中小企业股份转让系统，并明确各板块定位。主板定位于“大盘蓝筹”企业，科创板突出“硬科技”特色，创业板聚焦成长型创新创业企业，北交所主要服务创新型中小企业。同时，主板上市核心条件“持续盈利能力”改为“持续经营能力”，取消关于不存在未弥补亏损以及无形资产占比的限制，允许“差异表决权”企业上市。创业板明确表示实施未盈利企业上市标准的时机已成熟，取消“红筹”及“差异表决权”企业上市盈利要求。各版块上市条件的修订也为餐饮行业企业在上市地的选择上带来更广阔的思考空间。

① 即样本品牌收入合计，包括存续直营门店收入、新开直营门店收入、加盟相关收入及零售收入等，收入的 % =（预估品牌 2023 年全年收入/2019 年品牌实际收入）×100%。

1. A 股 IPO 版块差异化要求（见图 26）

	港股主板	A 股			
		主板	科创板	创业板	北交所
版块定位	无特别定位	“大盘蓝筹”企业	“硬科技”创新企业	“三创四新”成长型创新创业企业	创新型中小企业
实际人、管理团队和主营业务稳定期	3 年	3 年	2 年	2 年	2 年
市值与财务指标数量	3 套	3 套	5 套	3 套	4 套
是否接受“未盈利”一般企业	是	否	是	是	是
是否接受“红筹企业”		是	是	是	否
是否接受“差异表决权”	是	是	是	是	是
“差异表决权”市值要求	至少 100 亿港元	至少 100 亿元	至少 50 亿元	至少 50 亿元	至少 6 亿元

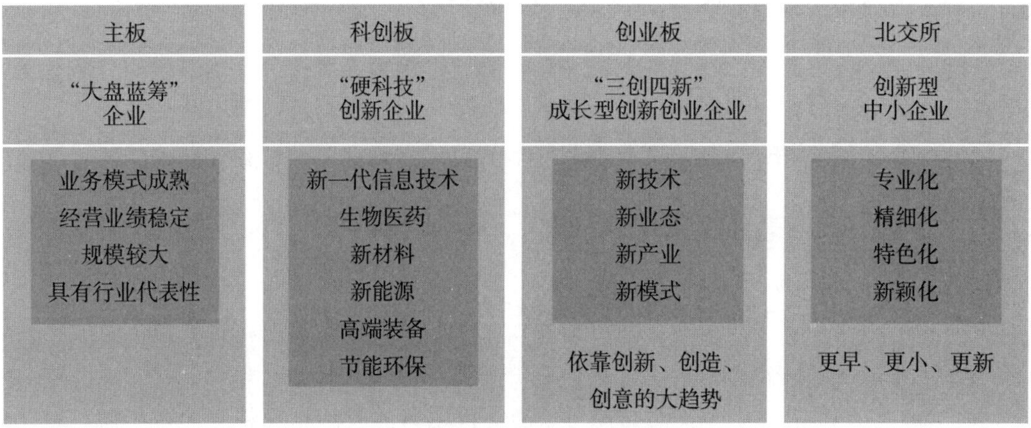

图 26　A 股 IPO 版块差异化要求

2. 市值与财务指标条件——一般企业（见表 2）

表 2　市值与财务指标条件——一般企业

港股主板	A 股			
	主板（3 套）	科创板（5 套）	创业板（3 套）	北交所（4 套）
标准一： 市值+持续盈利 · 市值≥5 亿港元 · 近两年累计净利润≥4500 万港元 · 近一年净利润≥3500 万港元	标准一： 持续盈利+现金流/收入 · 无市值要求 · 近三年净利润为正 · 近三年累计净利润≥1.5 亿元 · 近一年净利润≥6000 万元 · 近三年累计经营活动现金净流量≥1 亿元或营业收入累计≥10 亿元	标准一（1）： 市值+持续盈利 · 市值≥10 亿元 · 近两年净利润为正 · 近两年累计净利润≥5000 万元	标准一：持续盈利 · 无市值要求 · 近两年净利润为正 · 近两年累计净利润≥5000 万元	标准一（1）： 市值+持续盈利+ROE * · 市值≥2 亿元 · 近两年净利润均≥1500 万元 · 近两年平均 ROE≥8%
		标准一（2）：市值+盈利+收入 · 市值≥10 亿元 · 近一年净利润为正 · 近一年营业收入≥1 亿元	标准二：市值+盈利+收入 · 市值≥10 亿元 · 近一年净利润为正 · 近一年营业收入≥1 亿元	标准一（2）：市值+盈利+ROE * · 市值≥2 亿元 · 近一年净利润≥2500 万元 · 近一年 ROE≥8%
—	—	标准二：市值+收入+研发 · 市值≥15 亿元 · 近一年营业收入≥2 亿元 · 近三年研发投入合计占营业收入合计≥15%	—	标准三：市值+收入+研发 · 市值≥8 亿元 · 近一年营业收入≥2 亿元 · 近两年研发投入合计占营业收入合计≥8%
标准二：市值+收入+现金流 · 市值≥20 亿港元 · 近一年营业收入≥5 亿港元 · 近三年累计经营现金净流量≥1 亿港元	标准二：市值+收入+现金流+盈利 · 市值≥50 亿元 · 近一年净利润为正 · 近一年营业收入≥6 亿元 · 近三年累计经营现金净流量≥1.5 亿元	标准三：市值+收入+现金流 · 市值≥20 亿元 · 近一年营业收入≥3 亿元 · 近三年累计经营现金净流量≥1 亿元	—	标准二：市值+收入+现金流 · 市值≥4 亿元 · 近两年平均营业收入≥1 亿元 · 近一年收入增长率≥30% · 近一年经营活动现金净流量为正
—	标准三：市值+收入+盈利 · 市值≥80 亿元 · 近一年净利润为正 · 近一年营业收入≥8 亿元	标准四：市值+收入 · 市值≥30 亿元 · 近一年营业收入≥3 亿元	标准三：市值+收入 · 市值≥50 亿元 · 近一年营业收入≥3 亿元	—

续表

港股主板	A股			
	主板（3套）	科创板（5套）	创业板（3套）	北交所（4套）
标准三：市值+收入+豁免条件 ·市值≥40亿港元 ·近一年营业收入≥5亿港元 ·豁免遵守三年业务记录规定的先决条件：董事及管理层在上市业务和行业拥有足够及令人满意的经验；管理层在最近一个经审核的财务年度维持不变	—	标准五：市值+技术 ·市值≥40亿元 ·符合科创板定位需具备的技术优势和条件 医药行业企业：至少一项核心产品获准二期临床试验 医疗器械企业：在核心技术产品范围、阶段性成果、市场空间、技术优势、持续经营能力、信息披露等符合特定要求	—	标准四：市值+研发 ·市值≥15亿元 ·近两年研发投入合计≥5000万元

3. 市值与财务指标条件——红筹企业（见表3）

表3　市值与财务指标条件——红筹企业

	主板	科创板	创业板	北交所
试点范围	符合国家战略、掌握核心技术、市场认可度高，属于互联网、大数据、云计算、人工智能、软件和集成电路、高端装备制造、生物医药、新一代信息技术、新能源、新材料、新能源汽车、绿色环保、航空航天、海洋装备等高新技术产业和战略性新兴产业，且达到相当规模的创新企业。 具有国家重大战略意义的红筹企业申请纳入试点，不受前述行业限制			尚不允许红筹企业上市
已在境外上市红筹企业	标准一： ·市值≥2000亿元			
	标准二： ·市值≥200亿元 ·拥有自主研发、国际领先技术，科技创新能力较强，在同行业竞争中处于相对优势地位			
尚未上市的红筹企业	标准一： ·市值≥200亿元 ·近一年营业收入≥30亿元			
	标准二： ·市值≥100亿元 ·营业收入快速增长* ·拥有自主研发、国际领先技术，在同行业竞争中处于相对优势地位			

续表

<table>
<tr><th></th><th>主板</th><th>科创板</th><th>创业板</th><th>北交所</th></tr>
<tr><td>尚未上市的红筹企业</td><td colspan="3">标准三：
·市值≥50 亿元
·近一年营业收入≥5 亿元
·营业收入快速增长*，拥有自主研发、国际领先技术，在同行业竞争中处于相对优势地位</td><td></td></tr>
</table>

注：*营业收入快速增长，应当符合下列标准之一：

1. 近一年营业收入≥5 亿元，近 3 年营业收入复合增长率>10%；
2. 近一年营业收入<5 亿元，近 3 年营业收入复合增长率>20%；
3. 受行业周期性波动等因素影响，行业整体处于下行周期的，近 3 年营业收入复合增长率高于同业可比公司同期平均增长。

处于研发阶段的红筹企业和对国家创新驱动发展战略有重要意义的红筹企业，不适用"营业收入快速增长"的要求。

4. 市值与财务指标条件——差异表决权企业（见表 4）

表 4 市值与财务指标条件——差异表决权企业

<table>
<tr><th rowspan="2"></th><th rowspan="2">港股主板</th><th colspan="4">A 股</th></tr>
<tr><th>主板</th><th>科创板</th><th>创业板</th><th>北交所</th></tr>
<tr><td rowspan="5">具有差异表决权安排的企业</td><td rowspan="2">标准一：市值+盈利
·市值≥100 亿港元
·近一年营业收入≥10 亿港元</td><td rowspan="2">标准一：市值+盈利
·市值≥200 亿元
·近一年净利润为正</td><td colspan="2" rowspan="2">标准一：市值
·市值≥100 亿元</td><td>标准一（1）：市值+持续盈利+ROE
·市值≥6 亿元
·其他同北交所上市标准一（1）</td></tr>
<tr><td>标准一（2）：市值+盈利+ROE
·市值≥6 亿元
·其他同北交所上市标准一（2）</td></tr>
<tr><td rowspan="3">标准二：市值
·市值≥400 亿港元</td><td rowspan="3">标准二：市值+盈利+收入
·市值≥100 亿元
·近一年净利润为正
·近一年营业收入≥10 亿元</td><td colspan="2" rowspan="3">标准二：市值+收入
·市值≥50 亿元
·近一年营业收入≥5 亿元</td><td>标准二：市值+收入+现金流
·市值≥6 亿元
·其他同北交所上市标准二</td></tr>
<tr><td>标准三：市值+收入+研发
·市值≥8 亿元
·其他同北交所上市标准三</td></tr>
<tr><td>标准四：市值+研发
·市值≥15 亿元
·其他同北交所上市标准四</td></tr>
</table>

五、结语

市场见证了餐饮行业 2021 年的爆发式投资热潮，并于 2022 年回归理性。在线下餐饮砥砺前行的几年中，餐饮的消费和需求场景均发生了一定改变，整个行业迎来结构性的转变，这在一定程度上也推动了资源向头部企业集中，马太效应愈加明显。

本报告数据的背后预示着近年来消费者做决策时愈加理性，人们对餐饮的诉求不再局限于饱腹，或者对视觉和味觉的享受，餐饮的性价比逐渐成为重要的决策依据，并进一步衍生出对健康食材的要求，消费者更追求性价比的时代或已到来。

连锁餐饮企业仍需在未来的一段时间内保存锋芒、养精蓄锐。一方面，业务转型、门店模型优化等战略性调整需要时间来巩固；另一方面，餐饮企业需要敏锐察觉消费者的最新消费动向，并及时应对。连锁餐饮企业应把握这个时代“韬光养晦，内外兼修”，方能在未来主动把握市场机会，厚积薄发。

2023 年中国连锁餐饮企业资本之路系列报告

根据国家统计局数据显示，2023 年中国餐饮行业收入首次突破 5 万亿元大关，达到 5.3 万亿元，较 2022 年同比增长超 20%，成为拉动消费的核心。

2023 年餐饮行业连锁化率进一步得到提升，多个连锁品牌进入万店时代；行业迎来了出海、加盟等热潮；多个城市的旅游经济带火地方特色饮食，市场亮点颇多。虽然餐饮行业正在稳步恢复，但市场增速放缓、行业竞争加剧，也使得餐饮行业进入了一个新的经济周期，即需求的多元化和经营的复杂化。在消费者追求“极致性价比”的当下，餐饮企业需探索高性价比、高品质、优体验、多场景的运营模式，方能在激烈的市场竞争中抓住机遇、站稳脚跟。

2023 年上市节奏整体放缓，截至 2024 年第一季度，仅有 1 家餐饮企业成功登陆港交所，另有 1 家企业转战新三板，4 家餐饮企业于 2024 年年初在港交所提交 IPO 申请。一级市场投融资活动继续降温，交易数量回落至 2020 年的水平。

中国连锁经营协会与普华永道联合对中国连锁餐饮企业的资本之路进行追踪与研究，立足资本市场视角，旨在剖析餐饮行业一、二级资本市场发展动向，为广大行业参与者及投资者提供参考。

一、餐饮行业整体回顾

（一）2023 年，餐饮行业重整洗牌

2023 年全国餐饮行业收入首次突破 5 万亿元，同比增速达到历史性的 20.4%，与其他居民基本生活相关的消费品行业相比，餐饮行业回暖速度遥遥领先。餐饮在消费侧的需求回升是毋庸置疑的，但在亮眼的宏观数据之外，餐饮企业同时面临着比以往更严峻的行业竞争和洗牌，2023 年国内餐饮企业注吊销数量远超 2022 年，行业优胜劣汰加剧。经历了近几年的繁荣与挫折，餐饮行业重整与洗牌的进程已经拉开帷幕（见图 1、图 2）。

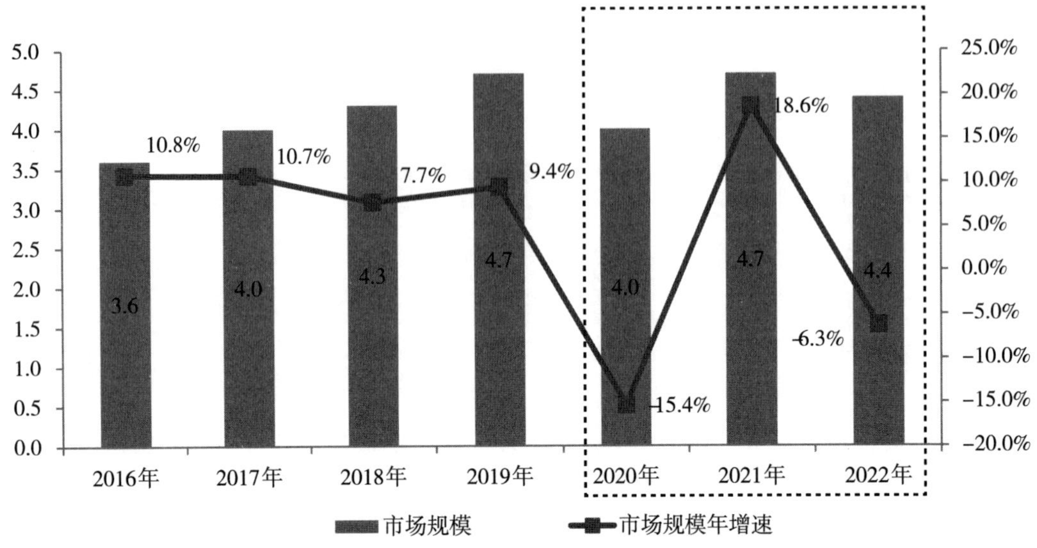

图 1 中国餐饮行业市场规模及市场规模年增速（2016—2022 年，万亿元人民币）

数据来源：国家统计局。

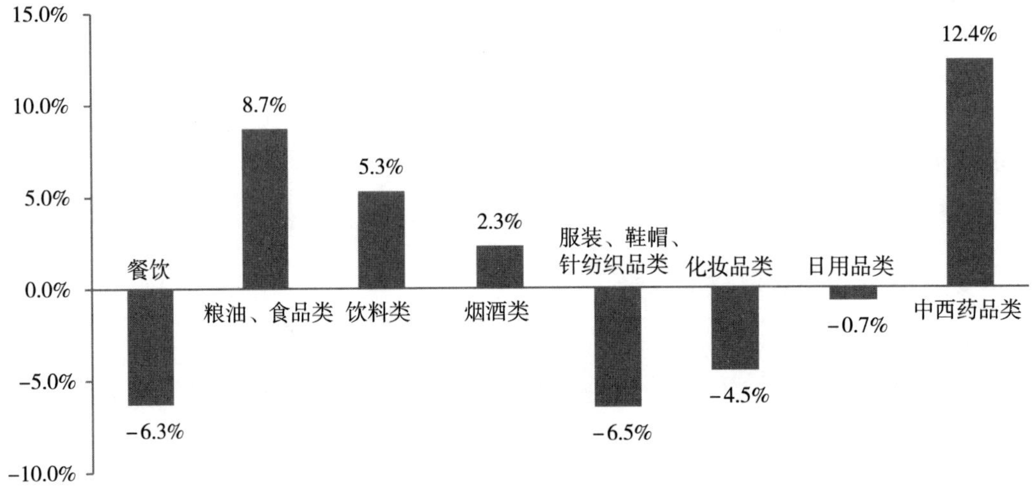

图 2 基本生活类社会消费品零售额同比增速①（2023 年 vs 2022 年）

数据来源：国家统计局。

（二）餐饮行业新趋势

1. 餐饮企业逐力“极致性价比”

2023 年，消费者线下消费变得更理性、更务实。在此大环境下，咖啡、茶饮赛道价格战不断升级，平均一杯饮品的活动单价从“9 块 9”“8 块 8”降到“6 块 6”“5 块 5”

① 为限额以上单位商品零售及餐饮收入同比比较，由于限额以上企业（单位、个体户）范围每年发生变化，为保证数据可比分析，国家统计局计算限额以上单位消费品零售额等各项指标同比增长速度所采用的同期数与本期的企业（单位、个体户）统计范围相一致。

"4 块 9"。而一些正餐企业为了能够吸引足够多的客流量，不得不调低客单价，在价位上"正餐快餐化"，走起了平价大众路线。部分餐饮上市公司的平均客单价较往年均有所下滑（见图 3）。

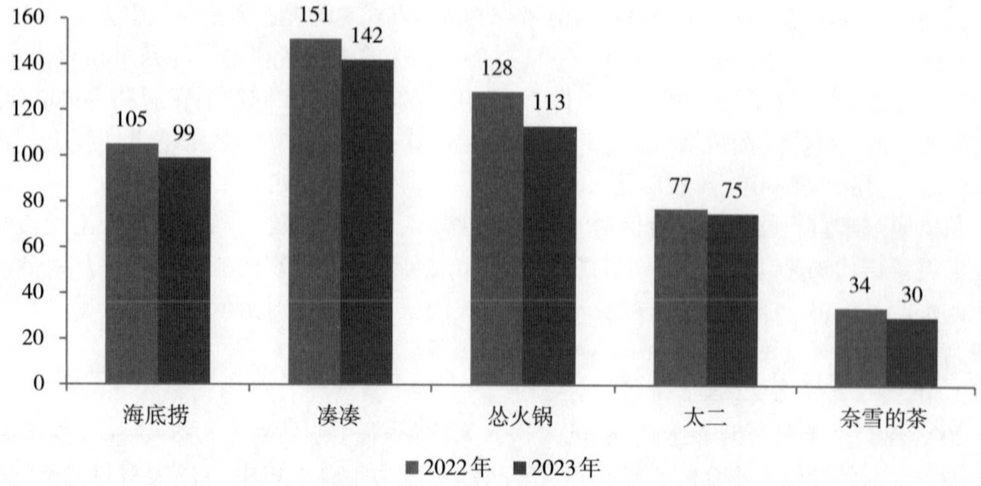

图 3　部分餐饮企业的平均客单价（单位：元）

数据来源：上市公司年报。

尽管消费者的花钱意愿不如以往，但实际对菜品品质、就餐体验等要求却并未降低，因此，餐饮企业一方面需要通过低价位保持竞争力，另一方面仍需维持原有的品质、分量和就餐环境，因此原材料等成本并不能缩减，人工等成本仍在上涨。价格竞争倒逼餐饮企业在"极致性价比"的路上不断内卷，餐饮行业要面对更大的现金流和门店运营的挑战。头部连锁品牌或能通过规模优势在一定程度上平摊成本、弥补单店利润的下降，但中小规模的餐饮企业，尤其是一些独立门店，盈利空间受到较大的挤压。

此外，"小吃、小喝、小店、小聚"，成为消费者更热衷的就餐选择。"接地气""有锅气""烟火气"成为小而美餐饮脱颖而出的关键词，它们往往平价实惠、客单价控制在百元上下，且有一到两个特色菜品或热门单品，营业时间更长，可以满足三五好友之间小规模聚会的社交需求。而对餐饮企业来说，小而美的餐厅在运营上也更具备高性价比的优势：小面积、餐品烹饪难度更低、门店运营更灵活等。因此，此类餐饮业态和模式获得了不少消费者的青睐。

2. 情绪价值成为餐饮营销新锚点

纵观 2023 年餐饮领域的营销事件，不难发现，餐饮营销从以往宣传食材、口味、服务转为为消费者提供情绪价值。围绕多巴胺美学、沙雕文化、旅游经济等网络热点，通过年轻人喜欢的谐音梗等方式，餐饮企业可以与消费者产生某种共鸣、获得消费者的价值认同，并建立起情绪连接。餐饮品牌通过营销情绪价值迎合了当代年轻人的精神状态，帮助他们进行情感表达和宣泄，也更好地促进了消费者自愿为此买单。

一些咖啡茶饮、中西式快餐品牌结合自身餐饮品类的特点，推出不同单品组合而成的工作日低价套餐，如"打工人套餐""1+1 随心配"等。

还有一些餐饮品牌在餐厅环境上努力营造出特定的氛围感。例如，将年轻消费者热衷的“沙雕文化”做到极致，餐厅随处可见好玩、解压又有梗的标语“管他几岁，开心万岁”“你开心就好”等，都精准狙击到当代消费者们对即时满足、享受当下的心理需求，因而迅速出圈。

此外，跨界联名也是另一种隐蔽的情绪价值营销方式。跨界看似是在吸引完全不同领域的消费群体，但实际是让处于不同圈层但具有某种共性的消费者获得一种归属和被认同感，这种共性可以是具有共同的兴趣爱好、拥有相同的偶像、拥有相同的消费观和价值取向等，其本质是一种“我懂”的情绪价值供应。2023 年餐饮品牌的跨界联名营销事件频出，其中与奢侈品、动漫/动画 IP、影视综艺、游戏潮玩、文博体育联名占据了半壁江山。

从供应端来看，营销情绪价值对于餐饮企业来说也是性价比更高的方式。流行热词与话题的更新迭代快速，且投入一定的广告与露出就可获得较可观的流量，因此营销情绪价值比改进产品、提升服务、改善就餐环境等方式的获客成本相对更低且转化效率更高。这也成为内卷加速环境下，餐饮企业不可忽视的一条途径。

3. 小城旅游催化现象级特色地方餐饮

2023 年，全年国内出游达到 49 亿人次，人均消费达到千元（见图 4）。国内旅游的一个显著特征是冷门、小众的县城小镇异军突起，成为年轻人口中的“宝藏目的地”，吸引了大量游客到访，小城旅游的崛起也为当地的特色餐饮发展添了一把火。

2023 年年初，淄博烧烤凭借有特色的“肉串+小饼”吃法、平价实惠的小炉现烤，以及老板热情周到的服务频频霸榜热搜。后有哈尔滨花式宠爱“南方小土豆”，让铁锅炖、杀猪菜等量大实惠的东北特色菜重新走入广大消费者的视线（见表 1）。甘肃天水麻辣烫再次接棒，成为又一个热门“小城旅游+餐饮”的组合，小城烟火的热度持续不减。

如今，低线城市的交通更加便利，基础设施也日益完善，住宿与餐饮的价格也都更加亲民，而小城独特的自然风光、特色的美食，这些都与消费者追求性价比的同时又希望个人独特品味可以得到满足的需求高度契合。

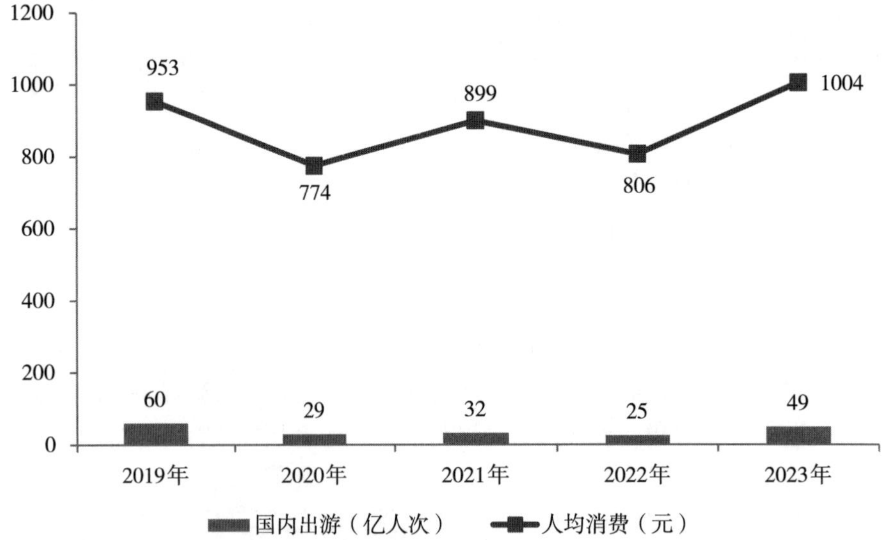

图 4 国内旅游情况（2019—2023 年）

数据来源：文化和旅游部。

表 1　2023 年抖音五大热点旅行目的地

序号	目的地	典型热点
1	淄博	淄博用热情来拥抱每一位朋友
2	西藏	勇敢一点，西藏不远
3	哈尔滨	这个冬天总要去一次哈尔滨吧
4	贵州	晒出我的贵州超村 vlog
5	天津	天津松弛感逛吃之旅

数据来源：抖音年度观察。

4. 加速出海、开放加盟，缔造餐饮“万店时代”

（1）加速出海

2023 年，消费者外出就餐的需求稳步提升，但由于餐饮消费价格下探、消费者就餐需求更加多元化、对品质服务要求更高，餐饮入局者增多等因素叠加影响，国内餐饮市场的竞争已进入白热化阶段。面对细分品类一分再分，市场下沉一沉再沉的现状，许多餐饮品牌纷纷重新开启开拓海外市场的步伐，希望能够通过海外市场重塑增长曲线。

从品类来看，茶饮、咖啡、火锅等中式餐饮品牌均有所行动。例如，呷哺呷哺新加坡首店已于 2023 年 1 月试营业；海底捞在 2023 年上半年进入迪拜，后续将继续开拓菲律宾市场；库迪咖啡于 2023 年下半年分别进入韩国、印度尼西亚市场；喜茶进军欧洲，2023 年 8 月喜茶伦敦首店开业；蜜雪冰城则在 2023 年继续加速海外空白市场的布局，新进入日本、澳大利亚等国。

从海外布局来看，考虑到后端供应链的限制，地理位置更便捷的东南亚国家，如新加坡、泰国、印度尼西亚等都是优先级较高的海外市场。澳大利亚、美国、加拿大、英国等华人市场潜力较大的国家也紧跟其后，成为餐饮品牌热门的出海目的地。此外，2023 年出境旅游恢复较好，部分餐饮企业也尝试布局迪拜等中国游客较多的海外市场。

（2）开放加盟

虽然去年餐饮企业的营收都有所改善，但企业想要保障营利性仍存在一定挑战。提高连锁程度、增加门店数量，实现更高的规模效益才能实现稳定盈利和长期发展逐渐成为餐饮企业的共识。因此，除了布局海外市场以外，许多餐饮品牌也开放或重启了加盟模式，希望通过“规模化”尽快改善自身的经营状况，提升抗风险能力。由此，餐饮行业向“万店时代”更进一步。

从品类来看，茶饮、咖啡、酒馆品类开放加盟的力度更大，部分以重资产模式经营的品牌甚至关闭了直营门店转为加盟。其次是快餐品类，以比萨、中式米饭类快餐、中式粉面类快餐为主。

从加盟模式来看，2023 年，品牌的加盟模式呈现多样化的趋势，除了餐饮常见的加盟、特许经营等方式以外，还出现了联营、内部合伙、有限城市加盟、带店加盟、特定店型加盟等更灵活的模式。

二、餐饮行业一、二级市场动态

（一）餐饮（拟）上市企业二级市场表现

1. 研究范围及样本概览

在上市环境整体收紧的2023年，二级市场仅茶百道一家公司交表，并于2024年4月成功在香港上市。老娘舅转战至新三板，于2024年2月挂牌成功，后续将继续申请北交所的上市。截至2024年第一季度，蜜雪冰城、沪上阿姨、古茗及小菜园四家餐饮企业在港交所提交IPO的申请。绿茶餐厅于2024年6月第四次冲刺港股IPO，海伦司于2024年7月完成在新交所的第二次上市。

本次调研样本为29家在大陆有门店的连锁餐饮企业①，该29家样本企业均已披露2023年财务信息，其中有10家已披露2024年第一季度的财务表现。本次研究的数据来源包括上市公司年报、公司官网及其他公开信息渠道。

样本企业的营收规模差异较大，多数企业在10亿~50亿元人民币（见图5）。近半数样本企业的门店数集中在100~1000家（见图6）。过半数的样本企业上市地在香港（见图7）。样本企业类型主要集中在正餐、中西式快餐及风味小吃领域（见图8）。

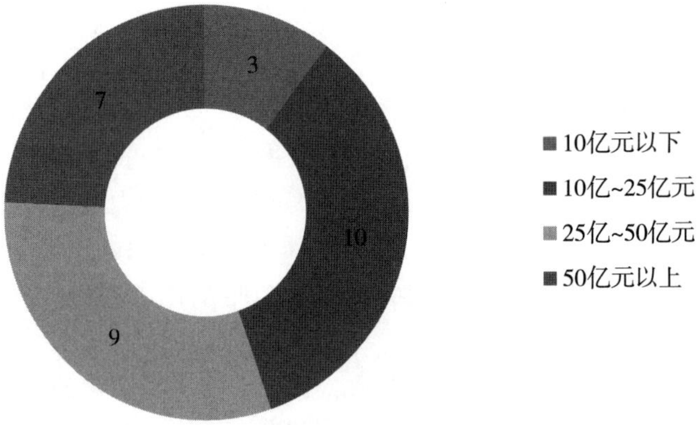

图5 样本企业按营收规模分布

数据来源：Wind，公司官网。

① 选取已披露2023年财报的上市及拟上市连锁餐饮企业作为样本公司。其中，特海国际于2022年底从海底捞分拆上市，海底捞2021年及以前年份的财务报表均包含特海国际的业务。为了可比分析，海底捞2023年数据分析仍包括特海国际。

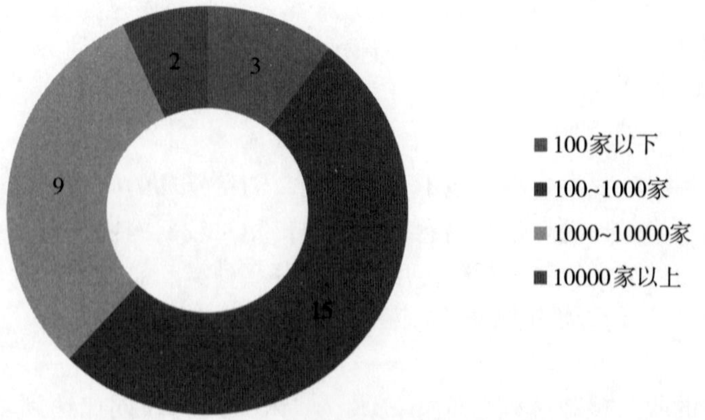

图 6　样本企业按门店数量分布

数据来源：Wind，公司官网。

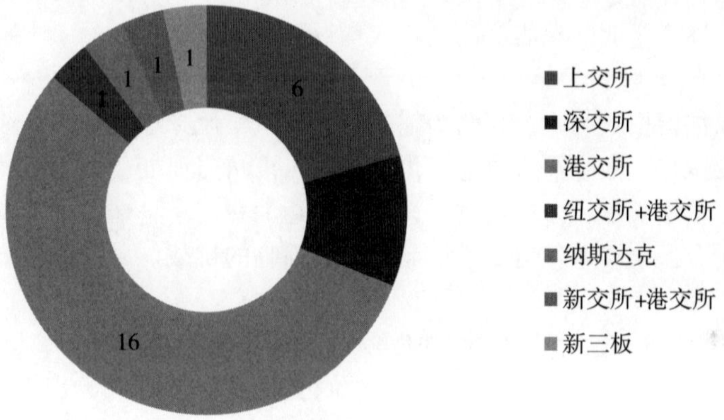

图 7　样本企业按上市地分布

数据来源：Wind，公司官网。

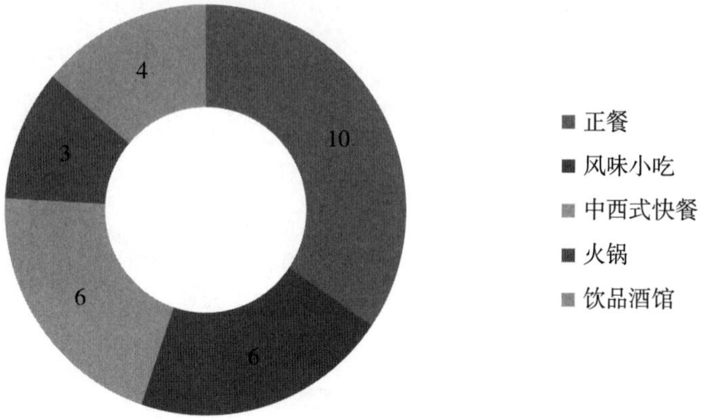

图 8　样本企业按细分品类分布①

数据来源：Wind，公司官网。

① 涉及多类餐饮业态的上市公司，其细分品类按上市公司主营餐厅划分。

2. 从收入规模来看，绝大多数企业 2023 年的收入均实现两位数的增长

29 家样本企业中，超过 90% 的企业实现营收的正增长，且平均增速超过 26%（见图 9、图 10）。

（1）中西式快餐

性价比成为中西式快餐品牌绕不开的话题。消费复苏的同时，价格竞争也使得中西式快餐品类面临更为激烈的竞争及内卷，部分单价相对较高的快餐企业承压。为提升顾客体验，样本企业纷纷加大折扣及促销力度、丰富菜品种类、研发全时段性价比的产品，以迎合不同顾客的需求及推动顾客的消费热情。

（2）正餐

正餐品类的收入反弹位列各品类之最，收入平均增长同比达到 43%。多家样本企业打造多品牌、跨菜系、预制菜/食品联动的经营模式，来满足消费者日渐多元化的消费需求。在单店盈亏平衡和门店规模的取舍中，不少正餐样本企业选择策略性关闭表现不佳的门店，虽然整体营收出现了下降，但通过升级品牌形象、增加餐品多样性及营业时间段等措施，不少样本企业的单店客流及收入均得到了提升。

（3）风味小吃

依托以加盟模式为主、直营为辅的经营模式，风味小吃样本企业依旧聚焦保增长、拓渠道的发展策略。面临需求收缩、供给挤压、消费习惯变化等外部冲击，不少风味小吃样本企业的营收增长承压。如何精准识别及触达消费需求、通过线上及线下渠道引流、拓宽零售产品组合及全渠道销售成为该品类企业面临的挑战。

（4）火锅

随着消费者外出就餐频次的增加，火锅样本企业均实现翻桌率及单店营收的显著提升。客单价相对较高的火锅企业，面对更大的价格压力，人均消费均出现不同程度的下滑。

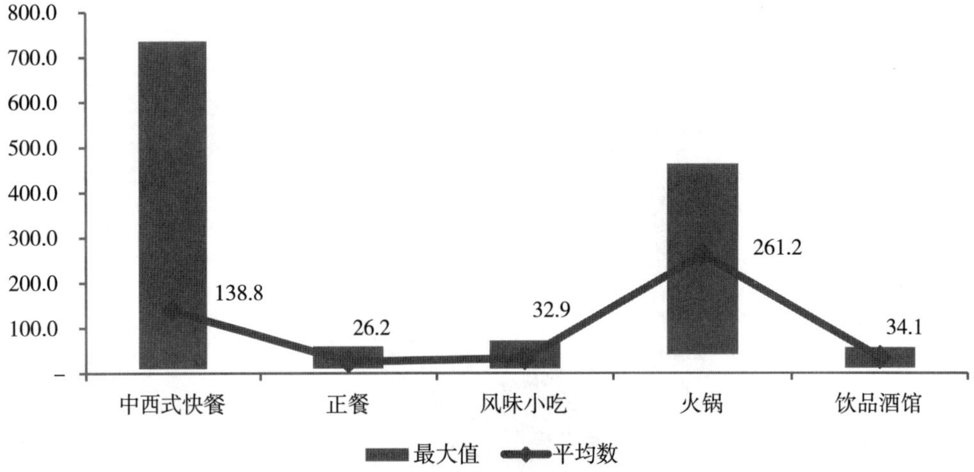

图 9　各细分品类样本企业主营业务收入范围与平均数①（2023 年，亿元人民币）

数据来源：上市公司年报，招股说明书。

① 均为算术平均数。

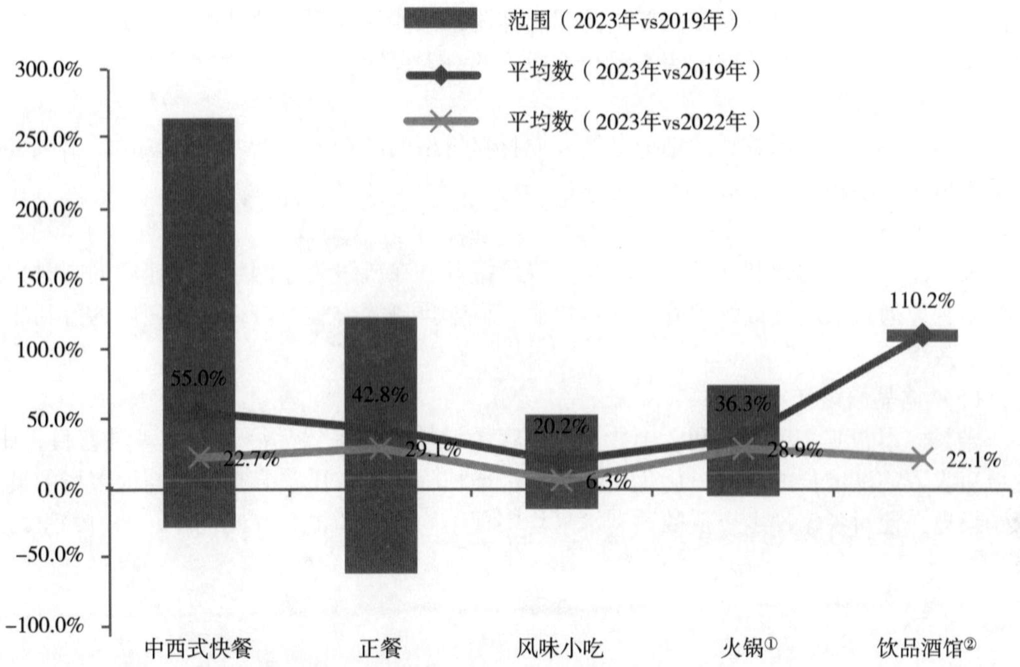

图 10　各细分品类样本企业主营业务收入增长率③范围与平均数（%）

数据来源：上市公司年报，招股说明书。

（5）饮品酒馆

高速发展的饮品及酒馆企业正在开店及盈利中寻求平衡点，多家茶饮及咖啡企业通过开放或增加加盟店的模式来实现全国门店的扩张乃至全球的布局。而在激烈的竞争态势下，酒馆类企业则选择战略性收缩，调整直营门店网络的同时，选择轻资产模式转型，探索和发展合伙人门店。

3. 从盈利水平来看，大部分企业均实现正向盈利增长或亏损收窄

超过 90%的样本企业实现了同比正向的盈利提升，但在门店流量、原材料成本、地段租金及人工成本这“四座大山”前面，餐饮企业压力未减。

（1）中西式快餐

超过 2/3 的样本企业实现了盈利，但行业的内卷、价格的竞争也迫使中西式快餐企业不断寻求模式的创新、餐厅模型的调整来维持营业利润水平。

（2）正餐

近 80%的正餐样本企业的息税前利润实现了盈利，但在严峻的毛利压力下，到底是选择现炒现做带有烟火气的烹饪制作，还是高标准稳出品的半成品及预制菜加工，成为行

① 特海国际于 2022 年年底从海底捞分拆上市，海底捞 2021 年及以前年份的财务报表均包含特海国际的业务。为了可比分析，将 2023 年特海国际与海底捞的财务报表进行加总，并分别与 2019 年及 2022 年进行比较。

② Tims 咖啡于 2019 年年初在大陆开出首店，并在近两年快速开店，增速较高，因此在计算饮品酒馆品类 2023 年对比 2019 年主营业务收入增长率范围与平均值时不包含 Tims 咖啡的数据。另茶百道未披露 2019 年财务数据，因此在计算饮品酒馆品类 2023 年对比 2019 年主营业务收入增长率范围与平均值时也不包含茶百道的数据。

③ 2023 年对比 2019 年主营业务收入增长率=（企业 2023 年主营业务收入/企业 2019 年主营业务收入-1）×100%。

业内及消费者争论的焦点。在既要维持门店客流，又要保证门店盈利的双重压力下，如何平衡消费者的满意度及预期成为正餐企业面临的一大课题。

（3）风味小吃

作为唯一全部实现盈利的细分品类，原材料价格的波动、消费习惯的变化均给风味小吃品类带来不小的冲击。

（4）火锅

火锅品类企业的营利性较上一年均实现了提升，在放缓餐厅网络拓张速度的同时，火锅样本企业通过供应链升级、降低采购单价、科学排班等方式，持续提升门店的盈利能力及运营效率。

（5）饮品酒馆

半数样本企业实现了盈利，半数企业收窄了亏损程度。饮品酒馆品类不再盲目扩张，在单店收入逐渐增长的同时，优化用工结构、增加临时工占比、寻求适应当地市场的灵活营销渠道，使得各家样本企业的盈利水平均实现不同程度的提升（见图 11、图 12）。

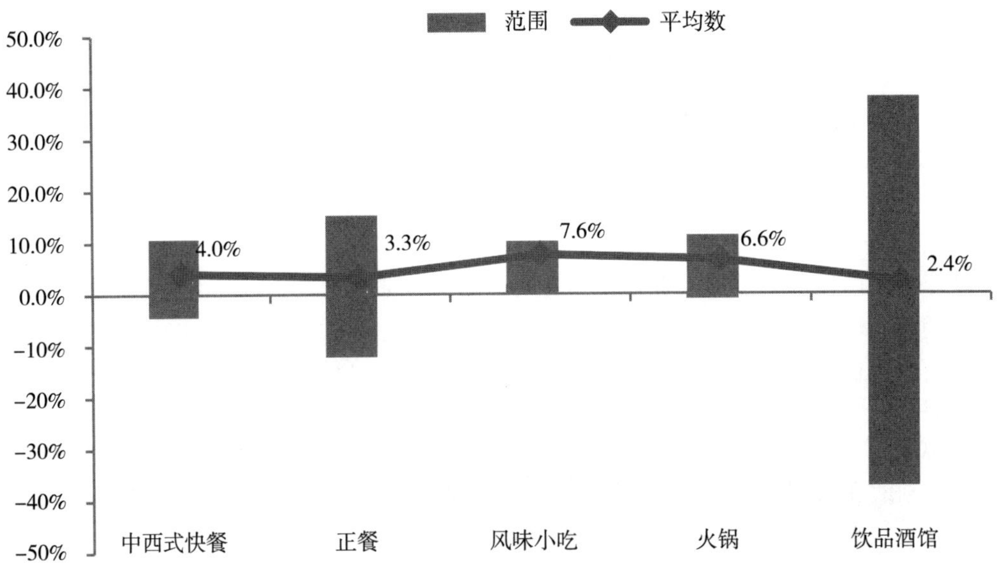

图 11 各细分品类样本企业息税前利润率范围①与平均数②（2023 年）

数据来源：上市公司年报，招股说明书。

① 主营业务息税前利润率 = 主营业务息税前利润/主营业务收入，其中利润计算剔除非经常性项目。

② 均为算术平均数。

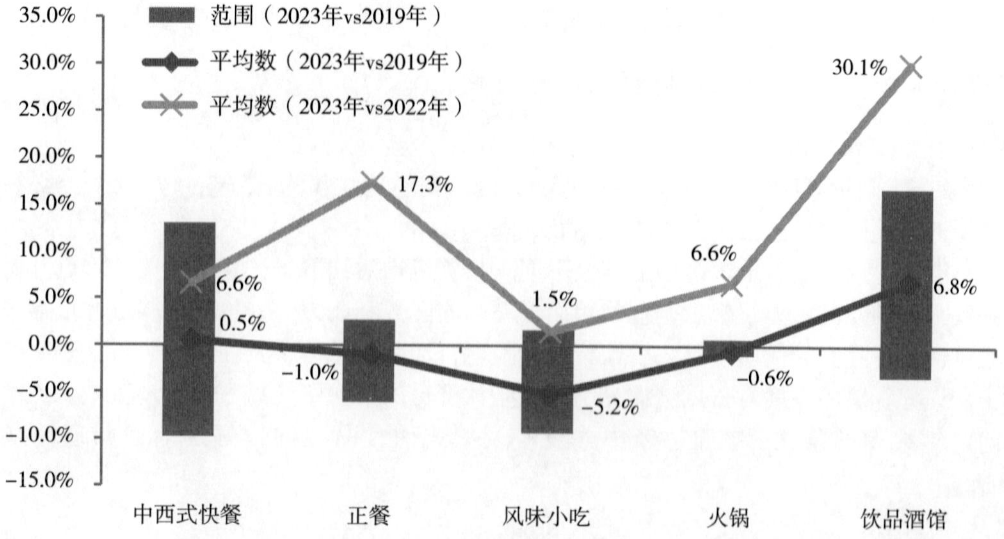

图 12　各细分品类样本企业息税前利润率变化范围①与平均数

数据来源：上市公司年报，招股说明书。

4. 从市值来看，一家 1000 亿元以上市值上市公司占据了近四成份额，行业竞争加剧，餐饮行业面临洗牌（见图 13）

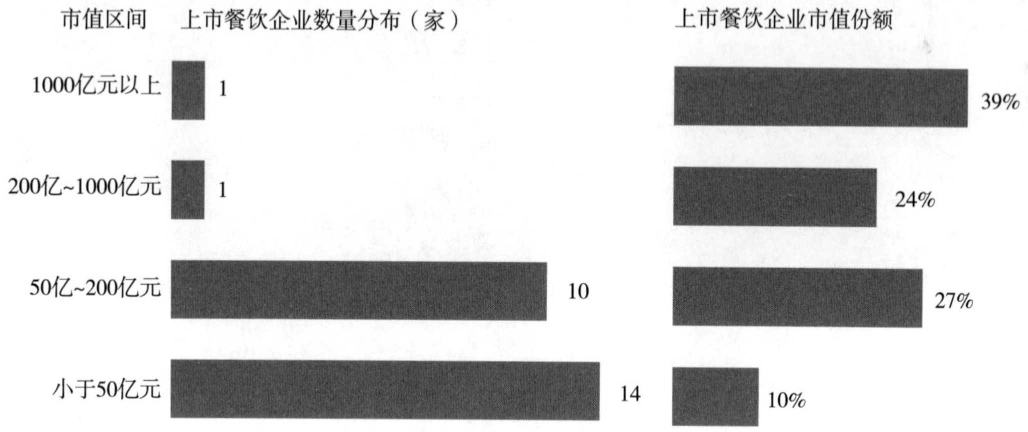

图 13　2023 年 12 月 31 日上市餐饮企业市值情况

数据来源：Capital IQ。

① 2023 年对比 2019 年息税前利润率变化=企业 2023 年主营业务息税前利润率-2019 年主营业务息税前利润率。

2024 年上半年餐饮业大部分公司市值震荡前行，消费市场预期长期向好。

（二）餐饮行业一级市场投资趋势与热点

1. 线下餐饮国内投融资交易数量总览

2023 年国内线下餐饮行业投融资遇冷，全年交易总数仅为 57 笔，较 2022 年交易数量减少近半成以上，已回落至 2020 年的水平。

与以往追逐热点、抢占市场的方式不同，投资机构对线下餐饮赛道的关注重点开始转向餐饮企业的业务实力，聚焦企业的单店模型与实际盈利能力等。投资机构更注重筛选营收稳定、业务扎实的优质项目，餐饮行业的投融资活跃度总体不及往年。

从细分赛道的角度看，烘焙饮品、中式餐饮赛道的投融资交易数量出现锐减，资本对于前两年火爆的茶饮、咖啡、新中式点心及中式面食品类的偏好逐渐回归理性（见图 14）。

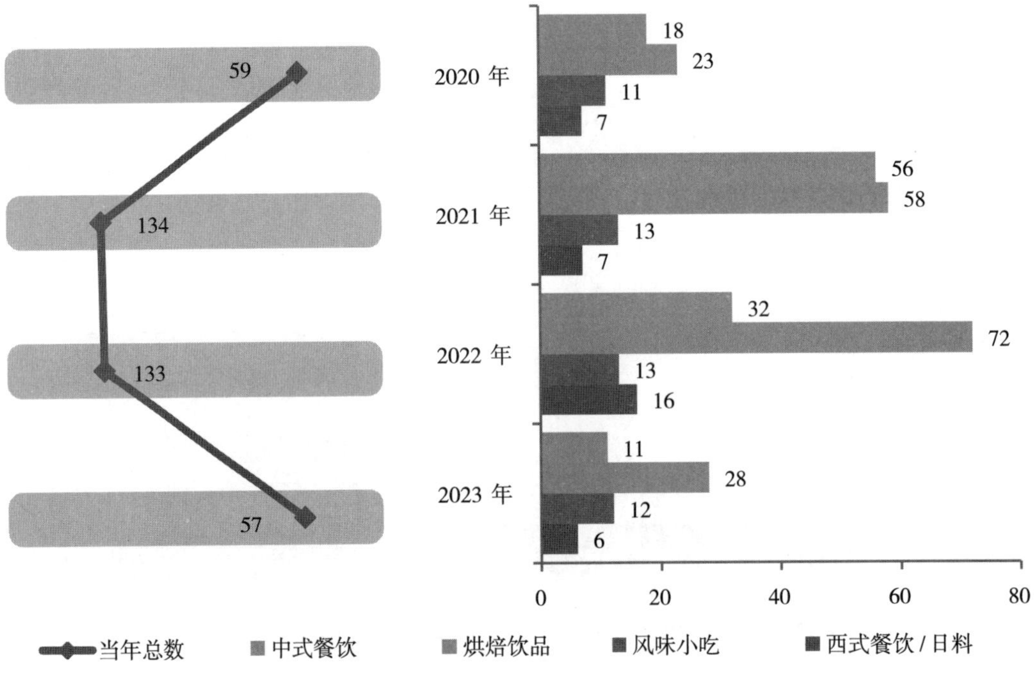

注：烘焙饮品包括烘焙、咖啡、茶饮及酒水。

图 14 线下餐饮国内投融资交易数量（2020—2023 年，笔）

数据来源：投中数据，企名片，企查查。

2. 线下餐饮国内投融资交易金额总览

与 2022 年相比，2023 年国内线下餐饮投融资的交易金额也有明显的下滑，全年过亿元的大型交易数量仅有 8 笔，比 2022 年减少近一半；平均交易规模仅 0.9 亿元，已下滑至 2020 年的水平。二级市场的不明朗，加之整体消费大环境的挑战，也使得资本对于一级市场的投资持更为谨慎的态度（见图 15）。

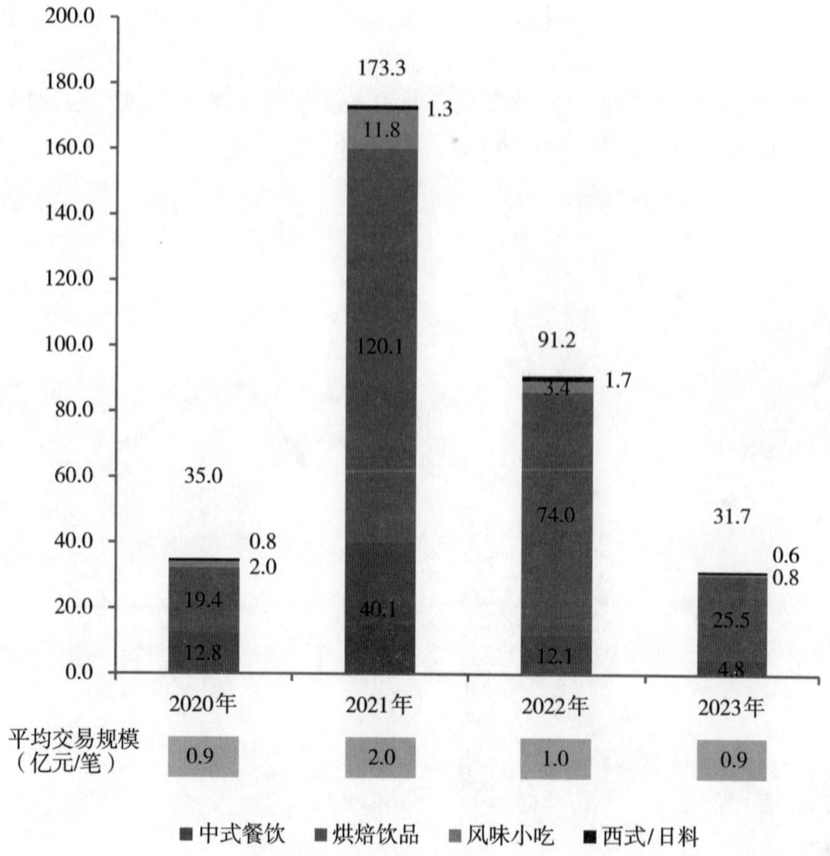

注：上述平均交易规模计算中交易数量的统计剔除了统计期间内未披露交易金额的交易。

图 15　线下餐饮国内投资并购交易金额（2020—2023 年，亿元人民币）

数据来源：投中数据，企名片，企查查。

从 2022 年起，总体交易金额连续两年下滑，主要受烘焙饮品及中式餐饮赛道遇冷影响，投融资交易数量不及往年，10 亿/亿元级的大型交易事件也大幅减少。

2023 年全年仅有一笔 10 亿元级别的大型交易，为茶百道的融资（交易金额为 10 亿元人民币）。茶百道在 2022 年 6 月完成该笔融资后，于同年 8 月交表，并在 2024 年 4 月成功在港股上市。

其余亿元级别的大型交易共有 7 笔，其中 5 笔均为烘焙饮品品类，2 笔为中式餐饮品类。

烘焙饮品品类中，吸金能力较强的多数为小众新锐品牌，均以 A 轮融资为主，包括弄咖咖啡、小咖主、泸溪河等；而知名度更高的咖啡品牌中，仅有 M Stand 在 2023 年上半年完成了数亿元人民币的 B+轮融资。

中式餐饮品类中，小菜园于 2023 年 3 月完成了数千万美元融资；旗下拥有多个中式连锁快餐品牌的墨比优创也在 2023 年完成了 A 轮融资，融资金额达到数亿元人民币。

3. 线下餐饮国内投融资交易细分市场

（1）中式快餐：赛道内部的细分品类转向明显，中式面食的热度降低前几年，处在风口的中式面食赛道的“跑马圈地”已告一段落。2023 年中式面食品牌纷纷放缓了拓店的步伐，以做好已有门店运营、思考新的市场及产品策略为重。资本也从中式面食品类逐渐转向其他中式快餐类，具有地方特色的粉类（如柒点螺蛳粉、粉大大、小满手工粉等）均在 2023 年获得了投资（见图 16）。

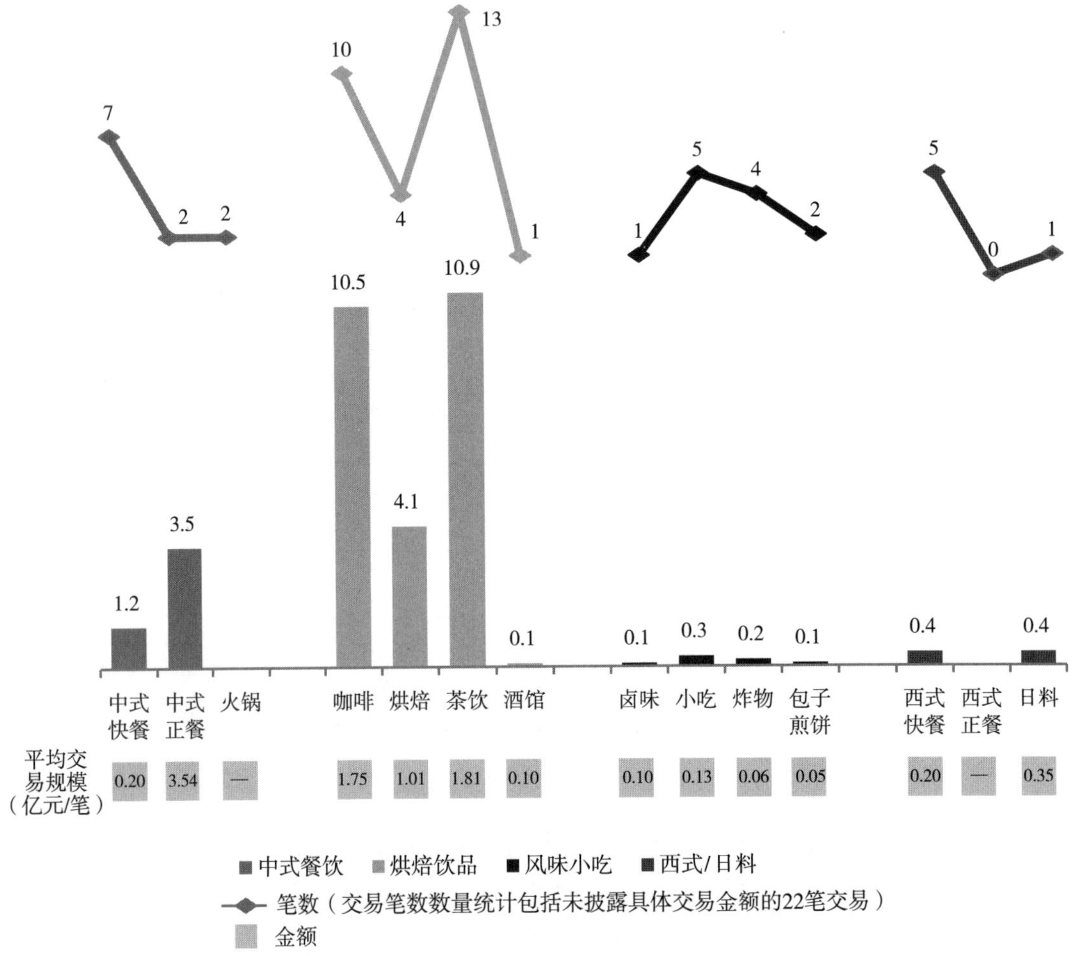

注：上述平均交易规模计算中交易数量的统计剔除了 2023 年未披露交易金额的 22 笔交易。

图 16　2023 年线下餐饮国内投融资交易细分市场交易规模（亿元）及数量（笔）

数据来源：投中数据，企名片，企查查。

（2）咖啡：地方咖啡连锁品牌与平价的新锐品牌依然具有成长性

咖啡在中国依然具有市场潜力，尤其是在渗透率较低的低线级城市，这些区域市场的消费者教育也处于起步阶段。2023 年，随着小众目的地旅游的风靡，一、二线城市年轻人喝咖啡的潮流也不断向网红城市、下沉市场传递。有流量的地方也更容易吸引资本的身影，纵观 2022 年获得融资的咖啡品牌，其中不乏地方性连锁咖啡，如门店集中在杭州、宁波、义乌、台州天台县的虎闻咖啡，门店广布长沙、邯郸、淄博的小咖主等。

与此同时，咖啡赛道的价格下沉也显而易见。头部咖啡品牌将“9 块 9”“第二杯半价”等活动用于常态化促销，推出各种创新口味（如在咖啡中加入茅台），联名奢侈品品牌等，为消费者营造出“低价格、高价值”“薅到羊毛”的心理满足感。在目前的市场环境下，平价的新锐品牌对消费者依然具有吸引力，客单价在15~17元的多家平价咖啡品牌获得了资本青睐。

4. 线下餐饮国内投融资交易细分市场

（1）烘焙：高开低走，新中式点心品类势微

2023年全年，烘焙品类仅有4笔交易。新中式烘焙曾经强势突起，而如今的落寞似乎也有迹可循。一方面，中式点心并非消费者刚需产品，因此产品本身的复购率要低于消费者习惯作为日常早餐的面包等西式烘焙。中式点心品牌的产品同质化严重，容易被抄袭复制，入局者众多但品牌区分度低，往往一个爆品出现后，各品牌都会推出同款，因此消费者很容易被分流。中式糕点在口味和原材料上出创新品的难度也相对更大，爆品的研发和推出速度没有茶饮、咖啡这类快，热度和流量也难以持续维持。

另一方面，与传统平价的中式糕点品牌主打街边店不同，两年前受到资本热捧的新兴中式糕点品牌的门店往往都开在租金昂贵的商业体，门店成本高、重营销，叠加烘焙类产品现烤现做、保质期短、日常损耗量大的特点，因此营收和利润规模并不如预期。不少品牌在资本助力下，经历过门店快速拓展期，而后就陷入闭店、业务收缩、裁员等困境。

（2）茶饮：“卷产品”与“卷模式”双管齐下，快速复制能力依然显著

“新中式茶饮”依然是2023年茶饮市场的主旋律，但与此前各品牌集中在包装风格、口味及原料添加上发力不同，2023年刮起的新中式风已经深入“中式养生功能”中寻找差异化了，如瞄准年轻人“朋克养生”需求的熬夜水、刮油水、古法吊梨汤、祛湿薏米水、阿胶/胶原奶茶等新品层出不穷。

此外，随着头部企业业务规模的不断稳步扩张，更多茶饮品牌也看到了业务发展的新路径，即通过降低加盟费吸引更多加盟商在下沉市场及海外市场开设门店，而品牌实现盈利的主要途径则是向加盟商销售设备与原材料。2023年，获得融资的茶百道、沪上阿姨等也均是此类模式的受益者。

（3）风味小吃：赛道历年投融资热度均较为稳定

2023年，具有地方特色的“新中式”等风潮也卷进了风味小吃赛道，并逐渐引起资本的注意，如专注西北特色小吃的京腔调，结合北京烤鸭制法的鸭货卤味小吃品牌京脆香等。此外，多个中式炸鸡连锁小吃品牌也在2023年获得了投融资，如解忧婆婆、腿老大、虎头炸，以及定位中式干煸辣子鸡产品的老韩煸鸡等。

（4）西式快餐：整体交易活跃度低，热点依然集中在中式汉堡品类

近几年，由于多个腰部连锁西餐品牌表现未如预期，影响着市场对西式餐饮赛道的投资热情。

2022年尚有意面、比萨、炸鸡、热狗、健康轻食类等较为常见的西式快餐品类获得融资，而2023年全年，西式快餐中获得投融资的5笔交易均为中式汉堡品牌。中式汉堡在前两年乘着“国潮”风口异军突起，在下沉市场有较大市场空间。

5. 交易规模及交易轮次（见图 17）

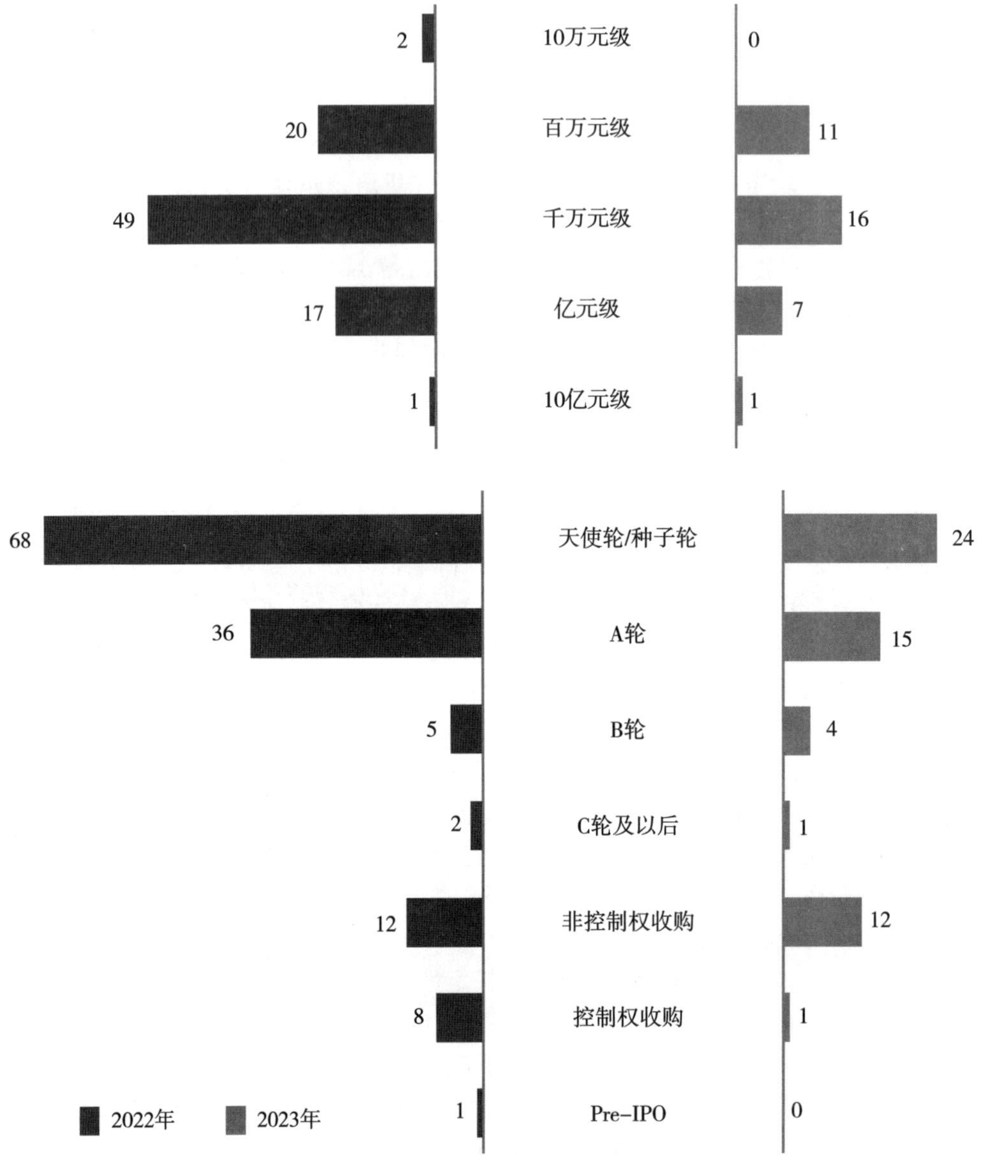

图 17　交易规模及交易轮次①

数据来源：投中数据，企名片，企查查。

6. 线下餐饮品牌重大交易事件

2023 年公开披露交易金额的投融资共有 35 笔，交易金额在亿元及以上的重大交易事件的交易金额占全年披露交易总额的 84%。重大交易集中在 2023 年上半年，茶饮咖啡品类依然占据重大交易的半壁江山。重大交易的轮次虽然仍以早期阶段为主，但有不少品牌

① 上述交易数量统计不包括未披露交易金额或未披露融资轮次的交易。

已有上市计划，如小菜园、茶百道等（见表2）。

表2　2023年线下餐饮重大投融资交易

标的品牌	细分市场	交易金额	轮次	融资时间
茶百道	烘焙饮品	10亿元人民币	天使轮	2023年6月
小咖	烘焙饮品	4.48亿元人民币	B轮	2023年6月
小菜园	中式餐饮	数千万美元	天使轮/天使轮+	2023年3月/2023年12月
M Stand	烘焙饮品	数亿元人民币	B+轮	2023年6月
泸溪河	烘焙饮品	数亿元人民币	A轮	2023年1月
墨比优创	中式餐饮	上亿元人民币	A轮	2023年3月
弄咖咖啡	烘焙饮品	1.2亿元人民币	A轮	2023年11月
小咖主	烘焙饮品	1亿元人民币	A轮	2023年3月

数据来源：投中数据，企名片，企查查。

（1）咖啡赛道

2023年获得大额资金支持的咖啡品牌，除了M Stand以外，其余均为新锐品牌。从市场布局、门店选址、产品及价格策略上看，新锐品牌都刻意避开与头部咖啡品牌的直接竞争，它们对供应链的成本管理更敏感，品牌发展前期对门店扩张更克制，利用自身在咖啡供应链上积累的优势，扬长避短，走适合自己的“小而精”路线。例如，小咖主主打非洲直采咖啡豆，从咖啡豆上做出差异化；小咖则是在深耕桌面咖啡机业务多年后入局线下咖啡门店业务。M Stand作为2023年唯一一家收获大额投资的知名咖啡品牌，获得了小红书数亿元人民币的独家投资，除了卖咖啡以外，M Stand更注重去贴合年轻人的生活方式，如最初的爆款（杯子可食用燕麦拿铁）、更加有特色的门店（坚持“一店一设计”）等，都是为了吸引年轻消费者去种草、打卡、聚会，这些都可与线上流量强势的小红书达成互补。

（2）茶饮赛道

创立十余年后，茶百道的首次公开融资即获得10亿元人民币，成为2023年线下餐饮品牌最大金额的一笔上市融资，由兰馨亚洲领投，多家知名投资机构跟投。茶饮赛道的竞争日趋白热化，价格段也越来越细分，喜茶、奈雪的茶分割20元及以上的茶饮市场，蜜雪冰城牢牢占据10元以下小镇茶饮，茶百道深耕两个价格层中间的15元价位区间，门店数量达近8000家。

（3）中式餐饮赛道

在重大交易中，中式餐饮仅占2笔，分别是由加华资本投资的中式正餐品牌小菜园和海南博怀领投的致力于孵化小餐饮品牌的墨比优创。小菜园定位高性价比的大众餐饮，门店选址多为紧邻百姓生活社区周边，因此忠实顾客也多为复购率较高的周边居民。墨比优创是一家专注于运营“连锁小餐饮”的餐饮企业，坚持多品牌的战略，成功孵化了马路边边串串香、老街称盘麻辣烫等多个有地域特色的中式快餐品牌。在目前线下餐饮赛道投融资整体低迷的情况下，其新品牌孵化经验、多品牌盈利结构等特点的抗风险能力更强。

7. 投资主体

2023 年，虽然活跃在餐饮赛道的投资人依然以熟悉的 PE/VC 投资机构为主，但 PE/VC 机构整体出手频次比 2022 年减少一半以上，且其中不乏有计划上市或已经递表的餐饮企业，包括沪上阿姨、小菜园以及刚完成上市的茶百道等。财务投资人对于投资回报及退出路径的重视可见一斑（见图 18）。

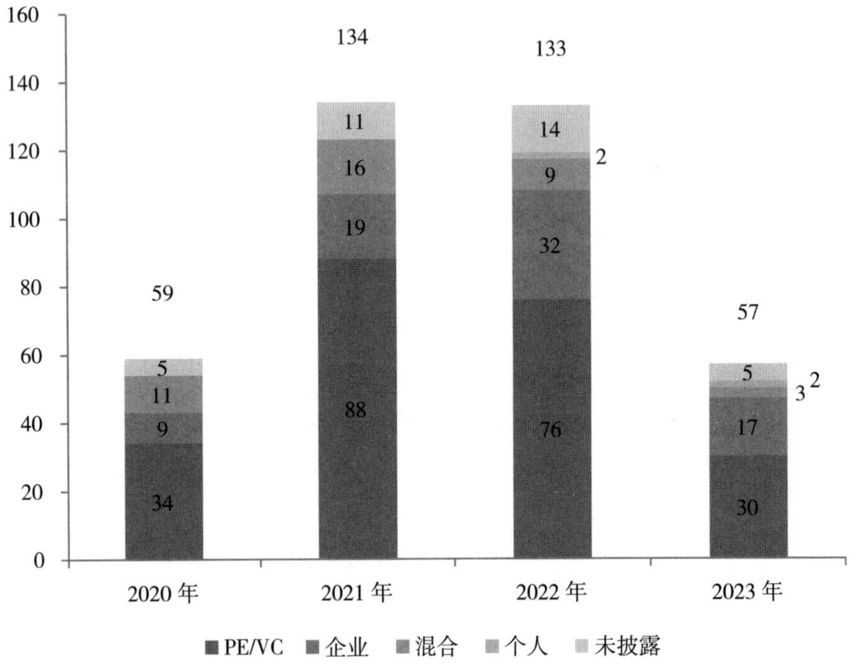

图 18　线下餐饮投资主体分布统计①（2020—2023 年，笔）

数据来源：投中数据，企名片，企查查。

企业类投资者以餐饮及食品类的产业基金或企业投资者占多数，部分投资者以产品品类的相互补充为主要投资目的，例如：书亦烧仙草投资了中式茶饮品牌霓裳茶舞；紫燕食品投资老韩煸鸡与京脆香，不断扩充鸡货、鸭货类产品。

而另一部分投资人则尝试起了细分品类的跨界，奈雪的茶投资中式鲜肉汉堡品牌沙朗阿甘，试图在火热的中式汉堡中分一杯羹；绝味集团与饿了么共同成立的产业基金投资了中式快餐品牌吉祥馄饨；主营乳制品的君乐宝投资了茉酸奶等。

8. 投资展望

2023 年是餐饮行业一级市场挑战与机遇并存的一年。一方面，受宏观经济下行、消费降级等影响，消费者的需求出现了新的特点与变化，对餐饮企业洞察市场的灵活度、门店运营管理效率等各方面也提出了更高的要求。另一方面，投资人对餐饮赛道持续保持较为谨慎态度，以往追风口、抢占市场的方式不再成为主要投资路径，考察餐饮企业业务是

① 上述交易数量统计包括未披露投资机构的交易。

否长期可持续、是否有稳定增长潜力成为更核心的关注点。因此，供应链基础扎实、单店效益好且已显现出扩张潜力的餐饮企业依然有被资本发掘的机会。

2024 年初，多家茶饮、中餐餐饮品牌已递交招股说明书，个别企业已于近日完成上市，这些积极的信号也将提升投资者对餐饮市场的信心。

三、2024 年第一季度餐饮行业表现

（一）餐饮行业宏观及二级市场表现

2023 年，月度餐饮收入同比增速迅速攀升，一度高达到 44%。虽然 2023 年 6—9 月的餐饮收入同比增速出现波动，但第四季度再次出现反弹。全年整体月度同比增速均保持在 10%以上，呈现出较好的态势。2024 年开年与 2023 年同期相比增速放缓。由于 2023 年年初餐饮行业竞争加剧，各类中高端餐饮承压，需要面对“薄利多销”和平价化的趋势，餐饮行业较难维持持续性的高速增长（见图 19、图 20）。

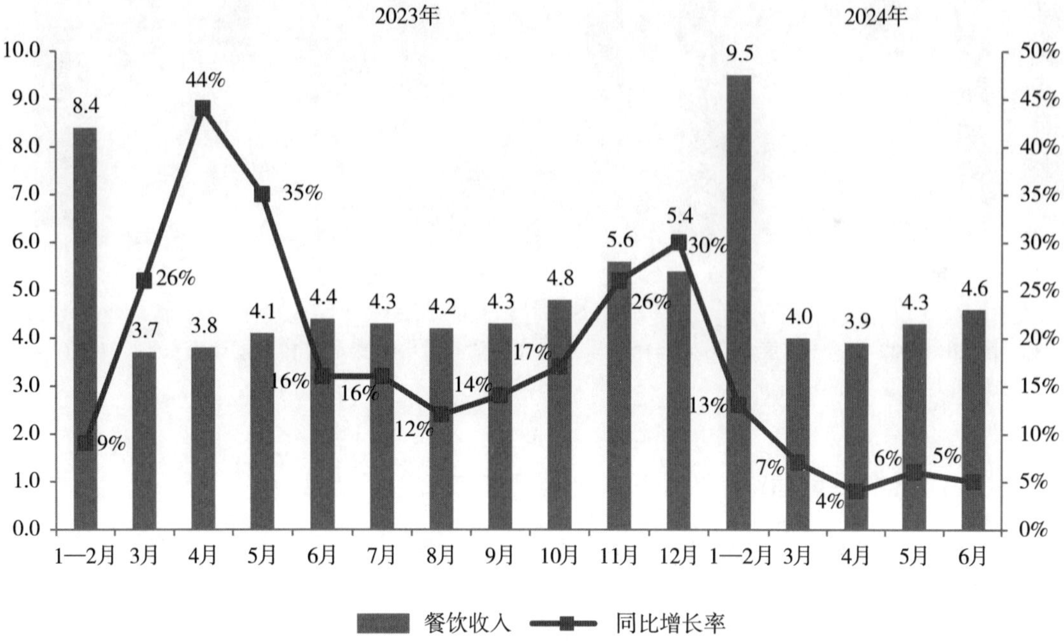

图 19　2023—2024 年 6 月社会消费品零售总额中餐饮收入（千亿元人民币）及同比增长率①

数据来源：国家统计局。

① 餐饮收入月同比增长率 =（该月社会消费品零售总额中餐饮收入/上一年同期社会消费品零售总额中餐饮收入-1）×100%。国家统计局对每年社会消费品零售总额 1—2 月数据进行合并处理，未单独披露。

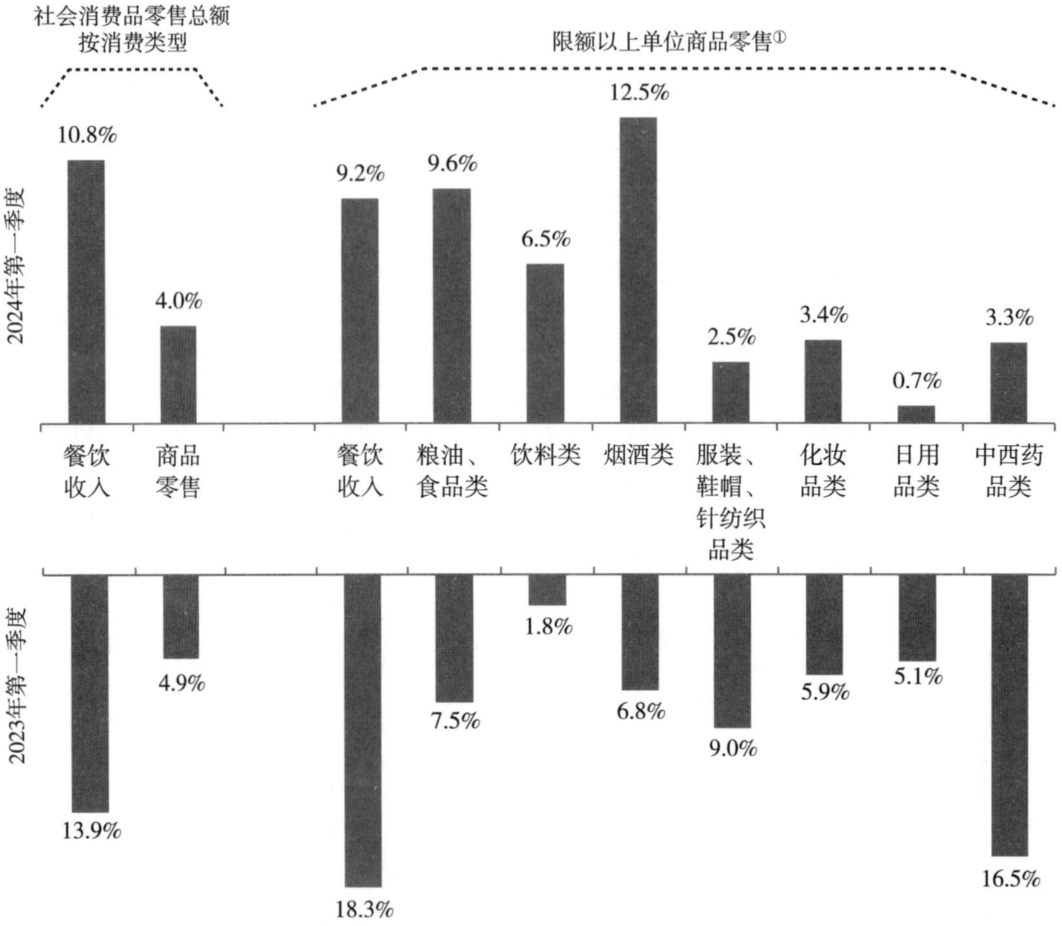

图 20　2023 年第一季度与 2024 年第一季度基本生活类社会消费品零售额同比增长率②（%）

数据来源：国家统计局。

（二）上市公司 2024 年第一季度财务表现概览

从已披露 2024 年第一季度的 10 家样本企业的财务表现来看，大部分餐饮企业在 2024 年开年的营收表现不及预期，样本企业的息税前利润率较 2023 年第一季度平均上涨仅 0. 8 个百分点。

由于 2023 年第一季度基数相对较低，因此近 60%的样本企业在 2024 年第一季度同比实现正向涨幅，其中，正餐和中西式快餐品类表现更佳。但若与 2023 年第四季度进行比较，近 60%的样本企业在 2024 年第一季度的营业收入较 2023 年第四季度环比出现下滑（见图 21）。

① 由于限额以上企业（单位、个体户）范围每年发生变化，为保证数据可比，国家统计局计算限额以上单位消费品零售额等各项指标同比增长速度所采用的同期数与本期的企业（单位、个体户）统计范围相一致。

② 社会消费品零售额同比增长率=（该品类 2023 年第一季度社会消费品零售额/该品类上一年同期社会消费品零售额-1）×100%。

在消费者越发关注质价比及体验感的大环境下，餐饮企业需要思考的是如何让自己一直在牌桌上。餐饮企业需要多方兼顾及发力，提供更符合消费者需求的高性价比产品，满足消费者对于体验感（如独特性、参与感等）的追求，优化提升自身运营效率，方能在消费趋势的不断变迁中始终有自己的一席之地。

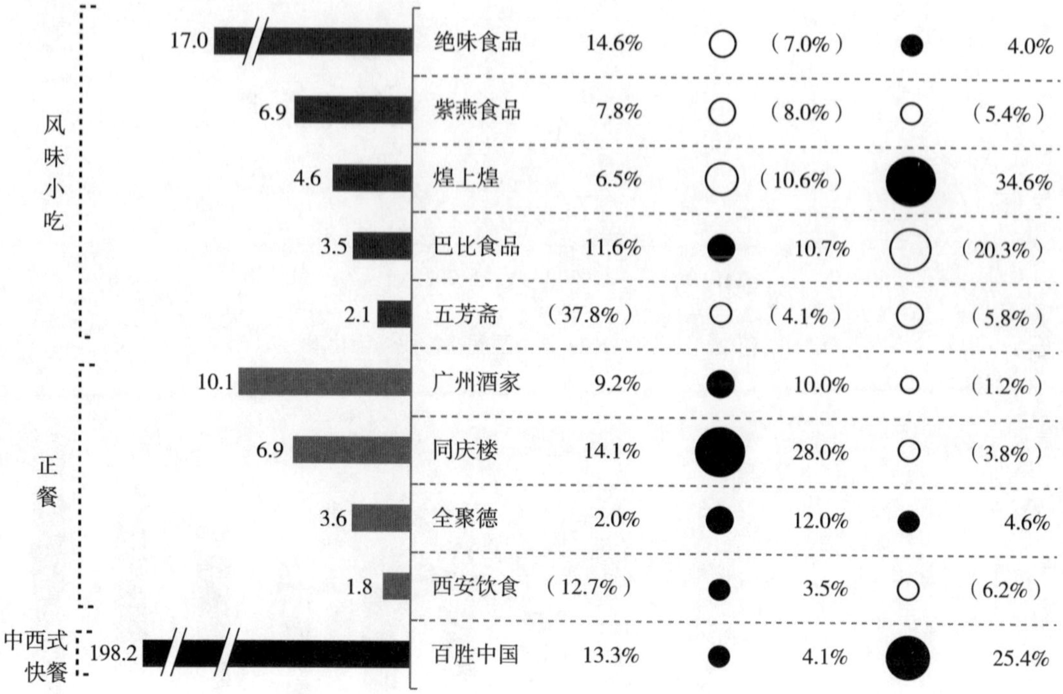

图 21　样本上市公司 2024 年第一季度主营业务收入（亿元人民币）及息税前利润率①

数据来源：上市公司年报，Wind。

四、餐饮行业加盟现状与趋势分析

（一）餐饮行业加盟现状分析

1. 餐饮行业迎来加盟热潮，仍有提升空间

(1) 连锁化率仍有较大提升空间

我国连锁餐饮化率近年来持续提升，已由 2018 年的 14.7%提升至 2023 年的 20.4%，增幅比例已超过 38%（见图 22）。然而，尽管我国连锁化率有所提升，但仍处于较低水平，未来仍有较大的提升空间，这为加盟模式的发展奠定了良好的基础（见图 23）。

① 主营业务息税前利润率=主营业务息税前利润/主营业务收入，其中利润计算剔除非经常性项目。

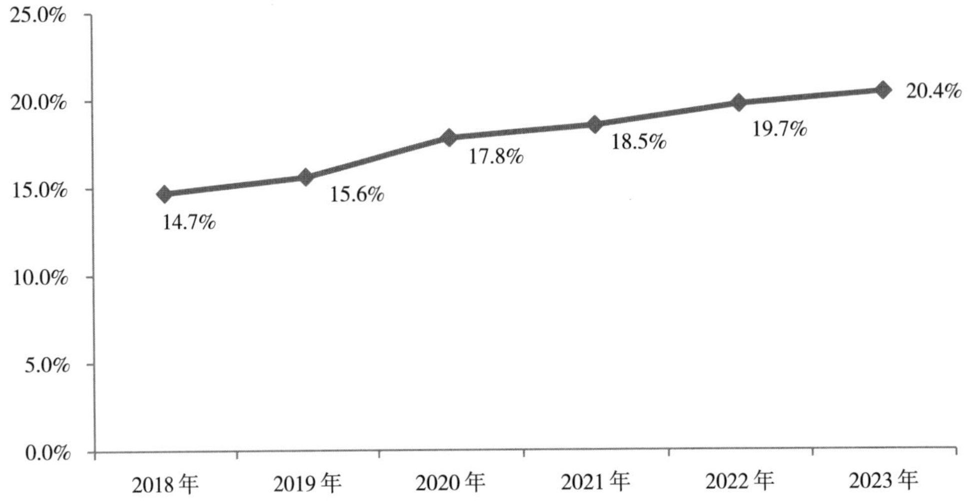

图 22　2018—2023 年中国餐饮行业连锁化率

数据来源：Euromonitor。

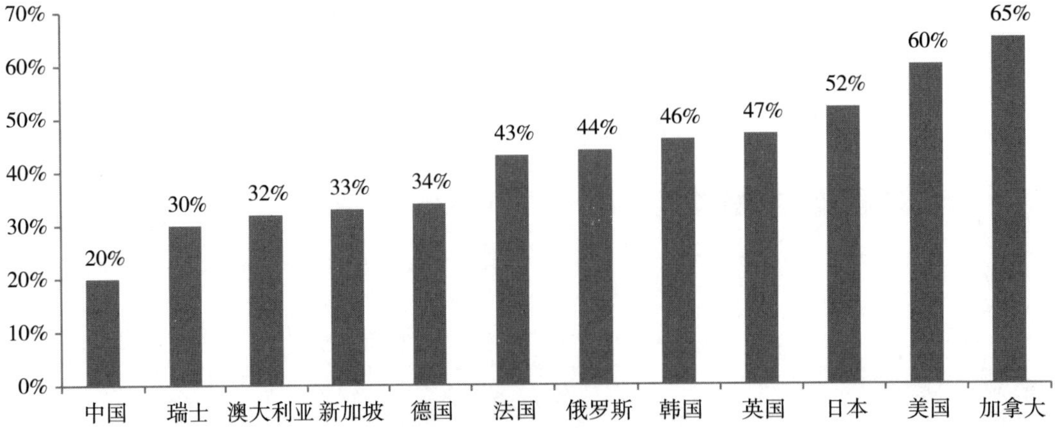

图 23　2023 年各国餐饮行业连锁化率

数据来源：Euromonitor。

（2）餐饮行业在近年逐步迎来加盟热潮

以加盟模式为典型的新茶饮品牌，已经全数进入加盟时代，餐饮行业也正逐步进入加盟热潮，门店模式、加盟商资源等相关竞争已逐步加剧（见图 24）。

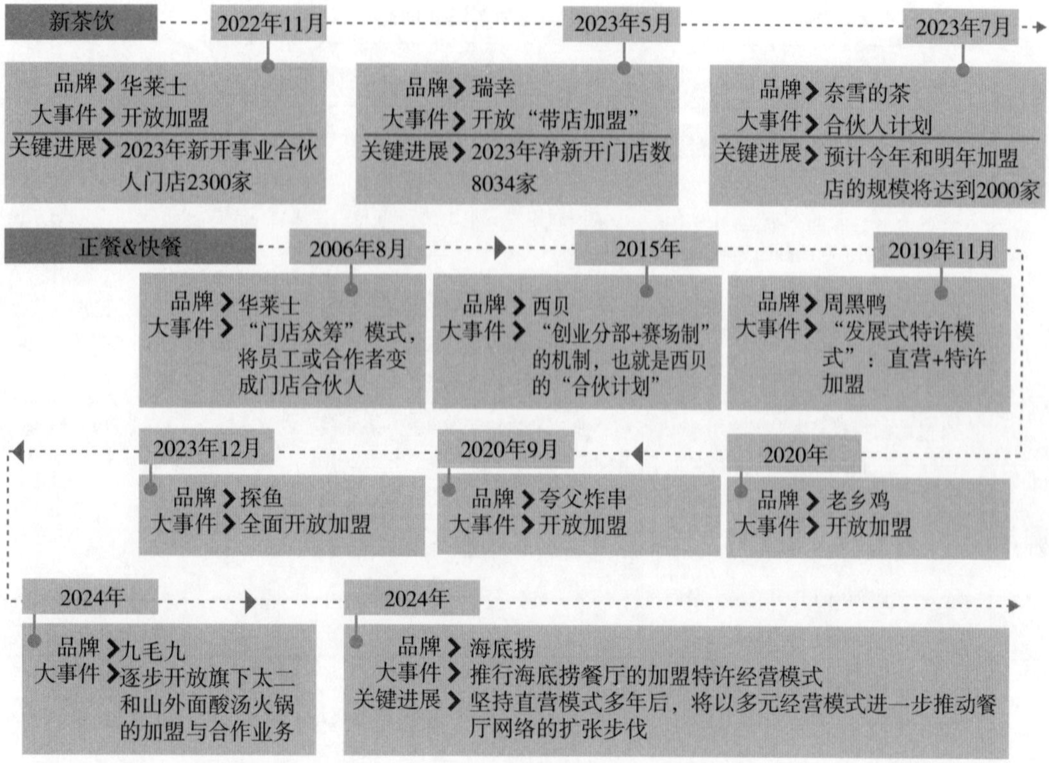

图 24　餐饮行业在近年逐步迎来加盟热潮

数据来源：企业官网、公开资料整理。

2. 市场、资金等各方面的需求驱动餐饮企业由直营转向加盟

（1）市场拓展需求

当企业想要快速占领新市场或扩大现有市场份额时，加盟模式成为一种低成本、高效率的选择。加盟模式允许企业在短时间内开设大量新店，迅速提升品牌知名度和市场占有率。多个加盟商同时运营，能够形成协同效应，进一步增强品牌影响力。

（2）资金限制

直营模式需要企业自行投资设立新的门店，包括租赁、装修、设备采购和人员培训等方面的高额初始成本，同时也需要承担持续运营成本，如员工工资、店铺维护等。而加盟模式下，这些费用通常由加盟商承担，从而显著减少了企业的资本支出。尤其对于成长型企业来说，可借助加盟模式利用外部资金实现快速成长。

（3）创新与灵活性需求

加盟商通常是本地经营者，熟悉当地市场的需求和消费习惯，深耕当地社区，能够迅速获取市场反馈，并对市场变化做出快速响应，有利于企业应对市场变化、满足多元化消费需求。

总体来说，直营模式与加盟模式各具有自己的优势与劣势（见表 3），企业在选择自身运营模式时，要分析自身特点，谨慎选择。

表 3 直营模式与加盟模式的比较

	直营模式	加盟模式
优势	·品牌方直接控制运营，保证服务与产品质量的一致性 ·直营店的所有利润归企业所有，财务相对透明，利润分配清晰	·通过加盟商承担初始投资和运营成本，降低自身财务压力，加快资金回笼 ·加盟商作为“本土化”触角，能更好地开发和适应当地市场，提高经营效率 ·经营和管理风险由加盟商分担，企业整体风险降低 ·企业可以通过收取加盟费、品牌使用费、原材料供应利润等方式获得稳定收入，成为企业的新增长曲线
劣势	·高昂的初期投资和持续的运营成本限制了扩张速度与投资回报速度 ·需要直接管理所有门店，管理跨度大，难度高 ·企业对加盟店的直接控制力减弱，可能导致服务质量和品牌形象的差异	·企业需要自行了解和适应新市场，扩展速度受到内部资源和能力的限制 ·加盟商管理复杂，可能引发经营风险和法律纠纷

3. “小型化”“下沉化”“多元化”“低门槛”成为当前的主要趋势

(1) 规模小型化

中国连锁经营协会与美团联合发布的《2024 中国餐饮加盟行业白皮书》显示，近年来，小吃快餐和饮品店的连锁门店数量占比为各品类前两名，其中小吃快餐的增幅最大，这意味着连锁加盟市场趋向小型化、小投资化发展。主要原因有以下三点。

标准化程度高。快餐和饮品易于实现标准化制作流程、确保产品口味和质量的一致性，有利于快速复制。

投资门槛低。相较于正餐厅，快餐和饮品店通常需要较小的店面、简单的装修和较少的员工，因此投资成本较低。

适应性强。无论是购物中心、商业街还是居民区，快餐和饮品店都能找到适合的生存空间，它们对选址的灵活性较高，能快速适应不同的市场环境。

(2) 市场下沉化

越来越多的餐饮连锁企业将发展触角延伸至下沉市场，以实现更广泛的市场覆盖。数据显示，2023 年一、二线城市连锁门店数量占比相对 2021 年下降，而三线及以下城市占比有所提高（见图 25）。下沉化趋势是多种因素共同作用的结果。

政策端：国家大力推进新型城镇化建设，通过完善基础设施建设等一系列措施着力推动县城、小城镇等下沉市场的发展，为餐饮企业在下沉市场的扩张奠定了良好的基础。

市场端：一、二线城市餐饮市场竞争激烈、趋于饱和，利润空间被压缩。同时，随着城镇化率的提升，下沉市场居民的消费能力、消费意愿的提升带动了市场需求的增加，因此餐饮连锁企业转向下沉市场挖掘更大的消费潜力。

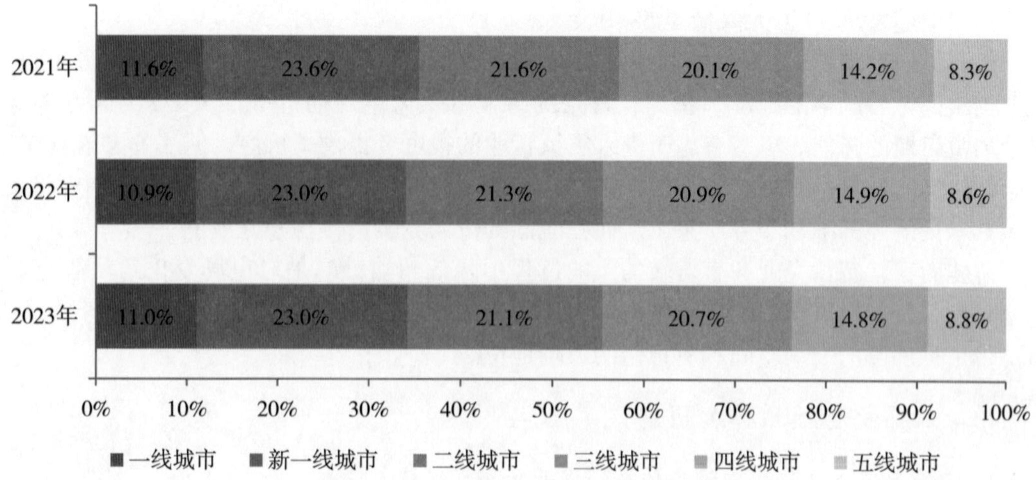

图 25　2021—2023 年餐饮连锁门店地域分布

数据来源：中国连锁经营协会，美团。

（3）模式多元化

近年来，餐饮行业加盟市场基于合作性质、管理权限、责任分配、利益分配等各方面的差异，衍生出了多元化的加盟模式，如合伙、联营、托管等。这主要是由于传统的单一加盟模式已无法满足市场和加盟商的多样化需求。

随着餐饮市场的不断扩大与细分，加盟者的群体构成趋于复杂，在资金实力、经营能力等方面存在较大差异，不同类型和加盟商往往偏好不同的合作模式。例如，对于资金充裕且具备较强运营意愿与能力的加盟方，可选择联营、特许经营模式；仅投资、不参与门店经营的加盟方，可选择托管模式等。

此外，随着品牌方战略定位的差异化及市场渗透策略的多样化，加盟模式也在不断创新迭代中融入了更多定制元素。比如，“定向点位加盟”模式，精准对接了拥有特殊渠道资源的加盟伙伴；“带店加盟”模式，则为拥有现成物业资源的加盟者降低了开店的初始成本与时间成本，优化了资源配置。

（4）门槛降低化

在众多头部品牌从直营转向加盟的过程中，放宽加盟条件、适度降低准入门槛已成为显著趋势，在茶饮赛道尤为明显。随着品牌间竞争加剧，降低加盟门槛被视为吸引更多加盟商的有效方式，成为一种快速扩大市场份额、建立品牌影响力的策略。

以 2024 年为例，包括茶百道和书亦烧仙草在内的多个品牌宣布免除加盟费，喜茶则提供限免加盟费的优惠；古茗宣布首年免加盟费，次年起可分 3 年支付；乐乐茶将加盟入场费从 40 万元降低至 29 万元起；和府捞面宣布 2024 年限定免除 10 万元品牌授权费。在降低投资金额方面，喜茶宣布 2024 年上半年签约并开业的门店，每开满 3 家，获得 6. 6 万元装修补贴，店数不封顶；茶百道宣布，开 2 家店减免 8 万元，开 3 家店补贴物料，老加盟商新开店直接减免 9 万元；奈雪的茶宣布在上半年完成签约的加盟商可享受 6 万元的营销补贴。降低加盟门槛同样体现在降低门店面积要求。首次开放加盟时，奈雪的茶对加盟门店的面积要求在 90~170 平方米，而最新加盟条款中的要求降至 40 平方米起，单店投资预算也随之从98万元降低至58万元。

然而，门槛降低不代表对加盟商的要求随之降低，事实上，头部品牌在对加盟商的筛选上仍然保持着严格的标准。例如，喜茶的事业合伙人申请通过率仅为1%，这意味着，尽管加盟门槛的降低为更多有志于进入餐饮行业的投资者提供了机会，但品牌方依然在追求合作伙伴的质量和对品牌价值的维护。这种策略有助于确保品牌在扩张的过程中，能够维持其一贯的高标准和服务质量，从而在激烈的市场竞争中保持领先地位。

总体而言，餐饮企业在直营转加盟的过程中降低门槛，既是对市场变化的灵活应对，也是对品牌长期发展策略的深思熟虑。这不仅为加盟商提供了更多机会，也有助于为品牌自身带来更广阔的发展空间和更稳健的市场地位。

（二）餐饮连锁品牌加盟建议

1. 完善加盟全生命周期服务体系，提升加盟成功率

随着连锁化率的提升，未来优质加盟商资源会变得更加稀缺。面对日益复杂的加盟生态和外部竞争，构建一个全方位、精细化的加盟管理体系，对于提升品牌竞争力和加盟商的成功率至关重要。这不仅要求品牌方具备前瞻性的眼光，更需要在实践中不断优化服务细节，围绕“选、用、育、留、退”构建完善的加盟服务体系，形成一套行之有效的加盟生态闭环，以提升加盟商的经营成功率与品牌忠诚度，实现双方共赢。

（1）选

明确标准。制定一套科学、全面的加盟商评估体系，涵盖财务状况、管理经验、市场敏感度及对品牌文化的认同等多个维度。利用数据分析工具辅助筛选，确保每个加盟商都能成为品牌发展的有力推手。

事前调研。组建专业团队或聘用第三方机构对潜在加盟商所处市场进行详尽调研，评估申请人所在区域的市场潜力，包括目标客群分析、租金成本范围、周边竞争业态图谱等，确保选址科学。

透明流程。设计并公开透明的加盟流程图，从初步咨询到签约的每一步骤都应清晰标注，包括费用明细、支持内容、合同模板等，增强意向加盟商的信任感。同时，开发线上加盟流程跟踪系统，从提交申请、初审、实地考察、培训、签约到开店，每个阶段进度可视化，附带预计耗时与下一步指南，增强透明度和效率。

（2）用

资源共享。建立资源共享平台，包含运营指南、推广素材等，并进行分类管理，便于检索。定期举办分享会，由优秀加盟商分享实战经验，以加深加盟商间的互动与互助。

规则共建。组织定期的加盟商研讨会，邀请他们参与加盟政策的讨论与修订，确保规章制度既符合品牌战略，又贴近市场实际，实现双赢。

支持定制。根据加盟商开业前后不同阶段的需求，提供定制化运营、营销、供应链优化方案等，帮助加盟商科学运营，尽早实现盈利。

（3）育

全面培训。建立全面的培训体系，涵盖品牌文化、产品知识、服务规范、财务管理等模块，采用线上自学+线下实操结合模式，支持加盟商发展。

定期复训。定期举办加盟商大会和复训课程，邀请行业专家、内部高管授课，主题涵

盖新营销趋势、食品安全法规、数字化转型等，确保加盟商与时俱进，更新知识，强化品牌标准，保持加盟店的服务和产品品质。

反馈畅通。建立加盟商服务平台，集成在线问答、问题提交、进度查询功能，快速响应加盟商的疑问，及时解决问题。

（4）留

多维激励。依据销售额、顾客满意度、合规性等多维度评价，提供不同等级的奖励，如返利、优先新品试销权、广告补贴等，激发加盟商的积极性和创新精神。

高效沟通。实施定期的加盟商满意度调查，通过问卷、代表会议等方式了解其需求，及时调整策略；设立独立的加盟商投诉热线，由专门团队负责跟进处理，定期总结反馈，持续改进服务。

长期支持。提供长期的运营顾问服务，包括定期巡店指导、销售数据分析、新品推广策略等，助力加盟商持续成长；推出长期合作伙伴服务，为长期合作加盟商提供额外支持，如定制化提升策略等，确保长期稳定发展。

（5）退

退出机制。在加盟协议中明确列出退出的各种情形和相应的处理办法及条款，包括但不限于违约责任、赔偿机制、资产清算流程，确保双方权益得到保护、减少法律纠纷。

提前预警。建立加盟商经营状况监测系统，综合分析销售数据、顾客评价、合规检查结果，对各类经营风险进行预警，及时介入提供辅导或调整方案，提供定制化改善方案或财务援助，尽量避免非自愿退出。

协助过渡。对于确定退出的加盟商，进行专人对接并提供一定的过渡支持，协助处理客户转移、员工安置、剩余物资处理、店铺转让等问题，同时启动品牌保护措施，如临时接管运营、快速店面翻新，减少对品牌的负面影响。

通过上述全生命周期服务体系的构建与优化，餐饮品牌不仅能有效提升加盟商的经营质量和忠诚度，还能在复杂多变的市场环境中保持稳健增长，实现品牌价值的最大化。

2. 特许经营3.0时代，借助数字化与智能化工具，提升运营管理效率与标准化程度

（1）智能运营平台

构建智能管理平台。开发或整合现有的餐饮管理系统，实现从原材料采购、库存管理、订单处理、销售分析到会员管理的一体化操作，提高工作效率。通过强大的数据整合功能，实时同步各门店的运营数据，确保总部及各门店能及时掌握运营动态，依托数据智能辅助决策过程。

数据支持与决策辅助。通过大数据分析和人工智能技术，为加盟商提供决策支持，例如捕捉销售热点时段、消费者口味变迁及畅销菜品趋势，为加盟商量身定制营销策略与菜单优化计划。利用预测模型，科学规划库存、减少食材损耗，进一步优化运营效率。

（2）自动化设备应用

引进先进设备。考虑在人流密集或人力成本高昂的地点配置炒菜机器人、全自动饮料机及服务型机器人等现代化装备，以提升工作效率、减轻人工依赖、提高出餐速度和效率。

智能点餐与支付系统。引入基于AI技术的点餐终端，结合人脸识别、语音识别等技术，优化顾客点餐体验的同时，减少点餐错误和等待时间。同时，借助点单数据，为后续

的营销活动提供数据支持。

（3）远程监控与支持

搭建远程监控系统：利用高清视频监控技术和物联网传感技术，在各加盟店部署监控设备，实时传输厨房卫生、员工行为、顾客流量等关键运营数据至总部监控中心。通过物联网传感器和设备，实时监控餐厅的各种设备状态，如冰箱温度、炉灶工作状态等，确保设备的正常运转和食品安全等。

即时问题发现与解决：结合 AI 图像识别技术，自动检测异常情况，如厨房卫生不达标、设备故障等，及时触发警报，总部可根据预警快速介入，指导加盟店采取纠正措施。

综上所述，通过智能运营平台的构建、自动化设备的应用以及远程监控与支持系统的部署，餐饮品牌商不仅能够显著提升加盟体系的运营效率与标准化水平，还能够在降低运营成本的同时，增强顾客体验感，为连锁品牌的长期发展奠定坚实基础。

五、结语

2023 年是餐饮市场瞬息万变、充满挑战的一年。由于消费能力分层趋势和消费需求变化多样的影响，餐饮行业迈入了一个新的发展阶段——需求的不确定性与经营复杂性并存，行业优胜劣汰进程加剧。

大浪淘沙，大部分餐饮企业并未坐以待毙，它们不断创新产品、细化品类、丰富业态，更新迭代经营模式，捕捉时代潮流并融入品牌与营销，积极应对当下变幻莫测的消费新需求。在餐饮行业竞争强压下，保持规模效应也是许多餐饮企业本固枝荣的重要举措，开放加盟、兼顾下沉市场与海外市场的开拓，“万店时代”也逐渐成为大势所趋。

历尽千帆，赓续传承。餐饮行业在经历了外部市场环境的起伏与内部供应链管理及门店运营等多方挑战后，依然展现出了不俗的韧劲和生命力。未来，餐饮企业或仍需承压前行，期待有更多的餐饮企业能够拥抱行业发展新阶段的不确定性，奋力突破，弦歌不辍。

2022 年新茶饮研究报告

2022 年，中国连锁经营协会（CCFA）梳理了头部知名新茶饮品牌开展的创新工作，访谈了 CCFA 新茶饮委员会的二十余个品牌创始人和主理人、供应商、外卖平台、资本等，形成了本报告。我们希望可以尝试做一个小结，通过记录这个阶段市场的形态，介绍新茶饮在过去一年的变化；尝试分析新茶饮市场形成一定规模是必然还是偶然；尝试寻找新茶饮有哪些很难解决的共性问题，各企业怎样应对；记录当下茶饮人心态如何，关注点在哪里，下一步的重点是什么；还希望通过报告助力大家思考，新茶饮的客群有怎样的拓展空间，新茶饮能否站到一个更高、更大的舞台上，是否可能抱团出海，进入海外市场需要提升哪些能力等。

且将新火试新茶，诗酒趁年华。新茶饮，这个从业者的平均年龄不到 30 岁、形成规模不超 10 年的新兴的小行业，已经阶段性创造出了消费者需求，并以连锁经营的形态在消费市场上熠熠生辉。未来，他们将创造出怎样的市场，我们拭目以待。

一、现状综述

新茶饮，从经营产品上看，是有着上千年历史的“茶”生意的新形态延展。从经营形态上看，是餐饮业中现场制售饮品店的一个细分行业；从经营模式上看，有多个品牌的直营和加盟连锁做得精彩纷呈。

即使放到全球连锁市场中，我国的新茶饮在过去的几年里也是最精彩的业务版块之一。新茶饮市场发展迅猛，目标客群清晰，孕育出多个全国知名品牌，其产品迭代速度让人叹为观止，其全渠道和数字化更是一骑绝尘，在“拉新”和“复购”运营上，一直精彩纷呈，花样层出不穷。

（一）2022 年新茶饮规模预计达 1040 亿元

我国新茶饮①市场规模从 2017 年的 422 亿元增长至 2021 年的 1003 亿元，年复合增长率一直超过 20%。2020 年新茶饮市场整体有一个明显的增长；2021 年稳步踏上千亿元规模；而 2022 年市场规模的最理想状态可达到 1040 亿元，基本与 2021 年持平。

2023 年新茶饮的市场规模有望达到 1450 亿元，三年复合增长率近 20%（见图 1）。

---

① 本文中新茶饮指的是，以茶、水果、奶等为主要原料进行现场加工制售的饮品店的统称。不含专营的咖啡店、冰激凌店、酸奶屋等。

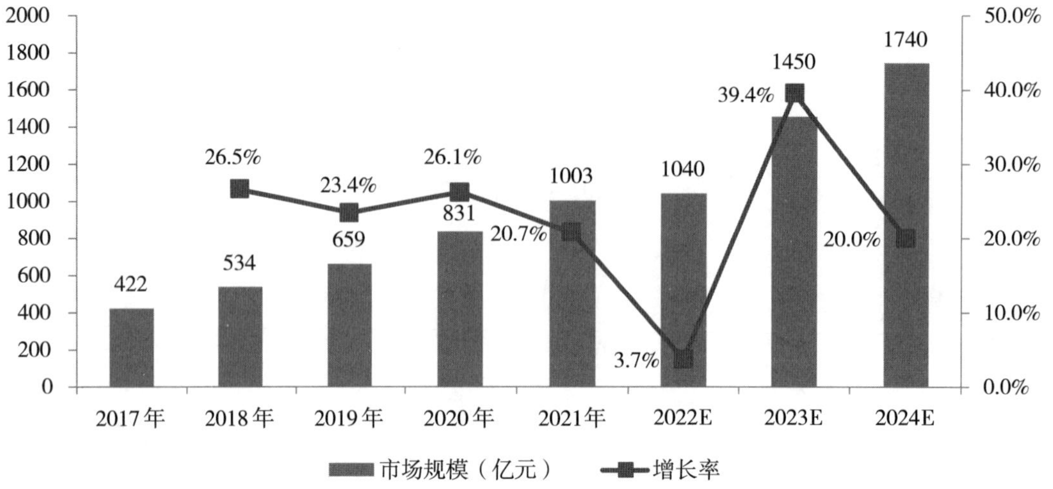

图 1　2022 年我国新茶饮市场规模超千亿元

数据来源：CCFA 新茶饮调研。

（二）2022 年新茶饮门店数约 48.6 万家

企查查的数据显示，2020—2022 年，餐饮业新增注册企业的总数达到近千万这样一个数量级。这是一个惊人的数字，约等于在业餐厅数的总数。这也意味着餐饮行业对创业者依然存在吸引力，未来行业竞争可能更加激烈。

据不完全统计，2022 年年底在业的新茶饮门店总数约 48.6 万家，比 2020 年年底的 37.8 万家增长超 28%。

从门店数的占比来看，2022 年的新茶饮仍是我国现制饮品中门店数最多的一个细分品类，其门店数在各类现制饮品门店中的占比可达 61.9%。与 2020 年的 65.5%相比，占比有所下降（见图 2）。

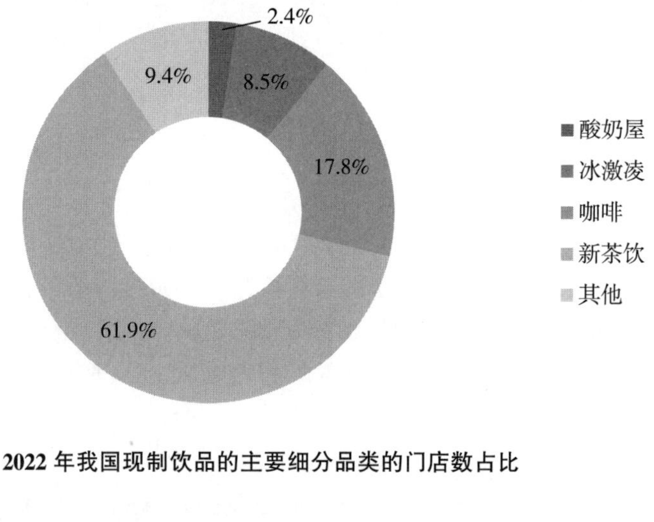

图 2　2022 年我国现制饮品的主要细分品类的门店数占比

数据：CCFA 新茶饮调研。

（三）2022年新茶饮连锁化率可达55.2%

美团数据显示，2020—2022年餐饮业连锁化率从15%提升到20.7%。同期，新茶饮连锁化率从41.2%提升到55.2%。在多个城市核心商圈的抽样调查中，新茶饮的连锁化率超80%。无茶饮不连锁。新茶饮具有一定零售产业特性，标准化程度高，开店门槛低，拓店成本低，能够迅速实现复制。在这个强竞争的市场环境中，传统餐饮业“慢慢养店、养品牌”的概念基本不存在。新开的茶饮店可以快速被市场验证：生意好，则快速开始拓展二店三店；生意不好，很难“养好”，需要快速迭代或关店调整（见图3）。

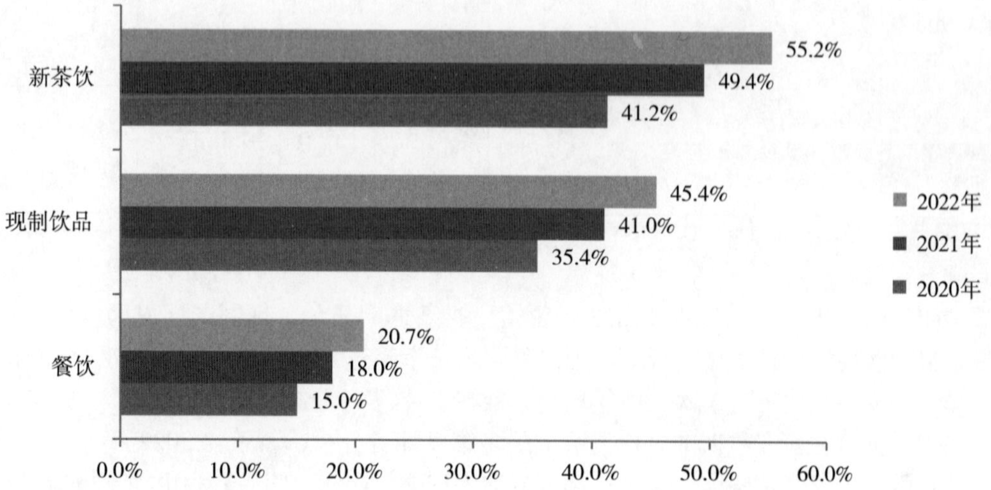

图3　2020—2022年新茶饮、现制饮品、餐饮业连锁化率

数据来源：CCFA新茶饮调研、美团。

（四）2022年新茶饮线上订单的占比陡增

线上订单占比，是指消费者通过微信小程序、外卖平台等线上支付订单的单数，相对于整体销售单数的比例。

2022年很多企业的线上订单占比陡增。养成了线上社交和线上消费习惯的年轻消费群体，通过手机App随时下单成为常态，而微信小程序、美团和饿了么、抖音等App是下单的主要渠道。有样本企业表示2022年其全部订单中，有超过80%的订单来自小程序和外卖平台。

（五）2022年新茶饮市场处于成熟期上半段

新茶饮是消费升级的产物，常被指代为“预包装奶茶”的消费升级。如果从新茶饮的食材构成上分析，新茶饮是一款“24合1”的多功能休闲饮品。一杯新茶饮，可以通过个人定制，从风味、温度、口感等多个方面，感受到多类休闲食品的类似体验，包括鲜奶、乳品饮料、冲调茶饮、袋泡茶、果冻杯、吸入式果冻、瓶装茶饮、坚果、奶昔、水果、水果罐头、果酱、果泥、冰激凌、茶叶、水果糖、奶糖等。

历经三十余年的发展，新茶饮大致经历了三个发展阶段。在不同发展阶段，从产品到消费场景都有显著变化。虽然这种变化没有终局，但可以侧面反映出新茶饮市场的成熟度。从便利性角度看，新茶饮市场在部分地区已经发展得非常成熟（见表 1）。

表 1 新茶饮三个发展阶段的异同

时间	产品变化	消费者特点	消费场景	下单方式	交付场景	主力店型	消费重点
1990—2012 年	珍珠奶茶	年轻	逛街、聚会	店内	到店	大小店都有	休闲消费
2012—2020 年	水果茶、奶盖茶	年轻	逛街、聚会、下午茶	店内为主，线上为辅	到店为主，到家为辅	小店为主，少数品牌做大店	个性化、打卡拍照、社交
2020 年至今	持续上新食材：咖啡、预包装茶、食品	年轻	增加工作场景、消费时段更分散	手机端	到家占比达 60% ~ 80%	小店为主	便利性、性价比、情价比

信息来源：CCFA 新茶饮调研。

美团新餐饮研究院发布的《2022 新餐饮行业报告》显示，现制茶饮成为餐饮的增长引擎，消费者规模接近 2 亿，近 2 年用户复合增长率超过 40%。从人均 5.3 次提升至 6.4 次，年人均交易频次提升 1 次，而年均交易数在 12 次及以上的占比 14.8%。

我们根据以往研究数据中对各类城市的多维度综合分析，新茶饮 2022 年处于行业发展成熟期的上半段。从整体上看，目标客群的渗透率超四成；门店数和市场规模增速双双放缓；供应链已经初具规模；三、四线城市已经基本完成布局，市场趋于“成熟”，仍有进一步下沉空间。从人均店数和人均咖啡因摄入量来看，新茶饮仍处于市场形成阶段。

二、新茶饮 2022 年发展特点

（一）存量市场中的竞争越发白热化

在充分竞争的市场环境下，整个新茶饮市场的增量暂时消失。虽然这种增量消失是中长期的或是短期的尚无法确定，但我们可以看到 2022 年新茶饮市场的几个显著表现：

1. 持续上新是常态不是核心竞争力

新茶饮上新品是常态。咖门《2022 中国饮品行业产品报告》显示，20 家新茶饮品牌 2020 年上新 575 款产品，2021 年上新 930 款产品，同比上新产品增长 61.7%。2022 年前 3 个季度，受监测的 50 个品牌共上了 1677 余款新品，平均每个品牌每个季度上 11 个新品。

上新的初衷是让消费者有新的体验，但目前新茶饮上新的保质期是半个月。一个全新的新品上市后，约半个月的时间，各个品牌即可陆续完成类似产品的上线。从风味特色到食材的选择再到出品，每家产品保持自有特色，只存在“微雕性”差异，如果从更大的分类上看，新茶饮产品竞争上，绝对的护城河几乎不存在。

在充分竞争环境里，产品已经不是新茶饮的秘密。一个管理千家门店企业的可持续发展，不仅要关注产品，更要基于管理，基于品牌建设，基于企业洞察和食品工程研发的能力等。添加咖啡风味产品是 2022 年一大特色。咖啡风味的鸳鸯奶茶、各式经典咖啡在多个新茶饮品牌店中上线，多家一线茶饮品牌单独创立了咖啡产品线的品牌。这也是新茶饮市场 2022 年市场变化的一个显著特点。

养生功能茶上线。2022 年预包装饮品中“一根参”火遍各便利店，新茶饮中也有类似产品上线，煮叶的元气煮，将茶和药食同源的材料（人参、枸杞等滋补原料）相结合，经过 1 小时文火煲煮，将茶独有的特性煮出甘甜滋味，马蹄一根参、有梨的老白等在 2022 在秋冬季节单量处于暴增状态。这和消费者调研结论吻合，男性对功能性的饮品更加有需求，女性更喜欢带有香气的茶来提升健康满足感。

此外，各品牌也在拓展新业务线，寻找新的增长曲线。2022 年初，奈雪瓶装茶（奈雪果茶）上市，奈雪果汁茶的果汁含量超过 40%，代糖创新使用天然罗汉果汁，符合消费者对减糖及天然健康的双重要求。十一国庆假期期间，奈雪瓶装茶鸭屎香柠檬茶上市，上市一周仅华南地区就累计销量 400 万瓶。

2. 用高性价比的产品度过业务低潮期

2021 年第四季度，新茶饮市场用业绩宣布进入“业务低潮期”，各品牌纷纷用高性价比的产品回馈市场。

顶部品牌喜茶在 2022 年一开年就调价，“喜茶告别 30 元价格时代”冲上热搜。

与此同时，奈雪的茶推出 9~19 元的轻松系列并持续丰富 20 元以下产品种类，消费占比逐步提升；开辟专属桶装菜单，“霸气一升桃”等水蜜桃系列与“霸气一桶瓜”等西瓜系列上架一周销量均超 100 万杯。

蜜雪冰城等大众化品牌依然在客单价 7 元左右低价狂奔。

古茗、茶百道、书亦烧仙草等中端品牌大多以加盟为主，品牌很难通过产品降价让加盟商更赚钱。加强品牌营销和产品优惠促销会更为有效。

从消费者角度看，2022 年新茶饮整体有了更好的性价比，促销力度大，算下来比瓶装饮料贵不了多少，比单独买新鲜水果还便宜。

3. 全网营销产品券提前锁定客群

新茶饮在促销产品的投放上力度很大。通过部署全网营销，打造全渠道 KOL 新媒体模式，面向 C 端做产品促销广告，销售预售券，提前锁定客群。这种在短视频和直播中，通过大力度优惠，实现线上订单的线下转化，成为 2022 年新茶饮市场新的增长点。

以抖音为例，新茶饮品牌在抖音上基本都是出售产品优惠券。茶百道两场抖音直播的 GMV 超过亿元。据不完全统计，2022 年仅新茶饮品牌在抖音上的 GMV 超百亿元。

这种线上线下营销手段结合，充分造势，促进渠道下沉，打破了传统餐饮企业运营模式，对餐饮业的营销活动带来革命性影响。

4. 下沉市场加盟商机进入页岩层挖掘状态

2022 年，新茶饮开店放缓。一些资本驱动的、小而散的品牌退出市场。喜茶等直营品牌，在部分地区有条件开展加盟业务。

2022 年新茶饮品牌基本上没有做招商加盟广告投入，原有开展加盟业务的品牌，有的进入暂停状态，也有的深挖商机，开放进一步下沉市场，从地级市转向 4 万+乡镇地区的加盟开店业务。乡镇开店的商机就像在页岩层挖掘能源一样，有机会但非常分散，需要个案分析。

在这里，我们结合全网多方数据及企业调研，确定了30家典型新茶饮品牌在2022年10月底的门店数。为今后调研报告提供基础数据做参考（见表2）。

表2 2022年10月底30家典型新茶饮品牌门店数

序号	品牌名称	门店数	企业名称	是否开放加盟
1	蜜雪冰城	23295	蜜雪冰城股份有限公司	是
2	古茗	6778	浙江古茗科技有限公司	是
3	书亦烧仙草	6642	四川书亦餐饮管理有限公司	是
4	茶百道	6110	成都茶百道餐饮管理有限公司	是
5	益禾堂	5185	武汉熠和餐饮管理有限公司	是
6	沪上阿姨	5031	上海臻敬实业有限公司	是
7	CoCo都可	4687	上海肇亿商贸有限公司	是
8	甜啦啦	3837	安徽汇旺餐饮管理有限公司	是
9	悸动烧仙草	2288	悸动（上海）餐饮管理有限公司	是
10	快乐番薯	1970	厦门快乐番薯股份有限公司	是
11	吾饮良品	1412	武汉吾饮良品餐饮管理有限公司	是
12	LINLEE	1257	广州昌邻餐饮管理有限公司	是
13	阿水大杯茶	1188	山东台联企业管理咨询有限公司	是
14	7分甜	1161	苏州七分甜餐饮管理有限公司	是
15	奈雪的茶	1012	深圳市品道餐饮管理有限公司	否
16	1点点	920	生根餐饮管理（上海）有限公司	是
17	喜茶	847	深圳美西西餐饮管理有限公司	是
18	新时沏	748	浙江新时沏品牌管理有限公司	是
19	霸王茶姬	737	北京茶姬餐饮管理有限公司	是
20	冰雪时光	670	济南宝岛企业管理咨询有限公司	是
21	黑泷堂	650	杭州拾客餐饮管理有限公司	是
22	ARTEASG	612	湖南有茶有趣餐饮管理有限公司	是
23	冰语时间	610	淄博冰语时间商贸有限公司	是
24	柠季手打柠檬茶	592	湖南柠季科技有限公司	是
25	快乐柠檬	587	上海快乐柠檬餐饮管理有限公司	是
26	茶颜悦色	547	湖南茶悦餐饮管理有限公司	否
27	和气桃桃	461	上海宫桃家餐饮管理有限公司	是
28	挞柠 TANING	435	广州味满多餐饮企业管理有限公司	是
29	KOI	186	厦门星豆餐饮管理有限公司	否
30	SEVENBUS	127	厦门优鲜时刻餐饮管理有限公司	否

信息来源：CCFA新茶饮调研。

5. 品牌“人设化”，产品“拟人化”

近两年，新茶饮品牌开始努力打造“品牌人设”，打造更加有温度、更加“懂你”的人性化、立体化形象，让品牌看起来更有“人格魅力”。通过将产品的拟人化，引发人们细致品味，通过对味道的感知、对味蕾的需求，去思考自我存在的价值，更好地感受生活。

例如，Sevenbus 把五款奶茶拟人化，映射成五种类型的人设标签，并将产品的风味口感与五款男生的性格特点结合，满足消费者选择体验与分享需求。

6. 小票文学引爆互动营销

新茶饮可满足年轻消费者“好玩”的需求，2023 年又玩了一次“小票发疯文学”，火遍全网。起源是一群爱玩的顾客，为了多加一份小料，纷纷在外卖小票上“讲各种离奇的故事”，最后以一句“多加芋泥倾听我的复仇计划”。而新茶饮品牌收到网友的“小票作文”后，会多给一份小料，或互动留言，让顾客收获了正向反馈。品牌方的反馈，引发消费者的再度社交分享。最终，形成良性循环营销。

茶百道、书亦、古茗、沪上阿姨、奈雪的茶、快乐番薯、KOI、甜啦啦等十多个品牌都入局参与，最后演变成一场风靡茶饮圈的“小票文学接力赛”。

在数字化时代，消费者和品牌有了更多快速、直接的互动。原来品牌方单项输出产品和品牌价值观的时代已经成为历史。小票发疯文学给消费者提供了“做段子手”“讲脱口秀”的创造空间，打通了品牌与消费者之间的交流渠道，满足消费者“玩”的需求。

（二）数字化运营模式下的效率提升

新茶饮在 2021—2022 年期间全面升级，整体进入以新技术为突破口的新运营模式时代。在新运营模式下，新茶饮大多实现了门店数字化管理，研发或引入各类智能技术设备，有效地降低人力成本，提升门店运营能力。

新茶饮企业的 SaaS 系统、移动支付的发展和普及，远高于我国餐饮商家数字化建设的平均水平。2021—2022 年，会员管理系统、门店数字化管理能力、大数据以及 AI 进一步提升。

1. 数字化巡店系统的普及

数字化巡店系统是通过将店铺实时监控数据汇集到平台、进行数据收集及分析的一款系统。店铺管理人员可通过系统平台，实时进行店铺自检，完成店铺开、闭店标准化、周清自查及每月设备自查，极大地提升了日常经营管理的效率；督导也可通过系统平台，远程进行巡店工作，包括食品安全、QSC 标准、培训、新品上市稽核、店铺问题追踪处理等，可在一定程度上节省出差成本和巡店的时间成本；总部更可以通过平台，实时进行稽核，汇总数据，分析各店铺营运状况，从而更好地制定和调整集团的营运策略。

例如，快乐柠檬通过使用云巡店，完成一家店铺的稽核时间从 2.5 小时减少至 1.5 小时，提升效率 40%。店铺整改的周期缩短 70%，店铺的自检完成率提升 1 倍，店铺标准化水平和数据安全都有了全面提升。以前稽核数据统计报表分析所需要的人工计算，现在全部由系统自动生成，不但避免了数据的错误率，还节约 70%的时间，大大提高了整体的工作效率。

2. 专业智能设备的研发与应用

新茶饮的标准化、规模化有三大难题有待解决。一是新茶饮调制过程是个体力与脑力结合的工作，不仅需要现场加工各类新鲜的水果，还需要根据个人记忆随时调制各种产品调制配方。二是新茶饮的制作和每个人的操作手法相关，即使有标准的作业程序，经过标准的培训，出品的口感也有较大差异。三是茶饮行业是繁重且重复的体力工作，而且员工的身体素质参差不齐，随着工作时间的流逝，员工身体会出现乏困，制作效率也随着降低，从而影响出餐速度，降低用户体验。

多家头部品牌都在研发适合新茶饮使用的智能机器设备，来减轻人员工作压力，提高生产效率，降低管理成本，保证每一杯产品的口感都是一致的。

2021 年 8 月，喜茶组建专业智能设备研发设计团队。目前，喜茶已推出首批 3 款智能设备，包括智能青提剥皮机、智能水果去核机、智能柠檬捶打机，并于 2022 年 3 月开始在门店进行大规模应用。

智能青提剥皮机：应用于青提剥皮。大幅度提升了青提剥皮效率，一筐 500 克青提一个员工人工去皮需要 15 分钟，一台智能剥皮机只需要 1 分钟。

智能水果去核机：应用于果壳直径不超过 40 厘米的水果，包括油柑、橄榄、车厘子等产品，极大提升了去核效率和安全性。在效率方面，一公斤橄榄一个员工人工去核要 1 个小时，去核机只需要 4 分钟左右。设备设计有安全感应器，防止造成人员伤害。

智能柠檬捶打机：主要应用于捶打柠檬片。每次捶打仅需要 10 秒。解决人工捶打柠檬制作耗时长、耗费制作者体力等问题，有着运行稳定、可自清洁等优势。

截至 2022 年 10 月底，奈雪自主研发的“自动奶茶机”已在全国近 800 家门店投入使用。该机器最快可用不到 10 秒的时间完成一杯茶饮，在解放门店人力的同时，也使产能提升约 40%。对于一线员工来说，最大的好处是不用再死记硬背标准作业程序，新员工经培训后也能快速上岗。这是新茶饮行业首个由品牌自主研发且规模化应用的自动制茶设备。

（三）通过内部管理实现效率提升

连锁企业作为现代渠道，通过集中采购，统一管理，以更高的效率获得了比单一门店更好的发展空间。每个企业的基础不同，处于不同发展阶段，管理工作的重点不同，因此，管理工作不存在唯一解，没有绝对的标准答案。但对现阶段的新茶饮企业来说，大家都在做的事情是：加强内部管理，提升管理效率。这也将是未来的新常态。

1. 加强食品安全自查管理工作

食品安全，是品牌存在的根基，多位创始人表示，这也是他们非常重视但无论多大的努力、多大的投入都无法完美解决，需要持续推进的一项工作。在食品安全管理的提升上，各企业用不同的方法开展工作。

守护舌尖安全，是每一个新茶饮品牌应尽的义务。为确保制度落地，切实提高食品安全管理水平，各品牌在培训工作和后期监管工作上都下了很多功夫。奈雪的茶员工和门店都会以周、月、季、年为单位进行线上线下双重考核。自 2020 年 5 月起，奈雪每月都会公布《舌尖安全自查报告》与消费者坦诚沟通问题，及时改善。截至 2022 年 9 月已发布 28 期，处理问题超 200 起。奈雪积极建设食品安全管理体系，凸显新茶饮头部品牌的食品安全管理示范作用。奈雪在实践中摸索出一套制度监督与数字化监测相结合的全链路食品安全防控体系，以实际行动有力地推动新茶饮行业食品安全管理迈向科学化、数字化发展的道路，赢得了行业的认可。该体系采取线上线下相结合的模式，线下积极搭建企业食品安全制度规范，落实双保险稽查制度，严格监测，有效改善食安环境；线上提升数字化运营水平，通过自动化设备、产品溯源预警机制，实现科技赋能食品安全。食品安全稽查员定期前往门店，对包括产品有效期、环境卫生、食材储存、操作规范等在内的150多项食品安全管理细节进行逐一排查。该制度推行两年来，稽查总数超12000次。

当我们用PDCA模型来评价诸多企业在此项工作上的投入时，发现各企业在检查（Check）和沟通（Communicate）上有显著投入（见图4）。

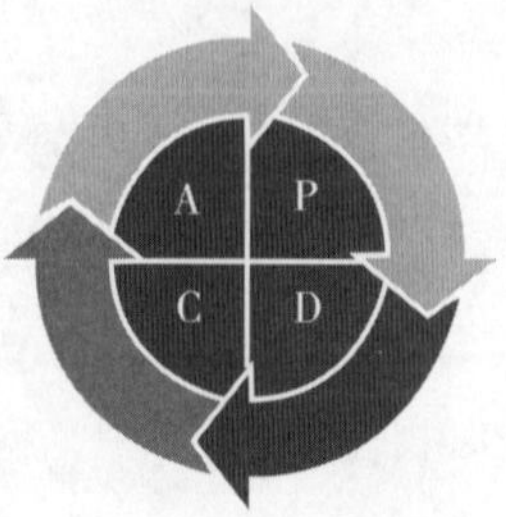

图4　用PDCA模型开展食品安全管理提升工作

信息来源：CCFA新茶饮调研。

2. 更加重视供应链的管理

针对"你最重视的工作是什么"这个问题，多位创始人给出了类似的答案。

A："我们肯定是重视供应链的，研发肯定也重视。但是这个行业的特点是，新品一出，两周内，大家都可以跟上。品牌和产品之间的差异肯定是有的，但是从长期看，供应链就是在各项工作中的那个'难而正确的事'。"

B："供应链，未来新茶饮的竞争就是供应链上的竞争。举个例子，全国卖得最好的单品是手打柠檬茶，各个品牌都有这个单品。而今年，这个柠檬的批发价曾经在每千克3元到36元的范围内快速波动，有时候还有价无货。像我们，自己没有香水柠檬的种植基地，无论价格怎么涨，肯定是要囤些货的，不然没的用啊。"

C："供应链是我们放加盟的品牌的灵魂。大家都放加盟，如果我们在供应链上没有明显的优势，如价格、配送能力等，加盟商就可能自己去阿里巴巴上采购原料，这是无法避免的。如果竞争对手在供应链上有特别的优势，品牌力又和我们相当，那加盟商很可能就趁着重新装修的时候翻盘去做其他品牌。这是很现实的问题。"

D："做好了供应链，无论是资本还是投资人都会给出更高的估值。蜜雪冰城就是一个很好的例子，它做好了两件事，一是建工厂做好供应链管理，这样才能有那个价格的产品；二是做好品牌吸引消费者。"

3. 与加盟商一起关注基层员工的管理

新茶饮是一项提供茶饮的人的事业。根据抽样统计，新茶饮门店人员的平均年龄不超过25岁，全年的员工流动性高于连锁快餐。

据人力资源和社会保障部 2021 年 1 月职业信息公告，新增多个职业认证，其中包括“调饮师”职业。“调饮师”作为伴随新茶饮行业诞生的新职业，正式得到认可。未来，全国 40 万+家门店的 300 万+年轻的茶饮人将会被更多人接受，有更高的身份认同感。

悸动烧仙草从 2021 年 3 月着手打造加盟商门店运营教育训练体系，同加盟商一道关注基层员工的培训与晋升，得到加盟商的一致好评（见图 5）。

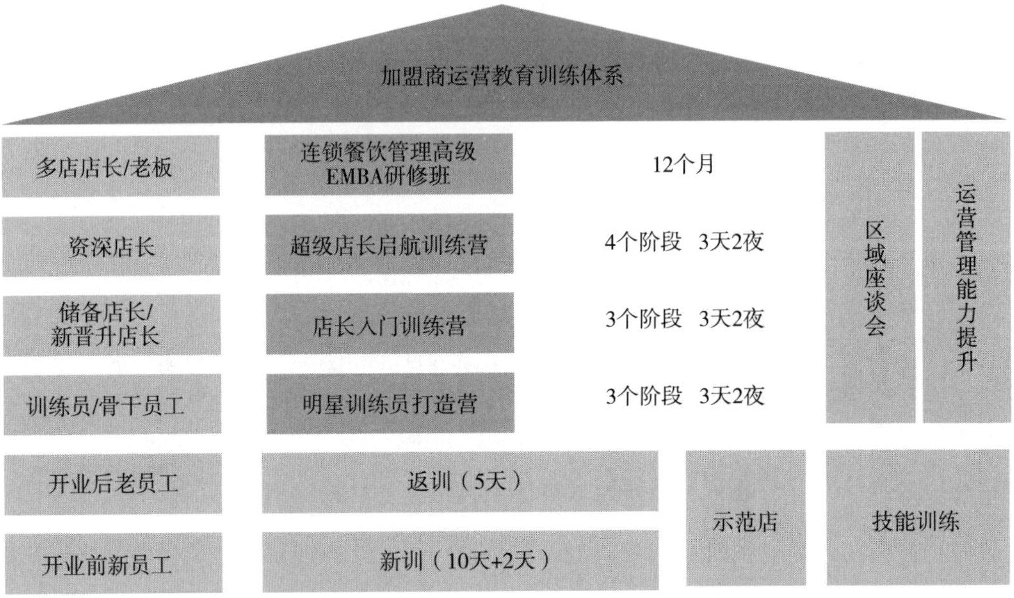

图 5 悸动烧仙草加盟商运营教育训练体系关注员工晋升路线

信息来源：悸动烧仙草。

悸动烧仙草基于门店现阶段对人员能力的需求，设计明星训练员打造营、店长入门训练营、超级店长启航训练营、悸动连锁餐饮管理高级 EMBA 研修班、春季/冬季区域座谈会 5 个学习项目；学习模式为“测、教、学、练、考、评、追”+大班小组的组织形式，满足 Z 时代学员的学习需求。

多位创始人在访谈中提到“人”的话题，我们有理由相信，未来新茶饮品牌中，能够出现几家特别重视“人”的企业。

三、新茶饮发展面临的难点

2022 年，新茶饮发展面临诸多难题，其决策者的每一步都十分艰难。

（一）无法完全消除的食品安全风险

《新巴塞尔资本协议》中明确指出，只要有人员相关的业务都存在着操作风险。餐饮业是劳动密集型行业，虽然近年来新茶饮标准化、数智化程度相对餐饮业会高一些，但在加工制售环节仍存在大量的员工操作，潜在的食品安全问题只能通过各种管理手段减少，无法完全消除。

（二）头部品牌新闻多

通过舆情分析，我们看到社会各方对新茶饮头部品牌的关注度非常高，新闻报道很有热度，经常可以冲上热搜榜。单品热销引发热议是比较常见的，但还有很多是偏负面的，如“××品牌全线产品大降价”“××品牌多地关店 N 家”等。有人将这种大众的“低容错率”解读为“爱你”，爱你所以你就应该是完美的。有错误的马上道歉，被误伤的百口莫辩，更多的时候是静等时间流逝，被大众忘记或被其他热点覆盖。

（三）在不断试错中探索着成长

新茶饮作为非刚需属性产品，虽然在一定程度上代表着新一代年轻消费群体的喜好，但仍是一个小品类，至今尚未引起茶文化研究专家、农业相关专家、营养健康专家的关注，基本属于行业企业在业务层面摸索着前进，并在试错中成长的状态。

在我们调查中，很多消费者对新茶饮是有些误解的，最有代表性的误解是将新茶饮等同于“高糖”的代名词。这可能是决定新茶饮天花板有多高的关键。

1. 高糖是对新茶饮最常见的误解

甜度是一种人们味觉的感官判断。现制饮品店里做的饮品喝起来特别甜。而自己 DIY 饮品时，加很多糖都喝不到甜的感觉。这是因为糖的类型不同会影响甜在口中的释放速度，这会影响人们对甜味的感知。饮品店里最常使用的是糖浆，它是由多种果糖和蔗糖复合而成的，这种糖浆在入口后，可以让人们快速感知到饱满、充盈的甜味，也就是感觉特别“甜”。类似人们对香水的前香、中香、后香的感知，人们感知甜味的时候也有前、中、后不同阶段。自己 DIY 饮品时常用白砂糖，是单一糖，甜味的感知速度比较慢，甜味的峰值也不够饱满。

感知到了“甜”也不一定真的是“高糖”。抽样调查发现，一杯全糖的 500ml 的茶饮中，由糖浆折合成糖的添加量为 24~36 克。对比蜜饯、个别瓶装饮品、大量口感不那么甜但实际糖的添加量很高的休闲食品，新茶饮只能算是“中糖”。根据 2022 年版中国居民膳食指南“糖的摄入量每天不超过 50 克”的建议。换算可得知，如果你选择的是“全糖”的 500ml 的饮品，每天不宜超过 2 杯。

此外，新茶饮的产品大多有“少糖”“半糖”“不额外加糖”“0 卡糖”等选择。来自美团外卖的数据，北上广深客群选择正常糖的占比仅有四成左右，选择不同程度的少糖或半糖，成为新茶饮用户群体的常态化选择。奈雪的茶的数据显示，2022 年“十一”期间，在糖度选择上，北京地区“不另外加糖”顾客占比最高，成为名副其实的“低糖之都”；选择“标准甜”顾客占比最高的“甜蜜之城”则是江西省赣州市。“0 卡糖”的使用量较上年同期增长约 30%。

近几年来，“代糖”成为食品行业科学技术进步的体现，为消费者带来减糖不减甜的美好生活。代糖飞速发展迭代，“罗汉果汁”这一国产的天然代糖，于 2022 年在新茶饮全线应用。罗汉果汁的甜味来源为罗汉果苷Ⅴ（Mogroside Ⅴ），甜度比砂糖、蔗糖高出 200~300 倍，但几乎不含热量，并带有罗汉果的清香。相较三氯蔗糖等其他人工合成甜味剂，罗汉果汁代糖无不良副作用，是理想的天然甜味剂。奈雪率先在业内进行甜味剂升级，选用来自桂林永福的罗汉果这个国家地理标志产品。采用更天然的配料提升口感和健康度，创新使用从天然植物罗汉果中提取的天然甜味剂——“罗汉果汁”代糖，取代三氯蔗糖等人工甜味剂，形成企业的甜味剂优势。

2. “茶饮中有大量植脂末，而植脂末是致癌的”的误解

调查中发现有消费者将新茶饮与植脂末、反式脂肪酸、致癌直接等同起来，这也是消费者抵制新茶饮的关键原因。在这里，我们仅将调查结果列出来，不做过多的科普说明。

四、新茶饮未来发展趋势

新茶饮，也就是茶饮 3.0，发展至今仍是以“品牌+爆品”的模式，占领大量年轻消费者的心智，继续在满足消费者需求的路上狂奔。可以说，新茶饮的诞生，是创造出了消费者需求；发展到现在，则是在通过快速迭代，来满足消费者需求。显性的迭代的关注点在产品上，头部品牌带队研发创新，其他品牌紧随其后；隐性的迭代则是在品牌力上，让消费者认识品牌，这也是新茶饮能够引起年轻消费群体共鸣的核心竞争力。此外，我们还看到，诸多品牌也在通过打造不同场景下的产品探索扩大消费群体。

（一）产品创新上的无限可能

随着消费者各种需求的增长，新茶饮仍有很多可能的创新和迭代方向：

传统健康养生主题：姜、西洋参、薏仁、红枣、燕窝、银耳等。

低糖低卡低脂主题：罗汉果糖、脱脂奶、植物基等。

功能性主题：膳食纤维、预防脱发、胶原蛋白、玻尿酸、益生菌等。

不同风味的融合：咖啡、胡椒、咖喱、芥末等。

经典产品的极致迭代：柠檬茶的酸甜比、奶茶的丝滑感、奶盖茶的层次感等。

（二）品牌需要更多的内容来保驾护航

品牌力是一个非常复杂的话题，新茶饮的品牌形象建设与上百年历史的快消品相比，需要更多的内容来保驾护航。

例如，乐乐茶副总经理郭思说：“过去几年我们做了很多跨界联名，很成功。但我们感知到，这种一眼就看得明白的简单的联名，年轻消费者很快就觉得玩腻了。所以，我们现在重点去做那些有故事的 IP，做和我们会员可以产品共鸣的联名，能讲出故事、有温度、更鲜活的联名，这也是实现我们的品牌主张、互相获得认同感的方式。”

（三）探索更大的消费场景和消费群体

从外卖平台和企业端数据看，新茶饮的消费者画像一直很稳定。那么，新茶饮的天花板就这么高？有没有可能去探索更大的消费场景和消费群体？综合大家的反馈，有如下几点：增大消费年龄区间；探索新中式茶馆；探索通过现代化设计和数字化管理，打造更高坪效的、以茶文化为依托的第三空间礼品茶，在中国的茶叶市场中，有 2/3 的市场做的是礼品茶，而且价格偏中高端，仅个别品牌形成全国的品牌影响力，新茶饮有望尝试做联名礼品茶；拓展团购的场景，目前常见的团购场景是在工作中，如在团队共同努力拿下一个

订单时、在头脑风暴一个新项目时、在一个新舞房开公开课招募会员时、在拜访一个好久不见的工作友人时；未来将尝试适合露营、骑行、钓鱼等不同休闲场景的系列产品。

本报告数据来源：国家统计局、企查查等

《2022 中国餐饮大数据》美团
《2022 中国餐饮加盟行业白皮书》美团、中国连锁经营协会
《2022 茶饮品类发展报告》美团、咖门
《2021 茶饮数字化专题报告》亿欧
《中国新茶饮供应链白皮书》沙利文
《2021 大眼商机·胡润中国餐饮连锁企业投资价值榜 Top50》胡润研究院
《日常消费：现制饮品行业专题：一杯一世界，一店一春秋》中金公司
《餐饮旅游行业跟踪报告：门店现制饮料研究，奶茶的生命周期有多长？》华创证券
《Y、Z 世代洞察消费新趋势》Talking Data
《多场景大融合 2022 新餐饮行业研究报告》美团

2023 年新茶饮研究报告

2023 年，中国餐饮行业作为内需经济的基本组成部分，展现出了厚积薄发、向新向荣的生命力。其中，新茶饮作为产品、技术、文化“三新一体”的先行板块强力发展，全年市场规模有望达到 1498 亿元，新茶饮门店总数突破 50 万家。至 2025 年，新茶饮市场规模有望超过 2000 亿元。

在行业蓬勃发展的新起点上，为全景式展现新茶饮行业在生态格局、消费需求、产品创新、模式迭代、发展前景等多维度的发展脉络，中国连锁经营协会新茶饮委员会联合美团新餐饮研究院，共同出品了《2023 新茶饮研究报告》。

一、现状综述

（一）行业稳定增长，全年消费市场规模预计 1498 亿元

2023 年上半年，新茶饮[①]消费市场在一季度强力反弹，二季度稳步增长，暑期表现亮眼，全年新茶饮消费市场规模有望达到 1498 亿元。至 2025 年，新茶饮消费市场规模预计进一步扩张至 2015 亿元（见图 1）。

中国连锁经营协会数据显示，我国新茶饮消费市场规模从 2018 年的 534 亿元，至 2021 年稳步踏上千亿元规模（1003 亿元），年复合增长率超过 20%，整体消费市场规模翻倍。2022 年，新茶饮消费增速显著放缓，整个市场进入盘整期。全年新茶饮消费市场规模约为 1038 亿元，较 2021 年增长 3.5%。

① 新茶饮，是以原叶茶和（或）茶汤、水果、现榨果蔬汁、原榨果汁、果汁、蔬菜汁、蔬菜、乳制品中的一种或多种为原料，添加或不添加其他食品，不添加固体饮料，经现场加工制成的液体或固液混合物。引自团体标准 T/CCFAGS 027—2021《现制茶饮术语和分类》。

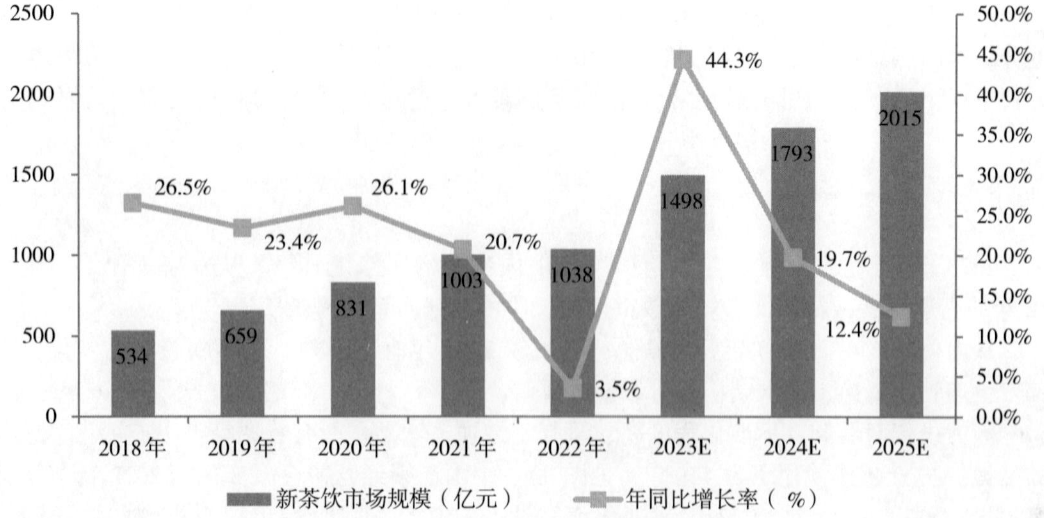

图 1　2018—2025 年中国新茶饮消费市场规模

数据来源：中国连锁经营协会。

（二）新茶饮门店数企稳，全国超 50 万家

在门店数量方面，据不完全统计，2023 年 8 月 31 日在业的新茶饮门店总数约 51.5 万家，比 2020 年年底的 37.8 万家增长超 36%。

从美团、大众点评及美团外卖平台收录饮品门店数量占比来看，2023 年 6 月，新茶饮门店在饮品总门店数中占比 57.7%，较 2022 年年底下降了 2.2 个百分点（见图 2）。

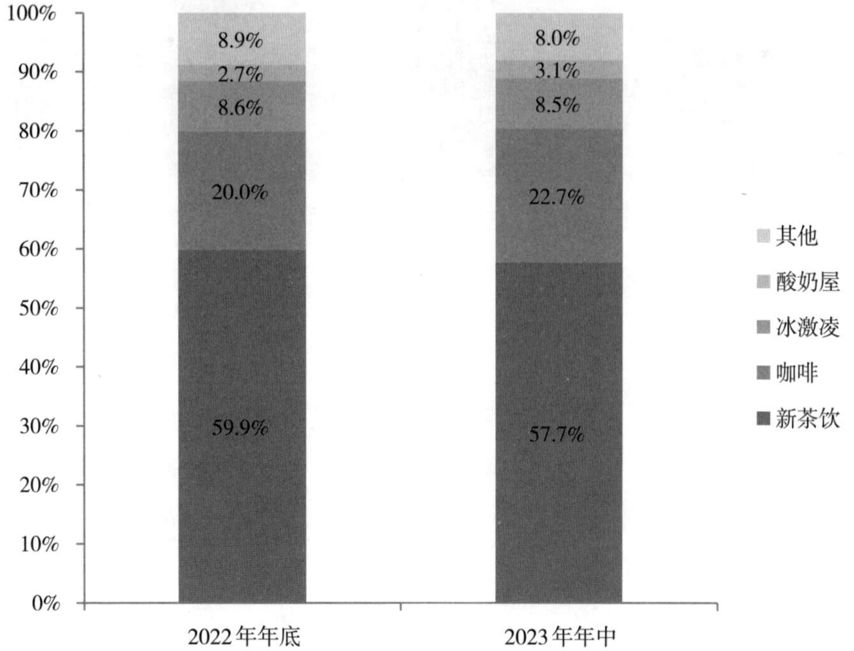

图 2　2022—2023 年 6 月美团收录饮品细分品类门店占比

数据来源：美团。

2023 年上半年，得益于茉酸奶等酸奶品牌快速加盟开店，美团收录酸奶和冰激凌等细分品类门店总数较 2022 年增长了约 4000 家。此外，东方树叶等预包装茶饮的市场规模增长迅猛，新茶饮的可替代性产品仍在不断萌出、生长，新茶饮面临一定程度的分流压力。

（三）饮品连锁化率整体稳定

2023 年，新茶饮门店数量虽有微降，但内生结构在趋优升级。从发展规律看，经过 10 年的高速发展，新茶饮必然从数量型增长阶段迎来质量型增长阶段。

从内生结构看，2023 年新茶饮总门店数较 2021 年有所下降，是不断趋于品牌化、内部发生连锁化置换、进入结构性升级期的反映。

因为投资门槛低、标准化程度高、可复制性强，饮品是所有餐饮品类中连锁化率最高的品类，2022 年连锁化率为 44%[①]（见图 3）。中国连锁经营协会发布的《2022 新茶饮研究报告》显示，新茶饮 2022 年连锁化率高达 55.2%，在多个城市核心商圈的抽样调查中，新茶饮的连锁化率超过 80%。

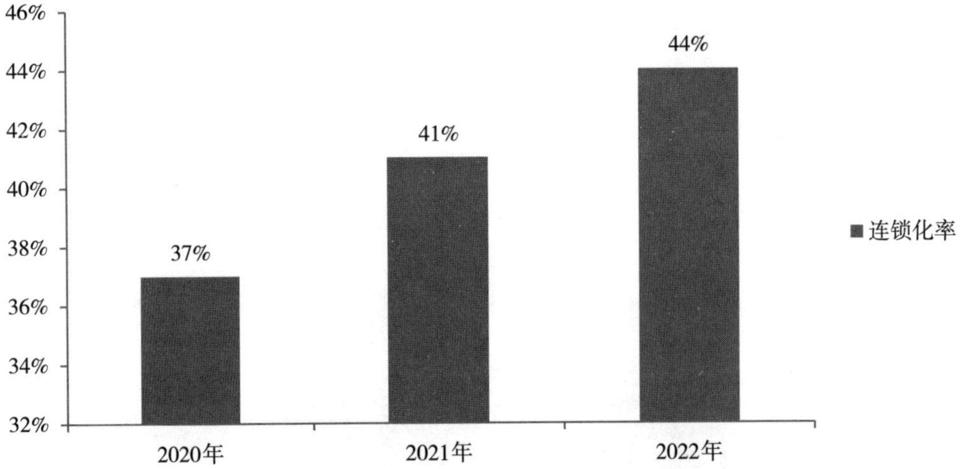

图 3　2020—2022 年美团收录饮品门店连锁化率

数据来源：美团。

（四）部分典型品牌门店数量进一步增长

2023 年上半年，新茶饮头部品牌开店加速。本报告结合全网多方数据及企业调研，确定了 31 家典型新茶饮品牌在 2023 年 8 月的门店数，为今后调研报告提供基础数据做参考（见图 4）。

① 美团收录门店连锁化率 = 全国餐饮连锁品牌下门店数量总和/全国餐饮行业门店数量总和×100%（同一品牌下，门店数≥3 为连锁品牌）。

图 4　截至 2023 年 8 月 31 日部分典型新茶饮品牌门店数（家）

二、新茶饮外卖市场概览和消费走势

新茶饮行业近年来的蓬勃发展，除了其产品和服务满足了年轻消费者的需求之外，外卖属性强也是中国新茶饮品类在全球消费市场，尤其是年轻人消费市场中独树一帜的重要原因。

（一）2023 上半年新茶饮外卖订单量持续增长

根据连锁经营协会调研测算，新茶饮行业在一、二线城市的线上化渗透率已接近

65%。“线下线上双主场”经营已成为新茶饮门店的基本能力模型。近年来，在外卖等线上服务的带动下，新的消费增量进一步推动了茶饮市场的扩张。

“饮”在餐饮版图中的地位越来越突出。2023 年上半年美团餐饮外卖品类订单量数据显示，新茶饮品类订单量占比 10.6%，在 100 多个餐饮细分品类中排名第一（见图 5）。

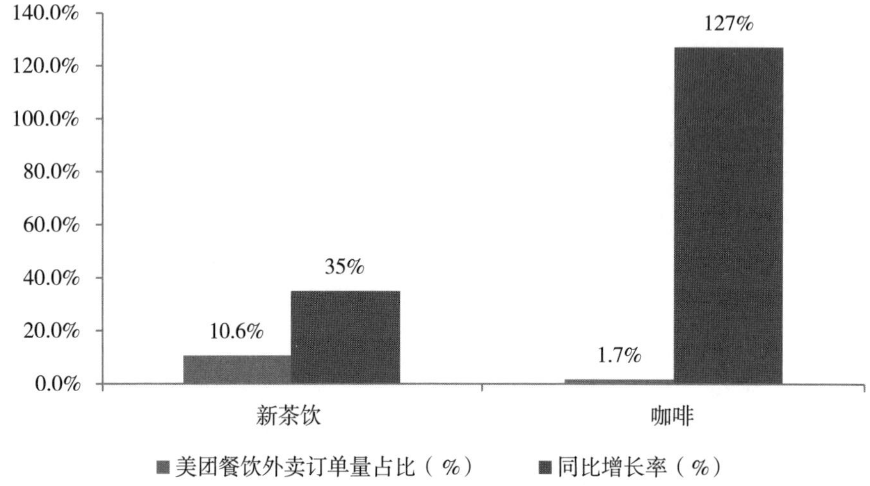

图 5　2023 年上半年美团外卖新茶饮与咖啡品类订单量大盘占比及同比增速

数据来源：美团外卖。

接下来，我们通过新茶饮的外卖订单数据来透视新茶饮的经营情况，分析维度包括城市等级、区域差异、季节温度、消费时段，并就新茶饮外卖的用户与场景进行分析。

（二）新茶饮发展呈现城市分层差异化

1. 一线与五线下沉城市订单量增速高于其他城市线

从 2023 年上半年新茶饮在不同城市线的外卖订单量表现来看，新一线城市外卖订单量占比最高；一线城市新茶饮外卖订单量在所有城市线中增速（38%）最高。密集且仍在不断扩大的人口基本盘、年轻人居多的人口结构、旺盛的消费需求、成熟的外卖消费习惯和供给配套等因素叠加，支撑一线、新一线城市的新茶饮外卖订单持续增长。此外，四线（30%）及五线及以下城市（36%）新茶饮外卖订单量增速高于新一线至三线主体市场（28%），下沉市场新茶饮空间逐步打开（见图 6）。

随着价格带和市场布局的逐渐叠加，新茶饮竞争持续加剧。在高线城市完成布局的新茶饮品牌向下沉市场渗透，在低线城市崛起的新茶饮品牌则开始向高线城市进击，不同定位的品牌面对的机会也有所不同，如喜茶、奈雪的茶等处于较高价格带的品牌更多倾向于向下沉市场渗透开发。茶百道、古茗、沪上阿姨等中档价格带的品牌，一方面可向上渗透高线级市场，另一方面继续向下开发下沉市场，谋求双向发展。

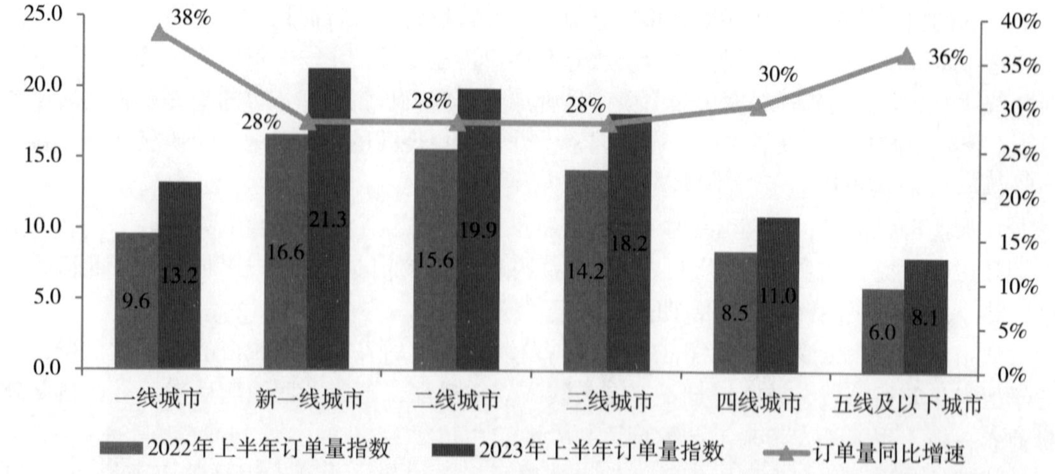

图 6　2022—2023 年上半年美团外卖各城市线新茶饮品类订单指数①及同比增速

数据来源：美团外卖。

在不同价格带、不同城市线新茶饮品牌的交叠竞争之下，新茶饮市场呈现出“无边界”格局，较高端的品牌推出中低价格的产品，下沉品牌也向“五环内”进军，整个市场呈现出全面竞争的景象，市场机会不再简单指向下沉市场或者高线市场，而是不同城市线都既有竞争热点，也有机会空间。

2. 下沉市场众多城市新茶饮发展潜力足

人口和收入水平是消费市场表现的底层逻辑。从 2023 年上半年 160 个典型城市新茶饮外卖订单量、新茶饮外卖用户规模增速和头部连锁品牌外卖门店增速情况来看，不同用户基础和消费能力的城市，不同地理物候和资源禀赋的城市，新茶饮品类的发展潜力差异较大。

（1）一线城市

广州、深圳、上海、北京 4 个一线城市新茶饮外卖订单量庞大。其中，北京、深圳头部品牌外卖门店数增速和新茶饮外卖用户增速节奏基本一致，市场处在稳态增长期；广州头部品牌外卖门店数增速略快于新茶饮外卖用户增速，供给开始趋于饱和；上海新茶饮外卖用户规模迅速恢复，但头部品牌外卖门店增速较低，说明上海的新茶饮市场供给端已较为成熟，连锁品牌门店新增速度显著放缓。

（2）新一线城市

西安、长沙新茶饮外卖用户规模持续增加，显著快于连锁品牌外卖门店增速；天津、郑州新茶饮外卖用户增速也较高，但头部品牌外卖门店增速较低；昆明、沈阳、南京表现不错，处于新茶饮外卖用户和头部品牌外卖门店双增长的第一象限。

（3）省会城市

福州头部品牌的外卖门店数量、外卖用户增速相对较低，订单规模更多由较高的用户交易频次支撑；而和福州订单量较为接近的南宁，在外卖用户规模增速稍快的基础上，用户交易频次提升明显，支撑其头部品牌门店数进一步增长；贵阳与合肥外卖用户规模稳定，但头部品牌外卖门店增速达 50%左右，蜜雪冰城、古茗等头部品牌在迅速密集分布。

① 外卖订单指数：依据新茶饮品类外卖订单数量及餐饮大盘外卖订单数量进行比例计算。

东北的新茶饮市场整体还处在增长初期，“北国春城”的资源禀赋和喜茶、茶百道等品牌快速拓展区域市场，促进了长春新茶饮外卖用户迅速增长，用户习惯的养成又拉升了品牌对新茶饮市场前景的乐观程度，吸引更多品牌加盟开店。哈尔滨和长春的头部品牌门店增速接近，但由于寒冷季节时长多于长春等因素，外卖用户规模虽增速可观，但明显低于长春。

（4）中心城市周边下沉市场

近水楼台先得月，距离区域中心城市较近的下沉城市，在中心城市的辐射下，新茶饮市场开拓更便捷。如贵州的毕节、武汉的黄冈、广东的清远，过去连锁品牌门店基数较小，如今门店处于高速扩张储备期。

从用户规模角度看，云南丽江、大理以及河北秦皇岛等旅游型城市的新茶饮消费，得益于上半年旅行消费，游客增加不仅带来线下点单暴涨，逛累了回酒店后来一杯、排队就餐前点一杯，也为外卖带来了增量订单与异地新用户。

从区域来看，华东地区经济基础好，消费习惯更成熟，头部连锁品牌门店快速加密。其中，江苏扬州、盐城、连云港三城用户规模增速较快，但头部连锁品牌门店增速更高；安徽淮南、马鞍山等城市头部连锁品牌门店增速更是高达 70%，该区域成为近年新茶饮头部品牌布局下沉市场的典型代表。

（三）夏季高温带来茶饮增量，“秋一杯”峰值营销效果好

季节轮转和气温变化对餐饮消费选择有着直接的影响。新茶饮外卖订单波动与气温有强相关关系。其中，炎热夏季和寒冷冬季对新茶饮订单的影响较为显著。夏季高温带来茶饮增量，“秋一杯”峰值营销效果好。

1. 天气冷暖茶先知，温度变化牵引新茶饮订单增长

以广东省为例，随着春节假期结束，新茶饮门店陆续开始营业。3 月初，市场同步“惊蛰”，新茶饮外卖订单量稳步启动。清明前后，订单量和气温波动节奏一致，至“5·20”迎来季度营销小高峰；进入 7 月高温天后，订单量明显水涨船高；立秋日，则随“秋一杯”冲击全年日订单峰值；十一国庆节后，新茶饮明显随气温下探而同步向下波动；12 月天气转冷，但冬季暖茶订单开始起量补足，订单走势明显高于气温。

2. “解暑三件套”和“入冬四件套”都少不了新茶饮

夏季，天气炎热，冰茶饮、雪糕、冰啤酒是很多人的“解暑三件套”，遇上高温天气不想出门，待在室内吹着空调，点个外卖等着消暑品送上门，是很普遍的选择。堂食的水涨船高加上外卖创造的新增量，让新茶饮冷饮销量在高温炎热天气有明显的上扬。冬季，气温走低，又会促使“暖经济”逐渐升温，“暖胃又暖心”的甜热新茶饮产品迎来了消费旺季，新茶饮界的“入冬四件套”（热奶茶、烤红薯、糖葫芦、炒板栗）已连续两年热度升温。

新茶饮外卖销量不仅和天气波动关联明显，节庆营销更是功不可没。立秋喝奶茶，也正在和中秋节吃月饼、冬至吃饺子一样，成为消费者的“下意识选择”。

3. “节日效应”供需两旺，“秋天第一杯奶茶”连续 3 年火爆

自 2020 年“秋天的第一杯奶茶”成为热搜中的热搜，并通过外卖平台变成实实在在的销量后，每年的立秋日，奶茶都成为应季的热点消费品类，这一天也因此成为新茶饮行业最重要的“节日”。

与电商的节日“双 11”消费者囤货有所区别，新茶饮及其外卖订单属于即时消费，

增量效果更加明显。从 2022 年广东省新茶饮外卖日订单指数来看，立秋当日对比前日能做到订单接近翻倍。

2023 年 8 月 8 日立秋当天，美团外卖数据显示，共有 15 万家奶茶门店参与，当日累计卖出超 4000 万杯，较 2022 年立秋参与商家数和订单量再创历史峰值。从品牌维度看，美团外卖销量突破百万杯的奶茶品牌有 8 家，分别是蜜雪冰城、茶百道、古茗、沪上阿姨、喜茶、CoCo 都可、书亦烧仙草和益禾堂。

从城市维度看，深圳的立秋奶茶订单量位居全国第一，其次是广州、成都、上海和北京，Top5 城市的平均订单量增幅达 55%。此外，除了一、二线城市，三线城市及更广阔的下沉市场消费者也加入“秋一杯”的消费行列，从订单量大盘来看，三线及以下城市的奶茶订单量占比达到 45%。

以外卖平台灵活的营销工具和即时配送网络为能力支撑，茶饮品牌的门店突破了消费空间和时间的限制，无论是城市还是乡镇，无论是下午茶还是夜宵，有外卖的地方就有消费。以东北新茶饮头部品牌 700CC 为例，立秋当天，700CC 外卖平台销量增长 8 倍，堂食增长 1.5 倍，总体销售业绩增长 4 倍。

外卖平台正在作为一种新的供给侧基础能力，促进茶饮行业供给端的不断升级，以新型供给创造新型需求。虽然说“秋天的第一杯奶茶”带来的消费浪潮可能只是短时效应，但这种短时效应折射出的供给侧变化，则会长期推动需求侧增长。

（四）新茶饮消费呈现全时段趋势

1. 配火锅搭烧烤，新茶饮打开佐餐消费多元场景

美团外卖数据显示，新茶饮订单主要集中在午餐、下午茶、晚餐时段①，其中晚餐时段订单占比最高，午餐次之，且两个时间段的订单量占比均超过了下午茶时段（见图 7）。

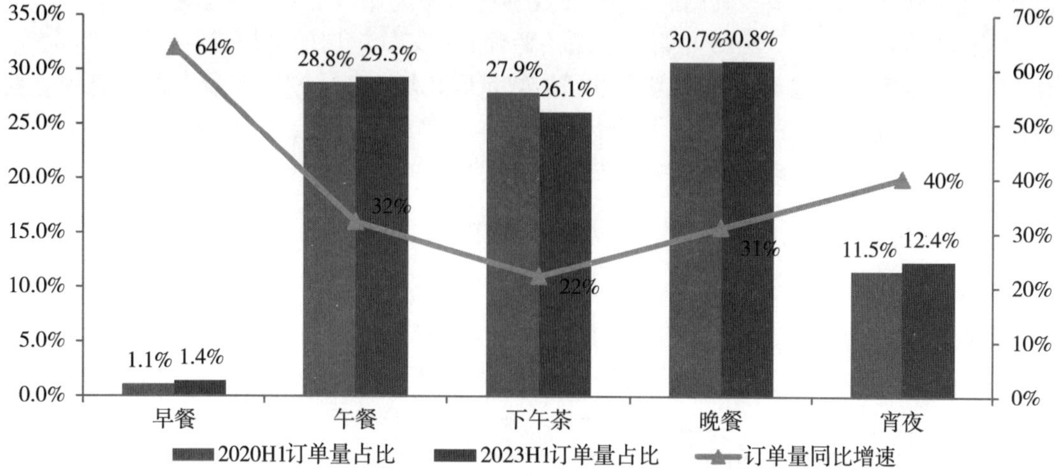

图 7　2020 年上半年和 2023 年上半年美团外卖新茶饮品类各时段订单量占比及增速

数据来源：美团外卖。

① 时段定义：早餐 6：00～10：00 点；午餐 10：00～14：00 点；下午茶 14：00～17：00 点；晚餐 17：00～21：00点；夜宵 21：00～6：00 点。

这和传统的"喝奶茶"主要集中在下午茶时段，是"独立饮用"的消费逻辑有所不同，新茶饮已逐步成为佐餐选择。尤其是晚餐时段，人们结束一天的工作，心态上会更放松，就餐时间更充裕，很多消费者会提前带一杯奶茶到店里去和火锅、烧烤等正餐搭配，或在店里就餐时点一杯附近的奶茶外卖以增加当餐丰富度，新茶饮开始以佐餐的角色替代餐厅自有的预包装饮品。

此外，上班族的"工作动力补给品"也成为茶饮晚餐时段增长的重要场景。美团外卖数据显示，一线、新一线城市的写字楼及园区等工作场晚餐时段新茶饮外卖订单比例超过 20%。让上班族加班加点赶紧急的项目，在开会、写策划、做 PPT 时既清醒又快乐，还不影响夜晚睡眠，新茶饮是最佳选择。

即时是因，全时是果。新茶饮外卖消费的全时段趋势和即时服务平台的支撑密切相关。外卖平台通过人工智能、大数据构建起的实时配送调度系统，让"30 分钟送达"无论在配送能力上还是在经济模型上都成为现实，而这种即时性，则为满足一个人的全时需求提供了可能。

2. 早餐时段"新搭子"，新茶饮+烘焙成热门组合

从新茶饮各时段订单增速表现来看，早餐时段占比虽低，但增速表现亮眼，2023 年上半年同比增长 64%。这和随着竞争强度加深，新茶饮连锁品牌有能力延展经营时长，探索跨时段、跨品类经营，扩大门店所能覆盖的消费场景有关。

以奈雪的茶为例，早在 2020 年即发力早餐产品，推出"茶饮+三明治"产品组合，此后又逐步调整早餐价格带并简化产品线，从"16 元起"逐步回落至"9.9 元起"。目前，奈雪的茶早餐时段外卖订单量月同比增长超 120%，"茉莉初雪"纯茶套餐深受消费者喜爱，销量超过四成。

又如华东地区有着近 2000 家门店的一鸣真鲜奶吧，主打以牛奶、酸奶为原料的现制饮品，搭配烘焙产品售卖，其门店一天之内 60%~70%的业绩发生在早餐场景。

美团外卖数据显示，2023 年第二季度，平台上新茶饮门店的平均营业时间超过 12 小时，其中营业时长超过 16 小时的新茶饮门店数量同比增加 12.5%，早餐时段是其中重要的延时方向。凭借"饮品+烘焙"这种标准化程度较高的产品组合，连锁品牌借助规模优势，可有效切中价格敏感度高的大众刚需，服务早高峰争分夺秒的消费场景。

（五）新茶饮外卖用户多、频次高、场景广

1. 新茶饮外卖用户基数大、增长快

餐饮外卖作为人们生活中不可或缺的组成部分，已经成为新的生活方式。美团外卖数据显示，2022 年餐饮品类年度消费人群规模近 5 亿人，有超过 3.5 亿人在早餐、下午茶、宵夜等非核心时段点外卖；1 亿人在美团外卖上餐饮年花费超过 2000 元，6000 万人的餐饮外卖年度下单品类超过 20 种（见图 8）。

如此庞大的用户体量是新茶饮外卖发展的基础。在整个餐饮外卖大盘中，新茶饮品类的订单量位居第一，并且新茶饮用户规模仍在显著增长。2023 年上半年，美团平台新茶饮外卖用户达到 1.78 亿，比上年同期增长了 20.3%。新茶饮消费规模总量的扩容节奏和消费人群基数的增长节奏基本保持一致（见图 9）。

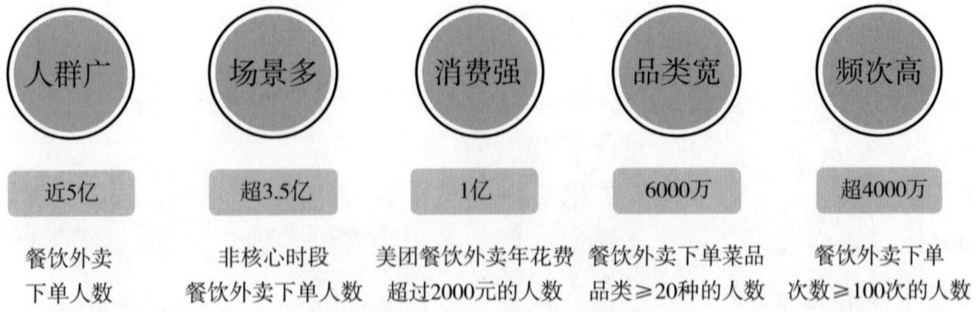

图 8　2022 年美团餐饮外卖场景更丰富

数据来源：2022 年美团外卖年度数据。

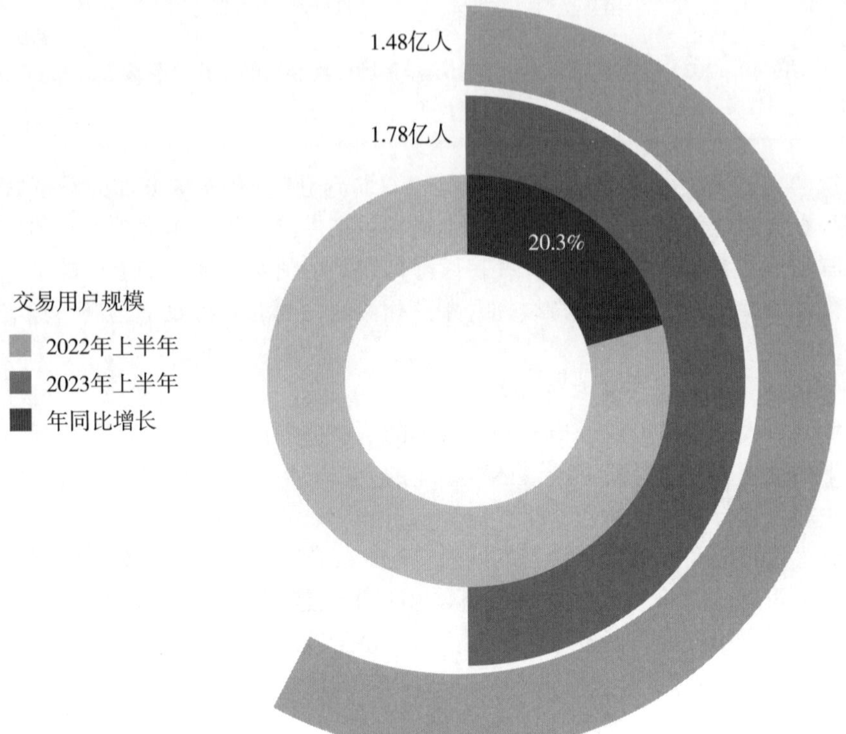

图 9　2023 年上半年美团外卖新茶饮品类交易用户规模增速

数据来源：美团外卖。

2. 新茶饮外卖交易频次进一步提升

从新茶饮外卖用户交易频次分布情况来看，2023 年上半年点单 1 次的用户占比最高（33. 9%）；点 2~3 次的新茶饮外卖用户占比（27. 1%）与 2022 年上半年基本持平；而半年内点 6 次以上新茶饮外卖的用户占比为 22. 1%，同比增长 2 个百分点，新茶饮用户交易频次在进一步提升（见图 10）。

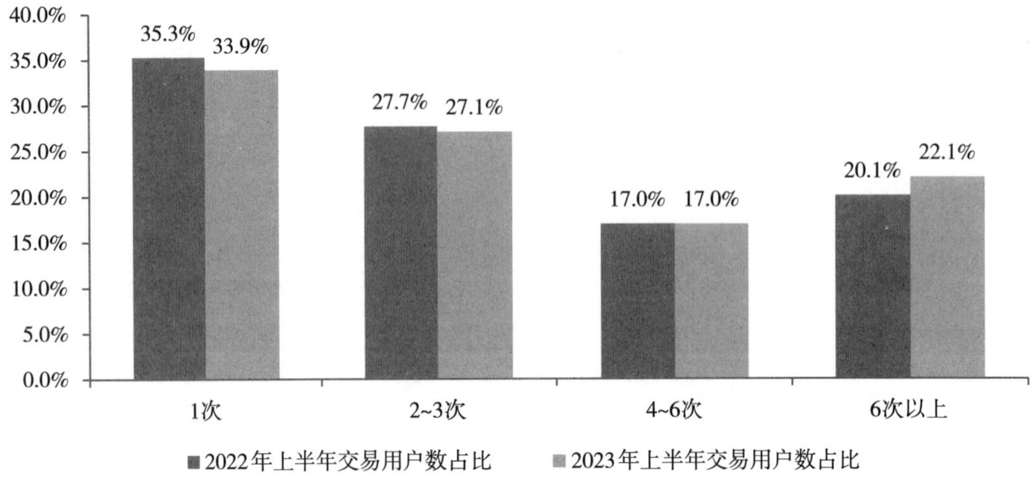

图 10　2022 年上半年、2023 年上半年美团外卖新茶饮用户交易频次分布

数据来源：美团外卖。

新茶饮的交易频次提升是需求和供给的“双向奔赴”。在需求方面，新茶饮无论在功能价值还是在情绪价值层面都具有一定的上瘾性；在供给层面，越来越丰富的供给在吸引用户的尝鲜欲望，不断趋优的性价比在持续降低用户的消费门槛。加上以数字化为底层技术来匹配供需的外卖服务平台在持续提升用户和商家之间的交易效率，进一步增加了新茶饮的外卖消费频次。

3. 新茶饮不同客群消费特征差异较大

新茶饮消费人群规模虽广，但不同子群体的消费选择差异较大，即使是同一人群，在不同场景下的消费选择也有所不同。在数字化的支撑下，新茶饮生意的经营，已进入以用户需求为中心，进行精细化运营的阶段。

美团外卖在帮助商家做餐品销售的同时，也在强化对人的经营，对外卖用户人群进行更细颗粒度的识别，以满足不同客群在不同场景下的消费需求，并帮助商家实现生意增长。美团外卖根据用户消费偏好等多维度信息，将全域用户分为多个人群①。

以学生族和上班族为例，从美团外卖平台新茶饮用户在不同城市线的人群占比情况来看，广州学生和白领人群规模最高（接近 80 万人），远超其他城市；深圳上班族人群规模排名第一，略高于广州，但与东莞和佛山一样，是以工作人群为主的城市，学生群体占比并不高。

泉州、厦门的上班族人群占比较高，数量规模上仅次于杭州、苏州等人口大市。经济发达、压力又相对较小的港口、枢纽型城市，是白领茶饮消费的新领地。

除广州外，北京、成都、武汉、重庆等城市的学生用户人数庞大，2022 年在校大学生超百万的城市达到 7 个②，依次为：广州、郑州、武汉、重庆、成都、北京、西安。除

① 美团外卖 BETTER 经营全域七大人群中，上班族人群特征：年龄集中在 25~40 岁，工作日办公室场景需求集中，偏好中等及平价商家，效率首位，商家忠诚度高。学生族人群特征：年龄集中于 25 岁以下，下单场景丰富，频次高，注重性价比，倾向探索不同品类商家，忠诚度较低。

② 数据来自 2022 年各地统计公报。

此之外，天津、长春、哈尔滨等北方城市，也是学生群体占比远高于白领。南昌、合肥等省会聚集了省师范、省财经等 50 多所高校，是江西、安徽的主要学生群体聚集城市。

从不同城市线不同消费人群的分布情况及关注元素来看，同样的一杯新茶饮，在不同城市、不同人群、不同场景下的消费理由有所不同。正如现代营销学奠基人西奥多·莱维特所说的“人们不是想买 1/4 英寸的钻头，而是想要一个 1/4 英寸的洞孔”，用户并不是想买一件商品，而是要将产品和服务带入生活，达成某项目的。

因此，新茶饮品牌想要打造“以人为中心”的经营策略，需要更深入、全面地了解“人”。以往商家在对于人群的认知有限的情况下，往往局限于本品牌、本品类或门店层面的交易数据，如客单、频次等，缺乏从整体视角对人群的数据输入和洞察。无法了解核心客群的场景、消费偏好，也无法多维度、立体地描摹并掌握核心客群画像。如今依托美团外卖 BETTER 经营模型，品牌可以细分客群分类，聚焦目标客群制定经营决策，迭代出一套差异化增长路径。

以蜜雪冰城为例，在平台人群画像分析辅助下，蜜雪冰城发现即便在学生群体中，仍存在潜在增长机会。9 月是开学季，也是学生人群消费的高峰期，蜜雪冰城借此时机针对学生族当中的兴趣人群（店内有效交互但最终未下单）进行拉新。通过平台数据对学生群体的消费喜好和交易转化进行分析后，蜜雪冰城选择了学生群体喜爱的芝士奶盖四季春为本次拉新的爆品。最终，试点学生人群订单增长 11%，短短两日给测试门店带来增量交易额超 100 万元。

4. 新茶饮外卖用户也喜欢汉堡烧烤

在餐饮企业选址拓店过程中，我们看到一些炸物小吃新兴品牌会锚定新茶饮大连锁开店，降低选址失败风险，并共享错品类经营流量。同样，线上场景也存在跨品类最佳拍档，以响应用户“干湿搭配，浓淡相宜”的饮食习惯。通过对美团外卖新茶饮重度用户下单其他品类的交叉分析，我们发现汉堡、米饭套餐、米粉米线、炸物小吃、烧烤是前 5 名（见图 11）。

除正餐搭配饮品来解口渴之外，吃炸串、麻辣烫等辣度、油度较高的餐品时，消费者也会选择搭配饮品来解腻。因此，从用户需求出发，给人们的餐饮搭配习惯提供选择的便利，既能赢得用户好感，也能给品牌带来直接的订单增量。

在营销宣传、联名选择、产品组合上，容易搭在一起的产品也是很好的切入点。如蜜雪冰城卖炸串，就是新茶饮+小吃的生态矩阵探索；而在美团 5 月的神券节活动期间，通过巧妙的爆品搭配，神抢手直播间卖出 1000 吨小龙虾、5000 万个汉堡，茶饮累计卖出 1 亿杯。

5. 新茶饮外卖用户追求“情绪价值”

“产品价值”既包含“功能价值”，也蕴藏“情绪价值”，在新茶饮产品食材组合日益接近，即“功能价值”不断趋同的今天，“情绪价值”是形成品牌差异的重要价值点，也是吸引消费者选择的差异点。从新茶饮外卖用户订单增长场景来分析，节日、上新、品牌联名是其中触发订单显著增长的因素。

2023 年，除了推时令新品和赶节气，新茶饮界最为吸睛的上新动作，绕不开品牌联名。喜茶联名 FENDI、奈雪的茶联名《武林外传》、书亦烧仙草联名《封神》、蜜雪冰城联名蛋仔派对等，联名对象覆盖奢侈品、影视、动漫、游戏、彩妆、酒店、商超、出版社、家电、照相馆、汽车等多个领域。联名为新茶饮品牌增加了独特的颜值、差异化的品牌调性、时尚话题、限量稀缺感等，更为消费者带来了情绪价值，不仅激起了一波接一波的新鲜话题，也转化为了实实在在的订单。

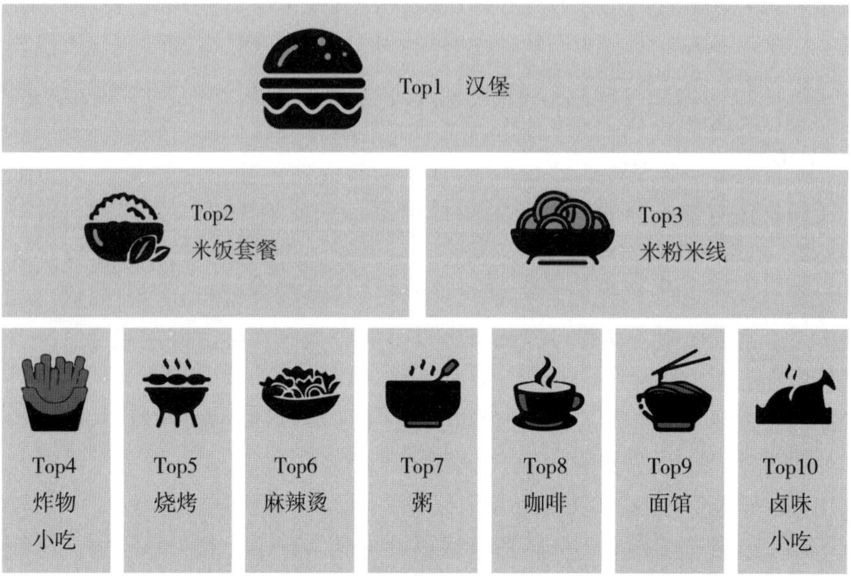

图 11 美团外卖新茶饮重度用户下单其他品类 Top10 榜

数据来源：美团外卖。

（六）产品上新成为拉开新茶饮品牌奔跑身位的核心能力

1. 春种秋收，新茶饮 3 月上新数量明显增多

新茶饮产品总数持续增长，上新能力成为核心能力。因为客群整体较为年轻、竞争强度逐年走高，上新能力成为新茶饮品牌吸引顾客，保持和同行差异化的必备能力。如果竞争是一场马拉松，产品上新能力已经成为拉开新茶饮品牌奔跑身位的核心能力之一（见图 12）。

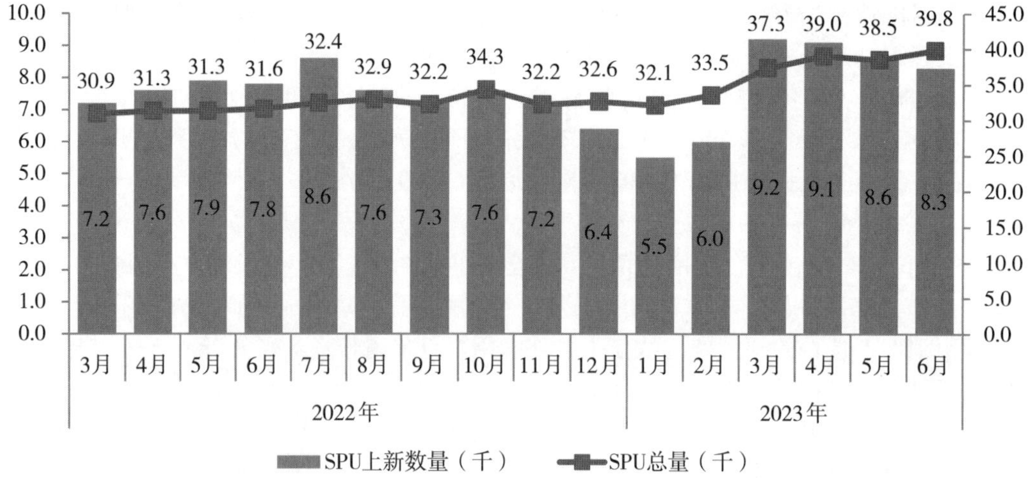

图 12 美团外卖新茶饮头部品牌上新数量及总量增长情况

数据来源：美团外卖。

美团外卖新茶饮上新数据显示，新茶饮产品总数持续增长，从时间线上看，新茶饮头部品牌自 3 月开始加大上新力度，上新数量明显增多，尽早为五一、入夏、立秋等新茶饮旺季营销做好产品准备。

2. 2023 年春夏新品价格带集中在 13～20 元

从美团外卖 3—6 月头部品牌上新数量①分布情况来看，13～20 元以下区间的新品数量过半（53%）；结合销量来看，新茶饮销量最高的实付外卖价格段也落在这里（58. 3%）。可以看出，消费者对价格愈加敏感，高性价比产品将逐渐成为市场的主流。

新品要使用新原料、新配方、新包装并占用营销资源，综合成本较高，需要更高的定价来支撑销售，所以 20 元以上价位新品数量（36. 3%）仍占有相当的比例，但该价位外卖实付销量却不及 17～19 元价格段（24. 7%）。顶着较高的上新成本，推出较低价格的新品以覆盖更广的人群，对新茶饮品牌的综合能力要求则更高，因而 13 元以下新品数量占比较低（10. 7%），但销量占比极高（28%）（见图 13）。

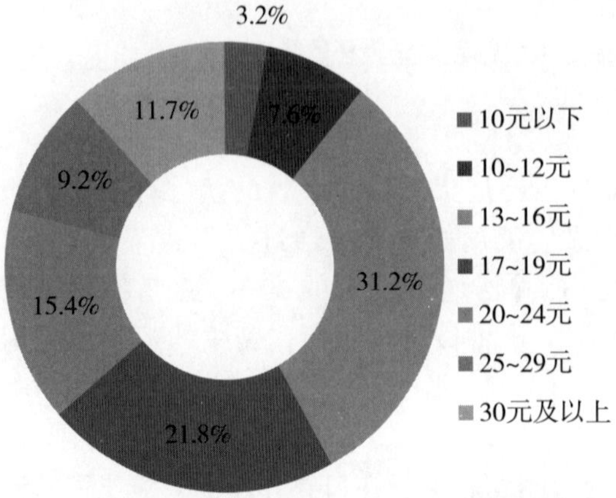

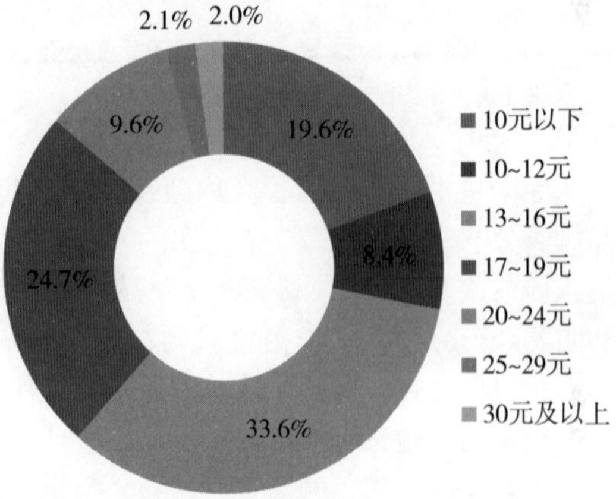

图 13　2023 年 3—6 月美团外卖新茶饮头部品牌新品数量、销量价格带分布

数据来源：美团外卖。

例如，快乐番薯历年来一直深耕高性价比产品，14 元以下的价格定位已延续多年。2023 年，快乐番薯打出“9. 9 元两杯”策略，极大带动了门店的人气和其他产品的销量。

3. “追香”热度显著升温，“茉莉花香”成主流

中华饮食讲究“色香味俱全”，新茶饮对“色”与“味”的演绎已十分饱满，美团数据显示，新茶饮“追香”热度显著升温，“茉莉花香”成为主流的花香产品。2023 年 4 月，“茉莉”相关新品②在美团外卖上销量接近 1200 万杯，含“茉莉”相关新品的订单占当月新茶饮总订单量的 6. 1%；至 6 月“茉莉”相关新品销量则超过 2800 万杯，占当月

① 样本量 = 1072 个茶饮头部品牌 3—6 月所上新品，销量价格带以美团外卖消费者实际支付的金额为准，剔除了一定的满减、红包等营销动作。

② 新品界定：美团外卖奶茶品类门店，上架时间在当年 3 月 1 日之后的产品，名称或产品描述中含有“茉莉”；销量统计不含单价在 3 元以下的小料；门店所在品类不含咖啡品类；含茉莉新品订单量占比 = 含茉莉新品的订单数/总订单量。

新茶饮总订单量比重也攀升至 12.2%（见图 14）。

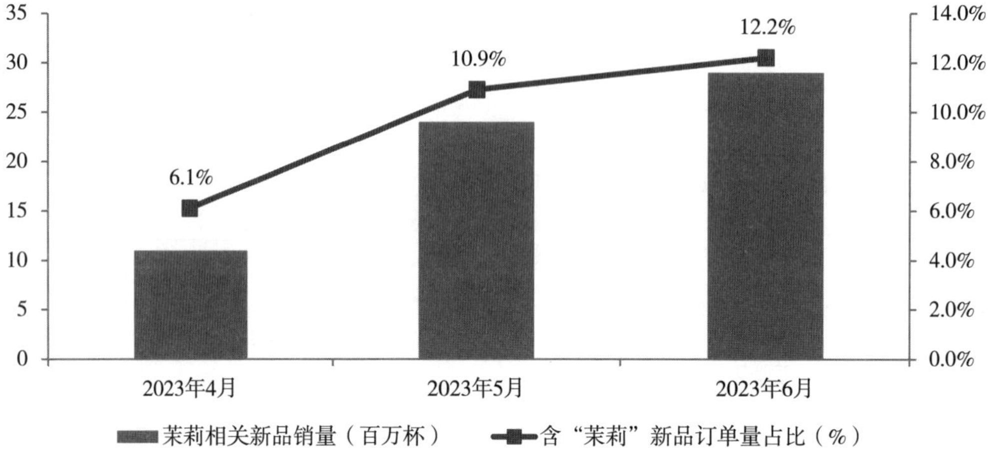

图 14 2023 年 4—6 月美团外卖新茶饮品类“茉莉”新品销售杯数及订单量占比

数据来源：美团外卖。

无论是主打“茉莉香”的新锐品牌茉莉奶白，还是头部品牌奈雪的茶、喜茶，区域品牌百分茶、眷之茶等，都推出了茉莉花香产品。茉莉奶白直接通过“新式茉莉花茶”切入新茶饮赛道，“茉莉奶白”单品销量目前能占到门店整体销量的 30%。奈雪的“茉莉初雪奶茶”系列，以挖掘“只闻花香，不见花影”这种极富东方留白美感的茶饮体验为产品价值新焦点，是新茶饮首款规模化应用的七窨茉莉。上线一个月销量突破 200 万杯，外卖销量同比增长超 600%。

茉莉花香的流行和消费者的喜爱与供应链稳定密切相关。在口感方面，茉莉花香的清郁口感平衡了奶茶的甜腻感，产品在奶茶顺滑口感的基础上增加了花的清香。在供应链方面，茉莉花茶是茶饮中用量最大且认知最为普遍的种类，供应链稳定且集中，“中国茉莉之乡”广西横州茉莉花种植面积达 10 万亩，花农 33 万人，年产鲜花 8 万吨，全球每 10 朵茉莉花，有 6 朵来自横州，全国茉莉花产量，横州更是占到 80%以上①。

此外，快乐柠檬推出的柠香、茶香、果香层层叠加的“粉爱柠”新品也是“追香”新品中的新星，使用的“粉红斑马柠檬”有着黄绿色斑纹相间的表皮，自带独特西柚清香。和香水柠檬一起现捣，双重柠香融合，搭配上清香现泡的兰香乌龙茶底、红心苹果与栀子花，呈现出馥郁的香味和清爽的口感。

4. 加码时令水果，桑葚晋级基本款、杨梅热度节节高

每年的 4—6 月，是桑葚、杨梅成熟上市的季节，这两款颜色、口感极具辨识度的时令水果也被新茶饮品牌看中，成就了近两年热门的夏季时令水果茶。

美团外卖数据显示，“桑葚”新品②在近两年的 4—5 月销售杯数显著上扬。2023 年 4

① 《横州市：茉莉芬芳飘，幸福生活来》，广西新闻网 2023 年 5 月。

② 新品界定：美团外卖奶茶品类门店，上架时间在当年 3 月 1 日之后的产品，名称或产品描述中含有“桑葚”；销量统计不含单价在 3 元以下的小料；门店所在品类不含咖啡品类。

月销量超过 600 万杯，5 月销量则逼近 800 万杯，同比增长超 40%；6 月桑葚开始逐渐下市，销售杯数开始回落（见图 15）。

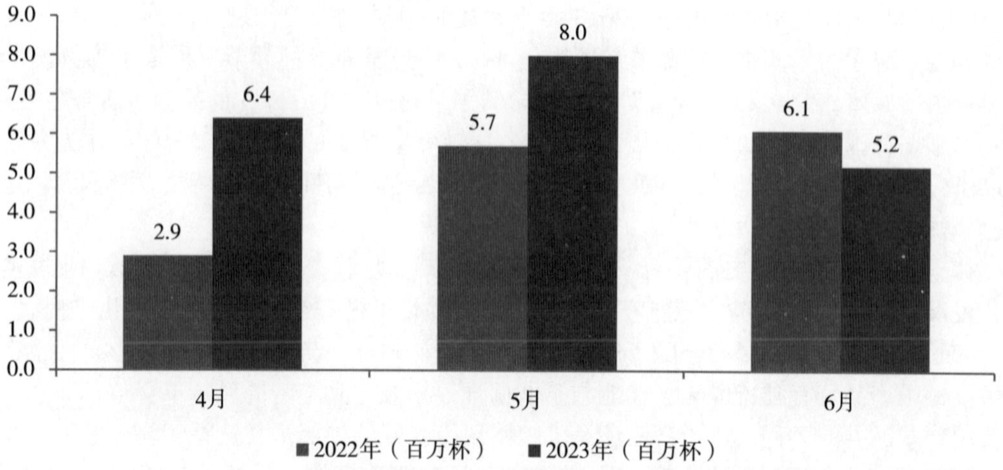

图 15　美团外卖新茶饮品类“桑葚”新品春夏销售杯数

数据来源：美团外卖。

从品牌层面看，喜茶（酷黑莓桑）、奈雪的茶（霸气黑桑葚）、茶百道（乌漆嘛黑）、沪上阿姨（绝绝紫）、蜜雪冰城（桑葚莓莓）、茶话弄（折莓探墨）等都推出了桑葚饮品。

水果茶饮产品上新，从猎奇的小众水果到熟知的大众水果都被玩出了新花样，桑葚这一日常可见，而茶饮界不常见的水果为新茶饮的创新注入了新血液。

需要说明的是，想打造一个超级爆品，既需要吸睛的产品，更需要稳定的供应链。考虑到桑葚一年只收一季，成熟期只有 2 个月左右，新茶饮品牌们在四川凉山等桑葚产地提前布局供应链，才促进了新品的提早爆发。

相比其他水果，杨梅超高的颜值，酸甜突出的风味，一口爆汁的口感，让它备受消费者和品牌的青睐，对很多人来说，吃了杨梅，才算是到了夏天。杨梅也因此成为新茶饮品牌打造时令水果茶饮的必选项目。

从高销杨梅产品词云可以看出，爆汁杨梅、芝士杨梅、冰镇杨梅瑞纳冰、杨梅啵啵冰、杨梅爆多肉等是其中的高销产品，杨梅的“爆汁”“多肉”和芝士搭配起来的浓郁口感，“冰镇”独有的夏季清凉，是人们对杨梅饮品较强的感知点。

美团外卖销售数据显示，自 4 月起，含“杨梅”新品①的销售指数逐月上升，一直到 6 月达到一年中的峰值。

5. 健康食材焕新，生椰、牛油果持续火爆

清新爽利的口感，“万物皆可椰”的灵活百搭，加上健康认知标签，让椰子在饮品中

①　新品界定：美团外卖奶茶品类门店，上架时间在当年 3 月 1 日之后的产品，名称或产品描述中含有“杨梅”；销量统计不含单价在 3 元以下的小料；门店所在品类不含咖啡品类。

备受青睐。

瑞幸大单品“生椰拿铁”的火爆进一步提升了椰子在整个饮品行业的能见度，2022年，在众多茶饮品牌中，椰子的使用频次最高①。美团平台用户搜索指数也显示，“生椰”自 2022 年 4—8 月开始逐步走高；2023 年平台更是通过营销动作进一步推动了当年夏天生椰热度：瑞幸的生椰拿铁爆品参与了当年 4—5 月美团外卖神券节，形成了连续的消费者搜索热度峰值，“4 · 18 神券节”上生椰拿铁销量超过 100 万杯，商品券售卖排名第一。

椰子在我国有很长的食用历史，《史记》中就有对椰子的记载。椰子产品作为一个传统品类，口味没有南北差异，客群基础广泛，具有穿越周期性变化的持续发展基因，是一种已经被验证的健康普适性产品。

椰子产品在 2015 年之前曾有一段时间高速发展，此后进入平缓期。如今，通过走差异化发展的路径实现复苏，“生椰”“椰乳”概念催化了椰基饮品市场的全国化进程。

椰子在新茶饮中的爆发，除了健康元素和广谱认知外，与椰子产品的百搭属性也密切相关。椰子产品具有独特风味，又能与茶饮咖啡等相融，其本身的风味不会喧宾夺主；且作为植物基品类的一种，椰子产品还是乳糖不耐受人群的牛奶平替选择。

未来，在“广泛接受度”和“百搭兼容度”的双重支撑下，椰子有望在不断创新中继续强化在新茶饮品类中的存在感。

牛油果和椰子一样，并不是一个生面孔，但近两年在供应链成熟、微创新加强之下“翻红”。产量大、产季长且贴合健康、减脂概念，搭配方向丰富等多重优点，让牛油果很早就被新茶饮选用，但牛油果较为昂贵的价格限制了它的放量。

随着供应链逐步成熟，牛油果的成本和采购价格下降，从 2011 年到 2017 年，中国牛油果的进口量增长了约 1000 倍，2021 年牛油果的进口量 4. 13 万吨②。牛油果也迅速在中国“扎根”，2021 年国产牛油果产量 11. 96 万吨，产量的提升使得十几元一杯的饮品也用得起牛油果。

在此基础上，新茶饮品牌灵活运用牛油果口味相对柔和、风味并不强烈、适合与其他食材进行复配的特点，加大了牛油果新应用方式的开发，为它的爆发提供了基础。其中，将牛油果搭配牛奶、酸奶等饮品，既能增强口感，又能带来健康价值，以“健康+醇厚”的第一感吸引消费者。

比如，茉酸奶（牛油果奶昔）、7 分甜（牛油果超级多）、古茗（牛油果莓莓奶昔）、SEVENBUS（杏仁牛油果）等都推出了牛油果饮品，牛油果奶昔是出现最为高频的产品。美团平台“牛油果奶昔”关键搜索指数显示，2023 年上半年呈爆发式增长。

---

① 《2022 中国饮品行业产品报告》，咖门。

② 数据来源：联合国粮农组织（FAO）。

三、新茶饮的发展与社会贡献度更加显著

（一）新茶饮加盟助力行业快速发展

1. 头部直营品牌开放加盟，多个选手进击“万店俱乐部”

2023 年 7 月，“新茶饮第一股”奈雪的茶正式宣布开启“合伙人计划”，坚持直营 9 年、门店超过 1200 家的奈雪的茶正式开放加盟。此前的 2022 年 11 月，坚持了 10 年直营的喜茶开放了加盟。2023 年 4 月，乐乐茶宣布开放加盟。

新茶饮头部直营品牌纷纷开放加盟，宣告了新茶饮的加盟连锁经营模式，已是大势所趋。

一方面，头部品牌攻城略地、连锁化率不断提升，留给诸品牌的时间和空间被不断压缩，进一步加剧了各品牌对市场份额的争抢；另一方面，新茶饮品牌还面临各种跨界冲击，随着各式特调和果咖的兴起，咖啡与新茶饮之间的边界变得模糊，茶咖一体化现象越来越明显，也让不少新茶饮门店感受到了经营压力。

面对这些压力，开店抢市场，成为新茶饮品牌 2023 年的头号任务。加盟作为已经验证过的，最能抗周期的模式，成为新茶饮品牌的必选项。

在新茶饮行业，开放加盟的品牌扩张速度、门店数量远远超过坚持直营的品牌。以蜜雪冰城为代表，2020 年 6 月，蜜雪冰城在全球的门店达 1 万家，而如今，这个数字已经迅速飙升至 3.4 万家；成立于 2008 年的茶百道，全国门店目前已超 7000 家；2010 年创立于浙江台州的茶饮品牌古茗，截至 2023 年 8 月底门店数 8343 家；成立于 2013 年的沪上阿姨目前全国门店 6740 家。

2. 下沉市场新茶饮开店竞争进入关键期

新茶饮品牌开放加盟，其本质是扩大品牌的购买便利，加盟门店能有效触达更多用户，完成三线、四线、五线市场的渠道布局。喜茶、奈雪、乐乐茶等品牌的直营模式都已经完成了 A 类势能点位和一、二线城市的布局，开放加盟主要是为了进入下沉市场并持续加密门店。

自 2022 年 11 月喜茶开放加盟以来，其总门店数已经从 800 多家增至 2400 多家；自 2023 年 3 月以来，喜茶进入了 159 个城市，新增门店超过 430 家，大多集中在三线、四线、五线城市。为帮助喜茶的事业合伙新店迅速成长，美团通过超级品牌日的大流量倾斜曝光，支持喜茶在 2023 年元旦后上线的新店，活动期平台赋能总曝光量接近 2 亿 ，活动期间站外总曝光量超过 1000 万。新店的店均交易额在 3 个月内迅速达到老店的平均水平。

新茶饮品牌在下沉市场开店，小型门店是主流，如乐乐茶提出的开出“0.5 倍乐乐茶 +1.5 倍其他茶”的概念加盟店。“0.5 倍乐乐茶”为小店概念，即小面积、高坪效；“1.5 倍其他茶”指在品牌定位、调性、产品定位、品牌影响力等方面，相对传统茶饮品牌有所拔高，同时又没有设置过高的加盟门槛。

此前，乐乐茶一改过去只开大店的做法，开出了很多 60 平方米的“LELECHA FRESH”店铺，以此优化人工成本、门店动线和产品结构，满足高效拓展扩张。而这些“小店”或许也是乐乐茶开放加盟的主力店型。

3. 吸引加盟商，关键是帮加盟商算好经济账

新茶饮品牌得以冲向万店目标的背后，是大力度地吸引加盟商加入。而要吸引加盟商，关键是帮加盟商算好加入的经济账。

开放加盟的新茶饮品牌都有其清晰的加盟开店投入成本表，以供加盟商根据具体情况测算、选择。为了保证加盟店的开店成功率，新茶饮品牌在加盟商选择、运营辅导、数字化以及让成熟加盟商多开店等方面的经营力度均在逐步强化。品牌方要成功率以扩大规模，加盟商要运营效率以扩大收益，双方以开好店、多开店为共同利益纽带，开始了“双向奔赴”（见表1）。

表1　部分典型新茶饮品牌加盟成本

项目	品牌 A	品牌 B	品牌 C	品牌 D	品牌 E	品牌 F
品牌合作授权加盟	5万元	6万元	3万元	1.88万元	6.98万元（加盟费）+1.5万元/年品牌使用费	省会11万元/年 地级市9万元/年 县级市9万元/年
开店服务（综合）	设计费1万元	4万元	4万元	2.5万元	—	—
开店服务（营销）	—	—	—	0.8万元	—	—
开店服务（培训）	2万元	3万元	—	2.5万元	—	0.2万元/年
运营管理	月总实收金额满6万元，收取金额的1%	月总实收金额满6万元，收取金额的1%	月营业额满6万元收取1%；部分区域固定1万元/年；外卖平台管理服务费0.2万元/年	3万元	运营管理：月实收营业额的2% 市场推广：月实收营业额的1%	0.48万元/年
运营—软件	2万元	—	—	—	—	—
原料配货		7万元起	4万元起	2万~4万元	10万元	6万元起
保证金	3万元	3万元	1.5万元	0.5万元	2万元	2万元
设备	15万元起	35万元起	13万~15万元	10万元左右	16万元	8万元
装修	10万元+0.8万元（监理）	40万元	—	10万元左右	15万元起	8万元
房租	—	—	—	—	—	10万元起

数据来源：据新茶饮品牌公开资料整理。

为了开更多的店，新茶饮品牌在加盟模式上也给出了更多优惠条件，以此吸引加盟商。例如，古茗对加盟商给出两大让步：延期缴加盟费，关店损失兜底。具体来说，古茗

加盟商可以推迟缴纳品牌合作费和运营服务费一年，合计近 5 万元；正常经营情况下①，加盟商在一年内闭店的，古茗退还全部加盟合作费，合计近 10 万元。

截至 2022 年年底，约 1.1 万名加盟商通过蜜雪冰城及旗下子品牌实现了自主创业。直接创造就业岗位超 15 万个②，关联的农业基地、生产制造、仓储物流等环节间接带动就业发展超 38 万人。蜜雪冰城能够服务好加盟商，和总部市场督导“深潜一线”提升门店运营效率密切相关。面对高速发展的数万家门店，总部 5000 多名员工，分布在 30 多个省（市、自治区），平均每个月出差 20 多天的业务现状，蜜雪冰城通过引入美团企业版实现了报销全流程线上化管理，企业支付财务无须处理每月近万份报销单据，节省 85% 审核时间，效率大幅提高。

（二）新茶饮食品安全受重视，科技提升管理规范化

1. 食品安全意识持续增强，团体标准引领行业

新茶饮近年来通过连锁发展，不论是门店数量还是市场规模，都具备良好的持续增长性，具有新消费的典型特征，对连锁发展模式有一定的标杆性作用。新茶饮区别于传统茶饮最显著的特征是，使用新鲜、天然、优质的原料，并在门店现制现售，由于经营链条长、管理环节多，管理疏忽或不可预见因素导致产品质量问题时有发生，加上没有统一的标准，食品安全纠纷、争议频现。

在新茶饮的快速发展下，头部品牌的各种动向都备受关注，出现负面信息更是会吸引全网关注，聚力推动标准的建立和完善势在必行。2023 年 4 月，由中国连锁经营协会新茶饮委员会发起，经业内多方共同努力探索、起草和不断完善的团体标准《现制茶饮门店食品安全自查指引》发布（见图 16）。

该团体标准以政策法规要求为基础，从门店应开展的食品安全管理要点入手，制定了质量管理范畴并明晰了内容类目，更具针对性、覆盖更全面、内容更细化、手段更灵活，方便新茶饮企业开展日常自查工作，是现制茶饮企业运营过程中质量人员和门店工作人员便于理解、阅读和实操的食品安全工作指引。

参与标准起草的单位有奈雪的茶、书亦烧仙草、七分甜、古茗、茶百道、桂桂茶、茶颜悦色、悸动烧仙草、快乐番薯、KOI、SEVENBUS、莫沫南路、乐乐茶、快乐柠檬、鹿角巷等品牌，第三方质量机构上海天祥、SGS 等也为该团体标准提供技术支持。部分参与标准起草的企业已经不同程度地应用该标准。

各项标准的面世，正从不同角度加密新茶饮食品安全的防护网，引导行业朝着更安全、更标准、更健康方向发展。

在以制度固本的同时，以技术强基更是推动食品安全的技术防线。目前已有新茶饮品牌探索数字化食安管理。例如，利用数字化系统根据线上销量对门店订货进行评估，减轻人为预判带来的损耗、储存压力；投入使用自动奶茶机等数字化设备，减少人工操作引发的食安问题等，覆盖研发采购、仓储物流、门店制售、会员管理等链路环节，守护舌尖安

① 资料来源为古茗加盟之家小程序。因公司合规原因，政府拆迁或店面不能续租等不可抗原因导致的关店，加盟合作费不予退还。

② 《蜜雪冰城 2022 企业社会责任报告》，2023 年 4 月。

全，推动质量控制向更高水平、更深层次迈进。

未来，在风险识别、预警、产品物流信息追溯等方面，数字化将会发挥非常大的作用，尤其是在一些人很难高效反应的场景下，数字经济和数字技术将带给新茶饮很多新的可能。

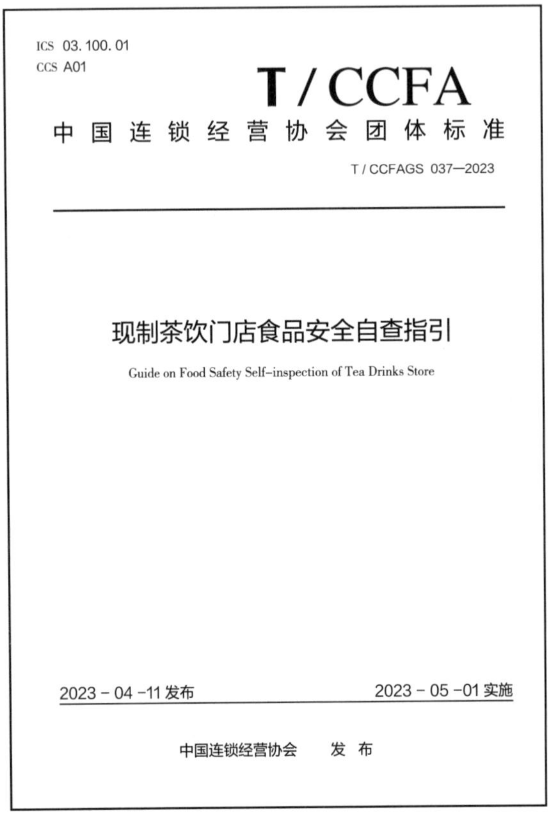

ICS 03.100.01
CCS A01

T/CCFA

中国连锁经营协会团体标准

T/CCFAGS 037—2023

现制茶饮门店食品安全自查指引

Guide on Food Safety Self-inspection of Tea Drinks Store

2023-04-11 发布　　2023-05-01 实施

中国连锁经营协会　发布

图 16　团体标准 T/CCFAGS 037—2023《现制茶饮门店食品安全自查指引》

2. 研创茶饮机，提高食品安全，标准规范，降本增效

从鲜果纯手工剥皮去核到繁复的产品配方 SOP，这些突出手作、新鲜属性的环节，曾经成就了新茶饮赛道。现如今，工艺繁复、环节众多却在一定程度上影响品牌的经营效率提升，限制了品牌的规模化发展，且有食品安全隐患。

随着茶饮“万店时代”的到来，无论是头部大连锁还是区域中小品牌，各企业对化复杂为简单、以自动化操作降低食安风险、助力企业降本增效的智能设备的需求都非常迫切。

目前，喜茶、奈雪的茶、蜜雪冰城、霸王茶姬、益禾堂等多家新茶饮品牌都已经自主研发或者引入第三方研发的智能设备。通过研创茶饮机等智能设备，降低了人力成本，提高了出品效率，且智能设备自动化、数字化、标准化等的优势可以赋能加盟商。

以喜茶为例，自 2018 年上线多肉葡萄以来，连续 5 年蝉联销冠，累计销量超过 1 亿杯。但葡萄的人工剥皮效率很低，为此，喜茶自主研发“自动去皮机”，可以让一筐葡萄从人工处理的15分钟，缩短为机器去皮的1分钟，果肉保留也更加完整。除了葡萄去皮，如杨梅、车厘子等鲜果饮品同样受消费者欢迎，这些水果体积小、难去核、制备难。为此，喜茶引入“自动去核机”，对这类水果一键处理，快速去核，同时尽量保证“出肉率”。

此外，需要捶捣的柠檬茶，需要切丁处理的桃子、杧果、草莓类产品，也是新茶饮菜单上需要投入较大人工的明星水果。喜茶同时配套推出了自动捶柠檬机以及自动切丁机提高鲜果制备效率。去皮、去核、捶捣、切丁4台机器几乎覆盖了新茶饮的核心水果，为门店中最高频的需求提供了高效、便捷的解决方案。为方便日常清洁与食安管控，设备与原料有直接接触的地方，使用无螺丝连接结构。

如今，茶饮门店的设备智能化，大多已经进入了自动泡茶机、自动奶茶机、自动点单的阶段。经过系统化考量，喜茶对门店从原料制备到茶饮出杯，整个操作流程进行了数智化改造提升。智能出茶机最快4秒就能完成一杯饮品的原料添加。同时，还能在云端后台远程更新机器配方，让产品上新更加便捷。同时，还自带冷藏、自动搅拌、自清洁、智能库存等功能，满足更复杂的应用需求。

通过智能设备，不仅解决了现制饮品工序与门店效率之间的矛盾，也兼顾了饮品的口感与最佳赏味期，让门店操作从“单点智能”走向“全流程智能”。

（三）新茶饮积极践行减糖

甜，是新茶饮带给人们快乐和愉悦的重要源泉。在追求甜蜜和快乐的同时，人们的健康意识日益增强，对糖度、热量、脂肪、蛋白质等细微指标愈加关注，为满足消费者的需求，如何在保持口感的同时，使一杯新茶饮既好喝又健康，成为新茶饮品牌的必修课，健康化已然成为新茶饮行业的重要发展趋势。

以消费者最为关注的糖度为例，新茶饮品牌积极践行减糖，提供更多糖度选择，以满足不同群体的消费需求，同时，代糖产品不断被应用到新茶饮产品中。

1. 平衡健康与口感，茶饮减糖选择更丰富

新茶饮的代表性产品非“珍珠奶茶”和“水果茶”莫属。珍珠奶茶以热饮居多，是秋冬季节的主打产品，水果茶以冷饮为主，是春夏季节的实力担当。

两大代表性产品在不同城市线的糖度规格分布规律基本一致。从美团外卖新茶饮商家对茶饮产品规格标注情况来看，一线城市对新茶饮的甜度细分规格明确标注①的比例更高：其中珍珠奶茶71.2%的产品规格选项中有七分糖选项，水果茶60.9%的产品规格选项中有七分糖选项；珍珠奶茶15.5%的产品有零卡糖选项，水果茶24.0%的产品规格有零卡糖选项。七分甜和零卡糖两个选项在新一线、二线、三线、四线城市则呈现逐级走低趋势。

从新茶饮的“标准糖”可选项在各城市线的分布来看，四、五线城市标注标准糖的产品更多，标注减糖相关规格的占比更少。整体来说，高线城市对于产品甜度划分得更为细致，以回应高线城市消费者更强的“减糖意识”（见图17）。

---

① 甜度规格定义：产品规格标注中含“糖/甜”字样且明确划分了规格的产品，不包括仅标注“正常”“略淡”“推荐”等模糊性标签的产品；因同一款产品会有多重甜度规格选项，故加总大于100%；数据周期：2023年6月。

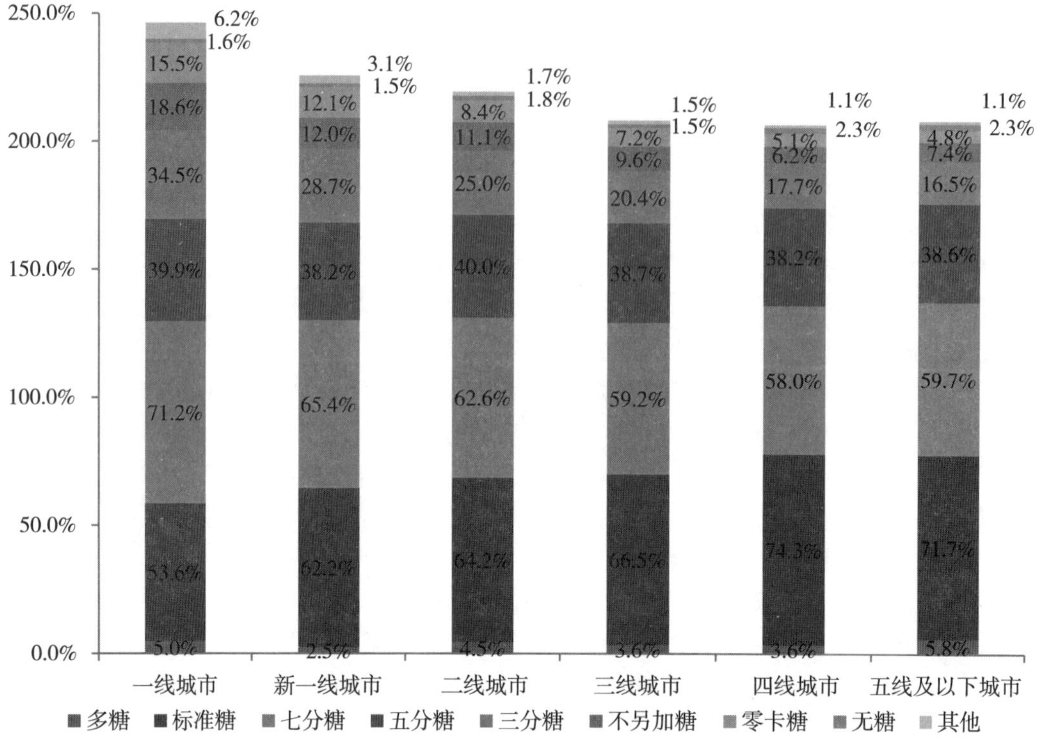

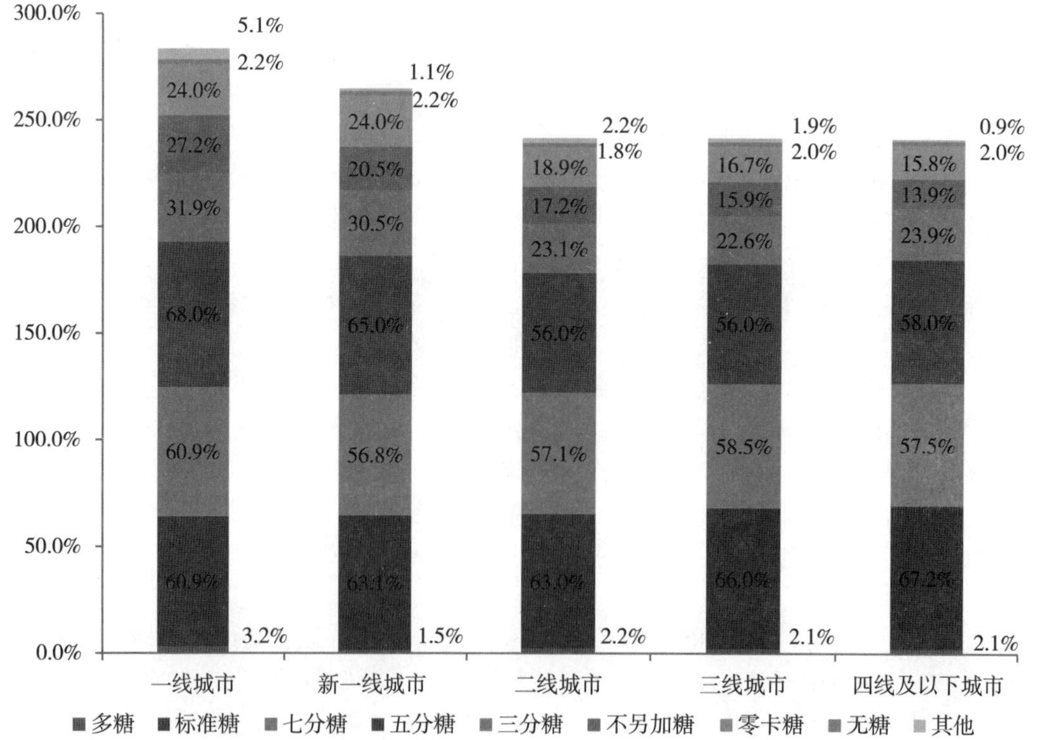

图 17　美团外卖珍珠奶茶（上）和水果茶（下）产品在各城市线甜度规格标注分布

数据来源：美团外卖。

两类产品本身的糖度分布略有差异。和珍珠奶茶相比，水果茶口味更讲究突出水果本身的风味，从甜度细分规格的标注情况来看，五分糖占比的标注更多，甚至超过了七分糖的比例，不另加糖及零卡糖的标注比例也均高于珍珠奶茶。

从消费者的实际选择来看，珍珠奶茶在不同城市线的分甜度销量差异度更大：一线城市珍珠奶茶标准糖的销量（43.4%）占比远低于其他城市线；而在四、五线城市标准糖产品则是占据了绝对优势。水果茶的标准甜选择比例明显低于珍珠奶茶，在一线城市选择五分糖（27%）的比例高于七分糖（17.7%）（见图18）。

在众多茶饮产品当中，还有相当一部分商家没有对产品甜度规格做细分标注，以珍珠奶茶为例，有近70%的销量对应的标注仅选择了“标准”“推荐”等。商家进一步普及推广糖度规格标注，迎合了消费者低糖健康的口味变化趋势的同时，也是门店商品精细化运营的有效抓手（见图19）。

对茶饮品牌来说，减糖无疑是一个高共鸣度的话题，各个品牌在减糖实践上，都有出色的表现。奈雪的茶敏锐地捕捉到消费者对减糖的需求，并瞄准我国药食同源物质——罗汉果，首创“罗汉果汁零卡代糖”。2022年奈雪的茶率先将天然代糖“罗汉果汁”应用于瓶装果茶系列，后又将“罗汉果汁”全面引入现制茶饮，其小程序已新增“罗汉果汁零卡代糖”选项，消费者可在下单时根据自身喜好自行选择添加。

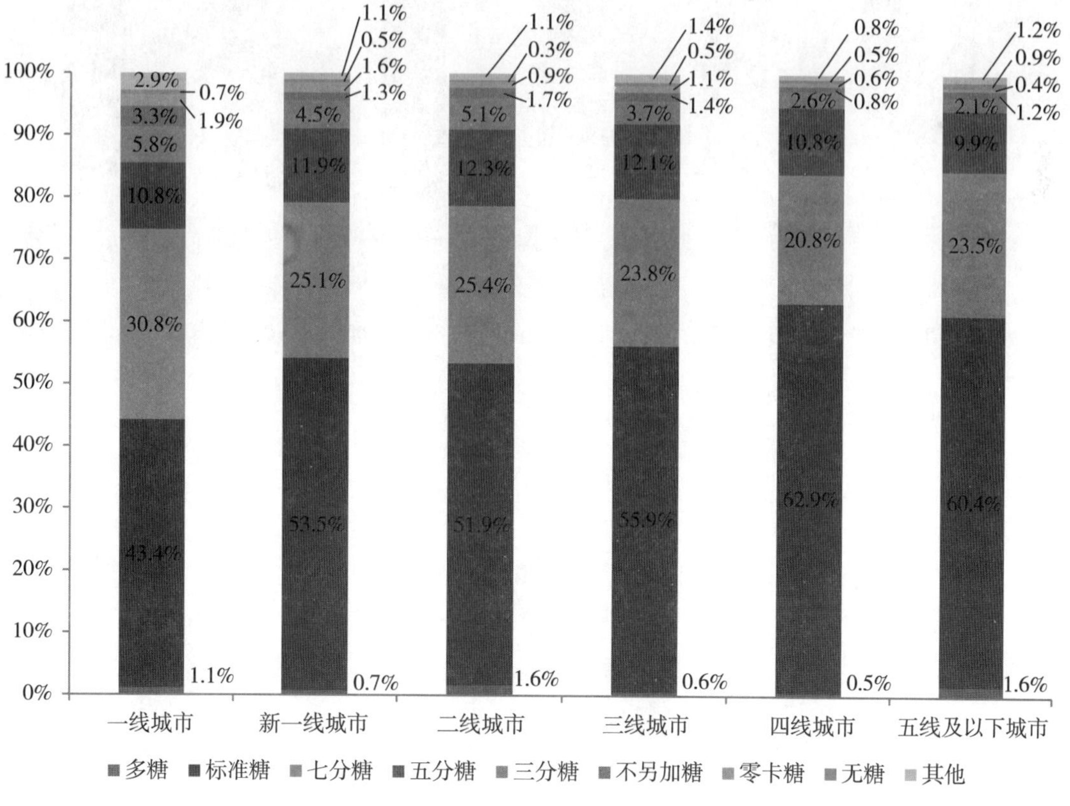

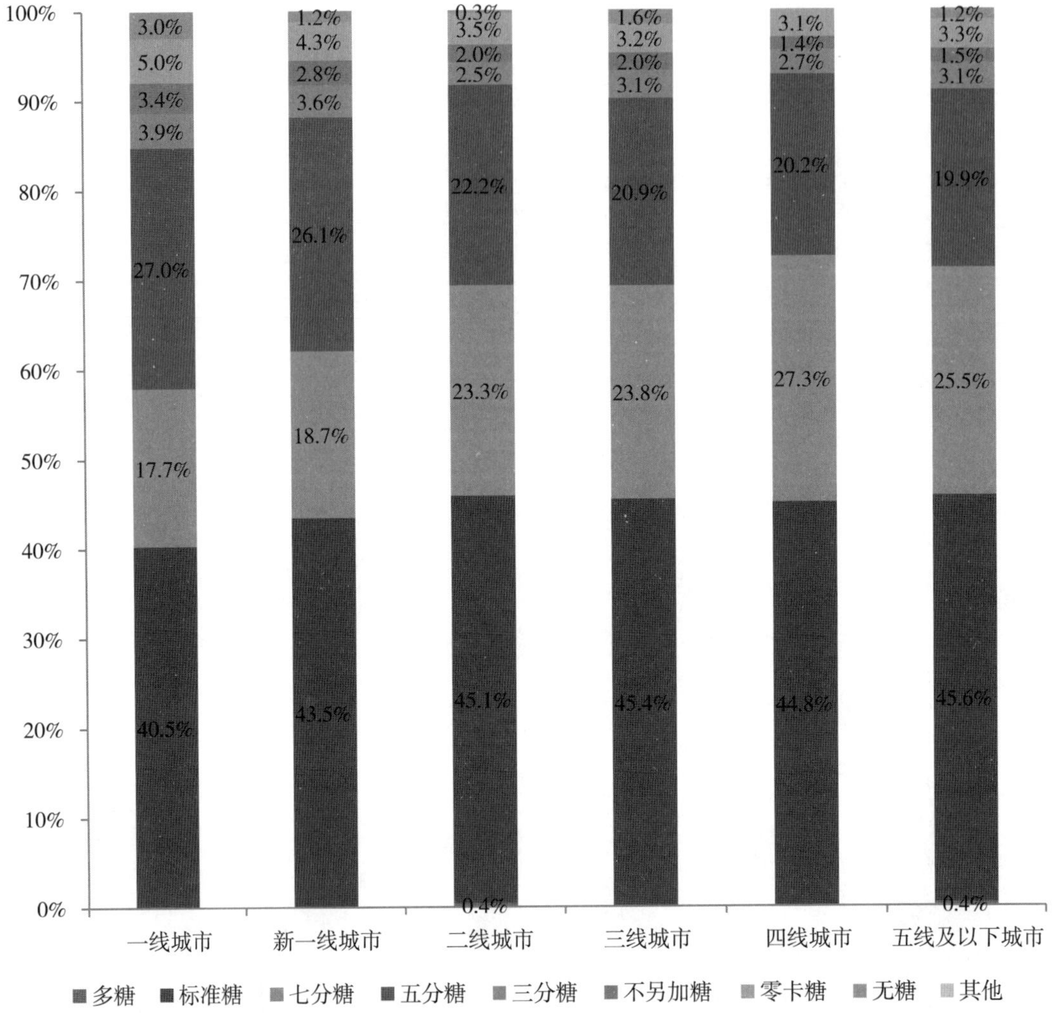

图 18　美团外卖珍珠奶茶（上）和水果茶（下）不同甜度产品各城市线销量分布

数据来源：美团外卖。

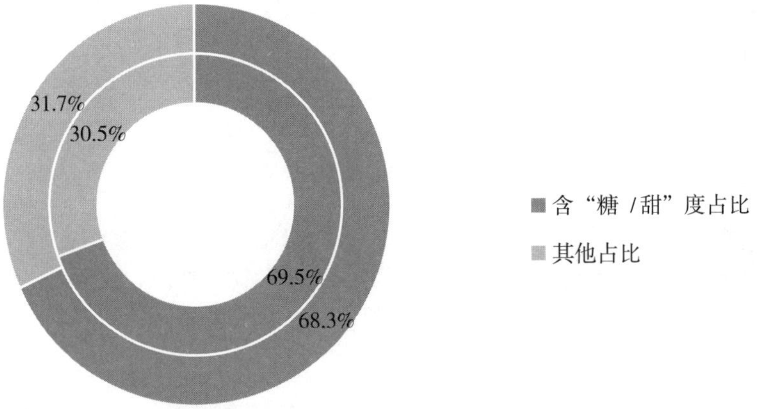

图 19　美团外卖水果茶、珍珠奶茶不同甜度产品销量占比

数据来源：美团外卖。

例如，霸王茶姬在减糖上更进一步，2023 年 8 月在官方点单小程序、外卖平台等上线了“低负担控糖专区”，方便有健康需求的顾客点到适合自己的产品。霸王茶姬还公布了伯牙绝弦等一系列产品的热量、营养成分等信息，消费者只要在霸王茶姬公众号打开热量计算器，就会查到详细的产品信息说明，标注了热量数值、营养成分和风味图谱等信息。

在此之前，霸王茶姬还宣布已在旗下超 2000 家门店投入使用全新基底产品“冰勃朗非氢化基底乳”，实现产品“零奶精、零植脂末、零氢化植物油”。

2. 越年轻越嗜甜，20 岁以下消费者更偏爱标准塘

从新茶饮消费者端来看，20 岁以下的消费者选择标准糖的更多，无论是珍珠奶茶（59. 8%）还是水果茶（46. 2%），标准糖都是占比最高的选项。其他年龄段的差异并不明显（见图 20）。

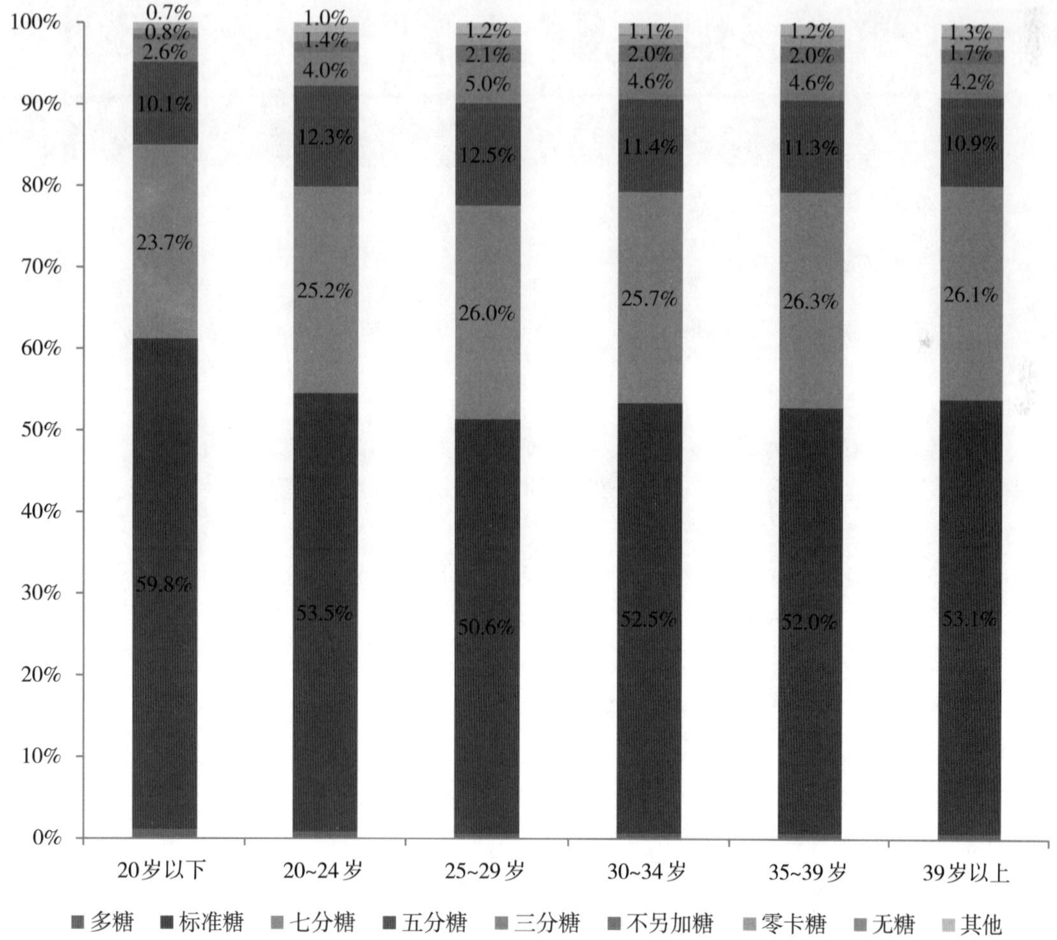

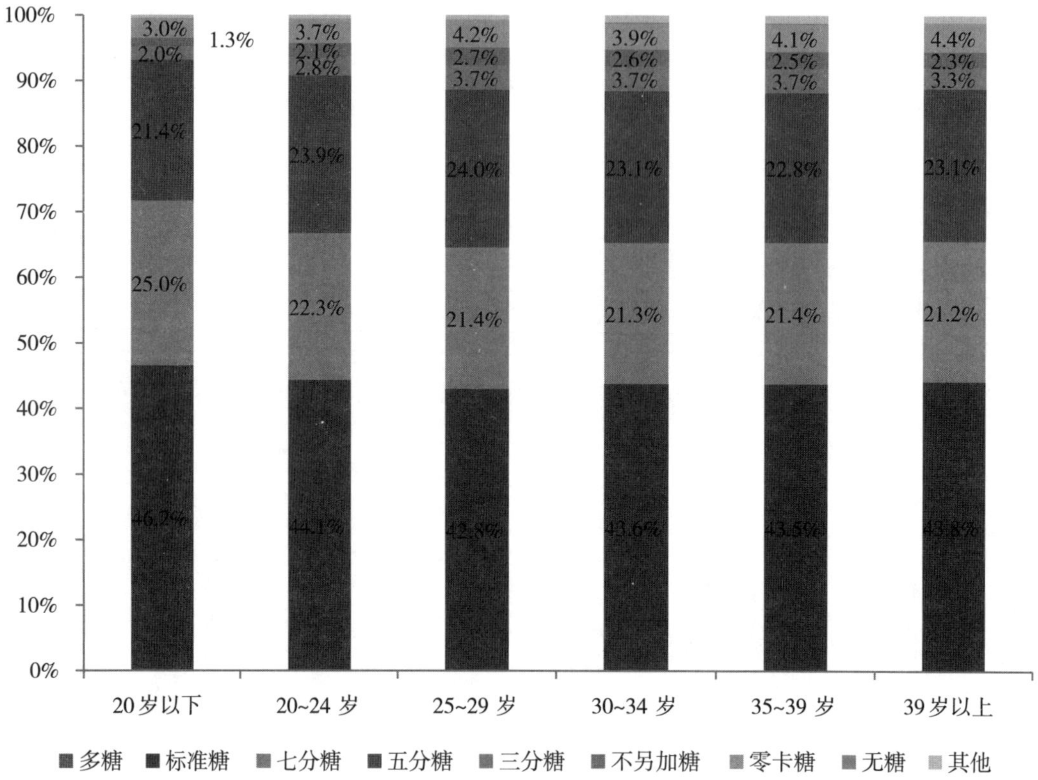

图 20 美团外卖珍珠奶茶（上）和水果茶（下）不同甜度产品消费年龄段分布

数据来源：美团外卖。

虽然减糖越来越成为健康主旋律，但年轻人新茶饮的最大购买理由是“想喝点甜的快乐一下”，对当代年轻人而言，新茶饮如同精神输液，冰块镇静情绪，糖分抚慰心灵，是功能价值和情绪价值兼备的产品。

对待“糖”这种既能满足本能的基因需求，又能提升愉悦感的成分，年轻人很难抗拒，对他们中的大多数人来说，体重也许不会因为少喝一杯奶茶而减少，但会获得甜甜的快乐。顺应人性，在健康和好喝之间，消费者的第一选择仍然是好喝。当然，在好喝的基础上能更加健康，是新茶饮产品创新进化的方向。

（四）新茶饮 ESG 蓬勃发展

新茶饮企业在不断打磨产品与品牌，实现高质量增长的同时，也在数字化、低碳化等可持续发展浪潮的驱动下，思考如何洞察企业愿景、现代化公司治理与社会发展、环境保护的“共鸣点”，积极践行 ESG① 建设，探索可持续发展，向着下一个十年扬帆起航。

在环境层面，可持续绿色发展浪潮正在快速席卷全球的消费市场。2023 年，沪上阿

① ESG 是环境（Environmental）、社会（Social）和公司治理（Governance）的首字母缩写，是责任投资专有名词，是衡量公司是否具备足够社会责任感的重要标准，最早由联合国环境规划署于 2004 年提出。目前，越来越多的公司、投资者、监管机构都开始关注 ESG。

姨鲜果茶在生产运营环节，企业推行以精益管理和节能减排为核心的“绿色工厂”建设，在包装材料方面，选择环保包装材料，使用可降解杯袋及 PLA 材质吸管，替代了 250 吨不可降解塑料杯袋和 825 吨不可降解塑料吸管的使用①。

2022 年，蜜雪冰城将以往门店使用的 PE 塑料袋切换为以 PBAT+PLA 为主料的全降解袋，全年减少 PE 塑料使用超 3600 吨，预计 2023 年可减少塑料使用超过 1 万吨。此外，2022 年度蜜雪冰城将门店以往使用的 PLA 可降解吸管（3g/根）切换为 CPLA 可降解吸管（2.5g/根），2022 年度减少原材料使用 79 吨，2023 年预计可节省原材料约 1800 吨②。

在社会责任方面，一杯新茶饮背后，是万亩茶园，是丰收的果园，是风吹草低见牛羊的牧场，通过产品创新助力农业发展与乡村振兴，成为众多新茶饮企业的选择。2022 年，沪上阿姨通过采购皇冠梨、青柠檬、西瓜、小青柑等各类水果，累计帮助约 7244 户农户。“超顶刺梨”系列，将贵州重点特色农产品刺梨融入新式茶饮，有效促进了贵州刺梨产业发展。

2022 年，蜜雪冰城采购茶叶超 9000 吨，茶叶收购来自超 5 万户农户，遍布我国云南、广西、福建、四川、湖南等主要茶叶产区，带动当地农户增收。采收柠檬超 4 万吨，采购涉及种植果园 150 余个，种植面积累计近 5 万亩，帮助超 2 万户农户增产创收。采收江西赣州赣南脐橙超 1.5 万吨，约占全国全年产季同等规格脐橙总产量的 4%（全年约 40 万吨），涉及种植面积约 2 万亩，帮助超 8 千户农户增产创收。

此外，新茶饮企业在探索企业社会责任及公益创新方面也不断发力，致力于让品牌成为带动就业创业，促进产业发展的“助推器”。

2022 年沪上阿姨共开展 32 场公益活动，并在行业内首创“无声的店”公益助残项目，在营门店 6 家，直接带动 18 名残疾人上岗，59 名残疾人受益。2022 年蜜雪冰城共有 6401 家门店参与外卖平台公益活动，共计捐献 99 万元善款，助力“关爱留守儿童”“一元早餐”等多个项目。莫沫南路则联手 CCSER 中国儿童失踪预警平台，共同守护儿童安全，共建社会保障系统。

新茶饮企业还是美团乡村儿童操场公益计划非常重要的捐赠力量③。美团数据显示，2023 年，共有 24831 家新茶饮门店参与了美团乡村儿童操场公益计划，承诺每一笔订单捐出一笔善款，共产生了超过 1.5 亿笔爱心订单，累计捐赠近 12 万块 30 厘米见方的拼接地板，分别铺设在了 202 座乡村儿童操场上。蜜雪冰城、喜茶、ARTEASG、幸运咖、茶百道、阿水大杯茶、柠檬向右等茶饮品牌均参与到了独立捐赠操场的行列中来。

随着越来越多的新茶饮商家参与公益捐赠，“喝奶茶也可以做公益”正在成为一种全新的公益形式，即用户只要买奶茶，就有捐赠资金帮助美团乡村儿童操场公益计划在更多地方落实，新茶饮企业在自己做公益的同时也在持续带动更多消费者参与其中。

在公司治理层面，沪上阿姨将食品安全和合规运营作为企业的立身之本，通过建立“全链条+多重品控”的鲜果茶质量体系，完善仓储物流建设与数字化门店管理等，提升经营管理效率的同时，有效保障了每一杯鲜果茶从果园到餐桌的品质和安全。

喜茶在“互联网+”的时代，线上线下双平台深度运营，以自主研发小程序“喜茶

① 《沪上阿姨鲜果茶 ESG 报告》，2023 年 7 月。

② 《蜜雪冰城 2022 企业社会责任报告》，2023 年 4 月。

③ 美团乡村儿童操场公益计划由美团公益联合壹基金等慈善组织发起，旨在为欠发达地区的乡村儿童铺设多功能操场，助力乡村儿童快乐奔跑、健康成长。

GO”为平台，优化用户点单体验，与大众近距离互动，同时也为产品研发与用户运营提供灵感和参考。截至 2022 年年底，喜茶会员人数已经突破了 6300 万。喜茶也在持续对小程序进行开发，相比 2018 年小程序上线之初，2022 年小程序点单等待时长共减少了超 1000 万小时。

更多新茶饮企业正积极投身于企业 ESG 实践中，寻找品牌发展与社会、环境治理等议题同频共振的结合点，一起推动整个新茶饮行业的健康可持续发展。

（五）出海拓展增量市场，传播中国茶文化

1. 新茶饮集体出海谋增量，东南亚是出海“试茶”第一站

随着新茶饮迈入“万店时代”，国内市场出现明显内卷，新茶饮进入存量破局和品牌溢价发展阶段，品牌开始将角逐的战场转向国外，试图在海外市场开辟第二市场，寻求新的增长点。中国源远流长、积淀丰厚的茶文化也在新茶饮品牌的出海进程中，以年轻时尚的新面貌被更加广阔的国际市场重新认识，成为现象级的新生活方式。

本土新茶饮品牌出海之前，以 KOI 为代表的品牌就是从东南亚出发，成为茶饮国际化的先驱。2006 年 KOI 在新加坡设立首店，如今作为一家横跨中国、新加坡、美国、菲律宾等 12 国，门店超过 500 家的现制手摇茶饮代表，成为众多茶饮品牌出海的研究样本。

10 多年过后的 2018 年，喜茶、奈雪的茶等头部品牌扬帆东南亚，首店均落在新加坡。2022 年 6 月，蜜雪冰城海外门店突破 1000 家；2023 年 8 月，喜茶英国伦敦 SOHO 店开业。中国新茶饮品牌的脚步已经遍及全球，东南亚市场是众多新茶饮品牌出海的第一站，也成为当地消费市场一道靓丽的风景线。

新茶饮热衷前往东南亚有几个方面的原因。

一是东南亚人口基数大且结构年轻化。东南亚国家的人口总数约 6 亿人，年龄多集中在 30 岁左右，较为年轻化。其中，印度尼西亚市场是东南亚最大的消费市场，15~39 岁年轻人占比 41%[①]，马来西亚的 15~39 岁年轻人占比也在 40%以上[②]，整体比较偏年轻化。人口年龄结构偏年轻化特征带来较强的“尝鲜”能力，也为中国茶饮品牌进军东南亚带来稳定的消费基础和接受能力。

二是一方水土造就茶饮消费习惯。东南亚地区处于热带，全年平均气温接近 30℃，更适合冷饮发展，不存在淡旺季。东南亚地区的饮食习惯偏甜，奶茶、茶饮符合当地人对于甜品的需求，同时，东南亚和中国共同拥有饮茶的文化基因。根据外卖服务平台 Grab 在 2019 年数据显示[③]，东南亚市场上的消费者人均每月在该平台购买 4 杯珍珠奶茶，泰国的消费者平均每月则要购买 6 杯，这使得新茶饮品牌在这个地区布局更加容易。

三是中国新茶饮供给更有优势。东南亚市场新茶饮发展水平落后于中国 5~10 年，面对东南亚代际落差较大的茶饮市场，中国新茶饮产品竞争力强，产品上新迅速，出海优势明显。

四是距离近，便于原材料运输。供应链是新茶饮命脉，出海要解决的首要问题就是原

---

① 数据来源：印度尼西亚中央统计局，2022 年。

② 数据来源：马来西亚国家统计局，2023 年。

③ “Bubble Tea Craze on Grab Food”，2019 年 5 月。

料供应。新茶饮品牌的普遍做法是，主要原料从国内运输，其他需求量不大的原料从当地直接采购。比如，蜜雪冰城就在成都建设亚洲总部，方便其自产的茶叶、调味奶浆等原材料，能从成都的交通网线就近出海。此外，蜜雪冰城还将在菲律宾投资椰果椰浆基地。

2. 新餐饮出海需迎接四大挑战

出海从 0 到 1 并不容易，面临海外市场情况难以预估、消费者认知和兴趣点差异、海外法律法规限制、跨境物流运输成本高、供应链控制难、产品合规问题复杂等诸多挑战。

首先，新茶饮品牌要了解本土竞争情况和当地市场法规。新茶饮品牌在海外市场必然同时面对本地品牌和国际品牌的双重竞争，需要全面了解市场竞争情况，基于全新的竞争环境，重新评估自身的优劣势。要了解当地的市场准入和食品、饮料行业的法规和标准，确保其产品和经营符合目标市场的标准和规定。

其次，新茶饮品牌要从留学生、新移民圈子走出去，扩大消费群体。新茶饮品牌当前出海选择的经营区域，基本都属于华人和亚裔居民的聚集区，主力消费者仍以华人为主。为进一步扩大海外市场，新茶饮品牌必须融入当地市场，要针对当地的消费水平、消费习惯进行产品调整和创新，并加强用户沟通，创造消费认知。

再次，供应链和组织力也是决定新茶饮品牌全球化进程的重要因素。在海外，原材料高度依赖进口，经营成本必然上升，高成本转化为高定价，新茶饮在海外的竞争力就会被削弱。

观察海外布局最快的品牌蜜雪冰城，其成功的关键就是把低价策略复制到了海外。在悉尼首店，其珍珠奶茶售价仅 2.5 澳元，约合人民币 11.78 元。为进一步降低成本，2021 年起，蜜雪冰城在西南地区及海南省进行了一系列投资，在西南地区设立生产基地以及充分利用海南的出口优势，最大程度压缩了成本并保证了供应链的稳定性。此外，在人力方面，蜜雪冰城借助了合作伙伴的力量。全球 3 万多家门店中，只有不到 100 家是品牌直营，极大程度地控制了人力成本。

最后，面对本土品牌的竞争，中国茶饮品牌需要平衡本土化和差异化，以文化为核心，以中国元素为抓手，凸显独特性和丰富性，和当地品牌形成差异化。

四、结语

“新茶饮”之“新”是由新食材、新口味融合生成的产品之新，是由新命名、新营销互动而来的品牌之新，是研发+供应链+数字化+冷链物流+仓配履约的一体化商业创新，更是一二三产业联动协同以彼此增益的供给侧创新。

一杯新茶饮，关乎年轻消费者对美好生活的体验和向往，牵系万千创业者、从业者的奋力打拼和日常生计，也闪耀着中国产品、中国文化的独特魅力。

新茶饮的繁荣发展，需要全产业链的凝心聚力，也需要在政府、媒体、平台、社会各界关爱之下整个创新生态的有力支撑。未来，中国新茶饮必将继续扬帆远航，为全球消费者提供超越现有认知的新产品、新服务、新体验，并在与时俱进中开创新的传奇。

2023 年中国购物中心年度报告

一、2022—2023 年购物中心市场发展情况

消费市场与消费信心，能够促进以国内大循环为主的新发展格局的形成，还能够促进以消费驱动国民经济发展的新动能。购物中心作为经济社会发展中的“稳压器”。当前及未来，购物中心不仅是消费者日常的消费场所，还是反映城市“美好生活”的窗口，更是引领地区和区域消费升级的重要空间。

中国连锁经营协会（CCFA）再度与各大企业开展调研和座谈活动，整合中商数据相关资料和数据，总结出 2022—2023 年中国购物中心行业经营情况和发展趋势，梳理企业在深度运营探索中可供借鉴的实践经验和方法，探讨与购物中心相关的政策内容及发展方向。

（一）国内购物中心市场发展情况

1. 全国购物中心项目数量增速相对放缓

2022 年购物中心市场整体开发与扩张速度有所放缓，根据中国连锁经营协会统计，国内购物中心项目存量接近 6700 个（30000 平方米以上），全国新开业购物中心总计 366 个项目，为 2018 年以来增量最少的一年。2023 年上半年全国新开业购物中心项目约 120 个，第三季度全国开业购物中心项目超 100 个，预估 2023 年全年新开业购物中心项目达 400 个左右。

2. 全国购物中心累计客流数量近 270 亿人次

2022 年全国购物中心总客流近 270 亿人次，场均日客流数超 15000 人次，同比 2021 年降低 19%。2023 年上半年，场均日客流达 1.85 万人次，同比 2022 年上半年增长超 30%，同比 2019 年上半年下降约 16%。

3. 全国购物中心人均享有面积约 0.38 平方米

2022 年，中国购物中心人均享有面积约达 0.38 平方米，较 2021 年人均商业面积增加 0.03 平方米。据相关统计研究，中国购物中心人均享有面积已接近发达国家水平。

4. 奥特莱斯市场发展呈增长趋势

据相关数据统计显示，2022 年全国奥特莱斯在营项目约 230 个，新开业奥特莱斯项目 23 个，较上年增长 11%，销售额约 2000 亿元。截至 2023 年第三季度，销售额同比平均增速为 26.3%；客流同比平均增速接近 35%，较 2022 年同期增速明显。

5. 非内资企业投资新开购物中心项目数量缩减

2022年非内资企业在全国范围内仅投资新开12个购物中心项目，当前及未来仍以核心一线城市及新一线城市投资和拓展为主（见图1）。

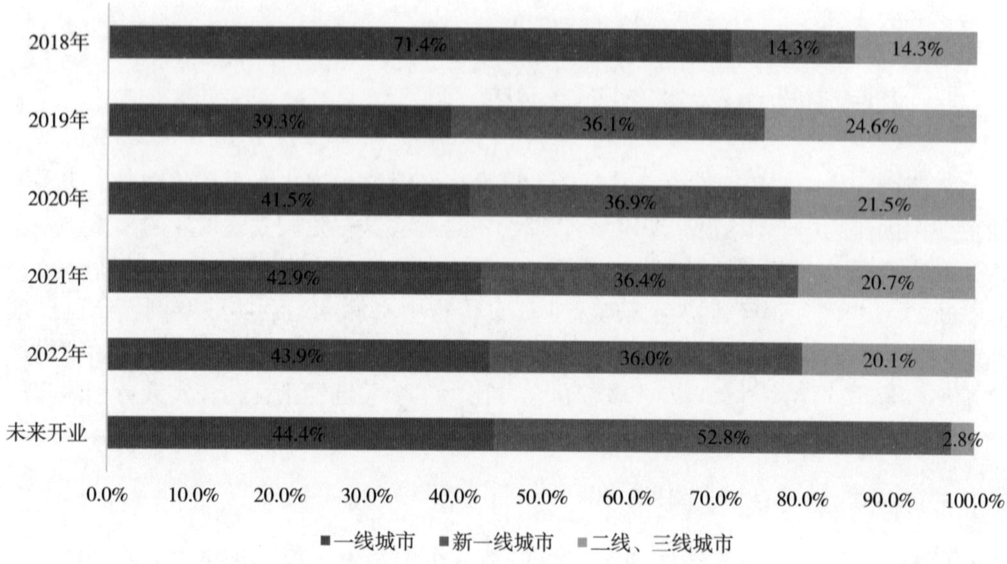

图1　2018—2022年非内资开发商增量分布

数据来源：中商数据。

（二）美国购物中心市场发展情况

国际购物中心协会（ICSC）2022年第四季度报告显示，截至2022年年底，全美购物中心市场整体净营业收入（NOI）较2021年增长7.8%，NOI实现连续七个季度同比持续增长；市场整体固定租金较2021年同期增长了5.1%，抽成租金较同期上涨44.8%，其中西部地区涨幅位居前列；市场整体出租率91.9%，较上一年前高1.2个百分点，是自2020年第二季度以来的最高水平。

由于美国通货膨胀导致费用成本上涨，2022年市场整体运营费用投入上涨6.6个百分点，达历史同期第二高水平。

具体来看，根据美国国际市场研究咨询公司Coresight Research 2023年6月公布的报告数据指出，美国购物中心市场数据仍略低于2020年前水平，但购物中心市场全面恢复仍充满希望。

Coresight Research CEO温斯维格（Deborah Weinswig）女士表示："出租率是购物中心健康状况的第一指针，任何高于92%的数字都被认为是非常好的指标！"与2019年相比，位于经济发达且消费者年收入超过20万美元地区的高端购物中心，2022年客流量增长12%，非高端购物中心客流量同比实现10%的上涨；2020—2022年，高端购物中心营业额年增长率5%，非高端购物中心营业额年增长率接近9%；2022年美国高端购物中心的出租率超95%，非高端购物中心的出租率约为89%。

购物中心的资产价值衡量取决于运营产生的净现金流和资本化率（Cap Rate）；净现金流来自消费者产生的消费，以及与商户分成并扣除成本费用之后的净营业收入（NOI）；而与租户的分成主要体现为租金（Percentage Rent），租金收入指标高低取决于运营管理方的运营能力和深度；成熟且高度市场化的数据指标可用于检验美国购物中心市场经营是否健康、可持续。

二、中国购物中心深度运营探索

当前国内购物中心行业和企业仍处于不断探索和讨论规模化、市场化和资本化等议题的阶段，国内购物中心切实践行深度运营理念正是解答这一阶段关键议题的最重要一步。

2020 年中国连锁经营协会提出“中国购物中心进入以深度运营为核心的新时代”的观点，2023 年中国连锁经营协会面向企业征集购物中心深度运营实践案例，经过梳理和分析最佳实践案例发现，当前国内购物中心企业在日常经营管理活动中已经开始以会员消费贡献率、合作伙伴共创参与度、联营租金占比为三个关键性指标，切实践行和落实深度运营的理念和实践。

（一）提高会员消费贡献率

即以数字化为手段，从 CRM 客户关系管理升级到 SCRM 社交化客户关系管理；以用户思维为导向，以提高会员消费占比为目标，从客流统计到用户分析，从营销引流到会员销售占比达成。

购物中心由以商户为主要经营对象与核心资产转变为以消费者为核心经营对象与核心资产。购物中心经营模式从 B2B2C 向 B2C2B 转型，从原有组织品牌经营，到更精准地捕捉消费者的需求差异。对于消费者而言，购物中心内容为“王”、商品质量过硬，以及游逛与情绪价值同步成为最受关注点，商品吸引力、购物整体体验则为主要关注点。

搭建会员小程序加强商品、服务和体验，实现全天候奥莱运营模式。北京西长安中骏世界城根据开业前会员小程序提前调研用户需求和建议，“奥莱零售精选”和“购物中心优选”商品、餐饮等，开业即实现“线上和线下 24 小时服务不打烊”的双线融合模式。砂之船通过小程序“夜奥莱”为会员开发社群快速开单、分销返利工具，迎合奥特莱斯“货品周转快”的行业特性，整合“长尾商品资源”，赋能导购实现“商品数字化”、让顾客体验到“交易便捷化”，增加会员复购率，拓展平台商品销售范围。

太原北美新天地与北美 N1 艺术购物中心通过新鲜、跨界的会员活动和无感积分，两个项目叠加积分且权益互通，同时与主力品牌深度合作，为会员提供品牌独家福利。目前共有 80 余万会员，其中活跃会员占比超 60%，会员平均客单价超 1100 元，会员销售占总销售的 20%以上。

紧抓私域流量，稳固会员黏性，激发导购参与积极性，促活社群。凯德 MALL·新都心（青岛）通过私域社群运营抓取超级会员的方法，形成超级会员私域流量池，起到精准营销的作用。如皋吾悦广场通过推出“百群万人”计划，以品牌为单位建立社群，为了鼓励店员积极参与，同步发出邀约奖励机制，结合吾悦广场自有电商平台“吾悦严选”，实现销售有效转化。

针对客诉和舆情，凯德 MALL·新都心（青岛）专门设立舆情小组，建立 24 小时反馈制，完善会员服务圈，进而促进提升销售，有效反哺商户经营业绩。良好的经营业绩来自倾听消费者心声，提升会员服务质量。

（二）促进合作伙伴参与共创

从依据广场、商场、商铺条件招商，向结合用户需求和市场趋势，邀请商户提前参与业态规划、品牌组合、动线布局等前期工作转变，双方共创高质高效商场；联合营销以及共享政、商、企、社等资源，共同孵化商业内容，实现共创共赢。

与商户资源置换，互通有无，“1 加 1 更大于 2”。无锡苏宁广场贴合消费需求，以实现“人、货、场”协同为目标，与品牌方协同资源置换，优化品牌组合，利用自有资源赋能品牌和商铺，有效实现销售提升。

新余恒太城以“臻选”思路，匹配全年龄客群需求，发挥品牌合作商户参与共创的作用，遴选出多个优质品牌，打造餐饮首店品牌矩阵，强化餐饮业态长板优势，提高餐饮引领性为消费者持续提高新鲜感，平均租费同比提升 64%。

凯德 MALL·新都心（青岛）通过制定运营专项工具书，细化至品牌的活动支持、货品库存量、货品新品占比、首发频次等；细化现场管理；进一步形成提升销售的新方法。

Aranya（阿那亚）如同一位高敏感度的“情绪激发设计师”，从情绪诱发、场景构建等维度进行探索，通过联合各方资源，共同孵化商业内容，与消费者共创商业新内容，准确利用消费者情绪促进其消费下单和消费转化。

（三）转变经营获利模式

与不同业态商户的合作模式，由纯租赁型获利模式向联营、租赁、经销等经营获利模式转变，由商业管理模式向商业经营模式转变。

调策略，稳商户，提销售。安吉万达广场通过异业联动营销指导店铺运营优化管理、提高销售，有效稳定商户信心，提升抽成租金收入；对品牌精准输送营销资源，将无经营经验的新开业餐饮品牌打造成为网红品牌。

积极参与商户经营，合理转换经营模式，共创共赢。作为 13 年的老项目，安阳印象汇积极参与商户经营，帮助本地租户在其他市场开新店；让外地首进租户成为本地“流量王”。2022 年，收入同比增长 2.6%，净营业收入（NOI）同比增长 7.2%，对比 2019 年增长 0.9%；投资回报率提升 7.1%，收缴率 99%，出租率年平均 99.3%，实现逆势增长。

（四）全方位运营战略升级

购物中心运营模式转型需要上升到战略层面，从内部组织架构、职能、经营方针策略、盈利模式等，到外部的合作方式等都需要转型、重构。

2023 年是新城商业“深度运营”战略升级元年。为推动深度运营战略实施，首先在组织架构进行了转型调整。

结合企业自身，新城商业深度运营的核心是以用户思维为根本，通过数据赋能，组织更加丰富和匹配用户需求的商业内容，提高吾悦广场服务能力和经营坪效，实现吾悦广场更大价值。与传统运营思路相比，深度运营致力于从空间运营到用户运营、从招商思维到经营思维、从客流营造到用户服务的转变，构建以用户为核心，满足业主、商家、用户和商管等多方价值诉求的新型价值关系。

新城商业将深度运营的全景业务逻辑拟真为飞鱼模型，并拆解飞鱼模型的“用户”“内容”“服务”三条链路。其中，用户洞察是整个业务逻辑的起点，是主动贴近用户、理解用户的关键环节；交易转化、复购是结果，是实体商业价值兑现的关键环节；用户链路是主线，关键业务动作围绕用户消费旅程进行规划；内容、服务则为两翼支撑，两翼中的每个环节均与用户链路一一对应，相互配合。依托于不断提升的运营实力，吾悦广场2023 年上年销售收入已达到 775 亿元，活跃用户超过 3000 万人。

购物中心深度运营的最终目的是服务于商户和消费者，消费者服务满意度高低直接关联到商户是否能够良性经营，二者的交互关系是提升购物中心全口径收入、项目保值增值的关键所在。

当前，市场环境、消费者消费行为和偏好已发生深度迭代、更替，站在购物中心转型发展的重要阶段和全局进入“深水区”的关键时刻，购物中心深度运营需要整个行业企业进行全面的理论及战略的探索和挖掘，并在项目经营上进行不断的耕耘和实践，最终实现购物中心经济指标的韧性增长和高质量、可持续的健康发展。

三、中国购物中心行业创新与发展

国家统计局数据显示，2023 年 1—6 月，全国居民人均消费支出 12739 元，比上年同期名义增长 8.4%，除去价格因素影响，实际增长 7.6%。

根据 CCFA 长期对消费市场的观察及企业的走访调研发现，消费市场越发呈现多样化，消费者“买得更聪明”，消费回归产品本身，年轻消费者的消费理念正发生转变；在消费细分渐成趋势的同时，消费者个性化消费“大行其道”；消费市场和消费环境的多元化和复杂化，催生了越来越多的“小众消费”品类；国内消费市场中不同代际的消费需求差异显著，年轻消费者更愿意为兴趣、爱好、颜值、情绪、社会与环境可持续发展等“埋单”。“顺应时代新变革，迎合消费新趋势”成为中国购物中心行业当下、未来及长期将要面对的重要议题。

（一）购物中心“整活”营销创新

随着消费者对场景化和体验感的追求的提升，更多购物中心深入体验、圈层和社交，创新出丰富的业态品类。营销创新成为购物中心深度运营“助推器”，购物中心举办各类活动及展览、利用各种营销创新手段和方式打造全新的消费空间，与消费者在虚实之间进行互动，有效提升了购物中心“新奇”“好看”“好玩”的空间价值，从而吸引消费者的关注和到场参与，进一步期待转化为经营业绩。

1.“商业+X”：购物中心“破圈”，引消费者“入局”

购物中心以满足消费者需求为基本点，更以引领潮流和制造消费场景为发力点，打破商业边界，通过创新营销撬动购物中心的招商、服务、运营全面创新，占领消费者心智。

（1）“商业+先锋试验场”。Show、在地文化既是营销活动更是经营的内容。龙湖重庆北城天街携手多个国内知名买手店，汇集国内外先锋设计师品牌，打造西南首秀秀场，众多品牌助阵开秀，秀场即卖场。

（2）“商业+人文艺术”。购物中心构建美术馆等艺术性极强的新业态为新产品线的主要空间，通过艺术拉近与消费者的距离，满足他们精神层面的需求，购物中心的艺术空间融艺术展览、文创售卖、艺术活动、主题餐饮于一体。

深圳前海“印里 INLI” VOL. 2 以“公园建社中 COMMUNITY PARK”为题，将建设中的印里街区以艺术快闪的形式呈现在公众面前；深圳后海汇引入 3000 平方米 AUNN MUSEUM 上海开美美术馆；武汉 K11 打造 1400 平方米的 chi K11 art space，定期举办各类艺术展览、讲座、公共教育及工作坊等文化创意活动。

（3）“商业+户外”。释放空间束缚，制造氛围感、松弛感。微度假式商业空间拥有着趣味属性、文化属性和生态属性，同时，丰富的休闲体验业态的空间场景，复合多元的消费场景，利于吸引消费者前来，有利于提升购物中心业绩。

从露营人群来看，露营不仅是年轻人的诗与远方，也是家庭客群的遛娃首选。《2022 露营品质研究报告》显示，“90 后”“00 后”的年轻客群与“80 后”亲子客群是露营圈的主力，两者共占比 87%。

在运营层面，“购物中心+露营”的组合频频出圈，各大运营团队纷纷以“露营”为主题打造商场 IP、策划主题活动、升级场景体验，活动边界也已延伸至主题市集、文艺策展、音乐节、露天营业等各种细分领域，让都市生活和户外旅游充分链接。

上海青浦百联奥特莱斯广场利用自然环境优势制造松弛感，构建复合购物场景，成立了新概念俱乐部 PACK INN CLUB，充分发挥广场区位优势，通过打造亲近自然、享受自由的露营体验，拓宽全渠道购物通路，开展“微度假”系列营销活动，整合运营和服务体系。

精致露营带动出全新需求，“露营外卖”相关商品的销售增速明显。数据显示，在精致露营的场景下，除了躺椅、帐篷等基础露营装备之外，露营灯、卡式炉、蛋卷桌、旅行茶具等产品销量增速明显，其中，露营装备销售增长 97%，露营家电销售增长 152%，露营厨具销售增长 214%。

打造吸睛营销亮点，创造氛围感，提升目标客群黏性。印力汇德隆杭州奥体印象城于 2022 年 5—6 月以“天空下不落幕的沙滩派对”为活动主线，在屋顶特色空间打造泰式度假风情互动场景体验，通过一系列活动进一步深化屋顶的网红打卡属性，在微博及小红书发起互动话题中浏览量达 1861 万，讨论次数近 2 万；5 月 14 日活动启幕后一个月，客流环比提升 126. 17%。

2. 紧抓“圈层”热点，满足目标客群的情绪价值

多元化的沉浸式消费体验场景，满足消费者多元需求。深圳中航城君尚购物中心第二届潮玩文化节“敢潮计划”2. 0，创新塑造了场景体验，为深圳青年营造属于自己的生活街区，及时满足了“Z 世代”重视社交体验的内心渴求和情绪价值。

以年轻潮玩新高地为定位的南通彩虹漾另辟蹊径，一元股份开启“城市好朋友计划”，联合潮玩水吧带来 2023 年的首场骑行；联合本地知名街舞机构开启街舞狂潮，在潮流演绎中浸润传统文化元素，带来别开生面的艺趣体验。

结合首届悦意青年节落地档期，武汉大悦城以“悦意青年节”为核心，以圈层文化为切入点，联手前沿优秀资源，从互动体验出发，将消费者、资源方变为创作者，互相赋

能共创共生，营造多元化的体验场景；整合线上线下多平台传播资源，以创意内容引领，强化与消费者情感链接，满足消费者情绪价值。

从经营“圈层”，到满足情绪价值。据央视报道，成都一家“宠物友好型”购物中心，不仅允许宠物进入，而且还会提供各种相关的贴心服务。购物中心负责人表示，宠物相关业态及友好服务，目前已经成了商场获取流量的重要方式。据统计目前在成都已有二十多家购物中心准许宠物进入。

从 2020 年厦门建发湾悦城首落第一套宠物乐园设施，历经 3 年，建发湾悦城正式官宣“宠物友好商圈”，从基础设置配套、品牌组合、圈层影响力、公益背书等各方面，不断夯实并完善这一标签，通过赞助合作等方式，深度联动场内外近 10 个品牌，吸引消费者到店为宠物消费。

据百度指数显示，“密室剧本杀”的人群年龄主要分布于 20~39 岁。由相关机构统计，截至 2020 年年底，全国剧本杀实体店已经突破 3 万家，在需求推动下中国剧本杀门店快速扩张。在上海，部分头部剧本杀品牌成功布局在了黄金地段的购物中心内，尤其是试图构建更年轻化定位的商圈与商场，如南京东路的悦荟广场与第一百货。

3. 原创 IP 体现价值主张，用价值观引入“同道中人”

品牌形象人格化能够与消费者之间产生情感关联，形成一种陪伴式的朋友关系。在 IP 创作到落地呈现的过程中，苏宁广场将企业自身的品牌理念和消费者心理进行有机结合，通过 IP 形象的呈现拉近品牌与消费者之间的距离，让消费者快速建立对于苏宁广场的品牌联想。

2023 年春季，印力汇德隆杭州奥体印象城契合“治愈、可爱当道”的营销趋势，邀请跨界涂鸦艺术家 GAN 首次打造 EMO（一毛）“跨城自然治愈”展，展陈融合 IP 的公共空间艺术属性及项目特色空间场景，融入式造景 7 大打卡点。

线上基于 IP 本身的“一毛城市入侵计划”，以“城市入侵”海报及“项目入侵”视频达成延续性借势预热，实现线下客流同比提升 30%；线上以“杭州人民也有武汉樱花啦”为新媒体话题聚合内容沉淀；“樱花斑马线”和“巨型樱花”IP 持续破圈，总浏览量达 123 万，曝光接近 300 万。

4. 转变运营理念，布局全渠道用户体验服务体系

通过转变运营逻辑，新城商业正式启动吾悦广场深度运营战略，并以深度运营理念策划组织首档全国级流量运营活动。基于深度运营，挖掘核心用户需求，锁定广场核心区域的核心用户，面向邻里圈（家庭亲子客群）和潮流圈（年轻客群），搭建用户触达、用户连接、形成流量、交易转化的流量运营闭环路径，布局线上线下一体化全渠道的用户体验服务体系。

活动期间，吾悦广场联合场内商户推出各类权益活动，联动品牌以多种形式，释放消费热情，促进转化复购，实现消费闭环；活跃用户总数 337 万人，增长 64%；实现了销售额提升 66%，会员消费占比提升 56.6%，线下流量提升 71.68%。

5. 引入“主理人文化”

新开业或存量改造后的“非标”商业，有主理人品牌聚合的现象；同时，很多“被看见”的主理人品牌尝试从街边店走进购物中心，呈现连锁化趋势。

Regular·源野是国内公园商业的典型代表，在仅有 3500 平方米的可租赁面积内，打

破常规招商逻辑，从成都到北京、上海，寻觅了21位主理人，一起来Regular共同创作。从主理人角度来看，Regular更像是一个汇聚主理人生活方式的集合店，从品牌内容到产品逻辑，都在满足着周边大量年轻上班族、年轻新家庭的需求。

当前，消费者在寻求物质需求的满足之外，更要求情绪、情感、价值观上的认同和满足。购物中心的营销创新要打通消费者的“五感”，从消费者的立场和感受出发进行思考和创作，联合商户共创营销内容，营造有“氛围感”的购物中心，强化消费者体验感和参与感，“先声夺人”俘获更多消费者关注，抢占更多市场，实现购物中心与商户的双赢。

（二）数字化创新运用成为企业经营“法宝”

数字化应用现已成为购物中心旨在提高运营效能和服务品质，提升消费者的体验感和满意度，增强消费者黏性，有效反哺经营效率的重要工具和手段。从数字化到数智化创新应用，数字化应用与创新是当前在行业和企业最受热议的提效法宝。

1. 私域运营助力购物中心商户经营

私域运营不等同于会员运营，需要有效地平衡消费者权益与商家之间价值，而购物中心则需要做好消费者与品牌之间的桥梁，借由有效的私域运营手段，达成品牌方投资回报的最大化原则。私域运营的结果必须是可衡量的，即将消费者的满意度转化为对品牌业绩的提升。

华侨城旗下的精品社区商业项目OCT PARK欢乐时光通过构建分阶段、分层次的数字化私域运营模型，针对不同阶段、不同层级的消费者设定不同的转化目标，旨在提升项目声量和业绩指标之间的转化率。在日常经营活动中以“用户拉新促活”、提升项目声量和人气为目标，来提升消费者的到店率，通过大数据分析消费者，更有效地挖掘用户，提升品牌业绩。

2. 数字化创新运用赋能购物中心运营

单纯依靠招商主导来推动项目增值已经不再可能，从“重招商”向“重运营”转变，用数字化技术促进购物中心关注品牌经营状况，有效助力经营业绩提升，做细、做实购物中心的深度运营。

武汉青山印象城在总部科技团队与科技企业Aibee爱笔共创能够智能识别租户盈亏状况、精准赋能商户的智能助手“商管参谋”，通过对租户利润成本模型的掌握、进店客流全流程数字化的把控，整合商圈品牌、交易、租赁等大数据，形成全面、标准、规范、科学的店铺评价体系。通过多维度分析店铺经营情况，对“问题店铺”自动预警，“一键归因”找到商户经营问题症结所在。

成都招商大魔方购物中心与汇客云技术公司相互协同，开发了“购物中心数智化高品质解决方案”，基于客流数据分析，助力购物中心推进深度运营。通过融合时空线索的多角度视觉跨镜ReID技术，基于人体表观特征，对多种姿态和角度的消费者进行“跨镜识别”等数据分析，帮助购物中心更高效、精准地洞察消费者。项目也可结合销售额、租金等数据信息，对其商户的经营能力进行评估和诊断，帮助商户改善和提升经营效能。

3. 数字化创新运用提升品牌工作效能

银泰百货的“韬略”系统基于商场品牌专柜的数字化运营，通过诊断专柜的经营行为，为商户提高经营效益，提供问题解决方案。以武汉创意银泰城为例，“韬略”系统针对部分专柜新客不足、老客留存低、高销专柜缺货、新上架品销售贡献不足、当季产品动销不足、导购销售连单能力不足、分佣渠道销售不足等专题性问题进行诊断并提供指导方案。

当前，银泰百货中一个品牌管家最多能管理几十个专柜，在“韬略”系统驱动和协助下，未来每个品牌管家可以管理超百个品牌，有效提升了工作效率和管理半径。截至2023年2月，超4000品牌专柜接入“韬略”系统，在2022年全年销售额整体同比提升7%。

4. 借助数智化力量塑造多元商业体验场景

定位“城市潮玩新引力”，成都招商大魔方在空间场景方面打造了五大特色体验场景：城市之上的“自然绿洲”亚马孙森林瀑布、多互动全息树型LED屏城市科技生长树、迷幻漩涡魔方之心、“漫步云端”的空中天际跑道、600平方米巨幕裸眼3D。此外，成都招商大魔方与“大黄鸭”之父霍夫曼合作，共同打造了城市艺术新地标，为消费者带来非同凡响的惊喜体验，项目整体强调“空间有情感，体验有故事”的理念。

借助科技力量打造多元颠覆性的体验场景，通过聚焦于产品的发展，让消费者在游逛购物中心过程中充满记忆点，为当前及下一次消费发生埋下伏笔。

5. 数字化创新运用助力品牌转型升级

“妖精的口袋”品牌项目基于新零售的全链路业务中台场景的实践，运用“互联网+大数据技术架构”，以“大中台+小前台”的思路作为架构设计总原则，采用领域驱动设计（DDD），构建业务能力SAAS。根据业务不断的发展，将直播电商企业的核心能力以数字化形式沉淀，由全渠道业务中心和数据价值中心构建组成业务流程和数据闭环运转的运营体系，并通过平台化定制进行业务隔离，以便于系统支撑不同玩法的业务类型和定制化扩展。

项目方案汇集、整合了在直播过程中电商平台的全链路业务数据，包括商品、会员、营销、库存、物流、财务等，帮助企业实现数字化转型发展。充分打通线上、线下数据，促进“双线”融合与赋能，在更大程度上发挥整个“命运共同体”价值，实现在商业领域的价值最大化，更高效地探索、反哺直播数字经济新品类和零售新业态。

2022年，特步集团接入微盟WOS新商业操作系统，借助微盟WOS的PaaS平台，满足自身个性化需求。通过数字化转型赋能特步集团线下导购，由传统单一的导购售卖变成24小时门店不间断的经营模式，由离店销售变成集团日常销售渠道，数字化升级有效提升了品牌销量。据了解，特步品牌小程序商城年复合增长率达50%，进一步增强了品牌与消费者之间黏性。未来，特步集团将借助更多数字化应用，整合CDP、CRM、企微、BI、小程序商城等模块，构成多品牌、全链路的品牌运营体系与产品销售闭环。

数字化创新应用应该最终作为购物中心和品牌企业的科学工具和技术手段之一，如何发挥这一工具至最大价值，避免企业数据的风险与安全问题，考验的是运营管理者的技术能力、经营智慧和社会责任。

（三）购物中心与品牌可持续发展

可持续发展既是当前及未来全人类共同商讨和实践的课题，也是商业发展中必不可少的一个议题。太古地产、华润万象生活等企业已领先、持续多年投入在商业可持续发展领域的建设，从多方面入手，推动当代购物中心可持续发展建设（见图 2）。

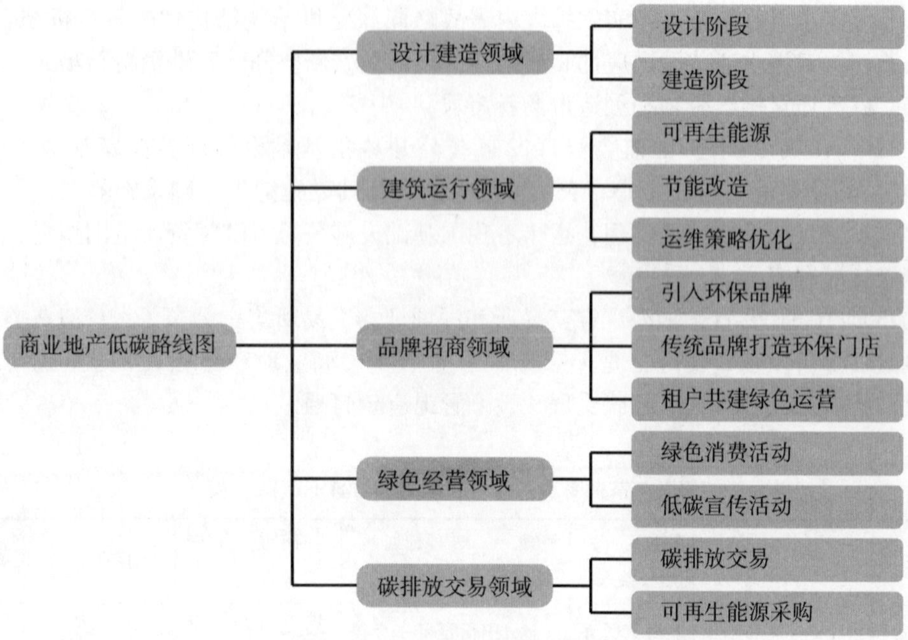

图 2 商业地产低碳路线图

在国家政策引导下，“碳达峰”、“碳中和”理念构思和时间行动在购物中心项目的实现路径已明确、清晰，即“设计建造—建筑运营—可再生能源—节能改造—运维优化—绿色品牌招商—绿色门店打造—绿色运营—绿色互动—碳排放交易”。

绿色品牌建设作为商业运营的重要组成部分，也更多地关注“零碳”概念。

2022 年北京麦当劳首钢园绿色旗舰餐厅正式开业，该餐厅按照国际权威绿色建筑认证能源与环境设计先锋评级（Leadership in Energy & Environmental Design Building, LEED）的零碳排放和零能耗标准设计建造和运营管理，成为中国首家“零碳餐厅”，同时也成为亚太地区首家同时获得这两项认证的餐厅。

四、政策助力购物中心发展

2023 年 3 月 24 日，证监会发布《关于进一步推进基础设施领域不动产投资信托基金（REITs）常态化发行相关工作的通知》，明确指出“研究支持增强消费能力、改善消费条件、创新消费场景的消费基础设施发行基础设施 REITs。优先支持百货商场、购物中心、农贸市场等城乡商业网点项目，保障基本民生的社区商业项目发行基础设施 REITs”。

为了响应政策号召，进一步盘活现有存量资产，实现消费基础设施项目“投、融、管、退”资本运作循环，同时也促进轻资产运营模式的战略转型，多家上市公司积极响应，采取行动。

（一）国内消费基础设施 REITs 发展成果

2023 年 7 月，国家发展改革委发布《关于恢复和扩大消费的措施》，指出“坚持优化供给和扩大需求更好结合。把实施扩大内需战略同深化供给侧结构性改革有机结合起来，增强供给结构对需求变化的适应性和灵活性，拓展消费新空间，打造消费新场景，丰富消费体验，以高质量供给引领和创造市场新需求。”

2023 年 10 月 20 日，证监会修订发布《公开募集基础设施证券投资基金指引（试行）》，将百货商场、购物中心、农贸市场等消费基础设施纳入基础设施范围，不到一周时间，首批试点项目便获得受理，意味着我国基础设施公募 REITs 资产范围拓宽，已得到市场积极响应和实践。

2023 年 10 月 26 日，上海证券交易所和深圳证券交易所集中公布了 4 只消费类基础设施公募 REITs 首发正式获得受理（见表 1），宣告国内商业地产公募 REITs 正式破冰。国内首批消费基础设施 REITs 已获受理，投融管退有望打通。

表 1　首批受理的消费基础设施公募 REITs 一览

公募 REITs 名称	品种	发起人（原始权益人）	管理人	专项计划名称	专项计划管理人	托管人	上报日期	受理日期
公募金茂购物中心封闭式基础设施证券投资基金	消费基础设施公募 REITs	上海兴秀茂商业管理有限公司	华夏基金	中信证券—金茂购物中心 1 号资产支持专项计划	中信证券	中国银行	2023 年 10 月 26 日	2023 年 10 月 26 日
嘉实物美消费封闭式基础设施证券投资基金	消费基础设施公募 REITs	北京物美商业集团股份有限公司	嘉实基金	嘉实物美消费基础设施资产支持专项计划	嘉实资本	北京银行	2023 年 10 月 26 日	2023 年 10 月 26 日
华夏华润商业资产封闭式基础设施证券投资基金	消费基础设施公募 REITs	华润商业资产控股有限公司	华夏基金	中信证券—华润商业资产 1 号资产支持专项计划	中信证券	招商银行	2023 年 10 月 26 日	2023 年 10 月 26 日
中金印力消费基础设施封闭式基础设施证券投资基金	消费基础设施公募 REITs	印力商用置业有限公司	中金基金	中金—印力消费基础设施资产支持专项计划	中金公司	招商银行	2023 年 10 月 26 日	2023 年 10 月 26 日

资产类型和资产组合上，华润、金茂、印力的 REITs 项目均为单个购物中心，物美集团的底层资产包为 4 个优质项目组合，包括社区商业、超市等，分别属于满足品质生活和民生需求的消费基础设施。4 家企业的首单 REITs 项目所在地分别为青岛、长沙、杭州和北京，包括 3 个新一线城市。物美的资产包均在北京，底层资产均较为优质，运营稳定性良好，经营业绩具备较强的增长潜力。

在企业性质上，4 只产品业主中不仅包括了央企，也有民企公募 REITs，体现了监管层充分发挥多种所有制企业的积极性，支持和鼓励民营企业发行基础设施 REITs，共同促进消费市场和金融市场发展的动力和决心。

2023 年 11 月 26 日，首批 3 只消费基础设施公募 REITs——华夏金茂购物中心、华夏华润商业和中金印力消费基础设施 REITs 已正式获得中国证监会准予注册的批复（见表 2）。

表 2　首批 3 只消费基础设施公募 REITs 获得准予注册批复

1	关于准予华夏金茂购物中心封闭式基础设施证券投资基金注册的批复	证监许可〔2023〕2675 号	2023-11-26
2	关于准予华夏华润商业资产封闭式基础设施证券投资基金注册的批复	证监许可〔2023〕2674 号	2023-11-26
3	关于准予中金印力消费基础设施封闭式基础设施证券投资基金注册的批复	证监许可〔2023〕2673 号	2023-11-26

信息来源：中国证监会。

在项目获批后，三家公募将进行签署战略配售协议、网下询价并定价、投资者认购等阶段，预计相关项目落地上市后，将进一步提升我国基础设施公募 REITs 市场的规模和流动性，标志着我国基础设施公募 REITs 市场建设又迈出坚实的一步。

（二）CCFA 消费类基础设施 REITs 相关工作

2020 年底，CCFA 连锁品牌与购物中心合作委员会联合成立商业不动产 REITs 工作小组，此后工作小组组织相关机构、企业多次座谈、持续调研，形成《关于推进购物中心入池我国公募 REITs 的建议》等文件呈送至国务院政策研究室等政府机构，连续三年向国务院发改委、证监会、商务部、统计局等进行书面政策建议。2023 年 3 月，国家发改委、证监会先后发文，支持消费基础设施建设，优先支持百货商场、购物中心、农贸市场等城乡商业网点项目以及保障基本民生的社区商业项目发行基础设施 REITs，专项政策沟通取得阶段性成果。

2023 年 4 月，为更好发挥零售业对恢复和扩大消费的载体，推动改善消费条件、创新消费场景，帮助企业解决融资困难，受商务部流通业发展司委托，中国连锁经营协会组织零售相关业态的会员企业开展零售设施建设项目情况专项摸底调查，并形成有关材料上报商务部流通业发展司。

未来，CCFA 将继续联合头部购物中心企业深入开展走访调研和培育座谈活动，梳理消费类基础设施 REITs 项目进展中的行业共性、难点问题，加强政策解读和宣传引导。

消费基础设施 REITs 落地将促进优化消费场景，激发市场潜力，进一步扩大内需、提振消费和拉动经济增长。同时，消费基础设施 REITs 也将有利于加速消费领域企业构建“投融建管退”良性循环，促进运营管理提质增效，助力企业向深度运营战略转型。

2022—2024 年购物中心开关店研究报告

《2022—2024 年购物中心开关店研究报告》基于汇客云数据采集团队于报告研究期间（2022 年 7 月至 2024 年 3 月）走访的 13 座重点城市 447 个重点关注样本购物中心数据记录，重点分析购物中心空置率①及不同业态、品牌开关店情况，研究发现购物中心空置率整体下降，品牌拓店的信心逐步恢复。本报告由中国连锁经营协会、汇纳科技、汇客云联合发布。

一、概览：空置率从 10.5%下降至 9.1%，开关店比② 1.12

研究范围内，447 个项目，营业中铺位从研究初期的 95000 多个增长至 97800 多个。空置率从研究初期的 10.5%下降到研究末期的 9.1%，下降 1.4%。

研究范围内，录得关闭店铺 18000 多个，新开店铺 21000 多个，整体开关店比 1.12。相对研究初期，有 19.8%的店铺发生变化，进驻品牌更换或关闭。

相对研究初期 58000 多个店铺为连锁品牌进驻，研究末期连锁品牌进驻铺位数增长到 59000 多个。连锁品牌门店③在已开业门店中的占比从研究初期的 56.9%上升到研究末期的 57.1%，上升 0.2%。

研究初期，447 个商业项目录得超过 25000 个餐饮门店，研究末期门店增加超过 2000 个，餐饮业态在整体中的占比上升了 1.69%。研究范围内零售业态门店占比从原来的 53.9% 下滑到 51.9%，下降 2.0%。

（一）超六成项目开关店比>1.0

本报告研究范围共涉及 447 个购物中心，包含北京 68 个、成都 41 个、广州 54 个、杭州 26 个、合肥 10 个、南京 26 个、宁波 12 个、上海 91 个、深圳 48 个、苏州 16 个、武汉 22 个、郑州 19 个、重庆 14 个，其中有 291 个购物中心的开关店比大于 1，占整体项目六成以上（见图 1）。

① 本报告提及空置率=空铺数/店铺总数（营业中店铺数+空铺数），下同。因项目经常进行店铺拆分或合并，店铺总数在研究期可能发生变化。

② 开关店比=新增门店数/关店数。新增门店含已开业门店及装修中计划开业门店。如果开关店比大于 1，代表开店数超过关店数，代表商场空置率下降，或品牌处于扩张状态。

③ 门店是否为连锁品牌，依据汇客云的划分标准，主要考虑品牌在购物中心出现的门店数持续调整。

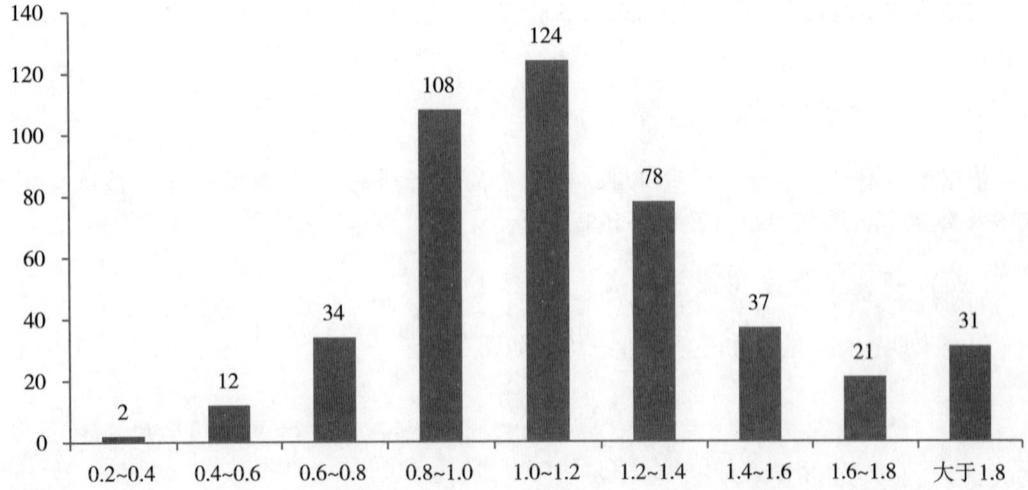

图1　购物中心开关店比统计

数据来源：汇客云。

（二）超六成项目空置率<10%

超四成项目空置率控制在5%以下，有185个购物中心空置率低于5%。

依据走访记录，本报告研究期末，涉及的447个商业场所店铺累计95000多个，研究期末有空铺超过9400个，有超过六成的项目（297个）空置率控制在10%以下。

1. 开业年限类型中，开业时间越长的商场空置率越高

因为受到市场饱和与竞争加剧、品牌更新与商户流失、设施老化、租金上涨以及市场趋势等多种因素的影响，开业时间长的商场空置率较高。相反，新开业不久的商场通过市场的吸引力和新鲜度、一些品牌的组合和互补，提供丰富多样的购物和休闲体验，商场通过形成独特的品牌集群效应来吸引更多的商户和消费者，因此，新开业商场空置的商铺更少。

2. 商业面积规模中，体量规模较大的商场空置率越低

因为能够提供一站式购物体验，包括各类商品、餐饮、娱乐等多种服务，增加了商场的人流量和购买力，从而吸引更多的品牌商户入驻。

3. 商场定位中，偏奢华、高中端的商场空置率更低

这些商场内的品牌商户多为高端、奢华品牌，与商场的定位高度匹配，加上有效的招商和运营管理使得商场能够吸引大量目标消费者，保证了商场商户的稳定经营和较低的空置率。

（三）平均关闭9店同时开出10店，门店开关比不到0.2

本报告研究的447个购物中心中上海月星环球港（开关店比1.27）、深圳前海壹方城（开关店比1.29）、龙湖北京长楹天街（开关店比1.07）、郑州正弘城（开关店比1.02）、龙湖杭州滨江天街（开关店比1.20）、上海长宁龙之梦城市生活中心（开关店比1.11）

等项目整体体量均较大，平均店铺总数 500 多个，新开店铺数量和关闭店铺数量均超过 100 家。

（四）研究末期整体空置率 9.1%

依据走访记录，本报告研究末期，447 个商业场所有空铺 9440 多个，整体空置率 9.1%。绝大部分购物中心空置率在 10%以下。

（五）研究末期整体业态构成

研究末期，样本购物中心整体业态构成如图 2 所示。

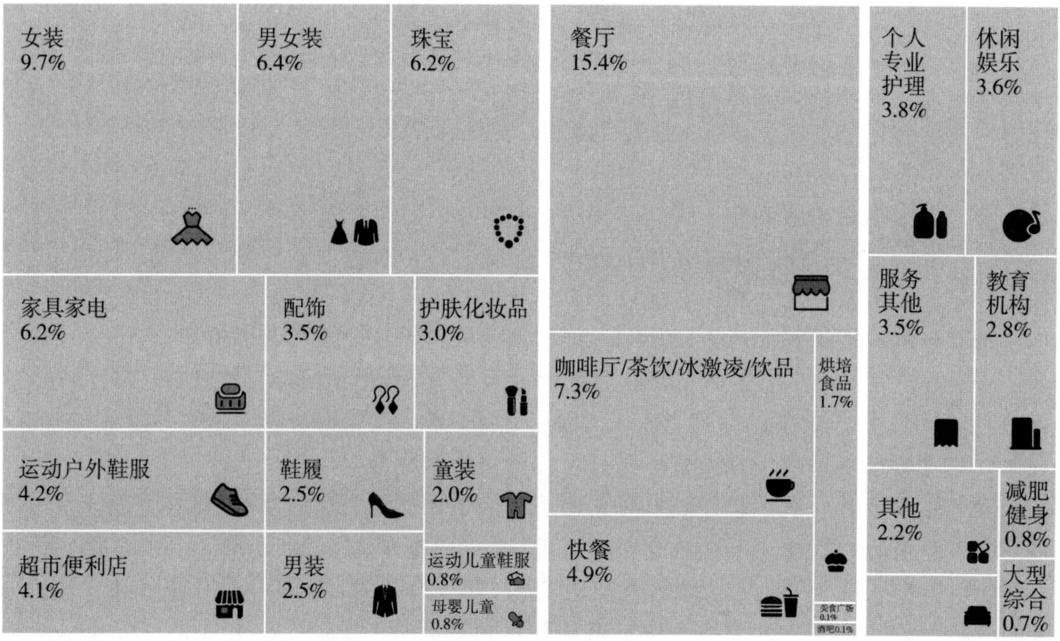

图 2　样本购物中心整体业态构成

数据来源：汇客云。

（六）研究期间业态开关店构成

研究期间样本购物中心业态开关店构成情况如图 3 所示。

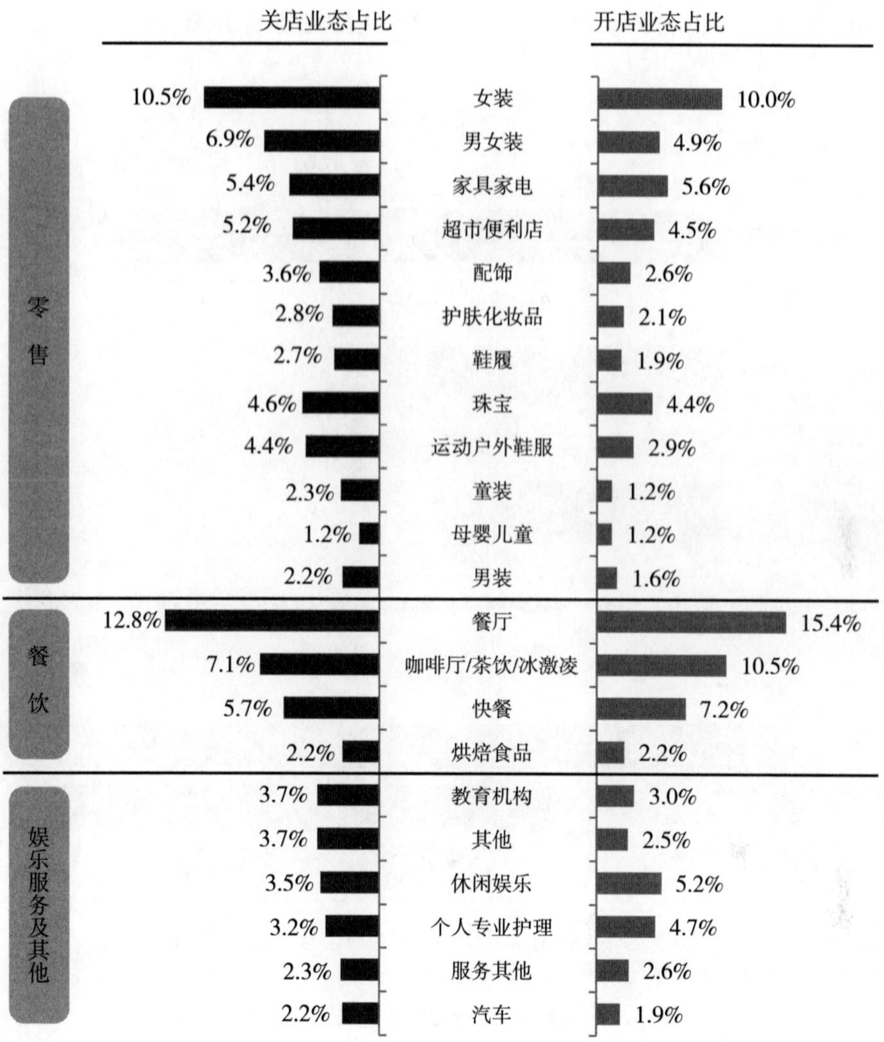

图 3　样本购物中心业态开关店构成

数据来源：汇客云。

二、不同业态、品牌开关店情况分析

如果将通道分割或位于不同楼层但是属于同一品牌的门店进行去重，共录得关闭门店 18915 个，新开门店 21178 个。

零售业态门店占比最高，关店 9597 个、开店 8956 个，开关店比 0.93，低于整体表现，变动门店数占据全部变动门店数的 52.6%，关闭门店占研究期初门店的 19.6%。

餐饮美食也发生了明显变化，关店 5095 个、开店 7278 个，开关店比 1.43，明显高于平均水平。关闭门店占研究期初门店的 20.1%。

服务、休闲娱乐和其他业态门店发生的变化最大，关店 3550 个、开店 4270 个，开关店比 1.20。关闭门店占研究期初门店的 21.3%，相对零售和餐饮业态变动偏多（见图 4）。

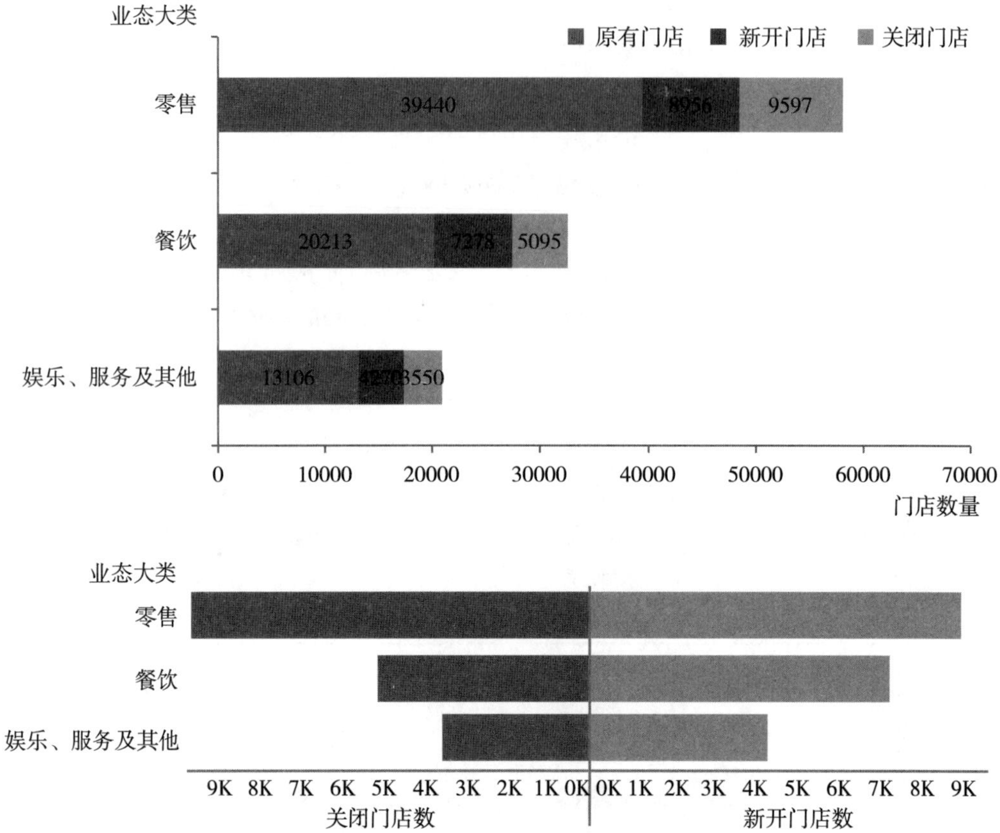

图 4　不同业态门店开关情况

（上图标注数字为去重门店数，下图标注数字为开关店比）

数据来源：汇客云。

（一）零售业态变化概览

零售业态是实体商业中门店[1]占比最大的业态。本报告录得零售业态关店 9500 多家，开店超过 8900 多家，开关店比 0.93，低于整体表现，变动门店数占据全部变动门店数的近 52.6%，关闭门店占研究初期门店的 19.6%。

1. 服装业态略微收缩

零售业态中，服装业态的地位非常重要。在研究范围内，各类服装品牌门店数约占门店总数的 52.0%，5600 多个品牌中的 3500 多个品牌发生门店变化，累计关店 5100 多个，

① 门店所属业态、子业态依据品牌基础信息结合现场走访过程中观察到门店售卖商品确定。同一品牌如果在不同门店售卖不同商品，各门店可能被归入不同业态。如某品牌不同门店可能分属男装、男女装子业态，或分属香水、化妆品业态。

占零售业态关店的一半以上，开店 4600 多个，开关店比 0.90，整体呈现略微收缩，低于研究范围内整体表现，略低于零售行业平均水平。

女装品牌表现相对较好，开关店比 1.07，略微扩张。开店 2042 个，关店 1916 个，门店数净增 126 个，关闭门店占研究初期门店的 21.4%，比例相对整体略高。

男女装品牌开关店比 0.81，呈现收缩状态，开店 1012 个，关店 1253 个，门店数净减 241 个。关闭门店占研究初期门店的 20.2%。

运动户外品牌（不包含运动儿童鞋服）开关店比 0.75，开店 603 个，关店 803 个。关闭门店占研究初期门店的 19.5%，变化比例接近零售整体水平。

男装品牌原有门店较少，开关店比 0.84。开店 336 个，关店 401 个，门店减少 65 个。关闭门店占研究初期门店的 17.0%。

母婴儿童及运动儿童鞋服门店数量较少，开关店比分别为 1.15 和 1.03，两个细分业态开店合计 381 个，关店 344 个，门店数净增 37 个。关闭门店占研究初期门店的 23.9%，占比略高。

（1）女装：调整比例大

女装业态，研究范围内 2900 多个品牌中的 1780 多个品牌发生了门店变化，开店 2042 个，关店 1916 个，开关店比 1.07，关闭门店占研究初期门店的 21.4%。

在研究范围内，有 16 个品牌开店 10 个或以上。其中，薇迎、西町村屋分别开店 48 个、35 个且关店较少，品牌积极拓店中（见图 5）。在研究范围内，有 24 个品牌关店超过 10 个或以上。其中 Lily、ONLY、VERO MODA 分别关闭了 25 个、24 个、22 个门店（见图 6）。

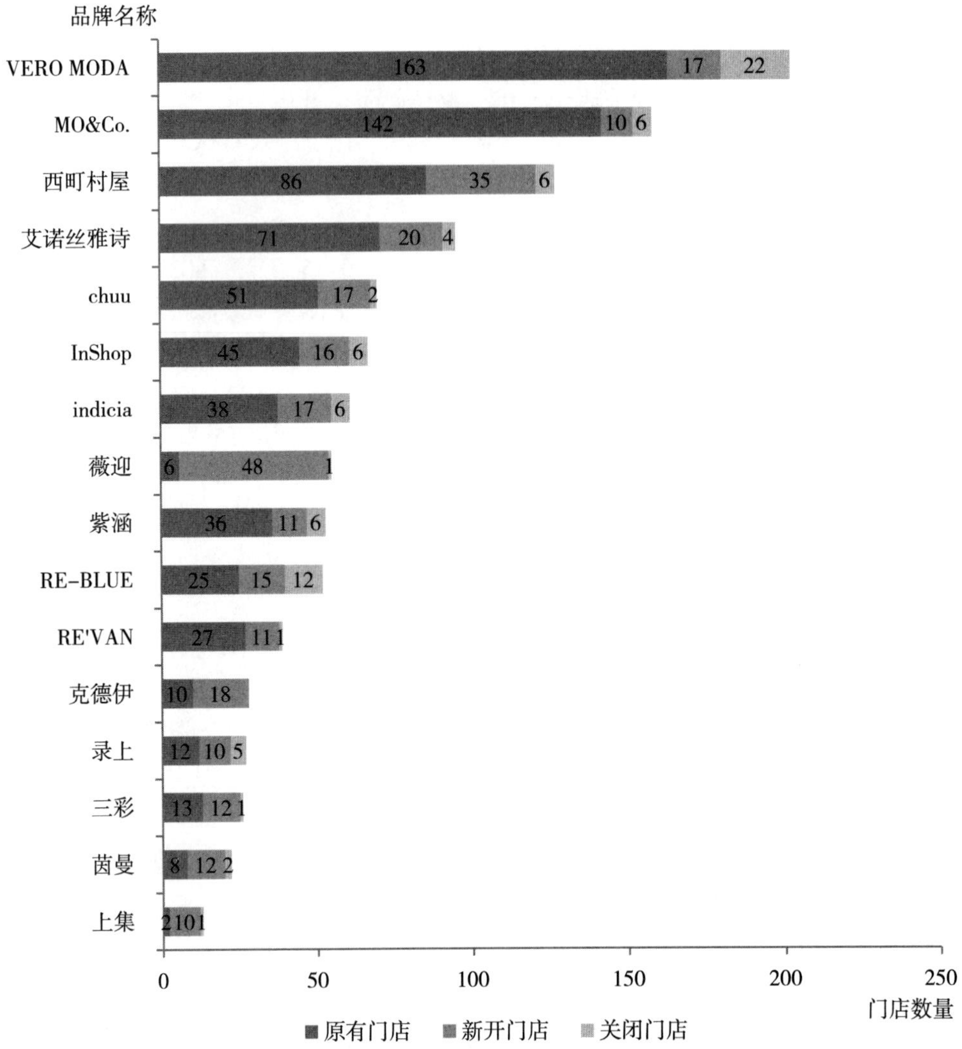

图 5　开店 10 个及以上的女装品牌

数据来源：汇客云。

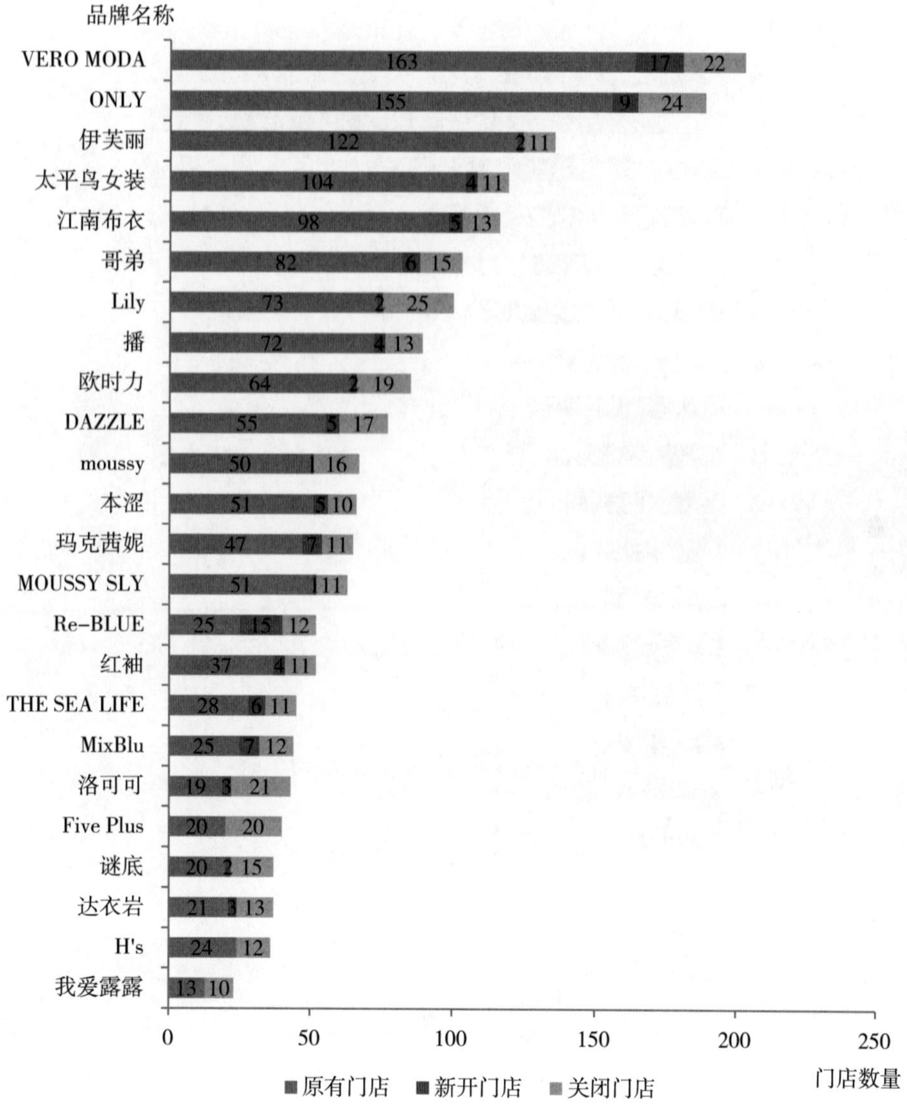

图 6　关店 10 个及以上的女装品牌

数据来源：汇客云。

（2）男女装：略微收缩

男女装（包含男女士内衣）业态中 1000 多个品牌中的 700 多个品牌出现门店变化，开店 1012 个、关店 1253 个，开关店比 0.81，关闭门店占研究初期门店的 20.2%。

其中，有 20 个品牌关闭了 10 个及以上门店。波司登、BOY LONDON、Calvin Klein Jeans、热风分别关闭 27 个、26 个、22 个、21 个门店（图 7）。有 12 个品牌开出 10 个及以上门店。其中波司登、曼妮芬分别开出 33 个、19 个门店，NO ONE ELSE、nautica white sail、歌瑞尔、Calvin Klein、蕉内、RESIMPLE 等品牌门店开店较多，品牌积极拓店中（图 8）。

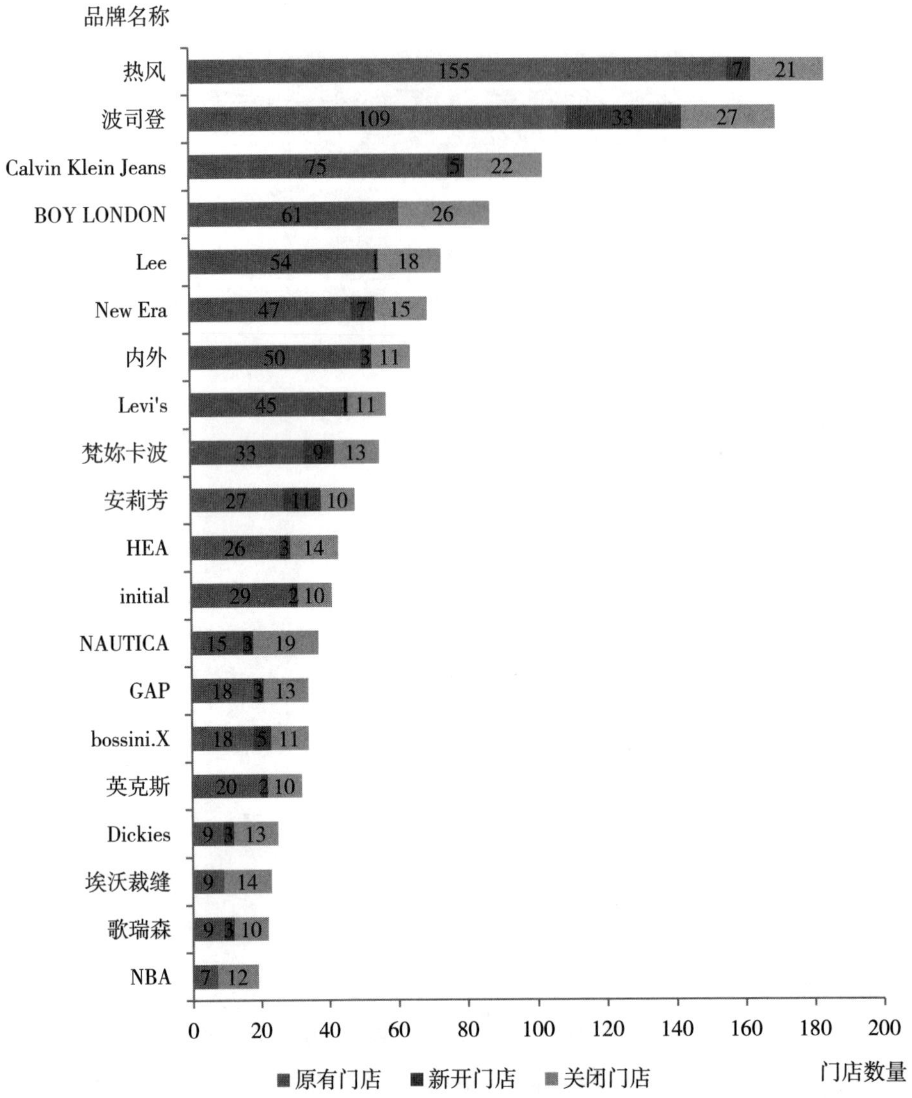

图 7　关店 10 个及以上的男女装品牌

数据来源：汇客云。

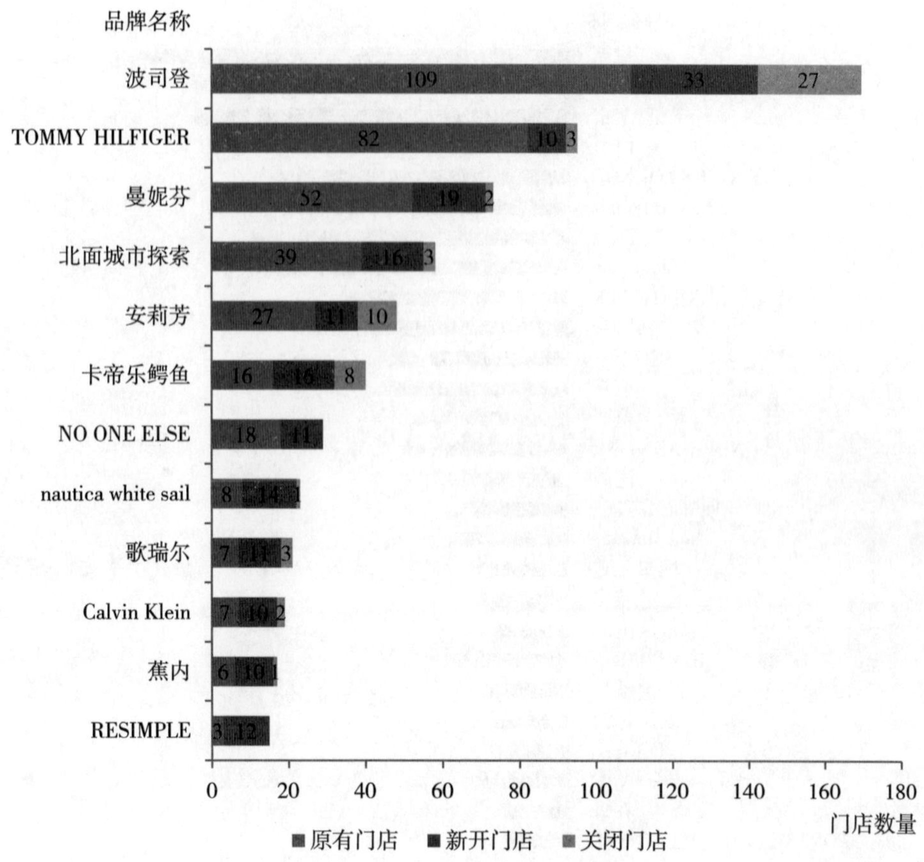

图 8　开店 10 个及以上的男女装品牌

数据来源：汇客云。

（3）运动户外：国内品牌增长明显

运动户外服饰业态（不包含运动儿童鞋服），280 多个品牌中有 210 个品牌有门店变化。开店 603 个，关店 803 个，门店数量净降 200 个，整体开关店比 0. 75。关闭门店占研究初期门店的 19. 5%。

其中，有 39 个品牌关闭 5 个或以上门店，回力、范斯、中国李宁、POLOWALK、匡威等品牌均关闭 30 个及以上门店（见图 9）。有 38 个品牌开出 5 个或以上门店，其中安踏、蕉下、美国职棒大联盟、李宁、回力 1927 分别新开 31 个、27 个、27 个、26 个、23 个门店（见图 10）。整体而言，运动户外服饰业态行业集中度较高，头部品牌原有门店数量较大，同时开店和关店变化也比较明显。

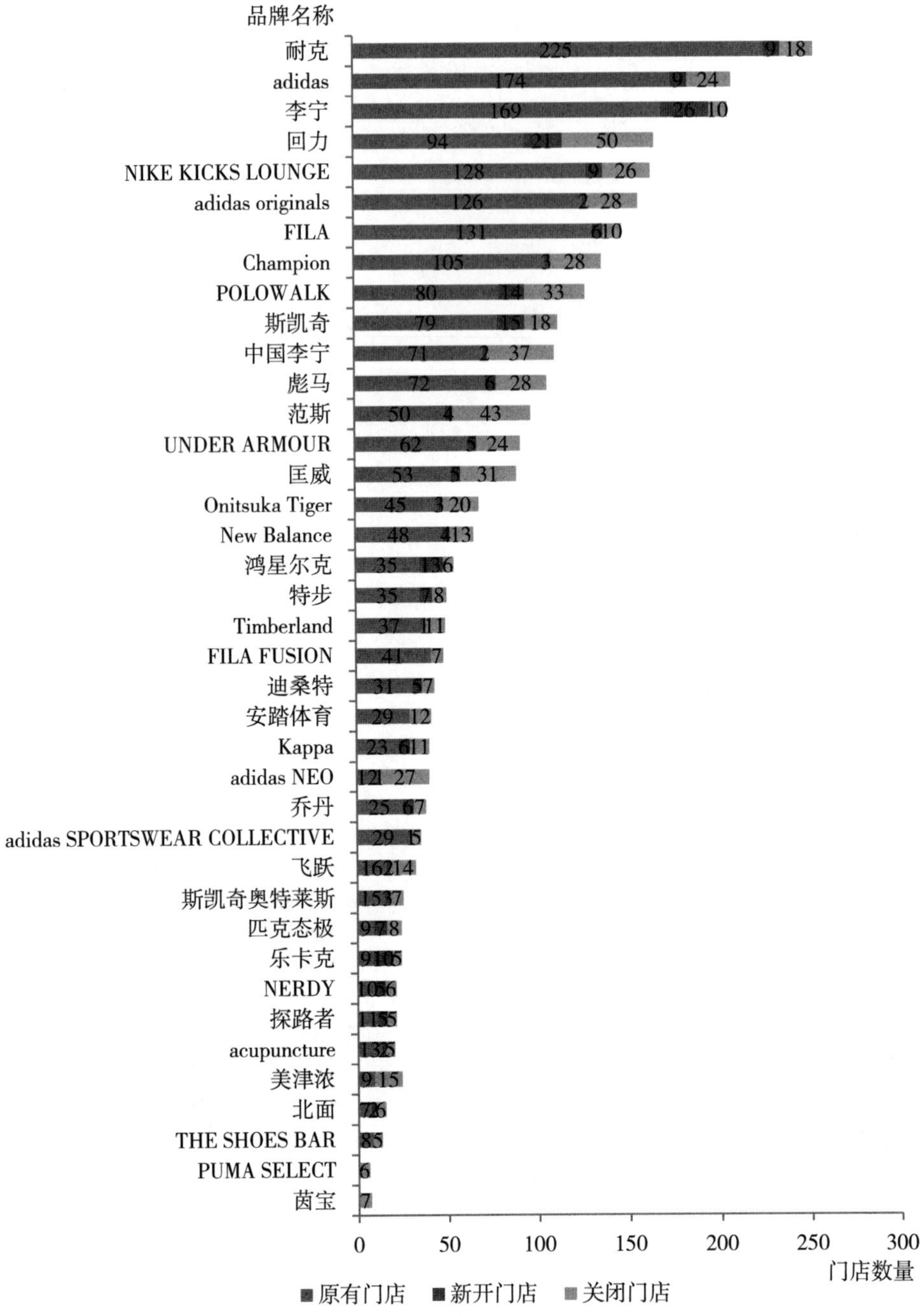

图 9　关店 5 个及以上的运动户外服饰服装品牌

数据来源：汇客云。

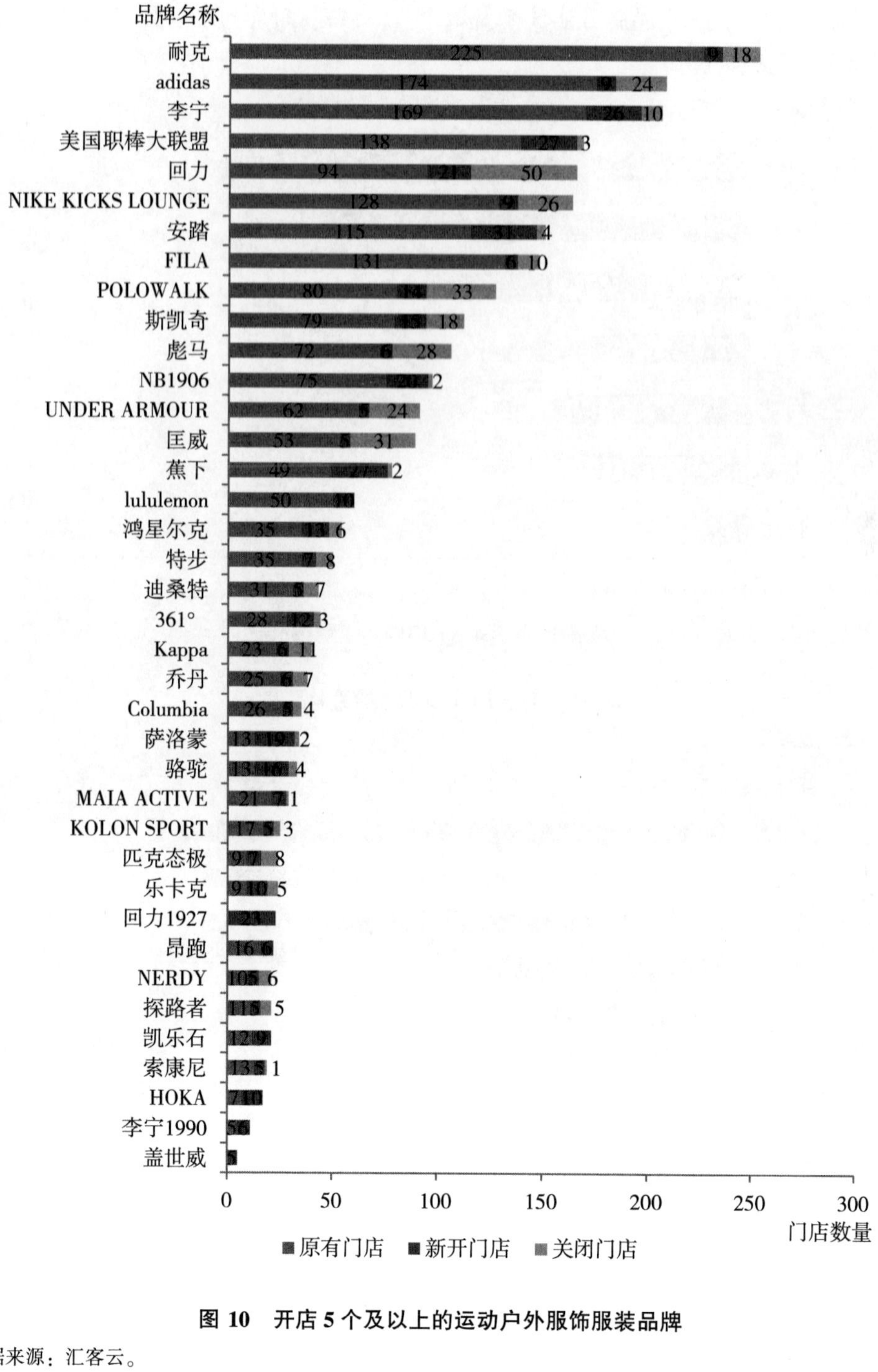

图 10　开店 5 个及以上的运动户外服饰服装品牌

数据来源：汇客云。

（4）男装：收缩明显

男装子业态 564 个品牌中有 330 个品牌发生门店变化。开店 336 个，关店 401 个，开关店比 0.84，关闭门店占研究初期门店的 17.0%。

其中，有 7 个品牌关店 10 个及以上。利郎关店 15 个，杰克琼斯、太平鸟男装均关店

13 个（见图 11）。有 13 个品牌开店 5 个及以上。海澜之家新开门店 21 个且无关闭门店，门店增长较多（见图 12）。

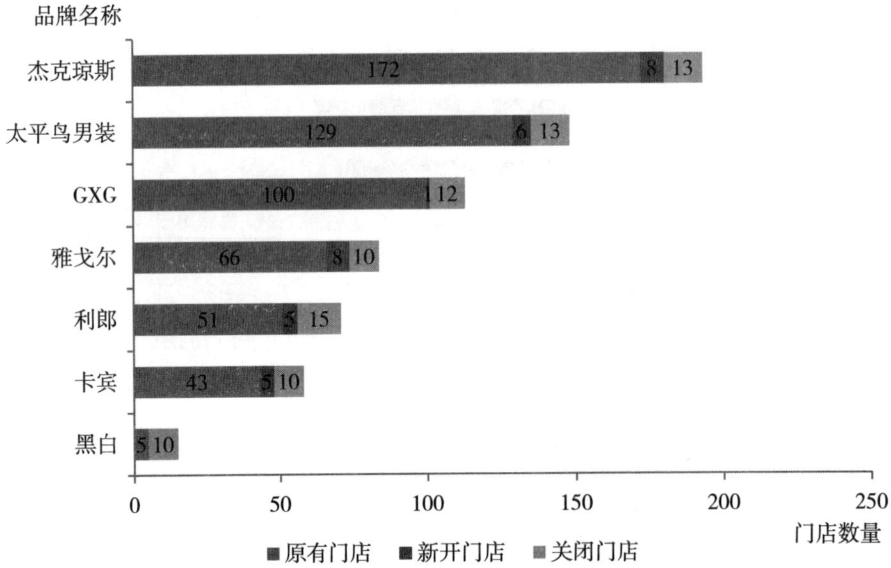

图 11　关店 10 个及以上的男装品牌

数据来源：汇客云。

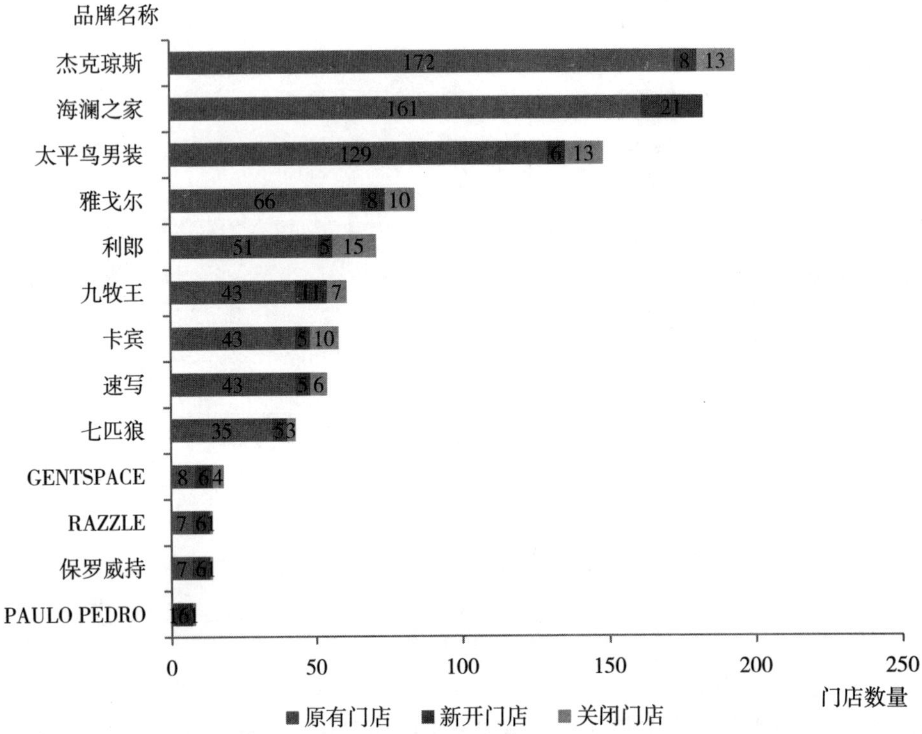

图 12　开店 5 个及以上的男装品牌

数据来源：汇客云。

（5）童装：收缩明显

童装子业态，包括孕婴童品牌及体育品牌的童装子品牌，785 个品牌中的 530 个品牌发生门店变化。累计开店 625 个、关店 779 个，开关店比 0.80，关闭门店占研究初期门店的 22.0%

母婴儿童新开门店 250 个、关闭门店 217 个，开关店比 1.15，有 32.2%的门店发生变化，调整比例偏大。运动儿童鞋服新开门店 131 个、关闭门店 127 个，开关店比 1.03，有 16.6%的门店发生变化。

其中，有 14 个品牌关店 10 个及以上。adidas Kids、B. Duck KIDS 分别关闭 28 个、22 个门店（见图 13）。有 9 个品牌开店 10 个及以上。玛米玛卡、安踏儿童分别新开 17 个、16 个门店（见图 14）。

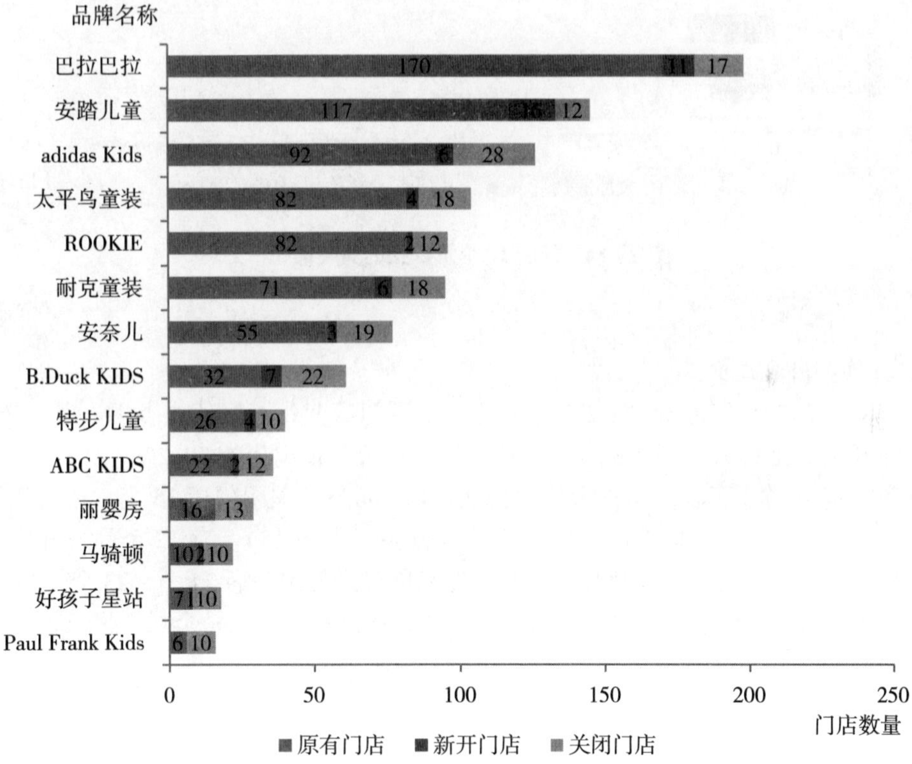

图 13　关店 10 个及以上的童装品牌

数据来源：汇客云。

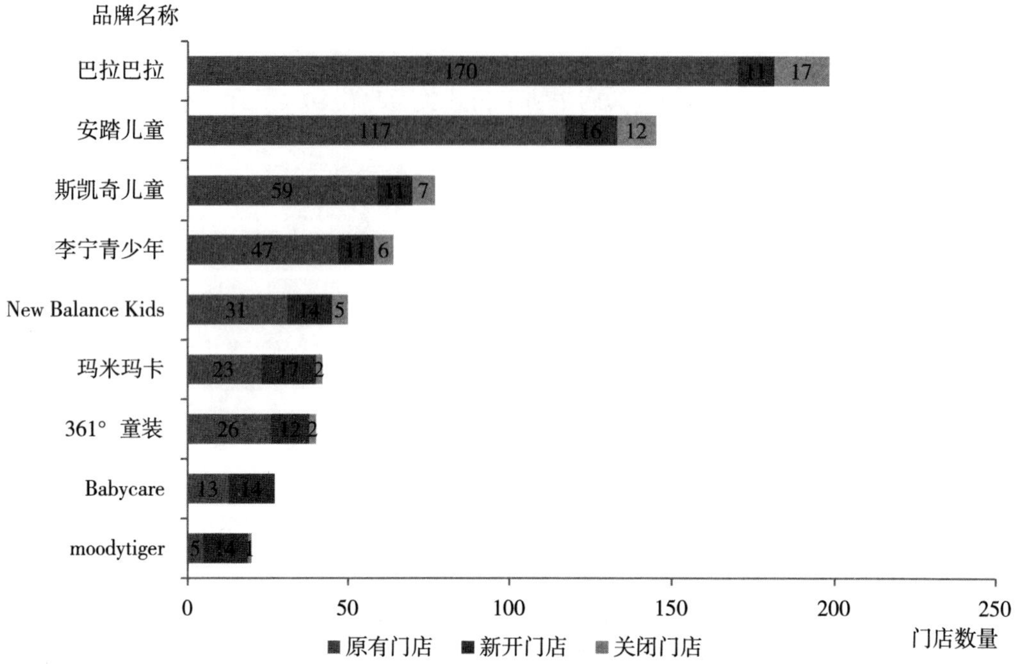

图 14　开店 10 个及以上的童装品牌

数据来源：汇客云。

2. 鞋履：门店减少

鞋履子业态 375 个品牌中的 232 个品牌发生了门店变化。累计关店 490 个、开店 387 个，整体开关店比 0.79，门店减少。关闭门店占研究初期门店的 20.2%。

其中，有 16 个品牌关闭 8 个及以上门店，Dr. Martens 关闭门店 35 个。百丽旗下的百丽、他她、思加图、百思图等品牌门店均关店较多（见图 15）。有 12 个品牌开店 8 个及以上门店，其中泰兰尼斯、卓诗尼、卡骆驰等品牌分别开出门店 24 个、23 个、23 个（见图 16）。整体而言，鞋履业态整体收缩明显，关店比例较高，但是个别品牌拓店较多。

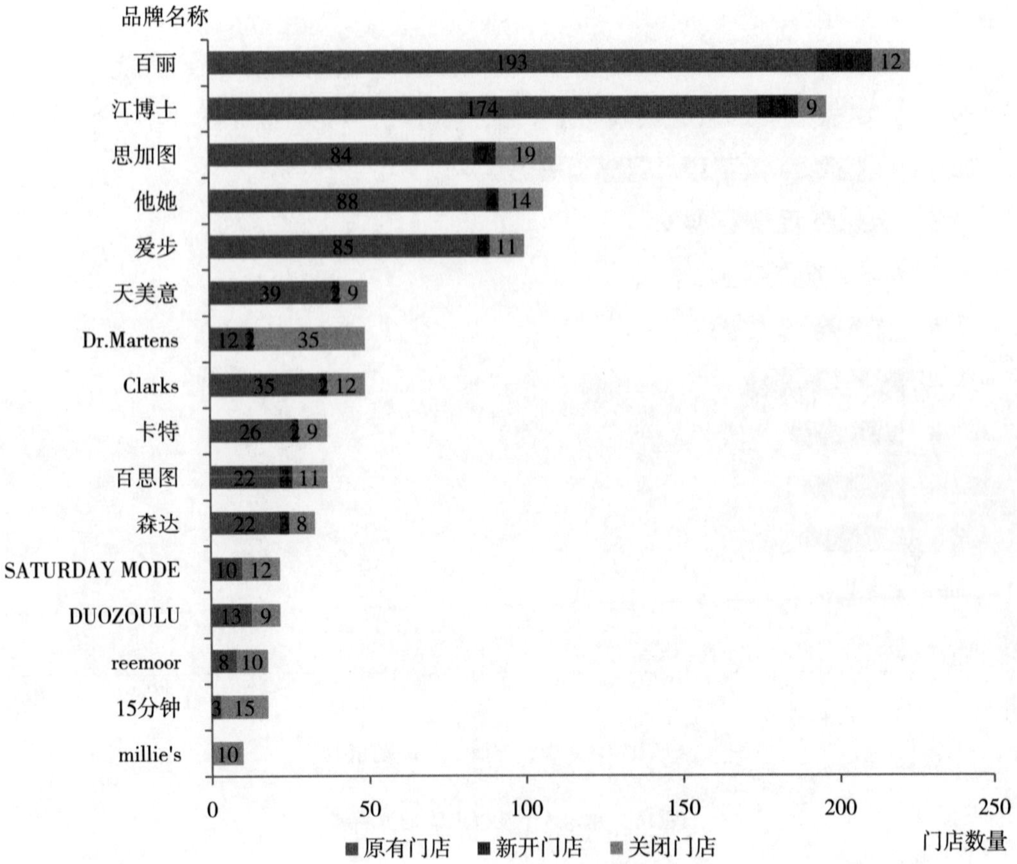

图 15　关店 8 个及以上的鞋类品牌

数据来源：汇客云。

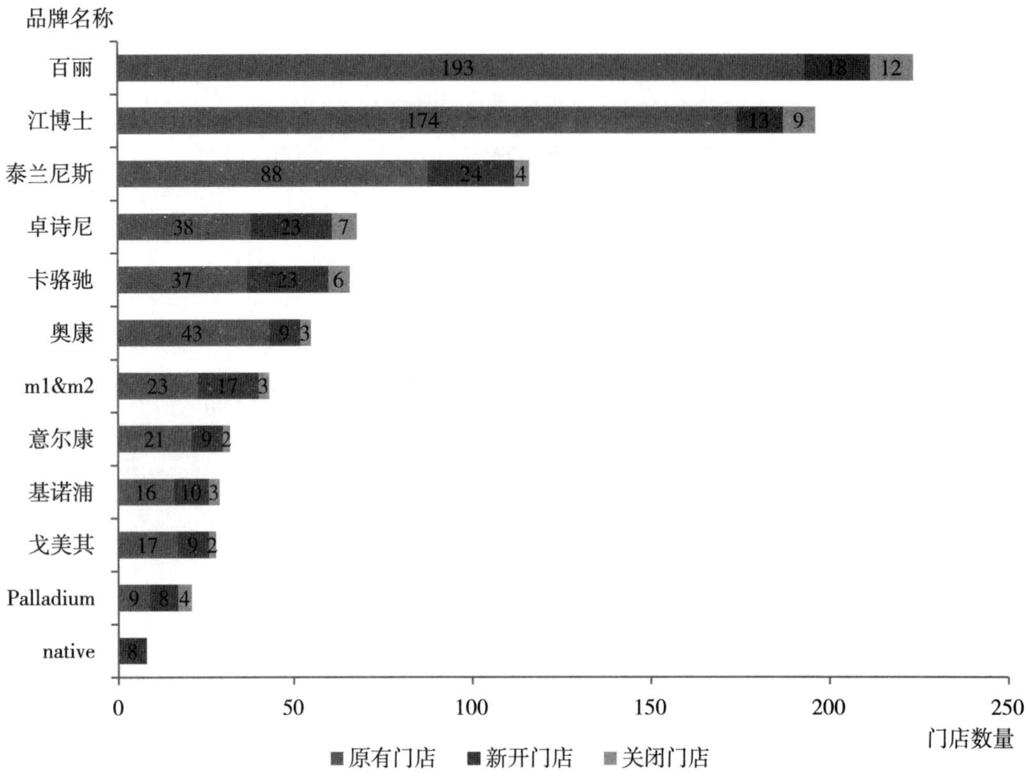

图 16　开店 8 个及以上的鞋类品牌

数据来源：汇客云。

3. 化妆品：略微收缩

美容美发化妆品香水领域（以下简称化妆品），本轮研究涉及品牌 619 个，其中 409 个品牌有门店变化。累计关店 513 个、开店 437 个，开关店比 0.85，低于零售行业表现。关闭门店占研究初期门店的 18.0%。

其中，有 17 个品牌关店 5 个及以上，悦诗风吟关闭门店 36 个（见图 17）。有 14 个品牌开出 5 个及以上门店。其中林清轩、安润适、欧莱雅、毛戈平新开门店较多（见图 18）。整体而言，化妆品业态变化低于零售整体表现。

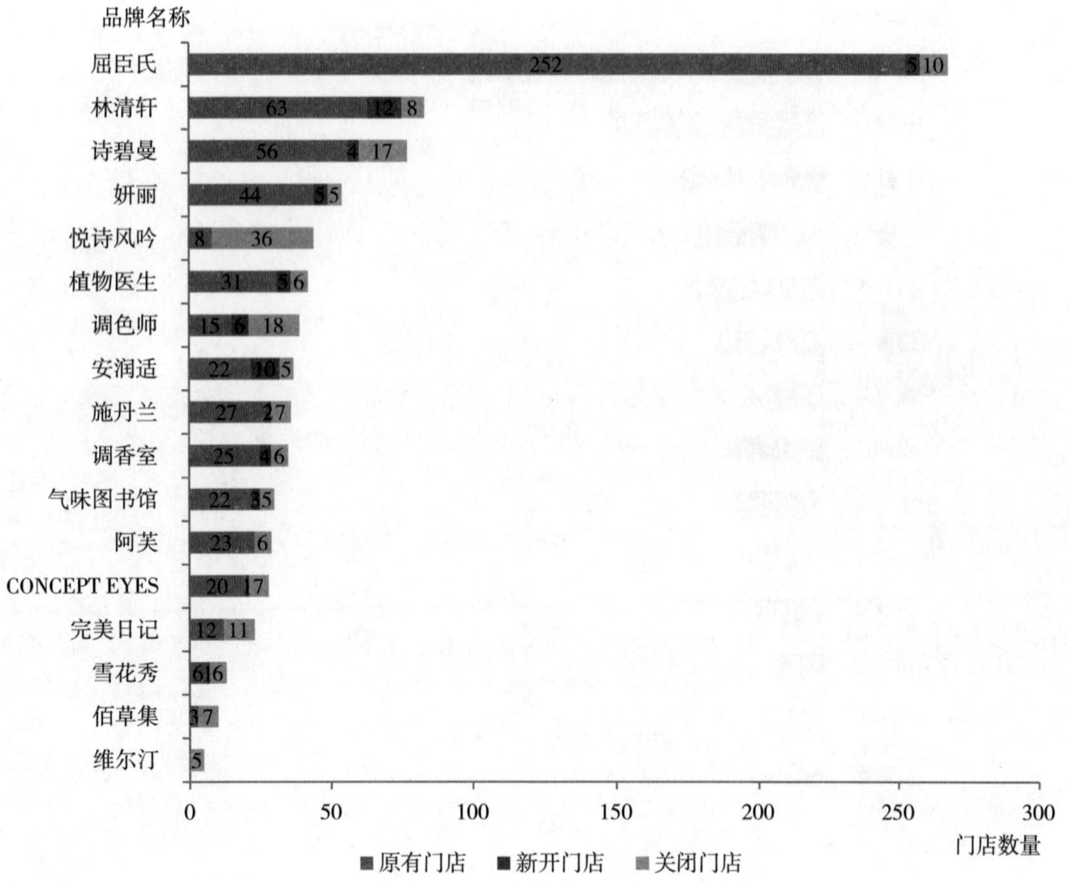

图 17　关店 5 个及以上的化妆品品牌

数据来源：汇客云。

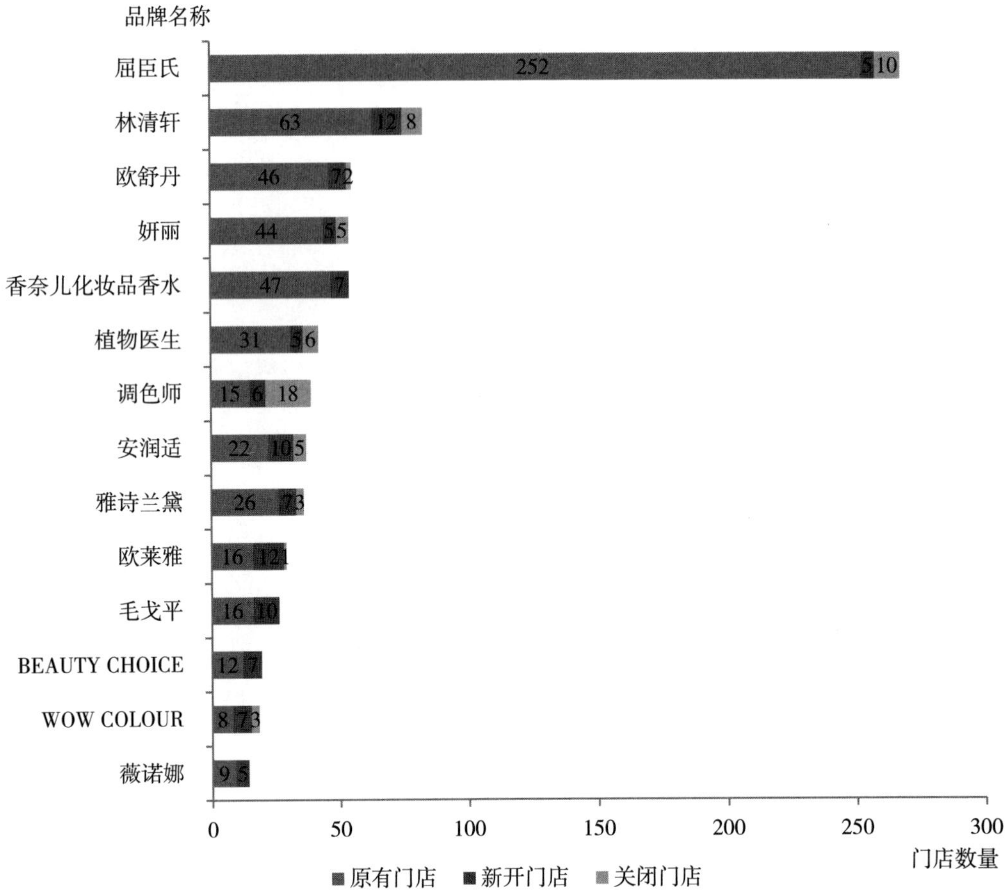

图 18 开店 5 个及以上的化妆品品牌

数据来源：汇客云。

4. 数码电器：扩张明显

整个数码电器子业态（含数码产品、座机和移动电话、家用电器）涉及 415 个品牌，其中 282 个品牌有门店变化，累计关店 564 个、开店 728 个，开关店比 1.29，扩张明显。关闭门店占研究初期门店的 16.5%，变化比例相对零售整体较低，门店存续稳健。

其中，有 15 个品牌关店 10 个及以上，荣耀、戴森、OPPO、联想来酷智生活分别关闭了 21 个、19 个、17 个、17 个门店（见图 19）。有 20 个品牌新开门店 10 个及以上，其中转转、科大讯飞分别新开 63 家门店、54 家门店，门店增长较多（见图 20）。整体而言，手机数码品牌存量门店较多，新开和关闭门店正常调整，部分二手电器回收品牌积极拓店中，值得持续关注。

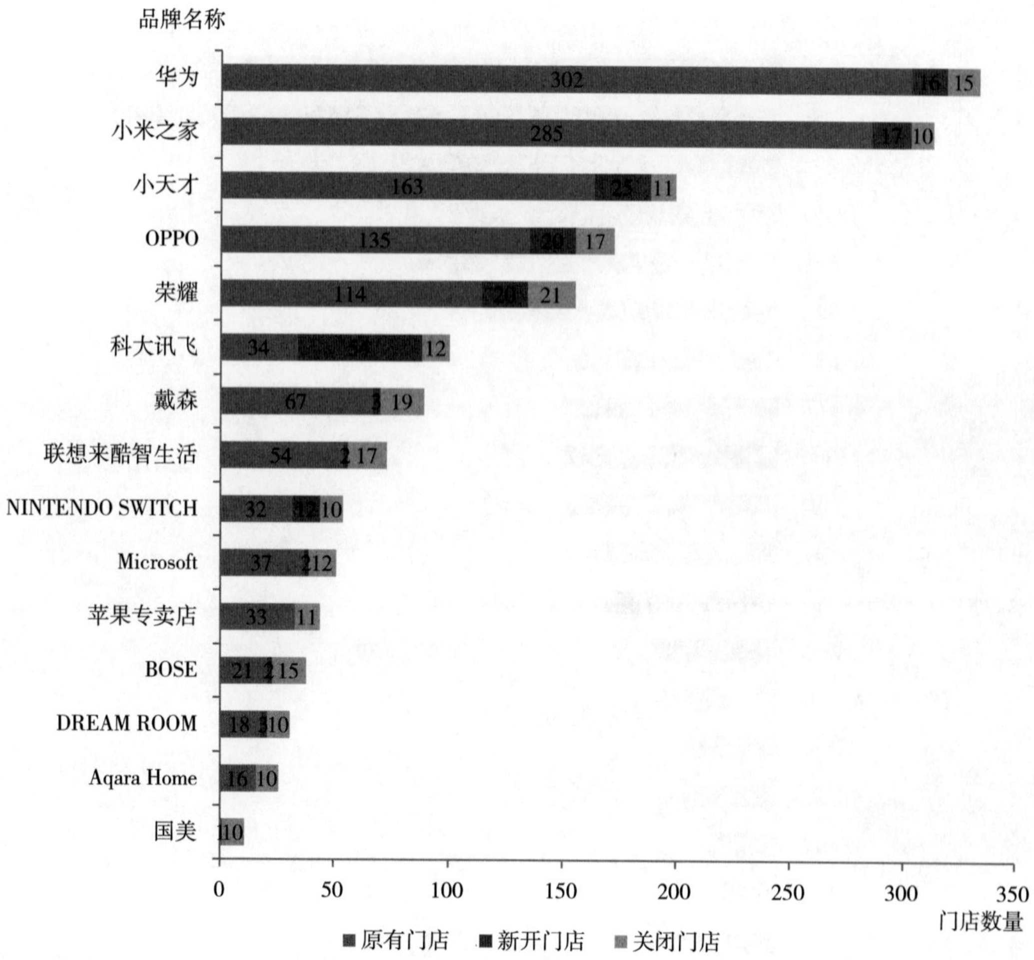

图 19 关店 10 个及以上的数码电器品牌

数据来源：汇客云。

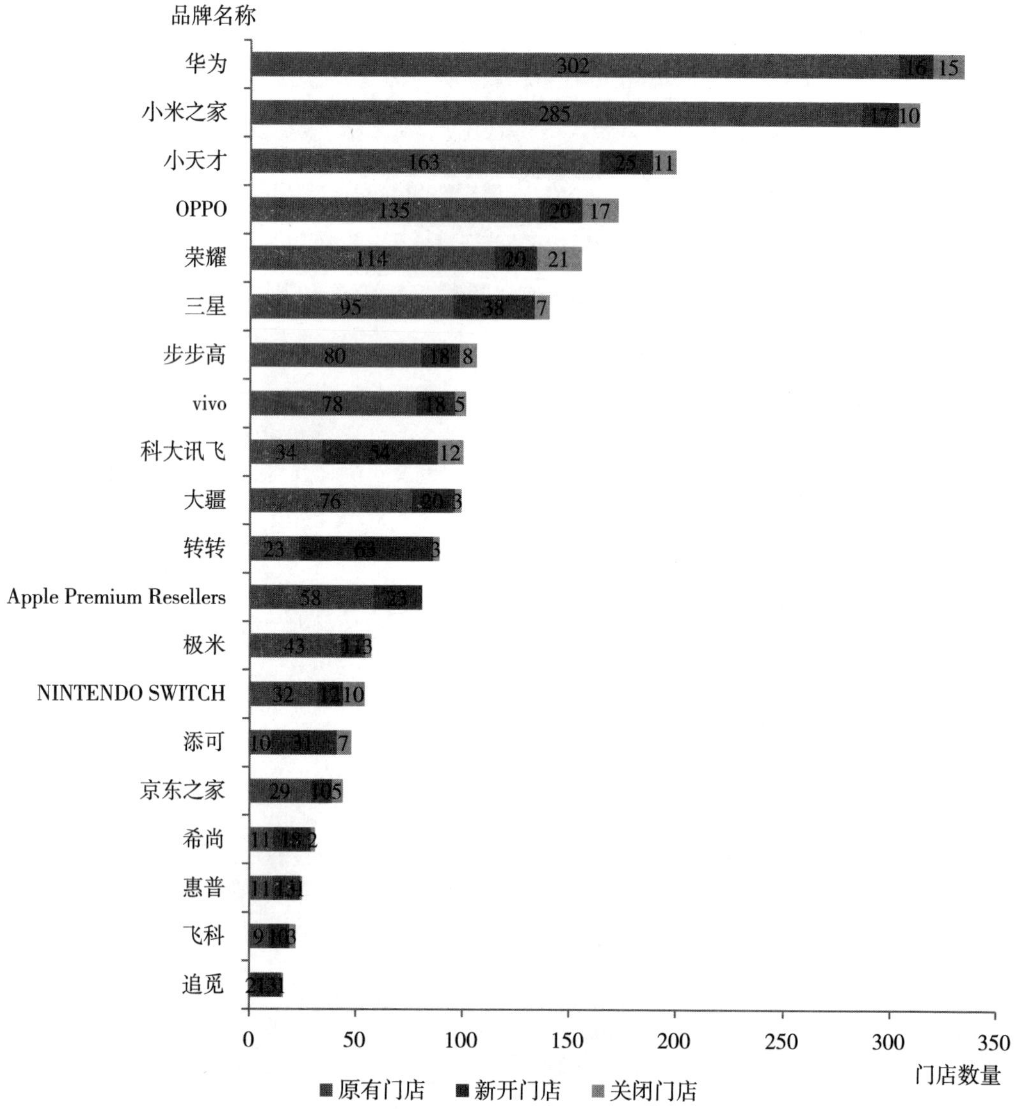

图 20　开店 10 个及以上的数码电器品牌

数据来源：汇客云。

5. 珠宝饰品：珠宝变化相对稳定

整个珠宝饰品业态，806 个品牌中的 500 个品牌有门店变化，累计开店 896 个、关店 840 个，开关店比 1.07，关闭门店占研究初期门店的 14.7%，其中，珠宝配饰子业态略有收缩。

仅看珠宝子业态，有 17 个品牌关闭 5 个及以上门店；有 11 个品牌开出 10 个及以上门店。其中，I Do 关闭了 61 个门店；潮宏基、中国黄金、六福珠宝分别新开 36 个、33 个、30 个门店（见图 21、图 22）。

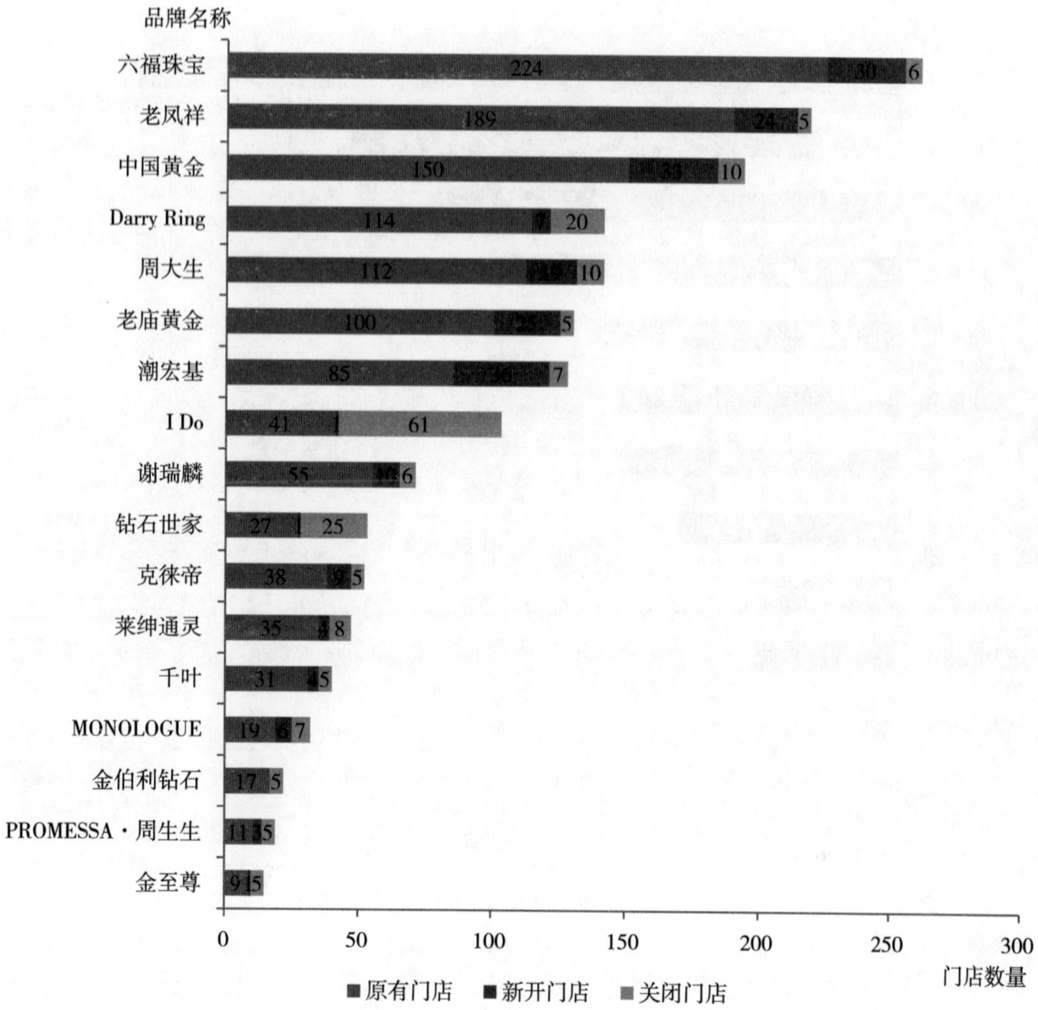

图 21　关店 5 个及以上的珠宝饰品品牌

数据来源：汇客云。

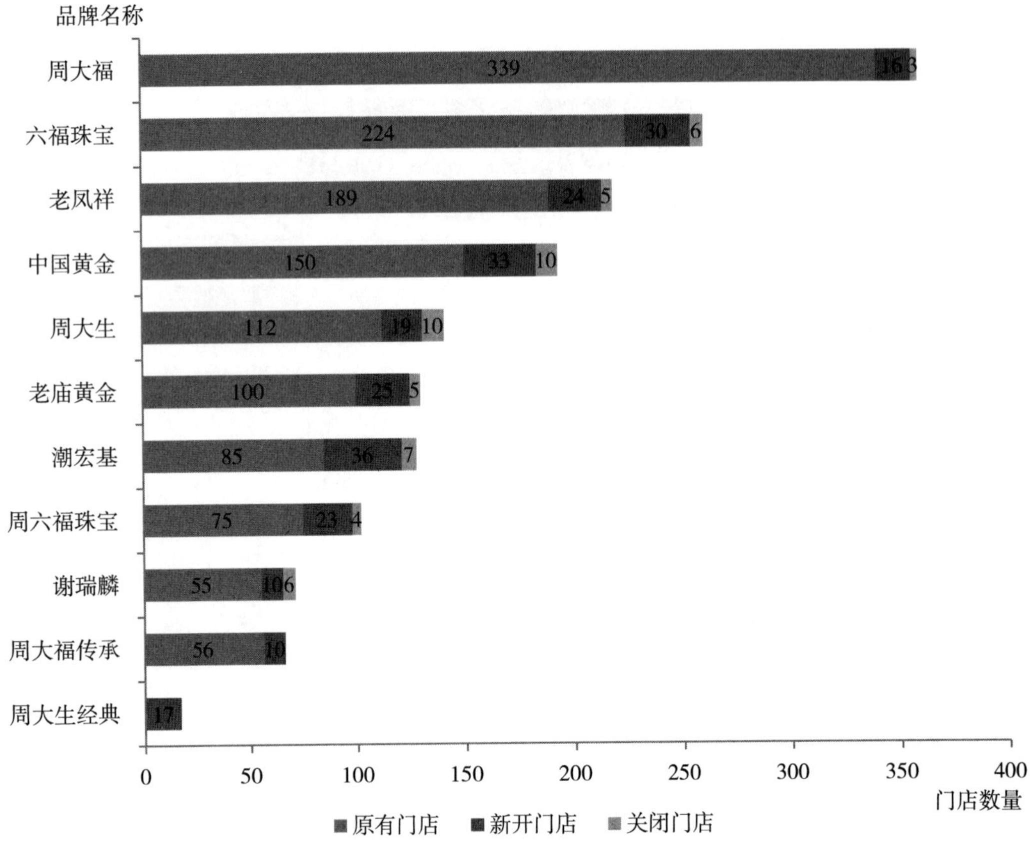

图 22　开店 10 个及以上的珠宝饰品品牌

数据来源：汇客云。

6. 奢侈品牌：开店平稳

样本企业中有 217 个奢侈/轻奢品牌，其中 153 个品牌有门店变化。累计关店 189 个、开店 191 个，开关店比 1.01，略高于零售行业整体水平。关闭门店占研究初期门店的 11.2%，占比相对较低，此类品牌门店相对稳定。

其中，有 16 个品牌关店 3 个及以上，18 个品牌开店 3 个及以上。其中天梭关闭 13 个门店、浪琴表新开 10 个门店。整体而言，珠宝奢侈品牌有明显的门店增长（见图 23、图 24）。

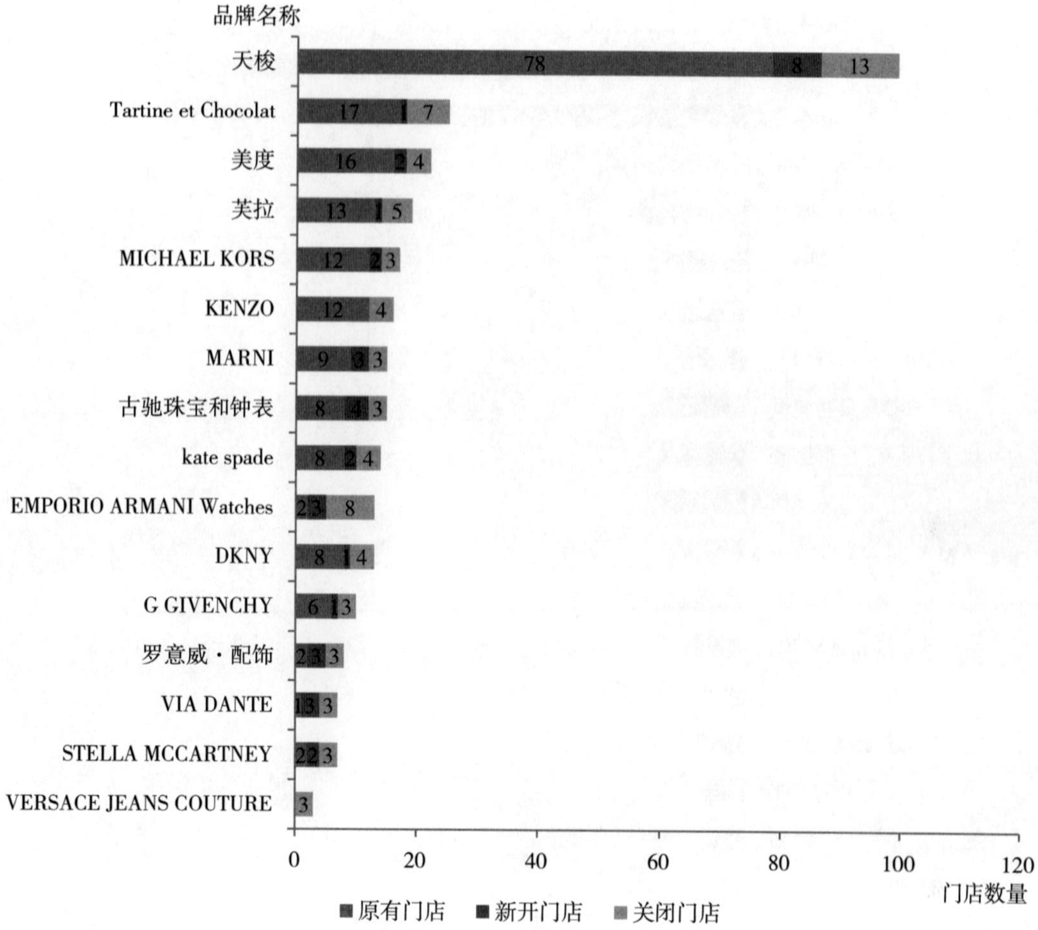

图 23　关店 3 个及以上的奢侈/轻奢品牌

数据来源：汇客云。

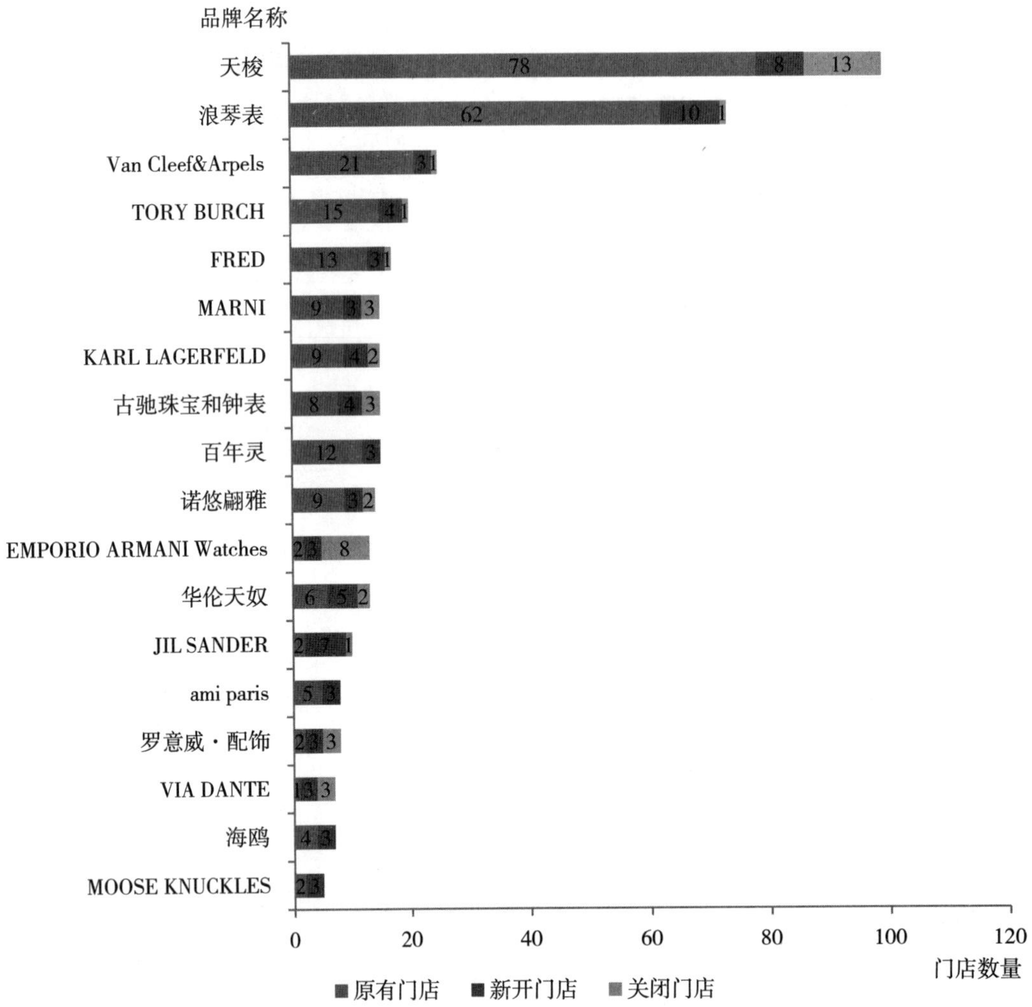

图 24 开店 3 个及以上的奢侈/轻奢品牌

数据来源：汇客云。

7. 超市品牌：折扣店开店较多

超市业态包含超市便利店、精品超市、常规超市等种类，共 1244 个超市品牌，其中 692 个品牌有门店变化。累计关店 948 个、开店 904 个，开关店比 0.95，接近零售行业整体水平。关闭门店占研究初期门店的 24.6%，占比相对较高。

13 个常规/精品超市品牌在营门店在 3 个及以上。其中好特卖、嗨特购、奥特乐分别新开 31 个、10 个、6 个门店，折扣店开店较多；盒马鲜生新开 7 个门店且无关闭门店，积极拓店中；奥乐齐在原有 5 家门店基础上，新开 5 家门店，且门店均开在上海市，开店迅猛（见图 25）。

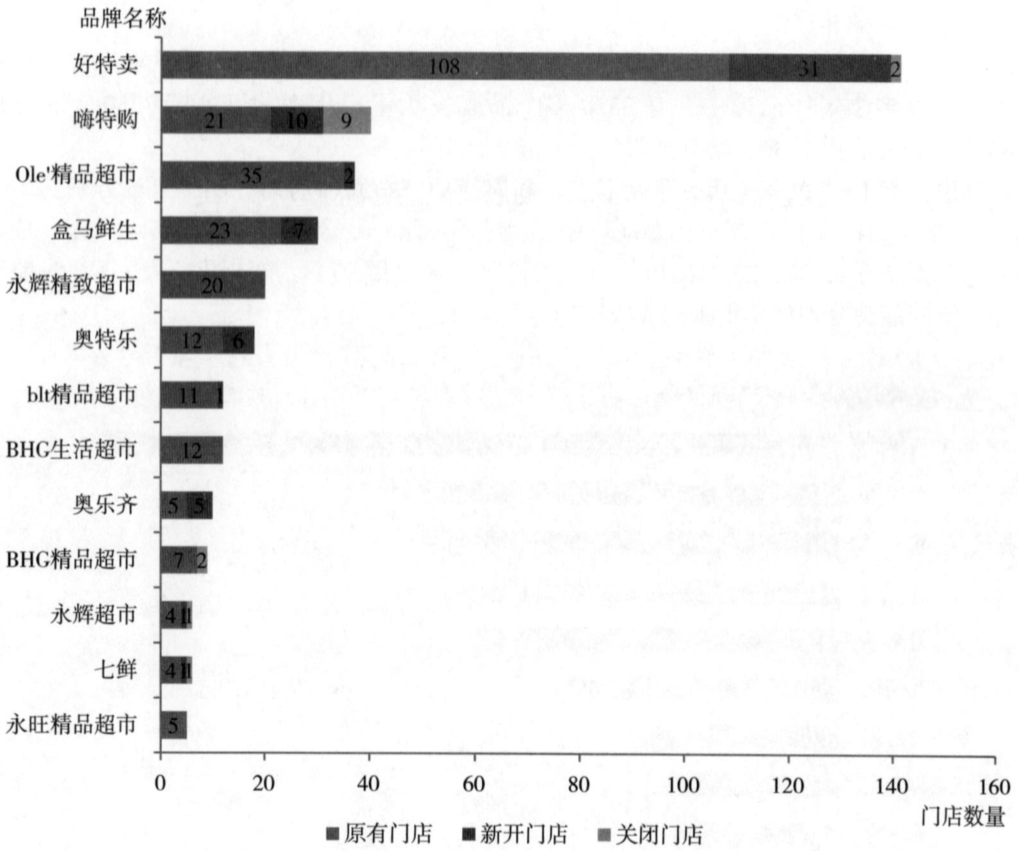

图 25　在营门店数在 3 个及以上的常规/精品超市品牌

数据来源：汇客云。

（二）餐饮美食业态变化概览

餐饮业态是实体商业中门店占比次高的业态，满足消费者日常三餐所需。本报告录得 11000+餐饮美食品牌中的 6100 多个品牌有门店变化，关闭 5095 个门店，开出 7278 个门店，开关店比约为 1.43，优于实体行业整体表现，关闭门店占研究初期门店的 20.1%。

门店数占餐饮业态近五成的餐厅子业态，关闭门店占研究初期门店的 17.2%，关店 2330 个、开店 3158 个，开关店比 1.36，扩张明显。

门店数占餐饮业态不到两成的咖啡厅/茶饮/冰激凌/饮品子业态，关闭门店占研究初期门店的 21.9%，关店 1294 个、开店 2150 个，开关店比 1.66，门店增长明显，火热开店中。

门店数占餐饮业态超一成的快餐子业态，关闭门店占研究初期门店的 25.0%，关店 1032 个、开店 1472 个，开关店比 1.43。

烘焙食品子业态门店占餐饮业态总体比例较低，关闭门店占研究初期门店的 25.6%，关店 397 个、开店 450 个，开关店比 1.13，整体变化相对平稳。

1. 餐厅：略有扩张

餐厅，包括中式/西式的休闲餐厅、高级餐厅、自助餐厅在内，占餐饮业态比例超过五成，6690 多个餐厅品牌中，有 3320 多个品牌发生了门店变化，关店 2330 个、开店 3158 个，开关店比 1.36，略有扩张。

其中，有 16 个品牌关店 5 个及以上。和府捞面、新石器烤肉、胡子大厨分别关闭了 18 个、12 个、12 个门店（见图 26）。有 28 个品牌开店 10 个及以上。西塔老太太、成都你六姐分别新开 45 家、27 家门店，门店增长明显（见图 27）。整体而言，餐厅业态略有扩张，不同品牌分别处于扩张期或收缩期。

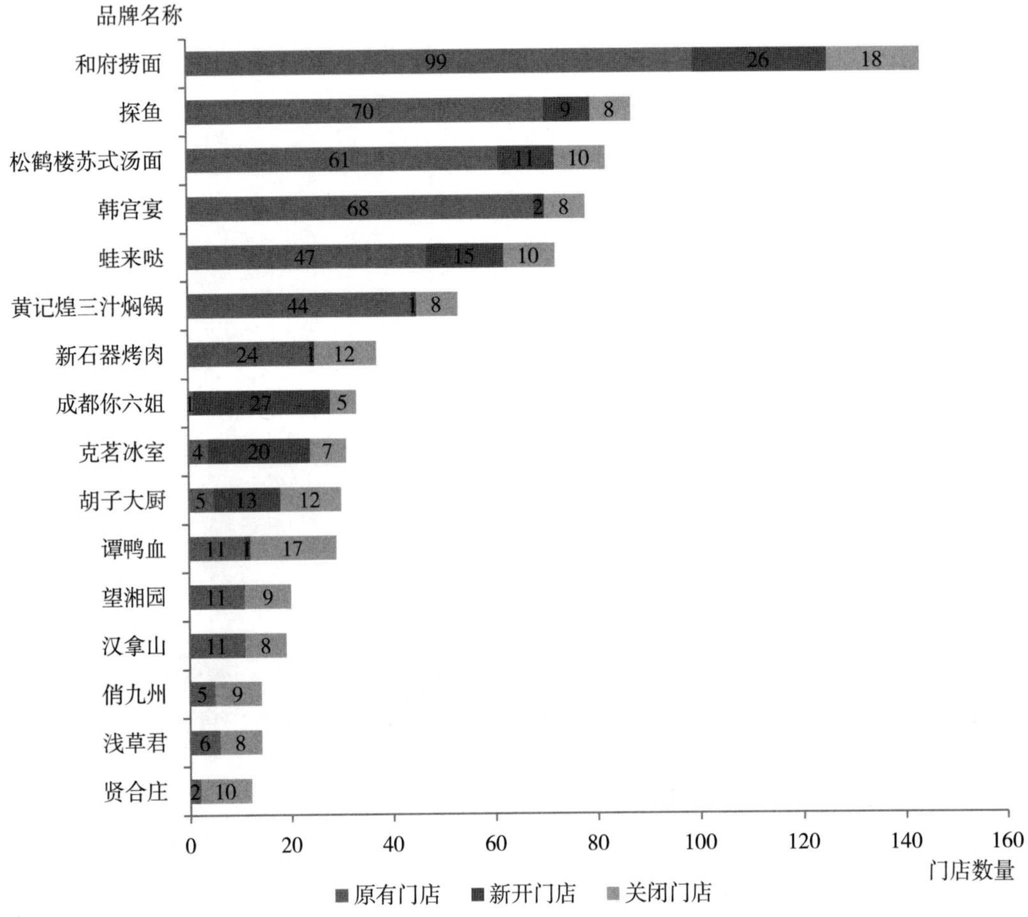

图 26 关店 5 个及以上的餐厅品牌

数据来源：汇客云。

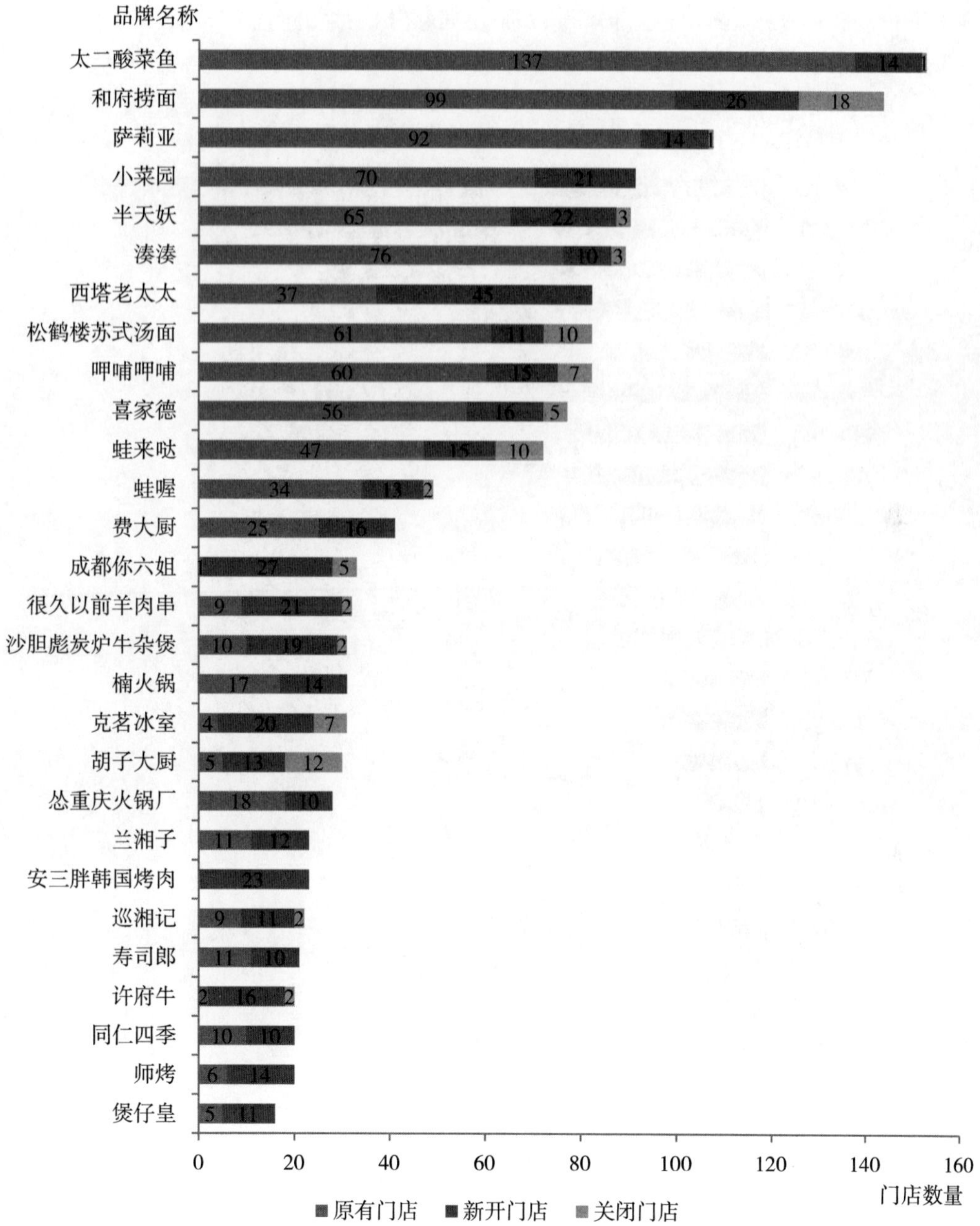

图 27　开店 10 个及以上的餐厅品牌

数据来源：汇客云。

2. 快餐：略有扩张

在 2270 多个快餐品牌中，1440 多个品牌有门店变化，关店 1032 个、开店 1472 个，开关店比 1.43，关闭门店占研究初期门店的 25.0%。

其中，有 23 个品牌关闭 5 个及以上门店。廖记棒棒鸡和夸父炸串均关店 18 个，盛香亭关店 17 个（见图 28）。有 34 个品牌开出 6 个及以上门店。其中夸父炸串、米村拌饭、小满手工粉、鱼你在一起、喜姐炸串等品牌分别新开门店 55 个、38 个、22 个、22 个、21 个（见图 29）。整体而言，快餐子业态整体略有扩张。

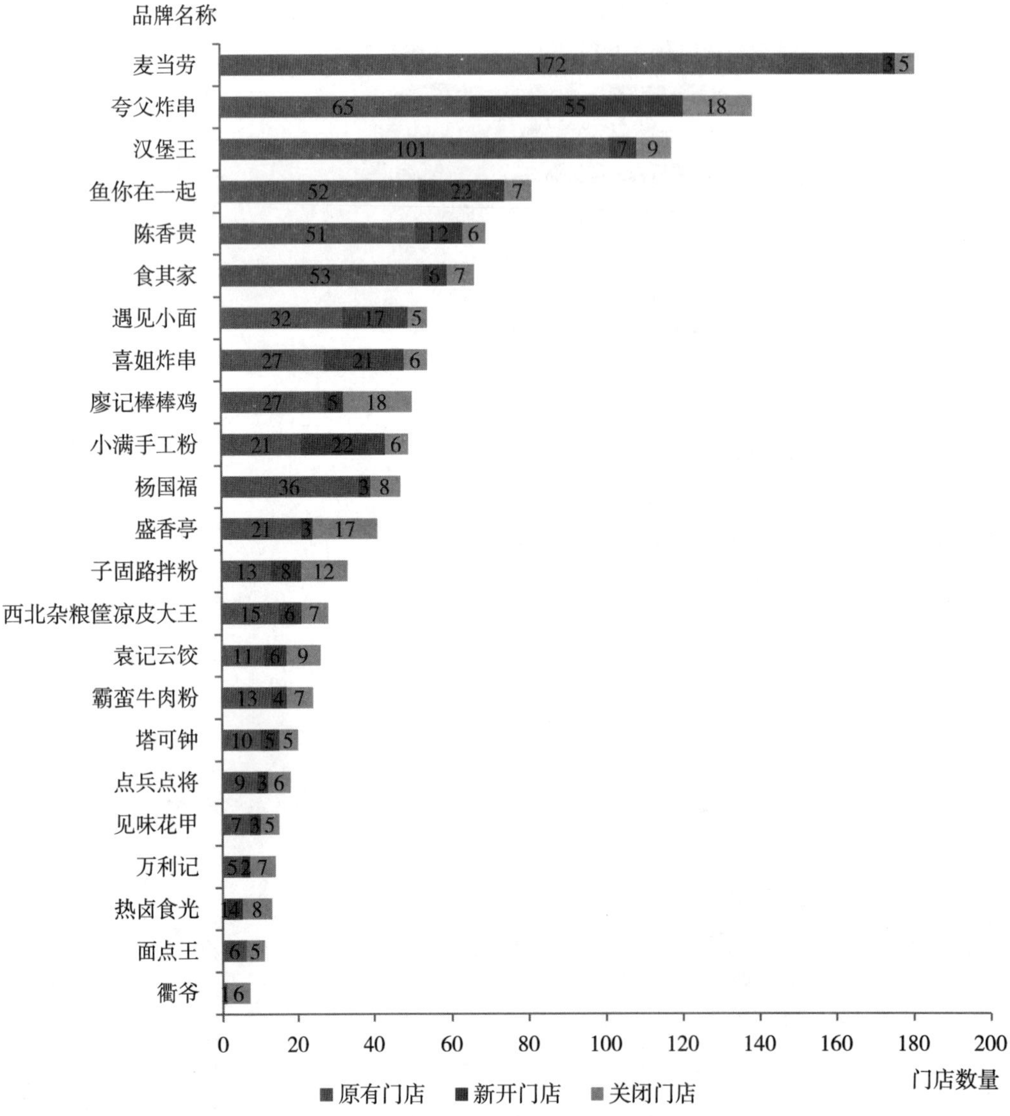

图 28 关店 5 个及以上的快餐品牌

数据来源：汇客云。

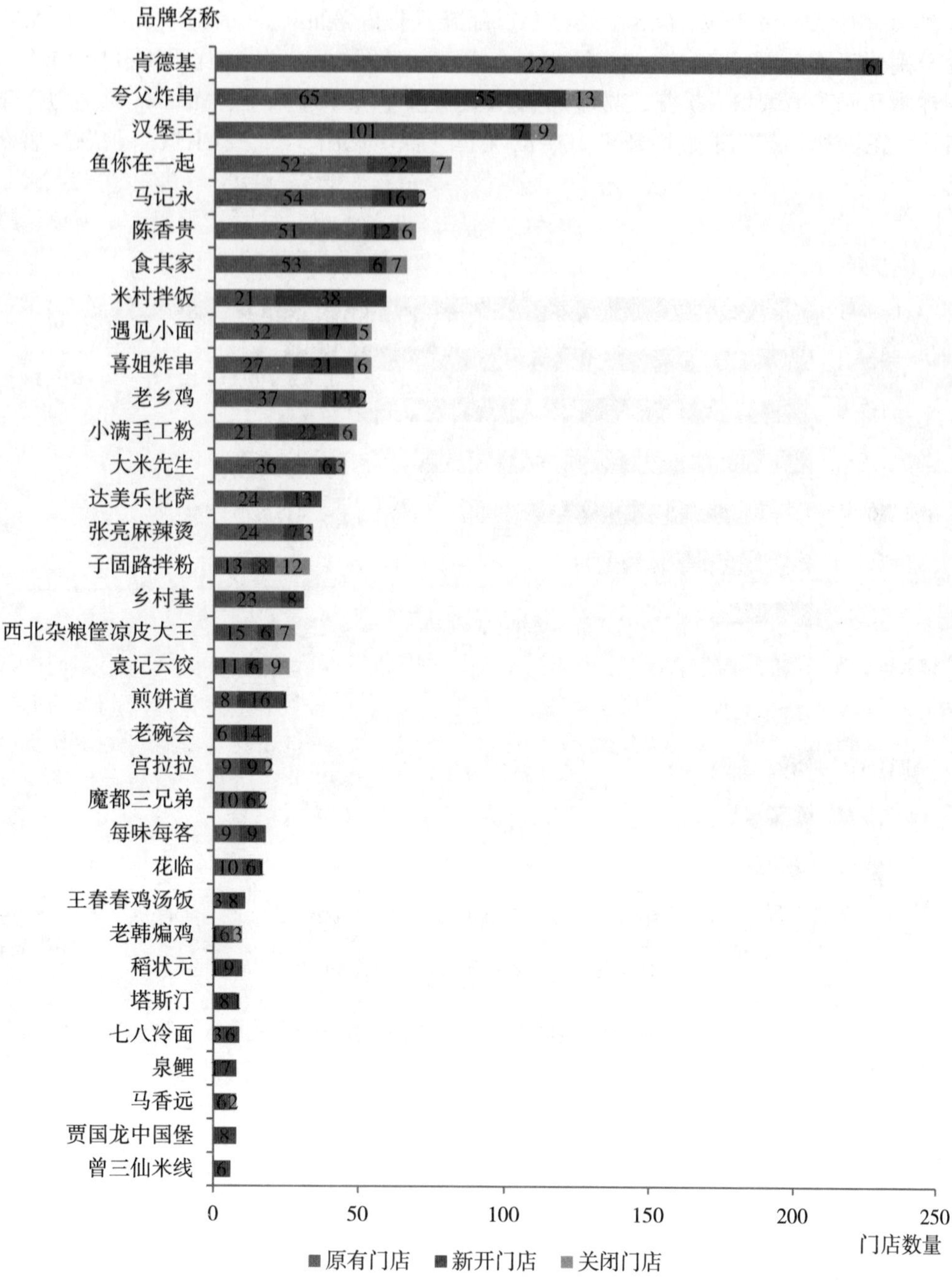

图 29　开店 6 个及以上的快餐品牌

数据来源：汇客云。

3. 饮品：火热开店中

包括咖啡、茶饮、冰激凌、果汁、酸奶在内的整个饮品业态，1360 多个品牌中的 900 多个品牌发生了门店变化，关店 1294 个、开店 2150 个，开关店比 1.66，门店增长明显，关闭门店占研究初期门店的 21.9%。

其中，有 12 个品牌关店 15 个及以上。台盖、书亦烧仙草、CoCo 都可、ARTEASG 等品牌分别关闭了 34 个、30 个、24 个、25 个门店（见图 30）。有 28 个品牌开店 15 个及以上，咖啡和奶茶品牌均有扩张。咖啡品牌以瑞幸咖啡、库迪咖啡、Manner 为主力。茶饮品牌中，茉酸奶、霸王茶姬均开出 100 及以上门店（见图 31）。整个饮品业态门店新增较多。

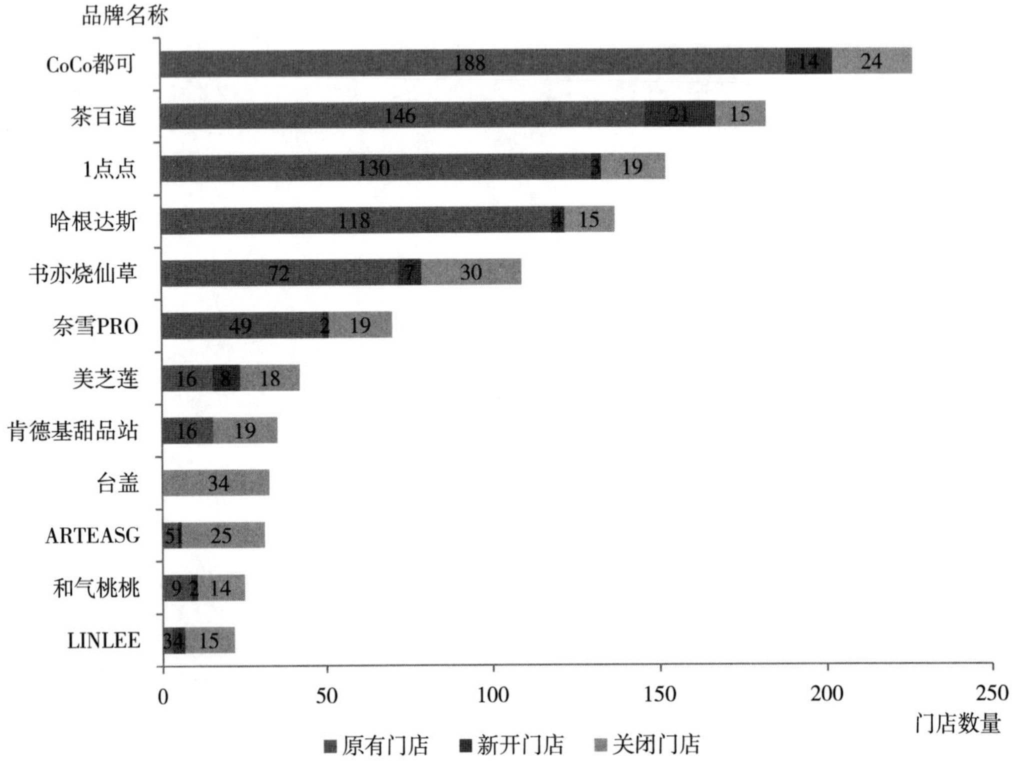

图 30　关店 15 个及以上的饮品品牌

数据来源：汇客云。

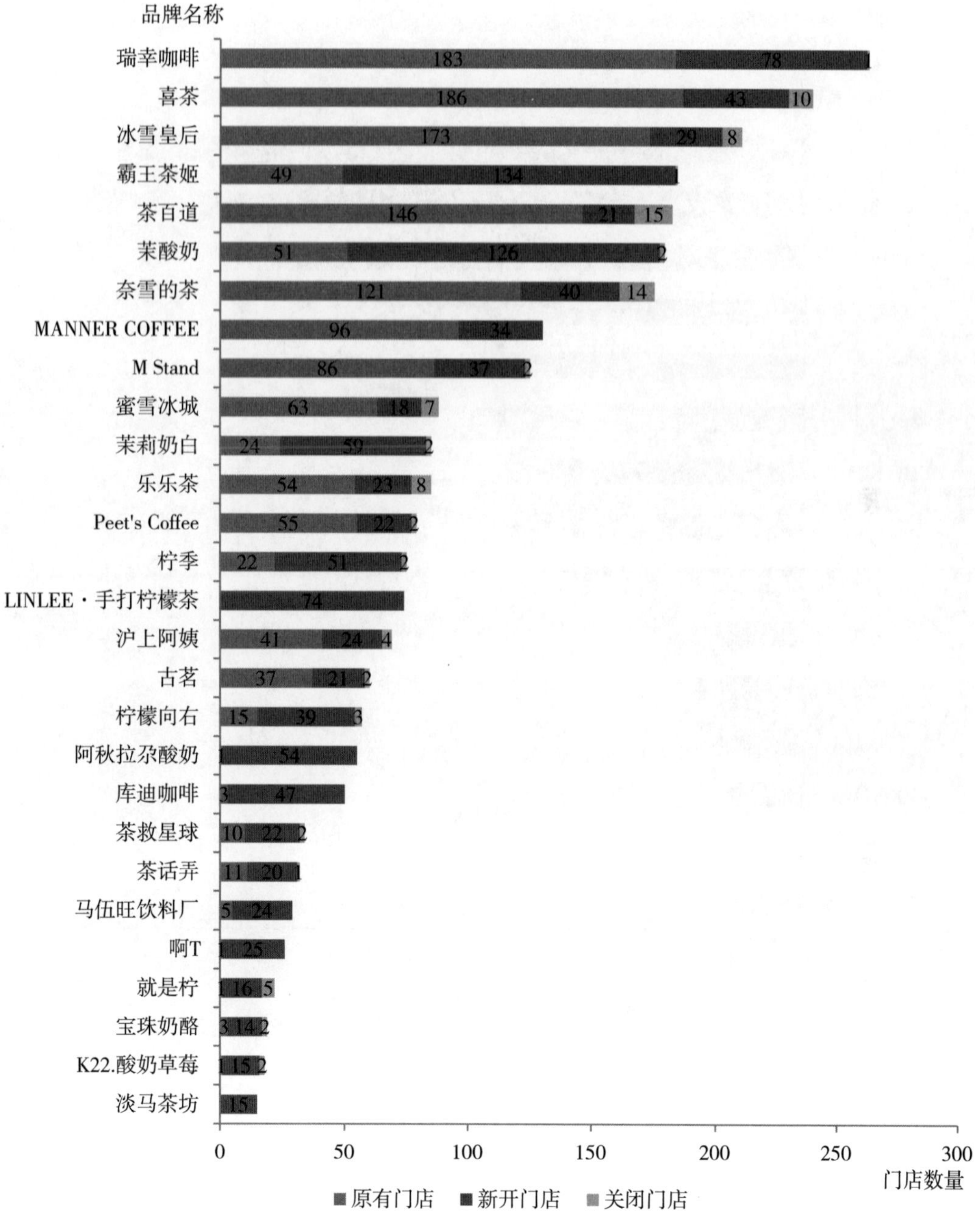

图 31　开店 15 个及以上的饮品品牌

数据来源：汇客云。

4. 烘焙食品：变化相对平稳

643 个烘焙食品品牌中的 431 个品牌有门店变化。关闭门店占研究初期门店的 25.6%，关店 397 个、开店 450 个，开关店比 1.13，变化相对平稳。

有 15 个品牌关闭 5 个及以上门店，有 15 个品牌开出 4 个及以上门店。其中，中式和西式烘焙品牌表现各有千秋（见图 32、图 33）。总体而言，烘焙食品业态表现稳健，各式口味都能找到自己的受众。

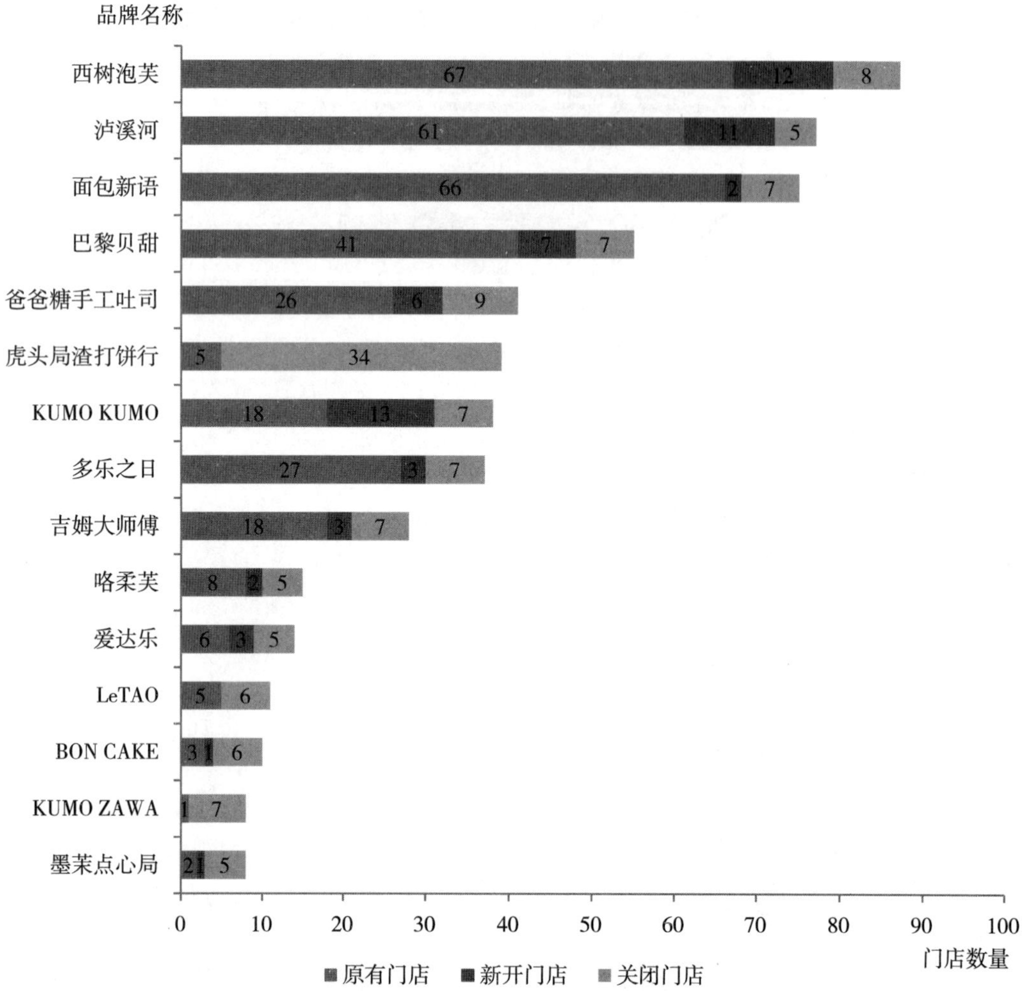

图 32　关店 5 个及以上的烘焙食品品牌

数据来源：汇客云。

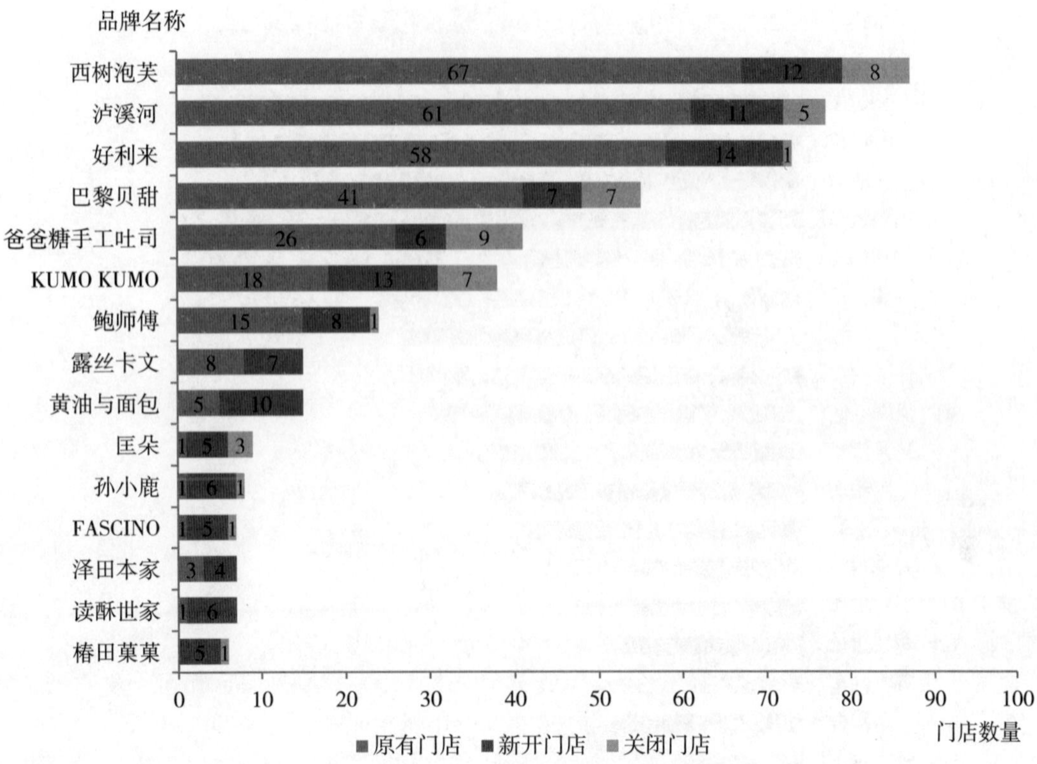

图 33　开店 4 个及以上的烘焙食品品牌

数据来源：汇客云。

（三）服务、娱乐和其他

除了零售和餐饮外，还有服务、娱乐和其他业态的品牌。这些业态品牌门店在购物中心门店中占比较小，开店 4270 多个、关店 3550 多个，开关店比约 1.20，略优于整体情况。

1. 汽车：略微收缩

样本企业的 164 个汽车品牌中有 130 个品牌发生变化，累计关店 408 个、开店 385 个，开关店比 0.94，和研究初期相比略微收缩。

其中，有 30 个品牌关闭 3 个及以上门店，有 34 个汽车品牌新开 3 个及以上门店，其中，埃安、小鹏、一汽大众 ID. HUB 分别关了 33 个、29 个、28 个门店；阿维塔新开 27 个门店，极越、吉利汽车、别克等品牌均新开 11 个门店同时无关闭门店（见图 34、图 35）。总体而言，购物中心中的汽车厂商数量略微收缩，品牌的开店和关店数量正常调整。

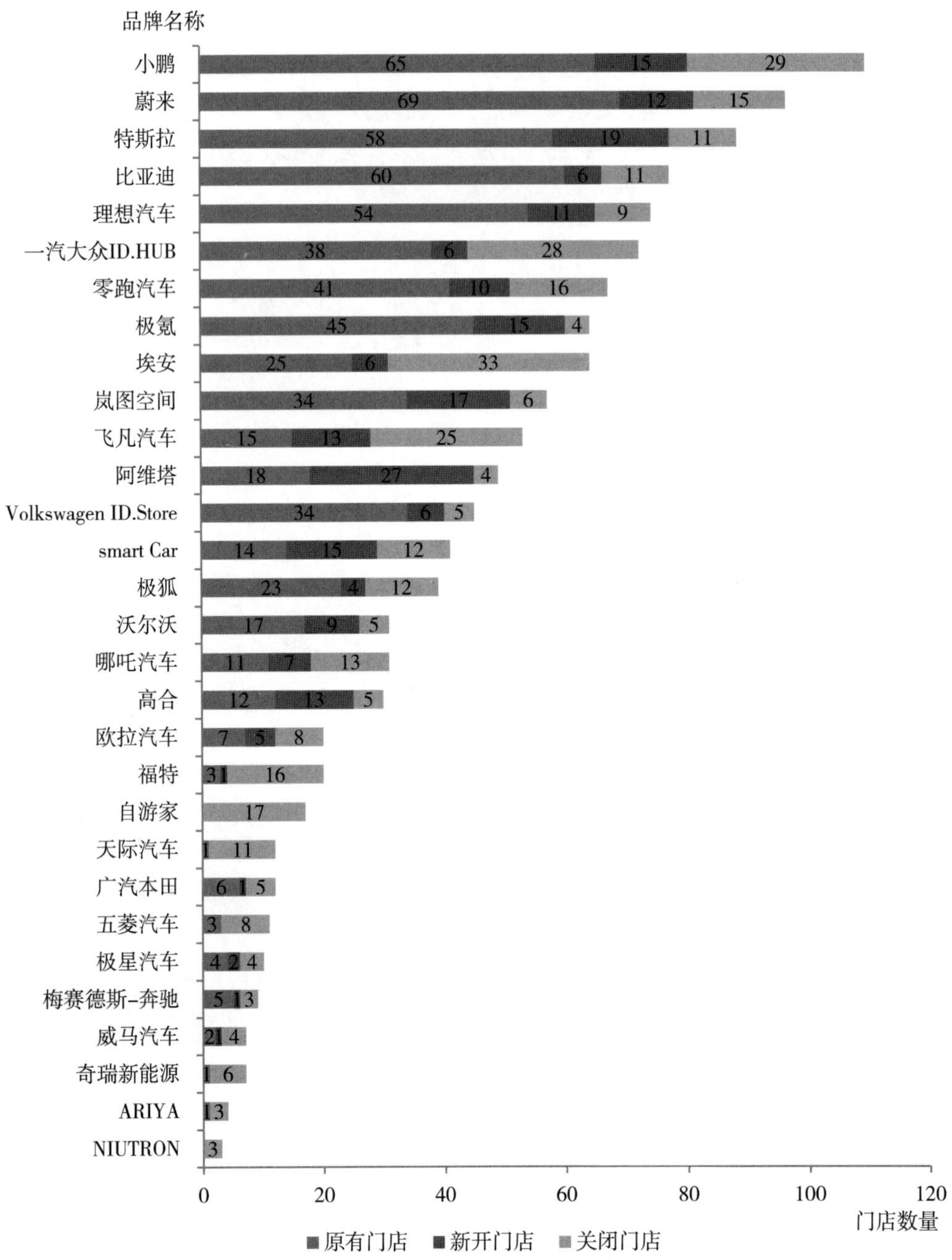

图 34 关店 3 个及以上的汽车品牌

数据来源：汇客云。

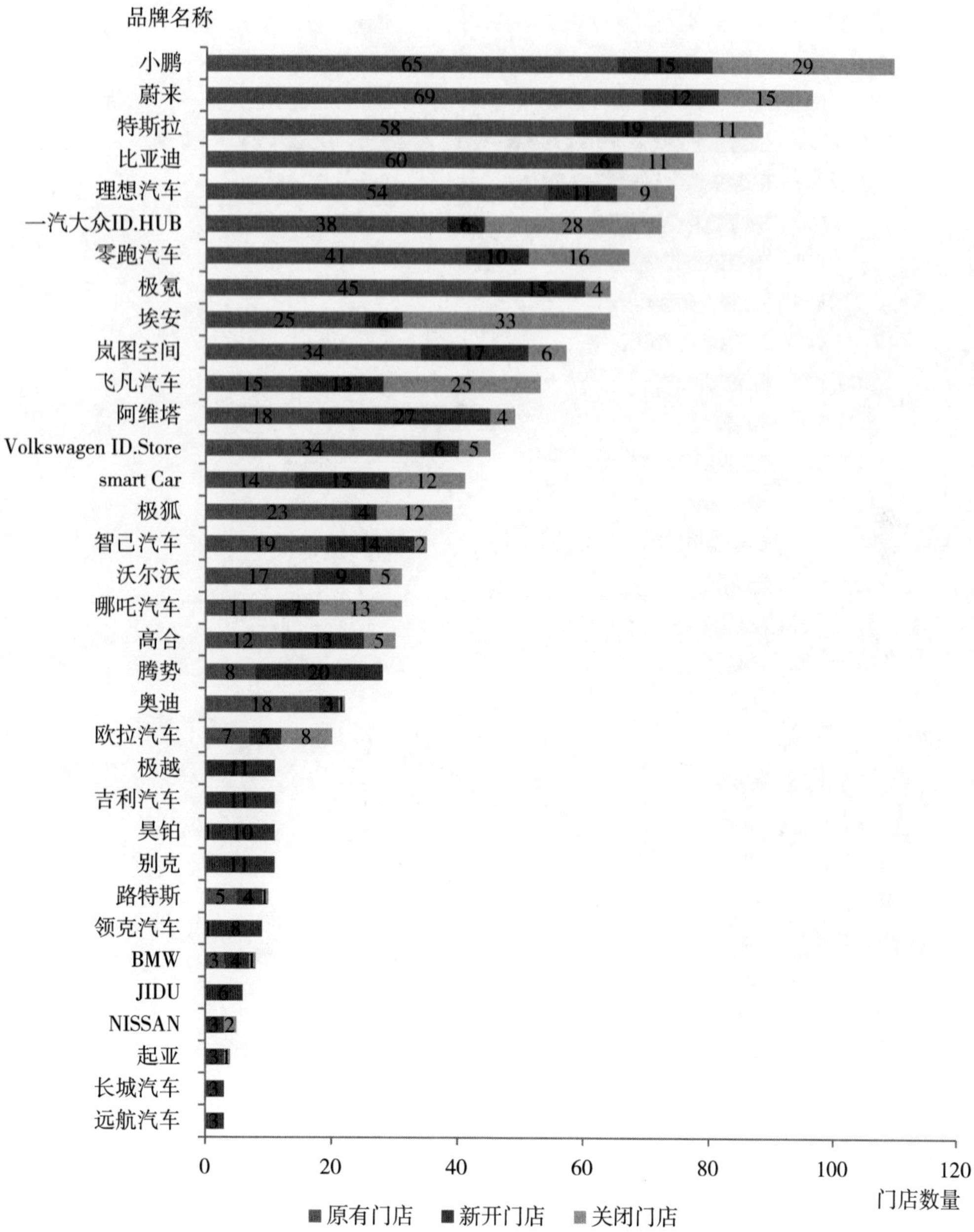

图 35 开店 3 个及以上的汽车品牌

数据来源：汇客云。

2. 休闲娱乐：扩张明显

休闲娱乐品牌包括电影院、KTV 和各种休闲娱乐场所，1994 个品牌中的 1093 个品牌有门店变化，关店 633 个、开店 1058 个，开关店比 1.67，有明显扩张。

其中，有 27 个品牌关闭 3 个及以上门店，有 28 个品牌新开 4 个及以上门店，其中乐客 VR 新开 56 个门店的同时关闭 33 个门店，星聚会 KTV 新开 20 个门店且无关闭门店

(见图 36、图 37)。

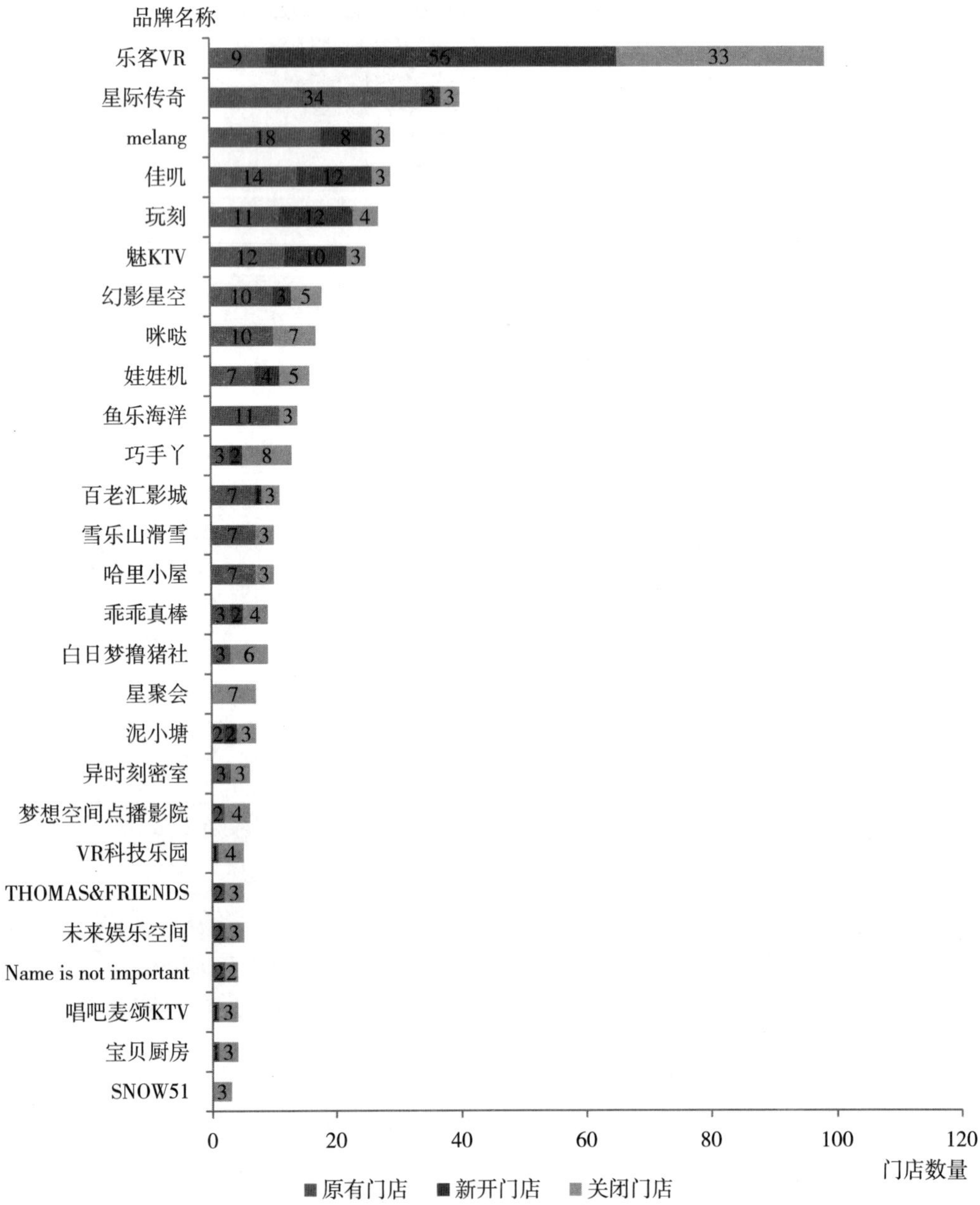

图 36　关店 3 个及以上的休闲娱乐品牌

数据来源：汇客云。

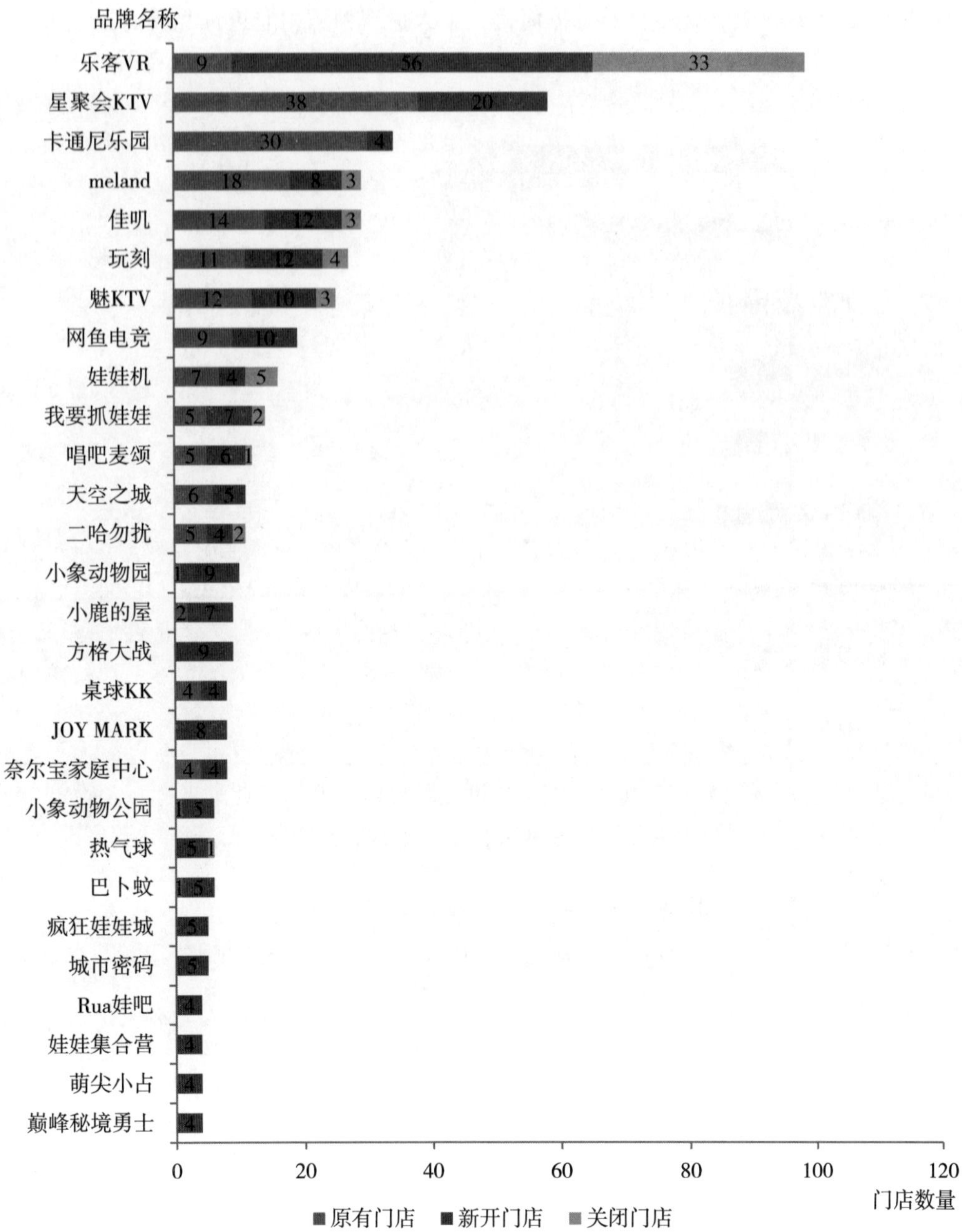

图 37　开店 4 个及以上的休闲娱乐品牌

数据来源：汇客云。

3. 个人专业护理：独立门店迅速涌现

个人专业护理 1769 个品牌中的 1510 个品牌有门店变化，关店 582 个、开店 940 个，开关店比 1.62，有明显扩张。

其中，有 9 个品牌关闭 3 个及以上门店，有 16 个品牌新开 5 个及以上门店，其中，洗脸猫新开 30 个门店，常乐新开 18 个门店，指朴轻美甲和洗脸熊均新开 14 个门店，品牌积极拓店中（见图 38、图 39）。总体而言，个人护理领域中非连锁品牌占比较大。

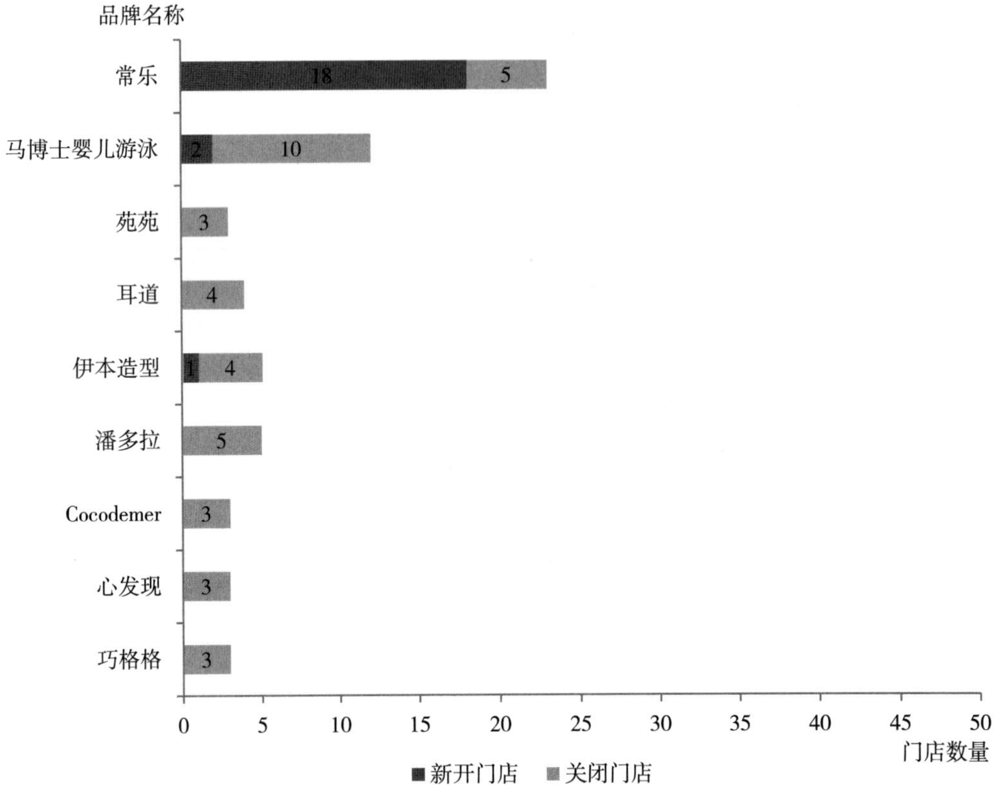

图 38　关店 3 个及以上的个人专业护理品牌

数据来源：汇客云。

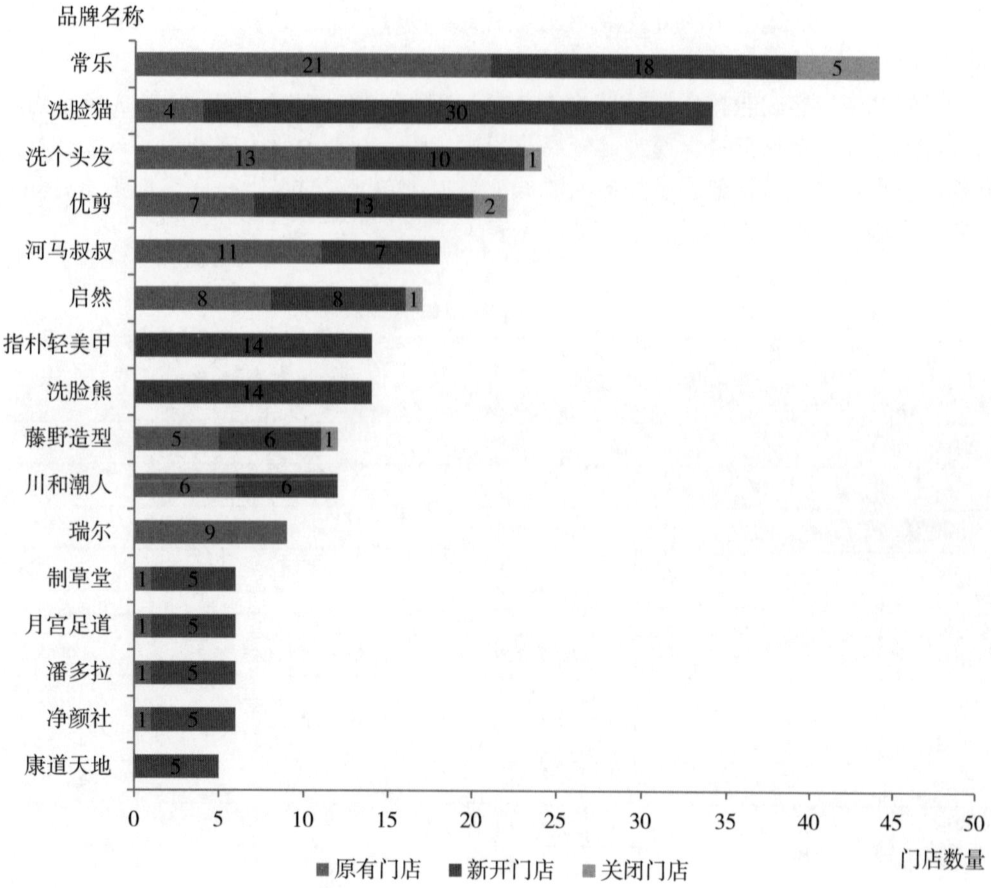

图 39 开店 5 个及以上的个人专业护理品牌

数据来源：汇客云。

三、研究方法及样本说明

汇客云（上海）数据服务有限公司（以下简称汇客云）基于多年在数字商业领域服务的经验，依托自有平台及数据采集团队，利用 AI 算法建模能力，融合自有数据、互联网数据、调研数据等多渠道数据构建“实体商业数字底座”，旨在为实体商业领域的购物中心、品牌业态等用户以及各级政府部门提供标准化或定制化的数据支持服务。

调研数据为“实体商业数字底座”数据的重要来源之一。实体商业市场信息数据采集团队（以下简称为数据采集团队）通过线下实地走访结合线上数据采集方式长期跟踪实体商业市场变化，并承担数据核验、数据更新工作。调研数据覆盖全国所有省级行政区，跟踪 10000 多个零售场所，6000 多个连锁品牌的 1000000 多个门店。在此基础上，数据采集团队基于在实体商业领域多年服务经验，依据包含项目体量、品牌定位、客流表现、销售表现、辐射范围、项目开发商及运营商综合能力在内的诸多指标，从全国筛选出 2500 多个表现良好、具有代表性的购物中心（以下简称重点关注商业项目）进行重点研究，通过一年多次实地走访的方式滚动式采集更新场内门店信息，并反复校验数据的准确度和完整性。

本报告基于汇客云数据采集团队在 2022 年 7 月及 2024 年 3 月走访的 13 座重点城市境内重点关注项目数据记录，通过比较商业场所在研究初期和研究末期门店列表差异，汇总分析形成本报告。本报告涉及的各项数据截至本报告撰写时最近一次实地走访时间，不同场所日期略有差异，走访样本具体情况见表 1。

表 1　走访样本具体情况

城市	走访购物中心数量	城市购物中心数量	走访数据记录数	抽样比例
北京	68	208	16038	32.69%
广州	54	181	10629	29.83%
上海	91	384	22181	23.70%
深圳	48	225	11613	21.33%
成都	41	167	11027	24.55%
南京	26	126	6045	20.63%
郑州	19	101	4974	18.81%
武汉	22	123	7117	17.89%
杭州	26	160	6394	16.25%
宁波	12	91	3270	13.19%
合肥	10	76	3317	13.16%
苏州	16	173	4400	9.25%
重庆	14	173	4542	8.09%

说明：

1. 研究范围内有少量综合体类型商业项目内部具有多种形态的购物场所（如存在购物中心的同时，还有一个单独的区域作为百货、大卖场），在本报告中，位于一个综合体内的不同形态的子级购物场所只研究购物中心部分。

2. 现场走访过程中，如果发现某店铺关闭且上面有明确标明某品牌即将开业，则本报告将该店铺记录为某品牌的计划开业门店。如果某店铺关闭且没有明确品牌进驻信息，将被记录为空铺。计算空置率时仅考虑空铺占比。

3. 走访购物中心数量：现场实地走访，本报告研究期间内最近一次走访的城市购物中心数量。

4. 走访数据记录数：本报告研究末期，通过实地走访的方式采集购物中心内的门店信息，一条场内门店信息为一次走访数据记录。（同一购物中心内将通道分割或位于不同楼层但是属于同一品牌的门店记录为一次走访数据记录）。

5. 抽样比例=走访购物中心数量/城市购物中心数量。

中国餐饮行业减少食物浪费路径量化评估研究

清华大学环境学院、中国连锁经营协会和美团青山计划于2022—2023年合作开展“中国餐饮行业减少食物浪费路径量化评估”项目研究。针对新形势下我国餐饮行业绿色低碳发展的要求，本报告系统梳理国内外餐饮行业减少食物浪费的政策、制度、措施以及相关主体减少食物浪费的良好实践，通过抽样调研对不同就餐方式的食物浪费情况进行量化对比分析，采用生命周期分析方法对餐饮行业减少食物浪费典型举措的减污降碳绩效进行综合评估，遵循“精准、科学、依法”的原则提出我国餐饮行业减少食物浪费的可行路径及发展方向建议。

一、项目概况

（一）项目背景

如何减少食物浪费一直是全球备受瞩目的议题，其与全球可持续发展紧密关联，是各国确保粮食安全和环境效益的重要途径。据统计，目前全球粮食损失和浪费占温室气体（GHGs）排放量的8%~10%。而2021年全球饥饿人口数量更达到了8.28亿，较上年增加了4600万①。在食品全供应链中，美国每年40%的食物从未被食用，约有6000万吨价值1600亿美元农产品直接被丢弃②。联合国可持续发展目标12.3明确指出，到2030年，全球零售和消费部门的人均食物浪费应减半，生产和供应阶段的食物损失也应得到减少③。

食物损失和浪费（Food Loss and Waste，FLW）是一个贯穿食品供应链的系统性问题，涉及从生产到消费的各个环节，需要政府、行业、企业和个人等多元主体的参与。FLW问题与法规政策、市场机制、技术、管理以及消费行为等多重因素密切相关，其本质复杂且内在动机多样。然而，目前有关FLW的定义仍处在争议之中④，如何科学鉴定、统计食物浪费量，寻找针对性解决策略成为全球范围内的管理难点。

① News，U. Sustainable food cold chains reduce waste，fight climate change：UN report，2022.

② McKay，G. 40% of the food produced in the U. S. never gets eaten：here’s why，2017.

③ Nations，U. Goal 12：Ensure sustainable consumption and production patterns.

④ Ishangulyyev，R.，Kim，S. & Lee，S. H. Understanding Food Loss and Waste-Why Are We Losing and Wasting Food? Foods 8（2019）. https：//doi. org：10. 3390/foods8080297.

中国作为全球最大的发展中国家，据报道，约有 27%的食物在全供应链中损失或浪费①。中科院地理所针对中国餐饮全供应链中食品损失与浪费的量化分析指出，我国 FLW 可分为六个阶段：农牧渔生产（24%）、处理和储存（45%）、加工（3%）、分销（4%）、零售（7%）和消费（17%，含家庭占 13%和外出就餐占 4%），即我国 83%的食品损失发生在食品生产和供应链路上，17%则发生在消费端。2008 年，《国家粮食安全中长期规划纲要（2008—2020 年）》出台，旨在优化粮食储存、运输和加工方式，以减少粮食储存和供应环节的浪费。中共中央在 2013 年相继出台了“八项规定”和《关于厉行节约反对食品浪费的意见》，掀起了“光盘行动”的节约热潮。2021 年 4 月 29 日，全国人大常委会通过了《中华人民共和国反食品浪费法》，正式将反食品浪费纳入法律规范之中。

我国反食品浪费工作正蓬勃展开，但目前来看仍面临如下痛点：首先，我国仍处在减少食物浪费的顶层设计阶段，减少食物损失和浪费的法律机制、技术标准还需要进一步完善；其次，我国各地饮食特征多样、中餐品类众多、就餐场景丰富，如何建立一套有效的食物浪费监测体系和减少浪费指引是复杂课题；最后，消费端的食物浪费成因复杂，如何构建多方合作机制，以激发商家、消费者以及其他主体共同参与减少食物浪费行动，是整个社会需要解决的问题。

针对这些挑战，清华大学环境学院、中国连锁经营协会和美团青山计划三方合作，发挥各自优势，聚焦核心问题，展开理论研究和实践调研，定性和定量分析餐厅、外卖、食堂、家庭四种不同就餐场景的浪费水平、浪费环节、行为主体和关键成因，探索多方参与、系统化、针对性、可落地的减少食物浪费的行动路径，并提出促进餐饮行业减少食物浪费的行动建议。

（二）研究目标与技术路线

针对新形势下我国餐饮行业绿色低碳发展的重大需求，系统梳理国内外餐饮行业减少食物浪费的政策、制度、措施以及行业减少食物浪费的良好实践，通过抽样调研对不同就餐方式的食物浪费情况进行量化对比分析，并采用生命周期分析方法对各场景的食物浪费水平的环境绩效进行综合评估，提出我国餐饮行业减少食物浪费的可行路径及发展方向建议。具体目标为：系统梳理我国餐饮行业减少食物浪费的法律法规、政策要求，分析国内减少食物浪费制度建设的现状与不足；总结国内外餐饮行业减少食物浪费经验及问题，为我国餐饮行业减少食物浪费可行路径提供参考；调研并对比分析我国典型城市不同就餐方式（餐厅、外卖、食堂、家庭）食物浪费状况，探寻消费端食物浪费水平特征及成因；评估不同就餐场景食物浪费现状的碳排放、污染物排放及其综合环境绩效，深入探索餐饮行业减少食物浪费及其环境影响的最优路径；为餐饮行业减少食物浪费的可行路径与发展方向，以及为形成政府、行业协会、餐饮外卖平台、商家、消费者等多元主体的良性互动模式，提供科学的指导建议（见图 1）。

---

① Xue, L. et al. China's food loss and waste embodies increasing environmental impacts. Nature Food 2, 519 - 528 (2021).

https://doi.org: 10.1038/s43016-021-00317-6.

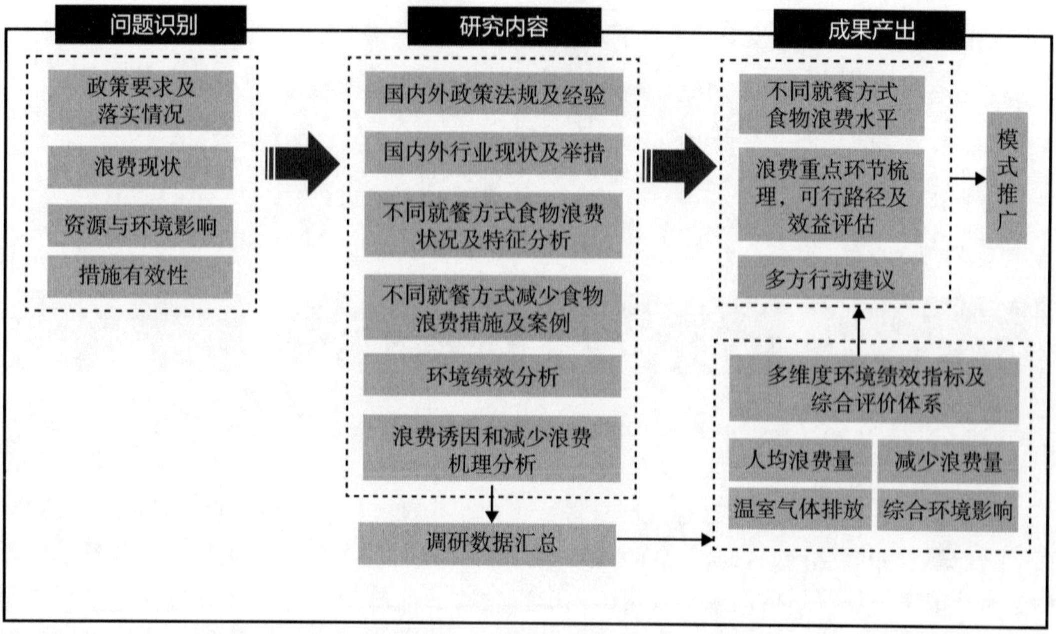

图 1 研究技术路线

二、国内外食物浪费现状聚焦与行动经验总结

（一）国内外食物浪费现状与特征分析

明确食物浪费的定义与边界是减少食物浪费的基础。但由于文化背景、饮食习惯的差异，食物浪费的内涵始终尚未形成一致定论。对比多种主流观点，虽表述略有差异，但本质上均认定，食物浪费是由主观因素造成的消费阶段产生的可食用食材损失。在诸多定义中，被广泛接受的是联合国粮农组织（FAO）于 2011 年提出的定义，即粮食损失与食物浪费是指任何改变粮食的可用性、可食性、有益于健康的特性或质量，从而减少了它对人的价值的后果。其中，粮食损失是属于正常性的损失，是由技术水平限制等短期内无法改变的因素而造成的，通常无法避免；而食物浪费是指人们在生产、加工、流通和消费过程中因无谓丢失、不应损耗而导致不能被正常食用的现象，属于非正常损失，主要是由人为喜好等因素而造成的损失。

例如，受劳动者素质、制度的制定和实施、消费者文化和行为等因素影响导致的主要食物在收获、加工和消费过程汇总的食物量方面的减少，统称为浪费。此外，世界自然基金会、欧盟 FUSIONS 等机构也先后提出了食物浪费的定义（见图 2）；《中华人民共和国反食品浪费法》的出台，对食物浪费给出了定义，明确对可安全食用或饮用的食品未能按照其功能目的利用即是食品浪费。总结而言，关于食物浪费的定义，多种主流观点略有差异，但本质上均认定，食物浪费是由主观因素造成的消费阶段产生的可食用食材损失。

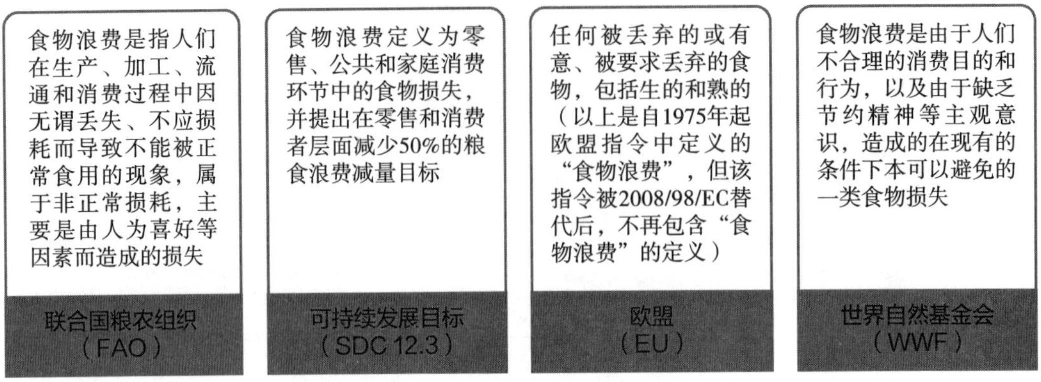

图 2　国际机构关于食物浪费的定义

联合国《2022 年可持续目标发展报告》指出，全球大约有 30%的食物被损失和浪费，可分为前端（粮食生产、收获、仓储、加工、运输等环节）、后端（零售、公共餐厅和饭店、家庭浪费等环节）的损失和浪费，其中粮食收获前后损失、家庭浪费分别是前后端最主要的损失和浪费环节，分别占 13.3%和 17%。在欠发达地区，粮食收获后的食物损失为主要因素，而在发达地区，家庭消费造成的浪费比例则更为突出。同样地，该发现也在 2022 年世界资源研究所（WRI）发布的《减少食物损失和浪费》（Reducing Food Loss and Waste）研究报告中得以证实。该报告进一步量化分析了全球不同地区食物浪费发生的主要成因，结果发现在中低收入国家，由于设备条件、食品管理方法和技能不足造成的食物损失普遍存在，而在高收入国家，不鼓励食品效率的社会规范（如过度购买食品）在零售和消费阶段造成的浪费则更为典型。

针对全球区域浪费水平调研，联合国环境规划署（UNEP）发布的《食物浪费指数报告（2021）》指出全球食物浪费水平分布不均衡，通常发达地区浪费量更为突出，但值得注意的是，近些年这一特征正受到冲击。

由于饮食文化的影响，东亚餐饮更讲究物善其用，食材利用率高于西式餐饮，食物浪费水平反而在全球处于相对较低水平，家庭食物浪费水平与区域经济发展水平间逐渐脱钩，人均 GDP 与食物浪费量间的正相关关系正在变化。

针对食物浪费场景调研，FAO、欧盟统计局等大量国际组织与机构对全球食物浪费体量进行了统计与估算，结果发现全球超过一半的浪费量源自居民家庭食物浪费，剩余主要来自餐厅、零售等其他场景。UNEP 发布的《食物浪费指数报告（2021）》显示，2019 年全球共计产生约 931 亿吨食物浪费。其中，61%来源于家庭，26%来自食物服务商，剩余 13%来源于零售。2022 年，欧盟统计局首次对欧盟全境范围的食物浪费情况出具的报告显示，居民家庭人均浪费食物 70 千克，占整体人均浪费量的 55%，其余 45%产生在食品和饮料制造、餐厅消费等环节，家庭食物浪费几乎是食品和饮料制造部门产生食物浪费量的两倍。随着生活水平的提高以及消费观念的演变，民众消费场景日益丰富。人们在外就餐或外卖频率逐渐提升，但作为居民日常饮食最为重要的场所，家庭食物浪费仍是后端食物浪费的最主要来源，食物浪费量依旧不可小觑。

此外，食物浪费不仅关乎粮食安全和资源浪费，也为应对气候变化带来巨大压力。

2013 年 9 月 11 日，FAO 发布的报告《食物浪费足迹：对自然资源的影响》（Food Wastage Footprint：Impacts on Natural Resources）显示，全球每年 1/3 的粮食损失和浪费将造成约 44 亿吨温室气体排放。进一步地，FAO《浪费食物碳足迹》从食物价值链角度评估了全食物价值链的碳排放足迹，从全球来看，虽然消费环节食物损失与浪费占总量的 22%，但其碳足迹约占整个碳足迹的 37%。消费环节处于整个食物价值链的后段，所产生的环境累积效应不容忽视。

不可否认，由于食物浪费的不利影响，该议题已在全球范围内获得大量的关注，但从施行角度，目前大多数研究都集中于收获后损失，关于食物浪费的决定因素相对有限。国内外研究学者通过结合行为分析模型等方法揭示了准备过多但未食用、采购过量、不当保存、对食品安全高度敏感导致接近保质期食品被丢弃、不关注食物浪费均是造成食物浪费的主要成因。

食物浪费作为一个综合性的社会议题，需要统筹规划和管理，但目前仍缺乏面向零售店、餐厅和家庭等不同场景发生的食物浪费问题成因的系统性、针对性分析研究。

（二）国外行动经验总结

减少食物浪费在经济社会发展、生态环境保护、应对气候变化等方面都具有重要意义。如何减少食物浪费是全世界共同面对的挑战。为减少食物浪费、解决日益加剧的厨余垃圾处理难题，欧盟各国、美国、法国、日本等全球多个国家和地区纷纷发力。各国治理粮食浪费经验林林总总，但总结起来大体划分为三类措施（见图 3）：一是政府层面，严格立法，规范食物浪费行为，如欧盟不断完善食物浪费管理法律体系，美国制定了专门的食物废弃物管理层级，韩国推行厨余垃圾计量收费制度，日本制定了严格管控目标降低食物加工链条不同环节的废弃物产生等。二是行业组织层面，动员多方力量，完成食物的回收和再分配，如在 EU FUSHIONS 以及 REFRESH 项目支持下搭建的欧洲多利益相关方平台 Champion12. 3 等推动食物的再分配，提升食物利用效率。三是企业层面，科技创新，普及食物消费理念，如丹麦将减少食物浪费与互联网联合，推出“Too good to go”程序，销售临期食物；宜家普及智能秤，完成数据驱动的餐厨食物浪费减量等。

总结而言，从发展趋势来看，全球各国都已将减少食物浪费列为重点工作内容，鼓励并强化减少食物浪费的各项举措，力度也正由倡议宣导逐步转化为立法保障；从参与主体来看，正逐步由单一政府引导到行业、企业、第三方机构等多元主体共同参与的合作模式，通过多样丰富的活动，激发全社会参与减少食物浪费行动的积极性；从技术支持角度来看，各类标准和评价工具的研究和开发也在逐步展开，助力全球食物价值链上下游管理水平的提升。例如，英国废弃物与资源行动计划 WRAP 推广“YBIF 餐饮浪费测量工具包”、联合国环境规划署 2021 年粮食规划指数等。

这种由政府、行业、企业等多元主体发力，覆盖政策体系、行业倡议、技术创新、管理策略等多个维度的减少食物浪费行动网络值得我们学习借鉴。

在完善法律法规方面，需要科学制定符合国情和民情的“减少食物浪费”“食物回收再利用”“食物再分配”等相关法律条文。

在立法约束中，还需进一步补充具体的指导措施和可落地方案，明确国家、地方政府、企业等多元主体在减少食物浪费方面的责任与义务，充分发挥各主体的主观能动性和共同协作功能，避免形成宽泛的政策框架。

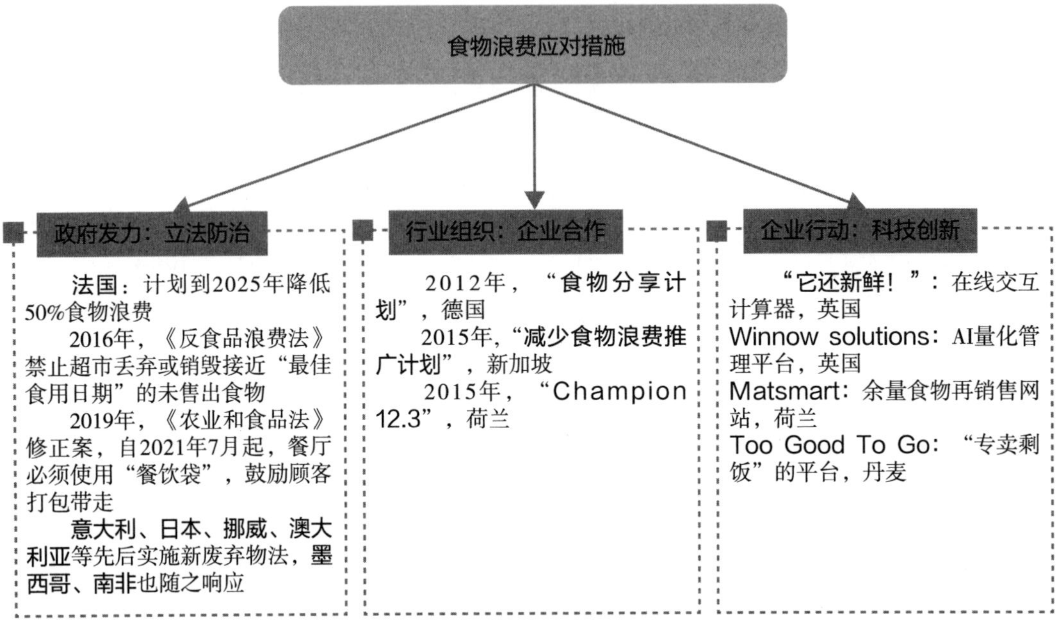

图 3　世界各国应对食物浪费的三大治理措施

在行业组织和企业行动层面，还需针对性识别消费环节中食物浪费的痛点，完善健康饮食教育宣传和指导机制；结合信息通信、人工智能和气象信息等先进科技及市场需求等大数据基础，构建需求预测信息共享平台，为食品制造业、批发和零售业等提供高精度需求预测共享，优化采购、出货、运输管理，发展绿色物流，根据季节优化商品进货上架规则，利用降价、积分、促销等方式减少货架食品滞留；进一步开发食物供应链共享与预测技术，构建各主体参与的食物再分配和利用体系；推行小包装和小分量销售，建立总店和加盟店联动销售流通体系，减少供应链环节中的食物浪费。

（三）国内行动经验总结

我国是世界上最大的粮食生产国和消费国，全产业链减少粮食损失与浪费的潜力巨大，也伴随着诸多挑战。勤俭节约始终是我国的主流价值观。然而，过去我国减少食物浪费的要求多停留在道德约束层面，而未落实于法律规范之中。2021 年 4 月 29 日，《中华人民共和国反食品浪费法》正式颁布实施，标志着我国食品浪费由道德倡导到有法可依的巨大转变。配合《中华人民共和国反食品浪费法》的实施，我国出台了“反食品浪费”系列政策文件（见图 4），围绕减少食物损失和浪费问题逐步建立和完善相关的法律机制和技术标准，并为食物浪费减量化行动提供指导和保障。

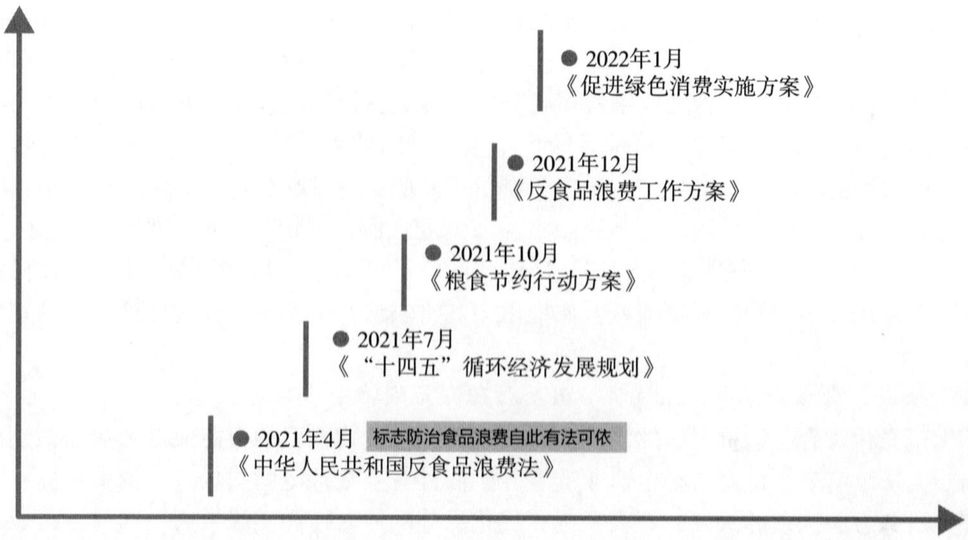

图 4　我国“反食品浪费”系列重要法律和政策文件（截至 2022 年 5 月）

整体来看，我国反食品浪费行动具有以下特征。

1. 立法约束效力初步显现，政策细则还需不断完善

《中华人民共和国反食品浪费法》的出台正式标志我国关于反对餐饮浪费问题由倡议宣导到法律保障的鲜明转变，并逐步带动我国多省市地方性法规的出台。将反食品浪费从道德约束上升至法律层面，对全社会相关主体的警示作用非常明显。2022 年初，中国连锁经营协会面向餐饮会员企业展开行业情况调查，受调企业表示，该法出台后，从田间地头等渠道采购食材，到运输配送、储存、加工处理以及菜品研发组合，再到餐桌服务及消费者影响，连锁餐饮企业在行业各个环节上针对减少食物浪费优化流程设置、供应链管理，采取了多种尝试，产生了积极的效果。其中，81%的受调企业表示，在《中华人民共和国反食品浪费法》出台后，通过多种举措，企业典型门店的餐厨垃圾量同比下降，近半数企业的餐厨垃圾量下降了 5%～10%①。该法出台对于推动餐饮连锁企业减少食物浪费的各类尝试卓有成效。

然而，从目前的立法状况来看，我国仍处在减少食物浪费的顶层设计阶段，体系化、制度化的治理机制尚不完善，控制食物损失和浪费的法律机制及技术标准还较为宽泛，市场现状和浪费体量还需依靠统一标准进行精确测算。此外，针对余量食物再分配等细分议题，我国目前尚缺乏可落地的、可操作性的多部门联合行动指南和方案，并且主要依靠政府推动反食物浪费，社会主体尤其是消费者的参与积极性不高、参与意识弱，并且非政府组织的作用未充分发挥。因此，组建国家层面减少食物损失与浪费的工作机制，明确牵头部门，形成多部门联动，搭建食物浪费和食物废弃物管理信息交换平台，制定宣传教育政策以促进消费者自发进行减少食物浪费和食品废弃物减量十分重要。

2. 多元主体参与网络已见雏形，优化合作共治模式势在必行

现阶段，由政府、科研机构、非政府组织、行业协会、企业、消费者形成的多元参与

① 中国连锁餐饮协会（CCFA），春播秋实 耕耘不止——《中华人民共和国反食品浪费法》出台一周年。

主体网络已见雏形，参与主体与治理模式正不断丰富。总体来看，市场针对减少食物浪费的创新举措可大致划分为以下三个方面：一是依托于技术创新，在采购、运输等环节，降低食物损失；二是依托于管理或销售模式创新，提高食物利用效率，减少因分配不当等因素造成的食物浪费；三是关注消费者绿色消费、健康饮食的理念倡导，在全社会营造节约、适度消费的环境。从多元主体角度来看，行业协会通过联合各方参与力量，推出联合行动方案或计量标准，以调动更多的商家参与，增强协作共识，例如，倡导“光盘行动”“余量食物捐赠”等；餐饮企业则多以宣传和激励措施为主，依托自身生产、销售特征，打造具有特色标签的示范减量项目，如推出多规格供给、小份菜、设置杜绝浪费的宣传标语等。

3. 食物浪费成因复杂，系统性、针对性研究亟须推进

由于文化背景、消费习惯的演变，目前关于产生食物浪费的根源成因和痛点识别尚不清晰。大量已有研究针对食物全产业链展开，而针对某些特定消费场景、消费主体、消费类型、研究方法探索的缺位，极大限制了优化措施的针对性和实施效力。因此，行业、科研机构、企业等还需进一步深入合作，共同开展餐饮浪费特征分析，识别就餐模式、场景、膳食结构等因素对食物浪费程度的影响，以支持在政策、市场及主体层面推动减少食物浪费措施的细化和落实。此外，食物浪费成因复杂，牵涉主体多元，如何调动多方主体的参与积极性，寻找切实可行的“政府—行业—企业—消费者”共治模式，推动建立合理的餐饮食物浪费综合治理机制仍是未来工作的重点。

三、项目调研及评估方法

本报告通过资料收集、线上问卷调研和线下实地测量消费后食物垃圾数据等方式，跟踪调研餐厅、外卖、食堂、家庭四种主要就餐方式的食物浪费状况以及垃圾收运处理情况。其中线上调研和志愿者直接称重填报数据计量覆盖全国 33 个省级行政区（暂未覆盖台湾省），线下实地调研覆盖北京、深圳、成都、西安、苏州、兰州、哈尔滨 7 个城市。

（一）研究边界与概念界定

本报告聚焦消费端食物浪费，以经营主体（包括商家、食堂、家庭）采购食材为起始边界，涵盖采购、运输储存、加工烹饪、销售（含外卖场景配送）、消费和剩余食物及废弃物处理六大环节（见图 5）。

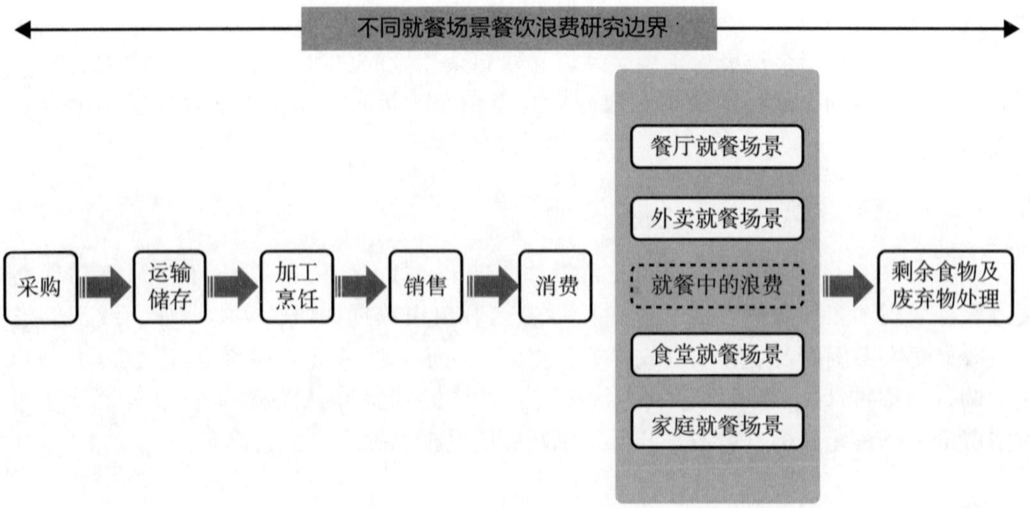

图 5　项目研究边界

本报告将食物浪费定义为由于人们不合理的消费目的和行为，以及由于缺乏节约精神等主观意识，造成的在现有的条件下本可以避免的一类食物损失。在餐厅、食堂和家庭就餐场景中，采购、储存、烹饪加工环节中客观上也存在浪费，基于成本原因，相关主体没有主观意愿去浪费，总体在备餐过程中生厨余垃圾以损失为主，本次调研未对以上环节的生厨余垃圾的损失、浪费比例进行界定，在条件允许情况下会进行直接称重；外卖就餐场景中生厨余垃圾量由餐厅运营中外卖出单数进行折算。本项目调研的浪费量均指消费者在消费环节熟厨余垃圾的可食部分（见图 6）。

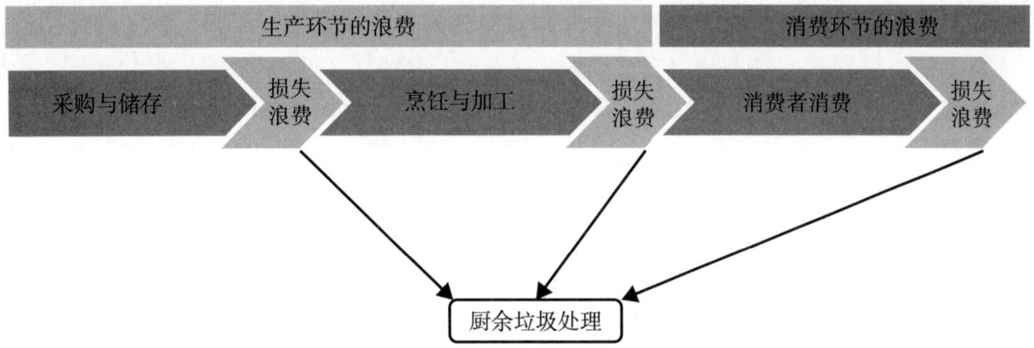

图 6　本报告核算的消费端食品浪费指标定义说明

调研中有关垃圾的分类界定原则是：生厨余垃圾和熟厨余垃圾单独称重，均需沥干水分；生厨余垃圾，即烹饪前和烹饪中产生的厨余垃圾，如瓜果皮、蛋壳、摘掉的菜叶等；熟厨余垃圾，即烹饪后、消费环节产生的厨余垃圾，其中，可食部分为本可以食用，但因为吃不完而废弃的部分，不可食部分包括玉米芯、海鲜壳、熟鸡蛋壳、各类骨头等不具备食用属性的部分；日常食用水果不纳入统计（仅纳入在就餐过程中食用的水果），避免对就餐数据产生影响。

特别说明，总厨余垃圾为生厨余垃圾和熟厨余垃圾的总和。因此，本报告特意区分了餐后浪费量（熟厨余垃圾中的可食部分）与总厨余垃圾量，避免概念混淆造成的评估数据虚高。

（二）调研方法

本报告参考了联合国环境规划署2021年发布的“Food Waste Index Report 2021”等相关经验，采用了多种调研方法，包括招募志愿者填报数据调研、实地调研、线上问卷调查、收集商家案例以及行业数据收集等，相应采用了志愿者（直接称量计量法）、项目组实地调研（称重计量法）、商家（直接称重计量法）、问卷调研法和资料收集统计法对食物浪费量进行量化分析。本报告调研工作开展情况汇总见表1。

表1　本报告调研工作汇总

就餐方式	调研工作完成情况
餐厅	实地调研四个城市38家餐厅，其中北京12家、深圳10家、苏州9家、西安7家，就餐人数共计1167人；商家直接称重计量、填报78家餐厅，覆盖北京、深圳、成都、西安、苏州、兰州、哈尔滨7个城市，就餐人数共计5731人；共计回收494份商家问卷反馈
外卖	直接称重调研共填报880次，覆盖29个省份，就餐人数共计1142人次
食堂	实地调研北京市5处高校食堂，就餐人数共计158人；食堂直接称重计量、填报共计69家食堂，覆盖四川、山东、甘肃、北京、江苏、广东6个省份，就餐人数共计148612人次
家庭	直接称重调研共填报1137次，覆盖23个省份，就餐人数共计4103人次

此外，为了解消费者有关食物浪费及应对措施的态度与观点，本报告面向消费者开展了问卷调研，共回收问卷1020份（数据未展示）。为尽量降低调研对被测者的干扰，本报告主要从尽可能减少调查的影响、保证隐私和匿名性、提供充足的说明和解释这三个方面作出努力。

（三）环境绩效综合评价方法

本报告评估以调研得到的不同就餐方式“每人每餐食物浪费量”为起点，选用ISO 14040系列标准作为生命周期分析方法，结合不同就餐方式实际经营“采购、运输储存、加工烹饪、销售（含外卖场景配送）、消费和剩余食物及废弃物处理”各环节统计数据，分析因食物浪费产生的总环境影响、各环节损失浪费量占比以及相应贡献的环境影响，并就减少食物浪费举措带来的节约量、环境效益进行量化评估，就各类就餐场景减少食物浪费提出相关方行动建议。

本报告建模方法参考了中国产品全生命周期温室气体排放系数据库、WRI the Cool Food Pledge、US EPAEEIO 和 UK DEFRA Ecoinvent 数据库，并采用了 ReCiPe 生命周期评价体系的推荐环境影响指标，分析因食物浪费产生的温室气体排放影响、两种典型污染物［非甲烷挥发性有机物（NMVOC）和10微米以下的可吸入颗粒物（PM10）］排放、各环节环境影响占比以及综合环境绩效评估。各环境影响指标的标准化值见表2。

表2　各环境影响指标的标准化值

环境影响指标	标准化值
碳排放	7.99E+03
土地利用	6.17E+03
淡水生态毒性	2.52E+01
淡水富营养化	6.50E−01
人类毒性	3.13E+04
海洋生态毒性	4.34E+01
海洋富营养化	4.62E+00
臭氧枯竭	6.00E−02
颗粒物形成	2.56E+01
光化学氧化剂形成	1.77E+01
陆地酸化	4.10E+01
陆地生态毒性	1.52E+04
水枯竭	2.67E+02

四、不同场景下的食物浪费特征与重点环节识别

本报告调研发现，不同场景下的餐后浪费水平存在明显差异，浪费水平从高到低依次为餐厅、食堂、外卖、家庭。餐厅的浪费量最高，平均浪费84.6克/（人·餐）左右，浪费量占相应场景总厨余垃圾产生量的50.5%①。外卖和食堂的餐后浪费量接近，分别为57.5克/（人·餐）和60.4克/（人·餐），家庭就餐时的餐后浪费量最少，为24.6克/（人·餐），三者分别占相应场景厨余垃圾产生量的52.2%、47.2%、27.6%（见图7）。

① 计算方式为餐后熟厨余垃圾的可食部分与所有餐前餐后厨余垃圾的比值。

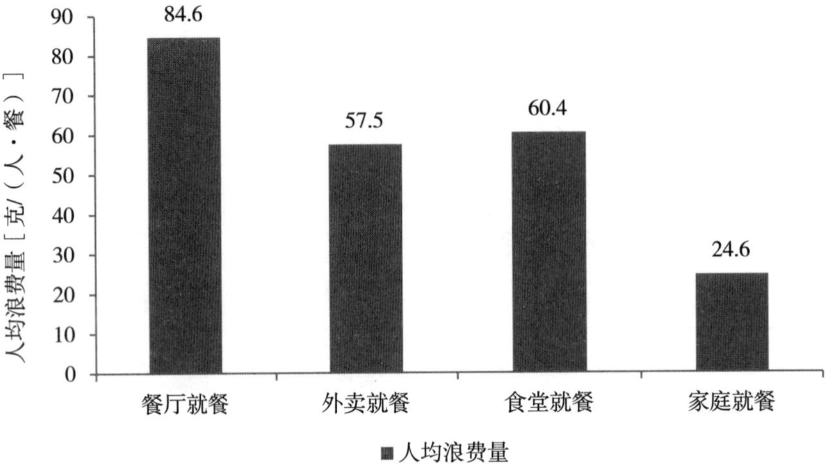

图 7　四种就餐场景人均每餐浪费水平调研结果

（一）餐厅就餐场景

针对全国 4 个不同区域的城市（北京、深圳、苏州、西安），覆盖 1167 人的调研结果显示，4 个城市平均浪费量为 84.6 克/（人·餐），浪费量占相应场景厨余垃圾产生量的 50.5%。调研浪费水平相较于 2018 年《中国城市餐饮食物浪费报告》平均浪费量 93.0 克/（人·餐）有所降低，一定程度上说明我国反食品浪费法实施取得初步成效。调研主要有以下发现。

从浪费结构来看，餐厅场景下浪费量从高到低依次为菜类［44.5 克/（人·餐），52.6%］、主食类［26.1 克/（人·餐），30.9%］、肉类［14.0 克/（人·餐），16.5%］，但在快餐简餐和小吃品类中主食类浪费占比最高。

从经营品类来看，正餐、火锅类［91.8 克/（人·餐）］浪费水平整体高出快餐类［75.5 克/（人·餐）］20%左右。浪费水平与食物品类相关，但究其根源则与就餐目的相关，消费者在不同就餐目的下消费习惯也会随之改变，事件性消费浪费高于饱腹性消费。

从调研城市来看，4 座城市消费者平均可食浪费量 84.6 克/（人·餐），其中北京［93.2 克/（人·餐）］、深圳［95.7 克/（人·餐）］、西安［93.1 克/（人·餐）］的浪费水平接近平均浪费量，苏州［65.6 克/（人·餐）］的浪费水平相对偏低。

从个体商家调研数据来看，浪费水平高低与餐厅规模大小、是否连锁企业无直接关系。例如，调研覆盖的某自助餐品牌餐厅浪费水平只有 19 克/（人·餐），远远低于平均水平［84.6 克/（人·餐）］，有力地说明餐厅通过精细化管理进一步降低食物浪费水平具有较大潜力。

（二）外卖就餐场景

针对全国 29 个省份，覆盖 1142 人的调研结果显示，每位外卖用餐顾客平均每餐浪费 57.5 克的食物，浪费量占总厨余垃圾产生量的 52.2%。调研主要发现如下。

从浪费结构来看，外卖主食［32.5克/（人·餐）］浪费多于肉菜类［25克/（人·餐）］。不同餐品主食浪费水平在37.5%~56.5%，高于堂食的主食浪费量［26.1克/（人·餐）］。

从经营品类来看，正餐品类浪费［83.8克/（人·餐）］水平整体高于快餐简餐品类［40.2克/（人·餐）］一倍，主要贡献来自菜肴浪费。

从不同就餐时间来看，午餐的浪费水平高于晚餐两成，虽然都以饱腹性就餐为主，但晚餐菜肴浪费量更少，因此是否有充分的就餐时间也会影响浪费水平。

消费者行为调研问卷结果显示，外卖主食供应较多（22.4%志愿者）、过量点餐（11.5%志愿者）、菜品口感不佳（6.9%志愿者）、胃口不适（6.3%志愿者）等成为造成外卖浪费的关键因素。

（三）食堂就餐场景

针对全国6个省市80家食堂、覆盖10万余人的调研结果显示，食堂作为饱腹性就餐的常见场景，其浪费水平受管理方式、价格水平、成本支付方等因素的显著影响。调研发现，食堂总体每人每餐浪费量为60.4克；学校场景每人每餐浪费量为70.7克；非学校场景每人每餐浪费量为57.3克。在众多食堂场景下，小学食堂的每人每餐浪费量极少，约为10克/（人·餐），明显低于大学食堂就餐场景，说明在学校尤其是中小学有强烈约束/要求、可选择项少的情形下，学生能够更有效地吃完食物、减少浪费。但整体而言，学校类食堂人均浪费量高于非学校食堂，这可能是受供餐方式、食物多样化等因素的影响；此外，学校食堂人流量波动较大，易出现供需失衡，这也会导致食物浪费的增加。由于学校食堂的管理更加复杂，可能难以控制每个学生对食物的选择和用餐行为，这也可能导致食物浪费的增加。综上，虽然食堂就餐属于以饱腹性就餐为主，但如果消费者受到的约束不强、不是成本主要支付方等，也会增加浪费。因此，面对复杂的食堂就餐场景，推进有针对性的管理约束和宣传教育对于减少食物浪费具有良好效果。

（四）家庭就餐场景

针对全国23个省份，覆盖4103人次的调研结果显示，家庭厨余垃圾平均产生量为89.2克/（人·餐），其中平均生厨余垃圾产生量为50.5克/（人·餐），而平均熟厨余垃圾产生量（包括不可食）为38.7克/（人·餐），其中可食用部分即平均浪费量为24.6克/（人·餐）。调研主要发现如下。

从浪费结构来看，全国家庭就餐主食类、素菜类和肉类食物浪费量较为平均，分别为30.8%、35.5%和33.7%。从细分来看，在北方城市，主食类、素菜类及肉类食物的浪费比例分别为38.9%、39.0%和22.1%，在南方城市，主食类、素菜类及肉类食物的浪费比例分别为18.6%、30.1%和51.3%，在北方城市素食浪费占比高，在南方城市肉类食物浪费占比高，说明地区差异导致在饮食结构和偏好上存在不同。

从家庭就餐场景餐前生厨余垃圾和餐后熟厨余垃圾数据来看，南北方浪费水平差别不大。北方家庭生厨余垃圾平均产生量为42.9克/（人·餐），熟厨余垃圾可食用部分平均浪费量为22.4克/（人·餐）。相比之下，南方家庭生厨余垃圾平均产生量为59.9克/（人·餐），熟厨余垃圾可食用部分平均浪费量为27.5克/（人·餐）。南方餐前产生的生厨余垃圾明显高于北方，可能是由于南方对于食材的精致度要求更高。

从家庭食物储存环节的浪费来看，全国范围内由于储存不当导致被丢弃的生厨余垃圾（如蔬菜、水果等）平均产生量为6.1克/（人·天），熟厨余垃圾（如熟食等）平均产生量为2.5克/（人·天）。其中，北方家庭的生厨余垃圾和熟厨余垃圾平均产生量分别为7.4克/（人·天）和3.5克/（人·天），而南方的生厨余垃圾和熟厨余垃圾平均产生量分别为4.2克（人·天）和1.0克（人·天），北方家庭的食物储存环节浪费量显著高于南方，这可能主要与南北方饮食文化差异相关，北方家庭普遍会有更多的食物储存，尤其在秋冬季节。无论南方还是北方，生厨余垃圾的产生量都明显高于熟厨余垃圾，说明家庭在食材储存及食用方面需要注意合理安排避免浪费。在此基础上，针对不同的地域和气候条件，可以通过合理调整食物储存方式，延长食材的保鲜期限，从而有效降低家庭食物浪费。

（五）浪费特征小结

不同就餐场景浪费特征及成因初步分析如下。

调研四个城市餐厅就餐人均浪费量为84.6克/（人·餐），调研浪费水平相较于2018年《中国城市餐饮食物浪费报告》平均浪费量［93.0克/（人·餐）］有所降低，一定程度上说明《中华人民共和国反食品浪费法》实施取得初步成效。

无论何种就餐场景，提供“小份餐品”均能为消费者提供更多选择，从而为减少浪费提供前置条件。从餐品规格来看，餐厅就餐场景针对菜肴类做功空间最大，外卖就餐场景针对主食类做功空间最大，餐厅可以提供更多规格的餐品，如“小份菜”，而外卖场景下商家除了推出“小份菜”，更应推出“小份饭”。此外，从家庭就餐调研数据也能看出，食物分量大小相比就餐时间，是影响浪费水平更关键的因素。

事件性消费浪费高于饱腹性消费，“就餐目的”“消费者是否为成本支付方”均显著影响浪费水平。从经营品类来看，无论是餐厅就餐还是外卖就餐，正餐、火锅类浪费水平整体都高于快餐简餐类，浪费水平虽与品类相关但并非具有固定浪费特征。在这些消费品类下较高的浪费量，究其根源则是与就餐目的息息相关，正餐火锅类更适合聚餐等场景，消费者在不同就餐目的下消费习惯也会随之改变，事件性消费浪费高于饱腹性消费。还需特别注意的是，不管何种就餐场景，消费者是不是成本主要支付方也会对浪费水平产生显著影响，如在不需要支付成本的单位食堂就餐大多属于饱腹性就餐，但浪费依然较为突出。

浪费水平高低与餐厅规模大小、是否是连锁企业无直接关系，实践表明，餐厅通过精细化管理减少食物浪费具有较大潜力。本次深入门店调研发现，连锁、大面积门店的自助类、火锅类、正餐类餐厅，通过有效管理，均有很好的节约表现，说明餐厅通过有效管理、精细化运营，能够有效减少浪费。

宣传引导是有效管理手段，可以将面向全社会的宣传引导和面向消费者个体的交互沟通有效结合，但在实施程度上，需要因地制宜、适度调整。例如，对消费者提醒适量点餐（反馈式沟通）要结合细分场景合理露出，针对性的管理约束和宣传教育对于减少食物浪费具有良好效果，但在餐厅等场景，面对多样化的消费者，一味地管教约束可能并不适用。访谈中消费者表示认可适度宣传但并不希望在任何就餐场景被“教育”。而面向全社会的宣传引导（发布式沟通）则多多益善，良好的节约社会风气对于消费习惯的潜移默化影响十分重要。

从不同城市餐厅就餐后浪费水平调研结果来看，南北方地域差距并不显著，但家庭场景下，南北方具有两大明显不同：第一，南方餐前产生的生厨余垃圾高出北方近50%。这可能是由于南方饮食文化对食材要求更为“精致”，因而在餐前产生更多浪费；第二，北方的食物储存环节浪费量高于南方。这可能主要与南北方饮食文化差异相关，在此背景下，如何提高食材利用效率，降低储存损耗值得更多探索。

（六）食物浪费监测方法的局限性及难点

1. 局限性

本次调研通过资料收集、线上问卷调研和线下实地测量消费后食物垃圾数据方式，对餐厅、外卖、食堂和家庭四种就餐场景的食物浪费情况进行了量化对比分析。虽然调研覆盖度和样本选择均具有代表性，但仍然存在一定的局限性，主要归因于调研时段的局限性、调研方法的局限性和数据采集的误差三类。

（1）调研时段的局限性

由于本项目调研期限仅涉及一年中的两个季度，而人们的饮食习惯和生活方式会随着季节、节假日、工作日等因素而发生变化，此外还有我国餐饮业态多种多样，管理水平参差不齐，疫情防控带来的影响、样本数量等因素。

（2）调研方法的局限性

直接称重计量、填报，问卷调研方法具有突破时空限制，实现在全国范围内对众多消费者、商家、食堂同时进行调查的特点，但调研对象的理解认知、操作水平等可能存在一定的误差。

（3）数据采集的误差

项目组或志愿者、志愿商家/食堂负责人在进行实际称量时可能存在人为误差或设备误差等，这也可能会导致数据出现偏差。

2. 难点

本次调研发现，虽然我们采用了多种针对食物浪费的监测、测量分析方式，但“食物浪费监测”仍然是一个比较大的难题，主要体现在以下几点。

（1）数据准确性及数据获取效率难题

实地调研称重准确但太费时费力，而依靠商家填写问卷提供数据误差太大。未来可以探索采用一些人工智能技术，通过在商家特定位置安装一些摄像头，或者由工作人员在主要环节拍照上传，由训练有素的AI系统自动识别并定量；或者与餐厨垃圾收运企业合作，在车上安装自动称重及数据采集上传设备（已部分试点）。

（2）现阶段虽已获得不同时间或场景的对比数据，但量化措施成效仍缺少宏观监测

受调研条件的限制，本调研未能对减少食物浪费措施的成效进行定量表征，未来可以选择管理体系完善、基础数据较好的典型区域作为试点，通过收运的餐厨垃圾量等量化指标，辅以餐馆食堂的抽样监测，来量化减量措施的成效。

（3）餐饮浪费的判定标准尚不统一

“汤水、饮料”是否纳入，中餐辅料中如“辣子鸡”中辣椒、火锅蘸料等“虽可食但不能食用”垃圾如何界定，存在诸多难点。因区域、城市、管理要求、经济社会发展阶段而异，获取不同就餐场景下合理的浪费比例势在必行，但在调研过程中有效排除食物浪费正常损耗、不可食用部分等易混淆概念的影响，避免人为因素干扰的浪费量虚高仍面临较大的挑战。

针对以上调研难点，提出如下建议。在调研工作方面，推荐食品产业链各相关部门、科研院所精诚合作、优势互补，可在调研的基础上，充分发挥研究志愿者队伍广泛深入参与测量积累的队伍优势与数据优势，进一步启动更广范围、更长链条、更准测量的研究项目。例如，在各个省区选择一些有代表性的区域单元，采用点（餐厅食堂）线（供应链）面（区域宏观数据）结合的方法，同时选择部分区域建立基于人工智能的监测平台，建立食物浪费监测网络。在制度建设方面，建议基于调研发现，根据相关法律要求，尽快建立我国食物废弃物管理层次架构（源头预防减量—食物捐赠—动物饲料—油脂提取、厌氧产甲烷—堆肥—焚烧发电—卫生填埋），明确每个层次适配的食物废弃物类型、来源、产量，量化相应的减量化、资源化潜力以及减污降碳协同增效效应。

五、生命周期环境绩效分析

本报告以不同就餐方式“每人每餐食物浪费量”为起点，选用 ISO 14040 系列标准作为生命周期分析方法，采用 ReCiPe Midpoint（H）V1. 13 体系，结合不同就餐方式实际经营“采购、运输储存、加工烹饪、销售（含外卖场景配送）、消费和剩余食物及废弃物处理”各环节统计数据，分析因食物浪费产生的温室气体排放影响、两种典型污染物（非甲烷挥发性有机物（NMVOC）和 10 微米以下的可吸入颗粒物（PM10））排放、各环节环境影响占比以及综合环境绩效评估。

（一）不同就餐场景下温室气体排放对比

四种场景每人每餐浪费量所造成的温室气体排放量在 52~185kgCO_2-eq 之间（见图 8）。对温室气体排放水平进行排序，分别为餐厅（185kgCO_2-eq）>食堂（157kgCO_2-eq）>外卖（98kgCO_2-eq）>家庭（52kgCO_2-eq）。对采购、运输储存、加工烹饪、销售（含外卖场景配送）、消费和剩余食物及废弃物处理各环节进行温室气体排放分析，结果发现四场景拥有相同的排放规律，即加工烹饪环节占比最高，为 75%~86%，其次是剩余食物及废弃物处理环节，为 13%~24%；而储存、采购和配送环节的碳排放占比总和也仅占不到 1%。这是因为食材的加工烹饪主要是直接或间接使用化石能源，如天然气、电力等，是各个场景中温室气体排放的主要贡献者。从加工烹饪环节计算数据来看，使用 60%天然气和使用 40%电力进行烹饪对温室气体排放的贡献分别为 51%和 49%，即加工烹饪环节使用天然气比使用目前的电力更为低碳。

对于剩余食物及废弃物处理环节来说，餐厅和食堂的厨余垃圾管理相对较为规范，均能得到集中收集运输，进行油脂提取后进入厌氧消化处理工艺。外卖和家庭产生的厨余垃圾在垃圾分类成效较好的区域经分类后进入厌氧发酵和工业堆肥处理系统；在垃圾分类尚未全面推行的区域则同生活垃圾一起进行焚烧发电、卫生填埋、厌氧消化、好氧堆肥等处理，占比大致分别为59%、17%、12%、12%。其中，卫生填埋的温室气体排放相比焚烧发电、厌氧发酵和堆肥更高，粗油脂深度资源化是碳减排贡献最多的资源化方法，占剩余食物处理环节碳收支的33%~56%，其次是焚烧发电（减少了14%~23%的碳排放）和肥料替代（减少了9%~10%的碳排放）。剩余食物处理环节的温室气体排放主要来自不同处理工艺中电力和蒸汽的投入使用，这会直接或间接地带来化石能源的消耗，特别是使用蒸汽的碳排放，是各环节中温室效应的主要贡献者。此外，工艺伴随的污染性气体泄漏或二次污染也是不容小觑的碳排放因素，例如厌氧消化期间的泄漏、堆肥过程中释放的气体、废渣填埋（带回收利用）时的气液泄漏，这些因素造成的温室气体释放将导致整体工艺温室效应负荷显著。但同时不同工艺后端资源化处理也会带来相当可观的碳减排效益，粗油脂深度资源化、厌氧沼气/渣焚烧热电联产、有机肥替代、饲料替代等碳减排效益等均可以抵消前期处理过程中的温室气体泄漏。同时，肥料在加强粮食安全方面发挥着不可或缺的作用，当作物收割时，土壤中基本营养素最终会转移到餐桌上，导致土壤中这些营养素的耗尽。然而，将人们剩余食物经厨余垃圾深度资源化处理后再作为肥料还田，既可以提高土壤肥力，还能改善土壤的水分含量，对助力粮食安全，推进资源节约循环利用，实现碳达峰、碳中和意义重大。未来，我们应建立特色食品回收层级结构，侧重解决不同品质废弃食物的管理策略，提出符合中国国情的废弃食物量化管理方案。

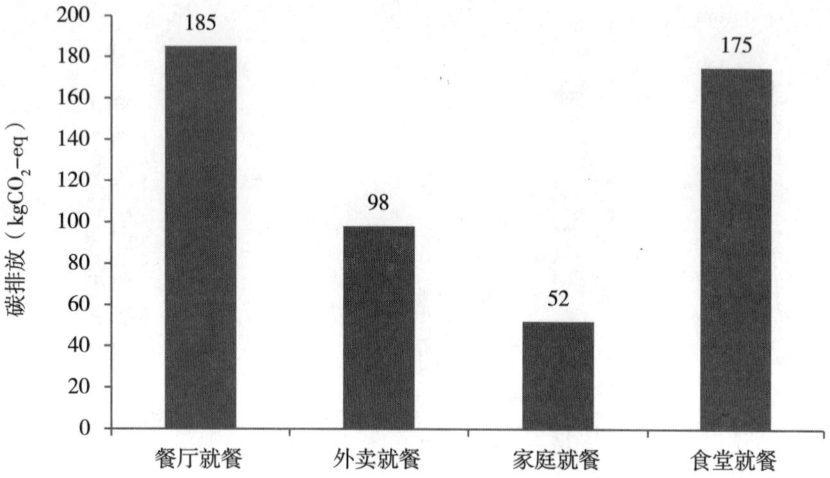

图 8 四种场景每人每餐浪费量对应的二氧化碳排放量

（二）不同就餐场景下环境绩效对比

餐饮源排放的大气污染物主要包括食物加工烹饪过程中产生的油烟、颗粒物、非甲烷总烃以及加工烹饪环节使用的煤、天然气等燃料的燃烧产物。本报告选取两种典型污染物，即非甲烷挥发性有机物（NMVOC）和10微米以下的可吸入颗粒物（PM10）排放进行详细分析。并对于全球性环境影响（全球变暖、土地利用、臭氧损耗、颗粒物形成和光化学氧化剂形成）、地区性环境影响（淡水富营养化、海洋富营养化、陆地酸化、水枯竭）和局地性环境影响（淡水生态毒性、人类毒性、海洋生态毒性、陆地生态毒性）共13种环境影响指标进行四场景的相互对比分析。

光化学氧化剂是与光化学烟雾有关的一种大气污染指标，主要是NMVOC、臭氧及少量的过氧乙酰硝酸酯、过氧化物等，它们能对动植物生长、空气能见度、人体眼睛和喉咙等造成损害。颗粒物形成指标指的是生产活动中导致的可吸入无机污染物及颗粒物的产生和释放，主要包括PM10、PM2.5、NH_3、NO_2、CO和SO_2等污染性气体。如图9所示，四种场景每人每餐浪费量所造成的以NMVOC为代表当量的光化学氧化剂形成量在28~388mgNMVOC-eq范围内（见图9），以PM10为代表当量的颗粒物形成在-15~203mgPM10-eq/每人每餐浪费量范围内（见图10）。对光化学氧化剂形成水平进行排序，分别为餐厅（388mgNMVOC-eq）>食堂（338mgNMVOC-eq）>外卖（185mgNMVOC-eq）>家庭（28mgNMVOC-eq）。对颗粒物形成水平进行排序，分别为餐厅（203mgPM10-eq）>食堂（183mgPM10-eq）>外卖（86mgPM10-eq）>家庭（-15mgPM10-eq）。对采购、运输储存、加工烹饪、销售（含外卖场景配送）、消费和剩余食物及废弃物处理环节进行分析，结果发现四种场景的光化学氧化剂形成和颗粒物形成与温室气体排放规律相同，即加工烹饪环节占比最高，在55%~84%和33%~80%，其次是剩余食物及废弃物处理环节，在14%~44%和19%~65%，而储存环节、采购环节和配送环节的光化学氧化剂形成和颗粒物形成占比总和也仅占不到3%。

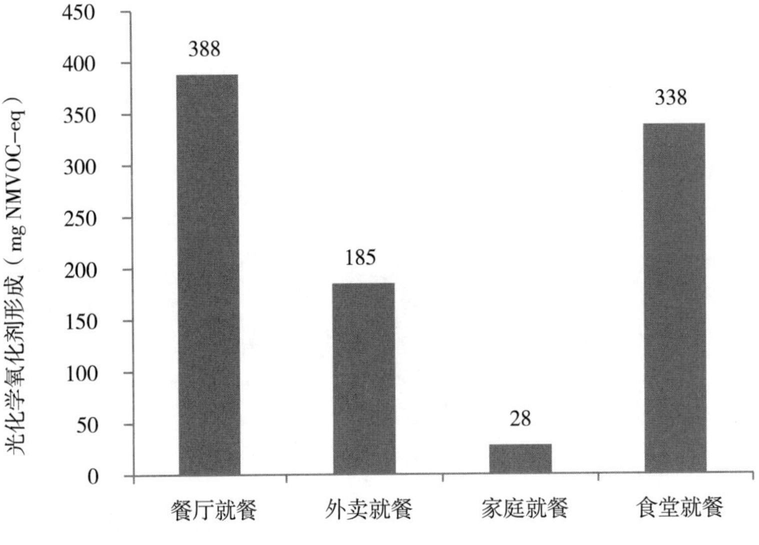

图9　四种场景每人每餐浪费量对应的以NMVOC为代表当量的光化学氧化剂排放

从加工烹饪环节细分数据来看，使用60%天然气和使用40%电力进行烹饪对光化学氧化剂形成的贡献分别为25%和75%，对颗粒物形成的贡献分别为12%和88%，即加工烹饪环节使用电力比使用天然气会释放更多的NMVOC类和颗粒物性污染性气体，并且使用电力进行加工烹饪所造成的颗粒物形成尤为突出。

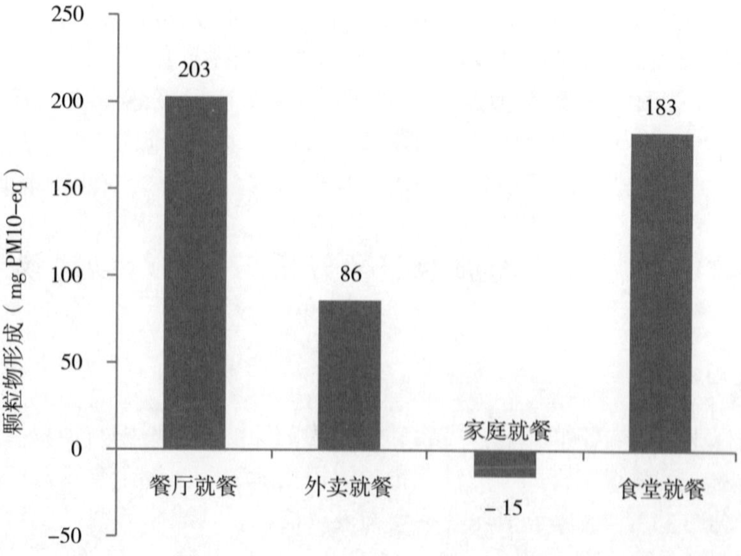

图 10　四种场景每人每餐浪费量对应的以 PM10 为代表当量的颗粒物排放

从剩余食物及废弃物处理环节细分数据来看，在外卖和家庭就餐场景的剩余食物处理中，焚烧发电工艺相比厌氧消化、工业堆肥和卫生填埋会释放更多的 NMVOC 类和颗粒物性污染性气体。但后端资源化又在很大程度上减缓了 NMVOC 类和颗粒物性污染性气体的释放，例如粗油脂深度资源化可以减少 24%～51%的 NMVOC 类污染性气体排放，减缓 33%～63%的颗粒物形成；肥料替代可以减少 8%～9%的 NMVOC 类污染性气体排放和颗粒物形成。

针对以上分析，本报告提出了不同就餐场景环境影响减量策略。对于餐厅、外卖和食堂就餐场景，减少环境影响应从节能降耗入手，推荐商家安装餐饮油烟净化装置；使用高效节能设备进行加工烹饪；推荐选择有机、本地和季节性食材以减少运输距离等。对于家庭就餐场景，推荐高效节能的储存设施；合理采购；尽量以蒸、煮、烫为主，减少煎、炒、炸的烹饪方式；保持健康饮食习惯；规范剩余食物回收方式。特别地，对于剩余食物和消费后厨余垃圾处理，建议丰富后端资源化利用方式、鼓励余量食物捐赠、推广饲料化、推进厨余垃圾沼气化和堆肥化、探索生物柴油和生物基化学品等其他技术来降低资源消耗和污染物排放。

本报告对四个就餐场景实现光盘行动，减少食物浪费的环境影响进行了定量转换①：（1）对于餐厅就餐场景来说，若 1 亿个就餐者每年实现 1 次光盘行动，所减少的温室气体排放相当于 2122 公顷的三北防护林每年净吸收的温室气体总量，同时产生的环境效益相当于减少占用 173 公顷的农业耕地面积；（2）对于外卖就餐场景来说，若 1 亿个就餐者每年实现 1 次光盘行动，所减少的温室气体排放相当于 1124 公顷的三北防护林每年净吸收的温室气体总量，同时产生的环境效益相当于减少占用 120 公顷的农业耕地面积；

① Lu, F. et al. Effects of national ecological restoration projects on carbon sequestration in China from 2001 to 2010. Proc Natl Acad Sci USA 115, 4039-4044 (2018). https://doi.org: 10.1073/pnas.1700294115.

（3）对食堂就餐场景来说，若 1 亿个就餐者每年实现 1 次光盘行动，所减少的温室气体排放相当于 1800 公顷的三北防护林每年净吸收的温室气体总量，同时产生的环境效益相当于减少占用 125 公顷的农业耕地面积；（4）对于家庭就餐场景来说，若 1 亿个就餐者每年实现 1 次光盘行动，所减少的温室气体排放相当于 600 公顷的三北防护林每年净吸收的温室气体总量，同时产生的环境效益相当于减少占用 54 公顷的农业耕地面积。

六、餐饮行业减少食物浪费路径分析与各方行动建议

（一）成因分析

梳理餐饮行业消费端各个环节，可将其划分为消费前、消费中与消费后三大模块，其中涉及商家采购、运输储存、加工烹饪、销售、消费者就餐、剩余食物及废弃物处理等各个细分环节（见图 11）。各环节中均潜藏食物浪费情况，且成因有明显差异。在消费前模块，主要受到商家采购管理，商品运输、包装以及储存环境，加工烹饪所设计的备菜策略、烹饪方式、出餐形式等因素的影响，由此带来的食物浪费可通过技术及设备升级、管理优化等方式攻克；而消费后模块，也正随着理念与技术更新，通过食物再分配、垃圾分类及合理处置等途径进一步减量。通过我们的调研与走访发现，食物浪费管理难点主要发生在消费中：一方面，由于消费环节浪费影响因素复杂，受到消费环境、食物口味、分量、营销环境等多重客观因素影响；另一方面，受到消费者自身消费意识、观念等主观原因驱动，且消费属于个人行为无法用行政命令等手段来强制约束，因此如何在消费环节减少浪费一直是全世界面临的难点问题。

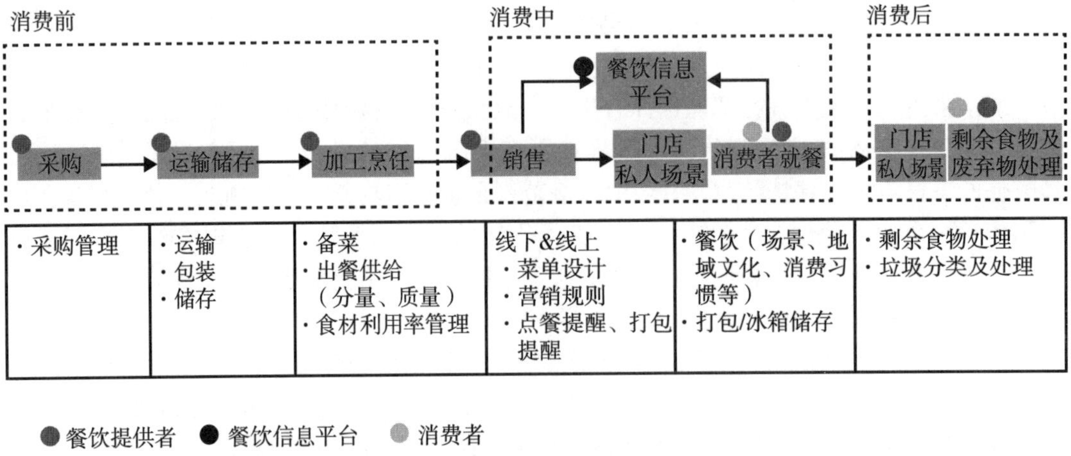

图 11　餐饮行业消费端全流程及减少浪费关键节点梳理

本报告基于监测调研、商家访谈等多种方式，聚焦消费环节，通过模式还原，重现消费场景，剖析食物浪费形成的机理，进而提出有针对性的解决路径建议。本报告尝试参考营销和消费领域基本理论还原就餐场景、剖析浪费成因，参考了 4P 营销理论（产品、价

格、渠道、促销推广）、4C 营销理论（顾客、成本、便利、沟通）等基本理论，研究认为，食物浪费成因分析可引入“人、货、场”理论概括解释。“人、货、场”理论是针对新零售提出的，人是目标客群，货是产品，场是传播渠道以及销售渠道。本报告涉及餐厅、外卖、食堂、家庭四种就餐场景，既有线上点餐也有线下就餐场景，要素中既有消费者和餐品，也有就餐场景和销售渠道，剖析食物浪费过程参与主体和相互影响因素。本报告基于“人、货、场”理论，相应餐饮消费对应为“消费者、餐品、就餐场景”三大要素，这些要素构筑起餐饮消费核心的消费环境（见图 12）。面对众多的消费端食物浪费成因，该要素模式可帮助我们聚焦消费环节。

人（消费者）。作为食物消费的主体，消费者自身的消费习惯、口味偏好以及购买力是影响食物浪费水平的基本要素。出于面子、从众心理带来的额外消费，也将进一步扩大浪费量，在事件性消费中尤其明显。

货（餐品）。作为链接消费者与商家的关键桥梁，餐品的美味程度、烹饪方式、供应分量、餐品信息等，对消费端的食物浪费水平有直接影响。

场（就餐场景）。就餐场景在诱发食物浪费中的影响不容忽视，通常与消费目的直接相关，甚至是最为关键要素，不同的场景会影响到人的行为。调研中发现，家庭消费浪费量相较于其他三大就餐场景带来的浪费量最少，在餐厅就餐中，事件性消费明显高于饱腹性就餐消费（本次调研分析结论，并参考 2018 年由世界自然基金会和中国科学院地理科学与研究所联合发布的《中国城市餐饮食物浪费报告》），在食堂就餐中，如果消费者不需要支付费用或者支付很少的费用也会带来更多的浪费。此外，消费场景中所承担的宣传引导、消费提醒等功能已被证实对减少食物浪费非常重要。

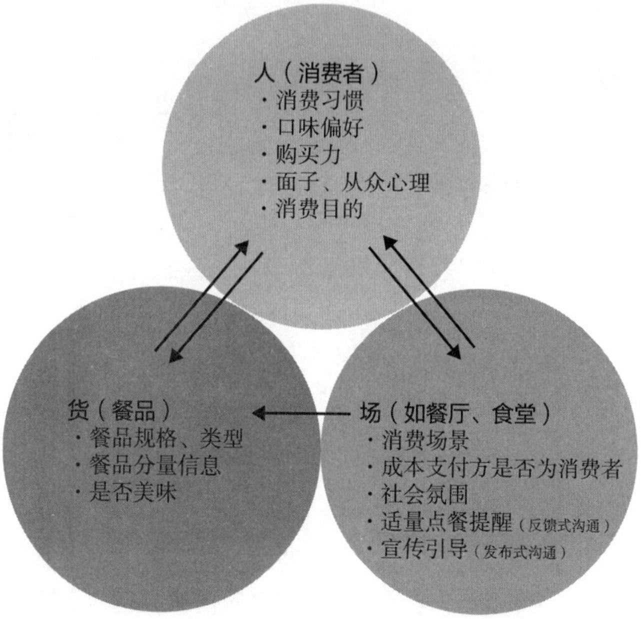

图 12　消费环节三要素“人、货、场”及食物浪费的主要影响因素

通过梳理“人、货、场”三大要素在食物浪费中的主要影响因素，分析影响食物浪费的深层次原因，可以概括为：在消费端“人、货、场”三要素框架下，“货”和“场”的主客观因素影响到“人”的主观判断和行为，而“货”的选择会受到“场”的主体影响，从而形成了互为影响、多元复杂的食物浪费“人、货、场”与“主、客观”多维网络。

在这样多维复杂的网络下，结合调研结果分析得出以下结论。

“人”在食物消费系统中具有主观性。“人”在不同的“场”有不同的消费表现。受消费场景、消费目的、消费者自身形象维护需要以及从众心理等多重主观因素影响，事件性消费导致的浪费明显高于饱腹性消费。因此，减少食物浪费首先应聚焦事件性消费。

“货”在食物消费系统中属于影响“人”主观行为的客观要素。美味且分量适中的餐食会有效降低食物浪费水平。此外，商家可基于消费心理学、行为经济学等理论进行场景设计，如调整菜单顺序、提供多规格餐品、标注餐品分量信息等，主动影响“货”的特征，进而通过非强制性手段干扰消费者的浪费行为；而携带提示标识的“货”作为桥梁，为消费者提供更多规格、更透明的选择，能够为减少浪费提供前置条件。

“场”在食物消费系统中属于影响“人”主观行为的另一要素，既有相对客观的“消费场景”和“整个社会氛围”，也有“场”的主体关于宣传引导的主观行为。合理适度的沟通提醒或宣传标语已被证实会影响消费者消费行为，在良好的社会氛围下，出于“面子”“从众心理”发生的过量消费会被有效降低。

综上，消费端影响因素复杂，既有消费者的自身因素，也有餐品提供者和消费环境因素，还有“人”和“场”交互乃至整个社会是否有节约氛围相关。因此，需要将减少餐饮浪费行为视为系统工程，面向“人、货、场”精准做功，一方面针对关键环节重点提效，另一方面持续宣传引导。

（二）措施初探

针对上述食物浪费成因，为提出相应的减量措施，研究团队分别面向1020名消费者及494个商家开展了减少食物浪费的消费意愿与行为调研，结合实地调研，项目组从认知水平、餐厨运营、减量措施等多个维度进行了探索，研究结果如下。

一是过度采购食材以及顾客过量点餐是餐饮行业经营面临的两大最常见食物浪费成因。

二是从减少食物浪费的认知与关注程度来看，商家更适宜作为食物浪费减量的关键阵地。餐饮商家减少浪费举措可以分为内部管理和消费者沟通两个方面，在内部管理方面，商家主要在采购、运输储存、加工烹饪和剩余食物及废弃物处理环节，开展精准采购及库存管理、合理储存、合理备菜并提高食材利用率、余量食物制作员工餐、门店垃圾分类管理、员工培训等工作（见参考案例）；消费者沟通发生在销售和消费环节，联动或通过商家加强对消费者宣传引导是快速提升消费者认知的关键策略，商家有效举措包括优化菜单和菜品规格、门店提示、提醒消费者合理点餐和主动提供打包服务等。有利的是，大多数商家对减少食物浪费宣传持积极态度。

三是“小份菜”作为关键的减少食物浪费措施已在50.3%的商家中得施行，但小份菜的比例占整个菜品比例不到20%，该模式仍有进一步推广空间。推行“小份菜”不仅可以带来减少食物浪费的效果，设计得当对商家的经营与利润也有所促进。根据《餐饮商家低碳行动指引研究报告》，相对于常规外卖餐品，每售出一份“小份菜”能减少共115.1g温室气体排放。

四是消费习惯的变迁，推动以美团、饿了么为代表的外卖平台的涌现。作为链接消费者与商家的关键桥梁，外卖平台可发挥自身优势，一方面可以指引商家优化供给，另一方面可以联动商家持续宣传引导，特别是在线上与消费者的交互环节，联动商家在线上提醒消费者适度点餐、推动商家上线小份餐并提供相关流量支持，也能对消费者行动产生积极影响。

实践案例：比格比萨减少食品浪费全流程实践

典型措施

● 内控7环节

① 订货：通过智能计算，合理订货，杜绝由于订货量过大导致过期的浪费。

② 储存：严格执行先进先出和开封原材料储存标准，杜绝由于疏于管理导致的过期或变质浪费。

③ 操作：员工按SOP标准操作，杜绝由于操作失误引起的浪费。

④ 使用：“边角料”物尽其用，杜绝浪费。

⑤ 消耗：做好闭餐前的叫餐，杜绝由于撤台导致的浪费。

⑥ 员工餐：合理安排，杜绝吃不完导致的浪费。

⑦ 厨余垃圾称重：每日记录数据，通过数据趋势证明餐厅反食品浪费的落地执行。

●外控2环节

① 在餐厅主动提示“防止食品浪费”

视觉提醒：餐厅电视、立卡、桌贴。

声音提醒：统一比格官方广播。

口头提醒：餐区员工礼貌提醒“多次少取，请勿浪费”。

② 餐厅主动提供巡餐与点选服务

小份巡桌：pizza、小米粥、薯条，既感动顾客又杜绝浪费。

餐厅热门产品巡桌：避免顾客“哄抢”后又吃不完。

向顾客做防止浪费的正面宣导：增强比格粉丝的反浪费意识。

低峰请顾客现点餐，员工现做，礼貌微笑告知顾客“现点现做，美味安心”。

●成果与亮点

采取了减少食品浪费措施后，比格餐厅每1万元销售额产生的厨余垃圾减量0.011吨，核算碳减排量约为15.4kg二氧化碳。

［资料来源：《减少食品浪费企业实施指南》，中国连锁经营协会（CCFA）］

商家、消费者、平台（外卖平台、部分商家入驻模式的食堂），在采购、运输储存、加工烹饪、销售、消费者就餐、剩余食物及废弃物处理各环节实践措施总结见表3。

表 3　食物处理各环节减少浪费实践措施汇总

<table>
<tr><th>关键行为主体</th><th>代表要素</th><th>行动</th><th>采购</th><th>运输储存</th><th>加工烹饪</th><th>销售/消费</th><th>剩余食物及废弃物处理</th></tr>
<tr><td rowspan="5">餐饮商家/食堂入驻商家/家庭烹饪者</td><td rowspan="5">场、货</td><td rowspan="2">管理类</td><td>原材料标准化管理
精准采购及库存管理
采购验收管控</td><td>冷链运输改善包装合理储存</td><td>合理备菜
标准化出餐
提高食材利用率
员工培训</td><td>制定销售环节减少浪费管理制度
优化菜单信息描述和菜品规格
建立餐饮质量反馈机制</td><td>余量食物制作员工餐
门店垃圾分类量化管理及运输管理</td></tr>
<tr><td colspan="5">系统科学进行减少食物浪费与绿色低碳管理
加强员工培训和技能提升；明确奖惩机制</td></tr>
<tr><td>宣传类</td><td></td><td></td><td></td><td>张贴节约宣传标语
提醒消费者合理点餐
主动提供打包服务</td><td></td></tr>
<tr><td>创新类</td><td></td><td></td><td></td><td>创新菜品及菜单
创新绿色营销模式</td><td>余量食物捐赠
废弃食物循环再利用</td></tr>
<tr></tr>
<tr><td>消费者</td><td>人</td><td>/</td><td></td><td></td><td></td><td>按需点餐
光盘行动</td><td>打包剩余食物</td></tr>
<tr><td>外卖平台/食堂管理方</td><td>线上场</td><td>/</td><td colspan="3">为更合理节约地采购、运输储存、烹饪提供标准指引、案例、教程、培训等支持</td><td>线上提醒合理点餐，推动上线小份餐品激励商家和消费者</td><td></td></tr>
</table>

备注：以餐饮、外卖场景为主，并尽可能覆盖食堂、家庭场景，可能存在部分场景不完全适用的情形。

（三）多方行动建议

食物浪费成因复杂，牵涉主体多元，如何调动多方主体的参与积极性，寻找切实可行的政府—行业—企业—消费者共治模式，推动建立合理的餐饮食物浪费综合治理机制仍是未来工作的重点。本报告通过定性定量调研分析，总结出影响食物浪费的“人、货、场”与“主、客观”多维网络，并研判重点影响要素和作用机理，提出多方共治行动建议。

各主要相关方行动建议的总体脉络可以归纳如下。

1. 政府

作为规则制定者和良好风尚的引导者，建议政府从以下三点着手。

（1）完善政策体系

针对“场”，开展食品浪费全流程评估，在《中华人民共和国反食品浪费法》等宏观法律法规基础上，针对不同环节、重点领域、重点消费场景制定有针对性的政策指引。例如，设立管控目标以降低食物加工链条不同环节的废弃物产生，在事件性就餐场景（如商务宴请、聚餐等）提出针对性的管理办法，结合垃圾分类管理制定食物废弃物分级管理制度，建立专门的宣传教育管理办法等。针对“货”，一是规范行业标准，发挥引导优势，针对行业发展难点，出台标准或行动指南，如规范食品浪费界定、食物浪费监测方法、减少浪费行为规范/指南、“小份、半份”餐品规格标准、居民合理膳食指引等，动员多方参与，积极推动减少食品浪费工作科学落地。二是探索创新举措，关注行业发展动态，协调行业协会、科研机构等，共同探索食品保质期、最佳赏味期界定及管理办法，食物捐赠相关管理办法等创新管理，与时俱进，为减少食物浪费行动注入新鲜血液。

（2）强化监督管理与机制建设

根据《中华人民共和国反食品浪费法》等相关法律法规的要求，加大“场”的监管力度，明确主体责任，严格执法监督，尤其针对重点潜在浪费场景，确保有法必依。考虑社会风尚对消费者行为影响，加强对新型媒体和相关传播形态的监管，坚决打击通过宣扬暴饮暴食等方式进行吃播带货等博取流量的行为。此外，监测是管理的基础，应着力构建以大数据、人工智能等为技术支撑的食物浪费水平监测体系，推动新型监测技术、设备在食物浪费特征、措施效益评估等领域的应用落地，降低人工数据收集造成的准确性差、透明度低等弊端。

（3）加强宣传引导与激励

推广系统的宣传教育策略，引导健康饮食习惯，传承中华饮食文化和勤俭节约精神。加强对“人”的宣传与引导，协助发布食物浪费减量的倡议及推广活动，营造全社会共同参与、广泛认可的良好社会风尚。

2. 行业协会

作为各相关方的关键连接者和良好风尚的引导者，建议行业协会可从以下方面着手。

（1）推动行业规范

根据监管政策要求和餐饮行业发展变化实际情况，推动反食品浪费及资源节约相关行业规范和标准制定，并推动贯彻落实。

（2）提升行业水平

总结行业先进实践经验，出台行业减少食品浪费实践指南，引领行业高质量发展。开展行业培训与交流活动，促进提升行业减少食品浪费能力水平。

（3）加强研究与创新

减少食品浪费工作呈现系统性和复杂性，建议举办相关论坛和研讨活动，开展研判，聚集专业机构共同探索并科学指引行业行动。探索创新型的减少食物浪费的技术及商业模式，比如延长保鲜期技术、折扣食品销售等。积极发挥行业领导和先锋模范作用，探索减少食品废弃、临期食品处理等相关公益活动和项目，总结落地模式，为减少浪费提供新举措、新思路。

（4）发出行业倡议，加强宣传引导

联动行业各相关方，开展行业监督，加强行业自律。加强公众营养膳食科普知识宣传，倡导营养均衡，引导消费者健康饮食习惯，减少食品浪费。响应相关政策要求，开展正向引导和激励，如推广模范案例征集、创新模式评选等，建立良好的反馈机制，让积极践行节约行动的各相关方以及个人能够更积极地参与行动。

3. 商家

作为行动主体，“货、场”主导者和“人”践行节约的直接影响方，建议商家从以下几点着手。

（1）合规运营，将反浪费纳入日常“场、货”的经营管理

遵守《中华人民共和国反食品浪费法》及国家、地方层面相关法规标准要求，在经

营各环节落实要求，落实相关主体责任，保障合规运营。连锁商家要做好各门店合规管理工作，上市企业需要根据 ESG 政策等相关要求做好管理和信息披露工作。量化是管理的第一步，商家需树立管理意识，开展浪费计量，并有针对性地推出减量措施，将反对食品浪费纳入员工培训内容，提升从采购、运输、生产、服务等餐饮行业全流程反浪费的能力。运营各环节落地执行：对采购、运输储存、加工烹饪、销售、剩余食物及废弃物处理各环节进行优化，合理定位，选择适合自身经营的节约行动，包括做好采购管理、主动提供小份餐品、做好消费者沟通引导等，将反食品浪费融入运营之中。

（2）落实宣传引导

日常经营过程中，在门店开展适度、有效的宣传活动，包括门店标语、桌签宣传等，并结合经营实际探索正向激励行动。在消费者交互中，提醒消费者适量点餐，不误导、诱导过量点餐，倡导“光盘行动”，主动引导消费者打包剩余餐品。

（3）创新实践

积极在实践中探索减少食物浪费的技术及商业模式。

（4）品牌及影响力建设

关注行业动态，系统性进行减少浪费、促进绿色消费等低碳行动，开展绿色低碳营销活动。探索相关公益行动，在践行实践的基础上，塑造良好的品牌形象。

4. 外卖平台、直播和短视频平台等其他提供餐饮信息服务的互联网平台

作为连接“人、货、场”的重要力量，互联网平台可从以下几点发力。

（1）推动餐品信息更优化展示

餐饮外卖平台在外卖点餐全过程显著提示消费者适量点餐。持续优化餐品信息描述规则，引导商户完善线上餐品信息。在线餐饮商户贯彻《外卖餐品信息描述规范》国家标准，明确标识菜品口味、分量、主要食材及建议食用人数等信息。

（2）加强宣传，引导适量点餐

线上线下结合大力开展宣传，向消费者弘扬中华民族勤俭节约传统美德，珍惜粮食，理性适量点餐，共同践行“光盘行动”，营造全社会节约氛围。

（3）创新节约举措

餐饮外卖平台积极利用数字化技术提升措施的有效性，如通过消费者端调研了解相关信息，并反馈给商家。开展专题推广活动，鼓励商户增加“小份菜”“小份饭”等供给，优化供给结构。加强对在线商户的反食品浪费培训，对积极参与行动的商户和消费者给予平台荣誉、流量等支持。

5. 消费者、泛公众

作为行动主体，节约行动的践行者，倡议消费者关注以下方面：树立正确的食物消费理念，遵循科学、适度和绿色的消费模式，提升主观行动意识；理解并积极配合商家、外卖平台相关行动，积极参与“绿色消费、健康消费、低碳消费”等公益宣传教育活动，并引导家人和朋友参与，促进身边小范围可持续消费意识的增强和消费习惯的养成；可对食物浪费现象进行监督，提升全社会的节约风尚和反食品浪费的自觉行为。

6. 研究机构/NGO

作为智库力量，可关注以下方面。

（1）深化研究

在宏观层面和细分领域做好研究研判，为整个社会反食品浪费行动提供智力支持。

（2）支持引导

针对具体议题，聚焦行业共识，推出实践性强的工具和指南。

（3）创新行动

包括但不限于宣传理念、创新活动、多方合作等方式，引导公众更支持、更乐意参与行动。

7. 媒体

作为媒体宣传力量，可关注以下两个方面：加强宣传，倡导节约光荣的社会风尚；对正向案例、故事持续报道，共同营造“节约光荣”的社会氛围。

2022 年中国零售企业品类分析现状调研与实施

一、调研背景

近年来，中国连锁经营协会（CCFA）与普华永道（PwC）持续开展了中国零售业企业供应链 KPI 研究。研究显示，我国供应链管理效率与水平有很大的提升空间。

为此，CCFA 计划从 2020 年起，用 8~10 年的时间，基于零售商的七大供应链关键流程，梳理出一套符合我国零售企业特点的供应链能力提升系列实施指引。2021 年正式发布了《打造以消费者为中心的精准需求预测》的供应链优化手册。2022—2023 年，再次携手 PwC、Blue Yonder，调研走访多家行业头部企业，推出基于零售商现状和展望的第二本优化手册，名为《2022 年中国零售企业品类分析现状调研与实施》。

（一）消费者需求变化

普华永道（PwC）消费者调研报告显示：最重要的是人们在所有购物场景（线上和线下）中的期望和体验正在发生变化。报告称，“零售商有责任在线下门店和线上购物过程中满足消费者的需求，并满足他们不断变化的期望”，“从整个调查中可以明显看出，这不是一个非此即彼的命题。越来越多的消费者表示，他们希望通过数字技术来增强、促进或调节线下购物体验，并称为 融合（Phygital）”。其精髓在于通过现实和虚拟体验的实时交互对接，给人们带来虚实结合、穿越时空的活动空间和全新体验。

而对于零售商来说，在满足消费者期待的同时，维持一定程度的盈利率，也需要通过数字技术支持和持续优化。过去的经验表明，好的品类分析可以持续支持业务需求、减少库存并提升营收和毛利率①。

（二）由品类分析对企业战略进行解码，结合行业变化可有效指导营销、供应模式规划与日常运营

本次调研意在了解零售企业品类分析现状，探索提升方向。

① 资料来源：Wilson. M（2023），PwC study shows what consumers want for better in-store experiences，Chain Store Age，Editor-in-Chief，available at：chainstoreage. com/pwc-study-shows-what-consumers-want-better-store-experiences.

1. 中国零售行业品类分析现状

（1）品类分析意义

承接企业战略及定位，为企业盈利模式转变，营销和供应模式规划及日常运营提供指导，有效构建企业中长期盈利能力。

（2）品类分析现状

品类分析顶层设计：企业对品类分析定位及应起到的作用缺乏足够认知，管理层级、职能权责设定等缺少清晰规划。

品类分析执行：缺少科学的体系建设（商品组合策略、选品、商品下架及价格管理），营销及供应端协同不充分。

品类分析数字化支持：缺少专业的系统应用，数据完整性低，多数企业品类分析仍停留在对业务运营现状的描述阶段。

2. 调研背景

（1）调研目的

通过数据统计及调研问卷分析，了解中国零售企业品类分析现状，厘清业态间发展差异，为企业品类分析提升方向提供参考。

（2）调研数据

主要针对覆盖多种业态的零售企业（大中型超市，社区便利店，专卖店及电商）。为在同纬度间进行比较，问卷涉及品类分析顶层设计、执行、数字化支持、挑战与展望四个维度的基本信息及标准化的数据收集。企业现状自评及 2021 年全年数据。

（三）全渠道布局加剧同时经受疫情影响，零售行业市场变得更为复杂，品类分析可作为零售企业应对变化和风险的关键抓手

零售业线下消费受环境影响明显，近 3 年线下零售额波动显著。新零售业务持续发展，网上零售额保持 10%以上的增速，由品类分析出发，规划全渠道运营是零售企业的关键课题（见图 1）。

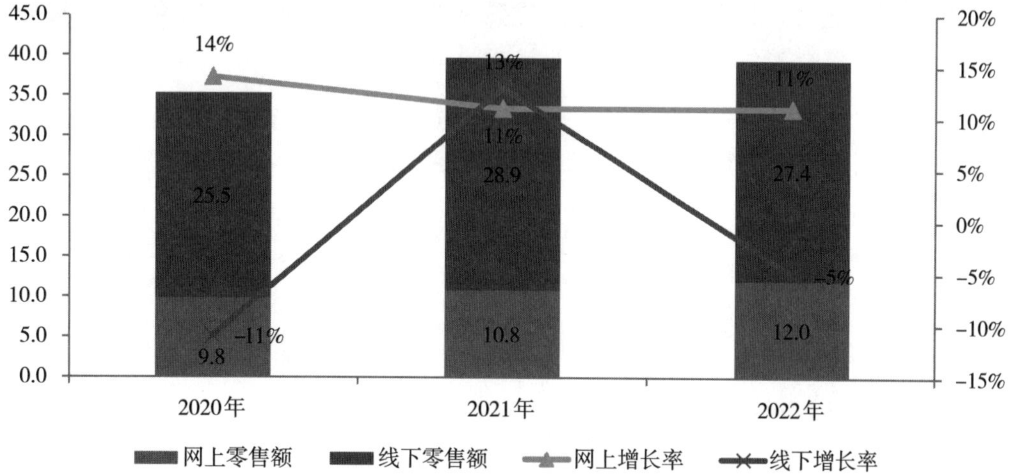

图 1　中国零售品不同消费方式变化（万亿元）

数据来源：国家统计局，普华永道调研分析。

中国消费者在非必需品的消费上变得更为保守，偶然性消费变得更少。越来越多消费者在近三年减少非必需品的支出，如服装、电子产品。零售企业需要精细的品类分析，洞悉市场变化（见图 2）。

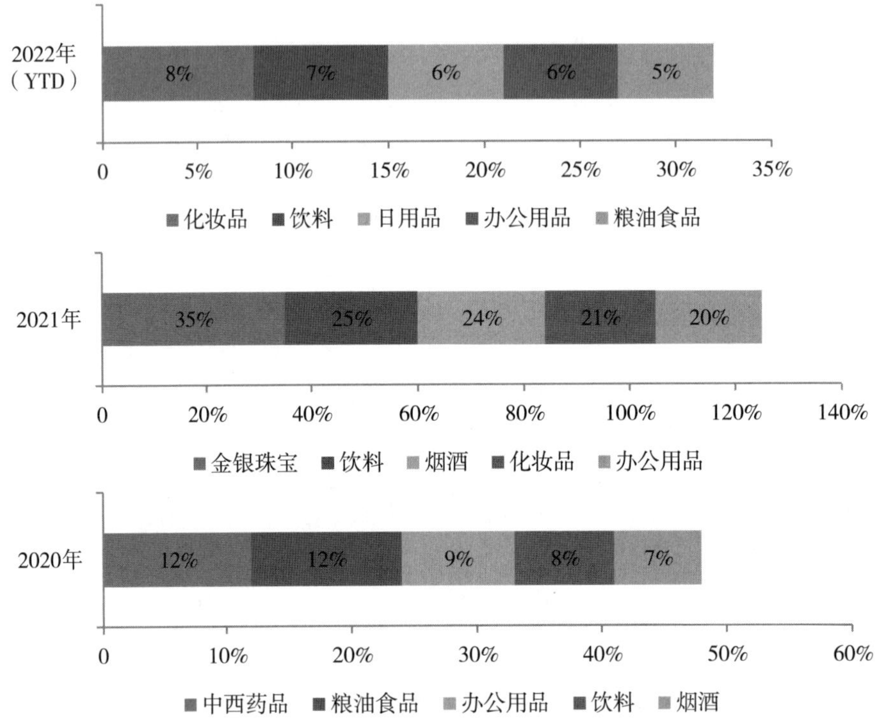

图 2　中国消费品同比增长前五品类

数据来源：国家统计局，普华永道调研分析。

（四）品类分析可助力零售企业聚焦活跃 SKU 数量，降低仓储物流等成本，从而提升现金流，有效降低企业运营成本

大中型超市品类结构更为复杂，精益的品类分析可以帮助企业聚焦活跃 SKU，从而提高单品贡献，提升企业盈利能力。电商不受门店货架制约，普遍 SKU 数量较其他业态更多（见图 3）。

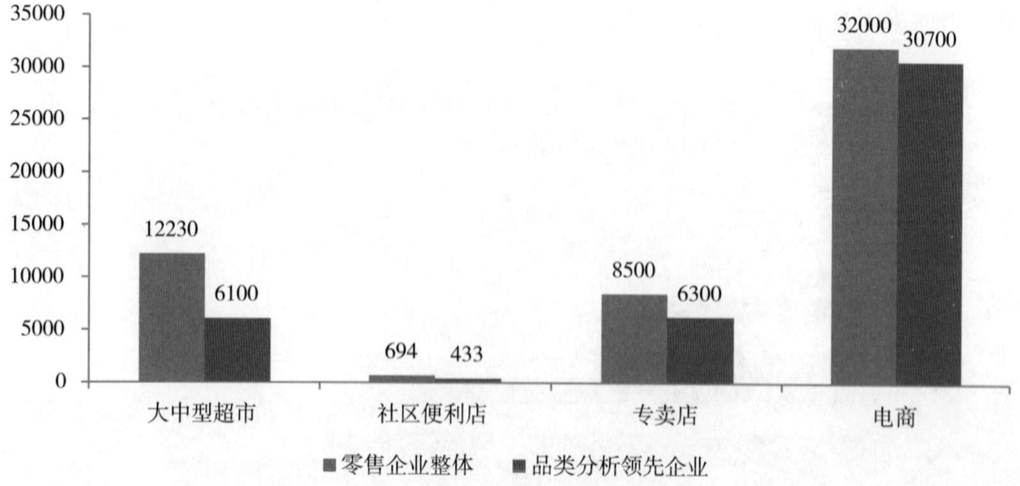

图 3　活跃 SKU 数量（按业态，个）

数据来源：普华永道调研分析。

大中型超市多采用较为集中的仓储物流网络，仓储物流成本占比最低；社区便利店与专卖店更关注周边客群的需求多样性，物流网络相对复杂；电商服务覆盖的区域更为广泛，仓储物流成本最高（见图 4）。

品类分析领先的企业在各业态均能有效降低仓储物流成本。

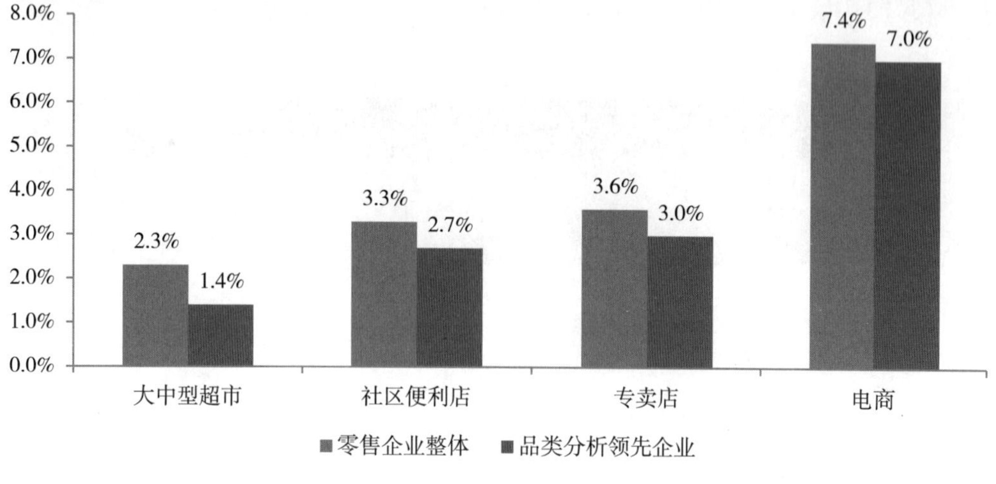

图 4　仓储物流成本占比（按业态）

数据来源：普华永道调研分析。

（五）零售企业通过精细化品类分析有针对性地提升主要品类商品的周转天数，可显著提高供应链资金效率，为企业经营提供保障

食品饮料、非食品、冷冻品类因商品范围广泛，可通过品类分析聚焦目标客群需求，提升库存周转。生鲜品类因商品对保鲜要求高，零售企业在日常运营中会更为关注，品类

分析提升效果不显著（见图 5）。

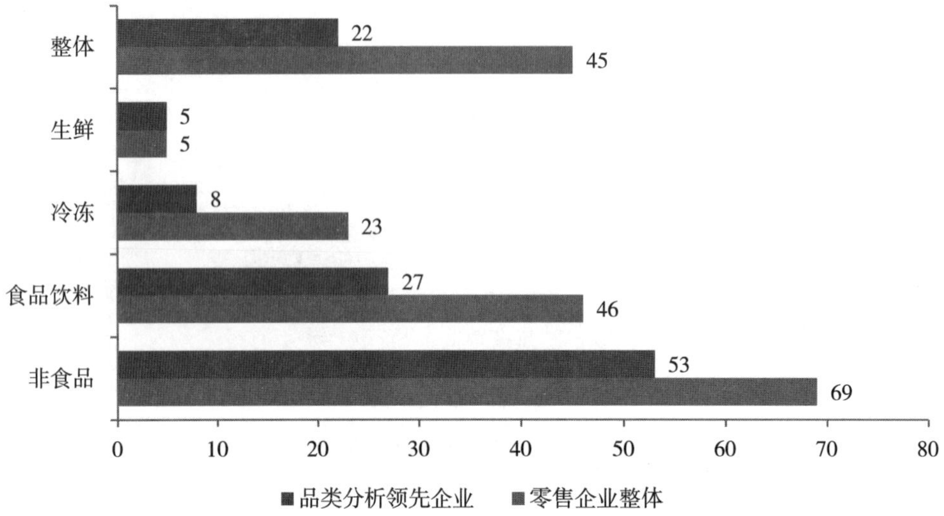

图 5　零售企业库存周转天数①（按品类，天）

数据来源：普华永道调研分析。

大中型超市品类更为复杂，制定明确的品类规划为企业提升库存周转的效果更为显著。经营不同品类的电商企业库存周转天数差异大（3～30 天），分析中选取同类企业进行比较（见图 6）。

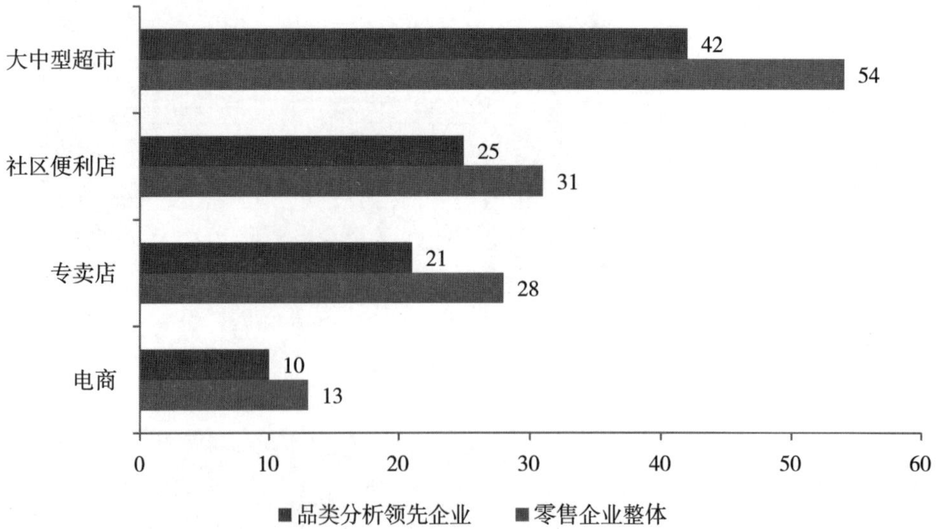

图 6　零售企业库存周转天数（按业态，天）

数据来源：普华永道调研分析。

① 品类分析领先企业：企业由独立的品类分析部门严格依据企业制定的选品体系、考核制度等执行。

（六）空间和品类分析的效益提升标杆（见图7）

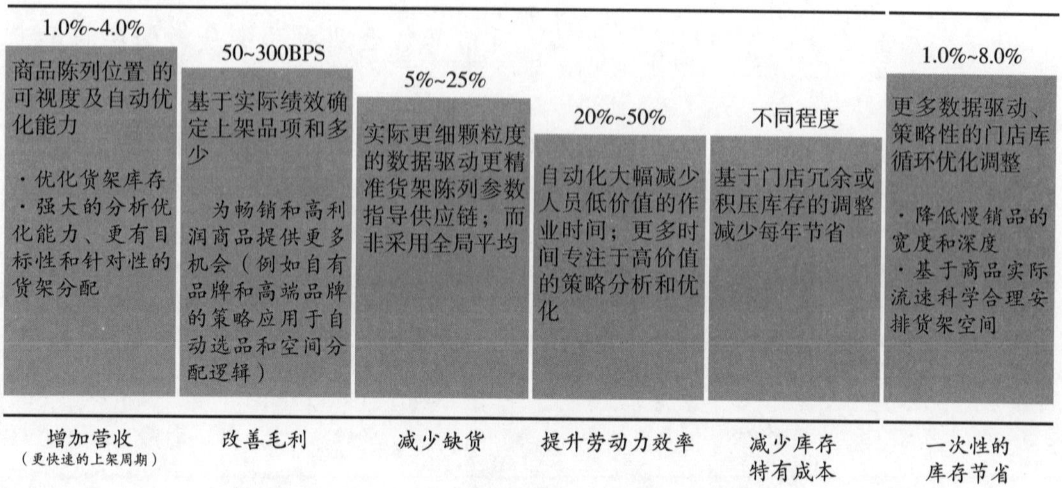

图7　空间和品类分析的效益提升标杆①

数据来源：Blue Yonder 全球客户统计。

（七）本次品类分析调研关键发现（机会点）

1. 顶层设计

零售企业应更深入地挖掘品类分析在企业经营及运营中的核心作用。通过清晰的职责及管理层级设定，夯实品类为基础的前台利润转型策略，提升企业中长期盈利能力。

2. 数字化支持

零售企业需要转变传统的数据分析观念，更多关注品类分析，从科学的数字化规划开始。选择专业系统，逐步提升数据可获得性，构建有针对的分析体系。

3. 品类分析执行

关键管理体系建设不充分（如商品组合策略、选品、商品下架等）。执行中考核缺少财务指标指导，且由于数据分析困难，分析频次处于低频状态。营销及供应端协同不充分，未起到职能间联动的作用。

4. 挑战与展望

缺少专业的管理工具、清晰的流程以及专业人才是零售企业品类分析面对的主要挑战。新零售与全渠道的持续发展，如何通过品类分析更快地应对需求变化，有效优化内部资源是企业需要迫切提升的能力。

① 收益和损失，指企业的利润或亏损；企业资金的取得为资产、企业资金的运用和存在状况为负债。

二、零售企业品类分析顶层设计

（一）从品类分析的作用可以看出，目前零售企业对品类分析的理解及重视程度不高

以品类分析为核心，科学地制定企业经营和业务运营规划，才能更好地发挥其作用。

自品类分析的概念引进以来已经逐步被各零售企业了解，但从企业认为的品类分析作用中可以看出，目前企业的认识不够充分，应将其作为企业经营、业务运营的核心，才能更充分地发挥作用（见图8）。

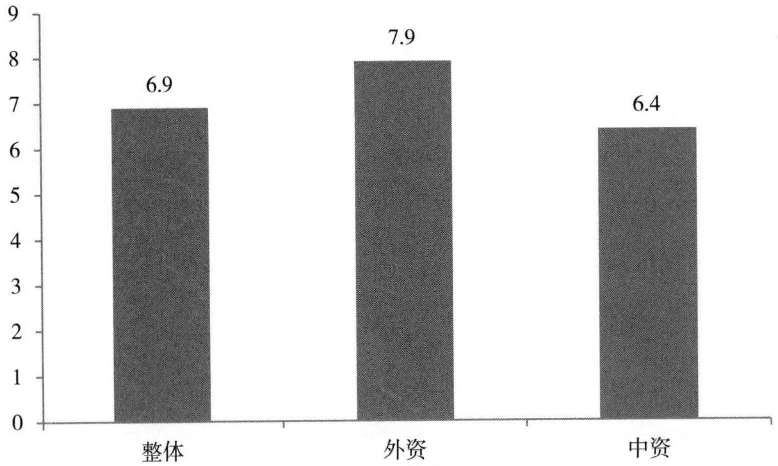

图8　零售企业品类分析成熟度自评

数据来源：普华永道调研分析。

多数企业仍将定位消费者作为品类分析的主要作用，少数企业能够考虑对财务、内外部协调的作用。品类分析缺少财务指标衡量，将无法引导内外部联动及清晰定位消费者（见图9）。

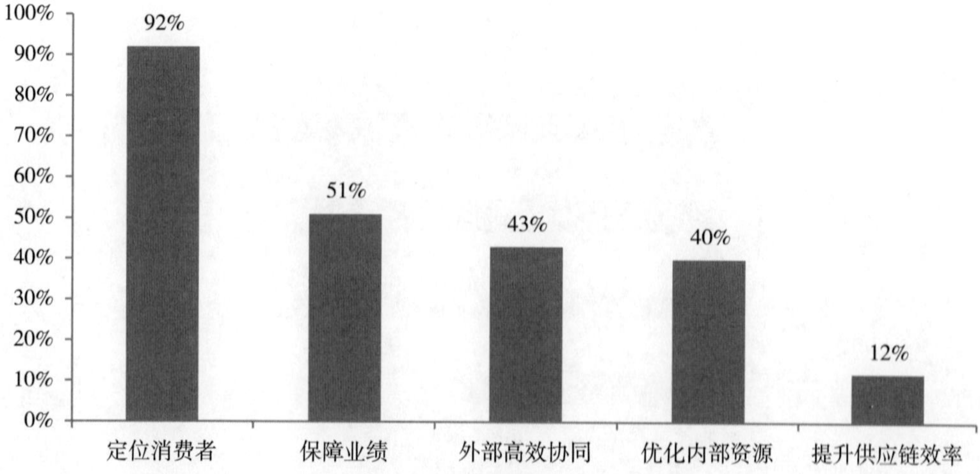

图 9　零售企业认为品类分析的作用

数据来源：普华永道调研分析。

（二）品类分析需要充足的市场信息及消费者偏好作为指引，但因外部信息获取难，零售企业的品类层级设定及执行过程中往往都缺少这个重要因素

关注价格带覆盖而未结合行业趋势及目标客群需求考量的品类层级设定，极易造成企业品类设定过于繁杂、陈旧，与目标客群脱节。仅有少部分企业能够综合考量品类与渠道间的适配性（见图 10）。

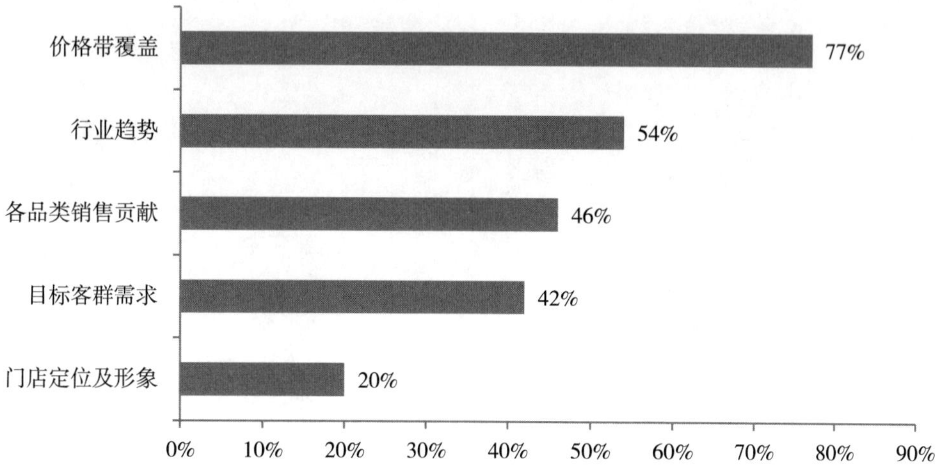

图 10　零售企业品类层级设定关注要素

数据来源：普华永道调研分析。

目前企业对品类分析执行更多依赖品类自身的职责推动、内部监控指引，因品类直接与消费者对接，缺少外部输入的执行将无法应对多变市场趋势及消费者需求变化。缺少清

晰的职责及管理层级也容易造成跨职能协同困难（见图 11）。

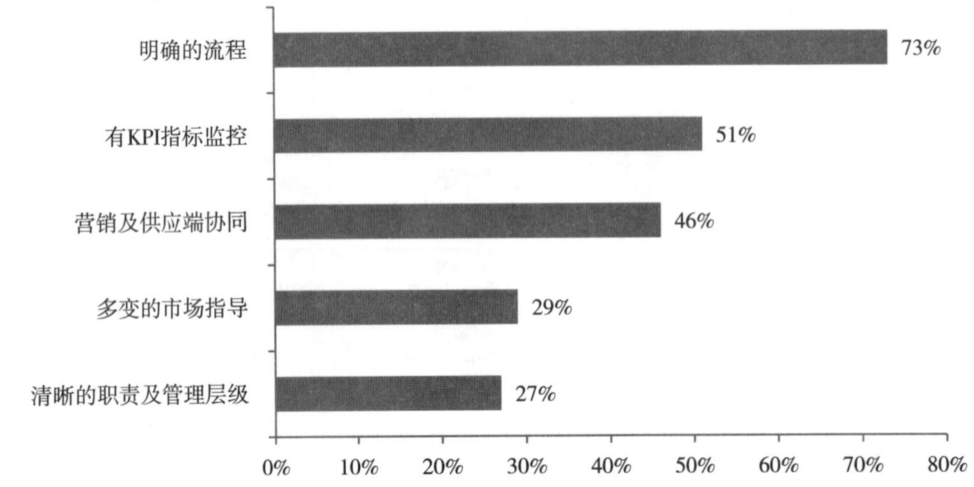

图 11　零售企业品类分析执行关注要素

数据来源：普华永道调研分析。

（三）明确的职责设定、高层充分参与、清晰的决策机制是品类分析有效执行的关键保障

企业设定独立的品类分析职责能够更好地保障整体规划的有效闭环及落地实施，有助于提高品类分析效率，降低库存成本和供应链风险，其管理效果提升显著（见图 12）。

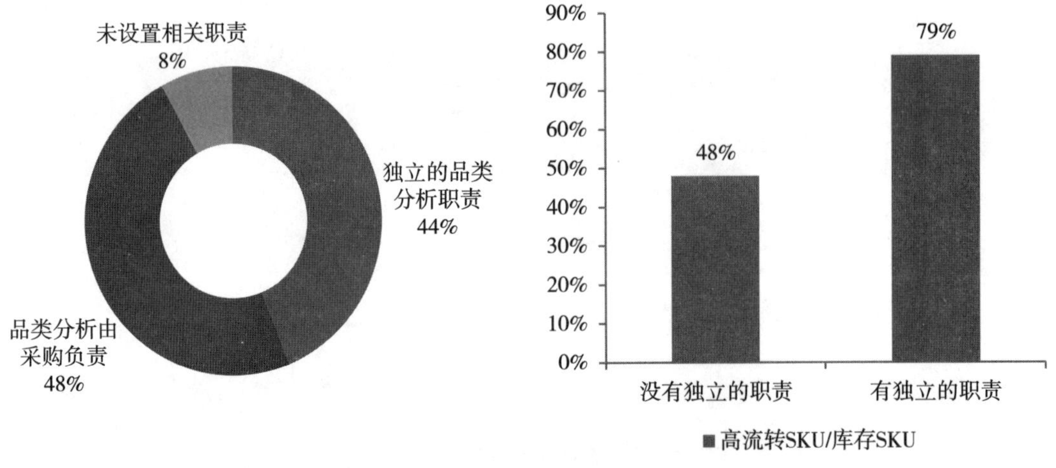

图 12　品类分析职责设定

数据来源：普华永道调研分析。

组织内各层级（总部、区域、渠道、门店）对于品类的决策机制未形成统一的认识，

缺少统筹和一致规划，将造成各门店管理水平参差不齐，后端运营成本过高（见图13）。

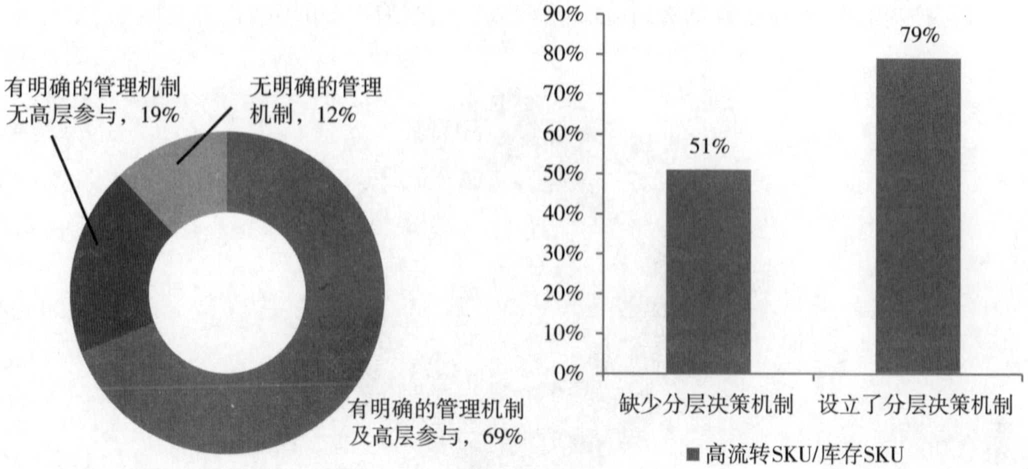

图13　品类分析决策机制

数据来源：普华永道调研分析。

三、零售企业品类分析执行

（一）为应对复杂多变的消费者需求及市场变化，零售企业需要通过定期优化商品组合以提升运营效率，达成SKU规划设定的管理目标

可实现月度优化的多为社区便利店等商品SKU总量不大的企业，因多数企业缺少按品类/渠道的财务分析支撑，商品组合的高频优化有一定困难。部分专卖店因其定位明确、品类及SKU总量较小，能够做到在每次选品时进行全品类组合优化（见图14）。

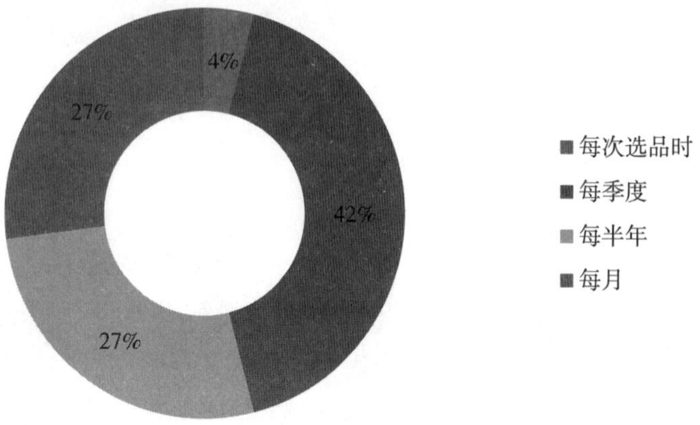

图14　零售企业商品组合优化频率

数据来源：普华永道调研分析。

半数以上的企业已经意识到精简品类及 SKU 在长期战略发展的重要性，品类繁多导致管理效率低下、库存成本居高、活跃 SKU 占比明显低于其他企业。提高商品组合优化频率将直接影响企业 SKU 数量规划落地，帮助企业更快应对市场变化（见图 15）。

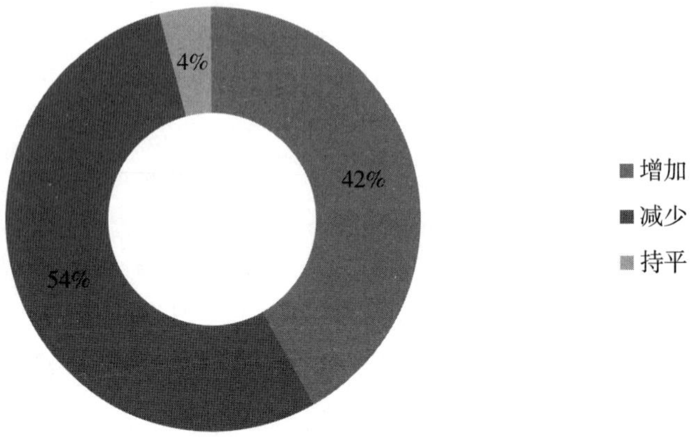

图 15　零售企业 SKU 数量变化

数据来源：普华永道调研分析。

（二）在商品组合策略管理中关键要素考量不全及关键部门参与不足，直接制约零售企业商品组合策略的目标实现及选品方案的多样性

调研显示企业更多通过利润贡献及客群需求制定商品组合策略，未能充分结合商品自身属性、渠道适配对消费者有效触达的影响。品类分析对库存管理及供应链的延展指导在多数企业中未得到释放（见图 16）。

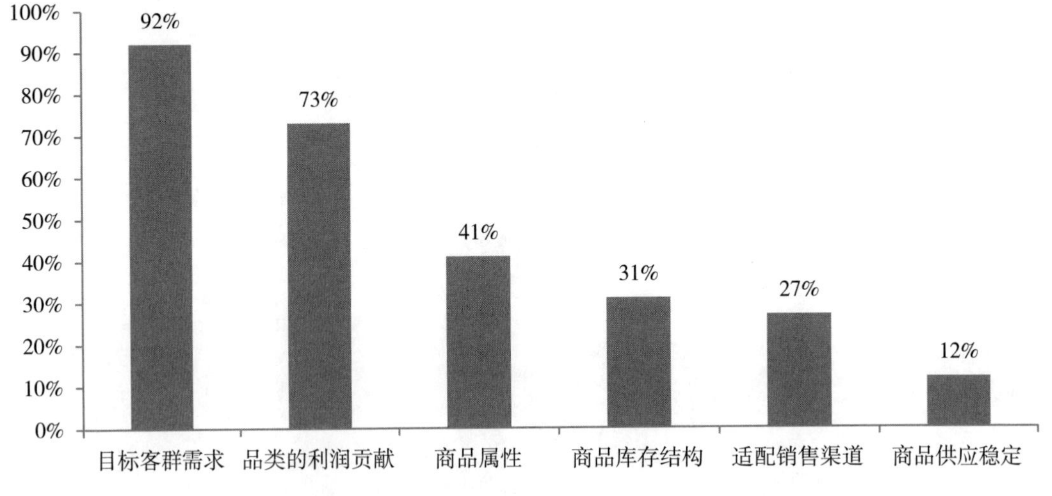

图 16　零售企业商品组合策略关注要素

数据来源：普华永道调研分析。

目前零售企业中门店/渠道的参与度不高，近七成的企业仍是采用总部统管的模式，其中因消费端需求信息获取不畅，受制于供应链库存压力，仅半数的总部集权企业有意打造千店千面的特色零售网络。根据企业现状设定总部与门店/渠道的管理层级将更好地帮助企业提升有效选品（见图17）。

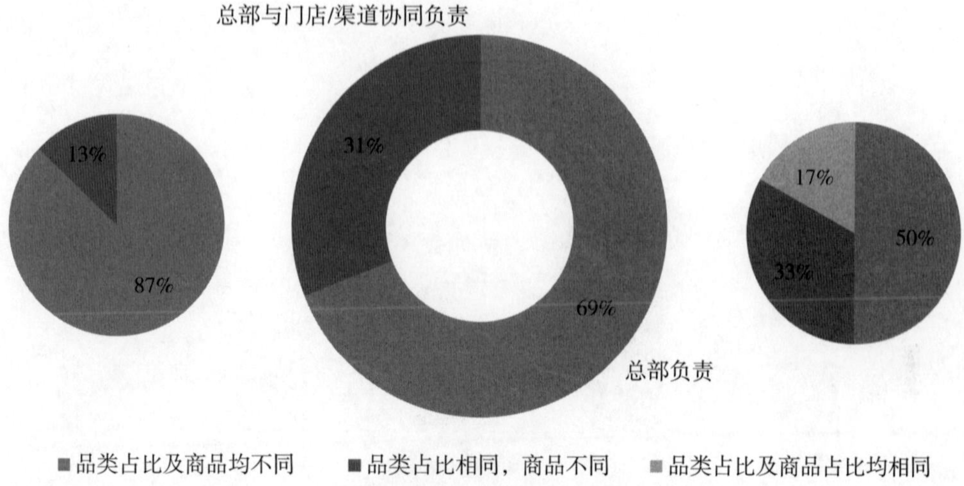

图17 零售企业选品实施现状

数据来源：普华永道调研分析。

（三）零售企业在选品及商品下架时，缺少对战略目标、供应稳定、财务指标的有效指引及商品组合完整性的整体考量，将无法形成品类分析的有效闭环

零售企业选品差异较大，关注要素的集中度不高，整体无超过50%占比的要素。多数企业依历史经验按照消费者的需求进行选品，缺少利润贡献与公司战略的结合，易造成企业的经营活动与财务目标脱节（见图18）。

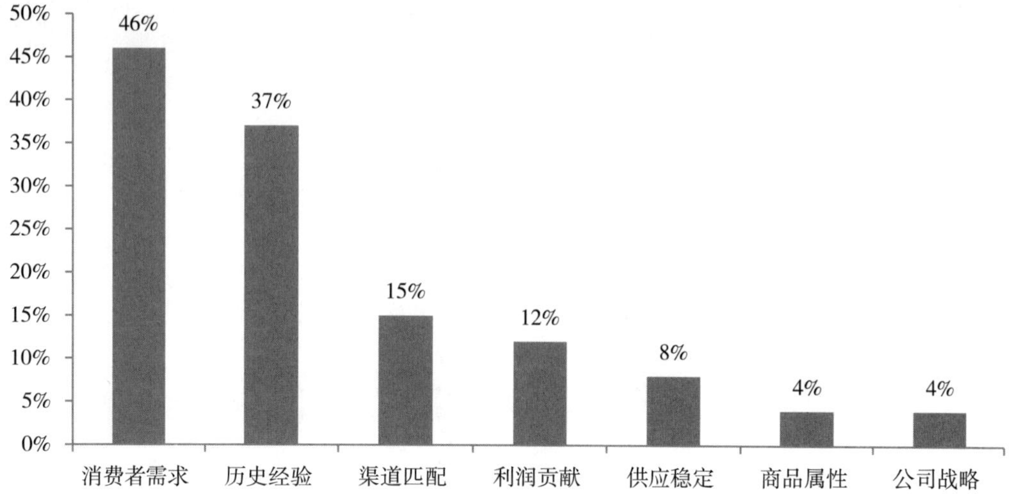

图18 零售企业选品关注要素

数据来源：普华永道调研分析。

与选品不同，大多数零售企业在商品下架时主要关注商品的利润贡献，未充分考虑商品组合完整性的下架行为，对企业经营利润更具破坏性。随着国内供应链成熟度的逐步提升，因供应不稳定导致的商品下架占比最低（见图 19）。

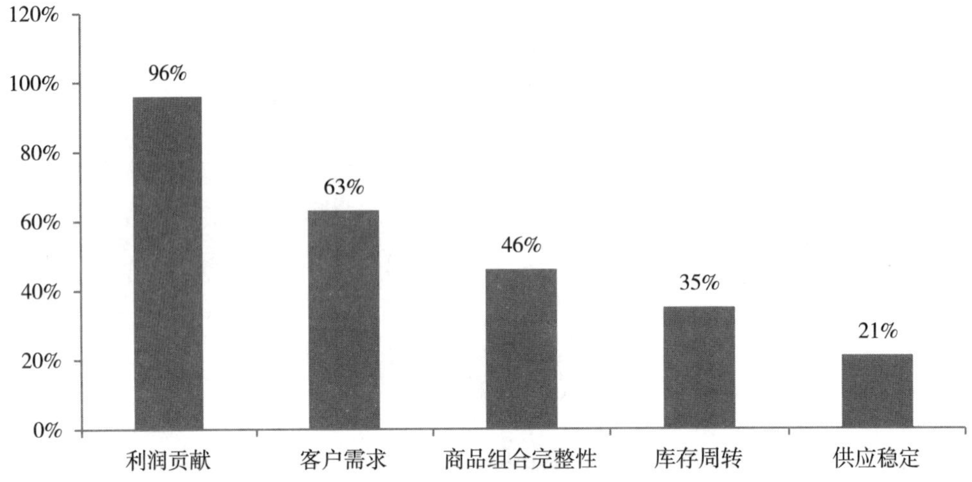

图 19　零售企业商品下架关注要素

数据来源：普华永道调研分析。

（四）零售企业可以通过自有品牌增强消费者黏性、提升盈利能力，但目前多数业态的自有品牌占比不高且在构建过程中缺少财务指标考量

零售企业基本一致认为客户需求是自有品牌设定时的最关键要素，而缺乏整体、全维度的科学思考，对管理成本的关注度不高，表明由采销模式向产销模式转变过程中的风险尚未引起零售企业重视（见图 20）。

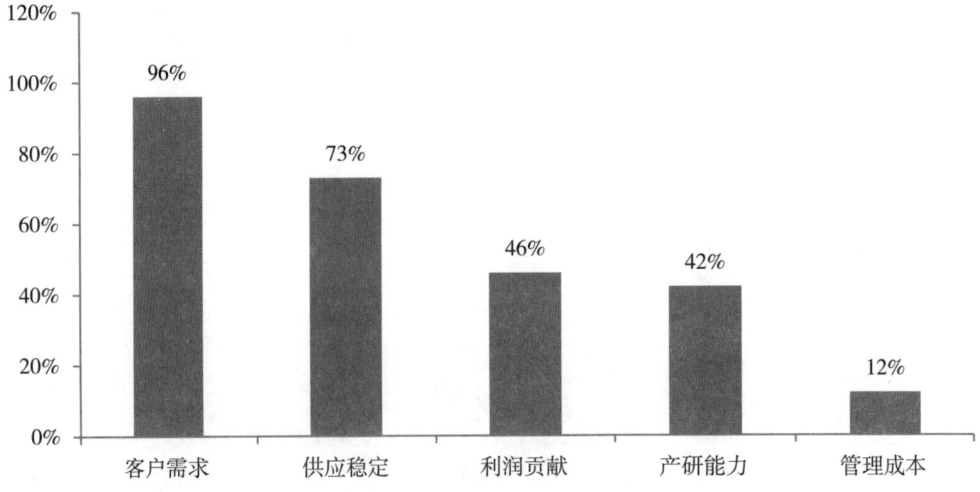

图 20　零售企业自有品牌设定关注要素

数据来源：普华永道调研分析。

除电商外，零售企业整体自有品牌占比偏低，大中型超市因品类覆盖最为广泛在各业态中自有品牌提升空间最大。相较而言，电商因其天然特性，能够更好地通过分析目标客群的需求设定自有品牌（见图21）。

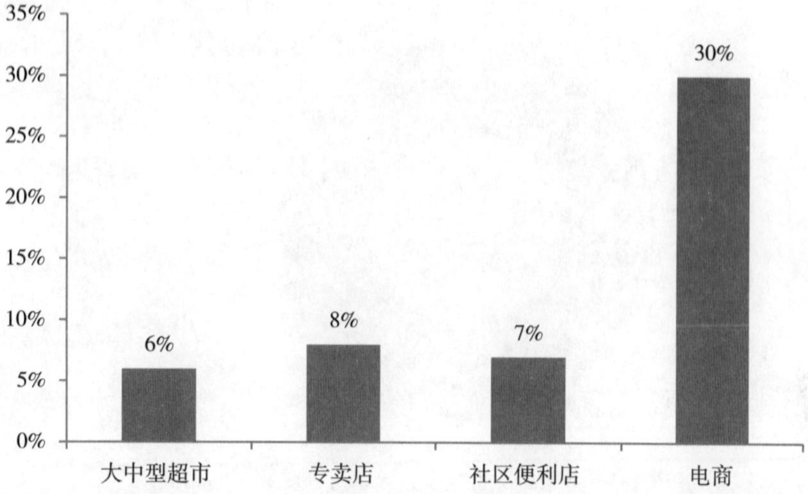

图21　零售企业自有品牌占比

数据来源：普华永道调研分析。

（五）在零售行业中商品定价可影响消费者购买决策，零售企业须通过价格管理体系的构建及定期跟踪，确保定价合理

调研显示，目前零售企业的价格管理体系与财务脱节。企业简单地依照品类角色、自身定位及同行定价，缺少整体的价格带覆盖及利润贡献考量，未能对业绩目标达成提供保障（见图22）。

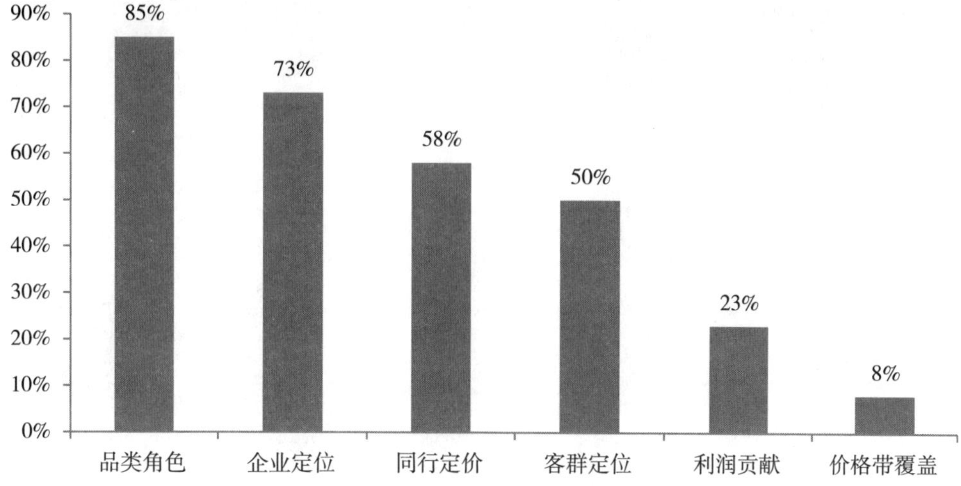

图22　价格管理体系构建关注要素

数据来源：普华永道调研分析。

含有生鲜的大中型超市和即食商品较多的社区便利店更多采用按天调价的措施，其中精细化程度更好的企业可通过一天多调的方式确保利润最大、库存最优。专卖店与电商则更多采取月度或不定期的跟踪调价措施（见图 23）。

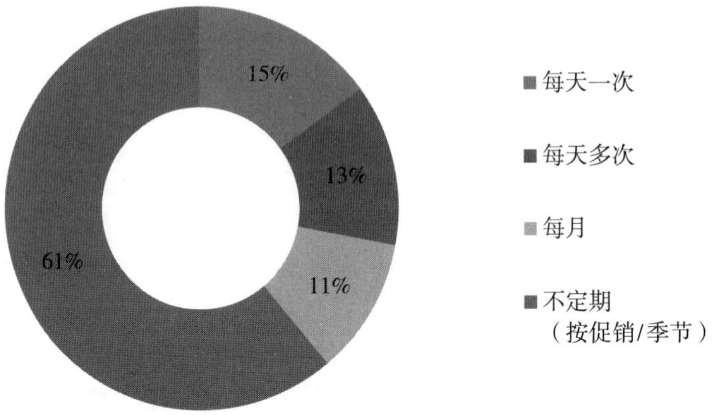

图 23　零售企业价格调整频率（按最频繁的品类）

数据来源：普华永道调研分析。

（六）周期性的全面考核是及时掌握品类分析效果的必要条件，目前零售企业能够依照自身特点设定固定的考核周期，但考核的全面性有待提升

更多的企业在品类考核时关注简单的财务指标，如销售（销售额、坪效/米效）及利润贡献（毛利增长及毛利率）；缺少与消费者（如客单价、复购率等）、自有品牌（如毛利率，占比等）等指标的关联，企业将无法制定行之有效的品类改善措施（见图 24）。

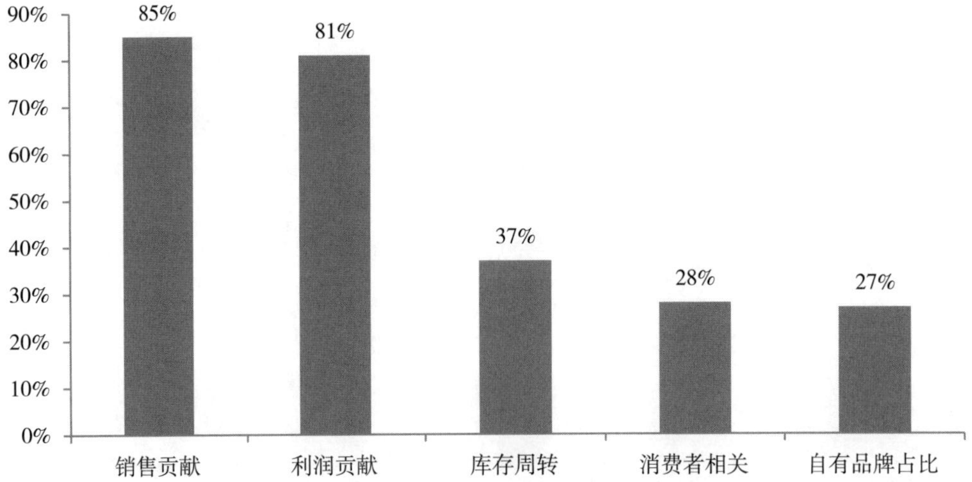

图 24　零售企业品类考核关注要素

数据来源：普华永道调研分析。

品类的复杂程度及企业关注要素直接决定考核频率，半数以上的企业依照市场趋势为各品类设定不同的考核频率，提升运营效率以应对市场变化。仅有部分专卖店及社区便利店因 SKU 数量不多，能够做到在选品时进行全品类考核（见图 25）。

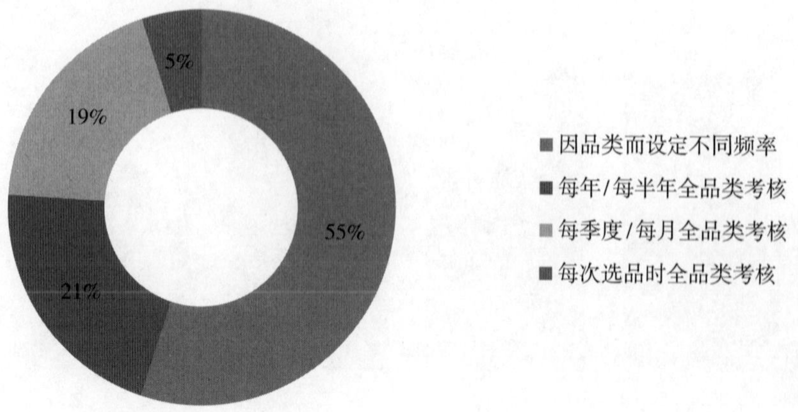

图 25　零售企业品类考核频率

数据来源：普华永道调研分析。

（七）零售企业可通过品类分析解码中长期战略、协同营销策略及日常运营落地实施，实现经营目标的达成

简单地依照目标客群、商品卖点设定品类容易造成品类繁杂、商品过多，导致复购率不高，从而加大企业日常运营难度，且对利润贡献无益。多数企业未能有意识地通过精细化品类分析制定商品组合及推广策略、直接提高客单价、提高企业盈利能力（见图 26）。

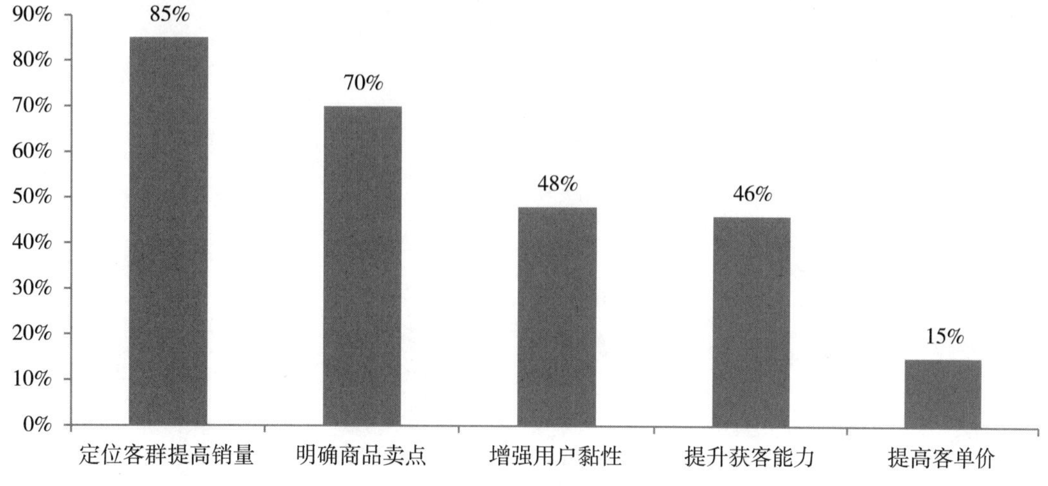

图 26　品类分析与营销端协同点（整体）

数据来源：普华永道调研分析。

基于品类覆盖广、用户信息获取困难等原因，目前多数大中型超市未通过品类分析有效定位客群、增强用户黏性。专卖店与社区便利店因其自身定位清晰，能够更好地通过品类分析定位客群，明确商品卖点，提升获客能力（见图 27）。

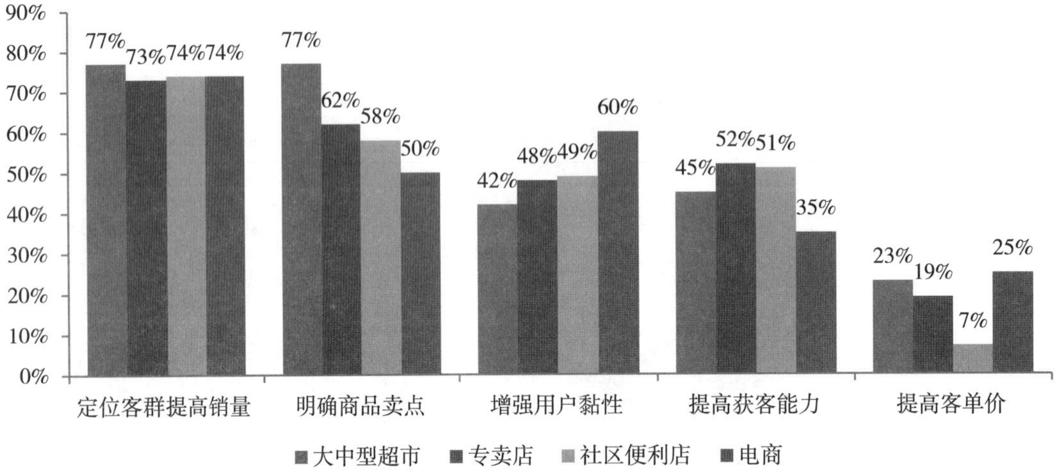

图 27　品类分析与营销端协同点（按业态）

数据来源：普华永道调研分析。

（八）从品类分析的视角关注库存及成本的协同能提升阶段现金流，零售企业应更多关注完美订单及响应效率，打造与品类相协调的柔性供应体系

相较供应链的运营效率，零售企业更多关注品类分析对库存及成本的指引，忽略完美订单、响应效率等运营考量，不利于企业品类分析对供应链的指导落地，直接影响中长期盈利能力构建（见图 28）。

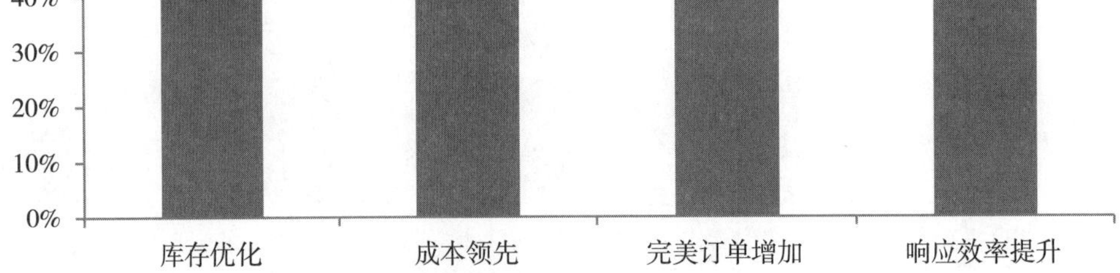

图 28　品类分析与供应端协同点（整体）

数据来源：普华永道调研分析。

部分大中型超市自运营线上业务平台，可通过规划线上业务品类提升完美订单及供应链响应效率。电商的最终交付通常由第三方快递完成，且通常品类较多，由品类分析提升服务水平的空间不大（见图29）。

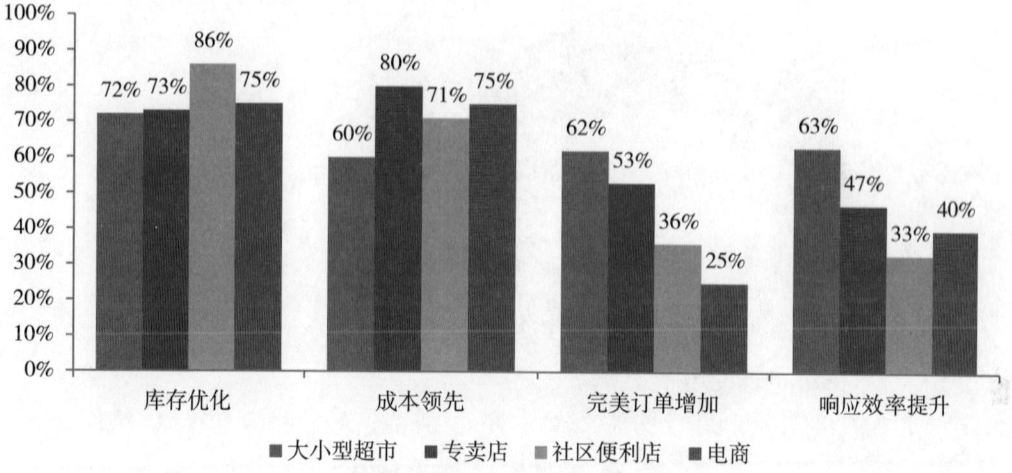

图29 品类分析与供应端协同点（按业态）

数据来源：普华永道调研分析。

（九）为应对不确定性，零售企业应依照品类分析结合自身特性设定库存管理模式，避免因粗暴标准化而造成的高缺货率

门店/渠道第一时间掌握商品销售情况，更多由门店/渠道决策的补货机制强调实时性。社区便利店、生鲜占比较大的大中型超市和少量专卖店因品类高度聚焦，可通过总部为各门店/渠道进行周期补货（见图30）。

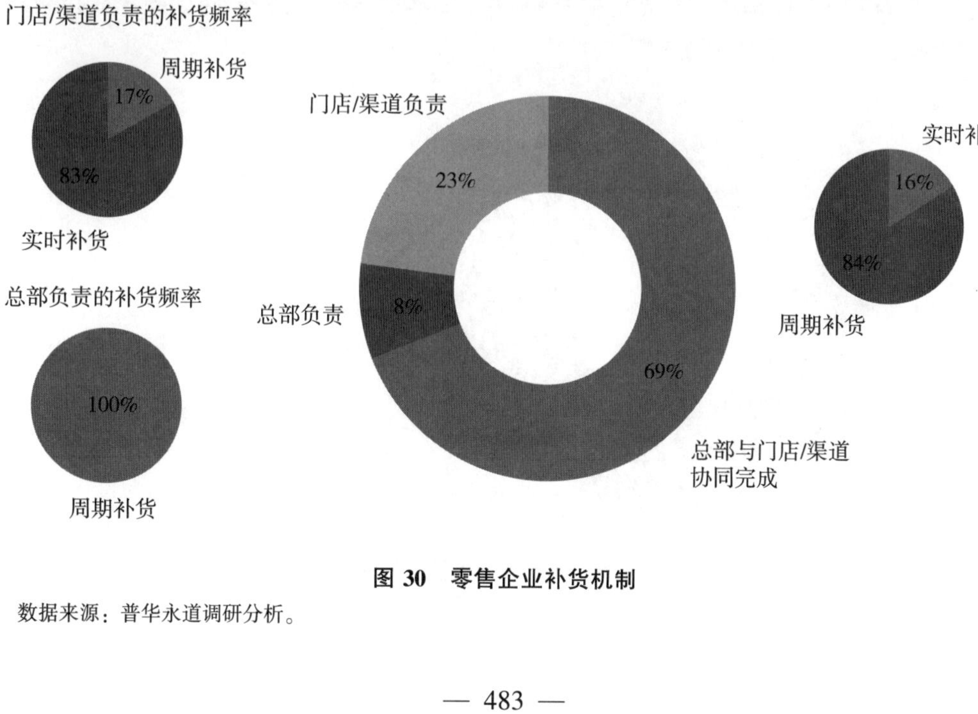

图30 零售企业补货机制

数据来源：普华永道调研分析。

零售企业纷纷通过提高商品储备来避免缺货，近九成企业缺货率低于 10%。总部统一的周期补货对快速的市场变化反应不及时，缺货率 10%以上的企业主要集中在采用此种补货策略的专卖店（见图 31）。

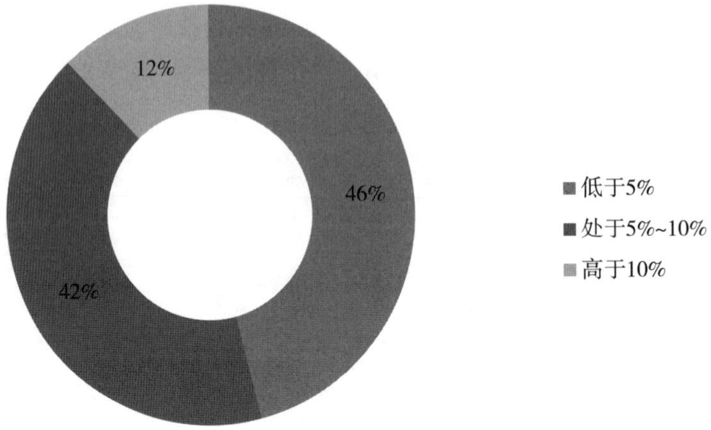

图 31　零售企业全品类缺货率

数据来源：普华永道调研分析。

四、品类分析数字化支持

（一）目前零售行业严重缺乏专业的品类系统，内部数据可获得性差，外部市场数据与内部数据匹配性低，导致可用于品类分析的数据极少

仅有 4%的零售企业使用专业的品类系统。目前企业的数字化建设多围绕财务、供应链开展，缺少品类分析应用。通常品类分析相关系统仅为主数据管理，多数企业相关系统仍停留在满足订单执行阶段（见图 32）。

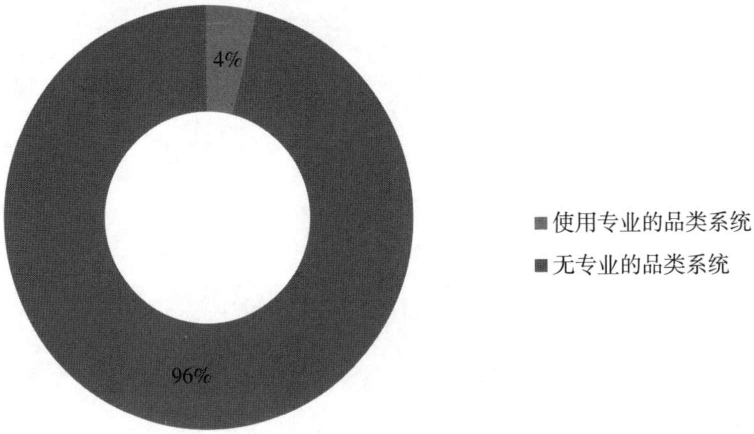

图 32　零售企业使用专业的品类系统现状

数据来源：普华永道调研分析。

数据的完整性及准确性是数据分析的关键要素。企业通过人工统计、分系统提取等形式收集的数据中，仅有8%的数据可直接用于品类的经营分析（见图33）。

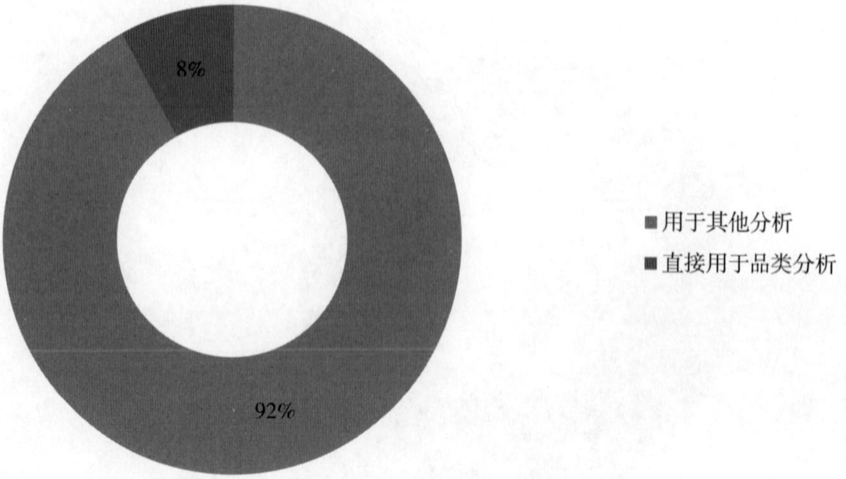

图33　用于品类经营分析的数据占比

数据来源：普华永道调研分析。

（二）因缺乏专业系统，且数据完整性低直接导致零售企业品类分析在整体数据分析中占比最低，数字分析的应用方向仍未突破传统观念

零售企业的数据分析仍主要用于财务、订单等方面，并未用于指导品类决策。企业需要更多结合外部数据有针对性地建立品类分析体系，如从选品到商品下架品类规划及SKU规划等（见图34）。

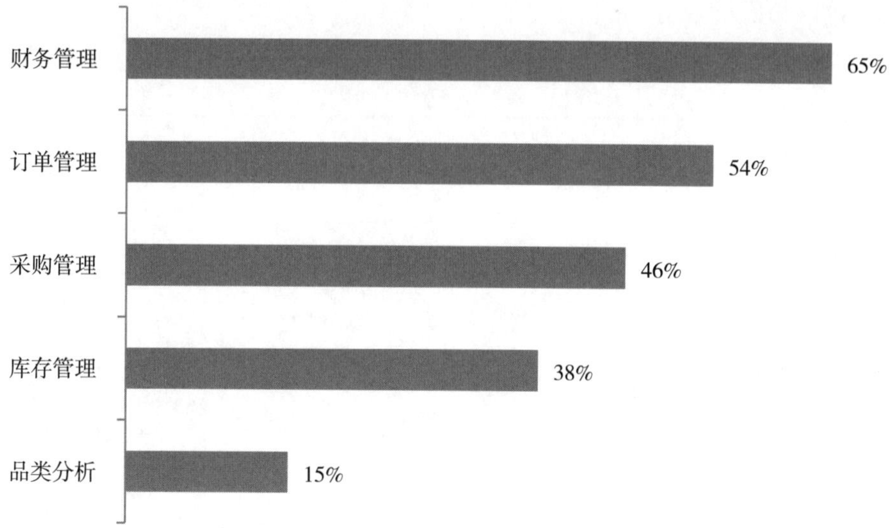

图34　零售企业数据分析应用现状

数据来源：普华永道调研分析。

零售企业更多地停留在针对现状的报表分析，更有小规模、年限短的社区便利店未开展品类维度的数据分析。受限于客群及市场数据获取困难，9%可通过建模进行预测的企业主要集中在电商及线上业务占比较大的专卖店（见图 35）。

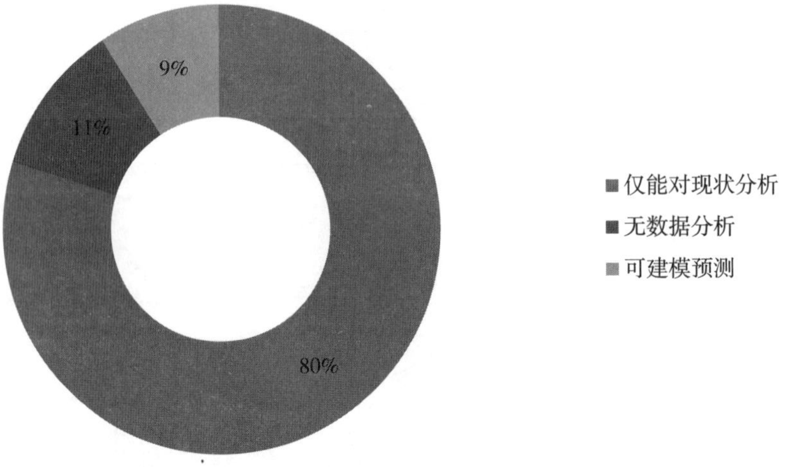

图 35　零售企业品类数据分析能力现状

数据来源：普华永道调研分析。

（三）品类分析不仅需要自上而下的管理贯通，还需要能与业务和管理相匹配的数字化支持才能承载管理需求，从海量数据中探寻其背后的真正价值

品类分析是零售业的经营语言，是企业战略发展目标的具体表达，也是保障目标实现、提升运转效率的核心动能，先进的数字化工具的增速赋能在当下零售变革的环境下越发凸显（见图 36）。

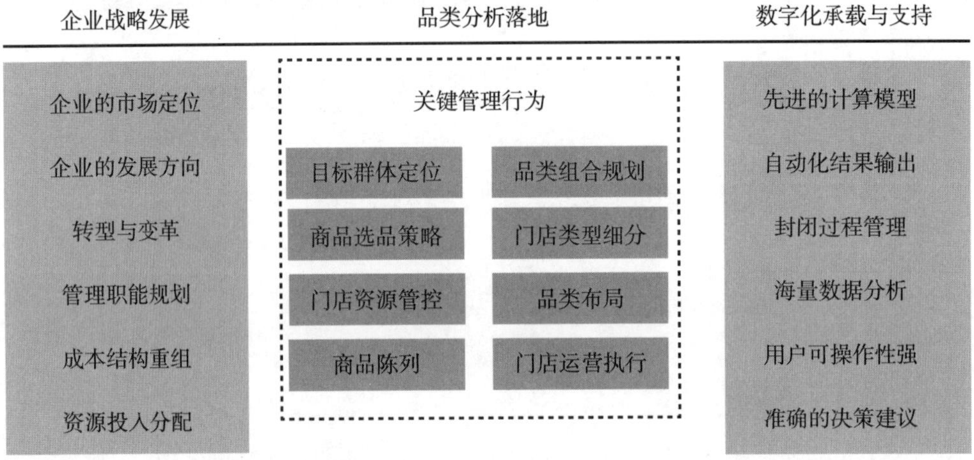

图 36　企业战略发展、品类分析落地、数字化承载与支持

信息来源：普华永道调研分析。

优秀的品类分析工具的价值会随着品类分析水平的提升而放大，不仅仅体现在人力和规范上，更为企业的战略执行、决策制定提供强有力的支撑。

五、零售企业品类分析挑战与展望

（一）品类分析领先企业更重视先期规划、跨职能协同及数字化等方面，其成熟度高于零售企业整体水平

1. 领先企业品类分析成熟度：8 分

（1）品类分析的先期规划意识更高

调研发现，领先企业的组织职责分工明确且稳定，管理制度完善，考核机制及指标完整。领先企业均设有独立的部门负责品类分析，且有清晰的汇报监督机制。

（2）更多通过品类分析实现跨职能高效协同，打造商品力

100%的领先企业在品类分析时会综合考虑企业内部的资源优化，确保职能部门能够形成以商品为核心的业务运营、团队管理。

（3）品类分析的过程管控、数字化程度更高

领先企业数字化基础更为坚实。选址、货架管理等能够通过专业系统高效完成，提升大数据处理的准确性及效率。领先企业更多结合品类树，产品生命周期等多维度构建商品的数字化指标体系。

2. 零售企业整体品类分析成熟度：5.8 分

（1）缺乏管理机制，以快速调整替代先期规划

大部分企业未通过独立的品类分析部门引导企业的品类规划，缺乏完善的管理机制。55%以上的企业以季度/月的高频次指标跟踪，进行品类绩效回顾并作出相应调整，领先企业占比仅为 25%。

（2）以品类分析贯穿业务的意识不足，无法实现闭环管理

仅 40%的企业能够有意识地通过品类分析贯穿业务运营，提升跨职能协同，关键部门无法形成合力不利于企业商品力的构建。

（3）缺少高效的系统化运营及直观的业务指标指引

部分企业仅搭建了核心管理系统，缺少品类的专业管理系统应用。缺少以品类分析为核心的指标体系构建，未形成以财务为基准，指导品类分析决策及行动的数字化支持。

（二）挑战：数字化程度低、管理机制有待完善、缺乏专业人才（见图 37）

新零售扩张势头持续，全渠道业务场景覆盖势必增加零售企业品类分析的复杂度。零售企业应选择专业的管理系统，构建品类分析体系，提升日常运营效率，为关键决策提供有效的数字支持。

零售企业需提升对品类分析的重视，以其为核心构建商品力需要完善的管理机制，如组织保障、监督机制、跨职能协同机制等。

品类分析贯穿企业经营活动的始终，营销形式及供应方式的转型升级也加大了既能理

解业务运营全域又能通晓消费者需求发展趋势的专业能力要求。

经营时间 15 年以上的企业，因其部门职责设置未能及时调整而对企业造成挑战。新兴的互联网式企业，因其快速试错，快速调整的定位影响职责划分，对企业造成挑战。

消费者越来越追求商品的多样性及差异化，导致各品类的商品推新速度加快，零售商品总量持续增加，如何从中挑选适合零售企业售卖的商品，是关键难题。

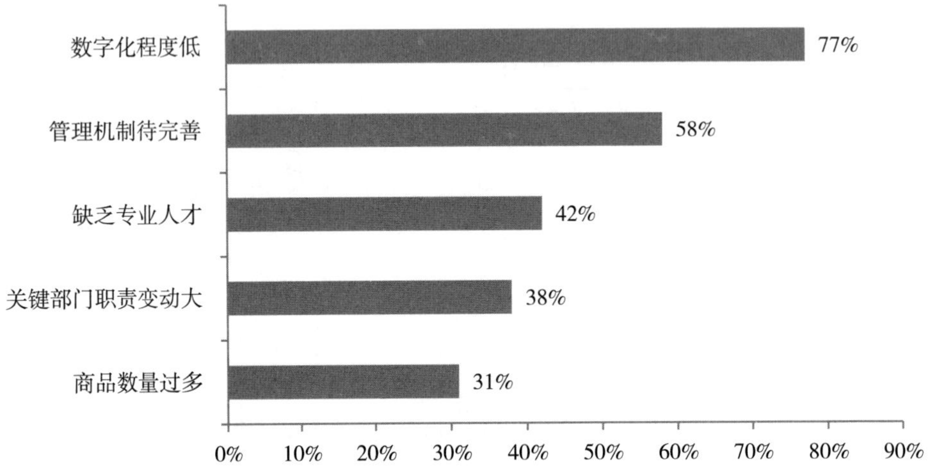

图 37　零售企业在品类分析中面对的主要挑战

数据来源：普华永道调研分析。

（三）展望：零售企业应将全渠道场景运营的思维贯穿品类分析，实现营销端增效、内部资源优化及专业的数字化赋能

零售企业的品类分析应在消费者洞察和行业分析时起，就充分考虑目标客群的全场景需求，加强建立全渠道思维与品类分析的思考，如品类构建时如何充分考虑，市场、渠道及消费者需求变化；品类考核的绩效指标如何充分考虑符合行业发展规律等。构建完善的线上线下一盘货管理机制，如：终端的消费者及渠道信息应怎样支持品类绩效指标评估等。零售企业应明确市场调研、消费者洞察结果的运用方向，制订可将行业分析与企业战略设定充分结合的规划方案。

零售企业应重视全链路数字化实施及数据分析，支持全渠道运营。全链路的系统化管理是数据可获得的保障，随着行业数字化转型的深入，企业应加强自身系统配置及系统间融合的能力。零售企业需要构建符合自身现状及发展的品类分析体系，包含数据池、指标池、报表管理等。

零售企业应加强内部资源优化的能力建设，提升全场景运营效率。品类设置要充分考虑线上线下业务、营销端及供应端的资源配置，以更好聚焦并减少沟通成本；充分利用两端的信息反馈，更好地洞察市场。

2023年连锁零售企业组织能力调研报告

为了解连锁零售企业组织能力动态，分享企业组织能力建设实践，研究与探索企业转型和变革创新之道，2023年10月，CCFA联合恺杰咨询在延续《2022年连锁零售企业组织能力调研报告》的基础上，进行了第二次中国连锁零售企业组织能力调研。

本次调研共有112家企业积极参与，调研内容涵盖公司治理、战略、组织、人才、机制、创新、数字化、文化等维度。除了问卷调查外，本次调研还对6家代表性企业进行深度访谈，并结合在零售消费行业的经验形成了最终调研报告。

传统的降本增效并不能从根本上解决零售业面临的困境，相反还可能阻碍转型变革的决心。零售企业过往赖以成功的组织能力已经不适应未来的全域零售了。中国的零售业需要全方位的反思，从传统的卖货思维和高效执行转变到系统思维、客户洞察和开放创新，只有回到管理的基本面，重构组织能力，才有可能脱胎换骨，转型成功。希望本报告的发现、观点和建议能为提升企业的组织能力建设提供洞察和启发。

一、调研概览

（一）调研框架

本次调研围绕战略、组织、人才、机制与文化维度展开，以呈现和分析当前连锁零售企业在组织能力建设上的情况（见图1）。

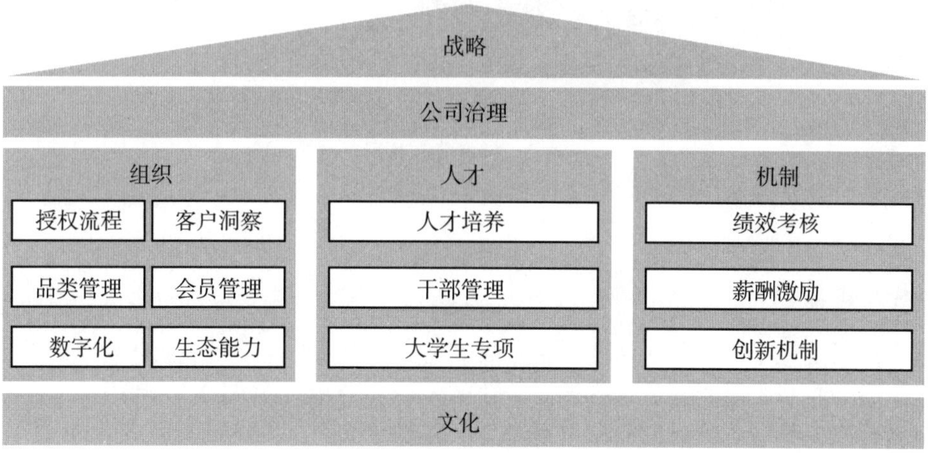

图1　调研框架

（二）样本情况

本次问卷调研部分共有 112 家连锁零售企业（调研样本 2022 年销售收入总计约 1.46 万亿元，从业人数总计约超过 95 万人）参与，问卷由各调研企业 HR 部门填写。具体样本分布情况如图 2 所示。

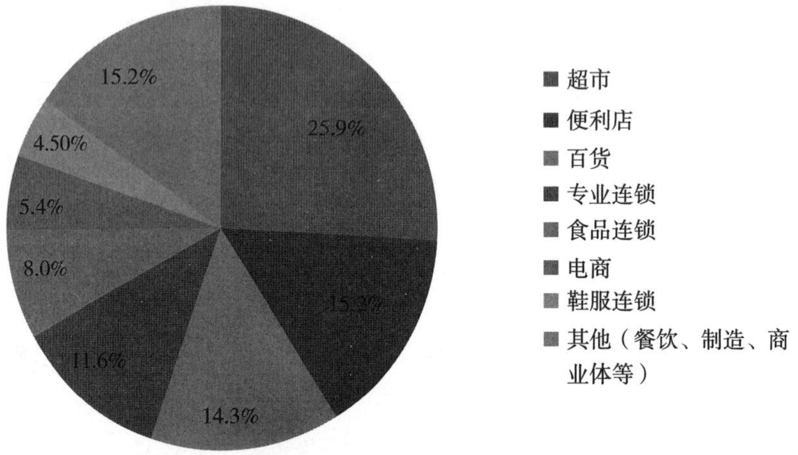

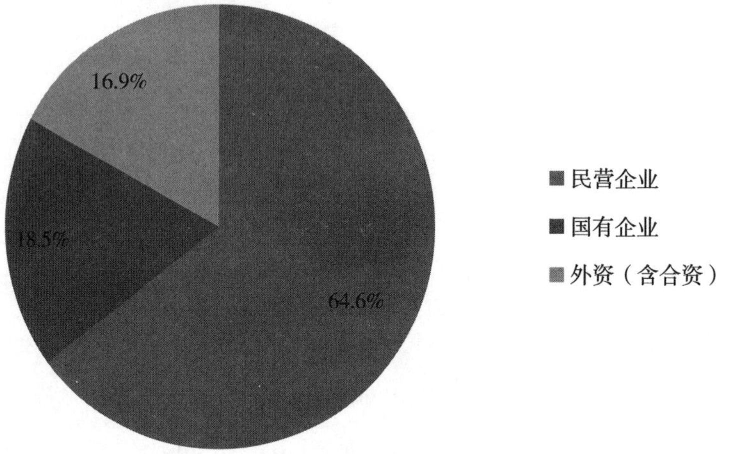

图 2　样本分布情况

数据来源：2023 年 CCFA 与恺杰零消联合开展的企业组织力调研。

（三）企业痛点

本次调研发现零售企业的前五大痛点依次是：跨部门协同不畅、人才梯队断档、创新力不足、激励机制难以激发员工积极性、数字化管理落后（见图 3）。其中：人才梯队断档、创新力不足是 2022 年调研 Top2 的痛点，但跨部门协同不畅成为 2023 年第一痛点，表明这几年零售业的焦虑在加剧，转型在加快，短板也在凸显，

全渠道、供应链、数字化等转型都需要深度的系统思维和跨部门协同。整体统筹，打

通流程，打破部门墙，将成为零售业下一步改革的必选项，也将成为领先零售企业的组织竞争优势。

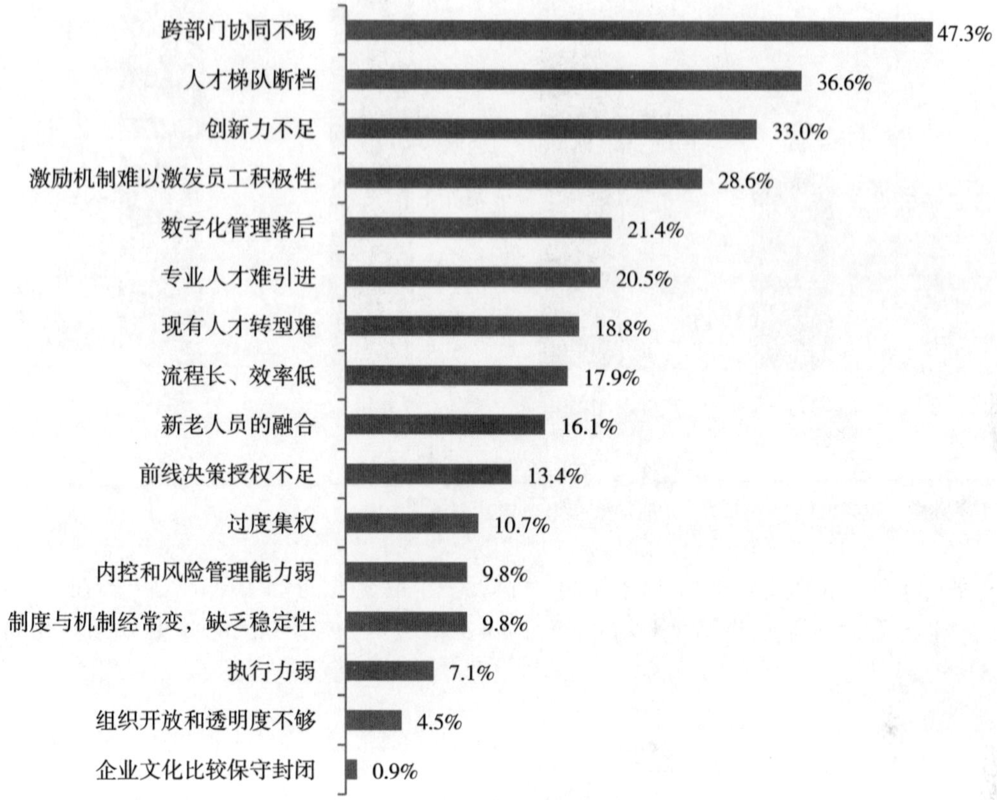

图 3　企业痛点

数据来源：2023 年 CCFA 与恺杰零消联合开展的企业组织力调研。

二、组织能力

（一）公司治理

1. 高管[①]团队

打造一支合格的高管团队既是推动业务转型的关键，也是企业传承的有力保障。

高管人数：调研企业平均 10 位高管在职（见图 4）。

① 高管定义：公司副总裁及以上，不含创始人，含上市公司董事长秘书。

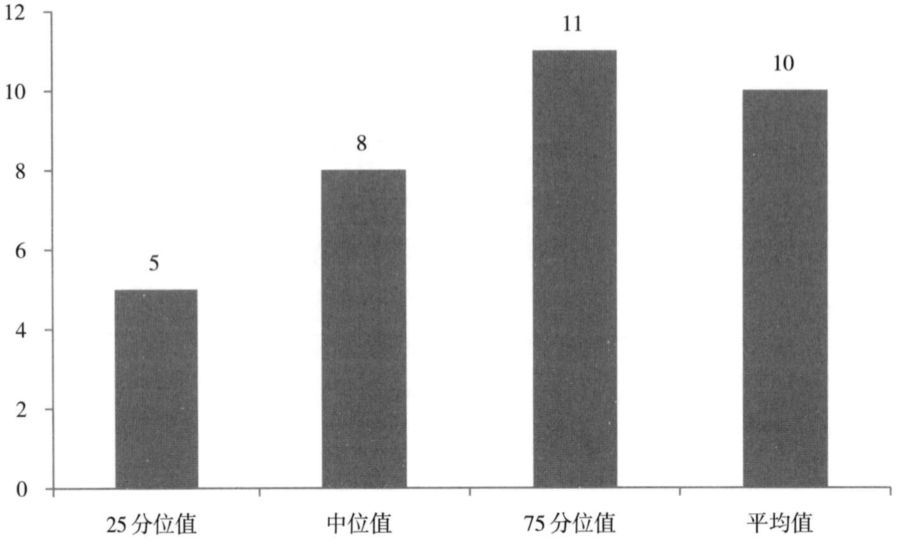

图 4　在职高管人数（分位值）

数据来源：2023 年 CCFA 与恺杰零消联合开展的企业组织力调研。

平均年龄：在职高管平均年龄为 44 岁；近一半的企业高管团队平均年龄在 45 岁以上。分业态看，电商在职高管平均年龄为 43 岁，超市为 47 岁，电商更显年轻化（见图 5）。

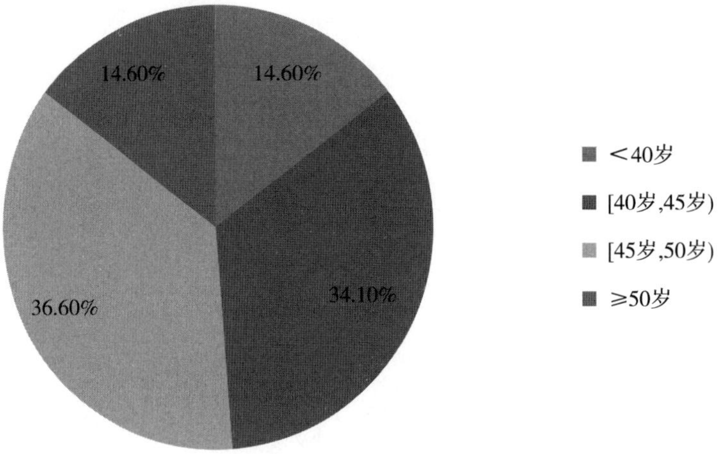

图 5　在职高管平均年龄

数据来源：2023 年 CCFA 与恺杰零消联合开展的企业组织力调研。

平均司龄：调研企业高管的平均司龄为 12 年，显示调研企业高管多以内部提拔为主，稳定性较高（见图 6）。

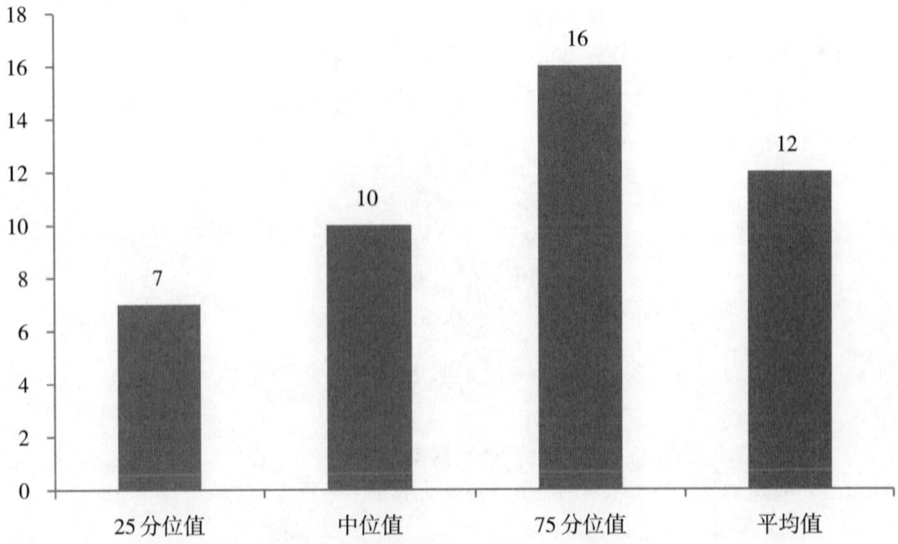

图 6 在职高管平均司龄（分位值）

数据来源：2023 年 CCFA 与恺杰零消联合开展的企业组织力调研。

成熟市场公司治理架构通常分为治理层和管理层，治理层以董事会为主，主要负责企业战略和目标、高管团队、审计风控等重大事项，管理层主要负责实施战略和日常经营管理，这样的架构既分工授权明确，又能有效制衡监督，有利于企业传承和长治久安。随着未来 10 年创始人、接班人问题的出现，中国零售业需要开始思考如何做实公司治理的问题。

2. 外聘高管

外聘高管留存率有所改善；事业平台、授权与文化是高管保留的有效措施。

高管外聘情况：2020—2022 年，83.3%的企业曾外聘高管，平均每家企业引进 3 位高管（2022 年是 5 位）；外聘高管最多的企业三年内引入 22 位高管（见图 7）。

图 7 2020—2022 年企业高管外聘情况

数据来源：2023 年 CCFA 与恺杰零消联合开展的企业组织力调研。

高管留存率：本次调研发现高管留存率为 69.3%，略高于 2022 年数据（留存率 64%），这可能和外聘高管人数减少以及外部经济环境有关（见图 8）。

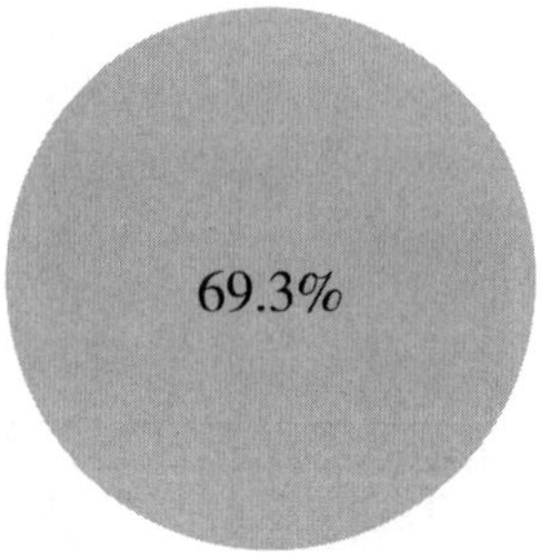

图 8 外聘高管留存率

数据来源：2023 年 CCFA 与恺杰零消联合开展的企业组织力调研。

据贝恩和恺杰的研究发现：外聘高管平均生命周期仅为 18 个月；如何用好和保留外聘高管仍然是企业需要关注的重点。

有效保留高管的措施：一半以上的调研企业认为公司发展平台、充分授权和信任、文化适应性是保留外聘高管的有效措施（见图 9）。

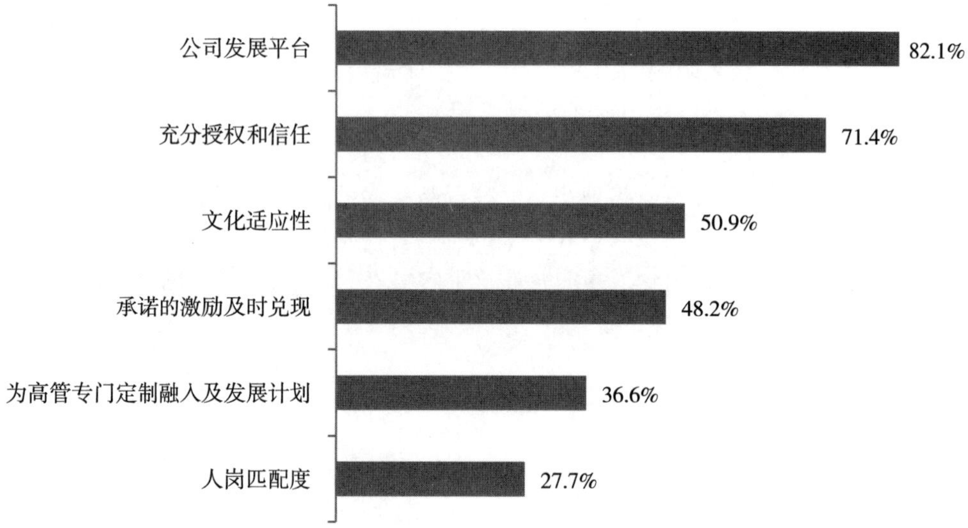

图 9 有效保留高管的措施

数据来源：2023 年 CCFA 与恺杰零消联合开展的企业组织力调研。

3. 创始人

民营企业传承问题更加紧迫，近一半企业还没有明确的接班人计划。

创始人在任情况：大部分民企创始人仍然在主导企业的内部管理，约 70%的民营企业创始人目前仍然在企业内任职董事长或总裁（见图 10）。

创始人任职及管理情况：有创始人在任的企业中，约98%的企业由创始人任职董事长；约66%的企业由创始人任职总裁。其中，董事长及总裁都由创始人担任的企业约占64%。当创始人兼任企业董事长及总裁时，平均12人向创始人汇报（见图10）。

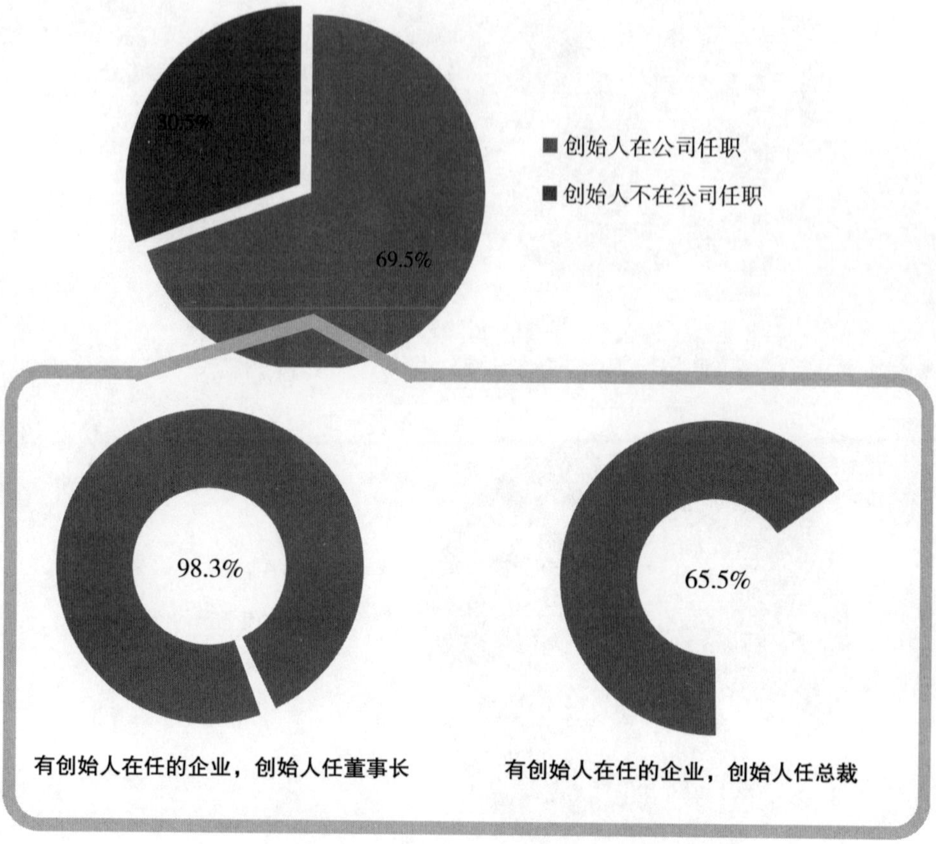

图10　创始人在任情况以及创始人任职、管理情况

数据来源：2023年CCFA与恺杰零消联合开展的企业组织力调研。

创始人年龄：约40%的企业创始人年龄在55岁以上，约60%的企业创始人年龄在55岁以下（见图11）。

是否有明确的接班人计划：一把手有明确的接班人的企业约11%，超过50%的企业表示不了解或还没有明确的候选人（见图12）。

2022年的调研中，我们提醒未来5~10年很多民营企业将要面对并解决企业传承问题。从2023年的数据看，这个问题更加急迫：十年树木，百年树人，接班人和高管团队的选拔融合、培养锻炼，以及公司治理结构、机制的优化安排、企业文化和价值观传承等是一个系统工程，需要提早5~10年规划和准备，我们呼吁企业尽早规划和行动。

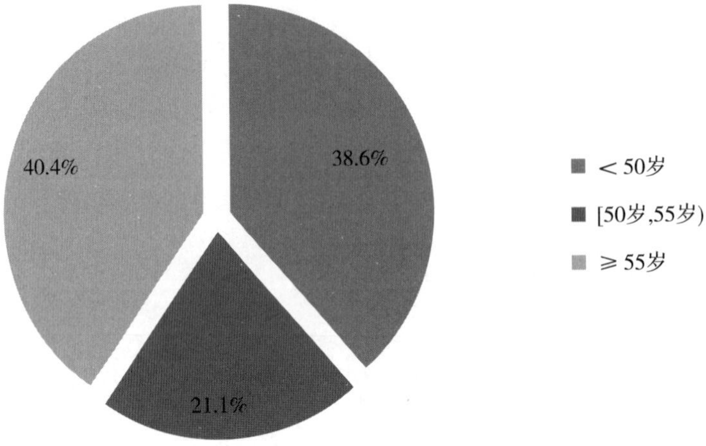

图 11　创始人年龄

数据来源：2023 年 CCFA 与恺杰零消联合开展的企业组织力调研。

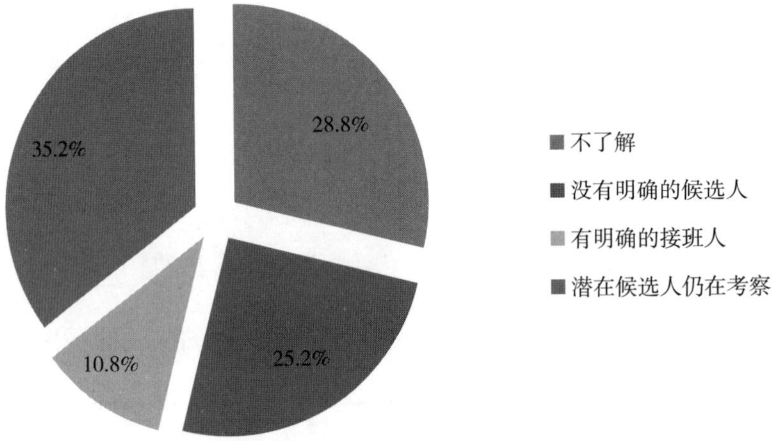

图 12　是否有明确的接班人计划

数据来源：2023 年 CCFA 与恺杰零消联合开展的企业组织力调研。

说明：企业创始人画像仅分析民营企业样本。

4. 高层管理与决策

一把手在战略上投入时间最多，决策形式以共识为主。

直接向董事长/总裁汇报的管理者人数情况如图 13 所示。

一把手投入领域情况：调研企业一把手投入最多的领域是公司战略（见图 14）。

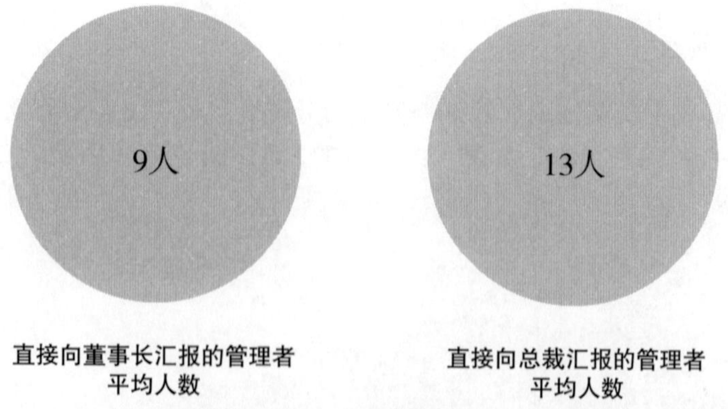

图 13 直接向董事长/总裁汇报的管理者人数情况

数据来源：2023 年 CCFA 与恺杰零消联合开展的企业组织力调研。

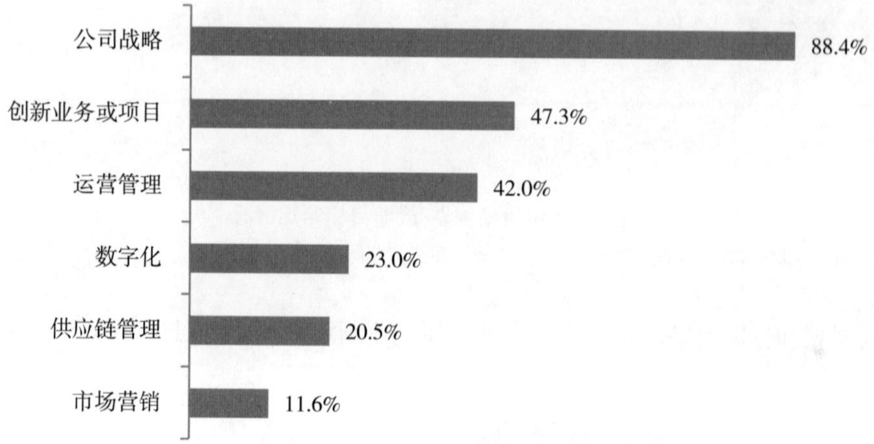

图 14 一把手投入领域情况

数据来源：2023 年 CCFA 与恺杰零消联合开展的企业组织力调研。

高层决策形式：52.7%的调研企业以办公会集体共识的形式进行高层决策（见图 15）。

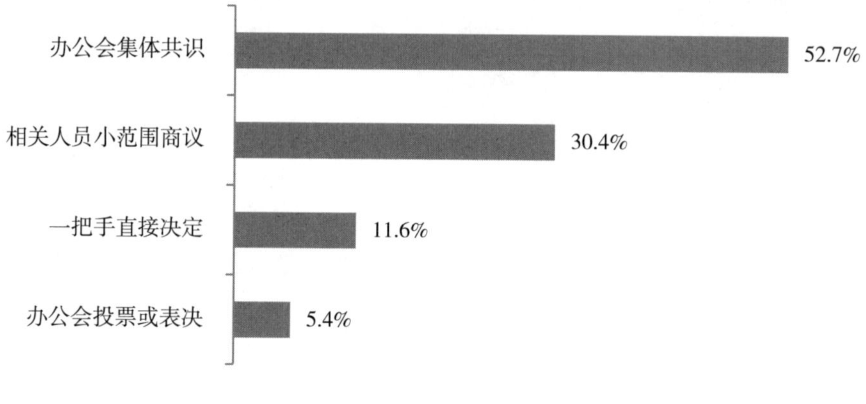

图 15 高层决策形式

数据来源：2023 年 CCFA 与恺杰零消联合开展的企业组织力调研。

（二）战略管理

大部分企业都有中长期规划，有战略制定与分解、执行与复盘过程管理。

3 年战略规划/战略目标制定情况：约 91%的调研企业制定了明确的 3 年战略规划/战略目标（见图 16）。

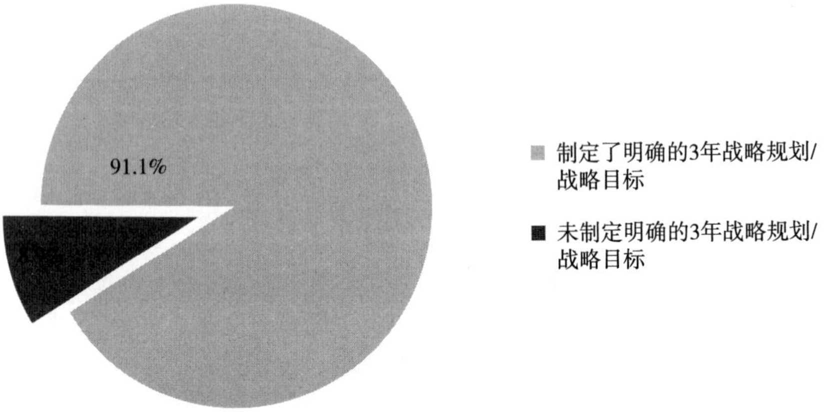

图 16　3 年战略规划/战略目标制定情况

数据来源：2023 年 CCFA 与恺杰零消联合开展的企业组织力调研。

年度规划和目标制定情况：约 96%的调研企业制定了年度规划和目标（见图 17）。

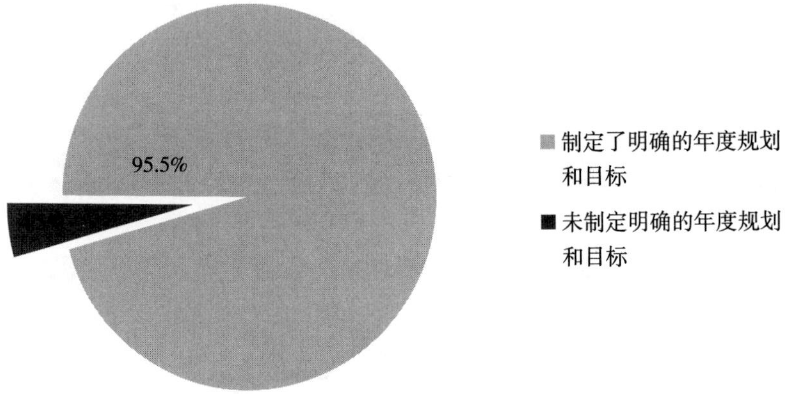

图 17　年度规划和目标制定情况

数据来源：2023 年 CCFA 与恺杰零消联合开展的企业组织力调研。

战略规划和目标分解到每个部门，形成明确 KPI 情况：约 71%的调研企业已将战略规划和目标分解到每个部门，形成明确 KPI（见图 18）。

战略执行和落地复盘、战略纠偏情况：约 76%的调研企业定期开展战略执行和落地复盘、战略纠偏，多数企业的周期为 3 个月或半年（见图 19）。

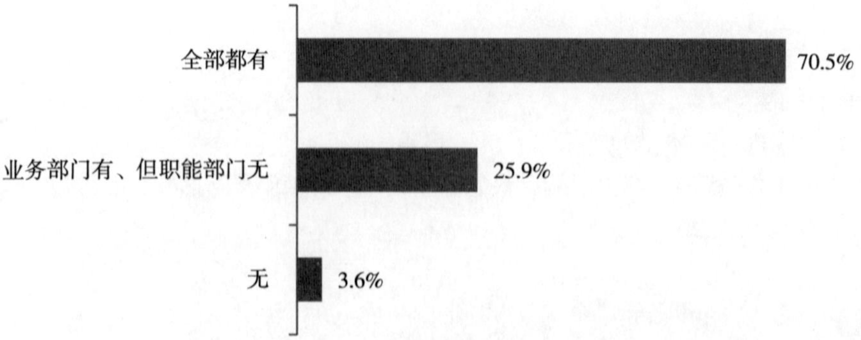

图 18 战略规划和目标分解到每个部门，形成明确 KPI 情况

数据来源：2023 年 CCFA 与恺杰零消联合开展的企业组织力调研。

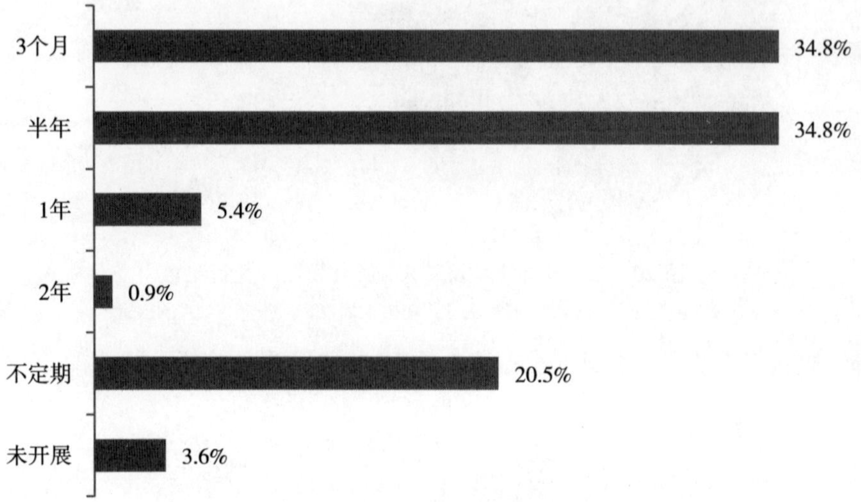

图 19 战略执行和落地复盘、战略纠偏情况

数据来源：2023 年 CCFA 与恺杰零消联合开展的企业组织力调研。

尽管大部分调研企业都做了战略的制定、分解、执行、复盘等过程，但在实践中常见的痛点如下：

缺乏战略思维和闭环思维，规划讨论的要么是抽象课题，要么是具体的运营问题，未系统思考企业面临的战略问题，以及应对策略、团队、行动和结果。

战略解码未做到上下同欲、左右协同，战略没有贯通，未形成真的共识，还是老板说了算或者本位主义。

研讨会基本没有效果，事前的调研和分析不到位，事中的会议研讨不充分，事后忙于具体工作，战略跟进未落实。

战略任务并未和考核激励强挂钩，也未投入资源，日常管理中还是以事务管理为主，关注短期或具体的事项。

(三) 组织管理

1. 组织优化

企业普遍在进行降本增效。

公司整体正式员工人数变化情况（全行业）：44%的调研企业员工人数减少，人员减幅均值为10%（见图20）。

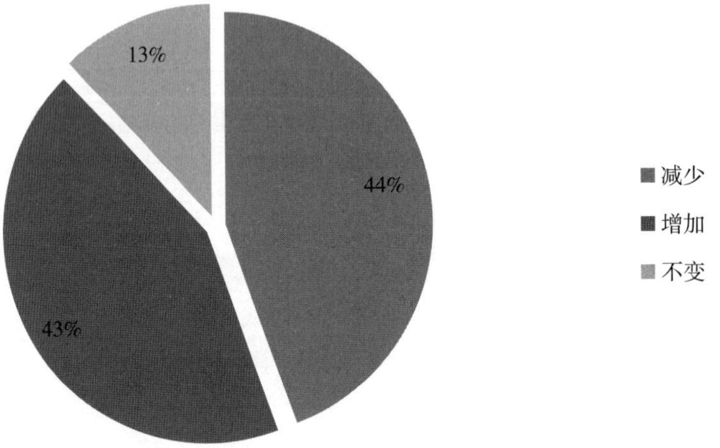

图 20　公司整体正式员工人数变化情况（全行业）

数据来源：2023 年 CCFA 与恺杰零消联合开展的企业组织力调研。

总部正式员工人数变化情况（全行业）：47%的调研企业总部人数减少，人员减幅均值为12%（见图21）。

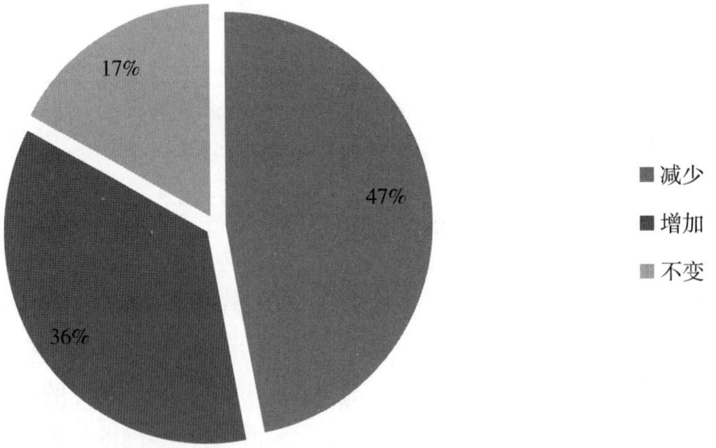

图 21　总部正式员工人数变化情况（全行业）

数据来源：2023 年 CCFA 与恺杰零消联合开展的企业组织力调研。

公司整体正式员工人数变化情况（分业态）：分业态看，公司整体人数减少的企业占比最高的是超市，为91%（见图22）。

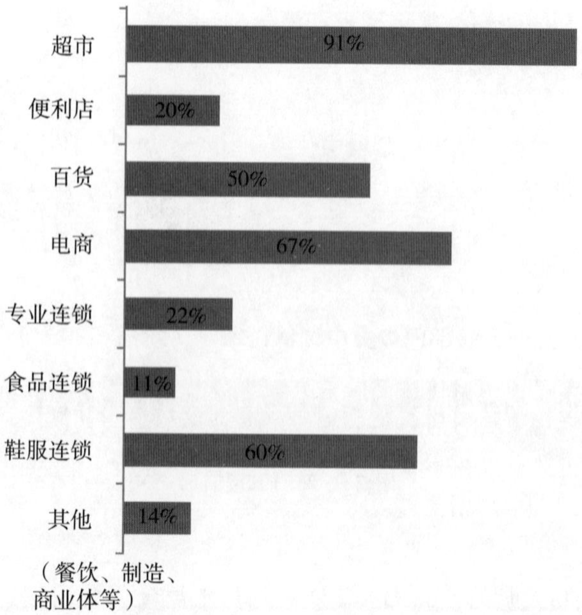

图 22　公司整体正式员工人数减少情况（分业态）

数据来源：2023 年 CCFA 与恺杰零消联合开展的企业组织力调研。

总部正式员工人数变化情况（分业态）：分业态看，总部人数减少的企业占比最高的是超市，为 75%（见图 23）。

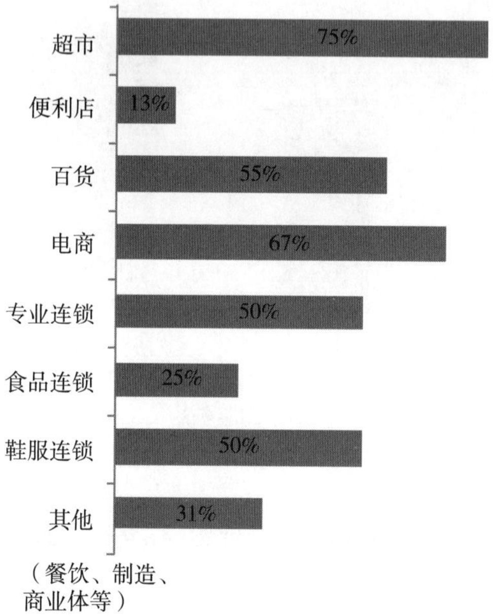

图 23　总部正式员工人数减少情况（分业态）

数据来源：2023 年 CCFA 与恺杰零消联合开展的企业组织力调研。

企业普遍在进行精简架构、优化授权和流程。

部门设置情况如图 24 所示。

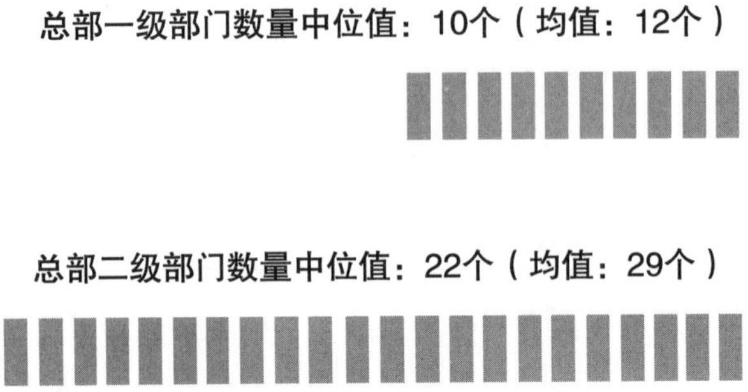

图 24 部门设置情况

数据来源：2023 年 CCFA 与恺杰零消联合开展的企业组织力调研。

总部人均服务的员工数量：总部人均服务的员工数量（公司正式员工总人数÷总部正式员工总人数）平均值为 18 人（见图 25）。

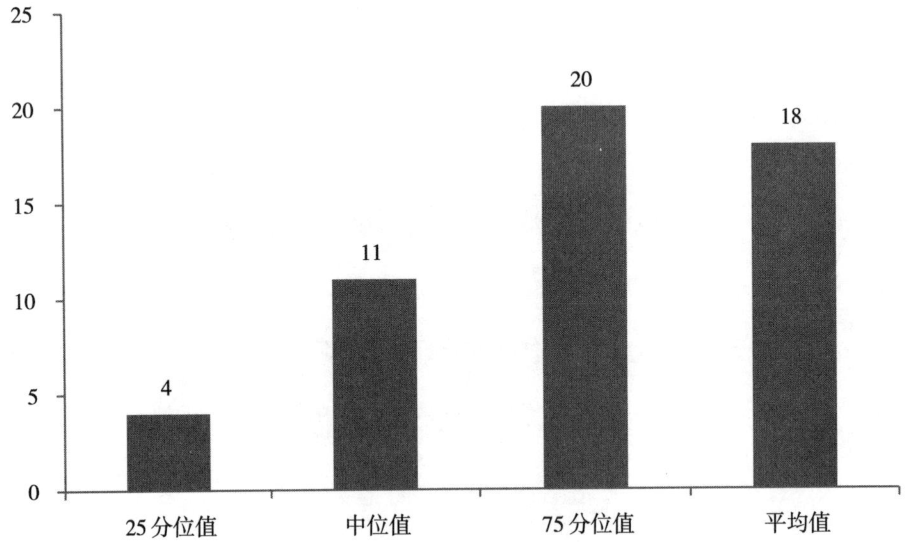

图 25 总部人均服务的员工数量

数据来源：2023 年 CCFA 与恺杰零消联合开展的企业组织力调研。

运营/销售条线组织层级数量：67%的企业组织层级不超过 5 层，仅约三成的企业层级在 6 层及以上（见图 26）。

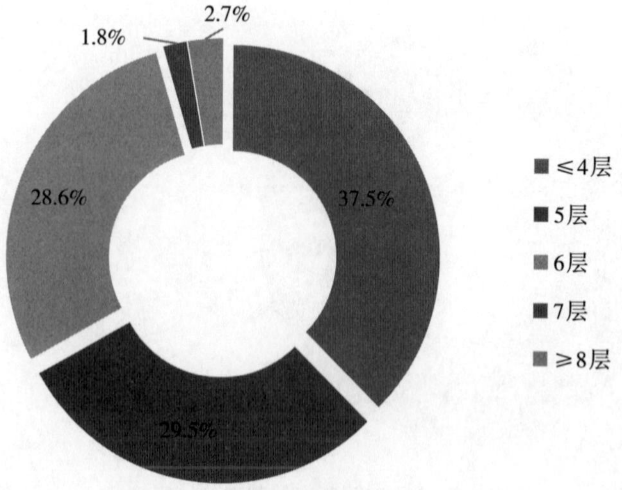

图 26　运营/销售条线组织层级数量

数据来源：2023 年 CCFA 与恺杰零消联合开展的企业组织力调研。

企业授权制度的制定与执行情况：约 54%的调研企业制定了明确的分级授权管理制度并定期更新（见图 27）。

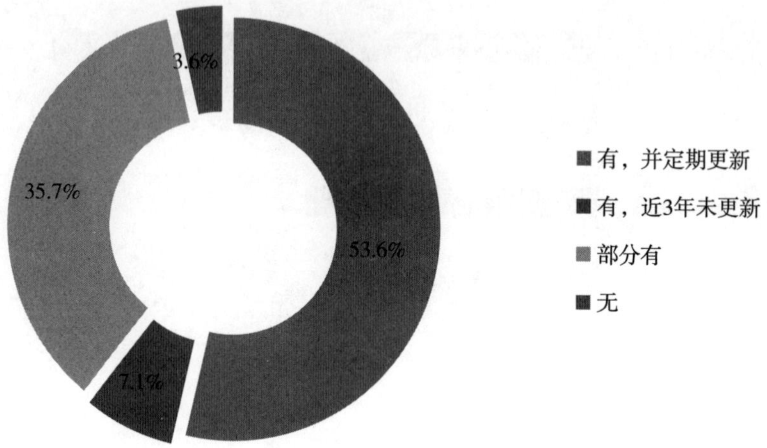

图 27　企业授权制度的制定与执行情况

数据来源：2023 年 CCFA 与恺杰零消联合开展的企业组织力调研。

企业流程制度的制定与执行情况：约 78%的调研企业制定了明确的流程管理制度并定期更新（见图 28）。

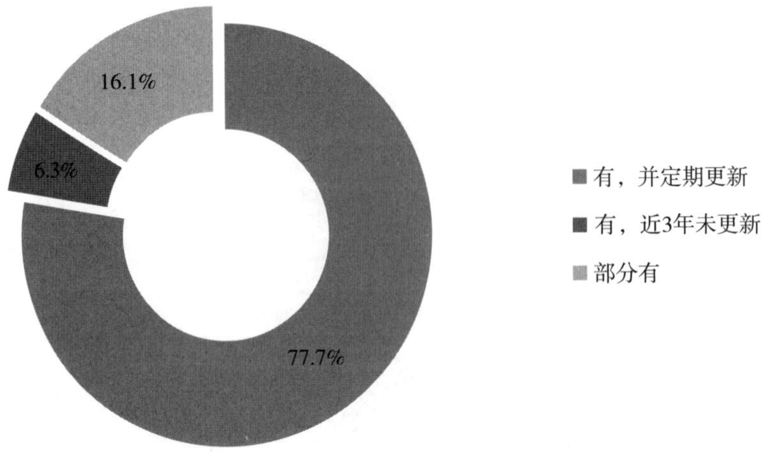

图 28　企业流程制度的制定与执行情况

数据来源：2023 年 CCFA 与恺杰零消联合开展的企业组织力调研。

2. 组织协同

组织内部协同问题重重，考验的是企业组织建设的软实力。

内部协同问题：总部与区域/门店是目前协同面临的最大挑战（见图 29）。

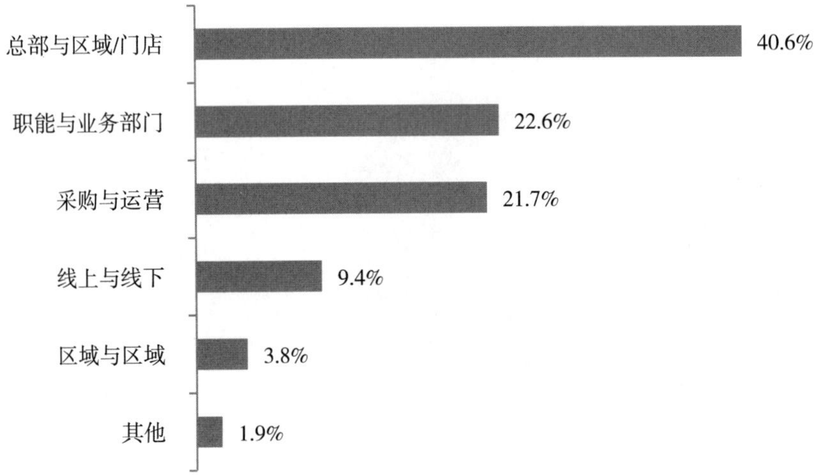

图 29　内部协同问题

数据来源：2023 年 CCFA 与恺杰零消联合开展的企业组织力调研。

尽管这几年零售企业在组织架构、编制、流程、授权上做了大量的变革，但是与 2022 年相比，2023 年协同问题越发严重，说明在组织运行机制和文化等软实力方面还有较大的优化提升空间。

这几年全渠道、供应链、数字化变革越发紧迫，这些变革都需要打通部门间的壁垒，加强上下左右的协同，才能成功。

基于对行业专家的访谈和项目经验，我们总结了提升组织协同的五点经验。

（1）一个公司的理念。在文化上必须倡导"一个公司"的理念，将公司整体目标和总体利益放在首位，所有成员都在同一个价值观、行为准则指导下工作。

（2）共同的目标。在制定战略时，注重确立共同的目标，通过共商共识将企业整体目标分解落实到行动上，所有团队成员或部门都朝着一个共同的目标努力。

（3）清晰的责权。组织规模越大，组织功能与分工就越多，就越需要更好地合作，但合作的基础是各方清晰界定责任、权力，使责权对等，再通过流程来固化和提高效率。

（4）一致的利益。组织和个体都有经济利益的现实需求，通过绩效激励机制，如指标设定、考核评价、短期或中长期激励机制，鼓励合作与做大蛋糕，共赢共享，形成真正的利益共同体。

（5）系统的轮岗。实践证明，有计划、系统的跨部门、跨区域、跨职能轮岗，不仅能让大家换位思考，促进协作，而且还能提升人员综合能力，增强组织活力，从而进一步提升绩效水平。

（四）数字化

超过半数企业线上业务营收占比不足10%，数字化转型任重道远。

约有63%的调研企业将数字化设为公司独立一级部门，约30%的企业将数字化设为公司二级部门（见图30）。

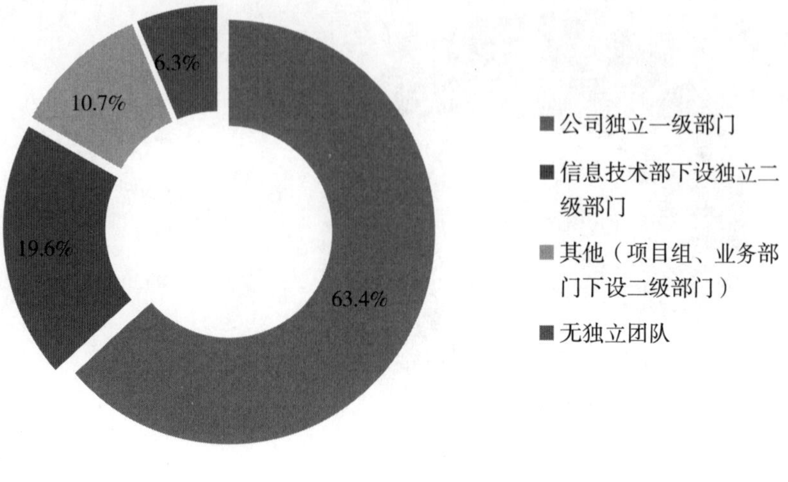

图30　数字化承接部门

数据来源：2023年CCFA与恺杰零消联合开展的企业组织力调研。

调研企业对外部数字化人才的需求突出，约41%的企业选择外招人才负责数字化业务（见图31）。

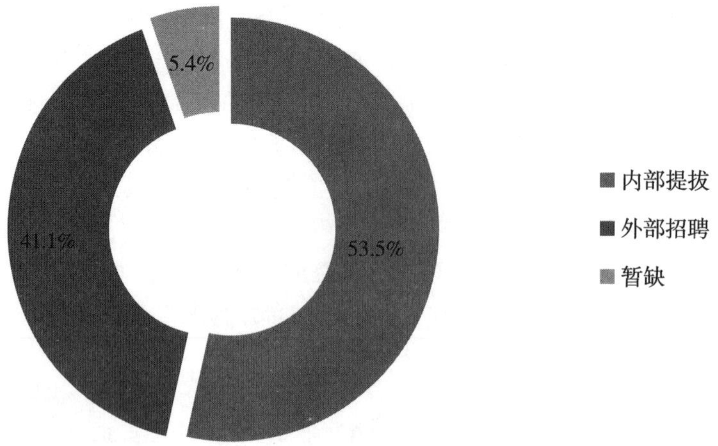

图 31　数字化负责人来源

数据来源：2023 年 CCFA 与恺杰零消联合开展的企业组织力调研。

同时，我们发现不同企业线上业务发展的进程具有较大差异：线上业务发展较快的企业的线上营收占比超过 20% ，但超过半数（约 52%）企业线上营收占比不足 10%（见图 32）。

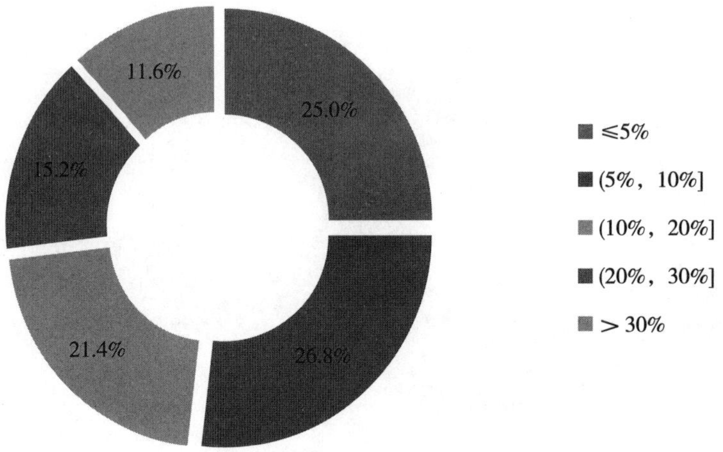

图 32　线上业务营收占比

数据来源：2023 年 CCFA 与恺杰零消联合开展的企业组织力调研。

公司开发数字化工具为一线员工赋能非常有效的占比仅为约 12%，数字化赋能业务和管理仍有很大的提升空间（见图 33）。

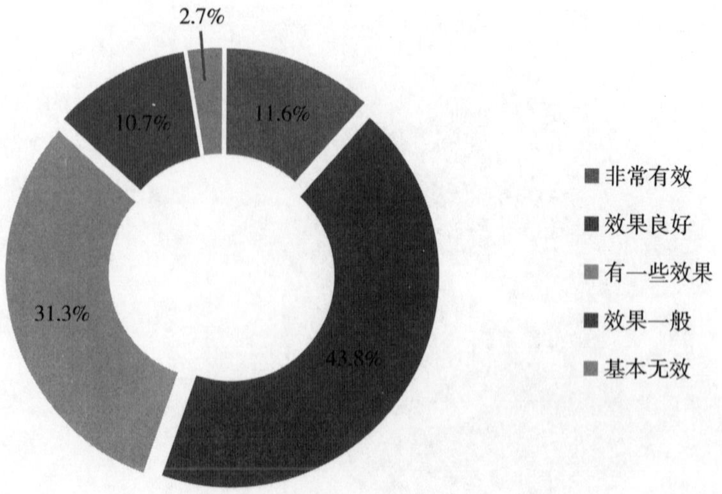

图 33　数字化工具赋能有效性

数据来源：2023 年 CCFA 与恺杰零消联合开展的企业组织力调研。

（五）商品力

1. 品类管理

调研企业重视品类管理，但效果不明显，尤其是自有品牌销售收入占比较低。

品类管理承接部门：从组织架构设置上来看，约 49%的调研企业将品类管理设置为公司独立一级部门。分业态看，超市普遍将此功能设置为一级部门或采购部下设二级部门；非超市普遍设置为一级部门（见图 34）。

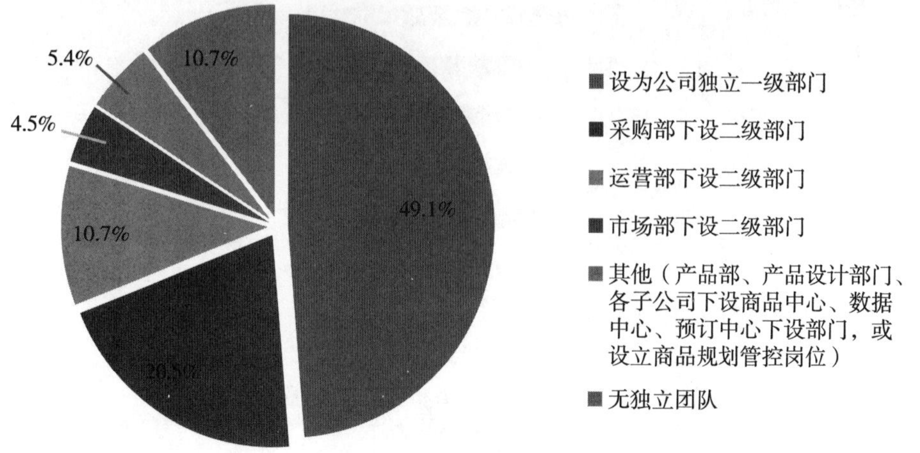

图 34　品类管理承接部门

数据来源：2023 年 CCFA 与恺杰零消联合开展的企业组织力调研。

品类管理负责人来源：调研企业品类管理负责人大多数来自内部提拔（约 76%），仅约 18%的企业通过外部招聘引入（见图 35）。

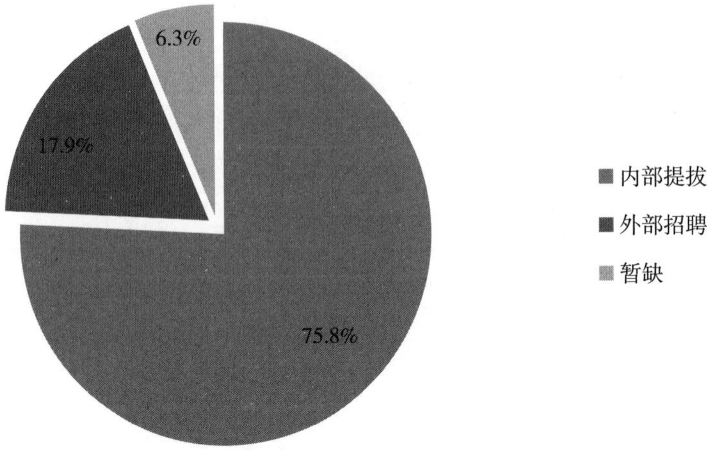

图 35　品类管理负责人来源

数据来源：2023 年 CCFA 与恺杰零消联合开展的企业组织力调研。

有效提升商品力和服务体验的举措：超过一半的调研企业认为通过开发自有品牌、数字化赋能、加强研发或创新产品是有效提升商品力和服务体验的措施（见图 36）。

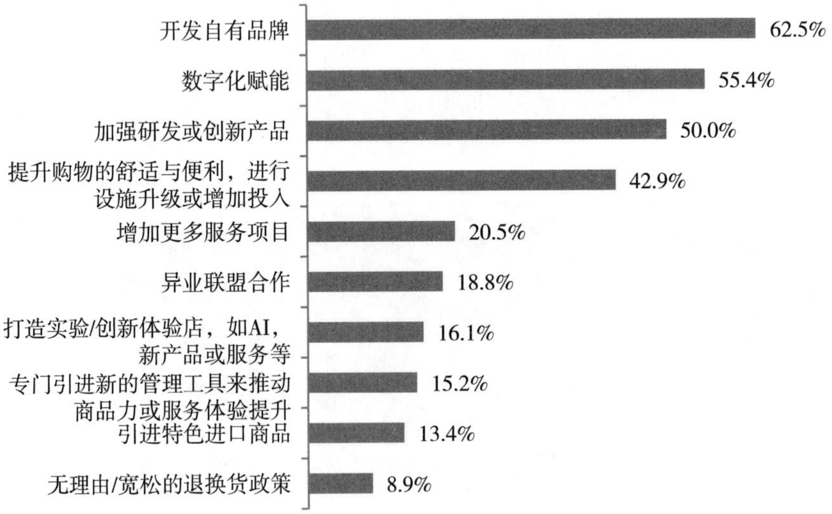

图 36　有效提升商品力和服务体验的措施

数据来源：2023 年 CCFA 与恺杰零消联合开展的企业组织力调研。

自有品牌销售收入占比：分业态看，超市和便利店自有品牌收入占比低于 5%的调研企业均约占六成，商品力打造的效果不佳（见图 37）。

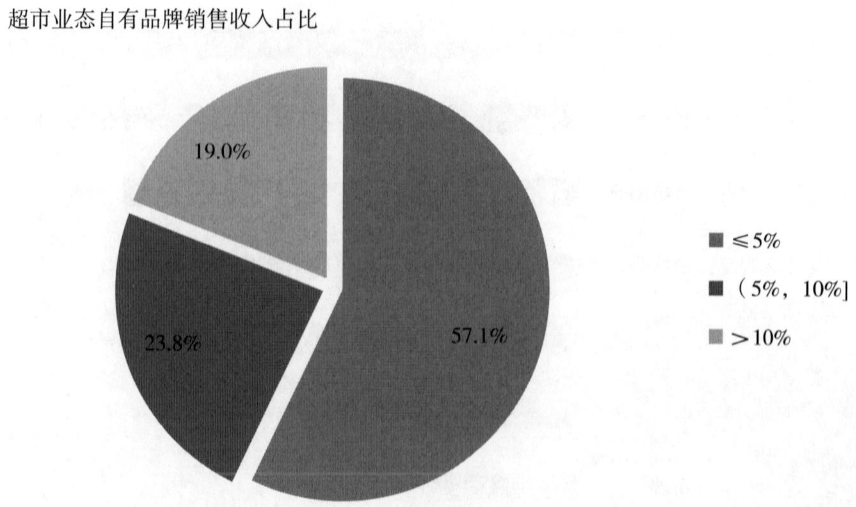

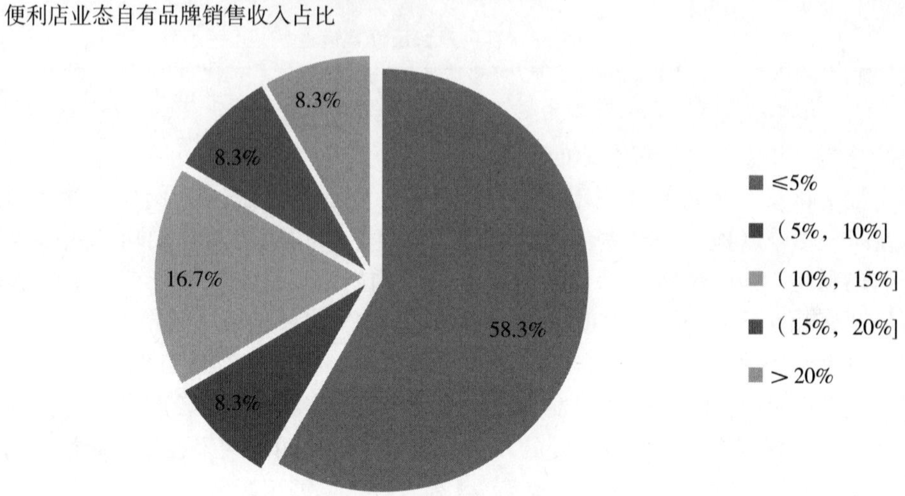

图 37 自有品牌销售收入占比

数据来源：2023 年 CCFA 与恺杰零消联合开展的企业组织力调研。

2. 客户洞察

大部分企业已具备客户洞察能力，未来更加关注数字化、智能化，更重要的是坚持以客户为中心。

相对 2022 年多数企业通过门店线下反馈、400 客服、社群运营收集客户反馈的方式，2023 年，超六成的企业则是通过大数据分析、近六成的企业通过线上客户评价、超过一半的企业是通过自主市场调研作为客户声音反馈渠道，调研企业更关注数字化、智能化，更主动倾听客户声音（见图 38）。

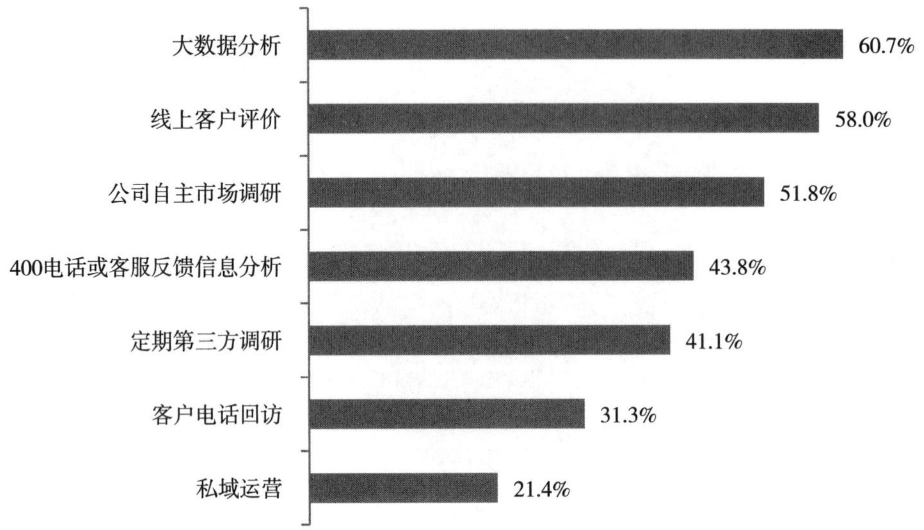

图 38 客户声音反馈渠道

数据来源：2023 年 CCFA 与恺杰零消联合开展的企业组织力调研。

我们总结了几家领先零售企业的经验：

利用数字化、大数据、AI 技术精准分析客户，洞察客户需求。例如，盒马利用数字化技术及时、多维度地追踪消费者行为数据，深度分析预测趋势，成功开发多个爆款新品；沃尔玛利用 ChatGPT 技术提供智能客服与导购支持、信息查询、商品推荐和购物指南、市场调研和竞品分析等，帮助员工更加高效工作，更好地服务消费者。

坚持自主调研并形成常态化客户洞察和分析机制，根据企业自身需求尽早识别问题、有针对性地发掘机会。例如，大润发主动贴近消费者，聆听消费者声音，定位健康、快乐、高品质，不断开发受消费者喜爱的新品；美宜佳基于调研结果在便利店设立药品专柜试点，创新药品零售新业态，满足消费者 24 小时日常急需用药的多元化需求 ，更好地服务客户，提高客户的满意度与忠诚度。

3. 会员管理

超过六成企业会员收入占比在 50%以下，会员运营与管理能力亟待提升。

会员管理承接部门：调研企业均具备会员管理的功能，普遍设置为一级部门或二级部门（约 89%）；在设置为二级部门的企业中，运营部/市场部下设二级部门最为普遍（见图 39）。

2023 年会员销售占比：分业态从运营结果看，本次调研企业会员销售占比普遍较低，超市业态超过 6 成企业会员销售占比不足 50%，便利店业态超六成企业会员销售占比不足 30% ；相比标杆企业（会员销售占比通常超过 60% ），会员管理仍有较大的提升空间（见图 40）。

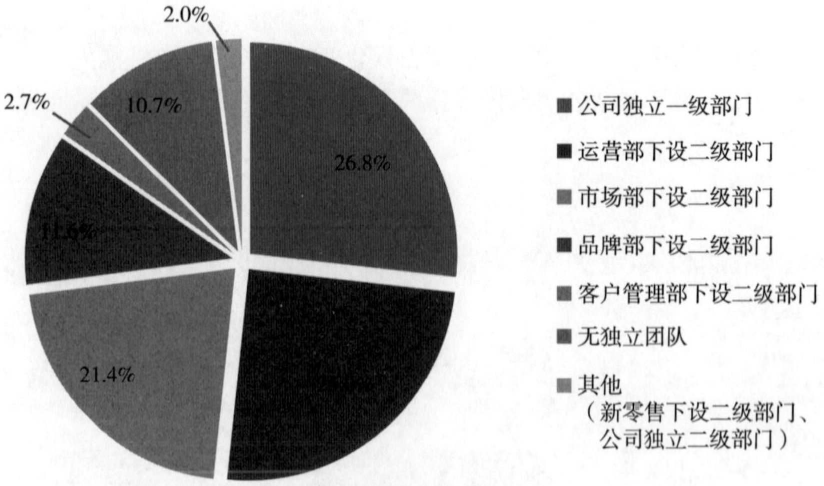

图 39 会员管理承接部门

数据来源：2023 年 CCFA 与恺杰零消联合开展的企业组织力调研。

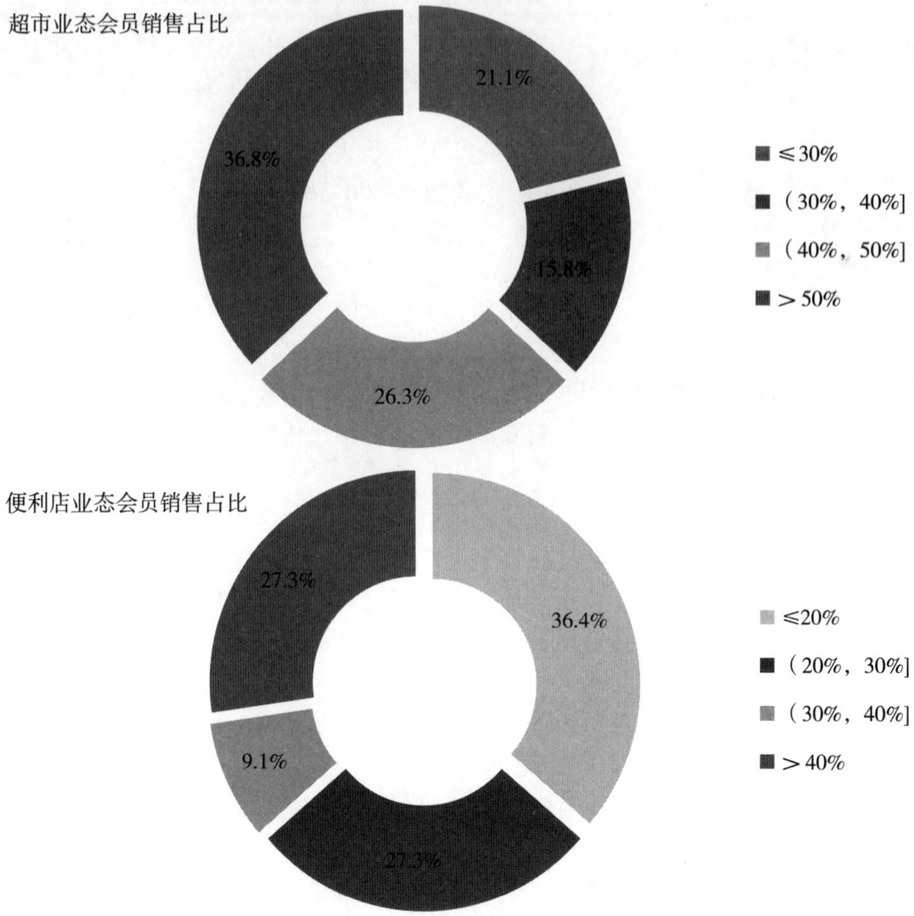

图 40 2023 年会员销售占比

数据来源：2023 年 CCFA 与恺杰零消联合开展的企业组织力调研。

4. 生态建设

调研企业积极采取多种举措构建生态圈，强化业务增长及供应链能力。

在调研企业中，与互联网公司合作强化线上业务、战略联盟、成立供应链子公司是比较普遍的举措（见图 41）。

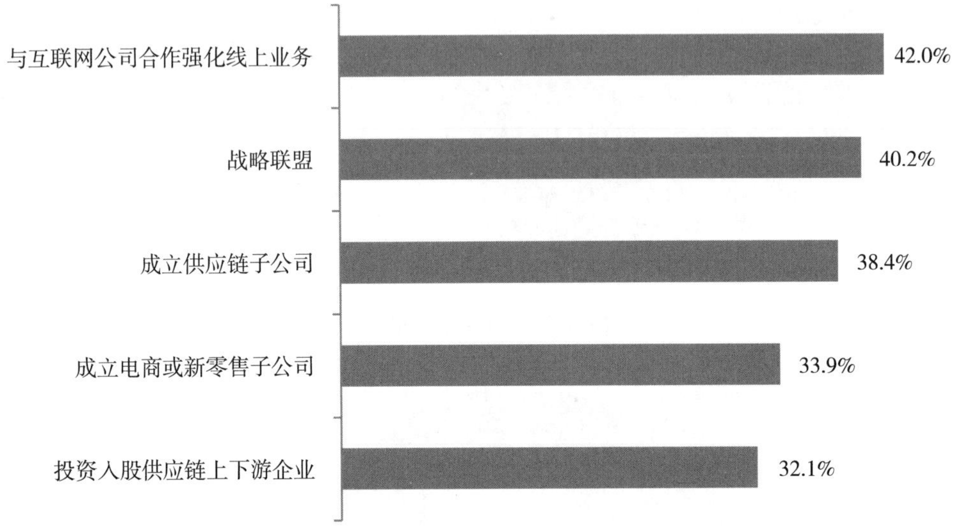

图 41　构建生态圈/产业链举措

数据来源：2023 年 CCFA 与恺杰零消联合开展的企业组织力调研。

根据观察，零售企业在生态建设上主要围绕供应链、全渠道销售、数字化建设、新业态孵化等方面。

分业态看，超市更多采用战略联盟、与互联网公司合作强化线上业务的方式；百货则更多通过成立电商或新零售子公司、与互联网公司合作强化线上业务构建生态圈。

（六）人才发展

1. 培训费用

企业人才培训投入严重不足，近七成企业年度培训预算①低于 200 万元（见图 42）。

一方面，人才断档是零售企业普遍面临的痛点；另一方面，零售企业在人才培养上的投入严重不足。人才培养是需要投入时间和资源的，如果企业希望未来有源源不断的人才供应，形成良将辈出的局面，那么企业现在就要开始行动。

调研数据表明，规模在 5000 人以上的企业，年度培训费用不超过 200 万元的接近六成（占比 57%），人均年度培训费用不到 400 元。以规模为 5000 人的大型商超百货企业为例，若一年入职 200 名大学生，培训周期为半年，人均培训成本约为 3000 元/半年（不含人工成本，含培训场地、培训物料、差旅成本、日常培训经费），企业在大学生培训方面需要 60 万元的投入。以年度 200 万元的培训费用来看，公司另外 5000 名人员可用的培

① 培训预算：不含人工成本，含培训场地、培训物料、差旅成本、日常培训经费。

训投入就寥寥无几了，年度人均培训费用仅为 280 元。

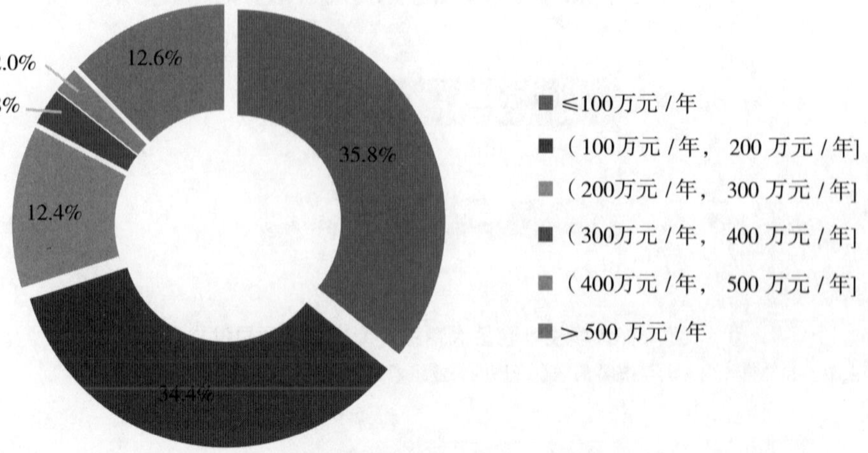

5000人以上年度培训费用≤200万元的企业占比

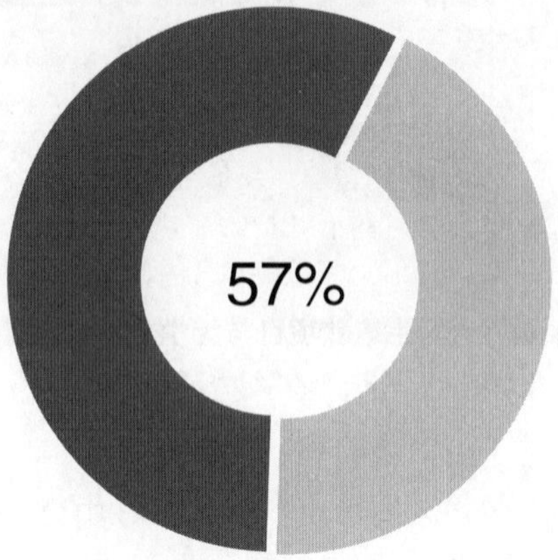

图 42　培训预算

数据来源：2023 年 CCFA 与恺杰零消联合开展的企业组织力调研。

2. 大学生引进与培养

大学生的吸引、培养与保留仍是不容忽视的挑战。

七成调研企业有专项培养体系（见图 43），但近一半的调研企业 2023 年内引进大学生不足 40 人，现有门店管理人才来自大学生/管培生项目的比例均值为 24%，后备人才储备不足。

2019—2022 年大学生每年引进数量中位值为 50 人，2023 年仅为 40 人。

大学生平均留存率低，没有培养项目支撑的企业大学生留存率接近 40%，但相较未设置的企业，设置有大学生专项培养项目的企业在大学生留存率上高出近 24 个百分点（见图 44）。

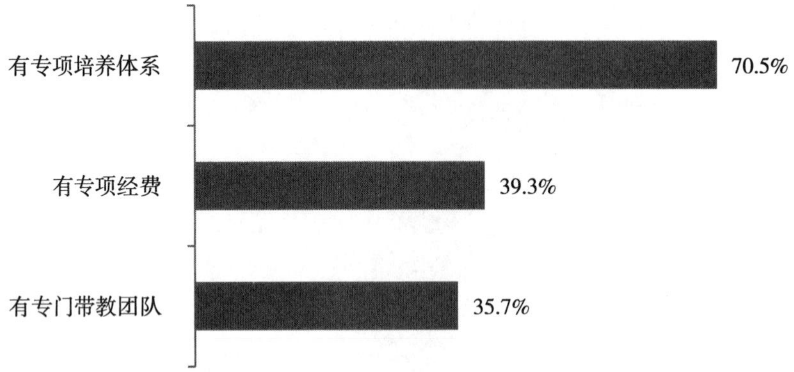

图 43　大学生（包括大专生）专项培养项目设立情况

数据来源：2023 年 CCFA 与恺杰零消联合开展的企业组织力调研。

图 44　大学生培养项目与大学生平均留存率

数据来源：2023 年 CCFA 与恺杰零消联合开展的企业组织力调研。

3. 人才标准与评估

大部分企业建立了人才标准并定期盘点，但有效性亟待提高。

大部分企业已建立了人才标准，约 85%的企业有绩效标准，约 70%的企业建立了能力标准（见图 45）；在实践中采用多种人才评估方法，比较典型的有述职评估、360 度评价、上级评估以及通过评估小组评议等（见图 46）。

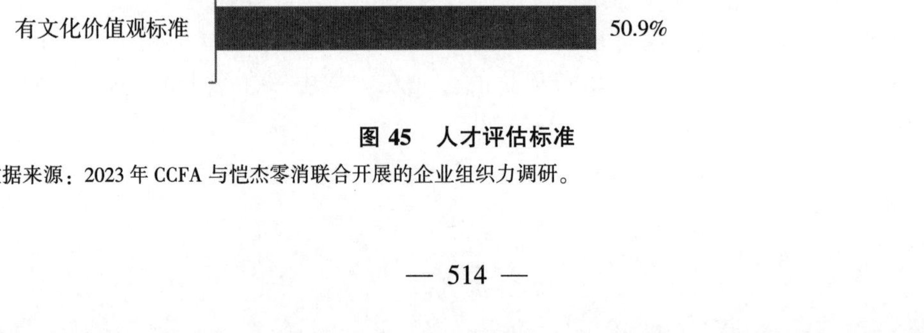

图 45　人才评估标准

数据来源：2023 年 CCFA 与恺杰零消联合开展的企业组织力调研。

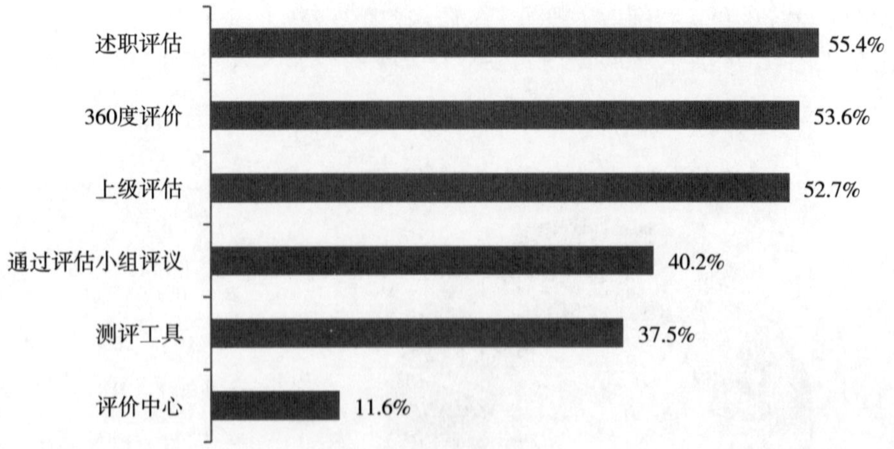

图 46 人才评估方式

数据来源：2023 年 CCFA 与恺杰零消联合开展的企业组织力调研。

但人才梯队断档仍然是困扰企业的痛点。一方面是投入严重不足；另一方面人才标准需要与时俱进、定期更新，尤其在变革转型期。面对数字化、智能化的潮流，零售企业的商品开发、供应链、采购、运营、客户经营等更加专业化，人才需求更加多元化，因此人才标准也要多元化。另外，企业采用的人才测评以及盘点工具的科学性、可靠性需要验证。两个因素叠加，加上企业对人才培育投入不足，人才梯队就必然断档，不能支撑业务发展的需求。

（七）激励机制

1. 绩效考核

绩效考核结果差异与收入的差异不大，为绩效付薪力度不够。

绩效考核等级区分：在调研企业中，93%的企业在绩效考核中明确了绩效等级，区分三个或五个等级更为普遍（见图 47）。

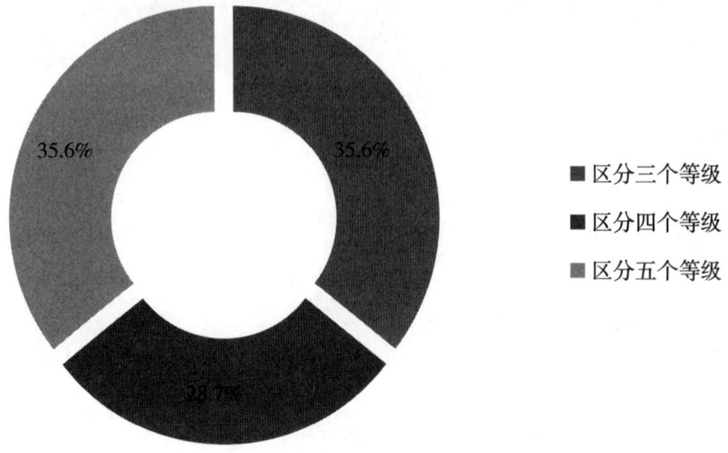

图 47 绩效考核等级区分

数据来源：2023 年 CCFA 与恺杰零消联合开展的企业组织力调研。

总部绩效优异的员工与绩效一般员工的收入差距：75%的企业总部绩效优异的员工与绩效一般员工的收入差距在30%之内，仅不到10%的企业收入差距拉开至50%以上（见图48）。

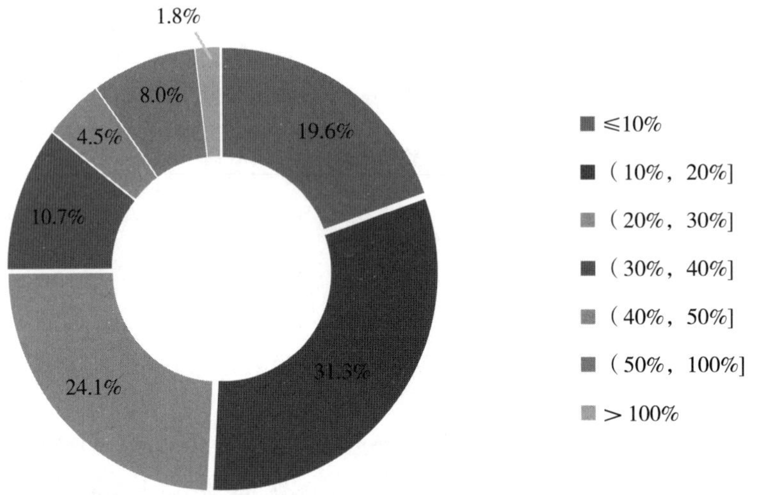

图 48 总部绩效优异的员工与绩效一般员工的收入差距

数据来源：2023 年 CCFA 与恺杰零消联合开展的企业组织力调研。

优秀店长与一般店长的收入差距：约79%的企业绩效优异的店长与绩效一般店长的收入差距在50%之内，仅约20%的企业收入差距拉开至50%以上（见图49）。

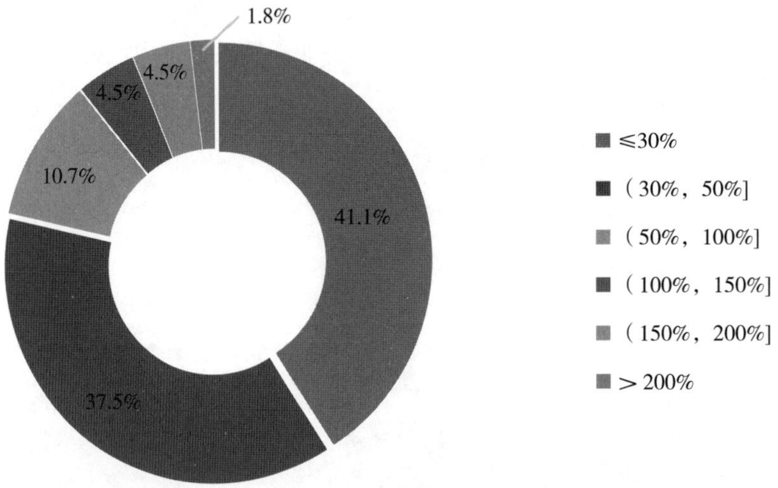

图 49 优秀店长与一般店长的收入差距

数据来源：2023 年 CCFA 与恺杰零消联合开展的企业组织力调研。

2. 薪酬竞争力

大部分企业认为薪酬竞争力处于平均水平，且在总部与门店采用相同的薪酬策略。

总部与门店薪酬竞争力水平：大部分调研企业认为当前的薪酬竞争力水平处于行业平均水平（见图50）。

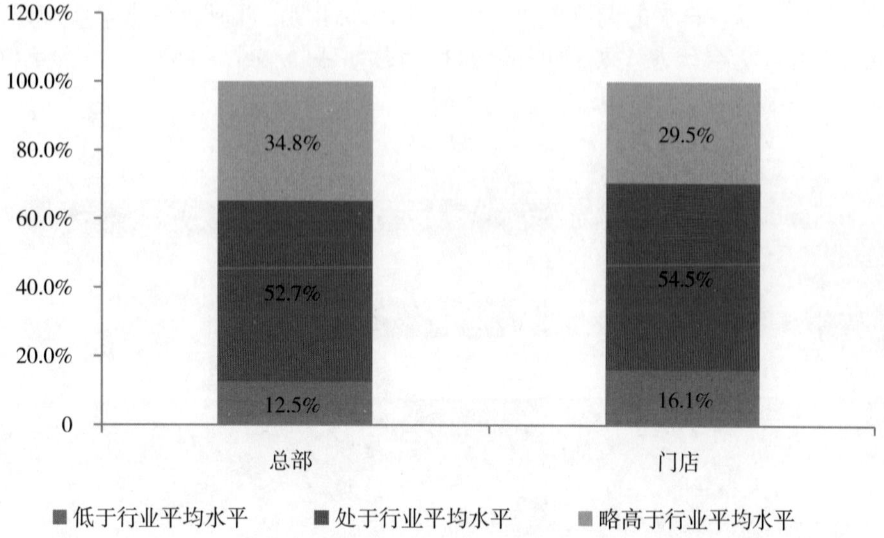

图50 总部与门店薪酬竞争力水平

数据来源：2023年CCFA与恺杰零消联合开展的企业组织力调研。

总部与门店薪酬策略是否一致：调研企业普遍在总部与门店采取相同的薪酬策略（见图51）。

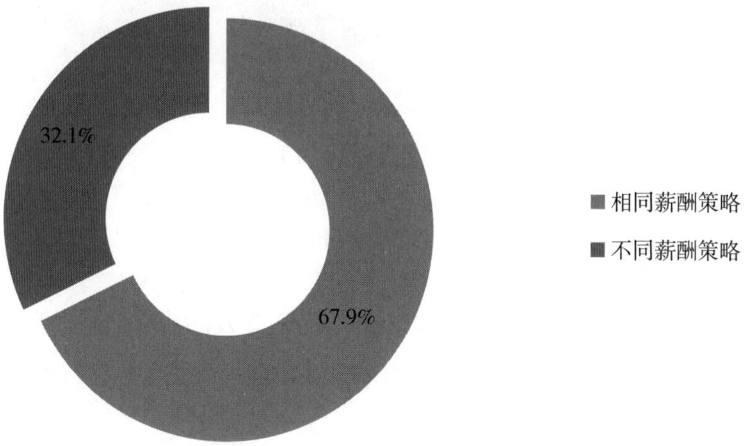

图51 总部与门店薪酬策略是否一致

数据来源：2023年CCFA与恺杰零消联合开展的企业组织力调研。

根据恺杰咨询对中国零售消费上市企业薪酬福利水平的研究，2023 年中国零售消费上市企业 Top200 人均薪酬福利成本约为 13.5 万元，人事费用率平均值约为 9.6%（含总部与门店）。

3. 合伙人机制

六成调研企业已经实施了合伙人计划。

合伙人计划实施：60%的调研企业实施了合伙人计划。调研企业主要实施以门店/门店内单元为单位实施合伙人计划；此外还包括以总部部门/全国品类、区域为单位实施合伙人计划等（见图 52）。

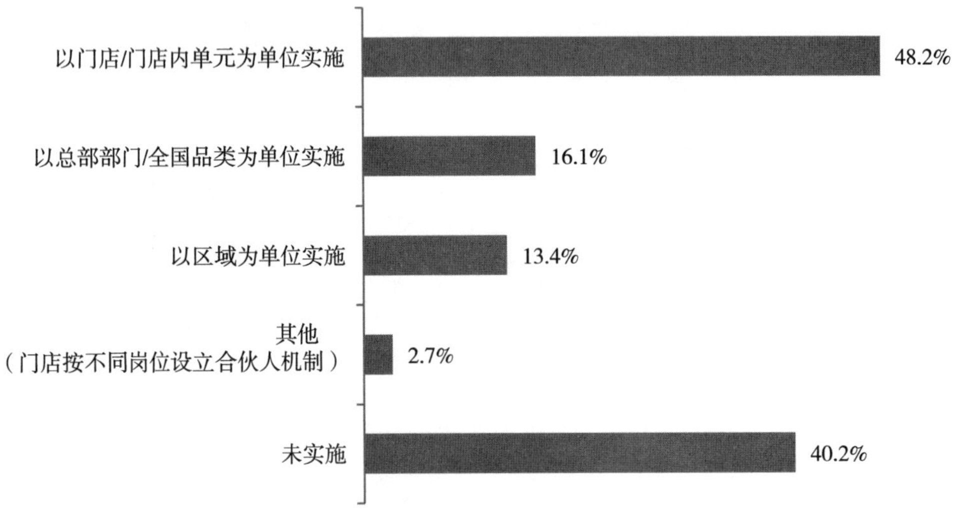

图 52　合伙人计划实施

数据来源：2023 年 CCFA 与恺杰零消联合开展的企业组织力调研。

合伙人分红方式：大部分调研企业采用更能直观地体现经营成果的指标来进行合伙人分红计提，如按净利润或超额净利润等（见图 53）。

调研发现 60%的企业实施了合伙人计划，但目前的激励机制并没有激发员工的积极性，这几年在实践中很多企业的合伙人计划也以失败告终，尤其在公司业绩下降的背景下，合伙人机制似乎普遍失灵，原因何在？应该如何做？我们有以下的观察和建议。

在方案设计上，为了求快走捷径，很多企业没有充分调研清楚基层的问题所在和员工诉求，就采用简单粗暴的“一刀切”方案，然后匆忙地铺开实施，结果是方案不接地气，员工不理解，也不知道该如何做才能拿到分红，往往是实施了几个月，结果是一地鸡毛，不了了之。我们发现，合伙人机制效果比较好的企业往往在前期充分调研，对问题和解决方案来回讨论很多次，上下形成共识。因为本土零售企业在门店业态、成熟度、盈利、竞争环境等都面临不同问题，往往需要分类分层设计差异化的方案，到最后都需要沉淀形成两三套方案，再通过试点打磨，才能形成可推广的方案，这才是实事求是地设计合伙人机制的态度和方法。

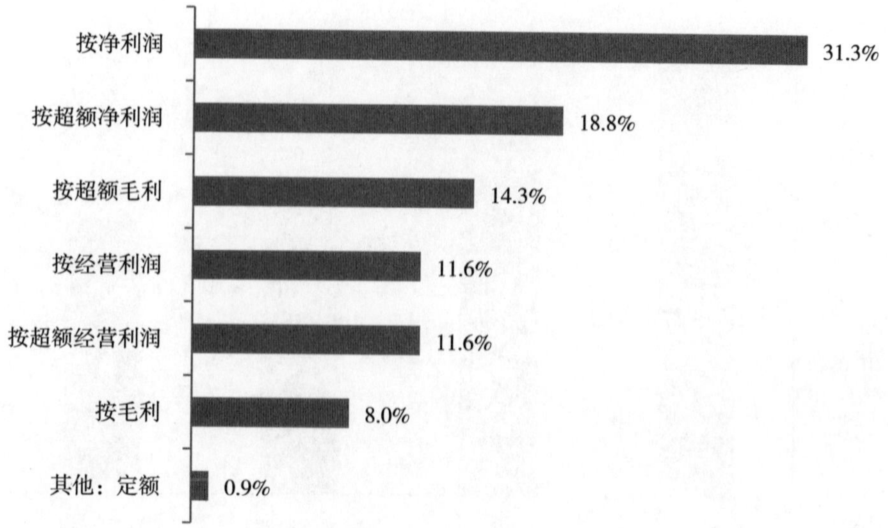

图 53　合伙人分红方式

数据来源：2023 年 CCFA 与恺杰零消联合开展的企业组织力调研。

实施合伙人机制多是单点推进，没有体系化思考和配套方案。合伙人机制想要效果好，需要系统地解决赋利、赋能、赋权的问题。赋利就是分享价值，激励机制确实重要，但如果只有赋利机制，合伙人很快就会不可持续；赋能就是让大部分合伙人成为合格的经营者，也就是建立筛选、评估和培养合伙人的体系，好的激励机制需要配置合格的合伙人团队；赋权就是解决合伙人经营中遇到的组织问题，如授权、流程、反馈的问题，没有合适的授权和信息，合伙人就是简单的执行者，并不是一个经营者，他的经营能力和积极性就没法施展。

在实施落地环节缺乏重视和定力。实施合伙人机制其实是在做一场组织变革，可能需要 1~2 年才能成功。首先企业要能持之以恒地重视和推进合伙人方案，如在实施中，组建全职的合伙人项目组，全程跟进方案落地进度，协助基层解决问题。其次，每个月都会有很多合伙人方案相关的反馈问题上来，企业要重视，及时讨论，问责相关部门，帮助合伙人打通堵点，解决问题（如采购、运营、财务、信息系统等方面的问题）。最后，要有足够的耐心，合伙人机制需要分步实施，复盘迭代，实施一片成功一片，而不是急功近利。企业要 1~2 年甚至更久，才能全面推广，形成扎实的、有自己特色的合伙人体系。

4. 长期激励

企业采用的长期激励工具：在调研企业中，有 64%的企业已实施长期激励。其中 33%采用员工持股，24%采用期权，23%采用限制性股票（见图 54）。

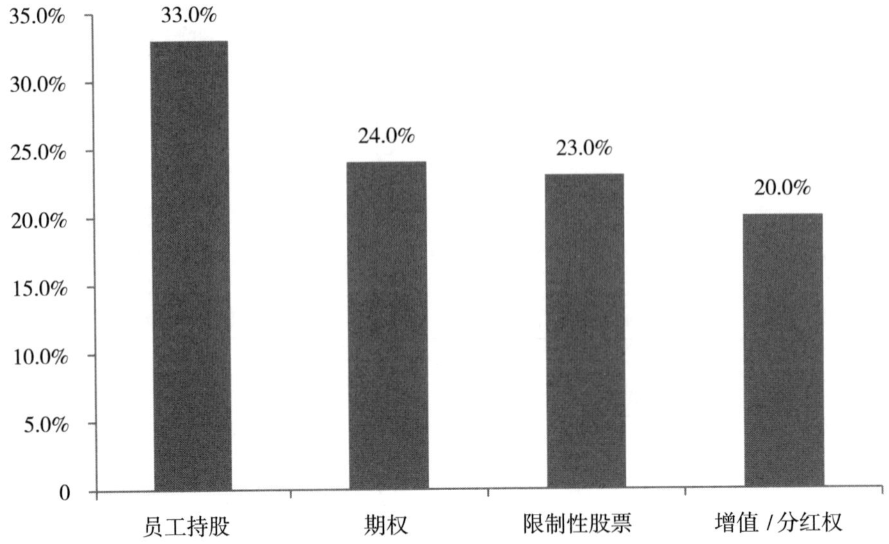

图 54　企业采用的长期激励工具

数据来源：2023 年 CCFA 与恺杰零消联合开展的企业组织力调研。

上市/未上市企业采用的长期激励工具：上市企业较未上市企业长期激励普及度更高；上市企业更愿意采用限制性股票，未上市企业更愿意选择员工持股（见图 55）。

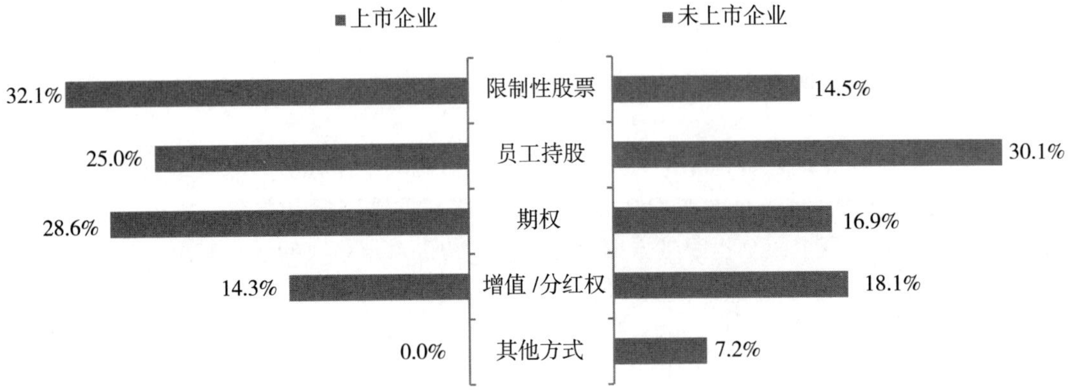

图 55　上市/未上市企业采用的长期激励工具

数据来源：2023 年 CCFA 与恺杰零消联合开展的企业组织力调研。

（八）创新机制

1. 大部分企业已认识到创新的重要性，并积极探索建立各种创新机制，鼓励创新

近 78%的调研企业有创新的氛围、鼓励知识和信息分享、鼓励创新活动、有容错机制；约 55%的调研企业已建立了专门针对创新的奖励机制（见图 56）。

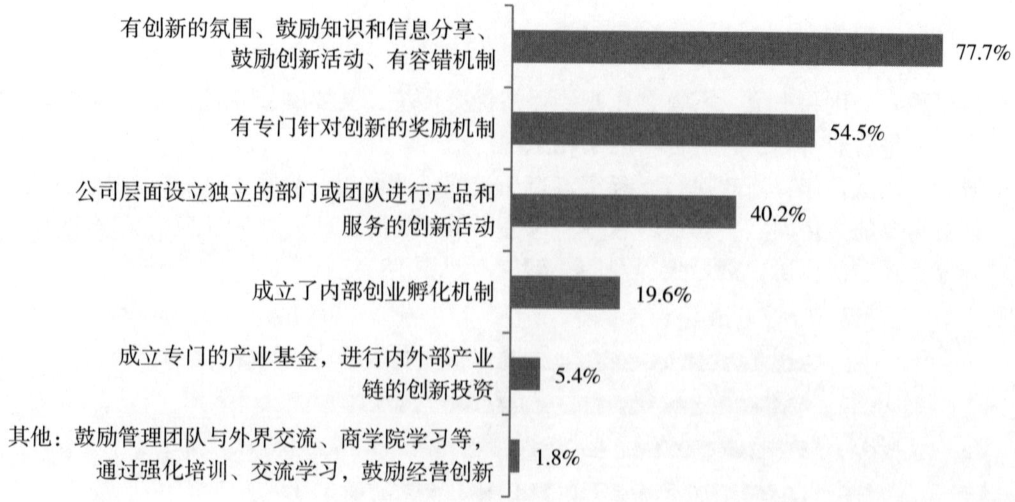

图 56　鼓励创新的机制

数据来源：2023 年 CCFA 与恺杰零消联合开展的企业组织力调研。

2. 从结果导向来看，创新效果不佳，未来业务最主要增长点仍在非创新相关领域

开发新客户、增值服务、新商品还不是最主要的增长点，未来业务主要的增长点还是存量业务的优化、区域扩张。线上销售收入占比低、自有品牌商品收入占比低、孵化新业态或新业务基本失败。从结果导向看，企业创新的效果不明显（见图 57）。

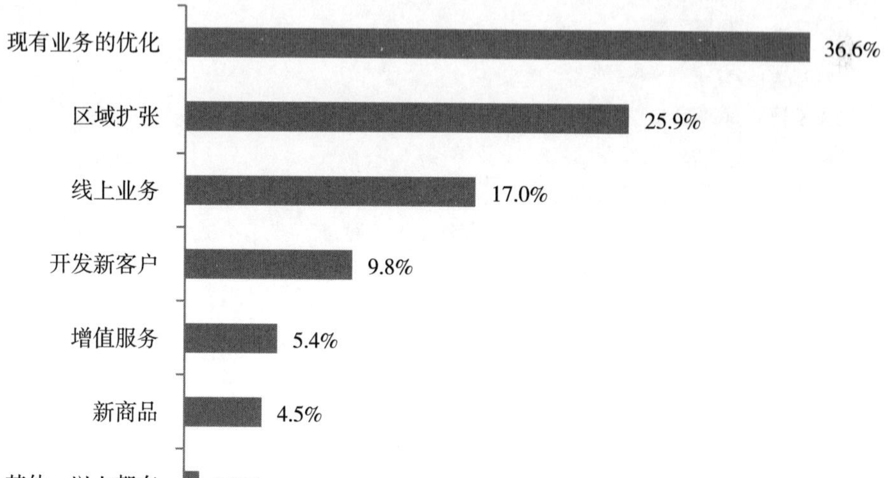

图 57　未来业务最主要的增长点

数据来源：2023 年 CCFA 与恺杰零消联合开展的企业组织力调研。

（九）企业文化

创新需要文化和土壤，零售企业既要保持优秀传统，又要刷新企业文化才能适应未来竞争，尤其是营造有利于转型创新的文化氛围。

诚信、团队合作、高效执行、务实、奋斗进取是调研企业最普遍认同的文化特征。

创新需要的文化因素，如授权管理、民主平等、集权管理、敏捷反应、公平公正、开放包容等，在本次调研中是最少提及的关键词（见图 58）。

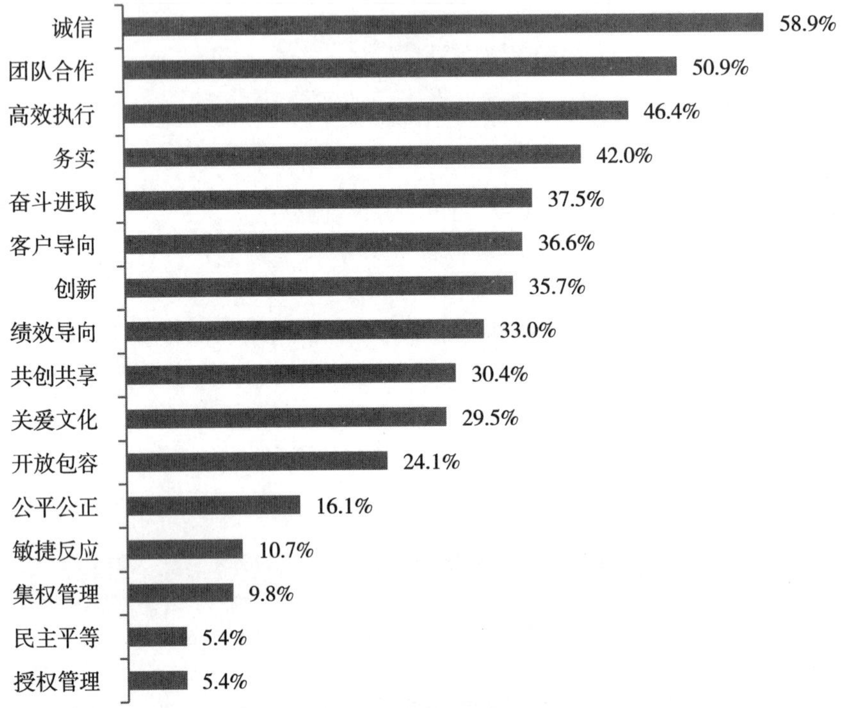

图 58　企业文化关键词

数据来源：2023 年 CCFA 与恺杰零消联合开展的企业组织力调研。

约八成企业通过企业文化培训、约五成企业通过定期组织企业文化专题活动作为推行企业 文化的最主要举措，企业文化纳入考核及人才盘点的占比较低（见图 59）。

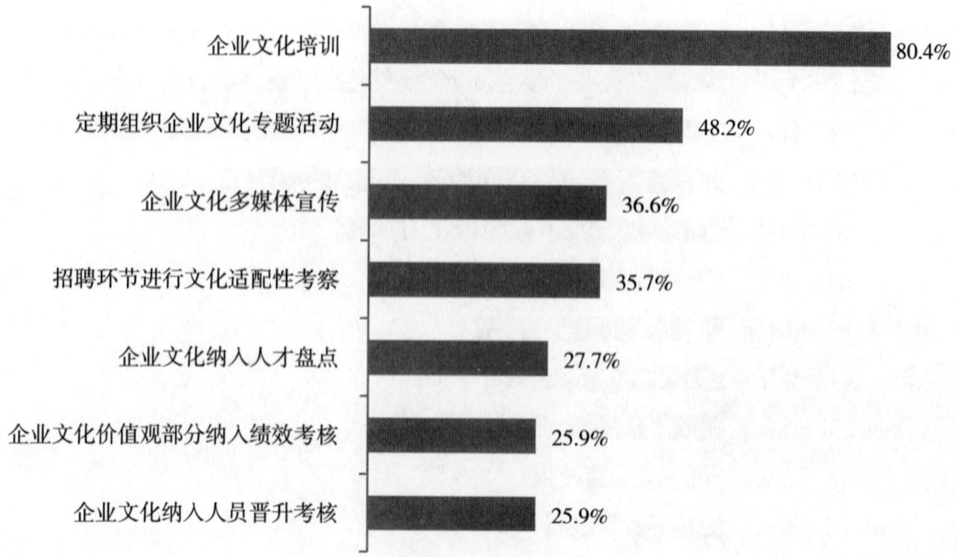

图 59 公司推行企业文化最主要举措

数据来源：2023 年 CCFA 与恺杰零消联合开展的企业组织力调研。

三、未来展望

（一）数字化、商业模式、供应链是企业未来关注的三大战略主题

零售企业未来关注的三大战略主题依次是：数字化转型与提升、商业模式创新、供应链能力打造。毫无疑问，这些是赢得未来成功的关键因素（见图 60）。

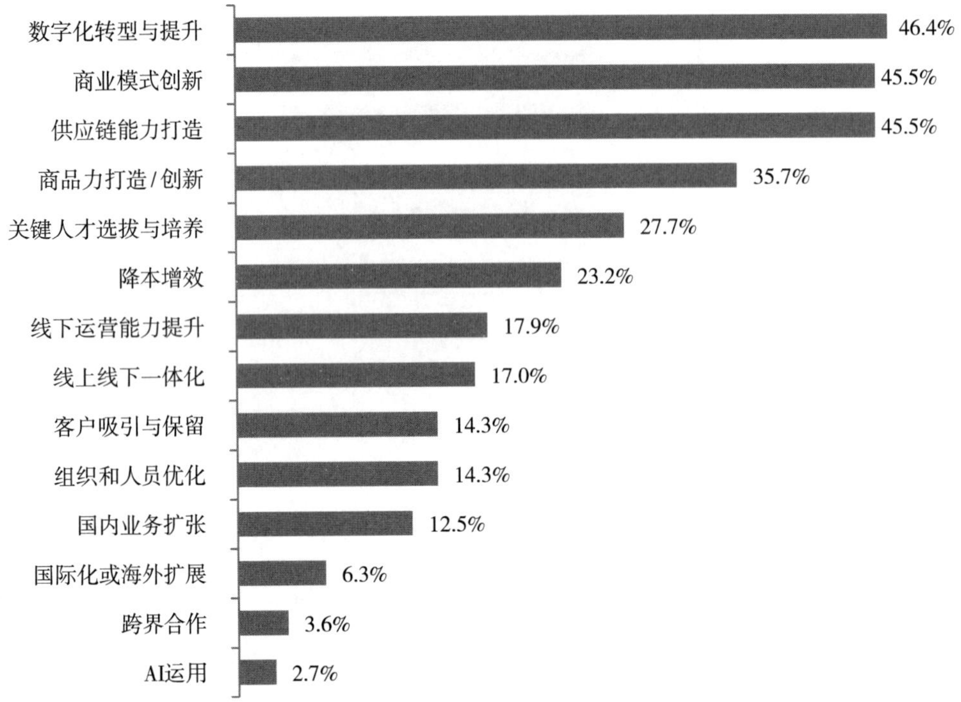

图 60　零售企业未来关注的战略主题

数据来源：2023 年 CCFA 与恺杰零消联合开展的企业组织力调研。

（二）新环境下要赢得未来，就要回到管理基本面，通过“三个转变”，刷新组织、人才、机制和文化，再造组织能力

通过“三个转变”刷新组织、人才、机制、文化。

从传统的生意思维向系统思维转变。过往靠经验主义、机会主义就能获得红利的时代一去不复返，未来企业的战略和业务成功必然是基于商业逻辑，理性思考，科学分析，以事实为基础，用数据说话，通过体系来管理。

从高效执行向开放创新转变。封闭僵化的组织在未来没有生存空间，只有建立真正开放包容的文化，大力鼓励和培养年轻人才，组织才会有创新转型的基因，才能突破旧格局，打开新局面。

从以卖货为中心向以客户为中心转变。传统零售企业基本还停留在采购和卖货的阶段，产品开发和商品力打造才刚刚起步。未来的零售企业只有真正从客户洞察出发，为目标客户设计开发商品，为客户创造价值，真正建立以消费者为中心的系统组织能力才是零售企业的核心竞争力。

第三部分

法律法规篇

中华人民共和国反垄断法

（2007 年 8 月 30 日第十届全国人民代表大会常务委员会第二十九次会议通过　根据 2022 年 6 月 24 日第十三届全国人民代表大会常务委员会第三十五次会议《关于修改〈中华人民共和国反垄断法〉的决定》修正）

目录

第一章　总则

第一条　为了预防和制止垄断行为，保护市场公平竞争，鼓励创新，提高经济运行效率，维护消费者利益和社会公共利益，促进社会主义市场经济健康发展，制定本法。

第二条　中华人民共和国境内经济活动中的垄断行为，适用本法；中华人民共和国境外的垄断行为，对境内市场竞争产生排除、限制影响的，适用本法。

第三条　本法规定的垄断行为包括：

（一）经营者达成垄断协议；

（二）经营者滥用市场支配地位；

（三）具有或者可能具有排除、限制竞争效果的经营者集中。

第四条　反垄断工作坚持中国共产党的领导。

国家坚持市场化、法治化原则，强化竞争政策基础地位，制定和实施与社会主义市场经济相适应的竞争规则，完善宏观调控，健全统一、开放、竞争、有序的市场体系。

第五条 国家建立健全公平竞争审查制度。

行政机关和法律、法规授权的具有管理公共事务职能的组织在制定涉及市场主体经济活动的规定时，应当进行公平竞争审查。

第六条 经营者可以通过公平竞争、自愿联合，依法实施集中，扩大经营规模，提高市场竞争能力。

第七条 具有市场支配地位的经营者，不得滥用市场支配地位，排除、限制竞争。

第八条 国有经济占控制地位的关系国民经济命脉和国家安全的行业以及依法实行专营专卖的行业，国家对其经营者的合法经营活动予以保护，并对经营者的经营行为及其商品和服务的价格依法实施监管和调控，维护消费者利益，促进技术进步。

前款规定行业的经营者应当依法经营，诚实守信，严格自律，接受社会公众的监督，不得利用其控制地位或者专营专卖地位损害消费者利益。

第九条 经营者不得利用数据和算法、技术、资本优势以及平台规则等从事本法禁止的垄断行为。

第十条 行政机关和法律、法规授权的具有管理公共事务职能的组织不得滥用行政权力，排除、限制竞争。

第十一条 国家健全完善反垄断规则制度，强化反垄断监管力量，提高监管能力和监管体系现代化水平，加强反垄断执法司法，依法公正高效审理垄断案件，健全行政执法和司法衔接机制，维护公平竞争秩序。

第十二条 国务院设立反垄断委员会，负责组织、协调、指导反垄断工作，履行下列职责：

（一）研究拟订有关竞争政策；

（二）组织调查、评估市场总体竞争状况，发布评估报告；

（三）制定、发布反垄断指南；

（四）协调反垄断行政执法工作；

（五）国务院规定的其他职责。

国务院反垄断委员会的组成和工作规则由国务院规定。

第十三条 国务院反垄断执法机构负责反垄断统一执法工作。

国务院反垄断执法机构根据工作需要，可以授权省、自治区、直辖市人民政府相应的机构，依照本法规定负责有关反垄断执法工作。

第十四条 行业协会应当加强行业自律，引导本行业的经营者依法竞争，合规经营，维护市场竞争秩序。

第十五条 本法所称经营者，是指从事商品生产、经营或者提供服务的自然人、法人和非法人组织。

本法所称相关市场，是指经营者在一定时期内就特定商品或者服务（以下统称商品）进行竞争的商品范围和地域范围。

第二章　垄断协议

第十六条 本法所称垄断协议，是指排除、限制竞争的协议、决定或者其他协同行为。

第十七条　禁止具有竞争关系的经营者达成下列垄断协议：

（一）固定或者变更商品价格；

（二）限制商品的生产数量或者销售数量；

（三）分割销售市场或者原材料采购市场；

（四）限制购买新技术、新设备或者限制开发新技术、新产品；

（五）联合抵制交易；

（六）国务院反垄断执法机构认定的其他垄断协议。

第十八条　禁止经营者与交易相对人达成下列垄断协议：

（一）固定向第三人转售商品的价格；

（二）限定向第三人转售商品的最低价格；

（三）国务院反垄断执法机构认定的其他垄断协议。

对前款第一项和第二项规定的协议，经营者能够证明其不具有排除、限制竞争效果的，不予禁止。

经营者能够证明其在相关市场的市场份额低于国务院反垄断执法机构规定的标准，并符合国务院反垄断执法机构规定的其他条件的，不予禁止。

第十九条　经营者不得组织其他经营者达成垄断协议或者为其他经营者达成垄断协议提供实质性帮助。

第二十条　经营者能够证明所达成的协议属于下列情形之一的，不适用本法第十七条、第十八条第一款、第十九条的规定：

（一）为改进技术、研究开发新产品的；

（二）为提高产品质量、降低成本、增进效率，统一产品规格、标准或者实行专业化分工的；

（三）为提高中小经营者经营效率，增强中小经营者竞争力的；

（四）为实现节约能源、保护环境、救灾救助等社会公共利益的；

（五）因经济不景气，为缓解销售量严重下降或者生产明显过剩的；

（六）为保障对外贸易和对外经济合作中的正当利益的；

（七）法律和国务院规定的其他情形。

属于前款第一项至第五项情形，不适用本法第十七条、第十八条第一款、第十九条规定的，经营者还应当证明所达成的协议不会严重限制相关市场的竞争，并且能够使消费者分享由此产生的利益。

第二十一条　行业协会不得组织本行业的经营者从事本章禁止的垄断行为。

第三章　滥用市场支配地位

第二十二条　禁止具有市场支配地位的经营者从事下列滥用市场支配地位的行为：

（一）以不公平的高价销售商品或者以不公平的低价购买商品；

（二）没有正当理由，以低于成本的价格销售商品；

（三）没有正当理由，拒绝与交易相对人进行交易；

（四）没有正当理由，限定交易相对人只能与其进行交易或者只能与其指定的经营者进行交易；

（五）没有正当理由搭售商品，或者在交易时附加其他不合理的交易条件；

（六）没有正当理由，对条件相同的交易相对人在交易价格等交易条件上实行差别待遇；

（七）国务院反垄断执法机构认定的其他滥用市场支配地位的行为。

具有市场支配地位的经营者不得利用数据和算法、技术以及平台规则等从事前款规定的滥用市场支配地位的行为。

本法所称市场支配地位，是指经营者在相关市场内具有能够控制商品价格、数量或者其他交易条件，或者能够阻碍、影响其他经营者进入相关市场能力的市场地位。

第二十三条 认定经营者具有市场支配地位，应当依据下列因素：

（一）该经营者在相关市场的市场份额，以及相关市场的竞争状况；

（二）该经营者控制销售市场或者原材料采购市场的能力；

（三）该经营者的财力和技术条件；

（四）其他经营者对该经营者在交易上的依赖程度；

（五）其他经营者进入相关市场的难易程度；

（六）与认定该经营者市场支配地位有关的其他因素。

第二十四条 有下列情形之一的，可以推定经营者具有市场支配地位：

（一）一个经营者在相关市场的市场份额达到二分之一的；

（二）两个经营者在相关市场的市场份额合计达到三分之二的；

（三）三个经营者在相关市场的市场份额合计达到四分之三的。

有前款第二项、第三项规定的情形，其中有的经营者市场份额不足十分之一的，不应当推定该经营者具有市场支配地位。

被推定具有市场支配地位的经营者，有证据证明不具有市场支配地位的，不应当认定其具有市场支配地位。

第四章 经营者集中

第二十五条 经营者集中是指下列情形：

（一）经营者合并；

（二）经营者通过取得股权或者资产的方式取得对其他经营者的控制权；

（三）经营者通过合同等方式取得对其他经营者的控制权或者能够对其他经营者施加决定性影响。

第二十六条 经营者集中达到国务院规定的申报标准的，经营者应当事先向国务院反垄断执法机构申报，未申报的不得实施集中。

经营者集中未达到国务院规定的申报标准，但有证据证明该经营者集中具有或者可能具有排除、限制竞争效果的，国务院反垄断执法机构可以要求经营者申报。

经营者未依照前两款规定进行申报的，国务院反垄断执法机构应当依法进行调查。

第二十七条 经营者集中有下列情形之一的，可以不向国务院反垄断执法机构申报：

（一）参与集中的一个经营者拥有其他每个经营者百分之五十以上有表决权的股份或者资产的；

（二）参与集中的每个经营者百分之五十以上有表决权的股份或者资产被同一个未参

与集中的经营者拥有的。

第二十八条　经营者向国务院反垄断执法机构申报集中，应当提交下列文件、资料：

（一）申报书；

（二）集中对相关市场竞争状况影响的说明；

（三）集中协议；

（四）参与集中的经营者经会计师事务所审计的上一会计年度财务会计报告；

（五）国务院反垄断执法机构规定的其他文件、资料。

申报书应当载明参与集中的经营者的名称、住所、经营范围、预定实施集中的日期和国务院反垄断执法机构规定的其他事项。

第二十九条　经营者提交的文件、资料不完备的，应当在国务院反垄断执法机构规定的期限内补交文件、资料。经营者逾期未补交文件、资料的，视为未申报。

第三十条　国务院反垄断执法机构应当自收到经营者提交的符合本法第二十八条规定的文件、资料之日起三十日内，对申报的经营者集中进行初步审查，作出是否实施进一步审查的决定，并书面通知经营者。国务院反垄断执法机构作出决定前，经营者不得实施集中。

国务院反垄断执法机构作出不实施进一步审查的决定或者逾期未作出决定的，经营者可以实施集中。

第三十一条　国务院反垄断执法机构决定实施进一步审查的，应当自决定之日起九十日内审查完毕，作出是否禁止经营者集中的决定，并书面通知经营者。作出禁止经营者集中的决定，应当说明理由。审查期间，经营者不得实施集中。

有下列情形之一的，国务院反垄断执法机构经书面通知经营者，可以延长前款规定的审查期限，但最长不得超过六十日：

（一）经营者同意延长审查期限的；

（二）经营者提交的文件、资料不准确，需要进一步核实的；

（三）经营者申报后有关情况发生重大变化的。

国务院反垄断执法机构逾期未作出决定的，经营者可以实施集中。

第三十二条　有下列情形之一的，国务院反垄断执法机构可以决定中止计算经营者集中的审查期限，并书面通知经营者：

（一）经营者未按照规定提交文件、资料，导致审查工作无法进行；

（二）出现对经营者集中审查具有重大影响的新情况、新事实，不经核实将导致审查工作无法进行；

（三）需要对经营者集中附加的限制性条件进一步评估，且经营者提出中止请求。

自中止计算审查期限的情形消除之日起，审查期限继续计算，国务院反垄断执法机构应当书面通知经营者。

第三十三条　审查经营者集中，应当考虑下列因素：

（一）参与集中的经营者在相关市场的市场份额及其对市场的控制力；

（二）相关市场的市场集中度；

（三）经营者集中对市场进入、技术进步的影响；

（四）经营者集中对消费者和其他有关经营者的影响；

（五）经营者集中对国民经济发展的影响；

（六）国务院反垄断执法机构认为应当考虑的影响市场竞争的其他因素。

第三十四条 经营者集中具有或者可能具有排除、限制竞争效果的，国务院反垄断执法机构应当作出禁止经营者集中的决定。但是，经营者能够证明该集中对竞争产生的有利影响明显大于不利影响，或者符合社会公共利益的，国务院反垄断执法机构可以作出对经营者集中不予禁止的决定。

第三十五条 对不予禁止的经营者集中，国务院反垄断执法机构可以决定附加减少集中对竞争产生不利影响的限制性条件。

第三十六条 国务院反垄断执法机构应当将禁止经营者集中的决定或者对经营者集中附加限制性条件的决定，及时向社会公布。

第三十七条 国务院反垄断执法机构应当健全经营者集中分类分级审查制度，依法加强对涉及国计民生等重要领域的经营者集中的审查，提高审查质量和效率。

第三十八条 对外资并购境内企业或者以其他方式参与经营者集中，涉及国家安全的，除依照本法规定进行经营者集中审查外，还应当按照国家有关规定进行国家安全审查。

第五章 滥用行政权力排除、限制竞争

第三十九条 行政机关和法律、法规授权的具有管理公共事务职能的组织不得滥用行政权力，限定或者变相限定单位或者个人经营、购买、使用其指定的经营者提供的商品。

第四十条 行政机关和法律、法规授权的具有管理公共事务职能的组织不得滥用行政权力，通过与经营者签订合作协议、备忘录等方式，妨碍其他经营者进入相关市场或者对其他经营者实行不平等待遇，排除、限制竞争。

第四十一条 行政机关和法律、法规授权的具有管理公共事务职能的组织不得滥用行政权力，实施下列行为，妨碍商品在地区之间的自由流通：

（一）对外地商品设定歧视性收费项目、实行歧视性收费标准，或者规定歧视性价格；

（二）对外地商品规定与本地同类商品不同的技术要求、检验标准，或者对外地商品采取重复检验、重复认证等歧视性技术措施，限制外地商品进入本地市场；

（三）采取专门针对外地商品的行政许可，限制外地商品进入本地市场；

（四）设置关卡或者采取其他手段，阻碍外地商品进入或者本地商品运出；

（五）妨碍商品在地区之间自由流通的其他行为。

第四十二条 行政机关和法律、法规授权的具有管理公共事务职能的组织不得滥用行政权力，以设定歧视性资质要求、评审标准或者不依法发布信息等方式，排斥或者限制经营者参加招标投标以及其他经营活动。

第四十三条 行政机关和法律、法规授权的具有管理公共事务职能的组织不得滥用行政权力，采取与本地经营者不平等待遇等方式，排斥、限制、强制或者变相强制外地经营者在本地投资或者设立分支机构。

第四十四条 行政机关和法律、法规授权的具有管理公共事务职能的组织不得滥用行政权力，强制或者变相强制经营者从事本法规定的垄断行为。

第四十五条　行政机关和法律、法规授权的具有管理公共事务职能的组织不得滥用行政权力，制定含有排除、限制竞争内容的规定。

第六章　对涉嫌垄断行为的调查

第四十六条　反垄断执法机构依法对涉嫌垄断行为进行调查。

对涉嫌垄断行为，任何单位和个人有权向反垄断执法机构举报。反垄断执法机构应当为举报人保密。

举报采用书面形式并提供相关事实和证据的，反垄断执法机构应当进行必要的调查。

第四十七条　反垄断执法机构调查涉嫌垄断行为，可以采取下列措施：

（一）进入被调查的经营者的营业场所或者其他有关场所进行检查；

（二）询问被调查的经营者、利害关系人或者其他有关单位或者个人，要求其说明有关情况；

（三）查阅、复制被调查的经营者、利害关系人或者其他有关单位或者个人的有关单证、协议、会计账簿、业务函电、电子数据等文件、资料；

（四）查封、扣押相关证据；

（五）查询经营者的银行账户。

采取前款规定的措施，应当向反垄断执法机构主要负责人书面报告，并经批准。

第四十八条　反垄断执法机构调查涉嫌垄断行为，执法人员不得少于二人，并应当出示执法证件。

执法人员进行询问和调查，应当制作笔录，并由被询问人或者被调查人签字。

第四十九条　反垄断执法机构及其工作人员对执法过程中知悉的商业秘密、个人隐私和个人信息依法负有保密义务。

第五十条　被调查的经营者、利害关系人或者其他有关单位或者个人应当配合反垄断执法机构依法履行职责，不得拒绝、阻碍反垄断执法机构的调查。

第五十一条　被调查的经营者、利害关系人有权陈述意见。反垄断执法机构应当对被调查的经营者、利害关系人提出的事实、理由和证据进行核实。

第五十二条　反垄断执法机构对涉嫌垄断行为调查核实后，认为构成垄断行为的，应当依法作出处理决定，并可以向社会公布。

第五十三条　对反垄断执法机构调查的涉嫌垄断行为，被调查的经营者承诺在反垄断执法机构认可的期限内采取具体措施消除该行为后果的，反垄断执法机构可以决定中止调查。中止调查的决定应当载明被调查的经营者承诺的具体内容。

反垄断执法机构决定中止调查的，应当对经营者履行承诺的情况进行监督。经营者履行承诺的，反垄断执法机构可以决定终止调查。

有下列情形之一的，反垄断执法机构应当恢复调查：

（一）经营者未履行承诺的；

（二）作出中止调查决定所依据的事实发生重大变化的；

（三）中止调查的决定是基于经营者提供的不完整或者不真实的信息作出的。

第五十四条　反垄断执法机构依法对涉嫌滥用行政权力排除、限制竞争的行为进行调查，有关单位或者个人应当配合。

第五十五条 经营者、行政机关和法律、法规授权的具有管理公共事务职能的组织，涉嫌违反本法规定的，反垄断执法机构可以对其法定代表人或者负责人进行约谈，要求其提出改进措施。

第七章 法律责任

第五十六条 经营者违反本法规定，达成并实施垄断协议的，由反垄断执法机构责令停止违法行为，没收违法所得，并处上一年度销售额百分之一以上百分之十以下的罚款，上一年度没有销售额的，处五百万元以下的罚款；尚未实施所达成的垄断协议的，可以处三百万元以下的罚款。经营者的法定代表人、主要负责人和直接责任人员对达成垄断协议负有个人责任的，可以处一百万元以下的罚款。

经营者组织其他经营者达成垄断协议或者为其他经营者达成垄断协议提供实质性帮助的，适用前款规定。

经营者主动向反垄断执法机构报告达成垄断协议的有关情况并提供重要证据的，反垄断执法机构可以酌情减轻或者免除对该经营者的处罚。

行业协会违反本法规定，组织本行业的经营者达成垄断协议的，由反垄断执法机构责令改正，可以处三百万元以下的罚款；情节严重的，社会团体登记管理机关可以依法撤销登记。

第五十七条 经营者违反本法规定，滥用市场支配地位的，由反垄断执法机构责令停止违法行为，没收违法所得，并处上一年度销售额百分之一以上百分之十以下的罚款。

第五十八条 经营者违反本法规定实施集中，且具有或者可能具有排除、限制竞争效果的，由国务院反垄断执法机构责令停止实施集中、限期处分股份或者资产、限期转让营业以及采取其他必要措施恢复到集中前的状态，处上一年度销售额百分之十以下的罚款；不具有排除、限制竞争效果的，处五百万元以下的罚款。

第五十九条 对本法第五十六条、第五十七条、第五十八条规定的罚款，反垄断执法机构确定具体罚款数额时，应当考虑违法行为的性质、程度、持续时间和消除违法行为后果的情况等因素。

第六十条 经营者实施垄断行为，给他人造成损失的，依法承担民事责任。

经营者实施垄断行为，损害社会公共利益的，设区的市级以上人民检察院可以依法向人民法院提起民事公益诉讼。

第六十一条 行政机关和法律、法规授权的具有管理公共事务职能的组织滥用行政权力，实施排除、限制竞争行为的，由上级机关责令改正；对直接负责的主管人员和其他直接责任人员依法给予处分。反垄断执法机构可以向有关上级机关提出依法处理的建议。行政机关和法律、法规授权的具有管理公共事务职能的组织应当将有关改正情况书面报告上级机关和反垄断执法机构。

法律、行政法规对行政机关和法律、法规授权的具有管理公共事务职能的组织滥用行政权力实施排除、限制竞争行为的处理另有规定的，依照其规定。

第六十二条 对反垄断执法机构依法实施的审查和调查，拒绝提供有关材料、信息，或者提供虚假材料、信息，或者隐匿、销毁、转移证据，或者有其他拒绝、阻碍调查行为的，由反垄断执法机构责令改正，对单位处上一年度销售额百分之一以下的罚款，上一年度没有销售额或者销售额难以计算的，处五百万元以下的罚款；对个人处五十万元以下的罚款。

第六十三条　违反本法规定，情节特别严重、影响特别恶劣、造成特别严重后果的，国务院反垄断执法机构可以在本法第五十六条、第五十七条、第五十八条、第六十二条规定的罚款数额的二倍以上五倍以下确定具体罚款数额。

第六十四条　经营者因违反本法规定受到行政处罚的，按照国家有关规定记入信用记录，并向社会公示。

第六十五条　对反垄断执法机构依据本法第三十四条、第三十五条作出的决定不服的，可以先依法申请行政复议；对行政复议决定不服的，可以依法提起行政诉讼。

对反垄断执法机构作出的前款规定以外的决定不服的，可以依法申请行政复议或者提起行政诉讼。

第六十六条　反垄断执法机构工作人员滥用职权、玩忽职守、徇私舞弊或者泄露执法过程中知悉的商业秘密、个人隐私和个人信息的，依法给予处分。

第六十七条　违反本法规定，构成犯罪的，依法追究刑事责任。

第八章　附则

第六十八条　经营者依照有关知识产权的法律、行政法规规定行使知识产权的行为，不适用本法；但是，经营者滥用知识产权，排除、限制竞争的行为，适用本法。

第六十九条　农业生产者及农村经济组织在农产品生产、加工、销售、运输、储存等经营活动中实施的联合或者协同行为，不适用本法。

第七十条　本法自 2008 年 8 月 1 日起施行。

中华人民共和国烟草专卖法实施条例

（1997 年 7 月 3 日中华人民共和国国务院令第 223 号发布　根据 2013 年 7 月 18 日《国务院关于废止和修改部分行政法规的决定》第一次修订　根据 2016 年 2 月 6 日《国务院关于修改部分行政法规的决定》第二次修订　根据 2021 年 11 月 10 日《国务院关于修改〈中华人民共和国烟草专卖法实施条例〉的决定》第三次修订 根据 2023 年 7 月 20 日《国务院关于修改和废止部分行政法规的决定》第四次修订）

第一章　总则

第一条　根据《中华人民共和国烟草专卖法》（以下简称《烟草专卖法》），制定本条例。

第二条　烟草专卖是指国家对烟草专卖品的生产、销售和进出口业务实行垄断经营、统一管理的制度。

第三条　烟草专卖品中的烟丝是指用烟叶、复烤烟叶、烟草薄片为原料加工制成的丝、末、粒状商品。

第四条　国务院和省、自治区、直辖市的烟草专卖行政主管部门职责及领导体制，依照《烟草专卖法》第四条的规定执行。设有烟草专卖行政主管部门的市、县，由市、县烟草专卖行政主管部门主管本行政区内的烟草专卖工作，受上一级烟草专卖行政主管部门和本级人民政府的双重领导，以上一级烟草专卖行政主管部门的领导为主。

第五条　国家对卷烟、雪茄烟焦油含量和用于卷烟、雪茄烟的主要添加剂实行控制。烟草制品生产企业不得违反国家有关规定使用有害的添加剂和色素。

第二章　烟草专卖许可证

第六条　从事烟草专卖品的生产、批发、零售业务，以及经营烟草专卖品进出口业务和经营外国烟草制品购销业务的，必须依照《烟草专卖法》和本条例的规定，申请领取烟草专卖许可证。

烟草专卖许可证分为：

（一）烟草专卖生产企业许可证；

（二）烟草专卖批发企业许可证；

（三）烟草专卖零售许可证。

第七条　取得烟草专卖生产企业许可证，应当具备下列条件：

（一）有与生产烟草专卖品相适应的资金；

（二）有生产烟草专卖品所需要的技术、设备条件；

（三）符合国家烟草行业的产业政策要求；

（四）国务院烟草专卖行政主管部门规定的其他条件。

第八条　取得烟草专卖批发企业许可证，应当具备下列条件：

（一）有与经营烟草制品批发业务相适应的资金；

（二）有固定的经营场所和必要的专业人员；

（三）符合烟草专卖批发企业合理布局的要求；

（四）国务院烟草专卖行政主管部门规定的其他条件。

第九条　取得烟草专卖零售许可证，应当具备下列条件：

（一）有与经营烟草制品零售业务相适应的资金；

（二）有固定的经营场所；

（三）符合烟草制品零售点合理布局的要求；

（四）国务院烟草专卖行政主管部门规定的其他条件。

第十条　烟草专卖行政主管部门依照《烟草专卖法》及本条例的规定，发放烟草专卖许可证和烟草专卖品准运证并实施管理。

第十一条　申请领取烟草专卖生产企业许可证的，应当向省、自治区、直辖市（以下简称省级）烟草专卖行政主管部门提出申请，由省级烟草专卖行政主管部门审查签署意见，报国务院烟草专卖行政主管部门审批发证。

第十二条　申请领取烟草专卖批发企业许可证，进行跨省、自治区、直辖市经营的，应当向省级烟草专卖行政主管部门提出申请，由省级烟草专卖行政主管部门审查签署意见，报国务院烟草专卖行政主管部门审批发证。

申请领取烟草专卖批发企业许可证，在省、自治区、直辖市范围内经营的，应当向企业所在地烟草专卖行政主管部门提出申请，由企业所在地烟草专卖行政主管部门审查签署意见，报省级烟草专卖行政主管部门审批发证。

第十三条　申请领取烟草专卖零售许可证，依照《烟草专卖法》的规定办理。

第十四条　烟草专卖许可证的发证机关可以定期或者不定期地对取得烟草专卖许可证的企业、个人进行检查。经检查不符合《烟草专卖法》和本条例规定条件的，烟草专卖许可证的发证机关可以责令暂停烟草专卖业务、进行整顿，直至取消其从事烟草专卖业务的资格。

烟草专卖许可证的具体管理办法，由国务院烟草专卖行政主管部门根据本条例的规定制定。

第三章　烟叶的种植、收购和调拨

第十五条　国务院烟草专卖行政主管部门按照合理布局的要求，会同有关省、自治区、直辖市人民政府依据国家计划，根据良种化、区域化、规范化的原则制定烟叶种植规划。

第十六条 烟叶由烟草公司或其委托单位依法统一收购。烟草公司或其委托单位根据需要，可以在国家下达烟叶收购计划的地区设立烟叶收购站（点）收购烟叶。设立烟叶收购站（点），应当经设区的市级烟草专卖行政主管部门批准。未经批准，任何单位和个人不得收购烟叶。

第十七条 地方烟草专卖行政主管部门组织同级有关部门和烟叶生产者的代表组成烟叶评级小组，协调烟叶收购等级评定工作。

第十八条 国家储备、出口烟叶的计划和烟叶调拨计划，由国务院计划部门下达。

第四章 烟草制品的生产

第十九条 设立烟草制品生产企业，应当由省级烟草专卖行政主管部门报经国务院烟草专卖行政主管部门批准，取得烟草专卖生产企业许可证，并经工商行政管理部门核准登记。

第二十条 烟草制品生产企业必须严格执行国家下达的生产计划。

第二十一条 禁止使用霉烂烟叶生产卷烟、雪茄烟和烟丝。

第二十二条 卷烟、雪茄烟和有包装的烟丝，应当使用注册商标。

第五章 烟草制品的销售

第二十三条 取得烟草专卖批发企业许可证的企业，应当在许可证规定的经营范围和地域范围内，从事烟草制品的批发业务。

取得烟草专卖零售许可证的企业或者个人，应当在当地的烟草专卖批发企业进货，并接受烟草专卖许可证发证机关的监督管理。

第二十四条 无烟草专卖批发企业许可证的单位或者个人，一次销售卷烟、雪茄烟50条以上的，视为无烟草专卖批发企业许可证从事烟草制品批发业务。

第二十五条 任何单位或者个人不得销售非法生产的烟草制品。

第二十六条 烟草专卖生产企业和烟草专卖批发企业，不得向无烟草专卖零售许可证的单位或者个人提供烟草制品。

第二十七条 在中国境内销售的卷烟、雪茄烟，应当在小包、条包上标注焦油含量级和“吸烟有害健康”的中文字样。

第二十八条 国务院烟草专卖行政主管部门在必要时，可以根据市场供需情况下达省、自治区、直辖市之间的卷烟、雪茄烟调拨任务。

第二十九条 严禁销售霉坏、变质的烟草制品。霉坏、变质的烟草制品，由烟草专卖行政主管部门或者有关行政管理部门监督销毁。

第三十条 有关部门依法查获的假冒商标烟草制品，应当交由烟草专卖行政主管部门按照国家有关规定公开销毁，禁止以任何方式销售。

第三十一条 假冒商标烟草制品的鉴别检测工作，由国务院产品质量监督管理部门和省、自治区、直辖市人民政府产品质量监督管理部门指定的烟草质量检测站进行。

第六章　烟草专卖品的运输

第三十二条　烟草专卖品准运证由省级以上烟草专卖行政主管部门或其授权的机构审批、发放。烟草专卖品准运证的管理办法由国务院烟草专卖行政主管部门制定。

第三十三条　跨省、自治区、直辖市运输进口的烟草专卖品、国产烟草专用机械和烟用丝束、滤嘴棒以及分切的进口卷烟纸，应当凭国务院烟草专卖行政主管部门或其授权的机构签发的烟草专卖品准运证办理托运或者自运。

跨省、自治区、直辖市运输除国产烟草专用机械、烟用丝束、滤嘴棒以及分切的进口卷烟纸以外的其他国产烟草专卖品，应当凭国务院烟草专卖行政主管部门或者省级烟草专卖行政主管部门签发的烟草专卖品准运证办理托运或者自运。

在省、自治区、直辖市内跨市、县运输烟草专卖品，应当凭省级烟草专卖行政主管部门或其授权的机构签发的烟草专卖品准运证办理托运或者自运。

运输依法没收的走私烟草专卖品，应当凭国务院烟草专卖行政主管部门签发的烟草专卖品准运证办理托运或者自运。

第三十四条　有下列情形之一的，为无烟草专卖品准运证运输烟草专卖品：

（一）超过烟草专卖品准运证规定的数量和范围运输烟草专卖品的；

（二）使用过期、涂改、复印的烟草专卖品准运证的；

（三）无烟草专卖品准运证又无法提供在当地购买烟草专卖品的有效证明的；

（四）无烟草专卖品准运证运输烟草专卖品的其他行为。

第三十五条　海关监管的烟草制品的转关运输，按照国家有关海关转关运输的规定办理运输手续。

第七章　卷烟纸、滤嘴棒、烟用丝束、烟草专用机械的生产和销售

第三十六条　烟草专卖批发企业和烟草制品生产企业只能从取得烟草专卖生产企业许可证的企业购买卷烟纸、滤嘴棒、烟用丝束和烟草专用机械。

卷烟纸、滤嘴棒、烟用丝束、烟草专用机械的生产企业不得将其产品销售给无烟草专卖生产企业许可证的单位或者个人。

第三十七条　烟草专用机械的购进、出售、转让，必须经国务院烟草专卖行政主管部门批准。

烟草专用机械的名录由国务院烟草专卖行政主管部门规定。

第三十八条　任何单位或者个人不得销售非法生产的烟草专用机械、卷烟纸、滤嘴棒及烟用丝束。

淘汰报废、非法拼装的烟草专用机械，残次的卷烟纸、滤嘴棒、烟用丝束及下脚料，由当地烟草专卖行政主管部门监督处理，不得以任何方式销售。

第八章　进出口贸易和对外经济技术合作

第三十九条　设立外商投资的烟草专卖生产企业，应当报经国务院烟草专卖行政主管部门审查同意后，方可按照国家有关规定批准立项。

第四十条 进口烟草专卖品的计划应当报国务院烟草专卖行政主管部门审查批准。

第四十一条 免税进口的烟草制品应当存放在海关指定的保税仓库内，并由国务院烟草专卖行政主管部门指定的地方烟草专卖行政主管部门与海关共同加锁管理。海关凭国务院烟草专卖行政主管部门批准的免税进口计划分批核销免税进口外国烟草制品的数量。

第四十二条 在海关监管区内经营免税的卷烟、雪茄烟的，只能零售，并应当在卷烟、雪茄烟的小包、条包上标注国务院烟草专卖行政主管部门规定的专门标志。

第四十三条 专供出口的卷烟、雪茄烟，应当在小包、条包上标注“专供出口”中文字样。

第九章 监督检查

第四十四条 烟草专卖行政主管部门依法对执行《烟草专卖法》及本条例的情况进行监督、检查，查处违反《烟草专卖法》及本条例的案件，并会同国家有关部门查处烟草专卖品的走私贩私、假冒伪劣行为。

第四十五条 国务院烟草专卖行政主管部门在必要时，可以根据烟草专卖工作的实际情况，在重点地区设立派出机构；省级烟草专卖行政主管部门在必要时，可以向烟草专卖品生产、经营企业派驻人员。派出机构和派驻人员在派出部门的授权范围内监督、检查烟草专卖品的生产、经营活动。

第四十六条 烟草专卖行政主管部门查处违反《烟草专卖法》和本条例的案件时，可以行使下列职权：

（一）询问违法案件的当事人、嫌疑人和证人；

（二）检查违法案件当事人的经营场所，依法对违法生产或者经营的烟草专卖品进行处理；

（三）查阅、复制与违法活动有关的合同、发票、账册、单据、记录、文件、业务函电和其他资料。

第四十七条 烟草专卖行政主管部门或者烟草专卖行政主管部门会同有关部门，可以依法对非法运输烟草专卖品的活动进行检查、处理。

第四十八条 人民法院和行政机关依法没收的烟草专卖品以及充抵罚金、罚款和税款的烟草专卖品，按照国家有关规定进行拍卖的，竞买人应当持有烟草专卖批发企业许可证。

依法设立的拍卖企业拍卖烟草专卖品，应当对竞买人进行资格验证。拍卖企业拍卖烟草专卖品，应当接受烟草专卖行政主管部门的监督。

第四十九条 烟草专卖行政主管部门的专卖管理检查人员执行公务时，应当佩戴国务院烟草专卖行政主管部门制发的徽章，出示省级以上烟草专卖行政主管部门签发的检查证件。

第五十条 对检举烟草专卖违法案件的有功单位和个人，给予奖励。

第十章 法律责任

第五十一条 依照《烟草专卖法》第二十八条规定处罚的，按照下列规定执行：

（一）擅自收购烟叶的，可以处非法收购烟叶价值 20%以上 50%以下的罚款，并按照查获地省级烟草专卖行政主管部门出具的上年度烟叶平均收购价格的70%收购违法收购的烟叶；

（二）擅自收购烟叶1000公斤以上的，依法没收其违法收购的烟叶和违法所得。

第五十二条　依照《烟草专卖法》第二十九条规定处罚的，按照下列规定执行：

（一）无准运证或者超过准运证规定的数量托运或者自运烟草专卖品的，处以违法运输的烟草专卖品价值20%以上50%以下的罚款，可以按照查获地省级烟草专卖行政主管部门出具的上年度烟叶平均收购价格的70%收购违法运输的烟叶，以及按照市场批发价格的70%收购违法运输的除烟叶外的其他烟草专卖品。

（二）有下列情形之一的，没收违法运输的烟草专卖品和违法所得：

1. 非法运输的烟草专卖品价值超过5万元或者运输卷烟数量超过100件（每1万支为1件）的；

2. 被烟草专卖行政主管部门处罚两次以上的；

3. 抗拒烟草专卖行政主管部门的监督检查人员依法实施检查的；

4. 非法运输走私烟草专卖品的；

5. 运输无烟草专卖生产企业许可证的企业生产的烟草专卖品的；

6. 利用伪装非法运输烟草专卖品的；

7. 利用特种车辆运输烟草专卖品逃避检查的；

8. 其他非法运输行为，情节严重的。

（三）承运人明知是烟草专卖品而为无准运证的单位、个人运输的，没收违法所得，可以并处违法运输的烟草专卖品价值10%以上20%以下的罚款。

（四）邮寄、异地携带烟叶、烟草制品超过国务院有关部门规定的限量1倍以上的，依照本条第（一）项的规定处罚。

第五十三条　依照《烟草专卖法》第三十条规定处罚的，按照下列规定执行：

（一）无烟草专卖生产企业许可证生产烟草制品的，由烟草专卖行政主管部门责令关闭，没收违法所得，处以所生产烟草制品价值1倍以上2倍以下的罚款，并将其违法生产的烟草制品公开销毁；

（二）无烟草专卖生产企业许可证生产卷烟纸、滤嘴棒、烟用丝束或者烟草专用机械的，由烟草专卖行政主管部门责令停止生产，没收违法所得，处以违法生产的烟草专卖品价值1倍以上2倍以下的罚款，并将其违法生产的烟草专卖品公开销毁。

第五十四条　依照《烟草专卖法》第三十一条规定，无烟草专卖批发企业许可证经营烟草制品批发业务的，由烟草专卖行政主管部门责令关闭或者停止经营烟草制品批发业务，没收违法所得，处以违法批发的烟草制品价值50%以上1倍以下的罚款。

第五十五条　取得烟草专卖批发企业许可证的单位违反本条例第二十三条第一款的规定，超越经营范围和地域范围，从事烟草制品批发业务的，由烟草专卖行政主管部门责令暂停经营批发业务，没收违法所得，处以违法经营的烟草制品价值10%以上20%以下的罚款。

第五十六条　取得烟草专卖零售许可证的企业或者个人违反本条例第二十三条第二款的规定，未在当地烟草专卖批发企业进货的，由烟草专卖行政主管部门没收违法所得，可处以进货总额5%以上10%以下的罚款。

第五十七条 无烟草专卖零售许可证经营烟草制品零售业务的，由工商行政管理部门或者由工商行政管理部门根据烟草专卖行政主管部门的意见，责令停止经营烟草制品零售业务，没收违法所得，处以违法经营总额 20%以上 50%以下的罚款。

第五十八条 违反本条例第二十五条、第三十八条第一款规定销售非法生产的烟草专卖品的，由烟草专卖行政主管部门责令停止销售，没收违法所得，处以违法销售总额20%以上 50%以下的罚款，并将非法销售的烟草专卖品公开销毁。

第五十九条 违反本条例规定，未取得国务院烟草专卖行政主管部门颁发的烟草专卖批发企业许可证，擅自跨省、自治区、直辖市从事烟草制品批发业务的，由烟草专卖行政主管部门处以批发总额 10%以上 20%以下的罚款。

第六十条 违反本条例第二十六条、第三十六条第二款规定，为无烟草专卖许可证的单位或者个人提供烟草专卖品的，由烟草专卖行政主管部门没收违法所得，并处以销售总额 20%以上 50%以下的罚款。

第六十一条 违反本条例第三十六条第一款规定，烟草专卖批发企业和烟草制品生产企业从无烟草专卖生产企业许可证的企业购买卷烟纸、滤嘴棒、烟用丝束、烟草专用机械的，由烟草专卖行政主管部门处以所购烟草专卖品价值 50%以上 1 倍以下的罚款。

第六十二条 违反本条例第四十一条规定，免税进口的烟草制品不按规定存放在烟草制品保税仓库内的，可以处烟草制品价值 50%以下的罚款。

第六十三条 违反本条例第四十二条规定，在海关监管区内经营免税的卷烟、雪茄烟没有在小包、条包上标注国务院烟草专卖行政主管部门规定的专门标志的，可以处非法经营总额 50%以下的罚款。

第六十四条 违反本条例第四十八条的规定，拍卖企业未对竞买人进行资格验证，或者不接受烟草专卖行政主管部门的监督，擅自拍卖烟草专卖品的，由烟草专卖行政主管部门处以拍卖的烟草专卖品价值 20%以上 50%以下的罚款，并依法取消其拍卖烟草专卖品的资格。

第十一章 附则

第六十五条 电子烟等新型烟草制品参照本条例卷烟的有关规定执行。

第六十六条 本条例自发布之日起施行。

中共中央 国务院印发《扩大内需战略规划纲要（2022—2035 年）》

近日，中共中央、国务院印发了《扩大内需战略规划纲要（2022—2035 年）》，并发出通知，要求各地区各部门结合实际认真贯彻落实。

《扩大内需战略规划纲要（2022—2035 年）》主要内容如下。

坚定实施扩大内需战略、培育完整内需体系，是加快构建以国内大循环为主体、国内国际双循环相互促进的新发展格局的必然选择，是促进我国长远发展和长治久安的战略决策。为推动实施扩大内需战略，根据《中华人民共和国国民经济和社会发展第十四个五年规划和 2035 年远景目标纲要》，制定本规划纲要。

一、规划背景

（一）我国扩大内需已取得显著成效

改革开放以来特别是党的十八大以来，我国在深度参与国际产业分工的同时，不断提升国内供给质量水平，着力释放国内市场需求，促进形成强大国内市场，内需对经济发展的支撑作用明显增强。

消费基础性作用持续强化。最终消费支出占国内生产总值的比重连续 11 年保持在 50%以上。住行消费等传统消费显著增长，城镇居民人均住房建筑面积稳步提高，汽车新车销量连续 13 年位居全球第一。消费新业态新模式快速发展，2021 年实物商品网上零售额占社会消费品零售总额比重为 24. 5%，人均服务性消费支出占人均消费支出比重为 44. 2%。

投资关键作用更好发挥。我国资本形成总额占国内生产总值的比重保持在合理水平，为优化供给结构、推动经济平稳发展提供了有力支撑。基础设施建设水平全面提升，全国综合运输大通道加快贯通，一批重大水利设施建成使用。5G 等新型基础设施建设加快推进，重大科技项目建设取得显著成就，高技术产业投资持续较快增长。医疗卫生、生态环保、农业农村、教育等领域短板弱项加快补齐。

国内市场运行机制不断健全。高标准市场体系加快建设，“放管服”改革持续深化，营商环境不断优化，要素市场化配置、产权制度等重点改革稳步推进，流通体系加快健全，社会保障制度逐步完善，统筹城乡的基本公共服务体系加快形成，市场活力得到有效激发。

国际国内市场联系更加紧密。我国国内生产总值超过 110 万亿元，已成为全球第二大商品消费市场，带动进口规模持续扩大、结构不断优化。国际经贸合作扎实推进，对外开放高地建设进展显著，我国成为最具吸引力的外资流入国之一，利用外资质量不断提高，我国市场与全球市场进一步协调发展、互惠互利。

（二）重大意义

实施扩大内需战略是满足人民对美好生活向往的现实需要。我国经济由高速增长阶段转向高质量发展阶段，发展要求和发展条件都呈现新特征，特别是人民对美好生活的向往总体上已经从“有没有”转向“好不好”，呈现多样化、多层次、多方面的特点。解决人民日益增长的美好生活需要和不平衡不充分的发展之间的矛盾，必须坚定实施扩大内需战略，固根基、扬优势、补短板、强弱项，通过增加高质量产品和服务供给，满足人民群众需要，促进人的全面发展和社会全面进步，推动供需在更高水平上实现良性循环。

实施扩大内需战略是充分发挥超大规模市场优势的主动选择。大国经济具有内需为主导的显著特征。内需市场一头连着经济发展，一头连着社会民生，是经济发展的主要依托。我国经济经过改革开放 40 多年持续快速发展，逐步在市场需求、产业体系、人力资源、软硬基础设施等方面形成了超大规模市场优势，为培育完整内需体系奠定了基础。进一步发挥超大规模市场优势，必须坚定实施扩大内需战略，扩大居民消费和有效投资，增强经济发展韧性，促进经济持续健康发展。

实施扩大内需战略是应对国际环境深刻变化的必然要求。世界百年未有之大变局加速演进，国际力量对比深刻调整，新冠肺炎疫情影响广泛深远，世界经济增长不平衡不确定性增大，单边主义、保护主义、霸权主义对世界和平与发展构成威胁。面对复杂严峻的外部环境，必须坚定实施扩大内需战略，以自身的稳定发展有效应对外部风险挑战。

实施扩大内需战略是更高效率促进经济循环的关键支撑。构建新发展格局关键在于经济循环的畅通无阻。促进国内大循环更为顺畅，必须坚定实施扩大内需战略，打通经济循环堵点，夯实国内基本盘；实现国内国际双循环相互促进，也必须坚定实施扩大内需战略，更好依托国内大市场，有效利用全球要素和市场资源，更高效率实现内外市场联通，促进发展更高水平的国内大循环。

（三）机遇和挑战

进入新发展阶段，我国国内市场基础更加扎实，实施扩大内需战略的环境条件深刻变化。展望未来一段时期，国内市场主导国民经济循环特征会更加明显，消费已成为我国经济增长的主拉动力，居民消费优化升级同现代科技和生产方式相结合，我国这一全球最有潜力的消费市场还将不断成长壮大。我国正处于新型工业化、信息化、城镇化、农业现代化快速发展阶段，与发达国家相比，在很多方面还有较大投资空间，投资需求潜力巨大。同时，中国特色社会主义制度优势显著，宏观经济治理能力持续提升，改革创新不断孕育新的发展动力，全国统一大市场加快建设，商品和要素流通制度环境持续改善，我国生产要素质量和配置水平显著提升，国内市场空间更趋广阔。

同时要看到，我国扩大内需仍面临不少制约。劳动力、土地、环境等要素趋紧制约投资增长，创新能力不能完全适应高质量发展要求，群众个性化、多样化消费需求难以得到有效满足；城乡区域发展和收入分配差距较大，民生保障存在短板，财政金融等领域风险隐患不容忽视，制约内需潜力释放的体制机制堵点仍然较多；国际竞争日趋激烈，把我国打造成国际高端要素资源的“引力场”任重道远。

综合来看，我国扩大内需机遇和挑战都有新的发展变化，总体上机遇大于挑战。必须坚定实施扩大内需战略，准确把握国内市场发展规律，未雨绸缪，趋利避害，在危机中育先机、于变局中开新局，不断释放内需潜力，充分发挥内需拉动作用，建设更加强大的国内市场，推动我国经济平稳健康可持续发展。

二、总体要求

（四）指导思想

以习近平新时代中国特色社会主义思想为指导，坚持稳中求进工作总基调，立足新发展阶段，完整、准确、全面贯彻新发展理念，构建新发展格局，以推动高质量发展为主题，以深化供给侧结构性改革为主线，以改革创新为根本动力，以满足人民日益增长的美好生活需要为根本目的，坚持系统观念，更好统筹发展和安全，牢牢把握扩大内需这个战略基点，加快培育完整内需体系，加强需求侧管理，促进形成强大国内市场，着力畅通国内经济大循环，促进国内国际双循环良性互动，推动我国经济行稳致远、社会安定和谐，为全面建设社会主义现代化国家奠定坚实基础。

（五）工作原则

——坚持党的领导，发挥制度优势。充分发挥党总揽全局、协调各方的领导核心作用，贯彻党把方向、谋大局、定政策、促改革的要求，把党的领导贯彻到扩大内需战略实施全过程，发挥我国国家制度和国家治理体系多方面显著优势，为扩大内需战略实施提供根本保证。

——坚持人民立场，增进民生福祉。坚持以人民为中心，把满足人民日益增长的美好生活需要作为扩大内需的出发点和落脚点，始终做到发展为了人民、发展依靠人民、发展成果由人民共享，扎实推动共同富裕，不断增强人民群众的获得感、幸福感、安全感。

——坚持顶层设计，服务全局战略。坚持扩大内需这个战略基点，以创新驱动、高质量供给引领和创造新需求，使扩大内需成为构建新发展格局的重要支撑，推动质量变革、效率变革、动力变革，促进供需在更高水平上实现动态平衡。

——坚持改革开放，增强内生动力。坚定不移用改革的办法释放和激发市场潜力，把有效市场和有为政府结合起来，充分发挥市场在资源配置中的决定性作用，更好发挥政府作用，破除制约内需增长的体制机制障碍，不断提高要素配置和产品流通效率，同时实施更高水平对外开放，充分利用国际高端要素资源，持续增强国内市场活力。

——坚持系统观念，强化协同高效。加强前瞻性思考、全局性谋划、战略性布局、整体性推进，加快培育完整内需体系，统筹好供给和需求、消费和投资、内需和外需、数量和质量、国内和国际、速度和效益、效率和公平、发展和安全等重大关系，尽力而为、量力而行，实现发展质量、结构、规模、速度、效益、安全相统一，使扩大内需成为一个可持续的历史过程。

（六）发展目标

按照全面建设社会主义现代化国家的战略安排，展望2035年，实施扩大内需战略的远景目标是：消费和投资规模再上新台阶，完整内需体系全面建立；新型工业化、信息化、城镇化、农业现代化基本实现，强大国内市场建设取得更大成就，关键核心技术实现重大突破，以创新驱动、内需拉动的国内大循环更加高效畅通；人民生活更加美好，城乡居民人均收入再迈上新的大台阶，中等收入群体显著扩大，基本公共服务实现均等化，城乡区域发展差距和居民生活水平差距显著缩小，全体人民共同富裕取得更为明显的实质性进展；改革对内需发展的支撑作用大幅提升，高标准市场体系更加健全，现代流通体系全面建成；我国参与全球经济合作和竞争新优势持续增强，国内市场的国际影响力大幅提升。

锚定2035年远景目标，综合考虑发展环境和发展条件，“十四五”时期实施扩大内需战略的主要目标是：

——促进消费投资，内需规模实现新突破。消费的基础性作用和投资的关键作用进一步增强。内需持续健康发展，质量效益明显提升，超大规模市场优势充分发挥，国内市场更加强大，培育完整内需体系取得明显进展。

——完善分配格局，内需潜能不断释放。分配结构明显改善，城乡区域发展差距和居民生活水平差距逐步缩小，居民人均可支配收入实际增长和经济增长基本同步。基本公共服务均等化水平持续提升，多层次社会保障体系更加健全，社会事业加快发展。

——提升供给质量，国内需求得到更好满足。供给侧结构性改革取得重大进展，农业基础更加稳固，制造业比重基本稳定，现代服务业加快建设，实体经济发展根基进一步夯实，传统产业改造提升加速推进，新产业新业态加快发展，创新能力显著提升，产业基础高级化、产业链现代化水平明显提高，供给体系对国内需求的适配性不断增强。

——完善市场体系，激发内需取得明显成效。统一开放、竞争有序、制度完备、治理完善的高标准市场体系基本建成，商品和要素在城乡区域间流动更加顺畅，产权制度改革和要素市场化配置改革取得重大进展，营商环境持续优化，公平竞争制度更加完善，现代流通体系建立健全。

——畅通经济循环，内需发展效率持续提升。更高水平开放型经济新体制基本形成，我国与周边区域经济合作程度进一步加深，对周边和全球经济发展的带动作用不断增强。

（七）重点任务

坚持问题导向，围绕推动高质量发展，针对我国中长期扩大内需面临的主要问题，特别是有效供给能力不足、分配差距较大、流通体系现代化程度不高、消费体制机制不健全、投资结构仍需优化等堵点难点，部署实施扩大内需战略的重点任务。

加快培育完整内需体系。把实施扩大内需战略同深化供给侧结构性改革有机结合起来，按照生产、分配、流通、消费和投资再生产的全链条拓展内需体系，培育由提高供给质量、优化分配格局、健全流通体系、全面促进消费、拓展投资空间等共同组成的完整内需体系。

促进形成强大国内市场。着力挖掘内需潜力，特别是推进新型城镇化和城乡区域协调发展释放内需潜能，进一步做大国内市场规模。通过优化市场结构、健全市场机制、激发市场活力、提升市场韧性，进一步做强国内市场，促进国内市场平稳发展和国际影响力持续提升。

支撑畅通国内经济循环。进一步推进各种要素组合有机衔接和循环流转，形成产品服务增加、社会财富积聚、人民福祉增进、国家实力增强的良性国内经济循环。以强大的国内经济循环为支撑，着力推进高水平对外开放，打造国际高端要素资源“引力场”，使国内和国际市场更好联通，以国际循环提升国内大循环效率和水平，实现国内国际双循环互促共进。

三、全面促进消费，加快消费提质升级

最终消费是经济增长的持久动力。顺应消费升级趋势，提升传统消费，培育新型消费，扩大服务消费，适当增加公共消费，着力满足个性化、多样化、高品质消费需求。

（八）持续提升传统消费

提高吃穿等基本消费品质。加强引导、强化监督、支持创新，推动增加高品质基本消费品供给，推进内外销产品同线同标同质。倡导健康饮食结构，增加健康、营养农产品和食品供给，促进餐饮业健康发展。坚持不懈制止餐饮浪费。

释放出行消费潜力。优化城市交通网络布局，大力发展智慧交通。推动汽车消费由购买管理向使用管理转变。推进汽车电动化、网联化、智能化，加强停车场、充电桩、换电站、加氢站等配套设施建设。便利二手车交易。

促进居住消费健康发展。坚持“房子是用来住的、不是用来炒的”定位，加强房地产市场预期引导，探索新的发展模式，加快建立多主体供给、多渠道保障、租购并举的住房制度，稳妥实施房地产市场平稳健康发展长效机制，支持居民合理自住需求，遏制投资投机性需求，稳地价、稳房价、稳预期。完善住房保障基础性制度和支持政策，以人口净流入的大城市为重点，扩大保障性租赁住房供给。因地制宜发展共有产权住房。完善长租房政策，逐步使租购住房在享受公共服务上具有同等权利。健全住房公积金制度。推进无障碍设施建设，促进家庭装修消费，增加智能家电消费，推动数字家庭发展。

更好满足中高端消费品消费需求。促进免税业健康有序发展。促进民族品牌加强同国际标准接轨，充分衔接国内消费需求，增加中高端消费品国内供应。培育建设国际消费中心城市，打造一批区域消费中心。深入推进海南国际旅游消费中心建设。

（九）积极发展服务消费

扩大文化和旅游消费。完善现代文化产业体系和文化市场体系，推进优质文化资源开发，推动中华优秀传统文化创造性转化、创新性发展。鼓励文化文物单位依托馆藏文化资源，开发各类文化创意产品，扩大优质文化产品和服务供给。大力发展度假休闲旅游。拓展多样化、个性化、定制化旅游产品和服务。加快培育海岛、邮轮、低空、沙漠等旅游业态。释放通用航空消费潜力。

增加养老育幼服务消费。适应人口老龄化进程，推动养老事业和养老产业协同发展，加快健全居家社区机构相协调、医养康养相结合的养老服务体系。发展银发经济，推动公共设施适老化改造，开发适老化技术和产品。推动生育政策与经济社会政策配套衔接，减轻家庭生育、养育、教育负担，改善优生优育全程服务，释放生育政策潜力。增加普惠托育供给，发展集中管理运营的社区托育服务。

提供多层次医疗健康服务。全面推进健康中国建设，深化医药卫生体制改革，完善公共卫生体系，促进公立医院高质量发展。支持社会力量提供多层次多样化医疗服务，鼓励发展全科医疗服务，增加专科医疗等细分服务领域有效供给。积极发展中医药事业，着力增加高质量的中医医疗、养生保健、康复、健康旅游等服务。积极发展个性化就医服务。加强职业健康保护。完善常态化疫情防控举措。适时优化国家免疫规划疫苗种类，逐步将安全、有效、财政可负担的疫苗纳入国家免疫规划。

提升教育服务质量。健全国民教育体系，促进教育公平。完善普惠性学前教育和特殊教育、专门教育保障机制。推动义务教育优质均衡发展和城乡一体化。巩固提升高中阶段教育普及水平。着眼建设世界一流大学和一流科研院所，加强科教基础设施和产教融合平台建设。完善职业技术教育和培训体系，增强职业技术教育适应性。鼓励社会力量提供多样化教育服务，支持和规范民办教育发展，全面规范校外教育培训行为，稳步推进民办教育分类管理改革，开展高水平中外合作办学。

促进群众体育消费。深入实施全民健身战略，建设国家步道体系，推动体育公园建设。以足球、篮球等职业体育为抓手，提升体育赛事活动质量和消费者观感、体验度，促进竞赛表演产业扩容升级。发展在线健身、线上赛事等新业态。推进冰雪运动“南展西扩东进”，带动群众“喜冰乐雪”。

推动家政服务提质扩容。促进家政服务业专业化、规模化、网络化、规范化发展，完善家政服务标准体系，发展员工制家政企业。深化家政服务业提质扩容“领跑者”行动。提升家政服务和培训质量，推动社会化职业技能等级认定，加强家政从业人员职业风险保障。推进家政进社区，构建 24 小时全生活链服务体系。鼓励发展家庭管家等高端家政服务。

提高社区公共服务水平。构建公共服务、便民利民服务、志愿互助服务相结合的社区服务体系，增强社区服务功能，引导社会力量参与社区服务供给，持续提升社区服务质量，提高社区服务智能化水平。支持家政、养老、托幼、物业等业态融合创新。提升社区疫情防控能力和水平。

（十）加快培育新型消费

支持线上线下商品消费融合发展。加快传统线下业态数字化改造和转型升级。丰富 5G 网络和千兆光网应用场景。加快研发智能化产品，支持自动驾驶、无人配送等技术应用。发展智慧超市、智慧商店、智慧餐厅等新零售业态。健全新型消费领域技术和服务标准体系，依法规范平台经济发展，提升新业态监管能力。

培育“互联网+社会服务”新模式。做强做优线上学习服务，推动各类数字教育资源共建共享。积极发展“互联网+医疗健康”服务，健全互联网诊疗收费政策，将符合条件的互联网医疗服务项目按程序纳入医保支付范围。深入发展在线文娱，鼓励传统线下文化娱乐业态线上化，支持打造数字精品内容和新兴数字资源传播平台。鼓励发展智慧旅游、智慧广电、智能体育。支持便捷化线上办公、无接触交易服务等发展。

促进共享经济等消费新业态发展。拓展共享生活新空间，鼓励共享出行、共享住宿、共享旅游等领域产品智能化升级和商业模式创新，完善具有公共服务属性的共享产品相关标准。打造共享生产新动力，鼓励企业开放平台资源，充分挖掘闲置存量资源应用潜力。鼓励制造业企业探索共享制造的商业模式和适用场景。顺应网络、信息等技术进步趋势，支持和引导新的生活和消费方式健康发展。

发展新个体经济。支持社交电商、网络直播等多样化经营模式，鼓励发展基于知识传播、经验分享的创新平台。支持线上多样化社交、短视频平台规范有序发展，鼓励微应用、微产品、微电影等创新。

（十一）大力倡导绿色低碳消费

积极发展绿色低碳消费市场。健全绿色低碳产品生产和推广机制。促进居民耐用消费品绿色更新和品质升级。大力发展节能低碳建筑。完善绿色采购制度，加大政府对低碳产品采购力度。建立健全绿色产品标准、标识、认证体系和生态产品价值实现机制。加快构建废旧物资循环利用体系，规范发展汽车、动力电池、家电、电子产品回收利用行业。

倡导节约集约的绿色生活方式。深入开展绿色生活创建。推进绿色社区建设。按照绿色低碳循环理念规划建设城乡基础设施。倡导绿色低碳出行，发展城市公共交通，完善城市慢行交通系统。完善城市生态和通风廊道，提升城市绿化水平。深入实施国家节水行动。持续推进过度包装治理，倡导消费者理性消费，推动形成“节约光荣、浪费可耻”的社会氛围。

四、优化投资结构，拓展投资空间

善于把握投资方向，消除投资障碍，聚焦关键领域和薄弱环节，努力增加制造业投资，加大重点领域补短板力度，系统布局新型基础设施，着力提高投资效率，促进投资规模合理增长、结构不断优化，增强投资增长后劲。

（十二）加大制造业投资支持力度

围绕推动制造业高质量发展、建设制造强国，引导各类优质资源要素向制造业集聚。加大传统制造业优化升级投资力度，扩大先进制造领域投资，提高制造业供给体系质量和效率。加大制造业技术改造力度，支持企业应用创新技术和产品实施技术改造。完善促进制造业发展的政策制度，降低企业生产经营成本，提升制造业盈利能力。加强制造业投资的用地、用能等要素保障。创新完善制造业企业股权、债券融资工具。

（十三）持续推进重点领域补短板投资

加快交通基础设施建设。完善以铁路为主干、以公路为基础、水运民航比较优势充分发挥的国家综合立体交通网，推进“6 轴 7 廊 8 通道”主骨架建设，增强区域间、城市群间、省际间交通运输联系。加强中西部地区、沿江沿海战略骨干通道建设，有序推进能力紧张通道升级扩容，加强与周边国家互联互通。加快国家铁路网建设，贯通“八纵八横”高速铁路主通道，有序推进区域连接线建设，加快普速铁路建设和既有铁路改造升级。支持重点城市群率先建成城际铁路网，推进重点都市圈市域（郊）铁路和城市轨道交通发展，并与干线铁路融合发展。完善公路网骨干线路，提升国家高速公路网络质量，加快省际高速公路建设，推进普通国省道瓶颈路段贯通升级。继续推进“四好农村路”建设。加强航空网络建设，加快建设国际和区域枢纽机场，积极推进支线机场和通用机场建设，推动打造京津冀、长三角、粤港澳大湾区、成渝世界级机场群。提升水运综合优势，在津冀沿海、长三角、粤港澳大湾区推动构建世界级港口群，支持建设国际航运中心，加快长江等内河高等级航道网建设。构建多层级、一体化综合交通枢纽体系。

加强能源基础设施建设。提升电网安全和智能化水平，优化电力生产和输送通道布局，完善电网主网架布局和结构，有序建设跨省跨区输电通道重点工程，积极推进配电网改造和农村电网建设，提升向边远地区输配电能力。优化煤炭产运结构，推进煤矿智能化、绿色化发展，优化建设蒙西、蒙东、陕北、山西、新疆五大煤炭供应保障基地，提高煤炭铁路运输能力。加快全国干线油气管道建设，集约布局、有序推进液化天然气接收站和车船液化天然气加注站规划建设。大幅提高清洁能源利用水平，建设多能互补的清洁能源基地，以沙漠、戈壁、荒漠地区为重点加快建设大型风电、光伏基地。统筹推进现役煤电机组超低排放和节能改造，提升煤电清洁高效发展水平。推动构建新型电力系统，提升清洁能源消纳和存储能力。

加快水利基础设施建设。加快推进集防洪减灾、水资源调配、水生态保护等功能为一体的综合水网建设，提升国家水安全保障能力。推动综合性水利枢纽和调蓄工程建设，立足流域整体和水资源空间均衡配置，加快推进跨流域跨区域水资源配置工程建设，实施对区域发展具有重要作用的引调水工程，提升水资源优化配置能力。加强节水基础设施建设。提升水旱灾害防御能力，加快补齐大江大河大湖防洪短板，推进堤防加固、河道治理、控制性工程、蓄滞洪区等建设，加强中小河流治理、山洪灾害防治和病险水库除险加固。推进供水、灌溉、水源工程建设，加强供水区域间联合调度。有条件的地区可将城镇周边的村庄纳入城镇供水体系。强化农村中小型水源工程建设和饮用水水源保护，推进大中型灌区建设与现代化改造。在沿海缺水城市推动大型海水淡化设施建设。

完善物流基础设施网络。统筹国家物流枢纽、国家骨干冷链物流基地、示范物流园区等布局建设，优化国家层面的骨干物流基础设施网络，提高跨区域物流服务能力，支撑构建“通道+枢纽+网络”的现代物流运行体系。优化以综合物流园区、专业配送中心、末端配送网点为支撑的商贸物流设施网络。加快建设农产品产地仓储保鲜冷链物流设施，提高城乡冷链设施网络覆盖水平，推动食品产销供的冷链全覆盖。

加大生态环保设施建设力度。全面提升生态环境基础设施水平，构建集污水、垃圾、固废、危废、医废处理处置设施和监测监管能力于一体的环境基础设施体系，形成由城市向建制镇和乡村延伸覆盖的环境基础设施网络。实施重要生态系统保护和修复重大工程。推动建立生态保护补偿制度。全面推进资源高效利用，建设促进提高清洁能源利用水平、降低二氧化碳排放的生态环保设施。

完善社会民生基础设施。补齐医疗领域建设短板，完善城市传染病救治网络，全面提升县级医院救治能力，持续改善县级医院设施条件，补齐乡镇卫生院、村卫生室等基础医疗设备配备，全面改善疾控机构设施设备条件，健全口岸公共卫生防控体系，提高公共卫生防控救治能力。加快补齐教育资源短板，加强教育基础设施建设，改善各级各类学校办学条件。增加普惠性养老和医养结合服务设施。完善妇幼健康服务设施，积极规划建设婴幼儿照护和未成年人保护服务机构及设施。提升县级公共文化设施水平，加强广播电视传输覆盖等设施建设。加快高品质、各具特色的旅游景区、度假区、休闲街区建设。提升体育场地设施水平，持续改善群众身边健身设施。

（十四）系统布局新型基础设施

加快建设信息基础设施。建设高速泛在、天地一体、集成互联、安全高效的信息基础设施，增强数据感知、传输、存储、运算能力。加快物联网、工业互联网、卫星互联网、千兆光网建设，构建全国一体化大数据中心体系，布局建设大数据中心国家枢纽节点，推动人工智能、云计算等广泛、深度应用，促进“云、网、端”资源要素相互融合、智能配置。以需求为导向，增强国家广域量子保密通信骨干网络服务能力。

全面发展融合基础设施。推动5G、人工智能、大数据等技术与交通物流、能源、生态环保、水利、应急、公共服务等深度融合，助力相关行业治理能力提升。支持利用5G技术对有线电视网络进行改造升级。积极稳妥发展车联网。

前瞻布局创新基础设施。支持有条件的地方建设区域性创新高地，适度超前布局建设重大科技基础设施。优化提升国家产业创新中心、国家制造业创新中心、国家工程研究中心、国家技术创新中心等产业创新基础设施，强化共性基础技术供给。

五、推动城乡区域协调发展，释放内需潜能

城镇化是扩大内需的重要支撑，把扩大内需战略和新型城镇化战略有序衔接起来，使之成为经济发展的重要推动力。推动城乡区域协调发展是释放内需潜能、促进产业升级的重要举措，坚持全国一盘棋，全面实施乡村振兴战略，坚持实施区域重大战略、区域协调发展战略，增强发展的整体性、协调性，充分释放内需潜在势能。

（十五）推进以人为核心的新型城镇化

推进农业转移人口市民化。深化户籍制度改革，建立健全经常居住地提供基本公共服务制度，促进农业转移人口全面融入城市，提高市民化质量。完善财政转移支付与农业转移人口市民化挂钩相关政策。依法保障进城落户农民农村土地承包权、宅基地使用权、集体收益分配权，建立农村产权流转市场体系，健全农户“三权”市场化退出机制和配套政策。

培育城市群和都市圈。推进成渝地区双城经济圈等城市群建设，完善城市群一体化发展体制机制，统筹推进基础设施协调布局、产业分工协作、公共服务共享、生态共建环境共治。依托辐射带动能力较强的中心城市，提高通勤圈协同发展水平，培育发展同城化程度高的现代化都市圈。推进超大特大城市瘦身健体，严控中心城市规模无序扩张。完善大中城市宜居宜业功能，支持培育新生中小城市。健全城镇体系，依法依规加强城市生态修复和功能完善，合理确定城市规模、人口密度、空间结构。

推进以县城为重要载体的城镇化建设。推进县城公共服务、环境卫生、市政公用、产业配套等设施提级扩能，增强综合承载能力和治理能力。鼓励东部城镇化地区县城加快发展，支持中西部和东北城镇化地区县城建设，合理引导农产品主产区和重点生态功能区县城建设。按照区位条件、资源禀赋、发展基础，分类引导小城镇发展。促进特色小镇规范健康发展。

推进城市设施规划建设和城市更新。加强市政水、电、气、路、热、信等体系化建设，推进地下综合管廊等设施和海绵城市建设，加强城市内涝治理，加强城镇污水和垃圾收集处理体系建设，建设宜居、创新、智慧、绿色、人文、韧性城市。加强城镇老旧小区改造和社区建设，补齐居住社区设施短板，完善社区人居环境。加快地震易发区房屋设施抗震加固改造，加强城市安全监测。强化历史文化保护，塑造城市风貌，延续城市历史文脉。

（十六）积极推动农村现代化

实施乡村建设行动。综合考虑村庄演变规律、集聚特点、现状分布，结合农民生产生活半径，合理确定村庄布局和规模。完善乡村基础设施和综合服务设施，提升农房品质，严格建房安全标准。加强农村生态文明建设和农村人居环境整治。推进农村移风易俗。加大农村地区文化遗产保护力度，保护传统村落、民族村寨和乡村风貌，让居民望得见山、看得见水、记得住乡愁。

完善乡村市场体系。健全农产品流通网络，加强农村商贸体系建设，畅通工业品下乡、农产品进城双向流通渠道。完善以县级物流节点为核心、乡镇服务站点为骨架、村级末端网点为延伸的县乡村三级物流节点设施体系，完善农村电商配套服务。培育农产品网络品牌。推动农村居民汽车、家电、家具、家装消费升级。引导县域引入城市消费新业态新模式，充分满足县乡居民个性化、多元化、中高端消费需求。持续依法打击假冒伪劣产品，规范农村市场秩序。

丰富乡村经济形态。深入实施质量兴农战略，推动农村一二三产业融合发展，高质量发展现代农产品加工业，延长农业产业链条。发展各具特色的现代乡村富民产业，壮大休闲农业、乡村旅游、民宿经济、乡村文化等特色产业。完善利益联结机制，让农民更多分享产业增值收益。发展新型农村集体经济，扶持各类新型农业经营主体，提高农业经营效益和农民职业吸引力。推动乡村人才振兴，优化农村创新创业环境，激发农村创新创业活力。

健全城乡融合发展体制机制。强化以工补农、以城带乡，推动形成工农互促、城乡互补、协调发展、共同繁荣的新型工农城乡关系。统筹推进城乡规划布局和建设管理，让城乡之间各美其美、美美与共。推动城乡在要素配置、产业发展、安全标准、公共服务、生态保护等方面相互融合和协同发展，促进城乡生产要素平等交换、双向自由流动和公共资源合理配置，逐步缩小城乡发展差距和居民生活水平差距。

（十七）优化区域经济布局

依托区域重大战略打造内需新增长极。以疏解北京非首都功能为“牛鼻子”，持续推动京津冀协同发展。坚持生态优先、绿色发展和共抓大保护、不搞大开发，全面推动长江经济带高质量发展。支持香港、澳门更好融入国家发展大局，积极稳妥推进粤港澳大湾区建设。紧扣“一体化”和“高质量”，提升长三角一体化发展水平。协调上中下游共抓大保护，扎实推进黄河流域生态保护和高质量发展。支持经济发展优势区域增强经济和人口承载能力，提升创新策源能力和全球资源配置能力，促进区域间融合互动、融通补充，培育新增长极，带动全国经济效率整体提升。

推动区域协调发展完善内需增长空间格局。在全国统一大市场框架下充分发挥各地区比较优势，努力实现差异竞争、错位发展，释放区域协调发展的巨大内需潜力。深入推进西部大开发、东北全面振兴、中部地区崛起、东部率先发展，支持欠发达地区、革命老区等特殊类型地区加快发展，加大对民族地区发展支持力度。推动巩固拓展脱贫攻坚成果同乡村振兴有效衔接，完善农村低收入人口和欠发达地区帮扶机制。健全区际利益补偿等促进区域协调发展机制。积极拓展海洋经济发展空间。

六、提高供给质量，带动需求更好实现

供给侧有效畅通可以打通循环堵点、消除瓶颈制约，满足现有需求并进一步引领创造新需求。要面向需求结构变化和供给革命，顺应新一轮科技革命和产业变革趋势，强化科技自立自强，以创新驱动、高质量供给引领和创造新需求，推动供需在更高水平上实现良性循环。

（十八）加快发展新产业新产品

实现科技高水平自立自强。以国家战略性需求为导向优化国家创新体系整体布局，强化以国家实验室为引领的战略科技力量。推进科研院所、高等学校和企业科研力量优化配置、资源共享。健全新型举国体制，确定科技创新方向和重点，改进科研项目组织管理方式。在人工智能、量子信息、脑科学等前沿领域实施一批前瞻性、战略性国家重大科技项目。聚焦核心基础零部件及元器件、关键基础材料、关键基础软件、先进基础工艺和产业技术基础，引导产业链上下游联合攻关。持之以恒加强基础研究，发挥好重要院所、高校的国家队作用，重点布局一批基础学科研究中心。加强科学研究与市场应用的有效衔接，支持产学研协同，促进产业链、创新链、生态链融通发展。强化企业科技创新主体作用。

壮大战略性新兴产业。深入推进国家战略性新兴产业集群发展，建设国家级战略性新兴产业基地。全面提升信息技术产业核心竞争力，推动人工智能、先进通信、集成电路、新型显示、先进计算等技术创新和应用。加快生物医药、生物农业、生物制造、基因技术应用服务等产业化发展。发展壮大新能源产业。推进前沿新材料研发应用。促进重大装备工程应用和产业化发展，加快大飞机、航空发动机和机载设备等研发，推进卫星及应用基础设施建设。发展数字创意产业。在前沿科技和产业变革领域，组织实施未来产业孵化与加速计划，前瞻谋划未来产业。推动先进制造业集群发展，建设国家新型工业化产业示范基地，培育世界级先进制造业集群。

加强创新产品应用。依托我国超大规模市场和完备产业体系，创造有利于新技术快速大规模应用和迭代升级的独特优势，加速科技成果向现实生产力转化。完善激励和风险补偿机制，推动首台（套）装备、首批次材料等示范应用。建立重要产品快速审评审批

机制。

加快推动数字产业化和产业数字化。加强数字社会、数字政府建设，发展普惠性“上云用数赋智”，不断提升数字化治理水平。建立完善跨部门跨区域的数据资源流通应用机制，强化数据安全保障能力，优化数据要素流通环境。加快数据资源开发利用及其制度规范建设，打造具有国际竞争力的数字产业集群，加大中小企业特别是制造业中小企业数字化赋能力度。积极参与数字领域国际规则和标准制定。

激发人才创新活力。遵循人才成长规律和科研活动规律，培养造就更多国际一流的领军人才。加强创新型、应用型、技能型人才培养，壮大高水平工程师和高技能人才队伍。鼓励大型企业与科研院所联合培养科技人才。健全以创新能力、质量、实效、贡献为导向的科技人才评价体系，完善技能人才评价制度。弘扬科学精神和工匠精神，提升全民科学素质。

（十九）积极促进传统产业改造提升

大力发展现代农业。持续强化农业基础地位，加快建立现代农业产业体系、生产体系、经营体系，发展农业专业化社会化服务。健全农业支持保护制度，优化农业生产区域布局，加强粮食生产功能区、重要农产品生产保护区、特色农产品优势区建设。优化农业生产结构，扩大紧缺农产品生产。加强高标准农田建设，加强东北黑土地保护和地力恢复，增强粮食综合生产能力。推动畜牧业转型升级，发展标准化规模养殖，强化动物疫病风险防控，推进畜禽养殖废弃物资源化利用。推进水产绿色健康养殖，规范有序发展海洋渔业。强化农业科技和装备支撑，推进农业机械化和农机装备智能化。推动发展智慧农业。

推进制造业高端化、智能化、绿色化。深入实施工业互联网创新发展战略。促进数据、人才、技术等生产要素在传统产业汇聚，推动企业加快数字化改造。发展智能制造、绿色制造，推动生产方式向柔性、智能、精细化转变。构建多层次资源高效循环利用体系，推进大宗固废综合利用，规范发展再制造产业。

优化区域产业产能布局。发挥各地区比较优势，优化区域分工协作格局。优化石化化工、钢铁等重要基础性产业规划布局，严格控制建设高耗能、高排放项目。不断完善产业结构调整指导目录、西部地区鼓励类产业目录等，支持引导中西部和东北地区依托资源要素禀赋，在充分考虑资源环境承载能力基础上承接国内产业梯度转移。推进老工业基地制造业竞争优势重构。加强对重大生产力布局的统一规划和宏观指导，防止盲目投资和重复建设。

持续推动生产性服务业向高端延伸。发展服务型制造，鼓励制造业企业发展生产性服务业，拓展研发设计、供应链协同、系统解决方案、柔性化定制、全生命周期管理等增值服务，促进制造业企业由提供“产品”向提供“产品+服务”转变，提升价值链。推动现代服务业同先进制造业融合发展。积极发展科技服务业。支持智能制造、流程再造等领域新型专业化服务机构发展。发展研发、设计、检测等生产性服务外包，鼓励电子商务等服务业企业向制造环节拓展。引导研发设计企业与制造业企业嵌入式合作。培育专业化、国际化的知识产权服务品牌机构。聚焦提高要素配置效率，推动供应链金融、信息数据、人力资源等服务创新发展。

（二十）着力加强标准质量品牌建设

健全产品和服务标准体系。建立健全全国统一的强制性国家标准体系。构建现代农业全产业链标准体系，完善制造业高端化标准体系，动态调整消费品安全标准，健全旅游、养老、商贸流通等服务业标准体系。优化企业标准“领跑者”度。大力发展先进团体标准。加快构建国家现代先进测量体系。加强检验检测体系建设。

持续提高产品和服务质量。加强质量安全监管，推进质量分级，稳步提高消费品质量安全水平。健全质量认证体系，完善质量认证采信机制。加快建设覆盖线上线下的重要产品追溯体系，实施优质服务标识管理制度，促进品质消费。

深入实施商标品牌战略。打造中国品牌，培育和发展中华老字号和特色传统文化品牌。持续办好中国品牌日活动，宣传推介国货精品，增强全社会品牌发展意识，在市场公平竞争、消费者自主选择中培育更多享誉世界的中国品牌。

七、健全现代市场和流通体系，促进产需有机衔接

完善的市场体系可以推动资源配置实现效益最大化和效率最优化，高效的流通体系能够在更大范围更深程度把生产和消费有机联系起来。要推动形成全国统一大市场，加快健全市场体系基础制度，建设现代流通体系，优化生产要素配置，有效提高市场运行和流通效率，促进生产与需求紧密结合。

（二十一）提升要素市场化配置水平

推进劳动力要素有序流动。营造公平就业环境，保障城乡劳动者享有平等就业权利。建立协调衔接的劳动力、人才流动政策体系和交流合作机制，健全统一规范的人力资源市场体系，完善全国统一的人力资源社会保障公共服务平台，推动公共资源由主要按城市行政等级配置向主要按实际服务管理人口规模配置转变。

推动经营性土地要素市场化配置。健全城乡统一的建设用地市场，合理调节土地增值收益。探索建立全国性的建设用地指标和补充耕地指标跨区域交易机制。加快培育发展建设用地二级市场，推进产业用地市场化配置，推动不同产业用地类型合理转换，探索增加混合产业用地供给。完善城乡基准地价、标定地价的制定与发布制度，逐步形成与市场价格挂钩动态调整机制。充分利用市场机制盘活存量土地和低效用地。

完善知识、技术、数据要素配置机制。深化科技成果使用权、处置权、收益权改革，完善职务科技成果转化激励机制。加大科研单位改革力度，支持科研事业单位试行更灵活的岗位、薪酬等管理制度。建立健全高等学校、科研机构、企业间创新资源自由有序流动机制。建设国家知识产权和科技成果产权交易机构。完善数据要素市场化配置机制，建立数据资源产权、交易流通、跨境传输、安全保护等基础制度和标准规范。

（二十二）加快建立公平统一市场

完善公平竞争的市场秩序。在要素获取、准入许可、经营运行、标准制定、招投标、政府采购等方面，对各类所有制企业平等对待。建立公平开放透明的竞争规则，构建覆盖

事前事中事后全环节的竞争政策实施机制，健全公平竞争审查机制，强化公平竞争审查刚性约束。加强和改进反垄断和反不正当竞争执法，完善法律法规。完善市场竞争状况评估制度。

加快构建全国统一大市场。破除地方保护和市场分割，建设高效规范、公平竞争的国内统一市场，破除妨碍生产要素市场化配置和商品服务流通的体制机制障碍，降低全社会交易成本。健全市场准入负面清单制度，全面提升市场准入效能。推进能源、铁路、电信、公用事业等行业竞争性环节市场化改革。深化公共资源交易平台整合共享。合理划分不同层级政府市场监管事权，构建跨区域市场监管机制，有效防止滥用行政权力限制竞争。

（二十三）建设现代流通体系

优化现代商贸体系。提升城市商业水平，发展智慧商圈，构建分层分类的城市商业格局，打造“一刻钟”便民生活圈。加强县域商业建设，建立完善农村商业体系。加快物联网、人工智能等技术与商贸流通业态融合创新，同时注意防范垄断和安全风险。

发展现代物流体系。围绕做优服务链条、做强服务功能、做好供应链协同，完善集约高效的现代物流服务体系。促进现代物流业与农业、制造、商贸等融合发展。积极发展公铁水联运、江海联运和铁路快运。探索建立城市群物流统筹协调机制，培育有机协同的物流集群。优化国际海运航线，强化国际航空货运网络，巩固提升中欧班列等国际铁路运输组织，推动跨境公路运输发展，支持优化海外仓全球布局，加快构建高效畅通的多元化国际物流干线通道，形成内外联通、安全高效的物流网络。

八、深化改革开放，增强内需发展动力

用足用好改革这个关键一招，实行更高水平开放，能够为深挖国内需求潜力、拓展扩大最终需求提供强大动力。要聚焦重点领域重点问题，加强改革开放举措的系统集成、协同高效，完善促进消费、扩大投资的制度安排，为国内市场发展提供源源不断的动力和活力。

（二十四）完善促进消费的体制机制

持续释放服务消费潜力。实施宽进严管，对可以依靠市场充分竞争提升供给质量的服务消费领域取消准入限制。对于电力、油气等行业中具有自然垄断属性的服务领域，根据不同行业特点实行网运分开，放宽上下游竞争相对充分服务业准入门槛。按照政事分开、事企分开、管办分离的要求，持续推进教育、科技、文化、卫生、体育等领域事业单位改革。

加强消费者权益保护。建立健全适应消费新业态新模式发展特点的新型监管机制。建立假冒伪劣产品惩罚性巨额赔偿制度。健全缺陷产品召回、产品伤害监测、产品质量担保等制度，完善多元化消费维权机制和纠纷解决机制。严格食品药品监管，确保安全。强化重点商品和服务领域价格监管，维护市场价格秩序。

（二十五）推进投融资体制改革

加大对民间投资支持和引导力度。坚持毫不动摇巩固和发展公有制经济，毫不动摇鼓励、支持、引导非公有制经济发展，促进公有制经济和非公有制经济优势互补、共同发展。完善支持政策，发挥政府资金引导带动作用，引导民间资本参与新型基础设施、新型城镇化、交通水利等重大工程和补短板领域建设。鼓励民营企业增加研发投入，推动设备更新和技术改造，扩大战略性新兴产业投资，提高自主创新能力，掌握拥有自主知识产权的核心技术。鼓励和引导非国有资本投资主体通过参股控股、资产收购等多种形式，参与国有企业改制重组。切实保护民营企业的合法权益，培育和维护公平竞争的投资环境。加强对民营企业的服务、指导和规范管理。

持续完善投资管理模式。协同推进投资审批制度改革，规范有序推广企业投资项目承诺制、区域评估、标准地改革等投资审批创新经验，加强投资决策与规划和用地、环评的制度衔接。完善投资法规制度和执法机制，健全地方配套制度体系。加强投资项目特别是备案类项目的事中事后监管。建立健全投资审批数据部门间共享机制，推动投资审批权责“一张清单”、审批数据“一体共享”、审批事项“一网通办”。

健全投资项目融资机制。持续优化政府投资结构，加大对补短板领域支持力度。有序推动基础设施领域不动产投资信托基金健康发展。通过多种方式盘活存量资产，形成存量资产和新增投资的良性循环。规范有序推进政府和社会资本合作。鼓励金融机构依法合规提供更多直达实体经济的金融产品和服务。健全政府性融资担保体系。增强资本市场对实体经济的融资功能，提高直接融资特别是股权融资比重。扩大债券融资规模，推进债券市场互联互通。

（二十六）优化营商环境激发市场活力

深化“放管服”改革。持续深化行政审批制度改革和商事制度改革，减少和优化涉企经营许可事项，改革完善生产许可制度，简化工业产品生产许可证审批程序。加快建立全方位、多层次、立体化监管体系，实现事前事中事后全链条全领域监管。提升企业开办标准化、规范化、便利化水平，简化普通注销程序，建立健全企业破产和自然人破产制度。加快推动市场数据跨部门共享，规范商业机构数据公开使用与发布。完善营商环境评价体系。

健全现代产权制度。加强产权保护和激励，完善以公平为原则的产权保护制度，完善产权执法司法保护制度，全面依法平等保护各类产权。强化知识产权全链条保护，提升知识产权审查能力，建立健全知识产权侵权快速反应、惩罚性赔偿等机制。加强数据、知识、环境等领域产权制度建设，完善自然资源资产产权制度和法律法规。完善国有产权交易制度，完善农村集体产权确权和保护制度。

完善社会信用体系。推进信用法治建设，健全社会信用法律法规和政策体系。依法依规加强信用信息归集、共享、公开、应用，建立公共信用信息同金融信息共享整合机制。建立健全以信用为基础的新型监管机制，加强企业信用状况综合评价，推广信用承诺和告知承诺制，依法依规健全守信激励和失信惩戒机制。强化消费信用体系建设。加强诚信文化建设和宣传教育，营造公平诚信的市场环境和社会环境。

（二十七）发挥对外开放对内需的促进作用

高质量共建“一带一路”。推进基础设施互联互通，拓展第三方市场合作。构筑互利共赢的产业链供应链合作体系，深化国际产能合作，扩大双向贸易和投资，健全多元化投融资体系。加快推进西部陆海新通道高质量发展，提高中欧班列开行质量，推动国际陆运贸易规则制定。支持各地深化与共建“一带一路”国家交流合作。

持续提升利用外资水平。推进投资便利化，稳步推动规则、规制、管理、标准等制度型开放，健全外商投资准入前国民待遇加负面清单管理制度，全面深入落实准入后国民待遇，促进内外资企业公平竞争。鼓励外商投资中高端制造、高新技术和现代服务产业。加强外商投资合法权益保护。促进引资与引智更好结合，鼓励外资企业进一步融入我国创新体系。

打造高水平、宽尺度、深层次的开放高地。坚持推动更高水平开放与区域协调发展相结合，协同推动扩大内陆开放、加快沿边开放、提升沿海开放层次。建设好各类开发开放平台和载体，加快培育更多内陆开放高地。发挥京津冀、长三角、粤港澳大湾区等地区先导示范效应，打造面向东北亚、中亚、南亚、东南亚的沿边开放合作门户。赋予自由贸易试验区更大改革自主权。稳步推进海南自由贸易港建设，建立中国特色自由贸易港政策和制度体系。

稳步推进多双边贸易合作。实施自由贸易区提升战略，做好区域全面经济伙伴关系协定生效后实施工作，推动商签更多高标准自由贸易协定和区域贸易协定。促进我与周边国家地区农业、能源、服务贸易、高新技术等领域合作不断深化。推进国际陆海贸易新通道建设。优化促进外贸发展的财税政策，不断完善与我国经济发展水平相适应的关税制度。

扩大重要商品和服务进口。拓宽优质消费品、先进技术、重要设备、关键零部件和重要能源资源进口渠道。支持国内产业转型升级需要的技术、设备及零部件进口，鼓励研发设计、节能环保、环境服务等生产性服务进口。扩大与人民生活密切相关的优质商品、医药产品和康复服务等进口。支持边境贸易创新发展。持续办好中国国际进口博览会、中国进出口商品交易会、中国国际服务贸易交易会、中国国际消费品博览会等，推动进口规模扩大、结构优化、来源多元化。

九、扎实推动共同富裕，厚植内需发展潜力

共同富裕是社会主义的本质要求，是中国式现代化的重要特征。坚持以人民为中心的发展思想，在高质量发展中促进共同富裕，正确处理效率和公平的关系，完善收入分配格局，构建初次分配、再分配、三次分配协调配套的基础性制度安排，加大税收、社保、转移支付等调节力度并提高精准性，扩大中等收入群体比重，增加低收入群体收入，合理调节高收入，取缔非法收入，促进社会公平正义，促进人的全面发展，增强内需发展后劲。

（二十八）持续优化初次分配格局

提升就业质量增加劳动者劳动收入。持续实施就业优先战略，坚持经济发展就业导向，扩大就业容量，提升就业质量，促进充分就业。注重缓解结构性就业矛盾，加快提升

劳动者技能素质，发展现代职业教育，健全终身职业技能培训制度。加快新一代信息技术与制造业深度融合，挖掘新产业新业态新模式带动就业潜力，创造更多更高质量更高收入的就业岗位。健全就业公共服务体系、劳动关系协调机制，完善重点群体就业支持体系。加快乡村产业振兴，积极促进农民工就业，增加农村居民工资性收入。

提高劳动报酬在初次分配中的比重。坚持居民收入增长和经济增长基本同步、劳动报酬提高和劳动生产率提高基本同步，增加劳动者特别是一线劳动者劳动报酬。完善企业薪酬调查和信息发布制度，健全劳动者工资决定、合理增长和支付保障机制，健全最低工资标准调整机制。改革完善事业单位工资、国有企业工资分配等制度。积极推行工资集体协商制度。实施渐进式延迟法定退休年龄。

健全各类生产要素参与分配机制。构建知识、技术、数据等创新要素参与收益分配机制，强化以增加知识价值为导向的分配政策，发挥工资激励保障作用。完善国有企业科技人才薪酬激励政策。完善股份制企业特别是上市公司分红制度。完善股票发行、信息披露等制度，推动资本市场规范健康发展。创新更多适应家庭财富管理需求的金融产品，增加居民投资收益。探索通过土地、资本等要素使用权、收益权增加中低收入群体要素收入。

扩大中等收入群体规模。通过开展示范区建设等，探索扎实推动共同富裕的有效路径。推进高等学校和职业院校毕业生、技能型劳动者、农民工等群体稳定增收，培育高素质农民，完善小微创业者扶持政策，支持个体工商户、灵活就业人员等群体勤劳致富，使更多普通劳动者通过自身努力进入中等收入群体。健全公共服务体系，合理减轻中等收入群体负担。

（二十九）逐步健全再分配机制

加大财税制度对收入分配的调节力度。健全直接税体系，完善综合与分类相结合的个人所得税制度，加强对高收入者的税收调节和监管。完善中央与地方财政事权和支出责任划分，推动教育、养老、医疗、住房保障等基本公共服务均等化。完善转移支付制度，重点加大对发展水平相对落后地区的转移支付力度。有序增加社会民生领域资金投入，优化教育支出结构。

健全社会保障制度。推进基本养老保险由制度全覆盖到法定人群全覆盖，完善灵活就业人员参加职工社会保险制度。发展企业年金、职业年金，规范发展第三支柱养老保险。完善基本医疗保险制度，健全重特大疾病医疗保险和救助制度，支持商业健康保险发展。实现企业职工基本养老保险全国统筹，推动基本医疗保险、失业保险省级统筹，巩固完善工伤保险省级统筹。健全社会保障待遇调整机制。完善社会救助制度兜底功能。完善帮扶残疾人、孤儿等社会福利制度。健全退役军人工作体系和保障制度。

（三十）重视发挥第三次分配作用

发展慈善事业。建立健全慈善事业发展体制机制，规范培育发展慈善组织。完善慈善褒奖制度，引导支持有意愿有能力的企业和社会群体积极参与公益慈善事业。

健全志愿服务体系。发展社会工作服务机构和志愿服务组织，壮大志愿者队伍，搭建更多志愿服务平台，全面提升志愿服务水平。广泛开展志愿服务关爱行动。探索建立文明实践积分银行，将志愿服务活动、践行文明行为等纳入积分管理，促进形成志愿服务良好社会氛围。

十、提升安全保障能力，夯实内需发展基础

把安全发展贯穿扩大内需工作各领域和全过程，着力提升粮食、能源和战略性矿产资源等领域供应保障能力，有效维护产业链供应链稳定，不断提高应对突发应急事件能力，为国内市场平稳发展提供坚强安全保障。

（三十一）保障粮食安全

推进粮食稳产增产。深入实施藏粮于地、藏粮于技战略，坚持最严格的耕地保护制度，严守 18 亿亩耕地红线，坚决遏制耕地“非农化”、严格管控“非粮化”。推进合理布局，主产区、主销区、产销平衡区都要保面积、保产量，加大粮食生产政策支持力度，确保口粮绝对安全、谷物基本自给。实施重要农产品保障战略，实现生猪基本自给、其他重要农副产品供应充足。

健全粮食产购储加销体系。落实粮食安全党政同责要求。深化粮食等重要农产品收储制度改革，加快培育多元市场购销主体，科学确定粮食储备规模、结构、布局，完善粮食储备管理体制和运行机制。加强粮食、棉、糖等重要农产品仓储物流设施建设。强化地方储备体系建设，健全层级分明、运作高效的农产品储备体系。深入推进优质粮食工程，加快构建现代化粮食产业体系。持续倡导节粮减损。

加强种子安全保障。建立健全现代种业体系，加强种质资源保护利用和种子库建设，提高资源保护、育种创新、品种测试、良种繁育能力，实施农业生物育种重大科技项目。在尊重科学、严格监管的前提下，有序推进生物育种产业化应用。

（三十二）强化能源资源安全保障

增强国内生产供应能力。推动国内油气增储上产，加强陆海油气开发。推动页岩气稳产增产，提升页岩油开发规模。引导和鼓励社会资本进入油气勘探开采领域。稳妥推进煤制油气，规划建设煤制油气战略基地。深入实施找矿突破战略行动，开展战略性矿产资源现状调查和潜力评价，积极开展现有矿山深部及外围找矿，延长矿山服务年限。持续推进矿山智能化、绿色化建设。

（三十三）增强产业链供应链安全保障能力

推进制造业补链强链。实施产业基础再造工程，健全产业基础支撑体系，加强产业技术标准体系建设。巩固拓展与周边国家产业链供应链合作，共同维护国际产业链供应链稳定运行。实施制造业供应链提升工程，构建制造业供应链生态体系。围绕重点行业产业链供应链关键原材料、技术、产品，增强供应链灵活性可靠性。

保障事关国计民生的基础产业安全稳定运行。聚焦保障煤电油气运安全稳定运行，强化关键仪器设备、关键基础软件、大型工业软件、行业应用软件和工业控制系统、重要零部件的稳定供应，保证核心系统运行安全。保障居民基本生活必需品产业链安全，实现极端情况下群众基本生活不受大的影响。

（三十四）推动应急管理能力建设

增强重特大突发事件应急能力。加强应急物资装备保障体系建设，强化公共卫生、灾害事故等领域应急物资保障，完善中央、省、市、县、乡五级应急物资储备网络。建设国家级应急物资储备库，升级地方应急物资储备库和救援装备库，中央应急物资储备向中西部地区和灾害多发易发地区倾斜。优化重要应急物资产能区域布局，实施应急产品生产能力储备工程，引导企业积极履行社会责任建立必要的产能储备，建设区域性应急物资生产保障基地，完善国家应急资源管理平台。健全应急决策支撑体系，建设应急技术装备研发实验室。加快提升应急物流投送与快速反应能力，完善应急广播体系。

加强应急救援力量建设。完善航空应急救援体系，推进新型智能装备、航空消防大飞机、特种救援装备、特殊工程机械设备研发配备。加大综合性消防救援队伍和专业救援队伍、社会救援队伍建设力度，推动救援队伍能力现代化。推进城乡公共消防设施建设，推进重点场所消防系统改造。强化危险化学品、矿山、道路交通等重点领域生命防护，提高安全生产重大风险防控能力。

推进灾害事故防控能力建设。支持城乡防灾基础设施建设，完善防汛抗旱、防震减灾、防风抗潮、森林草原防灭火、地震地质灾害防治等骨干设施。提升城市防洪排涝能力，逐步建立完善防洪排涝体系。优化国土空间防灾减灾救灾设施布局，推进公共基础设施安全加固，加快构建城乡应急避难场所体系。加强防灾减灾救灾和安全生产科技信息化支撑能力，加快构建天空地一体化灾害事故监测预警体系和应急通信体系。发展巨灾保险。

十一、实施保障

（三十五）加强党的全面领导

各地区各部门要深入学习贯彻习近平新时代中国特色社会主义思想，增强“四个意识”、坚定“四个自信”、做到“两个维护”，不断提高政治判断力、政治领悟力、政治执行力，不断提高把握新发展阶段、贯彻新发展理念、构建新发展格局的政治能力、战略眼光、专业水平，抓好重大任务和政策落实。充分调动各有关方面实施扩大内需战略的积极性、主动性、创造性，为实现规划纲要确定的主要目标提供坚强组织保障。

（三十六）完善组织协调机制

各有关部门要加强实施扩大内需战略部际协调，发挥统筹协调作用，推动落实扩大内需各项工作；定期编制扩大内需战略实施方案，进一步细化实化规划纲要明确的重大任务和重大政策。地方各级政府要因地制宜积极作为，把实施扩大内需战略纳入经济社会发展规划，结合实际制定本地区扩大内需战略政策措施，压实地方落实扩大内需战略责任，创新规划纲要组织实施方式，发挥各方面作用，坚决杜绝形式主义、官僚主义。

（三十七）强化政策协同配合

完善宏观经济治理，不断创新和完善宏观调控，强化宏观政策对实施扩大内需战略的统筹支持。着力发挥规划纲要导向作用，加强财政、货币、就业、产业、投资、消费、环保、区域等政策的协同配合，推动形成扩大内需的政策合力。密切跟踪分析政策落实情况及内需形势变化，加强扩大内需政策研究储备，完善政策制定和执行机制，强化政策成效评估，保障战略目标顺利实现。

（三十八）加大宣传引导力度

各地区各有关部门要加强扩大内需战略的宣传和引导，综合运用各种媒体，通过大众喜闻乐见的形式深入解读扩大内需战略的新举措新要求，进一步营造浓厚社会氛围。及时总结规划纲要实施成效，充分挖掘各地区和不同行业、企业在扩大内需方面的成功案例，通过多种形式及时总结推广好经验好做法。

（新华社北京 2022 年 12 月 14 日电）

国家市场监督管理总局令

第 60 号

《企业落实食品安全主体责任监督管理规定》已经 2022 年 9 月 20 日市场监管总局第 12 次局务会议通过，现予公布，自 2022 年 11 月 1 日起施行。

局长　罗文

2022 年 9 月 22 日

企业落实食品安全主体责任监督管理规定

第一条　为了督促企业落实食品安全主体责任，强化企业主要负责人食品安全责任，规范食品安全管理人员行为，根据《中华人民共和国食品安全法》及其实施条例等法律法规，制定本规定。

第二条　在中华人民共和国境内，食品生产经营企业主要负责人以及食品安全总监、食品安全员等食品安全管理人员，依法落实食品安全责任的行为及其监督管理，适用本规定。

第三条　食品生产经营企业应当建立健全食品安全管理制度，落实食品安全责任制，依法配备与企业规模、食品类别、风险等级、管理水平、安全状况等相适应的食品安全总监、食品安全员等食品安全管理人员，明确企业主要负责人、食品安全总监、食品安全员等的岗位职责。

企业主要负责人对本企业食品安全工作全面负责，建立并落实食品安全主体责任的长效机制。食品安全总监、食品安全员应当按照岗位职责协助企业主要负责人做好食品安全管理工作。

第四条　食品生产经营企业主要负责人应当支持和保障食品安全总监、食品安全员依法开展食品安全管理工作，在作出涉及食品安全的重大决策前，应当充分听取食品安全总监和食品安全员的意见和建议。

食品安全总监、食品安全员发现有食品安全事故潜在风险的，应当提出停止相关食品生产经营活动等否决建议，企业应当立即分析研判，采取处置措施，消除风险隐患。

第五条 在依法配备食品安全员的基础上，下列食品生产经营企业、集中用餐单位的食堂应当配备食品安全总监：

（一）特殊食品生产企业；

（二）大中型食品生产企业；

（三）大中型餐饮服务企业、连锁餐饮企业总部；

（四）大中型食品销售企业、连锁销售企业总部；

（五）用餐人数300人以上的托幼机构食堂、用餐人数500人以上的学校食堂，以及用餐人数或者供餐人数超过1000人的单位。

县级以上地方市场监督管理部门应当结合本地区实际，指导本辖区具备条件的企业配备食品安全总监。

第六条 食品安全总监、食品安全员应当具备下列食品安全管理能力：

（一）掌握相应的食品安全法律法规、食品安全标准；

（二）具备识别和防控相应食品安全风险的专业知识；

（三）熟悉本企业食品安全相关设施设备、工艺流程、操作规程等生产经营过程控制要求；

（四）参加企业组织的食品安全管理人员培训并通过考核；

（五）其他应当具备的食品安全管理能力。

食品生产经营企业可以将符合前款规定的企业负责人、食品安全管理人员明确为食品安全总监、食品安全员。

第七条 因食品安全违法被吊销许可证的企业，其法定代表人、直接负责的主管人员和其他直接责任人员，自处罚决定作出之日起五年内不得担任食品安全总监、食品安全员。

因食品安全犯罪被判处有期徒刑以上刑罚的人员，终身不得担任食品安全总监、食品安全员。

第八条 食品安全总监按照职责要求直接对本企业主要负责人负责，协助主要负责人做好食品安全管理工作，承担下列职责：

（一）组织拟定食品安全管理制度，督促落实食品安全责任制，明确从业人员健康管理、供货者管理、进货查验、生产经营过程控制、出厂检验、追溯体系建设、投诉举报处理等食品安全方面的责任要求；

（二）组织拟定并督促落实食品安全风险防控措施，定期组织食品安全自查，评估食品安全状况，及时向企业主要负责人报告食品安全工作情况并提出改进措施，阻止、纠正食品安全违法行为，按照规定组织实施食品召回；

（三）组织拟定食品安全事故处置方案，组织开展应急演练，落实食品安全事故报告义务，采取措施防止事故扩大；

（四）负责管理、督促、指导食品安全员按照职责做好相关工作，组织开展职工食品安全教育、培训、考核；

（五）接受和配合监督管理部门开展食品安全监督检查等工作，如实提供有关情况；

（六）其他食品安全管理责任。

食品生产经营企业应当按照前款规定，结合企业实际，细化制定《食品安全总监职责》。

第九条　食品安全员按照职责要求对食品安全总监或者企业主要负责人负责，从事食品安全管理具体工作，承担下列职责：

（一）督促落实食品生产经营过程控制要求；

（二）检查食品安全管理制度执行情况，管理维护食品安全生产经营过程记录材料，按照要求保存相关资料；

（三）对不符合食品安全标准的食品或者有证据证明可能危害人体健康的食品以及发现的食品安全风险隐患，及时采取有效措施整改并报告；

（四）记录和管理从业人员健康状况、卫生状况；

（五）配合有关部门调查处理食品安全事故；

（六）其他食品安全管理责任。

食品生产经营企业应当按照前款规定，结合企业实际，细化制定《食品安全员守则》。

第十条　食品生产经营企业应当建立基于食品安全风险防控的动态管理机制，结合企业实际，落实自查要求，制定食品安全风险管控清单，建立健全日管控、周排查、月调度工作制度和机制。

第十一条　企业应当建立食品安全日管控制度。食品安全员每日根据风险管控清单进行检查，形成《每日食品安全检查记录》，对发现的食品安全风险隐患，应当立即采取防范措施，按照程序及时上报食品安全总监或者企业主要负责人。未发现问题的，也应当予以记录，实行零风险报告。

第十二条　企业应当建立食品安全周排查制度。食品安全总监或者食品安全员每周至少组织1次风险隐患排查，分析研判食品安全管理情况，研究解决日管控中发现的问题，形成《每周食品安全排查治理报告》。

第十三条　企业应当建立食品安全月调度制度。企业主要负责人每月至少听取1次食品安全总监管理工作情况汇报，对当月食品安全日常管理、风险隐患排查治理等情况进行工作总结，对下个月重点工作作出调度安排，形成《每月食品安全调度会议纪要》。

第十四条　食品生产经营企业应当将主要负责人、食品安全总监、食品安全员等人员的设立、调整情况，《食品安全总监职责》、《食品安全员守则》以及食品安全总监、食品安全员提出的意见建议和报告等履职情况予以记录并存档备查。

第十五条　市场监督管理部门应当将企业建立并落实食品安全责任制等管理制度，企业在日管控、周排查、月调度中发现的食品安全风险隐患以及整改情况，作为监督检查的重要内容。

第十六条　食品生产经营企业应当组织对本企业职工进行食品安全知识培训，对食品安全总监、食品安全员进行法律、法规、标准和专业知识培训、考核，并对培训、考核情况予以记录，存档备查。

县级以上地方市场监督管理部门按照国家市场监督管理总局制定的食品安全管理人员

考核指南，组织对本辖区食品生产经营企业的食品安全总监、食品安全员随机进行监督抽查考核并公布考核结果。监督抽查考核不得收取费用。

抽查考核不合格，不再符合食品生产经营要求的，食品生产经营企业应当立即采取整改措施。

第十七条 食品生产经营企业应当为食品安全总监、食品安全员提供必要的工作条件、教育培训和岗位待遇，充分保障其依法履行职责。

鼓励企业建立对食品安全总监、食品安全员的激励机制，对工作成效显著的给予表彰和奖励。

第十八条 食品生产经营企业未按规定建立食品安全管理制度，或者未按规定配备、培训、考核食品安全总监、食品安全员等食品安全管理人员，或者未按责任制要求落实食品安全责任的，由县级以上地方市场监督管理部门依照食品安全法第一百二十六条第一款的规定责令改正，给予警告；拒不改正的，处5000元以上5万元以下罚款；情节严重的，责令停产停业，直至吊销许可证。法律、行政法规有规定的，依照其规定。

第十九条 食品生产经营企业等单位有食品安全法规定的违法情形，除依照食品安全法的规定给予处罚外，有下列情形之一的，对单位的法定代表人、主要负责人、直接负责的主管人员和其他直接责任人员处以其上一年度从本单位取得收入的1倍以上10倍以下罚款：

（一）故意实施违法行为；

（二）违法行为性质恶劣；

（三）违法行为造成严重后果。

食品生产经营企业及其主要负责人无正当理由未采纳食品安全总监、食品安全员依照本规定第四条第二款提出的否决建议的，属于前款规定的故意实施违法行为的情形。食品安全总监、食品安全员已经依法履职尽责的，不予处罚。

第二十条 食品生产经营企业主要负责人是指在本企业生产经营中承担全面领导责任的法定代表人、实际控制人等主要决策人。

直接负责的主管人员是指在违法行为中负有直接管理责任的人员，包括食品安全总监等。

其他直接责任人员是指具体实施违法行为并起较大作用的人员，既可以是单位的生产经营管理人员，也可以是单位的职工，包括食品安全员等。

第二十一条 网络食品交易第三方平台、大型食品仓储企业、食品集中交易市场开办者、食品展销会举办者可以参照本规定执行。

省、自治区、直辖市市场监督管理部门可以根据本地区实际，参照本规定制定其他食品生产经营者落实食品安全主体责任的管理办法。

第二十二条 本规定自2022年11月1日起施行。

国家市场监督管理总局令

第 62 号

《食品相关产品质量安全监督管理暂行办法》已经 2022 年 9 月 20 日市场监管总局第 12 次局务会议通过，现予公布，自 2023 年 3 月 1 日起施行。

局长　罗文

2022 年 10 月 8 日

食品相关产品质量安全监督管理暂行办法

第一章　总则

第一条　为了加强食品相关产品质量安全监督管理，保障公众身体健康和生命安全，根据《中华人民共和国食品安全法》、《中华人民共和国产品质量法》等有关法律、法规，制定本办法。

第二条　在中华人民共和国境内生产、销售食品相关产品及其监督管理适用本办法。法律、法规、规章对食品相关产品质量安全监督管理另有规定的从其规定。

食品生产经营中使用食品相关产品的监督管理按照有关规定执行。

第三条　食品相关产品质量安全工作实行预防为主、风险管理、全程控制、社会共治，建立科学、严格的监督管理制度。

第四条　国家市场监督管理总局监督指导全国食品相关产品质量安全监督管理工作。

省级市场监督管理部门负责监督指导和组织本行政区域内食品相关产品质量安全监督管理工作。

市级及以下市场监督管理部门负责实施本行政区域内食品相关产品质量安全监督管理工作。

第二章　生产销售

第五条　生产者、销售者对其生产、销售的食品相关产品质量安全负责。

第六条　禁止生产、销售下列食品相关产品：

（一）使用不符合食品安全标准及相关公告的原辅料和添加剂，以及其他可能危害人体健康的物质生产的食品相关产品，或者超范围、超限量使用添加剂生产的食品相关产品；

（二）致病性微生物，农药残留、兽药残留、生物毒素、重金属等污染物质以及其他危害人体健康的物质含量和迁移量超过食品安全标准限量的食品相关产品；

（三）在食品相关产品中掺杂、掺假，以假充真，以次充好或者以不合格食品相关产品冒充合格食品相关产品；

（四）国家明令淘汰或者失效、变质的食品相关产品；

（五）伪造产地，伪造或者冒用他人厂名、厂址、质量标志的食品相关产品；

（六）其他不符合法律、法规、规章、食品安全标准及其他强制性规定的食品相关产品。

第七条　国家建立食品相关产品生产企业质量安全管理人员制度。食品相关产品生产者应当建立并落实食品相关产品质量安全责任制，配备与其企业规模、产品类别、风险等级、管理水平、安全状况等相适应的质量安全总监、质量安全员等质量安全管理人员，明确企业主要负责人、质量安全总监、质量安全员等不同层级管理人员的岗位职责。

企业主要负责人对食品相关产品质量安全工作全面负责，建立并落实质量安全主体责任的管理制度和长效机制。质量安全总监、质量安全员应当协助企业主要负责人做好食品相关产品质量安全管理工作。

第八条　在依法配备质量安全员的基础上，直接接触食品的包装材料等具有较高风险的食品相关产品生产者，应当配备质量安全总监。

食品相关产品质量安全总监和质量安全员具体管理要求，参照国家食品安全主体责任管理制度执行。

第九条　食品相关产品生产者应当建立并实施原辅料控制，生产、贮存、包装等生产关键环节控制，过程、出厂等检验控制，运输及交付控制等食品相关产品质量安全管理制度，保证生产全过程控制和所生产的食品相关产品符合食品安全标准及其他强制性规定的要求。

食品相关产品生产者应当制定食品相关产品质量安全事故处置方案，定期检查各项质量安全防范措施的落实情况，及时消除事故隐患。

第十条　食品相关产品生产者实施原辅料控制，应当包括采购、验收、贮存和使用等过程，形成并保存相关过程记录。

食品相关产品生产者应当对首次使用的原辅料、配方和生产工艺进行安全评估及验证，并保存相关记录。

第十一条　食品相关产品生产者应当通过自行检验，或者委托具备相应资质的检验机构对产品进行检验，形成并保存相应记录，检验合格后方可出厂或者销售。

食品相关产品生产者应当建立不合格产品管理制度，对检验结果不合格的产品进行相应处置。

第十二条 食品相关产品销售者应当建立并实施食品相关产品进货查验制度，验明供货者营业执照、相关许可证件、产品合格证明和产品标识，如实记录食品相关产品的名称、数量、进货日期以及供货者名称、地址、联系方式等内容，并保存相关凭证。

第十三条 本办法第十条、第十一条和第十二条要求形成的相关记录和凭证保存期限不得少于产品保质期，产品保质期不足二年的或者没有明确保质期的，保存期限不得少于二年。

第十四条 食品相关产品生产者应当建立食品相关产品质量安全追溯制度，保证从原辅料和添加剂采购到产品销售所有环节均可有效追溯。

鼓励食品相关产品生产者、销售者采用信息化手段采集、留存生产和销售信息，建立食品相关产品质量安全追溯体系。

第十五条 食品相关产品标识信息应当清晰、真实、准确，不得欺骗、误导消费者。标识信息应当标明下列事项：

（一）食品相关产品名称；

（二）生产者名称、地址、联系方式；

（三）生产日期和保质期（适用时）；

（四）执行标准；

（五）材质和类别；

（六）注意事项或者警示信息；

（七）法律、法规、规章、食品安全标准及其他强制性规定要求的应当标明的其他事项。

食品相关产品还应当按照有关标准要求在显著位置标注“食品接触用”、“食品包装用”等用语或者标志。

食品安全标准对食品相关产品标识信息另有其他要求的，从其规定。

第十六条 鼓励食品相关产品生产者将所生产的食品相关产品有关内容向社会公示。鼓励有条件的食品相关产品生产者以电子信息、追溯信息码等方式进行公示。

第十七条 食品相关产品需要召回的，按照国家召回管理的有关规定执行。

第十八条 鼓励食品相关产品生产者、销售者参加相关安全责任保险。

第三章 监督管理

第十九条 对直接接触食品的包装材料等具有较高风险的食品相关产品，按照国家有关工业产品生产许可证管理的规定实施生产许可。食品相关产品生产许可实行告知承诺审批和全覆盖例行检查。

省级市场监督管理部门负责组织实施本行政区域内食品相关产品生产许可和监督管理。根据需要，省级市场监督管理部门可以将食品相关产品生产许可委托下级市场监督管理部门实施。

第二十条 市场监督管理部门建立分层分级、精准防控、末端发力、终端见效工作机制，以“双随机、一公开”监管为主要方式，随机抽取检查对象，随机选派检查人员对食品相关产品生产者、销售者实施日常监督检查，及时向社会公开检查事项及检查结果。

市场监督管理部门实施日常监督检查主要包括书面审查和现场检查。必要时，可以邀请检验检测机构、科研院所等技术机构为日常监督检查提供技术支撑。

第二十一条 对食品相关产品生产者实施日常监督检查的事项包括：生产者资质、生产环境条件、设备设施管理、原辅料控制、生产关键环节控制、检验控制、运输及交付控制、标识信息、不合格品管理和产品召回、从业人员管理、信息记录和追溯、质量安全事故处置等情况。

第二十二条 对食品相关产品销售者实施日常监督检查的事项包括：销售者资质、进货查验结果、食品相关产品贮存、标识信息、质量安全事故处置等情况。

第二十三条 市场监督管理部门实施日常监督检查，可以要求食品相关产品生产者、销售者如实提供本办法第二十一条、第二十二条规定的相关材料。必要时，可以要求被检查单位作出说明或者提供补充材料。

日常监督检查发现食品相关产品可能存在质量安全问题的，市场监督管理部门可以组织技术机构对工艺控制参数、记录的数据参数或者食品相关产品进行抽样检验、测试、验证。

市场监督管理部门应当记录、汇总和分析食品相关产品日常监督检查信息。

第二十四条 市场监督管理部门对其他部门移送、上级交办、投诉、举报等途径和检验检测、风险监测等方式发现的食品相关产品质量安全问题线索，根据需要可以对食品相关产品生产者、销售者及其产品实施针对性监督检查。

第二十五条 县级以上地方市场监督管理部门对食品相关产品生产者、销售者进行监督检查时，有权采取下列措施：

（一）进入生产、销售场所实施现场检查；

（二）对生产、销售的食品相关产品进行抽样检验；

（三）查阅、复制有关合同、票据、账簿以及其他有关资料；

（四）查封、扣押有证据证明不符合食品安全标准或者有证据证明存在质量安全隐患以及用于违法生产经营的食品相关产品、工具、设备；

（五）查封违法从事食品相关产品生产经营活动的场所；

（六）法律法规规定的其他措施。

第二十六条 县级以上地方市场监督管理部门应当对监督检查中发现的问题，书面提出整改要求及期限。被检查企业应当按期整改，并将整改情况报告市场监督管理部门。

对监督检查中发现的违法行为，应当依法查处；不属于本部门职责或者超出监管范围的，应当及时移送有权处理的部门；涉嫌构成犯罪的，应当及时移送公安机关。

第二十七条 市场监督管理部门对可能危及人体健康和人身、财产安全的食品相关产品，影响国计民生以及消费者、有关组织反映有质量安全问题的食品相关产品，依据产品质量监督抽查有关规定进行监督抽查。法律、法规、规章对食品相关产品质量安全的监督抽查另有规定的，依照有关规定执行。

第二十八条 县级以上地方市场监督管理部门应当建立完善本行政区域内食品相关产品生产者名录数据库。鼓励运用信息化手段实现电子化管理。

县级以上地方市场监督管理部门可以根据食品相关产品质量安全风险监测、风险评估结果和质量安全状况等，结合企业信用风险分类结果，对食品相关产品生产者实施质量安全风险分级监督管理。

第二十九条　国家市场监督管理总局按照有关规定实施国家食品相关产品质量安全风险监测。省级市场监督管理部门按照本行政区域的食品相关产品质量安全风险监测方案，开展食品相关产品质量安全风险监测工作。风险监测结果表明可能存在质量安全隐患的，应当将相关信息通报同级卫生行政等部门。

承担食品相关产品质量安全风险监测工作的技术机构应当根据食品相关产品质量安全风险监测计划和监测方案开展监测工作，保证监测数据真实、准确，并按照要求报送监测数据和分析结果。

第三十条　国家市场监督管理总局按照国家有关规定向相关部门通报食品相关产品质量安全信息。

县级以上地方市场监督管理部门按照有关要求向上一级市场监督管理部门、同级相关部门通报食品相关产品质量安全信息。通报信息涉及其他地区的，应当及时向相关地区同级部门通报。

第三十一条　食品相关产品质量安全信息包括以下内容：

（一）食品相关产品生产许可、监督抽查、监督检查和风险监测中发现的食品相关产品质量安全信息；

（二）有关部门通报的，行业协会和消费者协会等组织、企业和消费者反映的食品相关产品质量安全信息；

（三）舆情反映的食品相关产品质量安全信息；

（四）其他与食品相关产品质量安全有关的信息。

第三十二条　市场监督管理部门对食品相关产品质量安全风险信息可以组织风险研判，进行食品相关产品质量安全状况综合分析，或者会同同级人民政府有关部门、行业组织、企业等共同研判。认为需要进行风险评估的，应当向同级卫生行政部门提出风险评估的建议。

第三十三条　市场监督管理部门实施食品相关产品生产许可、全覆盖例行检查、监督检查以及产品质量监督抽查中作出的行政处罚信息，依法记入国家企业信用信息公示系统，向社会公示。

第四章　法律责任

第三十四条　违反本办法规定，法律、法规对违法行为处罚已有规定的，依照其规定执行。

第三十五条　违反本办法第六条第一项规定，使用不符合食品安全标准及相关公告的原辅料和添加剂，以及其他可能危害人体健康的物质作为原辅料生产食品相关产品，或者超范围、超限量使用添加剂生产食品相关产品的，处十万元以下罚款；情节严重的，处二十万元以下罚款。

第三十六条　违反本办法规定，有下列情形之一的，责令限期改正；逾期不改或者改正后仍然不符合要求的，处三万元以下罚款；情节严重的，处五万元以下罚款：

（一）食品相关产品生产者未建立并实施本办法第九条第一款规定的食品相关产品质量安全管理制度的；

（二）食品相关产品生产者未按照本办法第九条第二款规定制定食品相关产品质量安全事故处置方案的；

（三）食品相关产品生产者未按照本办法第十条规定实施原辅料控制以及开展相关安全评估验证的；

（四）食品相关产品生产者未按照本办法第十一条第二款规定建立并实施不合格产品管理制度、对检验结果不合格的产品进行相应处置的；

（五）食品相关产品销售者未按照本办法第十二条建立并实施进货查验制度的。

第三十七条 市场监督管理部门工作人员，在食品相关产品质量安全监督管理工作中玩忽职守、滥用职权、徇私舞弊的，依法追究法律责任；涉嫌违纪违法的，移送纪检监察机关依纪依规依法给予党纪政务处分；涉嫌违法犯罪的，移送监察机关、司法机关依法处理。

第五章 附则

第三十八条 本办法所称食品相关产品，是指用于食品的包装材料、容器、洗涤剂、消毒剂和用于食品生产经营的工具、设备。其中，消毒剂的质量安全监督管理按照有关规定执行。

第三十九条 本办法自 2023 年 3 月 1 日起施行。

国家市场监督管理总局令

第 65 号

《禁止垄断协议规定》已经 2023 年 2 月 20 日市场监管总局第 2 次局务会议通过，现予公布，自 2023 年 4 月 15 日起施行。

局长　罗文

2023 年 3 月 10 日

禁止垄断协议规定

第一条　为了预防和制止垄断协议，根据《中华人民共和国反垄断法》（以下简称反垄断法），制定本规定。

第二条　国家市场监督管理总局（以下简称市场监管总局）负责垄断协议的反垄断统一执法工作。

市场监管总局根据反垄断法第十三条第二款规定，授权各省、自治区、直辖市市场监督管理部门（以下称省级市场监管部门）负责本行政区域内垄断协议的反垄断执法工作。

本规定所称反垄断执法机构包括市场监管总局和省级市场监管部门。

第三条　市场监管总局负责查处下列垄断协议：

（一）跨省、自治区、直辖市的；

（二）案情较为复杂或者在全国有重大影响的；

（三）市场监管总局认为有必要直接查处的。

前款所列垄断协议，市场监管总局可以指定省级市场监管部门查处。

省级市场监管部门根据授权查处垄断协议时，发现不属于本部门查处范围，或者虽属于本部门查处范围，但有必要由市场监管总局查处的，应当及时向市场监管总局报告。

第四条　反垄断执法机构查处垄断协议时，应当平等对待所有经营者。

第五条 垄断协议是指排除、限制竞争的协议、决定或者其他协同行为。

协议或者决定可以是书面、口头等形式。

其他协同行为是指经营者之间虽未明确订立协议或者决定，但实质上存在协调一致的行为。

第六条 认定其他协同行为，应当考虑下列因素：

（一）经营者的市场行为是否具有一致性；

（二）经营者之间是否进行过意思联络或者信息交流；

（三）经营者能否对行为的一致性作出合理解释；

（四）相关市场的市场结构、竞争状况、市场变化等情况。

第七条 相关市场是指经营者在一定时期内就特定商品或者服务（以下统称商品）进行竞争的商品范围和地域范围，包括相关商品市场和相关地域市场。

界定相关市场应当从需求者角度进行需求替代分析。当供给替代对经营者行为产生的竞争约束类似于需求替代时，也应当考虑供给替代。

界定相关商品市场，从需求替代角度，可以考虑需求者对商品价格等因素变化的反应、商品的特征与用途、销售渠道等因素。从供给替代角度，可以考虑其他经营者转产的难易程度、转产后所提供商品的市场竞争力等因素。

界定平台经济领域相关商品市场，可以根据平台一边的商品界定相关商品市场，也可以根据平台所涉及的多边商品，将平台整体界定为一个相关商品市场，或者分别界定多个相关商品市场，并考虑各相关商品市场之间的相互关系和影响。

界定相关地域市场，从需求替代角度，可以考虑商品的运输特征与成本、多数需求者选择商品的实际区域、地域间的贸易壁垒等因素。从供给替代角度，可以考虑其他地域经营者供应商品的及时性与可行性等因素。

第八条 禁止具有竞争关系的经营者就固定或者变更商品价格达成下列垄断协议：

（一）固定或者变更价格水平、价格变动幅度、利润水平或者折扣、手续费等其他费用；

（二）约定采用据以计算价格的标准公式、算法、平台规则等；

（三）限制参与协议的经营者的自主定价权；

（四）通过其他方式固定或者变更价格。

本规定所称具有竞争关系的经营者，包括处于同一相关市场进行竞争的实际经营者和可能进入相关市场进行竞争的潜在经营者。

第九条 禁止具有竞争关系的经营者就限制商品的生产数量或者销售数量达成下列垄断协议：

（一）以限制产量、固定产量、停止生产等方式限制商品的生产数量，或者限制特定品种、型号商品的生产数量；

（二）以限制商品投放量等方式限制商品的销售数量，或者限制特定品种、型号商品的销售数量；

（三）通过其他方式限制商品的生产数量或者销售数量。

第十条 禁止具有竞争关系的经营者就分割销售市场或者原材料采购市场达成下列垄断协议：

（一）划分商品销售地域、市场份额、销售对象、销售收入、销售利润或者销售商品的种类、数量、时间；

（二）划分原料、半成品、零部件、相关设备等原材料的采购区域、种类、数量、时间或者供应商；

（三）通过其他方式分割销售市场或者原材料采购市场。

前款关于分割销售市场或者原材料采购市场的规定适用于数据、技术和服务等。

第十一条　禁止具有竞争关系的经营者就限制购买新技术、新设备或者限制开发新技术、新产品达成下列垄断协议：

（一）限制购买、使用新技术、新工艺；

（二）限制购买、租赁、使用新设备、新产品；

（三）限制投资、研发新技术、新工艺、新产品；

（四）拒绝使用新技术、新工艺、新设备、新产品；

（五）通过其他方式限制购买新技术、新设备或者限制开发新技术、新产品。

第十二条　禁止具有竞争关系的经营者就联合抵制交易达成下列垄断协议：

（一）联合拒绝向特定经营者供应或者销售商品；

（二）联合拒绝采购或者销售特定经营者的商品；

（三）联合限定特定经营者不得与其具有竞争关系的经营者进行交易；

（四）通过其他方式联合抵制交易。

第十三条　具有竞争关系的经营者不得利用数据和算法、技术以及平台规则等，通过意思联络、交换敏感信息、行为协调一致等方式，达成本规定第八条至第十二条规定的垄断协议。

第十四条　禁止经营者与交易相对人就商品价格达成下列垄断协议：

（一）固定向第三人转售商品的价格水平、价格变动幅度、利润水平或者折扣、手续费等其他费用；

（二）限定向第三人转售商品的最低价格，或者通过限定价格变动幅度、利润水平或者折扣、手续费等其他费用限定向第三人转售商品的最低价格；

（三）通过其他方式固定转售商品价格或者限定转售商品最低价格。

对前款规定的协议，经营者能够证明其不具有排除、限制竞争效果的，不予禁止。

第十五条　经营者不得利用数据和算法、技术以及平台规则等，通过对价格进行统一、限定或者自动化设定转售商品价格等方式，达成本规定第十四条规定的垄断协议。

第十六条　不属于本规定第八条至第十五条所列情形的其他协议、决定或者协同行为，有证据证明排除、限制竞争的，应当认定为垄断协议并予以禁止。

前款规定的垄断协议由市场监管总局负责认定，认定时应当考虑下列因素：

（一）经营者达成、实施协议的事实；

（二）市场竞争状况；

（三）经营者在相关市场中的市场份额及其对市场的控制力；

（四）协议对商品价格、数量、质量等方面的影响；

（五）协议对市场进入、技术进步等方面的影响；

（六）协议对消费者、其他经营者的影响；

（七）与认定垄断协议有关的其他因素。

第十七条 经营者与交易相对人达成协议，经营者能够证明参与协议的经营者在相关市场的市场份额低于市场监管总局规定的标准，并符合市场监管总局规定的其他条件的，不予禁止。

第十八条 反垄断法第十九条规定的经营者组织其他经营者达成垄断协议，包括下列情形：

（一）经营者不属于垄断协议的协议方，在垄断协议达成或者实施过程中，对协议的主体范围、主要内容、履行条件等具有决定性或者主导作用；

（二）经营者与多个交易相对人签订协议，使具有竞争关系的交易相对人之间通过该经营者进行意思联络或者信息交流，达成本规定第八条至第十三条的垄断协议。

（三）通过其他方式组织其他经营者达成垄断协议。

反垄断法第十九条规定的经营者为其他经营者达成垄断协议提供实质性帮助，包括提供必要的支持、创造关键性的便利条件，或者其他重要帮助。

第十九条 经营者能够证明被调查的垄断协议属于反垄断法第二十条规定情形的，不适用本规定第八条至第十六条、第十八条的规定。

第二十条 反垄断执法机构认定被调查的垄断协议是否属于反垄断法第二十条规定的情形，应当考虑下列因素：

（一）协议实现该情形的具体形式和效果；

（二）协议与实现该情形之间的因果关系；

（三）协议是否是实现该情形的必要条件；

（四）其他可以证明协议属于相关情形的因素。

反垄断执法机构认定消费者能否分享协议产生的利益，应当考虑消费者是否因协议的达成、实施在商品价格、质量、种类等方面获得利益。

第二十一条 行业协会应当加强行业自律，引导本行业的经营者依法竞争，合规经营，维护市场竞争秩序。禁止行业协会从事下列行为：

（一）制定、发布含有排除、限制竞争内容的行业协会章程、规则、决定、通知、标准等；

（二）召集、组织或者推动本行业的经营者达成含有排除、限制竞争内容的协议、决议、纪要、备忘录等；

（三）其他组织本行业经营者达成或者实施垄断协议的行为。

本规定所称行业协会是指由同行业经济组织和个人组成，行使行业服务和自律管理职能的各种协会、学会、商会、联合会、促进会等社会团体法人。

第二十二条 反垄断执法机构依据职权，或者通过举报、上级机关交办、其他机关移送、下级机关报告、经营者主动报告等途径，发现涉嫌垄断协议。

第二十三条 举报采用书面形式并提供相关事实和证据的，反垄断执法机构应当进行必要的调查。书面举报一般包括下列内容：

（一）举报人的基本情况；

（二）被举报人的基本情况；

（三）涉嫌垄断协议的相关事实和证据；

（四）是否就同一事实已向其他行政机关举报或者向人民法院提起诉讼。

反垄断执法机构根据工作需要，可以要求举报人补充举报材料。

对于采用书面形式的实名举报，反垄断执法机构在案件调查处理完毕后，可以根据举报人的书面请求依法向其反馈举报处理结果。

第二十四条　反垄断执法机构经过对涉嫌垄断协议的必要调查，符合下列条件的，应当立案：

（一）有证据初步证明经营者达成垄断协议；

（二）属于本部门查处范围；

（三）在给予行政处罚的法定期限内。

省级市场监管部门应当自立案之日起七个工作日内向市场监管总局备案。

第二十五条　市场监管总局在查处垄断协议时，可以委托省级市场监管部门进行调查。

省级市场监管部门在查处垄断协议时，可以委托下级市场监管部门进行调查。

受委托的市场监管部门在委托范围内，以委托机关的名义实施调查，不得再委托其他行政机关、组织或者个人进行调查。

第二十六条　省级市场监管部门查处垄断协议时，可以根据需要商请相关省级市场监管部门协助调查，相关省级市场监管部门应当予以协助。

第二十七条　反垄断执法机构对垄断协议进行行政处罚的，应当在作出行政处罚决定之前，书面告知当事人拟作出的行政处罚内容及事实、理由、依据，并告知当事人依法享有的陈述权、申辩权和要求听证的权利。

第二十八条　反垄断执法机构在告知当事人拟作出的行政处罚决定后，应当充分听取当事人的意见，对当事人提出的事实、理由和证据进行复核。

第二十九条　反垄断执法机构对垄断协议作出行政处罚决定，应当依法制作行政处罚决定书，并加盖本部门印章。

行政处罚决定书的内容包括：

（一）当事人的姓名或者名称、地址等基本情况；

（二）案件来源及调查经过；

（三）违反法律、法规、规章的事实和证据；

（四）当事人陈述、申辩的采纳情况及理由；

（五）行政处罚的内容和依据；

（六）行政处罚的履行方式和期限；

（七）申请行政复议、提起行政诉讼的途径和期限；

（八）作出行政处罚决定的反垄断执法机构的名称和作出决定的日期。

第三十条　反垄断执法机构认定被调查的垄断协议属于反垄断法第二十条规定情形的，应当终止调查并制作终止调查决定书。终止调查决定书应当载明协议的基本情况、适用反垄断法第二十条的依据和理由等。

反垄断执法机构作出终止调查决定后，因情况发生重大变化，导致被调查的协议不再符合反垄断法第二十条规定情形的，反垄断执法机构应当依法开展调查。

第三十一条　涉嫌垄断协议的经营者在被调查期间，可以提出中止调查申请，承诺在反垄断执法机构认可的期限内采取具体措施消除行为影响。

中止调查申请应当以书面形式提出，并由经营者负责人签字并盖章。申请书应当载明下列事项：

（一）涉嫌垄断协议的事实；

（二）承诺采取消除行为后果的具体措施；

（三）履行承诺的时限；

（四）需要承诺的其他内容。

第三十二条 反垄断执法机构根据被调查经营者的中止调查申请，在考虑行为的性质、持续时间、后果、社会影响、经营者承诺的措施及其预期效果等具体情况后，决定是否中止调查。

反垄断执法机构对涉嫌垄断协议调查核实后，认为构成垄断协议的，不得中止调查，应当依法作出处理决定。

对于符合本规定第八条至第十条规定的涉嫌垄断协议，反垄断执法机构不得接受中止调查申请。

第三十三条 反垄断执法机构决定中止调查的，应当制作中止调查决定书。

中止调查决定书应当载明被调查经营者涉嫌达成垄断协议的事实、承诺的具体内容、消除影响的具体措施、履行承诺的时限以及未履行或者未完全履行承诺的法律后果等内容。

第三十四条 决定中止调查的，反垄断执法机构应当对经营者履行承诺的情况进行监督。

经营者应当在规定的时限内向反垄断执法机构书面报告承诺履行情况。

第三十五条 反垄断执法机构确定经营者已经履行承诺的，可以决定终止调查，并制作终止调查决定书。

终止调查决定书应当载明被调查经营者涉嫌垄断协议的事实、作出中止调查决定的情况、承诺的具体内容、履行承诺的情况、监督情况等内容。

有下列情形之一的，反垄断执法机构应当恢复调查：

（一）经营者未履行或者未完全履行承诺的；

（二）作出中止调查决定所依据的事实发生重大变化的；

（三）中止调查决定是基于经营者提供的不完整或者不真实的信息作出的。

第三十六条 经营者涉嫌违反本规定的，反垄断执法机构可以对其法定代表人或者负责人进行约谈。

约谈应当指出经营者涉嫌达成垄断协议的问题，听取情况说明，开展提醒谈话，并可以要求其提出改进措施，消除行为危害后果。

经营者应当按照反垄断执法机构要求进行改进，提出消除行为危害后果的具体措施、履行时限等，并提交书面报告。

第三十七条 经营者达成或者组织其他经营者达成垄断协议，或者为其他经营者达成垄断协议提供实质性帮助，主动向反垄断执法机构报告有关情况并提供重要证据的，可以申请依法减轻或者免除处罚。

经营者应当在反垄断执法机构行政处罚告知前，向反垄断执法机构提出申请。

申请材料应当包括以下内容：

（一）垄断协议有关情况的报告，包括但不限于参与垄断协议的经营者、涉及的商品范围、达成协议的内容和方式、协议的具体实施情况、是否向其他境外执法机构提出申请等。

（二）达成或者实施垄断协议的重要证据。重要证据是指反垄断执法机构尚未掌握的，能够对立案调查或者对认定垄断协议起到关键性作用的证据。

经营者的法定代表人、主要负责人和直接责任人员对达成垄断协议负有个人责任的，适用本条规定。

第三十八条　经营者根据本规定第三十七条提出申请的，反垄断执法机构应当根据经营者主动报告的时间顺序、提供证据的重要程度以及达成、实施垄断协议的有关情况，决定是否减轻或者免除处罚。

第三十九条　省级市场监管部门作出不予行政处罚决定、中止调查决定、恢复调查决定、终止调查决定或者行政处罚告知前，应当向市场监管总局报告，接受市场监管总局的指导和监督。

省级市场监管部门向被调查经营者送达不予行政处罚决定书、中止调查决定书、恢复调查决定书、终止调查决定书或者行政处罚决定书后，应当在七个工作日内向市场监管总局备案。

第四十条　反垄断执法机构作出行政处理决定后，依法向社会公布。行政处罚信息应当依法通过国家企业信用信息公示系统向社会公示。

第四十一条　市场监管总局应当加强对省级市场监管部门查处垄断协议的指导和监督，统一执法程序和标准。

省级市场监管部门应当严格按照市场监管总局相关规定查处垄断协议案件。

第四十二条　经营者违反本规定，达成并实施垄断协议的，由反垄断执法机构责令停止违法行为，没收违法所得，并处上一年度销售额百分之一以上百分之十以下的罚款，上一年度没有销售额的，处五百万元以下的罚款；尚未实施所达成的垄断协议的，可以处三百万元以下的罚款。

经营者的法定代表人、主要负责人和直接责任人员对达成垄断协议负有个人责任的，可以处一百万元以下的罚款。

第四十三条　经营者组织其他经营者达成垄断协议或者为其他经营者达成垄断协议提供实质性帮助的，适用本规定第四十二条规定。

第四十四条　行业协会违反本规定，组织本行业的经营者达成垄断协议的，由反垄断执法机构责令改正，可以处三百万元以下的罚款；情节严重的，反垄断执法机构可以提请社会团体登记管理机关依法撤销登记。

第四十五条　反垄断执法机构确定具体罚款数额时，应当考虑违法行为的性质、程度、持续时间和消除违法行为后果的情况等因素。

违反本规定，情节特别严重、影响特别恶劣、造成特别严重后果的，市场监管总局可以在本规定第四十二条、第四十三条、第四十四条规定的罚款数额的二倍以上五倍以下确定具体罚款数额。

第四十六条　经营者因行政机关和法律、法规授权的具有管理公共事务职能的组织滥用行政权力而达成垄断协议的，按照本规定第四十二条、第四十三条、第四十四条、第四十五条处理。经营者能够证明其受行政机关和法律、法规授权的具有管理公共事务职能的组织滥用行政权力强制或者变相强制达成垄断协议的，可以依法从轻或者减轻处罚。

第四十七条 经营者根据本规定第三十七条主动向反垄断执法机构报告达成垄断协议的有关情况并提供重要证据的，反垄断执法机构可以按照下列幅度减轻或者免除对其处罚：对于第一个申请者，反垄断执法机构可以免除处罚或者按照不低于百分之八十的幅度减轻处罚；对于第二个申请者，可以按照百分之三十至百分之五十的幅度减轻处罚；对于第三个申请者，可以按照百分之二十至百分之三十的幅度减轻处罚。

在垄断协议达成中起主要作用，或者胁迫其他经营者参与达成、实施垄断协议，或者妨碍其他经营者停止该违法行为的，反垄断执法机构不得免除对其处罚。

负有个人责任的经营者法定代表人、主要负责人和直接责任人员，根据本规定第三十七条主动向反垄断执法机构报告达成垄断协议的有关情况并提供重要证据的，反垄断执法机构可以对其减轻百分之五十的处罚或者免除处罚。

第四十八条 反垄断执法机构工作人员滥用职权、玩忽职守、徇私舞弊或者泄露执法过程中知悉的商业秘密、个人隐私和个人信息的，依照有关规定处理。

第四十九条 反垄断执法机构在调查期间发现的公职人员涉嫌职务违法、职务犯罪问题线索，应当及时移交纪检监察机关。

第五十条 本规定对垄断协议调查、处罚程序未作规定的，依照《市场监督管理行政处罚程序规定》执行，有关时限、立案、案件管辖的规定除外。

反垄断执法机构组织行政处罚听证的，依照《市场监督管理行政处罚听证办法》执行。

第五十一条 本规定自 2023 年 4 月 15 日起施行。2019 年 6 月 26 日国家市场监督管理总局令第 10 号公布的《禁止垄断协议暂行规定》同时废止。

商务部等13部门办公厅（室）关于印发《全面推进城市一刻钟便民生活圈建设三年行动计划（2023—2025）》的通知

商办流通函〔2023〕401号

各省、自治区、直辖市及计划单列市、新疆生产建设兵团商务、发展改革、民政、财政、人力资源社会保障、自然资源、住房城乡建设、文化和旅游、卫生健康、市场监管、体育、邮政管理部门，各银保监局：

为深入贯彻党的二十大和中央经济工作会议精神，落实《国务院办公厅关于印发“十四五”城乡社区服务体系建设规划的通知》（国办发〔2021〕56号）、《商务部等12部门关于推进城市一刻钟便民生活圈建设的意见》（商流通函〔2021〕176号）等文件要求，全面推进城市一刻钟便民生活圈建设，商务部等13部门研究制定了《全面推进城市一刻钟便民生活圈建设三年行动计划（2023—2025）》。现印发给你们，请结合实际认真贯彻落实。

商务部办公厅 国家发展改革委办公厅
民政部办公厅 财政部办公厅
人力资源社会保障部办公厅 自然资源部办公厅
住房城乡建设部办公厅 文化和旅游部办公厅
国家卫生健康委办公厅 市场监管总局办公厅
金融监管总局办公厅 体育总局办公厅
国家邮政局办公室
2023年7月11日

全面推进城市一刻钟便民生活圈建设三年行动计划（2023—2025）

为深入贯彻党的二十大和中央经济工作会议精神，落实《国务院办公厅关于印发“十四五”城乡社区服务体系建设规划的通知》（国办发〔2021〕56 号）、《商务部等 12 部门关于推进城市一刻钟便民生活圈建设的意见》（商流通函〔2021〕176 号，以下简称《意见》）等文件要求，全面推进城市一刻钟便民生活圈建设，制定本行动计划。

一、总体思路

以习近平新时代中国特色社会主义思想为指导，践行以人民为中心的发展思想，坚持“问需于民、问计于民”“缺什么、补什么”“因城施策、一圈一策”的原则，按照“试点带动、典型引路、全面推开”的路径，聚焦补齐基本保障类业态、发展品质提升类业态，优化社区商业网点布局，改善社区消费条件，创新社区消费场景，提升居民生活品质，将一刻钟便民生活圈打造成保障和改善民生、恢复和扩大消费的重要载体。

二、工作目标

按照《意见》等文件明确的“十四五”时期每年选取试点、打造“百城千圈”的总体目标，到 2025 年，在全国有条件的地级以上城市全面推开，推动多种类型的一刻钟便民生活圈建设，形成一批布局合理、业态齐全，功能完善、服务优质，智慧高效、快捷便利，规范有序、商居和谐的便民生活圈，服务便利化、标准化、智慧化、品质化水平进一步提升，对恢复和扩大消费的支撑作用更加明显，居民综合满意度达到 90%以上。

三、实施重点

（一）系统谋划设计，优化社区商业布局

坚持问需于民与顶层设计相结合，创新工作方式，将一刻钟便民生活圈纳入街道社区的居民议事协商机制，摸清“有什么、缺什么”，研究“补什么、如何补”。相关城市要结合人口分布、消费习惯等，科学编制一刻钟便民生活圈建设总体方案及各生活圈子方案（以下称“1+N”方案），因地制宜、一圈一策，把居民的需求清单转化为项目清单。推广社区规划师制度，支持设计师进社区，加强专业化指导，合理布局商业网点，促进商业设施与公共设施联动，商业文化与消费习惯协调。

（二）改善消费条件，丰富居民消费业态

在居民“家门口”（步行5~10分钟范围内），优先配齐购物、餐饮、家政、快递、维修等基本保障类业态，引进智能零售终端，让消费更便捷。在居民“家周边”（步行15分钟范围内），因地制宜发展文化、娱乐、休闲、社交、康养、健身等品质提升类业态，让消费更舒心。

发展“一店一早”。支持特色化、多元化的各类市场主体发展，推动品牌连锁便利店（社区超市）进社区，搭载代扣代缴、代收代发、打印复印等便民服务，提高便利化程度。以早餐店、小吃店、“便利店+早餐服务”“互联网+早餐服务”等为主体，构建多层次早餐供应体系，增加网点密度，丰富早餐品种，保障居民“吃得好”。

补齐“一菜一修”。支持菜市场（菜店）标准化、智慧化改造，拓展服务业态，提升环境、卫生和质量，促进放心消费、惠民消费。规范有序发展集修鞋、配钥匙等“小修小补”于一体的社区工坊，明码标价，提供平价维修服务。

服务“一老一小”。鼓励按照适老化标准建设改造社区养老服务设施，支持养老机构利用配套设施提供社区养老服务。探索发展社区食堂，建立老年人助餐服务网络。鼓励建立社区护理站，为行动不便的失能、残疾、高龄、长期患病老年人提供上门医疗护理服务。鼓励家政、护理人员进社区，拓展生活照料、健康管理、康复护理、精神慰藉等居家养老服务。各类消费场所应保留现金、银行卡等传统支付方式和面对面人工服务，引导设立老年人、母婴专柜和体验店。鼓励社区商业中心等场所建设母婴设施并悬挂引导标识，发展嵌入式、标准化的托育机构和托育点，提供全日托、半日托、临时托、计时托等平价服务。

（三）创新消费场景，增强多元消费体验

改造传统商业载体。引导邻近居民区的传统商场向社区商业中心转型，拓展特色餐饮、生活零售、文化休闲、儿童娱乐、运动健身、社区食堂等服务功能。

发展新型商业模式。支持发展线上线下融合的即时零售模式（平台下单+就近门店配送，就近门店下单+即时配送），赋能实体门店，拓展服务半径。支持净菜进社区、进超市，发展“中央厨房+冷链+餐饮”模式，提升预制菜产品质量品质。

激发服务消费活力。鼓励健身房、游泳馆、多功能运动场、保健理疗店等进社区，促进健康消费。鼓励社区规范开展邻里节、美食节、团购节、家电家居及家政便民服务等促消费活动，繁荣社区商业。

促进融合协同发展。推动一刻钟便民生活圈与养老托育圈、文化休闲圈、健康健身圈、金融服务圈、快递服务圈等圈圈相融，营造多元化、多层次的消费场景。

（四）推动技术赋能，提升智慧便捷水平

推广先进技术。鼓励利用物联网、云计算、大数据、人工智能等技术，推动商品、门店、会员及供应链数字化，提升服务质量和管理效率，降低综合成本。发展智慧商店、共享书店、智能快件箱等业态，提供现场交互、无接触交易、智能结算、自助售卖等服务，提升数字化体验。

搭建供需对接平台。构建一刻钟便民生活圈智慧服务平台，整合商户资源，实现线上线下互动。利用大数据开展监测分析，精准补建网点，拓展服务功能，挖掘消费潜力。推广一刻钟便民生活圈网点动态地图、“小修小补”便民地图，引导更多点位“进图”，让居民“找得到”。

（五）促进就业创业，提高社区居民收入

为居民在社区就业提供便利，打造宜居宜业环境。支持自由职业者灵活就业、远程办公、兼职就业，从事即时零售、餐饮服务、线上培训等平台衍生业务。支持高校毕业生创业就业，从事创意经济、个性化定制化文化业态等特色经营，创新网红店、特色店、精品店。优先为残疾人等就业困难人员推荐低门槛、有保障的爱心岗位，服务社区居民。尊重退休人员意愿，发挥其在文化艺术、专业技术等领域专长，鼓励量力而行参与志愿服务活动，为有再就业需求的退休人员提供服务。

四、保障措施

（一）加强组织领导

一刻钟便民生活圈建设事关百姓冷暖、民生福祉，既是提升城市功能品质、恢复和扩大消费的有力举措，也是践行商务为民、解决群众“急难愁盼”的民生工程。各地要高度重视，加强组织，统筹协调推进。鼓励实行市长（区长）负责制，科学建立工作体系、政策体系、评价体系，调动各方力量，探索形成长效机制。

（二）强化政策保障

加强部门协调，将一刻钟便民生活圈建设与城乡社区服务体系建设、城市更新、城镇老旧小区改造、15 分钟社区生活圈规划建设、完整社区建设试点、“国球进社区”“国球进公园”活动等工作相衔接，同谋划、同选取、同推进，加强政策集成，形成工作合力。

释放各类经营用房资源，加快出租转让、改造开发，支持引入专业化运营商，统一招商、运营、管理。充分利用周边空置或过剩的旧厂房、仓库，以及闲置土地和违法建筑拆后空地等，通过调整或兼容土地用途，改建一批贴近居民生活、综合服务型的社区商业中心、邻里中心等便民服务设施。鼓励社区文化活动中心、图书馆、娱乐健身等场所适当延长开放时间，提高设施使用率。支持把闲置核酸检测亭改为便民服务点，规范提供生活服务。

将超市、便利店、菜市场等纳入保障民生、应急保供体系，将智能快件箱、快递末端综合服务场所等纳入公共服务基础设施，有条件的地方可对微利、公益性业态给予房租减免、资金补贴等支持。对于符合条件的企业，按照市场化、法治化原则做好金融服务。支持大型物业公司向民生领域延伸，拓展“物业+生活服务”。鼓励探索社区基金模式，规范运营管理，引导社会资本参与。按相关规定落实创业补贴、创业担保贷款等支持政策。

（三）优化营商环境

优化企业开办服务，推广电子证照应用。除法律法规明确规定外，不得要求企业必须在某地登记注册，不得为企业跨区域经营或迁移设置障碍，不得以是否在当地设立法人主体为条件对企业差别对待。培育一批“名特优新”个体工商户，适当给予政策和资源支持，鼓励其做大做强，发挥引领示范作用。

探索党建引领、商协会管理、共享共治等社区治理模式，促进共建共管。在符合安全生产要求、城市管理规定且不影响周边居民生活的前提下，科学布局移动商业服务设施，规范“小修小补”等业态经营行为，提升治理精细化水平。

五、有关要求

（一）统筹推动贯彻落实。各省级部门要加强统筹，按照“到2025年在全国有条件的地级以上城市全面推开”的要求，进一步细化实施方案，按照《三年行动实施步骤安排》（附件1）抓好落实。已经作出部署的，要进一步对标对表、调整完善。尚未部署启动的，要抓紧制定实施方案。相关方案于2023年9月底前报商务部（流通发展司，下同）备案。

（二）扎实做好全国试点。第一、二批试点城市所在省份，要按照《意见》要求，做好试点城市的培育、评估工作，评估结果及时报商务部复核。按照《商务部办公厅等10部门关于开展第二批城市一刻钟便民生活圈试点申报工作的通知》（商办流通函〔2022〕100号）确定的原则、条件、流程、内容等，继续开展第三批试点城市申报。各省、自治区推荐原则上不超过5个城市，直辖市、新疆生产建设兵团推荐原则上不超过3个区或师，计划单列市可直接申报。请各省级部门于2023年7月15日前，将申报材料（一式2份，含电子版）报商务部。

（三）发挥典型带动作用。各试点城市要结合实际，兼顾统一性和灵活性，对照《一刻钟便民生活圈业态“有没有”分型表（试行）》（附件2）、《一刻钟便民生活圈服务“好不好”评价表（试行）》（附件3）、《一刻钟便民生活圈满意度调查表》（附件4），细化业态配置要求，按照“基础型、提升型、品质型”开展分级分类建设和评价。要发挥市场主体作用，调动各方力量参与，培育形成一批重点企业。请各省级部门于每年11月底前，将便民生活圈分级分类验收评价情况和便民生活圈典型社区案例（每个试点城市不超过2个）、重点企业案例（每个试点城市不超过5家）报商务部。

附件：

1. 三年行动实施步骤安排
2. 一刻钟便民生活圈业态“有没有”分型表（试行）
3. 一刻钟便民生活圈服务“好不好”评价表（试行）
4. 一刻钟便民生活圈满意度调查表

附件 1：

三年行动实施步骤安排

一、部署启动阶段（2023 年 7 月—12 月）

各省级部门加强动员和协调，明确三年行动任务，推动 50%以上的城市启动便民生活圈工作，择优确定省级试点城市、便民生活圈典型社区和重点企业，出台保障政策。

相关城市在问需于民调研的基础上，制定“1+N”方案（前期试点已经制定方案的城市无需重复制定），明确重点任务和配套政策，细化配置要求和项目清单，分批组织试点和验收。

二、稳步推广阶段（2024 年 1 月—12 月）

各省级部门加强业务指导，加大支持力度，推动 70%以上的城市启动工作，择优确定省级试点城市、便民生活圈典型社区和重点企业，以现场会或培训等形式总结推广经验。

相关城市落实“1+N”方案，集成有关政策，结合实际分片或全域推动便民生活圈建设，分批组织验收，扩大覆盖范围。

三、总结验收阶段（2025 年 1 月—12 月）

各省级部门加强业务指导，在有条件的城市全面推开，择优确定省级试点城市、便民生活圈典型社区和重点企业，全面总结推广经验，巩固支持政策。

相关城市落实“1+N”方案，推广覆盖更多社区，做好后续滚动试点工作，分批组织验收，在组织领导、推进实施、政策保障等方面形成长效工作机制。

附件 2：

一刻钟便民生活圈业态“有没有”分型表（试行）

评价指标	评价内容	分值	评价标准	自评得分
基本保障类业态	在“家门口”步行 5～10 分钟范围内，配齐基本保障类业态，主要有： □便利店 □综合超市 □菜市场（菜店）□生鲜超市 □早餐店 □大众餐饮店（有外卖服务）□主食厨房 □理发店 □洗衣店 □药店 □照相文印店 □五金杂货店 □家政服务点 □小修小补点（修表、修鞋、修家电、修自行车、开锁配钥匙、改衣服、修电子产品、家具维修、箱包维修等）□物业服务点 □再生资源回收点 □邮政快递综合服务场所或智能快件（信包）箱 □移动售卖点（报刊亭等）□自助取水机 □银行网点（含取款机）□其他：	60	共列出居民日常生活所需的 20 种基本保障类业态，各地可结合本地实际，确定 15 种作为必备业态。 达到 15 项得 60 分。 不足 15 项得 0 分。	
品质提升类业态	在“家周边”步行 15 分钟范围内，因地制宜发展品质提升类业态，主要有： □社区养老服务机构（含社区养老院、为老服务中心、日间照料中心等）□托育机构（含托育点）□儿童娱乐中心 □邻里中心（商业服务中心）□艺术培训点 □特色餐饮店 □茶饮咖啡店 □蛋糕房 □新式书店 □花店 □眼镜店 □文具店 □体育用品店 □专卖店 □生活馆 □健身场地 □电影院 □文娱演出场所 □棋牌室 □保健理疗店 □美容美体店 □沐浴店 □住宿酒店 □洗车行 □汽车维修店 □宠物服务店 □社区食堂 □智慧商店 □自助寄存仓 □自动贩卖机 □其他：	40	共列出居民文体娱康等 30 种品质提升类业态，各地可结合本地、本社区实际，选择引进有关业态。 每具有一个业态得 1.5 分。 最高不超过 40 分。	
分值总计		100		
说明	1. 本表把业态“有没有”作为一刻钟便民生活圈初步分型的依据，满分 100 分，得分≥90 分初步划为品质型，80≤得分<90 分初步划为提升型，70≤得分<80 分初步划为基础型，初步分型后再依据《一刻钟便民生活圈服务“好不好”评价表》进行评价确定。 2. 指标制定主要依据《全面推进城市一刻钟便民生活圈建设三年行动计划（2023—2025 年）》《商务部等 12 部门关于推进城市一刻钟便民生活圈建设的意见》《城市一刻钟便民生活圈建设指南》及相关国家标准、行业标准。			

附件 3：

一刻钟便民生活圈服务“好不好”评价表（试行）

序号	评价类别	评价指标	评价内容	分值	评分标准		自评得分
1		问需于民	问需于民、问计于民，倾听民声、尊重民意、顺应民心，按照“缺什么补什么”的原则，落实居民需求清单、项目清单，及建设内容、完成时限等要求。	8	建立需求清单、项目清单 4 分，落实相关建设内容 4 分。		
2	一、人民满意（40 分）	业态满意	通过测评，居民认为购物类、餐饮类、生活服务类商业网点齐全、数量充足，在步行 15 分钟左右范围内，能满足日常生活需要，触达方便，消费便利。	16	1. 样本符合要求、满意度达到 90% 以上得 16 分；2. 样本符合要求、满意度在 80% ~ 90% 得 10 分；3. 其他情况 0 分。	由市商务主管部门委托第三方机构对社区居民满意度进行电子问卷调查（依据附件 4《一刻钟便民生活圈满意度调查表》），本着实事求是、公开公正的原则，从业态、服务等方面测评，出具评价报告和汇总表（样本不少于本生活圈服务人口的 10%）。	
3		服务满意	通过测评，居民认为便民生活圈商业网点管理规范有序，环境整洁，卫生文明，购物、餐饮、生活服务类商业网点的服务好，居民消费体验舒适，商居和谐，获得感、幸福感、满足感强。	16	1. 样本符合要求、满意度达到 90% 以上得 16 分；2. 样本符合要求、满意度在 80% ~ 90% 得 10 分；3. 其他情况 0 分。		
4	二、服务体验（60 分）	“一店一早”服务	便利店宜叠加便民服务，在安全、卫生的前提下适当搭载打印复印、代扣代缴、代收代发、家政预约、洗衣预约等服务项目，做到“一店多能”；早餐店品类丰富、营养卫生，符合当地饮食习惯。提供线上下单、配送到家等即时零售服务。	10	1. 便利店“一店多能”，叠加便民服务 7 类以上，具有 2 家以上 24 小时便利店，得 4 分；叠加便民服务 5 类以上，具有 1 家以上 24 小时便利店，得 2 分；其他情况 0 分。 2. 早餐店品类丰富，主食+汤粥类 8 类以上，得 4 分；主食+汤粥类 5 类以上，得 2 分；其他情况 0 分。 3. 具有配送到家的早餐网点，得 1 分。 4. 具有配送到家的零售网点，得 1 分。		

续表

序号	评价类别	评价指标	评价内容	分值	评分标准	自评得分
5		“一菜一修”服务	菜市场应符合《农贸市场管理技术规范》（GB/T21720-2022），提供药残快速检测、价格公示、公平秤等服务，做到价格合理、卫生整洁、定期消毒和食品安全；菜市场或生鲜超市单处一般规模：建筑面积750-1500平方米或2000-2500平方米。菜市场规划的总建筑面积按每千人不低于50平方米标准配置。修表、修鞋、修家电、修自行车、开锁配钥匙、改衣服、修电子产品、箱包维修等“小修小补”网点设置有序、经营规范、环境整洁，方便居民“找得到”。	10	1. 生活圈内菜市场规划的总建筑面积，及单处面积符合要求，具有相关检测、公示、公平秤等服务，明码标价，卫生整洁，食品安全有保证，得5分；面积不足扣1分，服务每缺1项扣1分。 2. 小修小补8类以上，规范整洁有序，得5分；每缺1类扣0.6分。	
6		“一老一小”服务	消费场所应保留现金、银行卡等传统支付方式和面对面人工服务，便利老年消费；提供生活照料、紧急救援、健康管理、康复护理、精神慰藉等养老服务；提供全日托、半日托、临时托、计时托、营养餐等托育托管服务，解决居民的“后顾之忧”。单处一般规模：学龄儿童托管中心200平方米，托育机构200平方米，养老服务机构、综合为老服务中心（日间照料中心）等应符合有关标准。	10	1. 养老服务场所符合标准要求，面积足够，服务项目和服务质量有保证，得5分；面积不足扣1分，服务每缺1项扣0.6分。 2. 托育服务场所符合标准要求，面积足够，服务项目和服务质量有保证，得5分；面积不足扣1分，服务每缺1项扣0.6分。	
7	二、服务体验（60分）	品质质量	评价各类店铺品牌连锁化情况，为居民提供高品质的商品和服务。	6	便民生活圈各类连锁店铺：一线城市达到30%以上，二线城市达到25%，其他城市达到20%，得6分。否则，0分。	
8		促消费活动	定期规范开展社区邻里节、美食节、团购节、家电家居及家政便民服务等促消费活动，繁荣社区消费。	6	年内每开展一次社区促消费活动得1分，最多得6分。	
9		智慧服务	购物、餐饮等主要消费场所提供扫码结算、智能监控等服务；设置智能终端设备，能提供24小时及自助服务（含银行、快递、药品、饮料、取水等），布局和数量合理；便民生活圈导视图美观整洁、点位清楚、通俗易懂；便民生活圈智慧服务平台（小程序）提供搜索、导航、交易、发券等服务，店铺入驻率和居民使用率较高。	10	1. 主要消费场所有扫码结算、监控得2分，否则0分。 2. 智能终端设备5类且每类数量2台以上，得2分；每缺1类扣0.4分。 3. 生活圈导视图符合要求得2分，否则0分。 4. 智慧服务平台，商户入驻率达70%以上、居民注册使用率达40%以上得4分；商户入驻率达50%以上、居民注册使用率达20%以上，得2分。	

续表

序号	评价类别	评价指标	评价内容	分值	评分标准	自评得分
10		商居和谐	商业网点布局与社区风格、周边环境协调，设施条件好，形成主题街区文化和地方特色；店铺规范美观，环境整洁，文明诚信经营；无污染、无私搭乱占、无安全隐患，不扰民，提高社区治理水平，做到宜居宜业宜学宜养。	8	符合要求、商居和谐、安全卫生、环境美观、有地方特色得 8 分，基本符合 4 分，不符合 0 分。	
总分				100		
说明	1. 按照目标导向进行设计，本表和《一刻钟便民生活圈业态“有没有”分型表》，是各地对标对表创建一刻钟便民生活圈的借鉴参考，也是对一刻钟便民生活圈分级分类验收评价的依据。相关指标兼顾了通用性和灵活性，满分 100 分。 2. 指标制定主要依据《全面推进城市一刻钟便民生活圈建设三年行动计划（2023—2025 年）》《商务部等 12 部门关于推进城市一刻钟便民生活圈建设的意见》《城市一刻钟便民生活圈建设指南》及相关国家标准、行业标准，本表涉及单处面积规模供参考。 3. 在《一刻钟便民生活圈业态“有没有”分型表》类型划分的基础上，依据本表对服务“好不好”进行评价，得分≥90 分为优秀，80≤得分<90 分为良好，70≤得分<80 分为合格，得分<70 分为不合格。评价结果为合格及以上的，最终分别确定为基础型、提升型、品质型一刻钟便民生活圈。					

附件4：

一刻钟便民生活圈满意度调查表

<table>
<tr><td colspan="6">一刻钟便民生活圈，是以社区居民为服务对象，服务半径为步行15分钟左右的范围内，以满足居民日常生活基本消费和品质消费等为目标，以多业态集聚形成的社区商圈（主要包含商业、服务业）。美好生活在于共建共享，便民生活圈的发展水平关系到每位居民的幸福生活。为推进一刻钟便民生活圈高质量发展，现开展居民满意度调查，本问卷为不记名调查，您的意见对我们非常重要，请如实填写。我们对您的答卷将予以保密，谢谢您的支持与配合！</td></tr>
<tr><td rowspan="4">被调查者基本情况</td><td>性别</td><td></td><td rowspan="3">职业</td><td rowspan="3" colspan="2">□公职人员 □个体户、私营业主 □科研技术人员 □企业管理者 □学生 □商业服务从业人员 □工人 □农民 □教师 □医生 □文艺工作者 □自由职业者□退休 □失业、待岗人员 □其他：</td></tr>
<tr><td>年龄</td><td></td></tr>
<tr><td>月收入</td><td></td></tr>
<tr><td colspan="5">您居住在______________小区，属于______________街道/社区</td></tr>
<tr><td rowspan="4">业态配置满意度评价</td><td colspan="5">您所在的一刻钟便民生活圈配备了以下哪些基本保障类业态？（多选）

□便利店 □综合超市 □菜市场（菜店）□生鲜超市 □早餐店 □大众餐饮店（有外卖服务）□主食厨房 □理发店 □洗衣店 □药店 □照相文印店 □五金杂货店 □家政服务点 □小修小补点（修表、修鞋、修家电、修自行车、开锁配钥匙、改衣服、修电子产品、家具维修、箱包维修等）□物业服务点 □再生资源回收点 □邮政快递综合服务场所或智能快件（信包）箱 □移动售卖点（报刊亭等）□自助取水机 □银行网点（含取款机）□其他：</td></tr>
<tr><td colspan="5">您认为上述基本保障类业态，是否能够满足您日常生活的消费，在基本保障方面做到网点齐全、数量充足？（指商业、服务业）

□能够满足 □基本满足 □不能满足</td></tr>
<tr><td colspan="5">您所在的一刻钟便民生活圈配备了以下哪些品质提升类业态？（多选）

□社区养老服务机构（含社区养老院、为老服务中心、日间照料中心等）□托育机构（含托育点）□儿童娱乐中心 □邻里中心（商业服务中心）□艺术培训点 □特色餐饮店 □茶饮咖啡店 □蛋糕房 □新式书店 □花店 □眼镜店 □文具店 □体育用品店 □专卖店 □生活馆 □健身场地 □电影院 □文娱演出场所 □棋牌室 □保健理疗店 □美容美体店 □沐浴店 □住宿酒店 □洗车行 □汽车维修店 □宠物服务店 □社区食堂 □智慧商店 □自助寄存仓 □自动贩卖机 □其他：</td></tr>
<tr><td colspan="5">您认为上述品质提升类业态，是否能够满足您的生活品质消费，文化、休闲、娱乐、健康等网点齐全？（指商业、服务业）

□能够满足 □基本满足 □不能满足</td></tr>
<tr><td rowspan="2">服务满意度评价</td><td colspan="5">您认为在一刻钟便民生活圈中消费是否足够便利？

□非常便利 □比较便利 □不便利</td></tr>
<tr><td colspan="5">您对于一刻钟便民生活圈中购物、餐饮、生活服务等商业网点的服务体验是否满意？

□很满意 □比较满意 □不满意</td></tr>
</table>

续表

服务满意度评价	您对于一刻钟便民生活圈中的商业网点提供的智能结算、自助售卖、小程序平台等智慧服务是否满意？ □很满意 □比较满意 □不满意
	您认为一刻钟便民生活圈中的商业网点在经营中是否做到规范有序、卫生安全、环境整洁，无污染、无私搭乱占、无安全隐患，不扰民？ □全部做到 □大部分做到 □少部分做到
	您认为一刻钟便民生活圈是否实现商居和谐、文明舒适、特色鲜明，宜居宜业宜学宜养？ □已经实现 □基本实现 □没有实现
您对于一刻钟便民生活圈建设有何具体建议，还需要“补什么”：	

国家市场监督管理总局令

第 81 号

《食用农产品市场销售质量安全监督管理办法》已经2023年6月26日市场监管总局第12次局务会议通过，现予公布，自2023年12月1日起施行。

局长 罗文

2023年6月30日

食用农产品市场销售质量安全监督管理办法

第一条 为了规范食用农产品市场销售行为，加强食用农产品市场销售质量安全监督管理，保障食用农产品质量安全，根据《中华人民共和国食品安全法》（以下简称食品安全法）、《中华人民共和国农产品质量安全法》、《中华人民共和国食品安全法实施条例》（以下简称食品安全法实施条例）等法律法规，制定本办法。

第二条 食用农产品市场销售质量安全及其监督管理适用本办法。

本办法所称食用农产品市场销售，是指通过食用农产品集中交易市场（以下简称集中交易市场）、商场、超市、便利店等固定场所销售食用农产品的活动，不包括食用农产品收购行为。

第三条 国家市场监督管理总局负责制定食用农产品市场销售质量安全监督管理制度，监督指导全国食用农产品市场销售质量安全的监督管理工作。

省、自治区、直辖市市场监督管理部门负责监督指导本行政区域食用农产品市场销售质量安全的监督管理工作。

市、县级市场监督管理部门负责本行政区域食用农产品市场销售质量安全的监督管理工作。

第四条 县级以上市场监督管理部门应当与同级农业农村等相关部门建立健全食用农

产品市场销售质量安全监督管理协作机制，加强信息共享，推动产地准出与市场准入衔接，保证市场销售的食用农产品可追溯。

第五条 食用农产品市场销售相关行业组织应当加强行业自律，督促集中交易市场开办者和销售者履行法律义务，规范集中交易市场食品安全管理行为和销售者经营行为，提高食用农产品质量安全保障水平。

第六条 在严格执行食品安全标准的基础上，鼓励食用农产品销售企业通过应用推荐性国家标准、行业标准以及团体标准等促进食用农产品高质量发展。

第七条 食用农产品销售者（以下简称销售者）应当保持销售场所环境整洁，与有毒、有害场所以及其他污染源保持适当的距离，防止交叉污染。

销售生鲜食用农产品，不得使用对食用农产品的真实色泽等感官性状造成明显改变的照明等设施误导消费者对商品的感官认知。

鼓励采用净菜上市、冷鲜上市等方式销售食用农产品。

第八条 销售者采购食用农产品，应当依照食品安全法第六十五条的规定建立食用农产品进货查验记录制度，索取并留存食用农产品进货凭证，并核对供货者等有关信息。

采购按照规定应当检疫、检验的肉类，应当索取并留存动物检疫合格证明、肉品品质检验合格证等证明文件。采购进口食用农产品，应当索取并留存海关部门出具的入境货物检验检疫证明等证明文件。

供货者提供的销售凭证、食用农产品采购协议等凭证中含有食用农产品名称、数量、供货日期以及供货者名称、地址、联系方式等进货信息的，可以作为食用农产品的进货凭证。

第九条 从事连锁经营和批发业务的食用农产品销售企业应当主动加强对采购渠道的审核管理，优先采购附具承诺达标合格证或者其他产品质量合格凭证的食用农产品，不得采购不符合食品安全标准的食用农产品。对无法提供承诺达标合格证或者其他产品质量合格凭证的，鼓励销售企业进行抽样检验或者快速检测。

除生产者或者供货者出具的承诺达标合格证外，自检合格证明、有关部门出具的检验检疫合格证明等也可以作为食用农产品的产品质量合格凭证。

第十条 实行统一配送销售方式的食用农产品销售企业，对统一配送的食用农产品可以由企业总部统一建立进货查验记录制度并保存进货凭证和产品质量合格凭证；所属各销售门店应当保存总部的配送清单，提供可查验相应凭证的方式。配送清单保存期限不得少于六个月。

第十一条 从事批发业务的食用农产品销售企业应当建立食用农产品销售记录制度，如实记录批发食用农产品的名称、数量、进货日期、销售日期以及购货者名称、地址、联系方式等内容，并保存相关凭证。记录和凭证保存期限不得少于六个月。

第十二条 销售者销售食用农产品，应当在销售场所明显位置或者带包装产品的包装上如实标明食用农产品的名称、产地、生产者或者销售者的名称或者姓名等信息。产地应当具体到县（市、区），鼓励标注到乡镇、村等具体产地。对保质期有要求的，应当标注保质期；保质期与贮存条件有关的，应当予以标明；在包装、保鲜、贮存中使用保鲜剂、防腐剂等食品添加剂的，应当标明食品添加剂名称。

销售即食食用农产品还应当如实标明具体制作时间。

食用农产品标签所用文字应当使用规范的中文，标注的内容应当清楚、明显，不得含有虚假、错误或者其他误导性内容。

鼓励销售者在销售场所明显位置展示食用农产品的承诺达标合格证。带包装销售食用农产品的，鼓励在包装上标明生产日期或者包装日期、贮存条件以及最佳食用期限等内容。

第十三条　进口食用农产品的包装或者标签应当符合我国法律、行政法规的规定和食品安全标准的要求，并以中文载明原产国（地区），以及在中国境内依法登记注册的代理商、进口商或者经销者的名称、地址和联系方式，可以不标示生产者的名称、地址和联系方式。

进口鲜冻肉类产品的外包装上应当以中文标明规格、产地、目的地、生产日期、保质期、贮存条件等内容。

分装销售的进口食用农产品，应当在包装上保留原进口食用农产品全部信息以及分装企业、分装时间、地点、保质期等信息。

第十四条　销售者通过去皮、切割等方式简单加工、销售即食食用农产品的，应当采取有效措施做好食品安全防护，防止交叉污染。

第十五条　禁止销售者采购、销售食品安全法第三十四条规定情形的食用农产品。

可拣选的果蔬类食用农产品带泥、带沙、带虫、部分枯萎，以及可拣选的水产品带水、带泥、带沙等，不属于食品安全法第三十四条第六项规定的腐败变质、霉变生虫、污秽不洁、混有异物、掺假掺杂或者感官性状异常等情形。

第十六条　销售者贮存食用农产品，应当定期检查，及时清理腐败变质、油脂酸败、霉变生虫或者感官性状异常的食用农产品。贮存对温度、湿度等有特殊要求的食用农产品，应当具备保温、冷藏或者冷冻等设施设备，并保持有效运行。

销售者委托贮存食用农产品的，应当选择取得营业执照等合法主体资格、能够保障食品安全的贮存服务提供者，并监督受托方按照保证食品安全的要求贮存食用农产品。

第十七条　接受销售者委托贮存食用农产品的贮存服务提供者，应当按照保证食品安全的要求，加强贮存过程管理，履行下列义务：

（一）如实记录委托方名称或者姓名、地址、联系方式等内容，记录保存期限不得少于贮存结束后二年；

（二）非食品生产经营者从事对温度、湿度等有特殊要求的食用农产品贮存业务的，应当自取得营业执照之日起三十个工作日内向所在地县级市场监督管理部门备案，备案信息包括贮存场所名称、地址、贮存能力以及法定代表人或者负责人姓名、统一社会信用代码、联系方式等信息；

（三）保证贮存食用农产品的容器、工具和设备安全无害，保持清洁，防止污染，保证食品安全所需的温度、湿度和环境等特殊要求，不得将食用农产品与有毒、有害物品一同贮存；

（四）贮存肉类冻品应当查验并留存有关动物检疫合格证明、肉品品质检验合格证等证明文件；

（五）贮存进口食用农产品，应当查验并留存海关部门出具的入境货物检验检疫证明等证明文件；

（六）定期检查库存食用农产品，发现销售者有违法行为的，应当及时制止并立即报告所在地县级市场监督管理部门；

（七）法律、法规规定的其他义务。

第十八条 食用农产品的运输容器、工具和设备应当安全无害，保持清洁，防止污染，不得将食用农产品与有毒、有害物品一同运输。运输对温度、湿度等有特殊要求的食用农产品，应当具备保温、冷藏或者冷冻等设备设施，并保持有效运行。

销售者委托运输食用农产品的，应当对承运人的食品安全保障能力进行审核，并监督承运人加强运输过程管理，如实记录委托方和收货方的名称或者姓名、地址、联系方式等内容，记录保存期限不得少于运输结束后二年。

第十九条 集中交易市场开办者应当建立健全食品安全管理制度，履行入场销售者登记建档、签订协议、入场查验、场内检查、信息公示、食品安全违法行为制止及报告、食品安全事故处置、投诉举报处置等管理义务，食用农产品批发市场（以下简称批发市场）开办者还应当履行抽样检验、统一销售凭证格式以及监督入场销售者开具销售凭证等管理义务。

第二十条 集中交易市场开办者应当在市场开业前向所在地县级市场监督管理部门如实报告市场名称、住所、类型、法定代表人或者负责人姓名、食用农产品主要种类等信息。

集中交易市场开办者应当建立入场销售者档案并及时更新，如实记录销售者名称或者姓名、统一社会信用代码或者身份证号码、联系方式，以及市场自查和抽检中发现的问题和处理信息。入场销售者档案信息保存期限不少于销售者停止销售后六个月。

第二十一条 集中交易市场开办者应当按照食用农产品类别实行分区销售，为入场销售者提供符合食品安全要求的环境、设施、设备等经营条件，定期检查和维护，并做好检查记录。

第二十二条 鼓励集中交易市场开办者改造升级，为入场销售者提供满足经营需要的冷藏、冷冻、保鲜等专业贮存场所，更新设施、设备，提高食品安全保障能力和水平。

鼓励集中交易市场开办者采用信息化手段统一采集食用农产品进货、贮存、运输、交易等数据信息，提高食品安全追溯能力和水平。

第二十三条 集中交易市场开办者应当查验入场食用农产品的进货凭证和产品质量合格凭证，与入场销售者签订食用农产品质量安全协议，列明违反食品安全法律法规规定的退市条款。未签订食用农产品质量安全协议的销售者和无法提供进货凭证的食用农产品不得进入市场销售。

集中交易市场开办者对声称销售自产食用农产品的，应当查验自产食用农产品的承诺达标合格证或者查验并留存销售者身份证号码、联系方式、住所以及食用农产品名称、数量、入场日期等信息。

对无法提供承诺达标合格证或者其他产品质量合格凭证的食用农产品，集中交易市场开办者应当进行抽样检验或者快速检测，结果合格的，方可允许进入市场销售。

鼓励和引导有条件的集中交易市场开办者对场内销售的食用农产品集中建立进货查验记录制度。

第二十四条 集中交易市场开办者应当配备食品安全员等食品安全管理人员，加强对食品安全管理人员的培训和考核；批发市场开办者还应当配备食品安全总监。

食品安全管理人员应当加强对入场销售者的食品安全宣传教育，对入场销售者的食用农产品经营行为进行检查。检查中发现存在违法行为的，集中交易市场开办者应当及时制止，并向所在地县级市场监督管理部门报告。

第二十五条 批发市场开办者应当依照食品安全法第六十四条的规定，对场内销售的食用农产品进行抽样检验。采取快速检测的，应当采用国家规定的快速检测方法。鼓励零售市场开办者配备检验设备和检验人员，或者委托具有资质的食品检验机构，进行食用农产品抽样检验。

集中交易市场开办者发现场内食用农产品不符合食品安全标准的，应当要求入场销售者立即停止销售，依照集中交易市场管理规定或者与入场销售者签订的协议进行销毁或者无害化处理，如实记录不合格食用农产品数量、产地、销售者、销毁方式等内容，留存不合格食用农产品销毁影像信息，并向所在地县级市场监督管理部门报告。记录保存期限不少于销售者停止销售后六个月。

第二十六条 集中交易市场开办者应当在醒目位置及时公布本市场食品安全管理制度、食品安全管理人员、投诉举报电话、市场自查结果、食用农产品抽样检验信息以及不合格食用农产品处理结果等信息。

公布的食用农产品抽样检验信息应当包括检验项目和检验结果。

第二十七条 批发市场开办者应当向入场销售者提供包括批发市场名称、食用农产品名称、产地、数量、销售日期以及销售者名称、摊位信息、联系方式等项目信息的统一销售凭证，或者指导入场销售者自行印制包括上述项目信息的销售凭证。

批发市场开办者印制或者按照批发市场要求印制的销售凭证，以及包括前款所列项目信息的电子凭证可以作为入场销售者的销售记录和相关购货者的进货凭证。销售凭证保存期限不得少于六个月。

第二十八条 与屠宰厂（场）、食用农产品种植养殖基地签订协议的批发市场开办者应当对屠宰厂（场）和食用农产品种植养殖基地进行实地考察，了解食用农产品生产过程以及相关信息。

第二十九条 县级以上市场监督管理部门按照本行政区域食品安全年度监督管理计划，对集中交易市场开办者、销售者及其委托的贮存服务提供者遵守本办法情况进行日常监督检查：

（一）对食用农产品销售、贮存等场所、设施、设备，以及信息公示情况等进行现场检查；

（二）向当事人和其他有关人员调查了解与食用农产品销售活动和质量安全有关的情况；

（三）检查食用农产品进货查验记录制度落实情况，查阅、复制与食用农产品质量安全有关的记录、协议、发票以及其他资料；

（四）检查集中交易市场抽样检验情况；

（五）对集中交易市场的食品安全总监、食品安全员随机进行监督抽查考核并公布考核结果；

（六）对食用农产品进行抽样，送有资质的食品检验机构进行检验；

（七）对有证据证明不符合食品安全标准或者有证据证明存在质量安全隐患以及用于违法生产经营的食用农产品，有权查封、扣押、监督销毁；

（八）依法查封违法从事食用农产品销售活动的场所。

集中交易市场开办者、销售者及其委托的贮存服务提供者对市场监督管理部门依法实施的监督检查应当予以配合，不得拒绝、阻挠、干涉。

第三十条 市、县级市场监督管理部门可以采用国家规定的快速检测方法对食用农产品质量安全进行抽查检测，抽查检测结果表明食用农产品可能存在质量安全隐患的，销售者应当暂停销售；抽查检测结果确定食用农产品不符合食品安全标准的，可以作为行政处罚的证据。

被抽查人对快速检测结果有异议的，可以自收到检测结果时起四小时内申请复检。复检结论仍不合格的，复检费用由申请人承担。复检不得采用快速检测方法。

第三十一条 市、县级市场监督管理部门应当依据职责公布食用农产品质量安全监督管理信息。

公布食用农产品质量安全监督管理信息，应当做到准确、及时、客观，并进行必要的解释说明，避免误导消费者和社会舆论。

第三十二条 县级以上市场监督管理部门应当加强信息化建设，汇总分析食用农产品质量安全信息，加强监督管理，防范食品安全风险。

第三十三条 县级以上地方市场监督管理部门应当将监督检查、违法行为查处等情况记入集中交易市场开办者、销售者食品安全信用档案，并依法通过国家企业信用信息公示系统向社会公示。

对于性质恶劣、情节严重、社会危害较大，受到市场监督管理部门较重行政处罚的，依法列入市场监督管理严重违法失信名单，采取提高检查频次等管理措施，并依法实施联合惩戒。

市、县级市场监督管理部门应当逐步建立销售者市场准入前信用承诺制度，要求销售者以规范格式向社会作出公开承诺，如存在违法失信销售行为将自愿接受信用惩戒。信用承诺纳入销售者信用档案，接受社会监督，并作为事中事后监督管理的参考。

第三十四条 食用农产品在销售过程中存在质量安全隐患，未及时采取有效措施消除的，市、县级市场监督管理部门可以对集中交易市场开办者、销售企业负责人进行责任约谈。被约谈者无正当理由拒不按时参加约谈或者未按要求落实整改的，市场监督管理部门应当记入集中交易市场开办者、销售企业信用档案。

第三十五条 市、县级市场监督管理部门发现批发市场有国家法律法规及本办法禁止销售的食用农产品，在依法处理的同时，应当及时追查食用农产品来源和流向，查明原因、控制风险并报告上级市场监督管理部门，同时通报所涉地同级市场监督管理部门；涉及种植养殖和进出口环节的，还应当通报农业农村主管部门和海关部门。所涉地市场监督管理部门接到通报后应当积极配合开展调查，控制风险，并加强与事发地市场监督管理部门的信息通报和执法协作。

市、县级市场监督管理部门发现超出其管辖范围的食用农产品质量安全案件线索，应当及时移送有管辖权的市、县级市场监督管理部门。

第三十六条 市、县级市场监督管理部门发现下列情形之一的，应当及时通报所在地同级农业农村主管部门：

（一）农产品生产企业、农民专业合作社、从事农产品收购的单位或者个人未按照规定出具承诺达标合格证；

（二）承诺达标合格证存在虚假信息；

（三）附具承诺达标合格证的食用农产品不合格；

（四）其他有关承诺达标合格证违法违规行为。

农业农村主管部门发现附具承诺达标合格证的食用农产品不合格，向所在地市、县级市场监督管理部门通报的，市、县级市场监督管理部门应当根据农业农村主管部门提供的流向信息，及时追查不合格食用农产品并依法处理。

第三十七条　县级以上地方市场监督管理部门在监督管理中发现食用农产品质量安全事故，或者接到食用农产品质量安全事故的投诉举报，应当立即会同相关部门进行调查处理，采取措施防止或者减少社会危害。按照应急预案的规定报告当地人民政府和上级市场监督管理部门，并在当地人民政府统一领导下及时开展食用农产品质量安全事故调查处理。

第三十八条　销售者违反本办法第七条第一、二款、第十六条、第十八条规定，食用农产品贮存和运输受托方违反本办法第十七条、第十八条规定，有下列情形之一的，由县级以上市场监督管理部门责令改正，给予警告；拒不改正的，处五千元以上三万元以下罚款：

（一）销售和贮存场所环境、设施、设备等不符合食用农产品质量安全要求的；

（二）销售、贮存和运输对温度、湿度等有特殊要求的食用农产品，未配备必要的保温、冷藏或者冷冻等设施设备并保持有效运行的；

（三）贮存期间未定期检查，及时清理腐败变质、油脂酸败、霉变生虫或者感官性状异常的食用农产品的。

第三十九条　有下列情形之一的，由县级以上市场监督管理部门依照食品安全法第一百二十六条第一款的规定给予处罚：

（一）销售者违反本办法第八条第一款规定，未按要求建立食用农产品进货查验记录制度，或者未按要求索取进货凭证的；

（二）销售者违反本办法第八条第二款规定，采购、销售按规定应当检疫、检验的肉类或进口食用农产品，未索取或留存相关证明文件的；

（三）从事批发业务的食用农产品销售企业违反本办法第十一条规定，未按要求建立食用农产品销售记录制度的。

第四十条　销售者违反本办法第十二条、第十三条规定，未按要求标明食用农产品相关信息的，由县级以上市场监督管理部门责令改正；拒不改正的，处二千元以上一万元以下罚款。

第四十一条　销售者违反本办法第十四条规定，加工、销售即食食用农产品，未采取有效措施做好食品安全防护，造成污染的，由县级以上市场监督管理部门责令改正；拒不改正的，处五千元以上三万元以下罚款。

第四十二条　销售者违反本办法第十五条规定，采购、销售食品安全法第三十四条规定情形的食用农产品的，由县级以上市场监督管理部门依照食品安全法有关规定给予处罚。

第四十三条 集中交易市场开办者违反本办法第十九条、第二十四条规定，未按规定建立健全食品安全管理制度，或者未按规定配备、培训、考核食品安全总监、食品安全员等食品安全管理人员的，由县级以上市场监督管理部门依照食品安全法第一百二十六条第一款的规定给予处罚。

第四十四条 集中交易市场开办者违反本办法第二十条第一款规定，未按要求向所在地县级市场监督管理部门如实报告市场有关信息的，由县级以上市场监督管理部门依照食品安全法实施条例第七十二条的规定给予处罚。

第四十五条 集中交易市场开办者违反本办法第二十条第二款、第二十一条、第二十三条规定，有下列情形之一的，由县级以上市场监督管理部门责令改正；拒不改正的，处五千元以上三万元以下罚款：

（一）未按要求建立入场销售者档案并及时更新的；

（二）未按照食用农产品类别实施分区销售，经营条件不符合食品安全要求，或者未按规定对市场经营环境和条件进行定期检查和维护的；

（三）未按要求查验入场销售者和入场食用农产品的相关凭证信息，允许无法提供进货凭证的食用农产品入场销售，或者对无法提供食用农产品质量合格凭证的食用农产品未经抽样检验合格即允许入场销售的。

第四十六条 集中交易市场开办者违反本办法第二十五条第二款规定，抽检发现场内食用农产品不符合食品安全标准，未按要求处理并报告的，由县级以上市场监督管理部门责令改正；拒不改正的，处五千元以上三万元以下罚款。

集中交易市场开办者违反本办法第二十六条规定，未按要求公布食用农产品相关信息的，由县级以上市场监督管理部门责令改正；拒不改正的，处二千元以上一万元以下罚款。

第四十七条 批发市场开办者违反本办法第二十五条第一款规定，未依法对进入该批发市场销售的食用农产品进行抽样检验的，由县级以上市场监督管理部门依照食品安全法第一百三十条第二款的规定给予处罚。

批发市场开办者违反本办法第二十七条规定，未按要求向入场销售者提供统一格式的销售凭证或者指导入场销售者自行印制符合要求的销售凭证的，由县级以上市场监督管理部门责令改正；拒不改正的，处五千元以上三万元以下罚款。

第四十八条 销售者履行了本办法规定的食用农产品进货查验等义务，有充分证据证明其不知道所采购的食用农产品不符合食品安全标准，并能如实说明其进货来源的，可以免予处罚，但应当依法没收其不符合食品安全标准的食用农产品；造成人身、财产或者其他损害的，依法承担赔偿责任。

第四十九条 本办法下列用语的含义：

食用农产品，指来源于种植业、林业、畜牧业和渔业等供人食用的初级产品，即在农业活动中获得的供人食用的植物、动物、微生物及其产品，不包括法律法规禁止食用的野生动物产品及其制品。

即食食用农产品，指以生鲜食用农产品为原料，经过清洗、去皮、切割等简单加工后，可供人直接食用的食用农产品。

食用农产品集中交易市场，是指销售食用农产品的批发市场和零售市场（含农贸市场等集中零售市场）。

食用农产品集中交易市场开办者，指依法设立、为食用农产品批发、零售提供场地、设施、服务以及日常管理的企业法人或者其他组织。

食用农产品销售者，指通过固定场所销售食用农产品的个人或者企业，既包括通过集中交易市场销售食用农产品的入场销售者，也包括销售食用农产品的商场、超市、便利店等食品经营者。

第五十条　食品摊贩等销售食用农产品的具体管理规定由省、自治区、直辖市制定。

第五十一条　本办法自 2023 年 12 月 1 日起施行。2016 年 1 月 5 日原国家食品药品监督管理总局令第 20 号公布的《食用农产品市场销售质量安全监督管理办法》同时废止。

商务部等 9 部门办公厅（室）关于印发《县域商业三年行动计划（2023—2025 年）》的通知

各省、自治区、直辖市及新疆生产建设兵团商务、发展改革、工业和信息化、财政、自然资源、农业农村、文化和旅游、邮政管理部门，各供销合作社：

为全面贯彻落实党的二十大和中央农村工作会议精神，落实《中共中央 国务院关于做好 2023 年全面推进乡村振兴重点工作的意见》（中发〔2023〕1 号）有关部署，充分发挥乡村作为消费市场和要素市场的重要作用，进一步提升县域商业体系建设成效，促进城乡融合发展，助力乡村振兴，商务部等 9 部门研究制定了《县域商业三年行动计划（2023—2025 年）》。现印发给你们，请结合实际，认真贯彻落实。

商务部办公厅 国家发展改革委办公厅
工业和信息化部办公厅 财政部办公厅
自然资源部办公厅 农业农村部办公厅
文化和旅游部办公厅 国家邮政局办公室
中华全国供销合作总社办公厅
2023 年 7 月 27 日

县域商业三年行动计划（2023—2025 年）

为全面贯彻落实党的二十大和中央农村工作会议精神，落实《中共中央 国务院关于做好 2023 年全面推进乡村振兴重点工作的意见》（中发〔2023〕1 号）有关部署，按照《商务部等 17 部门关于加强县域商业体系建设 促进农村消费的意见》（商流通发〔2021〕99 号，以下简称《意见》）、《财政部办公厅 商务部办公厅 国家乡村振兴局综合司关于支持实施县域商业建设行动的通知》（财办建〔2022〕18 号，以下简称《通知》）、《商务部等15部门办公厅（室）关于印发〈县域商业建设指南〉的通知》（商办流通函〔2021〕322号，以下简称《指南》），进一步深化政策措施，提升县域商业体系建设工作成效，制定本行动计划。

一、总体思路

以习近平新时代中国特色社会主义思想为指导，立足新发展阶段，完整、准确、全面贯彻新发展理念，学习运用“千万工程”经验做法，坚持市场化原则、更好发挥政府引导作用，按照“一年梳理经验、两年复制推广、三年总结提升”思路，以供应链、物流配送、商品和服务下沉以及农产品上行为主线，以数字化、连锁化、标准化为方向，进一步推动资源要素向农村市场倾斜，加快补齐农村商业设施短板，健全县乡村物流配送体系，引导商贸流通企业转型升级，推动县域商业高质量发展。

二、工作目标

建立县域统筹，以县城为中心、乡镇为重点、村为基础的农村商业体系。到2025年，在全国打造500个左右的县域商业“领跑县”，建设改造一批县级物流配送中心、乡镇商贸中心（大中型超市、集贸市场）和农村新型便民商店。90%的县达到“基本型”及以上商业功能，具备条件的地区基本实现村村通快递。工业品下乡、农产品进城双向流通渠道进一步畅通，农民增收和消费提质实现良性循环，更好满足乡村产业振兴和农村居民生产生活需求。

三、重点任务

（一）完善县域商业网络设施和业态

1. 增强县城商业辐射能力。结合国土空间规划编制实施，优化商业用地结构和功能布局。鼓励县城购物中心、大型商超向乡镇延伸服务，布局前置仓、物流仓储等设施，完善家电、家具家装等商品营销、回收和维修网络。构建商业服务完善的社区生活圈，加强对乡村商业发展的带动，促进一体化发展。

2. 提高乡镇商业集聚效应。升级改造乡镇商贸中心、大中型超市、集贸市场等，完善冷藏、加工、配送等设施，拓展餐饮、休闲、娱乐等消费新业态新场景，打造乡镇商业集聚区。以人口聚集的乡镇为重点，推进乡镇集贸市场标准化改造，完善设施设备，传承地域特色和传统习俗，提高市场综合治理水平，更好地满足农村居民日常购物、社交等需求。

3. 提升村级商业便民服务水平。加强邮政、供销、电商、快递、益农信息社等资源协作，推动村级站点设施共建、服务共享，丰富日用消费品、农资、邮政、快递等服务，实现“一点多能、一网多用”，提高农村商业网点便民服务水平和可持续运营能力。发挥大型连锁企业资金和渠道优势，推进农村便民商店标准化改造，拓展多元化零售业务。

（二）发展农村物流共同配送

1. 加强农村物流基础设施建设。建设改造县级物流配送中心和乡镇快递物流站点，根据实际需要，配备自动分拣线、立体货架、新能源配送车、智能取件终端等设施设备，提高物流配送效率，增强服务能力。

2. 加强农村物流资源整合。鼓励邮政、供销、快递、商贸流通等主体市场化合作，整合各类物流资源，在电商快递基础上，叠加日用消费品、农资下乡和农产品进城等双向配送服务，实现风险共担、利益共享，降低物流成本。总结共同配送成熟模式，将其作为重点支持方向，加快在中西部偏远地区推广落地。

3. 积极发展即时零售。鼓励电商平台、大型商贸流通企业在具备条件的县城，依托自建物流、第三方物流体系，对接本地零散的商超、便利店，精准匹配周边消费订单需求，为居民提供高效便捷的到家服务。

（三）推动县域流通企业转型升级

1. 支持中小企业数字化转型。针对农村中小流通企业数字化转型成本高、周期长等问题，依托已有平台资源，提升区域数字化服务水平，为企业提供成本低、实用性强的数字化转型解决方案，推动数字应用从销售前端向采购、库存、配送等全过程延伸，加快线上线下融合。

2. 加强企业供应链建设。以数字化、连锁化改造和跨界融合为手段，支持邮政、供销、传统商贸流通企业从传统商品批发、零售向上下游一体的供应链管理服务平台转变，增强对县域商业发展的引领带动作用。鼓励大型流通企业下沉供应链，推广新型交易模式，为农村便民商店、个体商户提供集中采购、销售分析、店面设计、库存管理等服务，增强农村实体店铺的经营水平和抗风险能力。

3. 培育县域龙头流通企业。鼓励有实力、有信誉的农村商贸流通企业综合运用大数据、云计算、人工智能等现代信息技术，促进业务流程和组织结构优化重组，创新商业模式，提高经营质量和效益。加大土地等政策扶持力度，落实好现行税收优惠政策，培育一批辐射面广、带动力强的县域龙头流通企业。

4. 发挥农村商业带头人作用。充分发挥县域大型经销商、代理商等渠道优势，支持进行市场化整合协作，加强物流分拨中心、前置仓等设施建设改造，为区域内商贸流通企业、便民商店、农民合作社等提供统一采购、统一仓储、统一配送等服务，建立适合县域发展水平的消费品、农资流通网络。

（四）丰富农村消费市场

1. 加大优质商品投放力度。发挥电商平台大数据优势，依法依规开展消费数据分析应用，引导生产厂商为农村市场生产投放更多适销对路的商品。继续支持新能源汽车、绿色智能家电、绿色建材和家具家装下乡，加快农村充换电设施建设，完善售后回收服务网络，促进农村大宗商品消费更新换代。鼓励组成县域零售商采购联盟，集中向生产厂家、品牌供应商采购商品，解决中小企业进货渠道混乱、议价能力弱等问题，提高商品品质，降低采购成本。

2. 加快发展农村生活服务。结合乡镇商业设施改造，引导餐饮、亲子、娱乐、维修等服务业态聚集，促进家政服务向县域下沉。鼓励文化和旅游资源丰富的农村地区，依托乡村旅游重点村镇、乡村旅游集聚区和休闲露营地，打造乡村旅游、休闲农业、农家乐、自驾游等精品线路，吸引市民下乡消费。继续实施乡村休闲旅游精品工程，推介一批中国美丽休闲乡村，建设一批全国休闲农业重点县。加强中国重要农业文化遗产保护传承，推进优秀农耕文化社会宣传，指导遗产地在有效保护的基础上，促进品牌打造、农文旅融合发展。

（五）推动农村电商高质量发展

1. 大力发展农村直播电商。深化电子商务进农村综合示范，利用县级电子商务公共服务中心的场地和设备等资源，打造一批县域电商直播基地、“村播学院”。整合各类资源，增强电商技能实训、品牌培育、包装设计、宣传推广、电商代运营等服务能力。鼓励有条件的县级电子商务公共服务中心拓展 O2O 体验店、云展会、网货中心、跨境电商等衍生增值服务，推动县域电商形成抱团合力，实现可持续发展。

2. 培育“土特产”电商品牌。深化“数商兴农”，发展农特产品网络品牌。鼓励电商平台、直播团队充分挖掘农村“土特产”资源，为农业生产企业、农民合作社等提供产品设计、视频拍摄、文案策划、品牌推广等服务。培育一批“小而美”的农村电商特色品牌，变“流量”为“销量”，拓宽农产品上行渠道。

3. 鼓励农村电商创业就业。加强与全国及本地直播平台的合作，“以工代训”“以赛代训”，面向返乡大学生、农民工、退役军人等开展直播带头人技能培训，提升直播带货技能，激发农村直播电商创业就业热潮。举办多种形式的农村直播电商大赛，组织地方直播团队等参加，促进相互学习交流，提升农村直播电商营销水平。

（六）提升优质农产品供给水平

1. 提高农产品供给质量。发挥流通对生产的先导性作用，加强农商互联，推动农业生产围绕市场需求，优化品种结构和产业布局，提升规模化、标准化和信息化水平。加快建设优势特色产业集群，抓好特色农产品优势区。创建和认定一批农业产业强镇、国家现代农业产业园、国家农产品质量安全县等，统筹推进农业生产和农产品“三品一标”，培育优质农产品生产基地，全面推行食用农产品承诺达标合格证，加强县级农产品质量安全检测机构能力建设，扩大绿色、有机、地理标志和名特优新农产品规模。

2. 增强农产品商品化处理能力。支持商贸、电商、农产品流通等企业向生产环节延伸产业链，建设产地集配中心等流通基础设施。配备农产品分级、加工、仓储、包装、冷链等商品化处理设施设备，增强农产品错峰上市和商品化处理能力，把增值收益更多留在农村、留给农民。

3. 加快打造农业品牌。实施农业品牌精品培育计划，打造精品区域公用品牌，带动培育核心授权企业和产品品牌。支持脱贫地区打造一批质量过硬、特色鲜明、带动力强的区域公用品牌，增强脱贫地区产业内生发展动力。发挥电商平台、商超等线上线下营销网络优势，加强特色优质农产品宣传推广，扩大区域公用品牌的知名度和美誉度。

（七）加强农产品流通体系建设

1. 完善全国农产品流通骨干网络。依托农产品主产地、主销地、集散地，在全国统筹确定一批农产品流通骨干节点城市、农产品市场和重点企业。加强农产品批发市场和农贸市场等各类零售终端升级改造，进一步提升农产品流通效率。加强农产品流通保供体系建设，提高宏观调控和民生保障能力。

2. 提高农产品冷链流通效率。加强跨区域农产品批发市场、干支线冷链物流、农产品仓储保鲜设施和产地冷链集配中心建设，提高农产品冷链流通效率，进一步降低流通损耗。支持标准果蔬周转箱（筐）等物流载具在冷链物流的全程应用，鼓励积极应用新能源城市配送冷藏车，促进农产品冷链各环节有序衔接和信息互联互通。鼓励第三方冷链物流企业发展，推广冷链云仓、共同配送、零担物流等模式，提高冷链资源综合利用率。

3. 强化农产品产销对接。引导流通企业与农业生产主体建立长期稳定合作关系，完善利益联结机制。继续举办全国农产品产销对接助力乡村振兴、“数商兴农”进地方等活动，邀请相关主体参加中国农产品交易会、茶博会、中国农民丰收节等展会节庆活动。深入实施“互联网+”农产品出村进城工程，完善适应农产品网络销售的运营服务体系。广泛开展专题促销、集中采购等活动，建立健全农产品产销对接长效机制。

四、保障措施

（一）加强统筹协调。各地要把县域商业三年行动作为全面推进乡村振兴的重要任务，建立省级统筹、市县抓落实的工作推进机制，抓好部署推进。省级主管部门结合实际，对照县域商业三年行动实施步骤（见附件），制定本省县域商业三年行动计划或实施方案，进一步细化明确目标任务、重点举措和监督考核机制，推动工作落地。充分发挥多部门工作协调机制作用，加强政策协同，共同研究解决重大问题。

（二）规范资金管理。严格对照《服务业发展资金管理办法》（财建〔2023〕9 号）及《通知》要求，建立健全省市县三级日常监督机制，规范资金支出方向。各地应引入审计、监理咨询等第三方机构，加强资金决策、拨付、使用等环节审核，确保手续完整、账实相符。明确资产权属和管护责任，依法依规整合、处置和盘活资产，形成管护运营长效机制。

（三）做好政策衔接。加强县域商业建设行动与电子商务进农村综合示范、农产品供应链体系建设以及发展改革、农业农村、供销等单位相关资金的衔接，发挥各自优势，避免重复建设。用好县级电子商务公共服务中心、物流配送中心等现有设施设备，引入邮政、供销、快递和有实力的商贸流通企业，拓展公益性和增值性服务，实现市场化可持续运营。巩固电子商务进农村综合示范专项整改成果，建立健全资金管理、项目建设、日常监督、考核评估机制，形成闭环管理。

（四）强化大数据应用。加强部门间、部门与地方县域商业数据资源共享，充分依托已有信息化设施，提高政府管理水平和治理效能。推广县域商业大数据应用，整合农村商业网点、消费、客流、物流等数据信息，根据地方和企业需求，拓展县域商业动态监测、市场分析、产业培育、产销对接等功能，为县域商业三年行动提供支撑。

五、组织实施

（一）加强调研摸底。全面落实党中央关于大兴调查研究的部署，带着问题深入基层一线，对照县域商业体系建设目标和群众需求，找准差距和不足，厘清工作底数。参照《指南》“基本型、增强型、提升型”功能要求，因地制宜，明确纳入县域商业体系建设的县（县级市、区、旗，以下称县）范围、发展现状、建设目标、年度细化任务等。摸底和目标任务确认工作应于 2023 年 8 月底前完成，作为后续绩效评价、验收等的重要依据，原则上不再调整。

（二）压实主体责任。省级主管部门建立季调度、半年汇总、年度通报制度，加强工作调度，强化奖惩激励，对于工作推进不力以及审计、绩效评价、日常检查等发现重大问题的市县，视情给予通报、收回资金等处理措施；对于做得好的地方，加大支持力度。商务部会同有关部门通过省级党委和政府推进乡村振兴战略实绩考核、绩效评价、日常检查等方式，加强指导跟踪问效，形成上下联动抓落实的格局。

（三）组织评估验收。省级主管部门制定县域商业体系建设达标验收办法，组织对上年度完成建设目标的县进行评估验收，并出具书面评估意见。对达到“提升型”标准的县以及部分具备条件的“增强型”县，每年 11 月底前通过地方推荐，纳入全国县域商业“领跑县”。建立退出机制，通过抽查“回头看”，对工作出现滑坡、达不到领跑标准或在相关领域出现重大安全生产事故的县，按程序调整退出。

（四）做好宣传推广。尊重基层首创精神，从基层实践中汲取智慧，充分调动地方、企业、群众积极性，鼓励探索创新，及时总结推广好经验好做法。发挥主流媒体引导作用，宣传县域商业“领跑县”典型案例，增强典型示范作用，提高县域商业三年行动的社会认知度。省级主管部门按时更新县域商业信息系统数据，按季度报送资金使用清单，每年 11 月底前报送年度任务完成情况和工作总结。

附件：县域商业三年行动实施步骤

附件：

县域商业三年行动实施步骤

一、部署启动阶段（2023 年 7 月—12 月）

印发通知，启动县域商业三年行动，加强动员部署和政策解读。经地方推荐产生第一批全国县域商业“领跑县”，发布相关典型案例集。省级主管部门结合实际制定县域商业三年行动计划或实施方案，明确目标任务、重点举措和验收考核办法，指导市县抓好落实；开展绩效评价，对上年度完成“基本型、增强型、提升型”建设目标的县进行验收。

二、全面推广阶段（2024 年 1 月—12 月）

经地方推荐产生第二批全国县域商业“领跑县”，发布相关典型案例集。有关部门通过全国会、专家下乡、线上培训等方式，加强宣传推广和经验交流。省级主管部门跟进，培育一批地方典型，加强经验复制推广，形成适合自身特点的县域商业、农村直播电商发展路径；开展绩效评价，组织对上年度完成建设目标的县进行验收。

三、总结评估阶段（2025 年 1 月—10 月）

经地方推荐产生第三批全国县域商业“领跑县”，发布相关典型案例集。有关部门组织抽查检查，对照目标任务查漏补缺，全面总结评估县域商业三年行动工作成果。省级主管部门对照《意见》《通知》和县域商业三年行动要求，对各市县开展评估验收。加强前期发现问题整改工作“回头看”，及时发现和化解资金风险，建立项目和资产常态化运营管护机制，巩固提升政策成效，持续促进农民增收和农村消费。

市场监管总局关于印发《经营者集中反垄断合规指引》的通知

国市监反执二发〔2023〕74号

各省、自治区、直辖市和新疆生产建设兵团市场监管局（厅、委）：

现将《经营者集中反垄断合规指引》印发给你们，请结合本辖区经营者合规情况，做好有关合规宣传和培训工作。

市场监管总局

2023年9月5日

（此件公开发布）

经营者集中反垄断合规指引

第一章　总则

第一条　目的和依据

为了引导经营者落实经营者集中反垄断合规主体责任，提高经营者集中反垄断合规意识和管理水平，促进社会主义市场经济健康发展，根据《中华人民共和国反垄断法》（以下简称反垄断法）、《国务院关于经营者集中申报标准的规定》（以下简称申报标准）、《经营者集中审查规定》等规定，制定本指引。

本指引是国务院反垄断委员会发布的《经营者反垄断合规指南》在经营者集中领域的专项指引。经营者可以根据经营规模、管理模式、集中频次、合规体系等自身情况，参照本指引建立经营者集中反垄断合规管理制度，或者将本指引有关经营者集中合规要素纳入经营者现有反垄断合规管理制度。

第二条　合规必要性

经营者集中审查是一项事前反垄断监管制度，旨在防止经营者通过经营者集中排除、限制相关市场竞争。

经营者加强经营者集中反垄断合规管理，可以帮助经营者识别、评估和管控经营者集中反垄断法律风险，避免具有或者可能具有排除、限制竞争效果的经营者集中，防范因违法实施集中承担法律责任。

第三条　适用范围

本指引适用于经营者在中国境内以及境外实施经营者集中时的反垄断合规活动。

第二章　经营者集中审查主要规定

第四条　经营者集中

经营者集中是指下列情形：经营者合并、经营者通过取得股权或者资产的方式取得对其他经营者的控制权、经营者通过合同等方式取得对其他经营者的控制权或者能够对其他经营者施加决定性影响。

对于新设合营企业，如果至少有两个经营者共同控制该合营企业，则构成经营者集中；如果仅有一个经营者单独控制该合营企业，其他经营者没有控制权，则不构成经营者集中。

第五条　经营者集中申报

经营者集中达到申报标准的，经营者应当事先向国家市场监督管理总局（以下简称市场监管总局）申报，未申报或者申报后获得批准前不得实施集中。未达到申报标准，但有证据证明该经营者集中具有或者可能具有排除、限制竞争效果的，市场监管总局可以要求经营者申报并书面通知经营者，经营者应当依法申报。

经营者集中有下列情形之一的，可以不向市场监管总局申报：

（一）参与集中的一个经营者拥有其他每个经营者 50%以上有表决权的股份或者资产的；

（二）参与集中的每个经营者 50%以上有表决权的股份或者资产被同一个未参与集中的经营者拥有的。

第六条　申报义务人

通过合并方式实施的经营者集中，合并各方均为申报义务人；其他情形的经营者集中，取得控制权或者能够施加决定性影响的经营者为申报义务人，其他经营者予以配合。

同一项经营者集中有多个申报义务人的，可以委托一个申报义务人申报。被委托的申报义务人未申报的，其他申报义务人不能免除申报义务。申报义务人未申报的，其他参与集中的经营者可以提出申报。

申报义务人没有依法履行申报义务，导致违法实施集中的，申报义务人承担相应法律责任。

第七条　经营者集中审查

收到经营者集中申报后，市场监管总局依法对经营者集中可能产生的竞争影响进行评估。经审查，市场监管总局对不具有排除、限制竞争效果的经营者集中依法无条件批准，对具有或者可能具有排除、限制竞争效果的经营者集中依法附加限制性条件批准或者予以禁止。

第八条　违法实施经营者集中调查

经营者集中达到申报标准，经营者未申报实施集中、申报后未经批准实施集中或者违反审查决定的，市场监管总局依法进行调查。

经营者集中未达到申报标准，但有证据证明该经营者集中具有或者可能具有排除、限制竞争效果，经营者未按照相关规定进行申报的，市场监管总局依法进行调查。

是否实施集中的判断因素主要包括是否完成经营主体登记或者权利变更登记、委派高级管理人员、实际参与经营决策和管理、与其他经营者交换敏感信息、实质性整合业务等。

第九条　法律风险和责任

经营者违反反垄断法有关经营者集中规定，可能面临以下法律风险或者承担以下法律责任：

（一）违法实施集中，且具有或者可能具有排除、限制竞争效果的，由市场监管总局依法责令停止实施集中、限期处分股份或者资产、限期转让营业以及采取其他必要措施恢复到集中前的状态，处上一年度销售额10%以下的罚款；不具有排除、限制竞争效果的，处500万元以下的罚款；

（二）对市场监管总局依法实施的审查和调查，经营者拒绝提供有关材料、信息，或者提供虚假材料、信息，或者隐匿、销毁、转移证据，或者有其他拒绝、阻碍调查行为的，由市场监管总局依法责令改正，对单位处上一年度销售额1%以下的罚款，上一年度没有销售额或者销售额难以计算的，处500万元以下的罚款；对个人处50万元以下的罚款；

（三）违法行为情节特别严重、影响特别恶劣、造成特别严重后果的，市场监管总局可以在第（一）（二）项规定罚款数额的二倍以上五倍以下确定具体罚款数额；

（四）因违法行为受到行政处罚的，按照国家有关规定记入信用记录，并向社会公示；

（五）实施垄断行为，给他人造成损失的，依法承担民事责任，损害社会公共利益的，可能面临民事公益诉讼；

（六）违法行为构成犯罪的，依法追究刑事责任。

第三章　重点合规风险

第十条　重点关注的经营者集中

建议经营者重点关注下列经营者集中，充分评估反垄断法律风险：

（一）与上一会计年度中国境内营业额超过4亿元的经营者合并；

（二）收购上一会计年度中国境内营业额超过4亿元的经营者的股权或者资产；

（三）与上一会计年度中国境内营业额超过4亿元的经营者共同收购其他经营者的股权或者资产；

（四）通过合同等方式取得上一会计年度中国境内营业额超过4亿元经营者的控制权或者能够对其施加决定性影响；

（五）与上一会计年度中国境内营业额超过4亿元的经营者新设合营企业；

（六）交易金额巨大或者可能对市场产生重大影响，受到业内广泛关注的经营者集中。

前款以及本指引第二十条第一款所称营业额 4 亿元标准是根据本指引发布时的申报标准所设立，后续如申报标准修改，4 亿元标准相应调整。

第十一条　判断是否应当申报时的关注重点

判断一项交易是否应当申报经营者集中时，首先判断交易是否构成经营者集中，其次判断经营者集中是否达到申报标准，建议参考《经营者集中审查规定》有关控制权判断和营业额计算的规定。在判断是否应当申报时，需要重点关注以下风险：

（一）控制权认定不准确，误判交易不构成经营者集中导致未依法申报违法实施集中。

【案例】判断一项交易是否构成经营者集中，取决于经营者通过该交易是否取得对其他经营者的控制权或者能够对其他经营者施加决定性影响。收购少数股权也可能取得控制权，从而构成经营者集中。A 企业收购 B 企业 20%股权，尽管 A 企业不是最大股东，但 A 企业可以单独否决 B 企业的年度商业计划、财务预算、高级管理人员任免等经营管理事项，则 A 企业很可能取得对 B 企业的（共同）控制权，构成经营者集中。如果该经营者集中达到申报标准，A 企业未申报，则构成未依法申报违法实施集中。

（二）营业额计算不准确，误判经营者集中未达到申报标准导致未依法申报违法实施集中。

【案例】参与集中的经营者的营业额包括该经营者以及申报时与该经营者存在直接或者间接控制关系的所有经营者的营业额总和，但是不包括上述经营者之间的营业额。作为收购方的 A 企业上一会计年度中国境内营业额仅为 2 亿元，但 A 企业所属的 B 集团上一会计年度中国境内营业额达到申报标准，在判断是否达到申报标准时应当按照 B 集团营业额计算。如果 A 企业按照营业额 2 亿元计算认为没有达到申报标准而未申报，可能构成未依法申报违法实施集中。

第十二条　判断何时申报时的关注重点

达到申报标准的经营者集中，经营者在签署集中协议后，实施集中前应当向市场监管总局申报，没有及时申报的，可能构成未依法申报违法实施集中。

【案例】为同一经济目的，经营者之间确定发生的分步骤实施的收购交易，如果各步交易之间相互关联、互为条件，可能构成一项经营者集中，在实施第一步前需要申报。A 企业与 B 企业签署一份交易协议，根据该协议，A 企业确定将分三步收购 B 企业持有的目标公司全部股权，第一次收购 16%股权、第二次收购 34%股权、第三次收购剩余股权，最终完成全部 100%股权收购，该多步交易很可能构成一项经营者集中，如果达到申报标准，需要在实施第一步前申报，否则构成未依法申报违法实施集中。

第十三条　申报后“抢跑”

申报经营者集中后，在获得市场监管总局批准前，经营者不得实施集中，否则构成“抢跑”并承担违法实施集中法律责任。

【案例】A 企业与 B 企业计划新设合营企业，依法进行了经营者集中申报，但在市场监管总局尚未作出经营者集中审查决定的情况下，完成了合营企业登记注册手续，构成违法实施集中。A 企业与 B 企业承担违法实施集中的法律责任。

第十四条　对申报代理人的要求

申报人可以自行申报，也可以依法委托他人代理申报。申报人选择代理人应当严格审慎，对代理行为加强管理，并依法承担相应责任。申报代理人应当诚实守信、合规经营，不得故意隐瞒有关情况、提供虚假材料或者采取其他行为阻碍经营者集中案件审查、调查工作。

第十五条　对申报材料的要求

申报人应当对申报文件、资料的真实性、准确性、完整性负责。申报代理人负责协助申报人对申报文件、资料的真实性、准确性、完整性进行审核。

第十六条　排除、限制竞争风险

依法申报的经营者集中，如果市场监管总局审查认为该项经营者集中具有或者可能具有排除、限制竞争效果，将附加限制性条件批准或者禁止该项经营者集中。

评估经营者集中的竞争影响，可以考察相关经营者单独或者共同排除、限制竞争的能力、动机及可能性。集中涉及上下游市场或者关联市场的，可以考察相关经营者利用在一个或者多个市场的控制力，排除、限制其他市场竞争的能力、动机及可能性。

【案例】经营者可以参考市场监管总局网站发布的附条件批准/禁止经营者集中案件反垄断审查决定公告。

第十七条　违反审查决定

经营者集中被附加限制性条件批准的，经营者应当严格遵守限制性条件。经营者集中被禁止的，经营者不得实施集中。

【案例】A 企业收购 B 企业股权经营者集中获得附加限制性条件批准。条件之一是要求 A 企业不得降低相关产品给予经销商的折扣，并委托监督受托人监督执行。监督受托人核查发现 A 企业给予经销商的折扣违反了附条件审查决定的相关要求，市场监管总局调查核实后对 A 企业依法作出行政处罚。

第十八条　阻碍经营者集中审查调查

配合经营者集中审查调查工作是经营者应当遵守的法律义务。经营者拒绝提供有关材料信息，或者提供虚假材料信息，或者隐匿、销毁、转移证据，或者有其他拒绝、阻碍调查行为的，将承担较为严重的法律后果。

第十九条　境外经营者集中反垄断风险

不同司法辖区有关经营者集中申报标准、程序等规定存在差异。经营者开展经营者集中业务时，建议同时关注可能涉及到的境外司法辖区的经营者集中或者并购控制反垄断监管法律规定。

有关境外经营者集中反垄断合规，经营者可以参考市场监管总局《企业境外反垄断合规指引》有关经营者集中合规内容。

第四章　合规风险管理

第二十条　合规管理制度

鼓励具有经营者集中需求的经营者建立经营者集中反垄断合规管理制度，特别是在中国境内年度营业额超过 4 亿元的经营者；建议中国境内年度营业额超过 100 亿元的经营者建立经营者集中反垄断合规管理制度。

鼓励具备条件的集团企业在母公司、子公司各层级建立经营者集中反垄断合规管理制度，或者采取有效措施将经营者集中反垄断合规管理覆盖集团各层级成员企业。

第二十一条　合规管理职责

经营者可以设立或者指定相关部门承担经营者集中反垄断合规管理职责（以下简称合规管理部门），主要履行以下职责：

（一）制定、评估、更新经营者集中反垄断合规管理制度和措施，监督制度和措施的实施；

（二）识别、评估经营者集中反垄断合规风险，及时制止、纠正不合规的经营者集中行为；

（三）向决策层或者高级管理层报告经营者集中反垄断合规情况，及时提示重大合规风险并采取应对措施；

（四）为内部相关部门及人员提供经营者集中反垄断合规建议、咨询和指导；

（五）组织开展经营者集中反垄断合规培训，提升相关人员合规意识和能力；

（六）配合人事等相关责任部门落实相关合规奖惩措施；

（七）研究跟进国内外经营者集中最新法律法规以及执法实践；

（八）指导集团内所属企业经营者集中反垄断合规管理制度建设；

（九）协调组织内部相关部门及人员配合市场监管总局经营者集中审查和调查工作；

（十）其他合规相关工作。

合规管理部门可以委托专业机构协助开展相关工作。

第二十二条　经营者集中反垄断合规负责人

鼓励达到一定规模且集中行为较为频繁的经营者设置经营者集中反垄断合规负责人（以下简称合规负责人），负责经营者集中反垄断合规事项，履行相关合规管理职责。合规负责人应当具备下列合规管理能力：

（一）掌握经营者集中反垄断相关法律法规；

（二）具备识别和防控经营者集中反垄断法律风险的专业知识；

（三）熟悉经营者内部投资并购全链条业务流程；

（四）了解经营者主营业务所在市场竞争状况；

（五）其他应当具备的合规管理能力。

经营者可以将管理层中负责合规、法务事务的高级管理人员明确为合规负责人，赋予相应职责权限，提供必要的工作条件、岗位待遇和教育培训，保障其履行经营者集中反垄断合规管理职责。

第二十三条　关键岗位人员

经营者内部与投资并购业务密切相关的投资、法务、财务等部门岗位是经营者集中反垄断合规管理的关键岗位。建议关键岗位人员做好以下工作：

（一）知悉经营者集中相关法律法规；

（二）遵守经营者集中反垄断合规管理要求；

（三）参加经营者集中反垄断合规培训；

（四）配合提供合规所需相关材料；

（五）其他合规相关工作。

第二十四条　风险识别和评估

建议经营者在投资并购决策和执行流程中嵌入经营者集中反垄断合规审核程序，识别、评估经营者集中反垄断法律风险，提早做好申报准备以及相应风险防范措施。鼓励经营者在制定投资并购计划、开展投资并购洽谈等更早阶段识别、评估可能面临的经营者集中反垄断法律风险。

第二十五条　风险应对

鼓励经营者建立经营者集中反垄断合规风险应对机制，针对不同法律风险制定对应处置措施，主要包括以下方面：

（一）发现经营者集中达到申报标准的，及时依法履行申报义务，为申报审查工作预留必要时间，确保申报前以及获得批准前不实施集中；

（二）发现拟议交易可能具有排除、限制竞争效果的，及时调整交易计划、交易结构或者采取其他必要措施减少交易可能对市场竞争产生的不利影响；

（三）申报后市场监管总局认为经营者集中具有或者可能具有排除、限制竞争效果的，经营者应当尽早提出附加限制性条件方案；

（四）发现可能构成违法实施经营者集中行为的，及时停止相关行为并与市场监管总局沟通，积极配合开展相关工作。

第五章　合规管理保障

第二十六条　合规承诺

鼓励经营者建立经营者集中反垄断合规承诺机制。合规承诺可以提高经营者决策人员、高级管理人员等对经营者集中反垄断法律风险的认识和重视程度，确保合规管理能够有效执行。

经营者决策人员、高级管理人员以及投资部门等关键岗位人员可以作出经营者集中反垄断合规承诺，或者在整体合规承诺中纳入经营者集中反垄断合规内容。经营者可以在内部人事管理制度中明确相关人员违反合规承诺的不利后果。

第二十七条　合规报告

经营者可以建立经营者集中反垄断合规报告机制，或者在整体合规报告中纳入经营者集中反垄断合规事项。合规负责人可以定期向经营者决策层或者高级管理层报告经营者集中反垄断合规情况。当出现重大合规风险时，合规负责人及时向经营者决策层或者高级管理层汇报，并提出风险应对建议。

鼓励经营者向市场监管总局、省级市场监管部门报告经营者集中反垄断合规情况及进展，包括合规管理制度建设、合规人员配备、合规审核记录、合规宣传培训、第三方评价以及近年申报和被处罚情况等。省级市场监管部门可以定期了解辖区内经营者合规管理情况，给予经营者必要支持和指导。

第二十八条　合规评价

鼓励经营者采取适当方式定期对经营者集中反垄断合规管理制度的执行效果进行评价，持续完善合规管理制度、改进合规管理体系。

经营者集中反垄断合规管理制度有效性评价可以包括以下方面：

（一）建立明确、可执行的合规管理体系和流程；

（二）配备合规负责人且职责清晰；

（三）设置明确的合规奖惩机制和举措；

（四）合规审核得到全面、充分、有效执行；

（五）有关合规有效运行的其他情况。

第二十九条　合规咨询

经营者可以建立经营者集中反垄断合规咨询机制。鼓励经营者相关人员尽早向合规管理部门或者合规负责人咨询经营者集中过程中遇到的合规问题。经营者可以向外部法律专家、专业机构等进行合规咨询，也可以就申报经营者集中等事项向市场监管总局、相关省级市场监管部门提出商谈咨询。

市场监管总局、省级市场监管部门指导经营者做好相关合规、申报等工作。

第三十条　合规培训

鼓励经营者以专家授课、印发手册等多种形式开展经营者集中合规宣传与培训，引导和督促经营者相关人员提高合规意识与能力，提升合规管理效能。

鼓励经营者对决策人员、高级管理人员进行经营者集中基础知识培训，对合规负责人、关键岗位人员进行经营者集中专业培训和考核。

市场监管总局、省级市场监管部门加强经营者集中反垄断合规宣传和培训，指导经营者做好合规管理。

第三十一条　合规奖惩

鼓励经营者建立内部经营者集中反垄断合规奖惩机制，对合规工作成效显著的合规负责人、关键岗位人员给予表彰和奖励，当经营者出现重大违法实施经营者集中行为时，对未审慎履行合规职责的合规负责人或者关键岗位人员给予必要惩戒。

第三十二条　合规激励

为鼓励经营者积极开展经营者集中反垄断合规，市场监管总局在查处违法实施集中行为时可以考虑经营者集中反垄断合规管理制度建设及实施情况。

第三十三条　发挥行业协会作用

鼓励行业协会充分发挥桥梁纽带作用，组织经营者与市场监管部门开展经营者集中审查工作交流和培训，服务经营者建立健全经营者集中反垄断合规管理制度。

第六章　附则

第三十四条　指引的效力

本指引仅对经营者集中反垄断合规作出一般性指导，供经营者参考，不具有强制性。经营者可以结合自身特点，细化完善内部合规管理制度，建立合规管理体系。

本指引关于经营者集中审查制度的阐释多为原则性、概括性说明，案例列举并不涵盖全部法律风险，建议经营者在参考本指引时依据经营者集中相关法律法规结合具体问题进行具体分析评估。

第三十五条　指引的解释

本指引由市场监管总局负责解释。

第四部分

附　录

中国连锁行业大事件

（2022年6月30日至2024年6月30日）

【股权交易、收购合并】

安宏资本收购Wagas

2022年9月20日，私募股权投资基金安宏资本宣布，已从Wagas集团创始人John Christensen手中收购60%股权，该交易的财务条款未披露。Wagas创始人将继续管理集团日常工作。事实上，在本次交易尘埃落定之前，Wagas已经多次传出“卖身”消息。Wagas于1999年在上海成立，截至2022年9月20日，Wagas旗下已有250家门店。

奈雪的茶成为乐乐茶第一大股东

2022年12月5日，奈雪的茶控股有限公司发布公告，宣布已签署对乐乐茶主体公司上海茶田餐饮管理有限公司的投资协议，以5.25亿元收购乐乐茶43.64%股权。根据公告，该投资事项完成后，奈雪的茶持股43.64%成为乐乐茶第一大股东；乐乐茶将成为奈雪的茶的联营公司，并将继续维持独立经营，即乐乐茶仍将保持“品牌不变”“团队不变”“运营不变”。奈雪的茶将在门店拓展、供应链、数字化等多方面提供助力。

Tims天好中国与Popeyes中国合并

2023年3月31日，Tims天好中国宣布完成了与Popeyes的业务合并，并获得了Popeyes在中国内地和澳门独家经营权及特许经营权。在此次全股票交易中，Popeyes中国为Tims天好中国注资3000万美元现金，将进一步增强后者的资产负债表。Tims中国也将额外划定6000万美元用于Popeyes中国在未来几年内的业务发展。拥有50年历史的Popeyes在全球开设4100多家店，现已成为全球规模最大的炸鸡快餐店之一。

居然之家收购北京朝阳远洋未来广场

2023年5月29日，远洋集团发布公告出售远洋未来广场，买方为居然之家全资子公司北京居然之家。该远洋未来广场位于北京市北四环亚奥板块，2012年开业。远洋未来广场的项目公司为北京睿鸿商业管理有限公司，其主体物业的原始权益人为远洋集团。目前，睿鸿公司及主体物业在类 REITs 结构下并由私募基金中联基金直接持有。公告称各方共同确认，目标股权和目标债权的交易对价合计为 16.04 亿元。

零食很忙与赵一鸣零食战略合并

2023 年 11 月 10 日，国内两大量贩零食品牌“零食很忙”与“赵一鸣零食”正式宣布进行战略合并，双方将共同推动量贩零食行业健康发展。据了解，双方就战略合并一事，已达成最终协议。合并后，两家公司在人员架构上保持不变，并保留各自的品牌和业务独立运营。公开资料显示，零食很忙起步于 2017 年，总部位于湖南长沙，截至 2023 年 11 月 10 日，其全国门店数已超过 4000 家，布局区域覆盖全国 10 个省市。赵一鸣零食起步于 2019 年，总部位于江西宜春，目前全国门店数超过 2500 家。

凯雷退出“金拱门”

2023 年 11 月 20 日消息，凯雷集团清空其在麦当劳中国持有的 28%的全部股权，接手方为麦当劳全球。本次交易完成后，凯雷将退出“金拱门”股东行列，而麦当劳则完成了大幅增持，与中信共同持股麦当劳中国。其中，麦当劳全球的持股比例将从 20%增至 48%，以中信资本为主的中信联合体将继续持有 52%股份，继续在麦当劳中国保持控股地位。

四川商投集团与红旗连锁战略合作获国资委批准

2024 年 6 月 17 日，红旗连锁发布实控权变更事项进展公告，公告显示，四川商投集团下属企业四川商投投资控股红旗连锁事项更进一步，已获省国资委批复同意。红旗连锁将遵循国有企业的管理条例，保持市场化运作。四川商投集团将利用自身资源，支持红旗连锁的发展。

【资产上市】

名创优品在港交所上市

2022 年 7 月 13 日，自有品牌生活家居综合零售商名创优品正式在香港联合交易所（港交所）挂牌上市，名创优品此次在港交所的上市形式为双重主要上市。财报显示，截至 2022 年 3 月 31 日，名创优品在全球门店数量 5113 家，其中，国内门店 3197 家、海外门店 1916 家。招股书显示，2022 财年前 3 季度净利润为 4.3 亿元。名创优品成立于 2013 年，2020 年 10 月在纽约证券交易所挂牌上市。

Tims 天好中国登陆纳斯达克

2022 年 9 月 29 日晚间，咖啡连锁品牌 Tim Hortons 中国业务（Tims 天好中国）正式登陆纳斯达克。截至 2021 年 12 月 31 日，Tims 天好中国在中国大陆的 21 个城市拥有 390 家门店。其中，自营店数量从 2019 年 12 月 31 日的 31 家增加至 2021 年 12 月 31 日的 373 家。

百胜中国完成港交所双重主要上市

2022 年 10 月 24 日，百胜中国宣布香港联合交易所（港交所）主板由第二上市地位自愿转为主要上市地位生效，百胜中国现为在港交所及纽交所双重主要上市的公司。同时，百胜中国表示，该公司在两家交易所上市的普通股将可继续完全互换，即日起，其在港交所交易的普通股也已被纳入沪港通及深港通股票名单。资料显示，百胜中国于 2016 年 11 月 1 日独立在纽约证券交易所（纽交所）上市，股票代码为 YUMC；百胜中国于 2020 年 9 月 10 日在港交所主板第二上市。

百果园在港交所上市

2023 年 1 月 16 日，百果园集团在香港联合交易所上市。截至 2023 年 1 月 16 日，百果园在国内的线下门店共有 5645 家，其中，5626 家为加盟门店、19 家为自营门店。2022 年上半年，百果园集团营业收入同比增长 7%至 59. 15 亿元，经调整净利润为 2. 05 亿元，同比增长 34%。

达美乐在港交所上市

2023 年 3 月 28 日，达美乐比萨在中国内地、香港和澳门的独家总特许经营商达势股份有限公司正式登陆香港联合交易所（港交所）。1997 年，达美乐比萨正式进军中国内地。截至 2023 年 3 月 28 日，达美乐中国在国内 17 个城市已经有 604 家直营门店。

锅圈食品在港交所上市

2023 年 11 月 2 日，锅圈食品在香港联合交易所（港交所）上市。锅圈成立于 2017 年，是一站式在家吃饭餐食产品品牌，提供即食、即热、即煮和即配食材。截至 2023 年 10 月 11 日，锅圈门店达 10025 家。截至 2023 年 4 月 30 日，锅圈的注册会员数量达到 2240 万人。招股书披露，2020—2022 年锅圈营收分别为 29. 6 亿元、39. 6 亿元和 71. 7 亿元，同期净利润分别为-4329. 2 万元、-4. 6 亿元和 2. 4 亿元。

小菜园向港交所提交上市申请

2024 年 1 月 16 日，小菜园国际控股有限公司（以下简称小菜园）正式向香港联合交易所（港交所）递交招股说明书，拟主板挂牌上市。招股说明书显示，截至 2024 年 1 月 11 日，小菜园的直营门店已达到 548 家，覆盖全国 12 个省级行政区内的 119 座城市。财报显示，2021 年、2022 年及 2023 年（截至 9 月 30 日），小菜园的营收分别为 26.46 亿元、32.13 亿元和 34.29 亿元人民币，同期净利润分别为 2.27 亿元、2.38 亿元和 4.3 亿元人民币。

蜜雪冰城、古茗向港交所递交上市申请

2024 年 1 月 2 日，蜜雪冰城股份有限公司（以下简称蜜雪冰城）正式向香港联合交易所（港交所）递交上市申请。同日，另一茶饮品牌古茗控股有限公司也提交了招股说明书。

蜜雪冰城的招股说明书显示，截至 2023 年 9 月 30 日，蜜雪冰城已覆盖中国及海外 11 个国家，旗下门店数超过 3.6 万家，2023 年前 9 个月实现出杯量约 58 亿杯。古茗的招股说明书显示，截至 2023 年年底，古茗拥有门店数超过 9000 家。2023 年，古茗门店售出现制饮品 12 亿杯，商品销售额（GMV）超过 192 亿元。

安踏旗下亚玛芬体育登陆纽交所

北京时间 2024 年 2 月 1 日，安踏旗下的亚玛芬体育（Amer Sports）在纽约证券交易所（纽交所）上市。作为全球性运动户外品牌集团，亚玛芬体育现旗下拥有包括始祖鸟、萨洛蒙、威尔胜、阿托米克、壁克峰等品牌。2019 年，安踏与投资者财团完成对亚玛芬体育的收购，此举当时被视作安踏加强国际化布局、拓展全球市场份额的重要一步。

茶百道在港交所主板挂牌上市

2024 年 4 月 23 日，新茶饮品牌“茶百道”母公司四川百茶百道实业股份有限公司正式在香港联合交易所（港交所）主板挂牌上市。截至 2024 年 4 月 5 日，茶百道门店数已经达到 8016 家。2021—2023 年，茶百道营业收入分别为 36.4 亿元、42.3 亿元和 57.0 亿元，经调整净利润分别为 9.0 亿元、9.7 亿元和 12.6 亿元，2023 年的经调整净利润率达到 22 %。

海底捞子公司特海国际纳斯达克上市获批

2024 年 5 月 17 日，海底捞旗下子公司特海国际发布官方公告，宣布其已于美国东部时间 2024 年 5 月 16 日正式获得批准，将在全球市场上市其美国存托股份。这些股份将在

纳斯达克全球市场进行交易。2024 年 4 月 29 日，海底捞的海外业务主体特海国际发布公告称，董事会决定将在美国纳斯达克股票市场上公开发售新的美国存托股份，预计最多发行约 1.23 亿股，推动特海国际在港股和美股双重上市。2022 年 12 月 30 日，特海国际登陆港交所。2023 年年报显示，公司营收 6.86 亿美元，同比上升 22.95%；归母净利润 2565 万美元，同比上升 162.19%。

绿茶餐厅重启香港 IPO

2024 年 6 月 19 日，绿茶集团有限公司向香港联合交易所（港交所）递交招股说明书，拟主板挂牌上市。这是时隔两年后，绿茶集团重启香港 IPO。早在 2021 年 3 月，绿茶集团就已首次向港交所递交招股说明书。截至 2024 年 6 月 11 日，绿茶集团已开设 382 家餐厅。

首批消费基础设施 REITs 上市

2024 年 3 月 12 日，华夏金茂商业 REIT 和嘉实物美消费 REIT 在上海证券交易所（上交所）上市。华夏金茂商业 REIT 的底层资产长沙览秀城是中国金茂旗下的首个览秀城作品，也是览秀城体系内运营最为成熟的优质购物中心。嘉实物美消费 REIT 的底层资产位于北京城市核心商圈，包括大成项目、玉蜓桥项目等在内的 4 个社区商业物业，均运营超过 10 年。

2024 年 3 月 14 日，华夏华润商业 REIT 在深圳证券交易所上市。华夏华润商业 REIT 首发底层资产青岛万象城是华润置地旗下核心区位标杆商业项目。

2024 年 4 月 30 日，中金印力消费 REIT 在深圳证券交易所上市。中金印力消费 REIT 发售总份额为 10 亿份，募集规模为人民币 32.60 亿元，首发入池资产为位于杭州市的杭州西溪印象城购物中心。

上交所表示，首批消费基础设施 REITs 的推出，将有力推动“促消费、稳增长”，丰富 REITs 资产类型和投资者投资标的，构建消费基础设施领域“投、融、建、管、退”的良性循环，为我国 REITs 市场长期健康发展注入新动力。

【业态布局、门店创新】

仓储会员店

上海中心城区首家山姆开业

2023 年 5 月 18 日，全国第 43 家山姆门店在上海普陀真如副中心正式开业，这也是上海第五家山姆门店。山姆真如店是全球唯一一家开在公园里的山姆会员商店，店铺位于海纳中央公园下方、通过通道与中海环宇城 max 主体连接，是距离上海市中心最近的一家山姆门店。

fudi 拓展会员店

2023 年 9 月 28 日，fudi 第四家会员店开业，位于北京五棵松万达广场。fudi 方表示，该店为目前所有门店中面积最大的，占地面积 1.5 万平方米。五棵松万达店开业后，fudi 在北京累计开设 4 家仓储会员店（窑洼湖店、朝阳北路店、祥云小镇店、五棵松万达店）、2 家 fudi+精选超市（京西大悦城店、五道口店）。fudi 预计将于 2025 年走出北京。

盒马重启并升级付费会员服务

2024 年 4 月 24 日，盒马正式恢复了付费会员服务“X 黄金/钻石会员”的开卡、续费服务，并对相关会员权益进行升级调整。同时自 4 月 24 日起，所有盒马 X 会员店 VIP 会员即升级为盒马 X 黄金会员。公开资料显示，盒马 X 会员服务于 2018 年在上海率先推出，后逐渐推广至其他区域。2023 年，盒马方面将 X 会员服务进一步细分为 X 钻石会员、X 黄金会员，同年 12 月受折扣化改革的影响，盒马方面宣布暂停 X 会员的开卡、续费服务。

南京首家开市客（Costco）开业

2024 年 5 月 28 日，南京首家开市客（Costco）开门迎客。在硬件方面，开市客南京店配套设有三层大型停车场，共计超过 1000 个停车位，更开设了其在国内的第一家会员加油站，还原纯正美式开市客的“加油+购物”模式。南京开市客线上购物服务于卖场正式开业3~4周后上线。截至 2024 年 5 月 28 日，“开市客到家”线上购物服务已在上海、深圳、苏州、杭州、宁波上线。南京店开业后，开市客在内地的门店数量增至 7 家。

高鑫零售旗下 M 会员商店加速布局

2024 年 6 月 5 日，高鑫零售方面表示，常熟 M 会员商店将于 7 月正式对外营业。常熟 M 会员商店是继扬州、常州、南京后开设的全国第 4 家 M 会员商店，也是苏州首店。该店商品结构全面升级，推出超过 500 款全新商品，总商品数近 4000 个，自有品牌的销售占比 30%，较 M 会员商店首店开业商品丰富度提升 50%以上。继常熟 M 会员店开业后，嘉兴、无锡、江阴将于 2024 年年内陆续迎来 M 会员商店入驻。至此，全国将有 10 家 M 会员商店。

商超

T11 生鲜超市联手浙江万客隆，首店落户金华

T11 生鲜超市和浙江万客隆战略联手，共同打造“T11·万客缘生鲜超市”，首店于 2022 年 12 月亮相浙江金华。据悉，该店以销售生鲜和其他食品为主，同时经营高品质餐饮、烘焙、咖啡、鲜花、百货等品类，采用“线上商城+线下门店”的全域运营模式，是一家线上线下全自营一体化的智慧新零售门店。

中百罗森在武汉开设首家生鲜便利店

2022 年 12 月 5 日，中百罗森在武汉开设了首家生鲜便利店。该店铺面积近 150 平方米，辐射多个社区。该门店在中百罗森便利店原有商品的基础上，引入水果、鸡蛋、粮油等生鲜类商品。但该门店内的生鲜产品体量并不大，水果产品主要有榴莲、哈密瓜、香蕉、橙子、苹果、提子等产品，可供消费者选择的空间较为有限。

盒马首个高端超市 Premier 在上海开业

2023 年 9 月 27 日，盒马旗下首家高端超市 Premier 黑标店在上海正式开业。这家黑标店落户于长宁区龙之梦商场，营业面积 6000 多平方米。与盒马鲜生店一致的是，这家店也可以通过 App 点单，为周边市民提供配送到家服务。在商品方面，该店既有一半以上进口商品满足顾客的需求，也有大量基于中国人口味开发的特色商品。

生鲜传奇与武汉中商合作开出瓢虫鲜生

2023 年 11 月 10 日，生鲜传奇与武汉中商合作在武汉开出首家瓢虫鲜生，这也是生鲜传奇首次进驻武汉市场。据悉，该店面积大约 300 平方米，在商品结构、门店定位上对标安徽生鲜传奇的 7.5 代店。这是生鲜传奇最新推出的社区生鲜店品牌。据了解，此次合作由武汉中商提供场地、人员、资金的支持，中商会员也能享受门店积分和优惠，而生鲜传奇提供商品。

麦德龙在北京开设全国首家社区店

2023 年 11 月下旬，麦德龙在北京悄然开设首家社区体验店。不同于以往的大卖场及仓储会员店业态，该门店以社区为据点，更加注重提供小型化、近场化、便捷化等优势服务。据了解，麦德龙首家社区店由第一服务控股、麦家供应链和智赢创新科技公司合资开设，门店引进大量麦德龙自有品牌及部分欧洲进口产品，主要服务周边一刻钟便民圈内的消费群体。

叮咚买菜推出线下首家实体店“叮咚奥莱”

2023 年 11 月 28 日，叮咚买菜线下首家实体店“叮咚奥莱”在上海松江九里亭街道正式开业。该店面积 500 平方米以上，约有 1000 个 SKU，主要售卖蔬菜、水果、肉禽蛋、水产、预制菜、现烤烘焙和零食饮料等品类。其中，生鲜食品大概占 2/3。

美团买菜升级为小象超市

2023 年 12 月 1 日，美团旗下自营前置仓业务美团买菜正式升级为小象超市。据了解，小象超市依然坚持美团自营零售模式，通过在社区设立的集存储、分拣、配送于一体的便民服务站，为社区居民提供生鲜、食杂、日用产品及配送服务，定位为“30 分钟快送超市”。用户可以通过小象超市 App、美团 App、小象超市微信小程序享受小象超市的服务。

永辉超市全国首家“定制店”亮相昆明

2024 年 1 月 15 日，永辉超市首家云南旗舰店在昆明世纪金源购物中心正式开业。该店为单层结构，门店面积近 1.3 万平方米，店内商品 SKU 超过 1 万个。该店是永辉超市在云南的第 6 家店，也是永辉超市围绕“商品、场景、服务”升级核心逻辑，根据不同区域特色采取“一店一议”的最新定制化改造的结果呈现。

沃尔玛中国首批 29 家大卖场完成升级

2024 年 1 月 17 日，沃尔玛中国宣布，全国首批 8 城 29 家大卖场门店已经完成升级。据了解，相比于此前门店，新升级的门店商品数量缩减了一半，八成商品为沃尔玛与源头厂商共同开发。沃尔玛中国方面表示，新升级门店商品丰富而不重复，一站式购物要精选，而不是大而全。2024 年，沃尔玛将继续对 40~50 家门店进行改造。

胖东来帮扶步步高、永辉超市

2024 年 4 月 9 日，胖东来启动帮扶步步高，调改首店为步步高长沙梅溪湖店。此次调改包括营业时间、对员工的关爱、薪酬提升、场布局通道、商品跟踪调整（如一举下架了 70%的单品），并形成一套完整的运营体系。4 月 25 日调改完成后，其商品结构达到胖东来商品结构的 90%。

2024 年 6 月 19 日，由胖东来调改永辉的首家门店——永辉超市郑州信万广场店恢复营业。本次门店调改对卖场的商品结构、动线布局、设备设施、员工福利等方面进行了全方位的优化升级。调改后的商品结构达到胖东来商品结构的 90%以上。同时，永辉超市也在该门店内引进了胖东来的自有品牌。

折扣店

物美在北京开出首家美淘折扣店

2022 年 10 月下旬，北京一家名为“美淘”的折扣店出现在大众视野中。该店为物美最新推出的折扣店品牌，位于北京市门头沟区西茂大厦 A 座一层物美大卖场双峪环岛店的出口通道处，面积约为 80 平方米。物美集团方面表示，该店作为物美集团新业态的组成部分，尚处于试点阶段。

天福便利试水折扣小店

2024 年 4 月初，天福便利在其大本营东莞开了两家天福折扣小店，试水折扣店赛道。这两家店主打硬折扣，门店面积 80 平方米左右，以大牌零食、酒水饮料、日用品等品类为主。此次新开的折扣店是在原有天福门店的基础上进一步降价推出的新业态，顺应了当下市场消费追求性价比的消费变化。

永辉超市计划2024年上半年完成600家正品折扣店改造

2024年4月17日，永辉超市发布公告显示，年内将持续增加正品折扣店的数量，计划于上半年完成600家正品折扣店改造。资料显示，永辉超市于2023年10月起，在全国范围的门店中增设正品折扣店，并同步在线上App、小程序增设折扣专区。永辉超市的正品折扣店为设在超市内的“店中店”模式。在永辉超市北京通州万达店，正品折扣店面积100多平方米，商品数量上百个，售价在原价的三折至七折。在折扣商品选择方面，永辉超市通过自有供应商系统、YHDOS数字化系统进行评估，结合商品销售情况选择一部分商品进入折扣商品池。

卜蜂莲花全国首家折扣店开业

2024年5月21日，卜蜂莲花中信折扣店正式开业，这是该品牌的全国首家折扣门店。该店位于汕头市潮阳区，是由潮阳中信店升级改造而来的。

2021年，家家悦、人人乐、盒马等品牌率先进入了这一赛道；2022年10月，物美开了一家名为“美淘”的折扣店；2023年，永辉也切入了这一赛道。

零食店

良品铺子全国最大门店在武汉开业

2023年7月28日，良品铺子在武汉市开出全国最大门店——经开永旺“零食王国店”。该店面积超过1200平方米，汇聚3000余款产品，包含良品铺子主品牌，旗下子品牌小食仙，孵化的零食连锁品牌控多卡、坚果鲜森、解唐忧等，进口休闲零食。

家家悦旗下悦记·好零食10店同开

2023年4月28日，家家悦集团旗下休闲零食连锁品牌悦记·好零食首店开业，标志着家家悦正式入局零食赛道。据悉，悦记·好零食成立于威海，是家家悦集团旗下的全新连锁零食品牌，定位于一站式极致性价比的零售集合店。

2023年11月下旬，家家悦集团旗下悦记·好零食在山东威海、青岛、济南、烟台、滨州等地区10家新店开业。随着10店同开，截至2023年11月底，悦记·好零食门店数近20家。

零食很忙全国最大门店落地长沙

2024年1月27日，零食量贩品牌零食很忙在长沙落地全国最大面积门店“超级零食很忙”。该门店共分上下两层，总占地超1300平方米，其中一楼为零食购物区，二楼则打造为零食主题休闲娱乐区，供到店顾客来拍照打卡。零食很忙不仅在该门店内设有巨型单据、巨型购物袋、旋转楼梯、零食IP雕塑等“超有味”场景装置，还与蒙牛、旺旺、嘉士利、好吃点等众多国内一线零食生产品牌对接，定制了数十款PLUS零食在店售卖，充分迎合了当代年轻消费者“消费+社交”的多元需求。据零食很忙方面统计，截至1月28

日晚营业时间结束，“超级零食很忙”27 日、28 日开业两天门店营业额突破 78 万元。

来伊份 LABmini 全球首店上海开业

2024 年 4 月 29 日，来伊份 LABmini 全球首店在上海的南京西路商圈亮相。LABmini 定位中高端的创新概念店，在商圈选址、空间设计、产品品类、场景体验上，都充满了探索性和先锋创造性，打造了“零食界新地标”。LABmini 在有限的空间里装载了近 800 个单品，极大扩充了商品的丰富性，提升了消费者的购物体验。

餐饮咖啡

肯德基推出独立茶饮品牌“爷爷自在茶”

2022 年 6 月 30 日，百胜中国旗下肯德基独立茶饮品牌“爷爷自在茶”全国首店在苏州正式开业。从门店场景来看，该门店整体定位年轻化。从产品方面来看，该门店售卖的茶饮品类包括米乳茶、爆柠茶、果茶等，售价在 13~19 元，相较于头部茶饮品牌，整体价格较为亲民。该门店还售卖点心类和冰激凌产品，如蛋香原味厚蛋挞、小鲜肉酥饼和生椰瑞士卷等，售价在 6~14 元。

茶颜悦色进军咖啡、小酒馆赛道

2022 年 8 月 10 日，茶颜悦色在长沙五一广场同时正式开业 5 家“鸳央咖啡”门店。据茶颜悦色方面表示，鸳央咖啡品牌的定位为“咖啡茶饮品”，与茶颜悦色是同根生的两个独立品牌，此次是茶颜悦色的一次新尝试。

2024 年 4 月 15 日，茶颜悦色旗下新品牌昼夜诗酒茶・艺文小酒馆 5 家店正式开业。新店主打特色茶酒，全时段售卖含酒饮品，产品包括鸡尾茶、鸡尾酒、大店特供三大类，产品售价与茶颜悦色相似，在 10~20 元。

来伊份跨界咖啡赛道

2023 年 8 月初，来伊份官宣旗下咖啡品牌正式升级为“来咖”。“来咖”作为独立品牌，有自己的视觉 Logo，以“店中店”形式铺设。2023 年下半年，随着来伊份第十代门店形象推出，来咖拥有了独立外卖窗口。按计划，来咖考虑在未来 2 年开出独立门店。

海底捞子品牌“嗨捞火锅”全国首店开业

2023 年 9 月 26 日，海底捞子品牌“嗨捞火锅”全国首店在北京龙湖北苑天街正式营业。海底捞方面透露，嗨捞是海底捞内部团队孵化的新品牌。此前，海底捞曾推出冒菜“U 鼎冒菜”，面馆“十八汆”、“捞派有面儿”、“佰麸私房面”，土豆粉“乔乔的粉”以及炒鸡品牌“苗师兄鲜炒鸡”等。

乐乐茶推出首批早餐屋及 24 小时营业门店

2023 年 11 月 15 日，乐乐茶宣布推出早餐屋和 24 小时营业门店。乐乐茶官方公众号显示，其在上海、浙江、江苏、安徽、北京、武汉等地共推出了 15 家早餐屋，开始营业时间从 6 点到 8 点不等。同时，乐乐茶还宣布推出全国首家 24 小时营业门店。该店位于上海大学路创智天地，凌晨零点到 6 点，该店全场产品 8 折。

锅圈首家高端食材集合店落地郑州

2023 年 11 月 17 日，锅圈食汇推出的首家高端食材集合店“锅圈·黑珍珠”官宣开业，位于郑州市北龙湖金融岛豫资控股大厦北门一楼，集就餐与购物于一体。此前，锅圈曾透露过其在北京、上海、香港、澳门开设主打高端食材的黑珍珠店的计划。

喜茶新业态喜茶·茶坊首店开业

2023 年 11 月 10 日，喜茶新业态喜茶·茶坊首店在广州开业。区别于喜茶主流门店的全品类茶饮产品结构，喜茶·茶坊回归茶本味作为出发点，汲取宋朝茶坊灵感，进行了以“鲜、茶、纯”为特征的创新，产品定位鲜萃茗奶茶，产品售价在 8~16 元。在其产品、门店空间中，处处可见宋代的雅致风韵。

茶百道推出咖啡子品牌“咖灰”

2023 年 12 月中旬，茶百道在成都推出了咖啡子品牌“咖灰”。“咖灰”提供的产品包括饮品和食品，食品类别包括汉堡、三明治、司康和烤芝士厚吐司等。

沪上阿姨在上海开出首家独立咖啡店

2024 年 2 月初，新茶饮品牌沪上阿姨在上海开出了首家独立咖啡店，取名“沪咖·东方拿铁”。该店使用全新菜单，产品分为 6 个系列，单价为 13~23 元。

迪卡侬跨界做咖啡，全国首店落地上海

2024 年 4 月 15 日，迪卡侬全国首家咖啡角 COFFEE HOUSE 在迪卡侬上海五角场店内开业，推出咖啡、特饮、烘焙等多个品类。在线下门店中开设咖啡角，已成为不少运动品牌青睐的经营手段，例如，户外品牌始祖鸟 ARC'TERYX 在其日本最大旗舰店内，也开设了全球首家咖啡馆 BETA CAFE。

专业专卖店

李宁推出“超级奥莱”计划

2023 年 2 月 21 日，在李宁奥莱重点集团年度峰会上，“超级奥莱”这一李宁奥莱的全新概念被正式提出。近年来，李宁集团不断优化渠道结构和提升渠道效率，推行“开大店开好店”策略，超级奥莱店正是李宁推动高效大店落地的进一步体现。除了进一步推动门店建设和完善产品类别以外，未来李宁超级奥特莱斯店还将投入更多资源，通过丰富的运动体验和会员营销活动，将李宁式体验价值传递给更多消费者。

安踏在北京首开“奥运殿堂级”门店

2023 年 11 月 12 日，升级后的安踏北京王府井旗舰店正式开业，这是安踏首家“奥运殿堂级”形象店。首店、奥运殿堂级、王府井、超 500 平方米大店、凯旋门元素等标签让门店吸引行业目光。围绕运动和奥运氛围的展示和体验互动设置，让门店化身为一体化体验中心，品类深度与宽度的拓展帮助安踏更好地展示自身形象和产品特点。

MUJI 中国最大旗舰店在北京开业

2024 年 2 月 2 日，MUJI 无印良品北京旗舰店在北京朝阳大悦城正式开业。这是 MUJI 北京首家旗舰店，也是 MUJI 在中国最大的旗舰店。该店总面积 4950 平方米，共三层，门店设计以环保为出发点，大部分区域均使用了回收材料。该门店首次推出二手家具回收服务，鼓励大家收集不再需要的物品，带到店内加工再利用。此外，该门店还增设了无印良品食堂。

宜家推出低价精品店、设计订购中心

2024 年 4 月 9 日，宜家在上海开出了全球第一家低价精品店。该小型门店的 Logo 即强调“精打细算”，降价清单上的多款产品也都能在这家店里看到，如 9.9 元的浇水壶、几十元的大型瑞莎收纳筐以及多款低价日常商品。为适应中国市场家居城市化、年轻化的趋势，开发新店型是宜家近年来的重点方向之一。

2024 年 5 月 26 日，宜家设计订购中心（深圳罗湖店）正式开业，这是宜家在中国大陆市场的首家设计订购中心。该店位于深圳万象食家内，门店面积约 300 平方米，为顾客提供一对一的个性化设计服务，量身定制宜家解决方案。

百货购物中心

成都 SKP 正式揭开面纱

2022 年 12 月 15 日，成都 SKP 正式揭开面纱。这是继北京、西安后国内第三个 SKP 项目。成都 SKP 是亚洲最大的下沉式建筑，也是全国首个下沉式高端时尚百货，总投资额约 50 亿元，打造“TOD+公园+购物”全新商业模式。该项目总建筑面积约 32.4 万平方米，由成都 SKP、成都 SKP-S、K 大道及 G 大道四大区域组成。其中，商业面积约 15.1 万平方米，停车场面积约 13.1 万平方米。该项目地面为公园景观层，下沉建筑部分共五层。成都 SKP 引入 1300 多个全球一线品牌，其中包含 222 个首店品牌。

中骏商管首个创新奥莱落地项目在北京开业

2023 年 3 月 17 日，北京西长安中骏世界城正式开业。作为中骏商管创新奥莱首个落地项目，该项目甄选 220 多个国内外知名品牌，其中区域首进品牌 120 多个、一线重点品牌 50 多个、网红及创新品牌 30 多个。

王府井奥莱 UP TOWN 营业

2023 年 11 月 24 日，王府井集团官方公众号发布消息显示，王府井奥莱 UP TOWN 项目已签约品牌 200 余个，项目还引进了北京首家 1000 平方米的玩具仓、近 2000 平方米的南城新能源示范基地等。王府井集团发布公告，2023 年 12 月 22 日，公司旗下王府井奥莱 UP TOWN 对外营业。王府井奥莱 UP TOWN 位于北京市大兴区的世界之花假日广场，该项目总建筑面积 19. 34 万平方米，租赁期限 20 年。

万宁王府井国际免税港项目二期完工亮相

2024 年 1 月 19 日，万宁王府井国际免税港试营业一周年之际，项目二期以全新面貌正式亮相。其中，项目西区将被打造为体育运动中心，更多专业的体育运动品牌也会入驻。

2023 年 1 月 18 日，位于海南省万宁市的王府井国际免税港开启试营业。王府井国际免税港是王府井集团旗下首家落地运营的免税项目，是集团有税+免税双轮主营业务驱动的新起点。该项目总建筑面积 10. 25 万平方米，计划分三期开业，已开业的一期免税区域有 400 余个国际一线品牌，有税区域拥有国际、国内知名品牌 300 余个，全场累计近 800 个国际、国内一线知名品牌。

天虹 28 家门店转型社区生活中心

截至 2024 年 3 月 1 日，天虹在广东、江西、湖南、福建、江苏、浙江、北京等地门店达到百家，为积极响应社区发展的需求，天虹将位于人口密集的社区或城市中心地带的中型门店，升级为天虹的社区生活中心店型。2023 年，天虹体系内 28 家门店围绕“品质、亲密、便利”的核心价值主张，向社区生活中心优化，从整体设计、运营、服务上深度融入社区生活，在提升社区居民生活品质的同时，优化自身市场竞争力。调整过后，28 家门店全年总营收同比增长 10%，平均客流同比增长近 30%。

北京首个“超极合生汇”开业

2024 年 4 月 18 日，北京超极合生汇开业，该项目为合生商业在北京的第二座合生汇，同时也是“超极合生汇”的首个落地项目。该项目总建筑面积 45. 6 万平方米，本次开业的东区总建筑面积为 30 万平方米。该项目以 POD 公园商业为导向，以“泛文娱主题综合体”为核心，通过 500 多个特色商业品牌和 6 大超极场景空间，全新打造城市潮流地标。

生活服务业

Tims 天好中国和 21 世纪不动产达成合作

2023 年 2 月中旬，21 世纪不动产中国与 Tims 天好中国正式宣布开启合作，Tims 天好中国将通过 21 世纪不动产全国数万家门店加速在中国市场的战略布局。双方合作的品牌命名为“C21 X Tims Express 咖啡店中店”，其首家门店已于 2023 年 2 月 18 日在成都正式开业，双方高层表示，C21 X Tims Express 咖啡店中店将率先重点布局成都、北京、上海、苏州等城市。

链家与 Manner 在上海试水共享门店

2024 年 4 月 7 日，房产中介公司链家与连锁咖啡品牌 Manner Coffee 合作的共享门店正式开业。该店位于上海市普陀区中潭路，由原先的链家门店更新改造而成。该门店内部链家区域和 Manner 咖啡区域各自独立运营，且均为自身品牌的直营店，店内设置双方共享区域。链家方面表示，未来会考虑在其他地区和城市复制该模式，且除了门店合作外，不排除与 Manner 开展其他合作。

首旅如家酒店集团发布如家酒店 4.0

2024 年 3 月 20 日，首旅如家酒店集团发布了旗下舒适型酒店品牌——如家酒店的 4.0 版本。此次迭代，聚焦商务出行市场的如家酒店以时尚的设计、多元灵动的社交空间和品质客房的打造为行业带来了舒适型酒店的升级焕新之作，旨在进一步满足年青一代消费者对酒店颜值、品质和体验感的追求。如家酒店品牌形象官 RUMI 也以不同的形态融入酒店的探索旅程。

【开放加盟】

蜜雪冰城开放全国乡镇加盟

2022 年 7 月初，蜜雪冰城正式宣布开放全国乡镇加盟。此次开放乡镇加盟仅针对全国老客户且满足加盟商档位为 1 档、2 档、3 档的客户开放。单个乡镇成功签约加盟店后，自签约之日起，以该门店定位为中心半径 1000 米的区域内，2 个月内不再接受审核申请。

好特卖开放全国加盟

2022 年 8 月中旬，好特卖 HotMaxx 宣布正式开放全国加盟。加盟商至少要投入 20 万~80 万元的启动资金。加盟有两种方式：一种是好特卖合作经营（自运营方式），即品牌赋能模式，好特卖方会参与装修设计、店员培训、门店经营指导等；另一种为供货模式，即供应链赋能，由好特卖为加盟商供货、授权品牌。

折扣店嗨特购开放加盟

2022 年 9 月下旬，折扣店嗨特购宣布开放加盟。在加盟初期，嗨特购将为合作伙伴提供完备的团队扶持，包含人员培训与考核系统教学；协助进行新店选址评估、提供货品大数据选择与一体化物流服务。加盟者需要承担的费用包括品牌授权费（3 年 6 万元）、货品押金、店面租金、装修费、物业管理费、推广费、店庆费、员工薪资、保险、节假日福利、奖金等。

乐乐茶开放加盟

2023 年 4 月 24 日，乐乐茶宣布将开放加盟业务，首批加盟区域有 7 个省市，分别是湖北、安徽、福建、江西、山东、四川、重庆，涉及华中、华东、西南三大区域。其选址要求 30 平方米以上，门头高度 3 米以上，招牌、证照、强电、给排水均符合要求。投资一家乐乐茶门店需要装修设备、缴纳公司保证金等各项费用 40 万~50 万元，不包含首批进货款和房屋租赁费用。

奈雪的茶主品牌放开加盟

2023 年 7 月 20 日，新茶饮连锁品牌奈雪的茶主品牌正式放开加盟业务，正式招募“合伙人”。奈雪的茶加盟单店投资金额约为 100 万元，合伙人验资门槛为 150 万元，预计回本周期为 1 年半。

便利蜂首次开放“委托型加盟”

2023 年 9 月中旬，主打直营的便利店品牌便利蜂开放“委托型加盟”。北京、上海、天津、南京四个城市的近 2000 家便利蜂直营店铺，首次向外部加盟商开放店铺资源。据悉，加盟商需要投入自有资金总计 21 万元，包括便利蜂品牌使用费 5 万元、保证金 15 万元、培训费 1 万元。加盟合约期为 5 年，要求“加盟商需要全职进入店铺工作”，且目前暂不支持带店型加盟。

九毛九开放加盟

2024 年 2 月 3 日，九毛九宣布，自 2024 年 2 月 1 日起，将逐步开放旗下太二酸菜鱼和山的山外面酸汤火锅的加盟与合作业务。其中，太二酸菜鱼开放新疆、西藏、台湾等省区，国内机场高铁等交通枢纽，以及澳大利亚、新西兰的加盟业务。山的山外面酸汤火锅开放指定商场合作业务，并于 2025 年 2 月 3 日开放加盟业务。九毛九旗下有九毛九西北菜、太二酸菜鱼、怂重庆火锅厂、赖美丽酸汤烤鱼、山的山外面酸汤火锅等餐饮品牌，每个品牌分别面向不同的赛道。

海底捞 30 年来首次放开加盟

2024 年 3 月 4 日晚间，海底捞发布公告，宣布将着手推行海底捞餐厅的加盟特许经营模式，以多元经营模式进一步推动餐厅网络的扩张。这是海底捞 30 年来首次放开加盟。海底捞表示，引入加盟特许经营模式将在继续保证管理水准和顾客体验的基础上，增强营运能力，引入更多优质资源，提升营运效率，助力海底捞品牌扩展至更多区域，为更广泛顾客提供服务；并认为目前按照以直营为主、适时引入加盟特许经营模式，将有助于公司实现进一步的适度扩张。

生鲜传奇进一步开放小鲜店加盟

生鲜传奇小鲜店第一届加盟招商会于 2024 年 3 月 12 日在合肥举行。截至 2024 年 3 月初，生鲜传奇小鲜店在合肥共有 100 家，其中 50%为加盟店。面积为 80～120 平方米的门店日均销售额可达9000～15000 元，毛利率在 24%～29%。

“KFC 小镇 Mini 餐厅模式”全面开放给加盟商

2024 年 3 月 29 日，在“2024 百胜中国加盟发展会议”上，百胜中国宣布将以“6 个新”的策略赋能加盟业务，即新机会、新收费、新模式、新投资、新设计、新技术。百胜中国将进一步开放更多城镇和新渠道，以更低的新店投资，丰富灵活、合作共赢的新收费模式支持加盟业务的发展。肯德基方面表示，2024 年“KFC 小镇 Mini 餐厅模式”将全面开放给加盟伙伴，以支持新店的快速拓展。

和府捞面开放加盟

2024 年 4 月 7 日，和府捞面在其官方公众号上发布信息，正式宣布开放加盟。据介绍，和府捞面的统包合作费 69.8 万元，包含设计、装修、标配设备。合作方式是托管式，和府捞面可以提供整店运营方案，包括但不限于经营管理支持、选址支持、市场推广支持等。加盟店铺的要求是 80～100 平方米，回本周期在 12～18 个月。和府捞面加盟申请页面显示，加盟者的投资预算有 50 万元以内、50 万～100 万元、100 万～200 万元三个选项。

瑞幸带店加盟一周年成绩单出炉

2024 年 5 月 27 日，瑞幸官方公众号发文表示，自 2023 年 5 月 29 日发起第一份带店加盟邀约以来，截至 2024 年 5 月 27 日，瑞幸已有 600 多位带店合伙人，带店合伙人的足迹遍布全国 199 个城市。截至 2024 年 5 月 27 日，已开业 468 家带店加盟门店。据了解，“带店加盟”模式是瑞幸以联营合作模式为基础，面向租赁合同期内正在经营的店铺或自有产权商铺的投资者推出的新联营合作方式。

百联逸刻开放杭州地区加盟

2024 年 5 月 30 日，百联逸刻宣布 6 月起开放杭州地区加盟。在率先开放加盟的上海地区，百联逸刻成功打造出上海浦东机场店、上海瑞金医院店等多家标志性加盟店，深受加盟主与消费者好评。

2024 年 4 月，百联逸刻开放江苏地区加盟后受到投资者热捧，首批 12 家加盟店于 6 月陆续开业，预计至 2024 年年底全国门店数有望超过 300 家。

乡村基开放联营业务

2024 年 6 月 6 日，乡村基官方公众号宣布，乡村基即日起开放联营业务，将在四川和重庆寻找优质合作商。在合作条件方面，需要认同乡村基企业文化，且拥有城市优质点位资源，具备较强的行政沟通和协调能力，同时需要拥有 100 万元左右的启动资金，以及无犯罪和不良征信记录。

Tims 天好咖啡全面开放单店加盟

2023 年 9 月，Tims 天好咖啡在北京、上海和新一线城市逐步开放单店加盟，能够加盟的店型为小店，即捷枫店（Tims Go）。4 个月后，Tims 天好咖啡“合伙人项目”的加盟店首店于元旦期间在嘉兴平湖正式开业。

2024 年 6 月 12 日，Tims 天好咖啡正式宣布，决定在全国范围开放单店加盟（特殊区域除外），并通过品牌的核心优势助力合伙人。

盒马 NB 奥莱折扣店开放加盟

2024 年 6 月 15 日，盒马 NB 奥莱折扣店第 110 家分店在上海崇明堡镇开业，这标志着盒马 NB 奥莱首家加盟店正式落地。

盒马 NB 小程序的官方信息显示，盒马 NB 自提店已经开放加盟。意向加盟者可选择三种加盟方式。第一种为独立合作，即自行租赁店铺用于开设盒马 NB 自提店；第二种为异业合作，即在现有店铺中增加盒马 NB 项目，实现业务增量；第三种为团点合作，主要面向没有资金和时间，想做兼职的自由职业者。

【出海布局】

新茶饮甜啦啦海外落地印度尼西亚

2023 年 10 月 1 日，新茶饮甜啦啦海外首城落地印度尼西亚雅加达，当日六家门店齐开。其海外产品依旧延续亲民价，这也是甜啦啦品牌布局海外市场的进一步深入。甜啦啦计划 2024 年保守开出 500 家海外门店，2025 年进军北美、欧洲、中东等地区。

喜茶持续布局海外市场

2023 年 12 月 1 日，喜茶官方微博宣布，喜茶在马来西亚第一家门店落户吉隆坡的

Exchange TRX 购物中心。自 2018 年 11 月在新加坡开设首家海外店铺以来，喜茶在新加坡、英国、澳大利亚、加拿大和美国等国家均已建立了多家门店。其中包括伦敦 SOHO、墨尔本 Swanston 和加拿大本那比等地标性位置。截至 2024 年 6 月底，喜茶全球门店数量已超过 4000 家，覆盖城市超过 300 个，为数亿消费者提供了新茶饮体验。

奈雪的茶泰国首店开业

2023 年 12 月初，奈雪的茶首家泰国直营门店在曼谷 Emsphere 商场开业。奈雪的茶泰国首家官方直营门店所处的 Emsphere 商场由泰国百货零售集团斥资 150 亿泰铢打造，被认为是泰国高端商场、重要的商业和旅游地标。泰国首店正式开业标志着奈雪的茶在东南亚乃至全球市场的布局正式加速。

蜜雪冰城加速海外市场开拓

2024 年 1 月 2 日，蜜雪冰城正式向港交所递交上市申请。自 2018 年在越南河内开设首家海外门店以来，蜜雪冰城持续加速海外市场开拓。数据显示，截至 2024 年 1 月初，蜜雪冰城海外门店数约为 4000 家。

拼多多 Temu 已进入 50 个国家和地区

2024 年 3 月 20 日，在拼多多 2023 年第四季度业绩交流会上，拼多多董事长、联席首席执行官陈磊透露，“在集团全球化业务方面，自 2022 年 9 月上线至今，Temu（拼多多旗下跨境电商平台）已进入 50 个国家和地区。”陈磊表示，目前全球化业务仍然处于早期阶段，拼多多会将高质量发展战略贯彻到全球化业务中，同时做好长期投入的准备。

外婆家美国首店在纽约曼哈顿开业

2024 年 3 月 23 日，外婆家位于美国纽约曼哈顿熨斗区的首店开业。2018 年，外婆家开始了国际化战略，在加拿大的多伦多开设了第一家外婆家餐厅，开启中式正餐连锁品牌走出国门的第一步。随后，外婆家在新加坡、印度尼西亚等国家也开设了门店。

杨国福计划 2024 年在德国新开 20 家店

2024 年 4 月 12 日，杨国福集团宣布，继杜塞尔多夫门店开业获得热烈响应后，杨国福集团与德国本土的代理公司达成了重要的战略合作。德国团队计划在 2024 年完成德国 20 家门店的扩张，并采取扩店，提升单店单产，规划 S 级店、A 级店和 B 级店的归类等策略，以提升品牌影响力和市场占有率。此外，德国团队计划未来突破 100 家门店，并将品牌势能延伸到欧洲各个地区。

泡泡玛特加速海外市场扩张计划

2024 年 5 月 25 日，泡泡玛特巴拿山乐园古堡主题店在越南岘港太阳世界巴拿山乐园开业，这是泡泡玛特首次在海外乐园开设门店。泡泡玛特 2023 年财报显示，2023 年全年泡泡玛特海外市场业绩首次突破了 10 亿元，营收占比也提升至 16.9%。2023 年，泡泡玛特线下门店首次进驻法国、马来西亚、泰国及荷兰。泡泡玛特方面表示，2024 年泡泡玛特将持续扩张海外版图，印度尼西亚首店很快会和大家见面，菲律宾首店也在筹备中，并且在英国、法国、美国等国家均有开设旗舰店的计划。

茶百道积极布局海外市场

2024 年 6 月 13 日，新茶饮品牌茶百道在官方微博公布海外市场拓展成果，截至当日，茶百道已在海外 3 个国家落地 8 个门店，其中，韩国 4 个、泰国 2 个、澳大利亚 2 个。茶百道的海外进程始于 2023 年。2023 年 10 月 23 日，茶百道海外首店落地韩国首尔江南区。此前茶百道表示，海外存在发展潜力巨大的新式茶饮市场，计划优先拓展东南亚地区市场。

名创优品法国香榭丽舍旗舰店开业

2024 年 6 月 22 日，名创优品法国香榭丽舍旗舰店开业。数据显示，2023 年名创优品在欧洲市场的 GMV 同比增长近 70%；2024 年第一季度，欧洲市场的 GMV 同比增长超过 80%。截至 2024 年 3 月底，名创优品已在全球 111 个国家和地区构建了超过 6600 家门店的零售网络，其中海外市场近 2600 家，占比超过 1/3，遍布纽约、洛杉矶、巴黎、伦敦、迪拜、悉尼、伊斯坦布尔等全球知名城市核心商圈。

【人事变动】

海底捞实施首席运营官轮值计划

2022 年 9 月 21 日，海底捞发布公告称，杨华、刘林毅、李瑜和杨立辞任执行董事的职务。调整后，董事会将由六名执行董事及五名独立非执行董事组成。此外，海底捞将实施首席运营官轮值计划，大区经理、各职能部门部长或总监及各委员会主任在符合特定条件（包括但不限于任职时间、管理门店数量及业绩表现等）后均有资格参与轮值计划。每位轮值首席运营官的选定和连任（如有）须由首席执行官提名并根据公司任免流程进行任命。

北京超市发高管变更，王增庆担任董事长

2022 年 10 月 11 日，北京超市发连锁股份有限公司召开干部任职宣布会议。王增庆任中共北京超市发连锁股份有限公司委员会书记，推荐王增庆任北京超市发连锁股份有限公司董事长。李燕川因到龄退休不再担任党委书记、董事长。

王静瑛重新担任星巴克中国首席执行官

2022 年 10 月 11 日，星巴克中国向伙伴（员工）宣布，公司董事长王静瑛将重新担任星巴克中国首席执行官，而现任星巴克中国首席执行官蔡德彝将于 2023 年 1 月 1 日正工开启为期一年的咖啡假期。资料显示，王静瑛于 2000 年 1 月加入星巴克，自 2011 年起开始出任星巴克中国总裁，2016 年升任星巴克中国 CEO，2019 年出任新设立的星巴克中国董事长一职。

杜宝祥卸任王府井集团董事长、法定代表人

2023 年 1 月 13 日，王府井集团股份有限公司发生工商变更，杜宝祥卸任法定代表人、董事长，由白凡接任，同时公司注册资本由约 11. 33 亿元人民币增至约 11. 35 亿元人民币。目前，王府井正在着力打造“5+2”业务模式，即百货、购物中心、奥特莱斯、超市、免税五大业态和自营、电商两个核心经营能力。

京东集团 CEO 徐雷退休

2023 年 5 月 11 日，京东集团宣布，CFO 许冉升任 CEO，负责集团各业务的日常运营和协同发展，向京东集团董事会及主席刘强东汇报。京东集团原 CEO 徐雷因个人原因提出退休申请，经集团董事会批准，尊重并同意徐雷的退休申请。

徐雷于 2009 年加入京东。2021 年 9 月，徐雷升任京东集团总裁，并于 2022 年 4 月接任京东集团 CEO。

天虹股份高管变更，肖章林担任董事长

2023 年 7 月 4 日，天虹数科商业股份有限公司发布公告称，公司董事会近日收到董事长高书林提交的书面辞职报告。高书林因工作需要申请辞去公司第六届董事会董事、董事长、董事会战略委员会主任委员、董事会提名委员会委员职务，辞职后，将不在公司及下属子公司担任任何职务。经该公司第六届董事会第十二次会议审议，同意选举肖章林为公司董事长以及聘任黄国军为公司总经理。

阿里巴巴新任 CEO 吴泳铭宣布两大战略重心

2023 年 9 月 10 日晚，阿里巴巴集团董事会主席蔡崇信发布全员信宣布，已在当日按计划完成集团管理职务交接，由他接任集团董事会主席职务，吴泳铭出任集团 CEO。阿里巴巴董事会接受了张勇卸任阿里云董事长与 CEO 职务的请求，该职务将由集团 CEO 吴泳铭兼任。2023 年 9 月 12 日，阿里巴巴集团新任 CEO 吴泳铭发布首封全员信，宣布确立两大战略重心：用户为先、AI 驱动。在此基础上，阿里巴巴将对三类业务加大战略性投入：一是技术驱动的互联网平台业务，二是 AI 驱动的科技业务，三是全球化的商业网络。

张楠辞任抖音集团 CEO

2024 年 2 月 7 日，字节跳动 CEO 梁汝波发布内部信，宣布高管调整决定。结合业务发展需要和个人意愿，张楠不再担任抖音集团 CEO，专注负责剪映 CapCut 业务。据悉，抖音负责人韩尚佑、番茄小说及今日头条负责人张超汇报给张利东。韩尚佑会继续负责所有抖音相关的主营业务（抖音电商、抖音生活服务、抖音广告业务）的协同。

侯毅卸任盒马 CEO

2024 年 3 月 18 日，阿里巴巴集团 CEO 吴泳铭通过全员邮件向盒马员工通知了盒马人事变动。邮件称，阿里巴巴集团宣布阿里巴巴副总裁、盒马鲜生创始人兼 CEO 侯毅退休，CEO 位置由盒马 CFO 严筱磊（百何）接任。未来侯毅将作为盒马首席荣誉顾问，为盒马的发展贡献经验和智慧。

高鑫零售发布公告：林小海辞任 CEO

2024 年 3 月 26 日晚间，高鑫零售在港交所发布公告称，自 2024 年 3 月 26 日起，林小海辞任公司执行董事、首席执行官及授权代表。2024 年 3 月 27 日起，沈辉被委任为公司执行董事、首席执行官及授权代表。公开资料显示，林小海自 2020 年 12 月 22 日起担任高鑫零售执行董事，并于 2021 年 5 月兼任首席执行官。